Foto: Jerry Bauer

Updike, 1932 in Shillington, Pennsylvania, geboren, studierte in Harvard und später an der Ruskin School of Drawing and Fine Arts in Oxford. Von 1955–1957 war er Redaktionsmitglied des «New Yorker». Er veröffentlichte Romane, Sammlungen von Erzählungen und Essays sowie Gedichte. Ausgezeichnet wurde sein Werk mit dem National Book Award, dem American Book Award, dem National Book Critics Circle Award, dem Prix Médicis und dem Pulitzer-Preis. John Updike lebt in Beverly Farms bei Boston.

Von John Updike liegen außerdem als rororo-Taschenbücher vor: «Ehepaare» (Nr. 1488), «Das Fest am Abend» (Nr. 1625), «Unter dem Astronautenmond» (Nr. 4151), «Der Sonntagsmonat» (Nr. 4676), «Heirate mich!» (Nr. 4982), «Hasenherz» (Nr. 5398), «Henry Bech» (Nr. 5448), «Der Coup» (Nr. 5667), «Der weite Weg zu zweit» (Nr. 5777), «Amerikaner und andere Menschen» (Nr. 5850), «Die Hexen von Eastwick» (Nr. 12366), «Bessere Verhältnisse» (Nr. 12391), «Auf der Farm» (Nr. 12570), «Der verwaiste Swimmingpool» (Nr. 12680; liegt auch, gelesen von Christian Brückner, in der Reihe Literatur für KopfHörer vor), «Das Gottesprogramm. Rogers Version» (Nr. 12867), «S.» (Nr. 12955), «Spring doch!» (Nr. 13213) und «Rabbit in Ruhe» (Nr. 13400) sowie die vier Rabbit-Romane in Kassette: «Hasenherz»/«Unter dem Astronautenmond»/«Bessere Verhältnisse» und «Rabbit in Ruhe» (Nr. 13553).

Im Rowohlt Verlag liegen vor: «Der Zentaur» (1966), «Werben um die eigene Frau. Gesammelte Erzählungen» (1983), «Gedichte» (1986), «Selbst-Bewußtsein» (1990) und «Erinnerungen an die Zeit unter Ford» (1994).

John Updike
Vermischtes

Essays

Deutsch von
Willi Winkler

rororo

Rowohlt

Aus der Originalausgabe «Odd Jobs»,
erschienen 1991 bei Alfred A. Knopf, New York

Deutsche Erstausgabe
Veröffentlicht im Rowohlt Taschenbuch Verlag GmbH,
Reinbek bei Hamburg, Februar 1995

Umschlaggestaltung Hans Hillmann
Satz Sabon (Linotronic 500)
Gesamtherstellung Clausen & Bosse, Leck
Printed in Germany
1890-ISBN 3 499 13229 x

Inhalt

Für Martha

Antwort auf eine Frage der französischen Zeitung *Libération*: «Pourquoi écrivez-vous?» (1985)

Seit frühester Kindheit haben mich die materiellen Utensilien meiner Profession fasziniert; Bleistifte, Papier, später die Schreibmaschine und die gesamte Druckapparatur. Noch immer, nachdem ich beinah dreißig Jahre mit dem Herstellen von Büchern zu tun habe, erscheint mir das Verdichten von Erinnerungen, Phantasien und kleinen Entdeckungen zu dunklen Zeichen auf Papier wie ein magischer Akt, wie ein wunderbarer technischer Vorgang. Sich verteilen zu können wie ein Konfettiregen, der aus den Buchhandlungen und Magazinen der Menschheit auf Kopf und Schultern fällt, bedeutet natürlich ein großes Privileg und widersetzt sich den üblichen langweiligen Regeln, nach denen die Menschen sich sonst bekannt machen. Diese fröhliche Erweiterung der üblichen Begrenzungen des Raums wird noch dadurch verstärkt, daß auch den Begrenzungen der Zeit getrotzt werden kann – in der Hoffnung, daß man auch nach seinem Tod noch gelesen und gehört wird und Freude bereitet. Aber sicher ist Schreiben eine wunderbare Kunst, und zu Recht wird der Autor von anderen beneidet, die länger schuften und zusehen müssen, wie bei der Fließbandproduktion menschlicher Bedürfnisse von all ihrer Arbeit nichts bleibt.

Aber müssen nicht, höre ich da fragen, müssen diese Bücher nicht etwas *beinhalten*, irgendeine Botschaft? Ich vermute, daß es neben meiner selbstlosen Freude am kreativen Spiel auch den egoistischen Wunsch mich auszudrücken gab, meine Realität anderen aufzudrängen. Die Geschichte meiner Mutter und meines Vaters, der einzigartige Ton und die Atmosphäre meiner Heimat in Pennsylvanien – damit befaßten sich meine ersten Bücher. Danach folgten, langsam verstanden und auf den Begriff gebracht, Szenen aus meiner Wahlheimat New England, Wahrheiten, die mich und vielleicht sonst niemanden überraschten, über das Erwachsenen- und Familienleben sowie über die amerikanische Gesellschaft. Um überhaupt mit dem Schreiben beginnen zu können, brauchte ich immer das sichere Gefühl, daß ich etwas ans Licht bringen würde, was noch keiner vor mir ans Licht gebracht hatte – weder Sinclair Lewis noch Faulkner, noch meine gewandten Kollegen auf den Seiten des *New Yorker*. Schon immer haben mich eingestaubte und selten frequentierte Winkel angezogen – mein einziger Versuch im historischen Roman galt James Buchanan, einem unbekannten Präsidenten, der zeit seines Lebens bespöttelt wurde und nach seinem Tod beinah vollständig im Schatten seines Nachfolgers Abraham Lincoln verschwunden ist. Mein einziger Versuch, einen Roman über globale Wirklichkeit zu schreiben, beschäftigte sich mit einer Weltgegend, der afrikanischen Sahelzone, die für das amerikanische Bewußtsein denkbar fern liegt, wenn sich das auch wegen der wiederholten Hungerkatastrophen zu ändern beginnt. Darin besteht meine Vorstellung von den Pflichten, die ein Romancier gegenüber der Gesellschaft hat – das sonst Verborgene offenzulegen und aus verschiedenen Perspektiven zu beleuchten, was normalerweise nur unzureichend beleuchtet ist, von rechts oder links, so daß die Hälfte immer im dunkeln bleibt. Wahrscheinlich fallen auch unsere verstohlenen und noch nicht vollkommen ausgelöschten religiösen Impulse und Bedürfnisse in diese Kategorie menschlicher «Neuigkeiten», die ungewöhnlich genug sind, um reizvoll und geschmeidig in gedruckte Erzählungen verpackt zu werden.

Ist New York unbewohnbar?

Natürlich besteht New York aus vielen Städten, und der Emigrant kehrt nicht in die Stadt zurück, die er verlassen hat. Im April 1957 verließ ich eine Etagenwohnung an der West Thirteenth Street, und immer wenn ich wieder einmal in New York bin, wohne ich in Hotels in Midtown oder bei gastfreien Freunden an der Upper East Side. Das Village mit seinen Buchläden und Rahmenhandlungen, seinen in Backsteinen eingeschriebenen literarischen Erinnerungen und dem verbliebenen Duft der Boheme liegt bei einem berufsbedingten Besuch abseits – eine mit Aufzügen beschleunigte Hetzjagd in Hochhausbüros und wieder hinaus und hinein in Prix-fixe-Restaurants. Gleichwohl glaube ich mich zu der Behauptung berechtigt, daß die Nachteile des New Yorker Lebens, die mich wegziehen ließen, eher noch größer geworden sind, als daß sie sich vermindert hätten, und daß die Stadt, die Le Corbusier einmal als wunderbare Katastrophe bezeichnet hat, immer weniger wunderbar wird.

Bei jeder Ankunft die bekannte Pulsbeschleunigung – die gebirgige graue Skyline, die man von der Triboro Bridge aus erblickt, das herrliche Basket- und Handballspielen auf dem Freizeitasphalt neben dem Franklin D. Roosevelt Drive, die überraschende, dampfende, pfützenfleckige Heimeligkeit der Seitenstraßen, in denen das Taxi nur mehr im Kriechgang vorankommt, die sorglos verströmte Schönheit der Fußgänger, die sich an den Kreuzungen massieren. So viele Gesichter, Kleider, Pakete, Besorgungen! So viele Beschäftigungen, Hoffnungen, Leidenschaften, Leben in Bewegung! Soviel Menschenmasse, verknäult und wimmelnd in einer ziellosen, lebhaften Ungeduld wie die pheromonkodierten Massenbewegungen der Bienen!

Doch bald verschmelzen die Gesichter, ihr individueller Ausdruck schwindet unter einem abstumpfenden andauernden Druck, dem Getrommel und Geschubse des Gedränges. Seit immer mehr Bürogebäude in die East Fifties gezwängt werden – das größte, das Citycorp-Haus mit einer Dachschräge, die einem jeden Augenblick von den Pfählen zu rutschen und auf den Kopf zu kippen droht – und eine immer noch weiter wachsende Zahl von fliegenden Händlern sich mit ihren Waren von höchst zweifelhafter Herkunft auf dem Gehsteig breitmacht, kommt auch der Passantenstrom ins Stocken. Man stolpert, wird bedrängt, umgeleitet. Musiker und Bettler halten jede verfügbare Nische besetzt. Die Gehsteige und U-Bahn-Eingänge, im letzten Jahrhundert so großzügig geplant, sind mit Unternehmungen kleineren wie größeren Ausmaßes randvoll ausgelastet. Das Manhattan-Gitter, diese herrliche alte Wohnmaschine, klemmt und knirscht an jeder Kreuzung, und die dezenten Sandsteine der Seitenstraßen schauen auf einen verstopften Alptraum ununterbrochener Bauarbeiten und frecher Parkerei in zweiter Reihe herab. Selbst ein sonniger Tag wirkt wie ein Tornado an Verwirrung, aus dem man so schnell wie möglich herausstrebt, in das Allerheiligste des Hotelzimmers, des Büros, des freundlichen Apartments. New York ist eine Stadt buchstäblich ohne bewohnbaren öffentlichen Raum – nur private Räume, die innerhalb der allgemeinen Katastrophe kostspielig unterhalten werden. Während sich der Boulevardjournalismus gern mit dem möglichen Zusammenbruch von Los Angeles und San Francisco beschäftigt, die in von Erdbeben aufgerissene Schlünde zu stürzen drohen, sinkt hier an der Ostküste auf ihrem Rechteck aus massivem Granit die größte Stadt des Landes in ihren eigenen Abgrund.

Die abgehärteten New Yorker werden die Nase rümpfen: Sonst was Neues? Ihr Metropolis ist seit den Tagen von Five Points und der mit Einwanderern vollgestopften Lower East Side eine Art turbulenter Hölle. Ihre Vitalität ebenso wie ihr Glamour sind ironischerweise in dem gnadenlosen Durcheinander und dem unbequemen Gewusel verwurzelt; an der grinsenden Vertrautheit mit den Menschenmassen und dem Gedränge erkennt man den New Yorker, und was die Stadt uns tagtäglich lehrt, ist genau diese pikante Nachbarschaft von Arm und Reich – die Matrone von der Park Avenue, die geschickt dem Penner auf seinem Abzugsrost ausweicht, die kurzberockte Nutte, mit der jemand aus einer Limousine mit getönten Scheiben verhandelt. In einer Stadt, die höher aufsteigt und tiefer gräbt als jede andere, tosen Aufstieg und Fall unkontrolliert Seite an Seite – erfrischend. Im mittäglichen Geschiebe der Fifth Avenue an der Forty-second Street sah ich einmal einen fast nackten Mann, der dahintrippelte, ohne Hemd, barfuß und rußschwarz von dem unterirdischen Loch, in dem er seine Ruhe suchte, in einem zerrissenen Overall, der seinen Hintern sehen ließ, und außer den meinen waren alle Augen routiniert abgewandt. In Saul Bellows Roman über die späten Sechziger in Manhattan überlegt Mr. Sammler: «Man öffnete ein edelsteinbesetztes Tor in die Erniedrigung, vom überzivilisierten byzantinischen Luxus geradewegs in den Naturzustand, die barbarische Farbenwelt, die von unten hochbrach.»

Als Auswanderer, der New York einst liebte und gern ein halbes dutzendmal im Jahr zurückkehrt, beklage ich nicht, daß die Stadt für alle menschlichen Extreme den Gastgeber spielt: das hat Größe und muß wohl auch sein. Das unübersehbare Durcheinander bietet dem koreanischen Händler wie dem Taxifahrer aus der Ukraine Möglichkeiten und Hoffnung. Das Chaos ist noch nicht ganz vollkommen; Lebensmittel kommen durch die Unterführungen und werden täglich in epischen Mengen verkauft; Bloomingdale's mit seinem Lichterglanz offeriert sein Geschirr jungen Paaren, denen es irgendwie gelungen ist, eine bezahlbare Wohnung zu ergattern; die Museen werden immer noch größer; im Central Park findet sich noch immer ein Stück Rasen für ein Sonnenbad und ein Nickerchen mitten im Schoß der Menschheit. Doch ist der Preis für diese Freuden in den drei Jahrzehnten meines Exils von teuer auf exorbitant gestiegen. Gegen Ende seines langen Lebens sagte mir Archibald MacLeish: «New York war einmal eine großzügige Stadt, eine Stadt, die mehr gab, als sie nahm. Heute nimmt sie mehr, als sie gibt.» Selbst für jene, die auf der richtigen Seite des edelsteinbesetzten Tors stehen, taumelt die Stadt am Rande der Dysfunktion. Schon etwas so einfaches und anderswo so angenehmes wie ein verregneter Tag drängt sie über den Rand.

Ich hörte, wie hinter mir der Regen einsetzte, als ich bei einer dieser späten Dinnerparties saß (Platz nahmen wir um zehn), mit denen die Reichen Manhattans ihren Wohlstand unter Beweis stellen. Der Regen, wie er von den Feuerleitern absprang, und das Zischen der Autos auf der weit unten liegenden Straße erzeugten ein lyrisches Geräusch, das eine besänftigende Unterströmung bildete zum *name-dropping*, der kaum verhohlenen Angeberei mit Geld und der ganzen Medien-Hermeneutik. (Ich bin fassungslos, mit welchem Ernst – einem wahrhaft religiösen Eifer – New Yorker fernsehen. In anderen Landesteilen gilt das Fernsehen als Flucht vor der Wirklichkeit; in New York, wo alles relativ ist, gilt das Fernsehen als Fenster *in die* Wirklichkeit, und natürlich besitzen diese Phantome mehr Substanz als die Pförtner unten, die Nachbarn hinter der Wohnungswand und der Räuber, der hinter der nächsten Ecke lauert.) Der Regen in New York scheint aus großer Ferne zu kommen und dabei so viele sich ihm entgegenstellende Hindernisse überwunden zu haben, daß er als Freund mit einer persönlichen Botschaft betrachtet wird. Doch am nächsten Tag, obwohl ich ausreichend Zeit hatte, um meine Verabredung einzuhalten, mußte ich erleben, daß der Pförtner am Apartment meines Gastgebers mit den Taxibestellungen an einer Avenue überfordert war, wo alle Taxis besetzt waren und mit ihren gelöschten FOR-HIRE-Zeichen rücksichtslos vorbeirauschten. In der Zwischenzeit balancierten ich und einige weitere gesetzte Bürger, die meilenweit zu fahren und Verabredungen einzuhalten hatten, zwischen den Bächen, die unter dem Vordach dahinströmten, und mußten zusehen, wie die Minuten verrannen. Wie es immer mal wieder (wenn auch nicht notwendig) geschieht, kamen schließlich ein paar leere Taxis in unser Blickfeld, und dankbar wie alte Eskimos, die man im letzten Augenblick dann doch nicht dem Hungertod in den Schneefeldern preisgibt, wurden wir klamm an unseren Bestimmungsort verfrachtet, wo wir Trinkgelder wie Konfetti verteilten.

Doch am Ende meines Tages, den ich bei einer anachronistischen Feier verbracht hatte, und an einem Ort in der West 155th Street, von dem kein Taxifahrer glauben kann, daß man als Weißer dort hinwolle, war der Regen noch stärker geworden und nicht ein einziges Taxi in der Nähe; bis zu meinen Knöcheln in der plätschernden Gosse stehend, winkte ich den Schiffen zu, die in der Nacht vorüberzogen, und überlegte mir, daß es vielleicht doch am besten wäre, wenn ich ohne Schmerzen ertränke. Zu meinem Glück, wahrlich eine Stadt der Rettungen in letzter Sekunde, bot mir eine ziellos herumirrende Limousine eine Fahrt zum Flughafen für (der Fahrer war präzis) «fünfunddreißig Dollar – Cash» an. Bettler haben keine Wahl, und ertrinkende Emigranten können sich Sparsamkeit nicht leisten. Wir fuhren los, fädelten uns begeistert ein, doch nur, um eine geschlagene Stunde im Stop-and-Go-Verkehr auf der 125th Street steckenzubleiben und eine weitere damit zu verbringen, uns auf die Triboro Bridge zu drängeln. Alle Ausfallstraßen aus der Stadt waren fast undurchdringlich verstopft, und als wir schließlich den Flughafen erreichten, wo Flugzeuge nicht selten sechs Stunden lang auf dem Rollfeld stehen und auf die Starterlaubnis warten, gab ich dem Fahrer, der inzwischen mein Kamerad im Unglück geworden war, fünf Dollar Trinkgeld. In seinem Eifer, soviel von seiner kostbaren Zeit für mich zu verschwenden, hatte er die Rücklichter eines anderen Autos zerdeppert, dessen protestierenden Fahrer, einen jungen Hispanier, er zum Schweigen gebracht hatte mit dem Angebot, den Vorfall der Versicherung zu melden. Er wußte, wie er mir vertraulich erklärte, daß das Auto seines Opfers nicht versichert sei, illegal. Deshalb müssen die Habenichtse ihre Rücklichter vergewaltigen lassen. Der kleine Vorfall, zweifellos nur ein einziger unter tausend nicht ganz astreinen Winkelzügen in dieser Stunde urbaner Quetscherei, betrübte mich, doch statt mich für die Gerechtigkeit ins Zeug zu legen, blieb ich der größeren Bequemlichkeit halber in dem einzigen Transportmittel, das der regengetränkte Dschungel überhaupt zu bieten schien, einfach sitzen.

Die Notfall-Atmosphäre dieses jüngsten Besuches ist typisch, wenn auch bei weitem nicht so schlimm, wie es hätte kommen können: Ich bin nicht überfallen worden, kein Fahrradbote hat mich umgefahren, kein umstürzender Baukran unter sich begraben, kein Hot dog vom fahrbaren Imbiß hat mich vergiftet. Die paar Freunde, die es noch immer in der Stadt aushalten, versichern mir, daß derartige Unannehmlichkeiten Einheimischen nur ganz selten widerfahren; sie verfügen über ihre annehmlichen Schlupflöcher, ihre festen Wege, ihre vertrauten Strecken und Plätze; sie verstehen es, sich mit diesem Zustand einzurichten. Natürlich erinnere ich mich, wie es einem nach Wochen und Monaten gelingt, aus New Yorks grauenerregender Fülle, seiner unerschöpflichen und endlos wiederholten urbanen Vielheit eine Art freundliches Dorf zu destillieren – Laden, Kiosk, Blumengeschäft, Wäscherei, Zahnarzt. Doch hängt die Freundlichkeit mehr an unserem Wunsch, daß es so sein möge, und weniger an der Wirklichkeit; wenn man kurze Zeit später zurückkommt, muß man feststellen, daß die Geschäfte anders heißen, die freundlichen Angestellten verschwunden sind und der Computer den eigenen Namen bereits gelöscht hat.

Gegen Ende einer jeden meiner inzwischen zahllosen Reisen nach New York muß ich immer noch mit der aufsteigenden Panik kämpfen, ich könnte nicht mehr heil herauskommen. Wie die Sowjetunion besitzt die Stadt einen gewissen Nutzen: Man freut sich, daß man woanders lebt. Wie in der Sowjetunion geht nichts von selber: Schlangen auf der Bank und im Postamt; nirgends ein Parkplatz; alles liegt einen mühseligen Gang entfernt; im Restaurant bekommt man keinen Tisch, im Theater keinen Platz; das allgegenwärtige Kohlenmonoxyd nötigt einen zur endgültigen Unterwerfung. Die Zeit hat den Eindruck, der mich vor dreißig Jahren aus der Stadt getrieben hat, nur noch verstärkt: Das Leben in New York beansprucht so viel Energie, daß für nichts sonst mehr Energie übrigbleibt.

Die Boston Red Sox, Stand 1986

Vor vierzig Jahren saß ich vierhundert Meilen entfernt von Boston auf dem Parkplatz der Shillington (Pennsylvania) High-School im Chevrolet meines Vaters und verfolgte am Radio das siebte Spiel der 1946 World Series, Red Sox gegen Cardinals. Achter Inning, Stand 3 : 3, jetzt die Cardinals, Enos Slaughter auf der 1. Base, Harry Walker am Schlagmal; Schlag ins Innenfeld, Culberson (Ersatzmann für den verletzten Dom DiMaggio) wirft zum Innenfeld, Shortstop Johnny Pesky fälscht ihn ab – Slaughter wird signalisiert, an der 3. Base weiterzulaufen! Pesky zögert, der Wurf kommt spät, Slaughter macht den Punkt!! Die Cardinals bleiben auf der Siegerstraße, gewinnen das Spiel und die World Series. Ich weiß nicht, ob ich geweint habe, dort in jenem ehrwürdigen Chevrolet, aber ich war erst vierzehn und habe es wahrscheinlich getan. Benommen und wie nach einem unersetzlichen Verlust, ging ich hinaus in den goldenen Septembernachmittag, in dem meine Klassenkameraden ihre besten Freundinnen beschnüffelten, sich Zigaretten schnorrten und mit einer begeisterten animalischen Unschuld, mit der mich nichts mehr verband, Basketball spielten.

Was hatte mich, der ich nie weiter nach Norden als bis Greenwich in Connecticut gekommen war und keinen Unterschied kannte zwischen Beacon Hill und Bunker Hill oder zwischen Fenway Park und dem Public Garden, dazu verleitet, mein Herz an diesen fernen Verein zu hängen? Vor dem Krieg hatte Ted Williams eine Kerbe in meinem Bewußtsein hinterlassen, doch es mußten erst die Red Sox von '46 kommen, um mich zum leidenschaftlichen Fan zu machen. War das vielleicht ein Team! – Ted links, Dom Mitte, Doerr an der 2. Base, Pesky Shortstop, der große Rudy York, der erst im Alter eine derart phantastische Saison hatte, Boo Ferriss und Tex Hughson am Wurfmal. Obwohl die Cardinals in dieser Serie knapp an ihnen vorbeizogen, war ich mir zumindest bis zum Ende meiner High-School-Zeit 1950 ganz sicher, daß die Sox doch noch den Lorbeer ergattern würden. Aber nie gelang es ihnen ganz; '48 und '49 kamen sie jeweils bis auf Haaresbreite dran, aber zum Sieg reichte es einfach nicht. Nach dem Krieg war es immer das gleiche Muster: Spannung bis zum Äußersten und am Ende die Niederlage, und jedesmal, wenn sie nach Philadelphia kamen, war ich dabei, vor dem Radio kauernd.

Mit seinen neun Verteidigern, die weiträumig auf dem Spielfeld verteilt sind, läßt sich ein Spiel wie Baseball viel leichter darstellen als das hastige Gerenne bei Basketball oder Hockey, und bevor mich Mädchen und der Führerschein bei der Gurgel hatten, verbrachte ich ungezählte idyllische Sommertage drinnen im Haus, eingerollt auf dem Sessel neben dem heiseren kleinen Philco der Familie. Die Stimmen der Reporter mit ihren körnigen Modulationen wachsender Erregung, dem alles umhüllenden Lärm der Menge, dem Geräusch aus mittlerer Entfernung, wenn der Ball geschlagen wurde, ganz zu schweigen von dem tumultartigen Knallen, wenn ein Ausball gegen die Reporterbox segelte: das alles lieferte ein lebhaftes Bild, das in mancher Hinsicht noch dem überlegen war, das ich sehen konnte, wenn ich ein- oder zweimal im Sommer mit dem Bus auf die fünfzig Meilen entfernten Tribünen von Shibe Park verfrachtet wurde. Ich legte sogar Tabellen mit den Ergebnissen der Spiele an und hörte an verregneten Tagen Radio, wenn Spiel um Spiel übertragen wurde, zum Beispiel so ferne und belanglose Begegnungen wie die zwischen den Browns gegen die Senators, die jemand von einem Fernschreiber ablas, den man in den Redepausen ticken hörte. Die beiden Philadelphia-Teams waren ziemlich schwach und bildeten ein Vakuum, in das meine irrationale Begeisterung für die Red Sox wunderbar paßte.

Mein Friseur war Yankee-Fan; das war die andere Möglichkeit in Philadelphia. Während sich seine Schere um meine Ohren fraß und sein Haarwasser in meine Kopfhaut, erklärte er mir manchmal in aller Ruhe, warum Joe DiMaggio ein *Team*spieler war und warum als Team die Yankees immer gewinnen würden. Aber bei diesem Friseur mochten sie Roosevelt oder Truman auch nicht, und ich verlor lieber mit Boston, als daß ich mit New York gewann. Als ich bei meinem College schließlich die Wahl zwischen Cornell und Harvard hatte, fiel mir die Entscheidung leicht. Und doch scheine ich in jenen vier Jahren in Cambridge ziemlich selten auf die Idee gekommen zu sein, daß die Red Sox nur zwei Zehn-Minuten-Fahrten mit der U-Bahn (oder, an einem schönen Tag, einen angenehmen Spaziergang den Fluß entlang) entfernt waren. Als ich in New York lebte, stand ich aber die Fahrt mit der West Side IRT hinauf in die Bronx durch, und aus den höhlenartigen Schatten im Stadion bewunderte ich den alternden Williams, wie er bei Mickey Mantles Schlägen mithielt, der DiMaggio als Ehrenrüpel bei den heranstürmenden Yankees ersetzt hatte. Die Red Sox der Fifties hinterließen nicht gerade viele Spuren in der Chronik, und doch scheinen sie sich meine nie ermüdende Treue bewahrt zu haben. Wenn es auch nicht ganz der Wahrheit entspricht, daß ich von New York nach New England umzog, um den Red Sox näher zu sein, so ist es doch auch nicht völlig falsch. Ich wollte Ted Williams Gesellschaft leisten, solange es nur ging.

Wenn ich hinter dem Haus lag oder am Strand, wenn ich Auto fuhr oder in ein Buch guckte, hörte ich die Spiele mit und verinnerlichte Curt Gowdy. Diese immer beruhigende und vernünftige Stimme mit der unschuldigsten Andeutung eines Wyoming-Akzents berichtete von Kanonenschlägen und Fehlbällen, von Triumphen und Desastern; kurzfristige Helden wie Clyde Vollmer und Ellis Kinder und Walt Dropo und Sammy White rauschten durch den Äther, und Jackie Jensen und Jimmy Piersall schimmerten in Williams' länger werdendem Schatten. Die Eltern meiner Frau besaßen auf einem fernen Hügel in Vermont ein Häuschen ohne Strom oder Telefon, aber mit reichlich Kiefernzapfen und Bärenscheiße im Wald. Wir parkten unser Auto dort am Rand jenes Waldes, und an vielen Nachmittagen saß ich dort auf dem Vordersitz und schaltete die Red Sox ein. Curts Stimme kam klar und deutlich von (wie ich vermute) Burlington – so deutlich, daß eines Tages die Batterie für den Anlasser zu schwach war und wir festsaßen. Ich muß der einzige Mann in ganz New England gewesen sein, der bereit war, seine Liebsten in einem Wald voller Bären auszusetzen, um nur ja nicht auf seine Red Sox verzichten zu müssen.

Je älter man wird, desto fremder kommen einem die früheren Phasen der eigenen Person vor, bis man sich kaum mehr daran erinnert, je Bekanntschaft damit geschlossen zu haben. Was war es bloß, das mich dort diese vielen kostbaren Stunden lang atemlos ans Radio fesselte? Ted natürlich, der immer etwas Aufregendes machte – wird verletzt, geht nach Korea, beschimpft die Journalisten, verkündet seinen Abschied, erreicht 0,388, verletzt Joe Cronins Haushaltshilfe mit einem geworfenen Schlagholz, spuckt in Richtung Tribüne, geht fischen, wenn er nicht sollte, etc. Doch auch die Red Sox um ihn herum waren einfach faszinierend; der stets großzügige Yawkey achtete darauf, daß immer auch andere tolle Spieler dabei waren, sorgte in jeder Spielzeit für vielversprechende Neueinkäufe. Und doch blieb der Karren immer irgendwann stecken, und die Red Sox hatten – wie Mercutio, Scott Fitzgerald und Adlai Stevenson – jenen größten Charme, den Charme der Verlierer.

Alle Menschen sind sterblich, deshalb sind alle Menschen Verlierer; wir sind jenen am treuesten, die gescheitert sind. Chris Evert zum Beispiel eroberte unser Herz erst, als Martina Navratilova ihr zuzusetzen begann, und ich kenne einen Mann, der sichtlich zufrieden seit fünfzig Jahren Fan der Chicago Cubs ist. Können die tödlichen Mets von heute auch nur annähernd so interessant sein wie jene glücklosen Teams aus der Zeit nach der Erweiterung, die «Amazing Mets», die die von den Yankees gelangweilten New Yorker an ihr zynisches Herz drückten? Als kleiner Junge in Pennsylvania tat mir Mr. Yawkey leid, weil er trotz seiner finanziellen Großzügigkeit nicht in der Lage war, sich eine World Series zu kaufen. Mir tat Williams leid, weil er nicht jeden Tag 5 : 5 schaffte und von gehässigen Sportjournalisten immer und immer wieder um seinen MVP-Preis betrogen wurde. In meinem unreifen Kopf waren die Red Sox wie der Mann in dem Hollywoodfilm, der, nur weil er einen Smoking trägt, auf einer Bananenschale ausrutschen wird. Sie waren elegant und anmutig ohne die Derbheit des Sieges. Ich liebte sie. Ich hätte vielleicht ein anderes Team genauso lieben können – wenn es im rechten Moment gefangen wird, verliebt sich ein Gansjunges in den Zoologen statt in seine Mutter, und wenn man einen Deutschen nur oft genug tritt, wird er sich in einen Schuh verlieben –, aber die Red Sox waren das Team, das ich mir ausgesucht hatte, und die Wahl, die man einmal getroffen hat, erzeugt eine sich selbst rechtfertigende und erhaltende Trägheit. Überall im ganzen Land feuern Fans ein bestimmtes Team an und beklatschen seine Aktionen gegen ein anderes aus dem simplen Grund, daß sie es sich ausgesucht haben. Fan-Sein ist ein *acte gratuit*, einem gleichgültigen (oder zumindest anderweitig beschäftigten) Universum ins Gesicht geschleudert.

Seit Williams 1960 aufgehört hat – mit einem Abgang, der dramatisch war wie alles, was er je tat –, ist meine Begeisterung abgekühlt, und der Mißbrauch von Autobatterien hat nachgelassen. Doch sind mir in dem Vierteljahrhundert, das seither verstrichen ist, die Triumphe von 1967 und '75 nicht entgangen, ebensowenig wie die nachfolgende Enttäuschung im siebten Spiel der World Series. Genau wie 1946. Tatsächlich erinnere ich mich, wie ich mich 1967 an einem Sonntag Ende September zusammen mit weiteren Männern aus den Vororten in einer Unterbrechung unseres Footballspiels vor ein kleines Radio auf dem Rasen kauerte, das uns verkündete, daß die Twins den Red Sox unterlagen, während die White Sox die Tiger schlugen, womit unseren von Yastrzemski geführten Jungs der erste Einzug in die Endrunde seit 21 Jahren ermöglicht wurde. Und ich erinnere mich auch, wie meine Frau und ich auf dem Weg zu einer Dinnerparty in Cambridge am Ende der Spielzeit 1978 am Memorial Drive parkten und beim letzten Inning des Entscheidungsspiels Yankees gegen Red Sox zuhörten. Wir verfolgten den knappen Home run von Bucky Dent, und wir wurden Ohrenzeugen des Fehlschlags von Yastrzemski. Es war wie damals, als Slaughter am 3. Base weiterlief.

Die Erinnerungen eines Red-Sox-Fans klingen unvermeidlich bitter, eine Litanei von Enttäuschungen und Fehlentscheidungen, die zurückreicht bis auf den Tag, an dem Babe Ruth verkauft wurde. Doch die andere Seite der ewigen Verlierer-Medaille sieht so aus, daß dieses Team, während die Generationen seiner Spieler ineinander übergehen, sich wieder und wieder bis in die nächste Nähe des vollständigen Sieges vorgearbeitet hat. Yaz' berühmtem mißratenem Pop-up zum Beispiel ging eine heldenhafte Woche deutlicher Siege voraus, in der die Yankees in die Verlängerung gezwungen wurden, und im Spiel selber hatten wir uns (bitte beachten Sie das Personalpronomen) von einem 5:2-Rückstand auf 5:4 vorgearbeitet, mit der Chance zum Gleichstand von der 3. Base aus. Im Sport gewinnt man nicht nur hier und verliert da, sondern bei einem Spiel mit 26 Teilnehmern verfehlen 25 davon den ersten Platz. Wie kommt Boston – das kleine alte Boston zwischen seinen steinigen Felsen und leeren Mühlen – auch auf den vermessenen Gedanken, es habe ständig Sieger-Teams verdient? Die Celtics zu haben sollte bereits Wunder genug sein, noch ganz zu schweigen von einem Patriots-Team, das schließlich in Miami gewonnen hat. Die puritanischen Gründerväter hinterließen die feste Überzeugung, daß göttliche Erwählung sich im irdischen Erfolg erweise und daß diese sogenannte Stadt hoch auf ihrem Berg tatsächlich Anspruch auf möglichst viel davon habe. Der Hohn, der auf den Sportseiten in Boston über die unvollkommenen Teams der Red Sox ausgegossen wird, ist außerordentlich selbstgerecht.

Und jetzt hat es das Team dieser Spielzeit, das die meisten selbsternannten Propheten im April beiläufig auf einen vierten oder fünften Platz geschickt hatten, bis in die Entscheidungsrunde geschafft. Auf uns grau gewordene Red-Sox-Beobachter wirkt dieses Team seltsam – feste, manchmal tolle Würfe, dabei unbeständige, manchmal sogar blutleere Schläge. Wo bleiben die Home runs von früher? Wade Boggs hat sich abgesetzt und macht bei irgendwelchen Schlagwettbewerben mit; und Jim Rice verkrampft jetzt am Schläger und erreicht auch nur so gerade Durchschnitt. Nur bei Baylor und Armas scheint da noch der alte Schwung. Der Star scheint vom Schlagmal zum Pitcherplatz gewechselt zu sein: Clemens ist so motiviert, daß seine Uniform die Knöpfe zu sprengen droht, und Hurst und Seaver schauen genauso entschlossen drein. Oil Can Boyd kam von seinem Monat auf der Strafbank mit noch größerem Charisma zurück; zumindest wurde nach dieser düsteren Geschichte* klar, wie sehr wir seiner bedurften: seines Arms, seiner verbissenen Selbstermahnungen, seines klangvollen Namens. Und Sambito und Schiraldi stolperten aus dem Nichts, um dem vielgeschmähten Stanley dabei zu helfen, die gefährdeten Spiele über die Runden zu bringen. Diese enervierende Crew mit ihren schneidigen Veteranen und ihrem unberechenbaren Innenfeld hat Härte, Mut und innere Harmonie bewiesen und zeigte sich, wie im vergangenen Jahr die Patriots, von einer besseren Seite, als irgend jemand zu hoffen gewagt hatte. Diese Sox mußten wenigstens nicht die Last der großen Erwartungen tragen, die so vielen ihrer berühmten Vorgänger aufgebürdet war; jetzt haben sie außer einem Spiel nichts mehr zu verlieren. Und ich bin wieder dabei.

Postskriptum: Gut, das Team wurde am Ende durch einen historischen Präzedenzfall besiegt. Im fünften Spiel der Liga-Play-offs gegen die California Angels waren sie nur noch einen Strike von einer 5 : 4-Niederlage entfernt, die einen 4 : 1-Rückstand in den Spielen bedeutet hätte und damit das Aus in der Meisterschaft. Doch sie schafften es, das Spiel noch zu drehen. Nach diesem Wunder war es ein leichtes, die Angels noch zweimal zu schlagen. Sie begannen die World Series, indem sie den New York Mets im Shea Stadium zwei Spiele abnahmen. Dann war es mit dem Zauber vorbei, es meldete sich die übliche Pechsträhne.

* Die Geschichte hat sich in meiner Erinnerung verdüstert – es hatte etwas mit unregelmäßiger Anwesenheit, plötzlichem Krankenhausaufenthalt und Gerüchten zu tun, der manchmal alle überstrahlende Oil Can habe Drogen genommen. Dieser Artikel wurde zum Ende der regulären Spielzeit 1986 für den Bostoner *Globe* geschrieben. Dienstpläne kommen, Dienstpläne gehen. *Où sont les brouhahas d'antan?*

Zwei Niederlagen gegen die Mets in Fenway sorgten für Gleichstand; Hurst, der mit einem Shutout das erste Spiel entschieden hatte, sorgte, robust, wie er war, auch für den Sieg im fünften, und in Queens schienen die Red Sox das sechste Spiel und damit die World Series in der Tasche zu haben. Als die Mets im 10. Inning am Schlag waren, führten die Sox 5 : 3, und Schiraldi, der Clemens im achten ersetzte, schickte zwei Schläger auf die Bank und erzielte zwei Strikes gegen Gary Carter. Dann folgte, mitten in einem tobenden Stadion voller Fans, die aus dem Tode wiedererwacht schienen, ein Alptraum, der noch alle Alpträume aller Sox-Fans übertraf: drei Männer erreichten nacheinander die 1. Base; dann kamen ein ungenauer Wurf (von Stanley) und ein Fehler (von Bill Buckner, dem stolpernden Verteidiger an der 1. Base), der den dritten und siegreichen Lauf des Innings ermöglichte. In ganz New England starrten die Menschen ungläubig auf den Fernseher. Dreimal in diesem Inning waren die Red Sox nur einen Strike von ihrem ersten Sieg in der World Series seit 1918 entfernt. Nach einem solch epischen Einbruch (oder wunderbaren Comeback für die Mets) konnte nicht einmal Hurst das nächste Spiel gewinnen, obwohl er eine 3 : 0-Führung bis ins dritte Inning mitnahm. Zum vierten Mal in vierzig Jahren verloren die Red Sox die World Series im siebten Spiel.

Wie denkt der Staat?

Für die traditionelle Verpflichtung des Literaten zur Genauigkeit stellt unser vorgegebener Titel eine Herausforderung dar. Wie beinah jeder andere Erdenbürger wurde ich hineingeboren in einen Stamm mit seinen Riten und Pflichten und mystischen Zeichen. Früh wurde ich mit der «Stars and Stripes» genannten Flagge bekannt, mit dem Adler, der Pfeile in seinen Krallen hält, den Symbolen für Dollar und Cent, mit der Karte, die unsere Ausdehnung nach Westen zeigt. Der Ort, an dem sich meine eigenen Hoffnungen und Träume mit den Absichten und Vorkehrungen des Staates überschnitten, war das Postsystem. Seine Mitarbeiter, die ich in unserer kleinen Stadt alle beim Namen kannte, brachten jene Zeitungen, Zeitschriften und Magazine zu uns nach Hause, die mir die Welt bedeuteten, in der ich meine Zukunft sehen wollte. Damals, als eine Briefmarke drei Cent kostete, schickte ich Briefe an große, ferne Männer, an Zeichner und Autoren, von denen manche – ich werde ihnen ewig dankbar sein – sogar zu antworten geruhten. Jeden Tag konnte die Post einen Schatz bringen. Für mich gilt das noch heute. Ich schicke Manuskripte weg, und manchmal kommt Lob und Geld zurück. Die Post der Vereinigten Staaten mit den unzähligen Strecken und Mechanismen, die dazugehören – nicht zu vergessen die grundsätzliche Ehrlichkeit, Effizienz und das reibungslose Funktionieren ihrer Tausenden von Angestellten –, ermöglicht mir so zu leben und zu arbeiten, wie ich es tue. Nie kann ich an einem blauen Briefkasten vorübergehen, ohne einen Funken Wärme, Staunen und Dankbarkeit dafür, daß dieses komplizierte und riesige Unternehmen zu meinem Vorteil unterhalten wird.

Und was verraten diese hohlen blauen Monumente an den Straßenecken von hier bis nach Hawaii darüber, wie der Staat denkt? Er wünscht sich, so müssen wir folgern, daß seine Bürger

Verbindung zueinander halten; der Stamm bedarf der Festigung und des Zusammenhalts. Der Staat stellt sich Solidarität vor und sträubt sich gegen Sezession und Nonkonformismus, die Sezession auf der persönlichen Ebene. Der Instinkt des Staates ist, würde ich sagen, eher konservativ als, wie oft behauptet wird, expansionistisch; nur wenn die territoriale Ausdehnung als unausweichlich für die Bewahrung des Bestehenden erscheint, wird der aggressive Vorstoß des Stammes mit Begeisterung unternommen.

Jedoch wird sich ein Staat so gut wie nie kampflos mit seiner Verkleinerung einverstanden erklären; für seine Regierung gilt dies ebenso. Verglichen mit einem menschlichen Wesen ist der Staat ein relativ schlichter Organismus. Die Wahlmöglichkeiten des Individuums – Altruismus und Aufopferung beziehungsweise Rückzug aus Erschöpfung und Anorexie – sind ihm zu feinsinnig und pervers. Für ihn ist nur beständige Gesundheit vorstellbar, die Kraft eines sanft inflationierenden Status quo; das liegt daran, daß seine Denkweise aus dem Willen seiner Tausenden von Angestellten zusammengesetzt ist, von denen doch so gut wie keiner oder keine seinen oder ihren Arbeitsplatz verlieren will. Klugerweise ist in einer Demokratie ein Wahlvorgang vorgesehen, in dessen Folge die Spitzen der Verwaltung regelmäßig Gefahr laufen, ausgetauscht zu werden; doch die zahllosen Mitarbeiter unter ihnen sind diesem Risiko nicht mehr ausgesetzt. Es ist ein ehrfurchtgebietendes Schauspiel in der Hauptstadt Washington, wenn man gegen fünf Uhr nachmittags die Armeen von Regierungsangestellten wie Heuschrecken hinaus ins sänftigende Sonnenlicht schwärmen sieht. Wie der Knochen jede Verletzung mit der Produktion von mehr Kalzium, mehr Knochen, auszugleichen sucht, neigt auch die Regierung bei jedem Reiz dazu, ihre Verbindung zu den Bürgern zu verstärken, und die Dienstleistungen, die sie anbietet, sind ihr dabei behilflich. Sicherheitsgurte für Autos sind jetzt gesetzlich vorgeschrieben, und das Gesetz verlangt den warnenden Aufdruck des Gesundheitsministers auf der Zigarettenpackung. Alles natürlich nur für das Wohlbefinden des Stammes.

Hingegen gilt das Denken des modernen Künstlers nicht der Bewahrung – dafür sorgen Bibliotheken und Museen, die seine Kunst zu bewahren haben –, sondern der Erforschung und Gefahr, der Ausdehnung. Das war nicht immer so. Jahrtausendelang war der Künstler eins mit dem Staat, hat an der Propaganda mitgearbeitet und die Götter für die entsprechenden Tempel und Mausoleen gemeißelt. Doch ist anstelle der autokratischen Regierung ein anderer Patron gerückt, ein wohlhabender und gänzlich anderer: das volkstümliche Publikum; und danach kam die Vorstellung einer ewigen Avantgarde auf – die Idee von einer Kunst, in der der Wechsel, wie in der Mode oder beim Wetter, schon für sich unterhaltsam und wünschenswert sei. Der Staat wünscht sich wie ein Kind, daß jeder Tag wie der vorige sei; die Kunst wünscht sich wie die Jugend, daß jeder Tag etwas Neues bringe.

Für mich haben das Denken des Schriftstellers und die des Staates gegenläufige Tendenzen; sie sollten deshalb respektvolle Distanz halten. Ich selber wünsche mir nur, daß meine Stammesoberen die Post in Betrieb halten – keine leichte Aufgabe; viele Stämme scheitern an ihr – und weiter das Recht auf freie Meinungsäußerung schützen, das die Gründer meines eingenen Staates ihren Bürgern so voreilig versprachen. Das ist viel, und es ist genug. Ich verstehe nicht, warum sich die Regierung der Vereinigten Staaten im Jahr 1965 gedrängt fühlte, Stipendien einzurichten, um damit die Kunst und die Geisteswissenschaften zu ermutigen und zu fördern. Ich fürchte, daß staatliche Kunstförderung den Künstler nur von seiner Verantwortung ablenken wird, sich für seine Produkte einen Markt zu erschließen, ein wirkliches Publikum für seine Darbietungen. Vor allem gilt das für das Schreiben, weil es nur Stift, Papier und die Zeit eines einsamen Autors braucht, billig herzustellen ist und seit der Erfindung des Buchdrucks eine populäre Kunst, eine, die schon immer danach trachtete, Unterstützung von unten und nicht von oben zu beziehen.

PS: So kurz sie auch ist, diese Rede, in der ich mit aller mir zu Gebote stehenden Ehrlichkeit und allem guten Willen die gestellte Frage behandelte, so bleibt mir doch vor allem im Gedächtnis, wie denkbar unbehaglich ich mich während des Vortrags gefühlt habe. Das Publikum – Schriftsteller und Arbeiter im literarischen Weinberg, zusammengekommen aus vielen Ländern, vor allem aber aus New York – schäumte vor kaum unterdrückter Wut und war hörbar unduldsam gegenüber jeder Äußerung, die keine direkte Verurteilung der Reagan-Regierung brachte. Die Lebensgefährtin von Daniel Ortega, dem damaligen Präsidenten von Nicaragua, sprach aus dem Saal in leidenschaftlichem Englisch über den amerikanischen «Völkermord» in ihrem Land und fragte das Podium, auf dem auch ein Deutscher und ein Pole saßen, was wir dagegen unternehmen wollten. E. L. Doctorow, der Sprecher des Podiums, gab, nachdem er meine Anmerkungen gehört hatte, die Existenz von blauen Briefkästen zu, wies aber darauf hin, daß man, wenn man genau hinsehe, gleich daneben eine Raketenrampe finden könne; die Tatsache, daß die Vereinigten Staaten über Raketen verfügten, auch wenn sie friedlich in ihren Silos saßen, war für ihn so selbstverständlich von Übel, daß er keinen Gegenkommentar zuließ. Rhoda Koenig, die für das Magazin *New Yorker* über den PEN-Kongreß berichtete, bezeichnete meine Rede als «Märchen», doch mir erschien die koboldhafte Hitzigkeit märchenhaft und der automatische Antiamerikanismus, der nach meiner Erfahrung jedesmal die Atmosphäre vergiftet, wenn sich mehr als zwei oder drei Mitglieder der New Yorker Literatengemeinde zusammenfinden. Obwohl sich die Vereinigten Staaten für die meisten der anwesenden Bürger als Land der wirtschaftlichen Möglichkeiten und der Bildungschancen erwiesen hat, und das bei einem fast unvergleichlichen Recht auf freie Meinungsäußerung, gab es dafür, nachdem ich den Mund geschlossen hatte, nicht den Hauch einer Anerkennung, von Dankbarkeit ganz zu schweigen.

Wie denkt der Schriftsteller?

Die Laufbahn von Herman Melville, dessen Namen unsere Vortragsreihe und die Geschichte Albanys schmückt, lädt uns ein, über die Wechselfälle literarischer Schöpfung nachzudenken. Im Sommer 1819 wurde Melville an der Pearl Street am unteren Ende Manhattans in Verhältnisse hineingeboren, wie sie in den Biographien so vieler Schriftsteller vorkommen – in die abgestiegene Oberschicht. Sein Vater Allan Melvill war der jüngere von zwei Söhnen eines übermächtigen Vaters: Thomas Melvill, aufgewachsen als Waise, nahm an der Boston Tea Party teil und wurde von George Washington zum Zolleinnehmer im Hafen von Boston ernannt. Major Melvill, wie er genannt wurde, hatte diese Sinekure vierzig Jahre lang inne und verstand es geschickt, während dieser Zeit ein Vermögen anzuhäufen. Seine Söhne erbten die Lebenshaltung, die mit dem Geld verbunden war, Selbstbewußtsein und Optimismus, ohne allerdings das Talent, aus dem Vorhandenen noch mehr Geld zu machen, mitzuerben. Als junger Mann reiste Allan auf der seinerzeit vorgeschriebenen Grand Tour nach Europa und hielt sich dort mehrere Jahre auf; er lernte Französisch, sammelte Bücher und Drucke und ließ sich in dandyhafter Manier porträtieren. Nach seiner Rückkehr ging er ins Importgeschäft und brachte sein ganzes glückloses Erwerbsleben in der Textilbranche zu. 1814 heiratete er Maria Gansevoort, die aus einer angesehenen und reichen Familie Albanys stammte. Vier Jahre lang lebte das Ehepaar in dieser Stadt, unter einem Dach mit ihrer Mutter und ihrem Bruder; ihre beiden ersten Kinder wurden hier geboren. Allans reiche Verwandtschaft hatte ihm geholfen, sich im Textilhandel zu versuchen,

Die Eröffnungsansprache der jährlichen Herman-Melville-Reihe über kreatives Denken, veranstaltet vom «Writers Institute at Albany, New York». Die Rede wurde am 25. April 1985 gehalten.

doch gelang es ihm, den Reizen Albanys zu widerstehen, und 1818 siedelte er nach New York um, wo er Herman und fünf weitere Kinder zeugte, von einem Haus ins nächste zog, über seine Verhältnisse lebte und investierte und von seinem Vater wie von der Familie seiner Frau weit mehr borgte, als er an Erbe zu erwarten hatte. Seine Gläubiger verklagten ihn, und er verkroch sich bei den Gansevoorts in Albany; auf dem Rückweg einer Reise nach Boston und New York, wo er nach neuen Kreditmöglichkeiten gesucht hatte, marschierte er bei Temperaturen weit unter Null über den zugefrorenen Hudson, wurde krank und starb Anfang 1832, als Herman gerade zwölf war. Den ganzen Januar tobte der Sterbende wie ein Wahnsinniger; dieses traurige Schauspiel hinterließ bei seinem zweitgeborenen Sohn bleibende Spuren; sein Leben und Werk sind geprägt von der Angst, selber wahnsinnig zu werden.

Besonders glücklich können die Jahre nicht gewesen sein, die Herman nach seines Vaters Tod in der Gegend von Albany verbrachte. Die verhedderten Zügel der Familienführung gingen über in die Hände der einigermaßen verzweifelten Witwe; sie zog mit ihrer Familie um in das nahe gelegene Lansingburgh und fügte dem Namen Melvill das «e» an. Kaum einen Monat nach der Beerdigung des Vaters wurden Herman und sein älterer Bruder Gansevoort von der Albany Academy heruntergenommen; der Ältere sollte die Leitung des bankrotten väterlichen Geschäfts übernehmen, Herman in der New York State Bank arbeiten. Obwohl er seine Ausbildung an der Academy und an der Albany Classical School fortsetzte, verbrachte er die Jahre seiner Pubertät vornehmlich mit Arbeiten; nach der Bank arbeitete er bei seinem Bruder als Buchhalter und auf der Farm seines Onkels Thomas Melvill in Pittsfield, Massachusetts; später unterrichtete er an der dortigen Schule. Peter Gansevoort, sein anderer Onkel, stand den ramponierten Melvilles bei, so gut er konnte, doch nach einer Zeit trügerischer Erfolge trieb der junge Gansevoort Melville das Unternehmen neuerlich in den Bankrott und ging, wie zuvor schon sein Vater, nach New York City. Herman, den sein Vater im Kindesalter als «recht zurückgeblieben, was die Sprache angeht & etwas begriffsstutzig, aber... im großen und ganzen lernwillig & angenehm» bezeichnet hatte, studierte 1838 Landvermessung, um Ingenieur zu werden, doch wurde daraus nichts, und im Sommer 1839 reiste er durch Vermittlung seines Bruders auf einem Schiff als Mitglied der Besatzung nach Liverpool. Als er vier Monate später zurückkehrte, unterrichtete er in Greenbush, New York, besuchte seinen Onkel Thomas in Illinois und fuhr dann, als er in New York City keine Arbeit fand, Anfang 1841 auf dem Walfänger *Acushnet* von New Bedford aus zur See. In den folgenden vier Jahren lebte er auf See beziehungsweise trieb sich, nachdem er von einem Schiff desertiert und auf einem weiteren an einer Meuterei beteiligt gewesen war, in der Südsee herum.

Kaum war er nach Lansingburgh zurückgekehrt, setzte sich Melville, dessen bisherige literarische Tätigkeit sich in ein paar mit einem Pseudonym gezeichneten Artikeln für die Lokalzeitung erschöpft hatte, einfach hin und schrieb ein Buch, «Bericht von einem viermonatigen Aufenthalt unter den Eingeborenen eines Tales auf den Marquesas-Inseln», das heute unter dem Titel «Taipi» bekannt ist und sowohl in England wie den Vereinigten Staaten ein großer Erfolg wurde. Die Fortsetzung – «Omu» – wurde ebenfalls ein Erfolg, wenn auch kein so großer; schließlich «Mardi», das dritte Buch, das zwar in der gleichen übersprudelnden und volkstümlichen Art wie die vorangegangenen begann, sich dann aber in Phantasien, Allegorien und intellektuellen Ausschweifungen verlief. Der umfangreiche Band mit seinen einhundertneunundfünfzig Kapiteln sagte weder der Kritik noch den Lesern zu, und im Bestreben, sich sein Publikum zurückzuerobern, schrieb Melville hastig «Redburn» und «Weißjacke», zwei weitere Berichte von seinen Fährnissen auf dem Ozean. «Moby Dick», sein sechstes Buch, stahl sich wie «Mardi» bald aus der Oberflächenerzählung einer Seegeschichte davon, um sich philosophischen und poetischen Exkursen zuzuwenden; wie bei «Mardi» war man allgemein von dem Buch enttäuscht, obwohl es auch einige begeisterte Leser gab. Mit seinem nächsten Buch, dem Roman «Pierre», dem siebten Buch in sieben Jahren, erntete Melville nur noch Mitleid und Spott; das bittere Scheitern hinterließ Wunden, die niemals verheilten; seine Familie begann sich um seine Gesundheit zu sorgen, und er mußte nach Möglichkeiten suchen, die ihn aus seiner finanziellen Unsicherheit befreien konnten. Zwischen 1853 und 1856 verfaßte Melville zahlreiche Skizzen und Kurzgeschichten für Zeitschriften sowie eine Art Novelle mit dem Titel «Israel Potter», die auf ein altes Dokument zurückging. 1856 schrieb er in einem, wie sich herausstellte, letzten Versuch, dem Schreiben seinen Lebensunterhalt abzuringen, den Roman «Maskeraden oder Vertrauen gegen Vertrauen» und unternahm eine Erholungsreise nach Europa und ins Heilige Land. Bei seiner Rückkehr war er noch keine 38 Jahre alt; abgesehen von ein paar Gedichten über den Bürgerkrieg, die in *Harper's Magazine* erschienen und später in einem Band gesammelt wurden, war seine öffentliche Laufbahn als Autor damit beendet.

Drei Jahre probierte es Melville mit Lesungen, der Erfolg war mäßig; 1863 verkaufte er die Farm in Pittsfield, wo der größte Teil seines Werkes entstanden war, und zog nach New York City. Zwanzig Jahre lang, bis 1885, arbeitete er dort im Hafen als Zollinspektor und geriet beinah vollständig in Vergessenheit, er, der einst berühmt geworden war als «der Mann, der unter den Menschenfressern lebte». Er las sehr viel, hinterließ eine Bibliothek voller interessanter Randbemerkungen und veröffentlichte im Privatdruck zwei schmale Gedichtbände und «Clarel», ein Langgedicht, für dessen Unkosten der Onkel Peter Gansevoort aus Albany aufkam. Er starb 1891 und hinterließ in Manuskriptform «Billy Budd»; sein Ruhm, der, von ein paar versprengten Bewunderern und einer vagen historischen Erinnerung an das Aufsehen, das er seinerzeit mit «Taipi» erregt hatte, abgesehen, inzwischen vollständig verblaßt war, wurde in den zwanziger Jahren neu belebt, und Melvilles Name prangt jetzt ganz oben oder zumindest in Gipfelnähe auf dem Parnaß der amerikanischen Literatur.

Was verrät uns Melvilles Geschichte über das kreative Denken, außer daß es von sehr irdischen Umständen bestimmt wird? In seinem Dutzend produktiver Jahre schrieb er mit außergewöhnlicher Intensität, verbrachte soviel Zeit an seinem Schreibtisch, daß man um seine körperliche und geistige Gesundheit fürchtete; seine Augen wurden, wie er sagte, «so empfindlich wie junge Spatzen». Und doch hatte seine Jugend wenig von Frühreife oder literarischen Interessen erkennen lassen; 1850 berichtete er Hawthorne: «Bis ich fünfundzwanzig war, habe ich mich überhaupt nicht entwickelt. Mein Leben beginnt mit meinem fünfundzwanzigsten Jahr. Zwischen damals & heute sind kaum je drei Wochen vorübergegangen, ohne daß ich ein Stück in meiner Entwicklung vorangekommen wäre.» Daß dieser «angenehme & lernwillige» junge Mann vor «Taipi» geschwiegen hatte – man vergleiche ihn nur mit Poe und Hawthorne und Bryant, die alle schon mit Anfang Zwanzig schrieben und veröffentlichten –, deutet auf seine abschließende Rückkehr ins Schweigen voraus, als Melville neuerlich seinem Fatalismus und seiner intellektuellen Passivität erlag. Mit fünfundzwanzig jedoch lebte er in dem Gefühl, vom exotischen Material seiner eben erlebten Abenteuer förmlich zu bersten, und er ahnte ein allgemeines Interesse für die Sorte Abenteuergeschichte, die nur er bieten konnte. «Das Buch ist gewiß für den allgemeinen Geschmack berechnet, für nichts sonst», schrieb er dem Verleger von «Taipi». Nachdem die englische Ausgabe schon erschienen war, erklärte er sich damit einverstanden, daß der amerikanische Text von «allen Abschnitten, ... die die Gefühle eines großen Teils der Leserschaft verletzen», gesäubert werde. Dazu gehörten nicht nur «undelikate» sexuelle Passagen, wie sie beim Thema Polynesien recht naheliegend waren, sondern auch wenig schmeichelhafte Berichte über Südsee-Missionare: «Bei der Überarbeitung des Buches habe ich alles gestrichen, was sich auf die Missionare bezieht», schrieb Melville an seinen Verleger. «Was die breite & beständige Beliebtheit des Buches angeht, wird sich diese Streichung gewiß als vorteilhaft erweisen.» Ein gewisser Walter Whitman, der das Buch für den *Eagle* in Brooklyn besprach, pries es als Sommerkost: «Ein seltsames, anmutiges, höchst lesbares Buch... Als Buch, das man in der Hand hält und verträumt einen Sommertag lang begrübelt, ist es nicht zu übertreffen.» Das Nachfolgebuch «Omu» war noch mehr darauf bedacht, den Vorurteilen eines großen Publikums nicht zu nahe zu treten, und für zumindest eine Leserin, die Frau von Henry Wadsworth Longfellow, schien es «weit schwächer als ‹Taipi› zu sein, nicht so sehr um seiner selbst willen geschrieben, sondern offenkundig, um ein weiteres Buch zu haben».

Bei der Arbeit an «Mardi» begann Melville sich gegen die Verpflichtung zu sträuben, noch ein weiteres Buch zu machen. In einem Brief an seinen englischen Verleger John Murray bekannte er: «Während ich in meinem Bericht der *Tatsachen* voranschritt, packte mich allmählich ein unheilbarer Abscheu vor selbigem; & die Sehnsucht, meine Schwingen zum Fluge herauszuputzen, & ich fühlte mich durch das Dahinstapfen auf Gemeinplätzen geärgert, verkrampft und angepflockt.» Ernüchtert durch den Fehlschlag des maßlosen Buchs, kehrte er in «Redburn» und «Weißjacke» zu den Tatsachen und auf die Gemeinplätze zurück, allerdings nicht ohne eine gehörige Portion Ärger, Bitterkeit und Selbstverachtung. Seinem Schwiegervater gegenüber bezeichnete er die beiden Bücher als «zwei *Arbeiten*, die ich für Geld ausgeführt habe – nachdem ich dazu gezwungen wurde, wie andere Leute zum Holzsägen». Richard Henry Dana jun., dessen «Zwei Jahre auf See» ein Klassiker jenes Genres war, in dem zunächst auch Melville arbeitete, erklärte er, die beiden Bücher «beinah ausschließlich dem Mammon zuliebe» herausgebracht zu haben, und in seinem Tagebuch wunderte er sich darüber, daß ein freundlicher Rezensent von «Redburn» tatsächlich «so viele Seiten für etwas verschwenden konnte, von dem ich, der Autor, weiß, daß es Dreck ist & ich es geschrieben habe, um mir davon ein wenig Tabak zu kaufen». Und Evert Duyckinck sagte er, er hoffe, nie wieder ein solches Buch schreiben zu müssen, obwohl es «Geld in einen leeren Beutel bringt». «Wenn ein Autor», so fährt er fort, «es auf etwas Höheres abgesehen hat – Gott helfe ihm & rette ihn! denn ein leerer Beutel ist etwas anderes als ein hohler Ballon – ein leerer Beutel läßt den Dichter *sinken* – siehe ‹Mardi›.»

Doch hatte er sich sein Feuer und seine Energie bewahrt, und während er über seinem nächsten Seeabenteuer saß, über «Moby Dick», lernte er Hawthorne kennen, dessen Beispiel und Gegenwart Melville in jenem Jahr, in dem sie in den Berkshires Nachbarn waren, ermutigte, seine Schwingen für einen weiteren Flug herauszuputzen und seinen Text in ein überbordendes, weitverzweigtes, erschöpfendes Meisterwerk umzuschreiben. Dennoch waren die Besprechungen wie schon bei «Mardi» mäkelig, die Einnahmen bescheiden, und ein weiteres Mal ließ er sich darauf ein, um das große Publikum zu buhlen. Seinem Verleger versicherte er: «Mein neues Buch [ist] viel mehr auf den Publikumsgeschmack ausgerichtet als alles, was Sie bisher von mir herausgebracht haben – ein echter Roman mit kriminalistischer Handlung, angetrieben von aufwühlenden Leidenschaften, die dabei doch einen neuen & erhabenen Aspekt des amerikanischen Lebens darstellt.» Doch beides wurde «Pierre», in dem Melville allen Ärger und alle Kümmernisse, die er nacheinander im Haushalt seiner Mutter und seiner Frau zu ertragen hatte, auf bizarre Weise verarbeitete, ein gigantischer Fehlschlag, ebenso wie «Maskeraden oder Vertrauen gegen Vertrauen» mit seinem Versuch, die Atmosphäre eines Flußboots und den Humor der Grenzregion zu vermitteln, ein Versuch, der unter einer Misanthropie, die schon ans Pathologische grenzte, fast erstickte. Der Zorn war über das sonnige Naturtalent von «Taipi» und «Omu» gekommen, und er hörte auf, um ein Publikum zu buhlen, das nicht mehr antworten wollte.

Das Schauspiel eines Künstlers, der mit den Erwartungen seines Publikums im Krieg liegt, war zu Melvilles Zeit noch nicht die Regel. Sein Zeitgenosse Dickens schien das Geben und Nehmen zwischen Autor und Leser, das sich mit dem Fortsetzungsroman eröffnet hatte, zu genießen, und er lud sich nichts auf sein künstlerisches Gewissen, wenn er gelegentlich die Handlung nach den Briefen, die er erhalten hatte, zurechtbog. Derselbe Dickens unternahm ausgedehnte Tourneen mit dramatischen

Lesungen aus seinem Werk, weinte zusammen mit seinem Publikum über den Tod von Little Nell und legte soviel Gefühl in diese Darbietungen, daß er damit sogar sein Leben verkürzte – ein Massenunterhalter ebenso wie ein Genie bis zuletzt. Dem Publikum zu gefallen, *darin* bestand die Kunst, und das galt für Schriftsteller genauso wie für andere viktorianische Entertainer. Obwohl schon Stendhal behauptete, für ein Publikum in der Zukunft zu schreiben, brauchte es doch Flaubert, bis die Idee formuliert war, daß die Kunst des Romans unabhängig vom bürgerlichen Publikum existierte, ja, ihm sogar zum Trotz.

Die Vorstellung vom Künstler entwickelte sich in Stammeskulturen, in denen der Unterschied zwischen den Schöpfern von Kunst und deren Konsumenten, wie wir mutmaßen dürfen, allenfalls schattenhaft wahrzunehmen war. Alle Stammesmitglieder wirkten beim Tanz und bei den Vorführungen des Rituals mit, und der Geschichtenerzähler und der Maskenhersteller waren stellvertretend Ausführende bei einem von der Gruppe entwickelten Ritus. Die soziale Funktion von Kunst konnte kaum zum Thema werden, wenn alle Funktionen sozial waren, wenn die individuelle Befriedigung ohne allgemeine Gesundheit und geistiges Wohlbefinden unvorstellbar war. Die ältesten noch erhaltenen Kunstgegenstände sind Votivgaben und Totemzeichen; die plastische und graphische Darstellung begann als Dienst an der Religion; und die gelassene Monotonie der ägyptischen und chinesischen Repräsentationsformen sind von ehrfurchtgebietender Unterwürfigkeit geprägt. Dennoch sei der Hinweis erlaubt, daß ausgerechnet in dem ungeheuer statischen Ägypten der revolutionäre Pharao Akhenaten eine neue Theologie proklamierte – eine Art antiklerikaler Sonnenanbetung – und die Künstler seiner Zeit mit einem neuen, behutsam verfeinerten, naturalistischen Stil reagierten. Darüber hinaus wird die ägyptische Wandmalerei in den Grabdenkmälern des niederen Adels weniger pharaonisch, spielerischer, weil aufmerksamer für die zarten Kleinigkeiten des Lebens, für die Vögel und Gräser des Niltals. Demnach scheint sich die künstlerische Kreativität an den Rändern ihrer hieratischen Bestimmung auszutoben; zwischen den überlieferten Konventionen und noch ungefügten Eindrücken herrscht ein ewiges Hin und Her.

In der Morgendämmerung der westlichen Literatur, bei Homer, den Autoren des Alten Testaments, den Sängern und Rhapsoden, deren mündliche Kompositionen aus den rauchigen Thronsälen im nördlichen Europa herabkamen, läßt sich zwischen Auftrag und Ausführung, zwischen den Vorstellungen des Künstlers und denen des Publikums nur schwer ein Zwiespalt feststellen. In diesen alten Meisterwerken scheinen Absichten und Bedeutungen noch ungebrochen; wie bei der heutigen Symbiose zwischen dem brüllenden jugendlichen Rockstar und seinen kreischenden pubertierenden Fans artikuliert der Künstler die Gefühle aller, und seine Poesie hat kaum mehr persönliche Färbung als die Witze und Rätsel, die aus dem Nichts kommen und noch heute unter Schülern kursieren. Der Sänger verkündet die Ruhmestaten des Stammes; er spricht – so stellen wir es uns jedenfalls aus dieser großen Entfernung vor – für alle.

Auch die großen Dramatiker im alten Griechenland erscheinen uns heute als eins mit ihrer Kultur. Das Überleben ihrer Texte und die vielen ersten Preise bei den Dionysien, dem Frühlingsfest des Dionysos in Athen, bestätigen ihre Volkstümlichkeit: dreizehn erste Preise für Aischylos, etwa zwanzig für Sophokles (der jedesmal wenigstens den zweiten Preis erhielt) und nur vier für Euripides. Bei Euripides, dem jüngsten der drei, finden sich andeutungsweise Spannungen moderner Manier zwischen Autor und Publikum: die vergleichsweise wenigen Auszeichnungen; seine respektlose und sogar feindselige Behandlung der Götter und ihrer Mythen; seine halbherzige Verwendung des Deus ex machina als dem konventionellen Schluß – als würde der Stückeschreiber sich unwillig der Tradition beugen; und schließlich legt das etwas Morbide und Nervige, das seinen Figuren eignet, die Vermutung nahe, daß hier einem Künstler mehr an dem liegt, was er sagen will, als an dem, was das Publikum hören soll. Die Unschicklichkeiten des Realismus, derentwegen die Puritaner englische Theater schließen ließen und die die Leser

Flauberts und Zolas, Dreisers und Joyce' aufregten, tauchen zum ersten Mal bei Euripides auf, von dem es heißt, er sei der Gottlosigkeit bezichtigt worden und habe am Hofe des Königs von Makedonien Zuflucht gesucht, nachdem er in Athen nicht mehr sonderlich beliebt war.

Im Mittelalter hatten die Künstler, überwiegend anonym, zur höheren Ehre Gottes zu wirken; es fällt uns nicht schwer, die erhabenen Skulpturen in Chartres und Reims eher dem Innenleben jener Zeit als dem Genie eines einzelnen Bildhauers zuzuschreiben. Dante ist der erste Autor seit dem heiligen Augustinus, dem wir bereitwillig eine Persönlichkeit zuerkennen, eine persönliche Geschichte, die unverkennbar in sein Werk eingearbeitet ist. Shakespeare ist unser klassischer Volkskünstler, der sich für keinen farcenhaften oder schwülstigen Exzeß zu schade war, um das Publikum auf den billigen Plätzen im Globe bei Laune zu halten. Er schusterte wüste alte Geschichten zusammen und verwandelte ihre Absurdität in Tiefsinn, ihr Kulissengeschiebe in Poesie; für jeden Schauspieler, der gerade eine Rolle brauchte, wie beispielsweise William Kempe und Robert Arnim, die beiden Clowns der Theatergesellschaft, stoppelte er rasch eine Rolle zusammen; er fand nichts dabei, mit Leuten zusammenzuarbeiten, die weniger begabt waren, und verschmolz die Volksweisheiten seiner Zeit mit seiner eigenen ungeheuren Originalität. Sich Shakespeare als so außerordentlich entgegenkommend vorzustellen – noch dazu der Ruhm für unsere Sprache – schmeichelt uns natürlich und legt die Vermutung nahe, daß ein großer Schriftsteller nicht unbedingt ein Pedant und Sonderling sein muß. Da er so wenige biographische Spuren hinterließ, daß immer noch ernsthafte Bücher geschrieben werden, die behaupten, er sei ein anderer gewesen, sind wir, um etwas über den Menschen zu erfahren, auf sein Werk angewiesen. All jenen, die da glauben, dem sei nichts zu entnehmen, empfehle ich ein Buch des irischen Kurzgeschichtenautors Frank O'Connor mit dem Titel «Shakespeare's Progress» – von dem ich fürchte, daß es vergriffen ist. O'Connor, der vor gewagten Lesarten und streitbaren Ansichten nicht zurückschreckt, sieht hinter dem Werk ein unruhiges, konfliktreiches und grauenvolles Leben. O'Connor zitiert das Quartett aus dem 111. Sonett:

> O, mir zuliebe sei Fortunen gram,
> Der schuldigen Göttin meiner üblen Schritte,
> Von der nichts Besseres ich mitbekam
> Als Pöbelgeld, verdient durch Pöbelsitte.
> (Deutsch von Ludwig Fulda [1913])

und schreibt dazu: «In dieser letzten unvergeßlichen Zeile steckt die ganze Tragödie des nach Höherem strebenden Mannes, der sich irgendwie mit dem Theater durchschlagen muß.»

Womöglich bedurfte es des Aufstiegs eines bürgerlichen Publikums, damit sich zwischen den Bedürfnissen und dem Wesen des Künstlers und dem seines Publikums der Konflikt richtig entfalten konnte. Bei einem Genie wie Leonardo da Vinci und in geringerem Maß auch bei Michelangelo ist uns bewußt, daß ihre aristokratischen und päpstlichen Auftraggeber sie zu vielen gescheiterten und vergänglichen Projekten gedrängt haben, doch erst mit Rembrandt kam ein Künstler, der seine Kunst um den Preis betreibt und verbessert, daß er sogar seine Auftraggeber vergißt. Als Rembrandts Stil großzügiger, ungeschliffener, kühner und damit noch menschlicher wurde, blieben die Aufträge der gesetzten holländischen Bürger mehr und mehr aus. Was sollten sie auch mit den lichtumrahmten Porträts faltiger Amsterdamer Juden, diesen biblischen Szenen mit großbauchigen, unübersehbar gereiften Frauen? Sie wollten – sehr vernünftig – idealisierte Porträts von sich und nicht mehr psychologische Tiefe, als nötig war, um die Ähnlichkeit deutlich zu machen.

Henry James, ein weiterer Schriftsteller mit starken Bindungen an Albany, erfreute sich der beständigsten und erfolgreichsten Laufbahn, die ein amerikanischer Autor je erlebte, und doch kann man auch von ihm sagen, daß er sein Publikum hinter sich ließ. Obwohl sein geschmeidiger Stil und seine unerschöpfliche Intelligenz bereits in seinen frühen Zwanzigern die Redakteure und Lektoren für sich einnahmen, blieb sein Publikum, um es milde auszudrücken, begrenzt; seine Versuche, es zu vergrößern, erwiesen sich als vergeblich; fünf Jahre versuchte er, für das Theater in London zu schreiben, es endete in einem Desaster – nach der Premiere von «Guy Domville» 1895 kam er auf die Bühne und wurde gnadenlos ausgebuht. Und als sein Stil noch ausgefeilter wurde und seine Geschichten noch feiner gesponnen, da galten sie vielen als Kuriosität, wurden zur Zielscheibe von Parodien, zum Opfer gönnerhafter Besprechungen. Die New Yorker Ausgabe seines Werks, dessen Vorworte und Revisionen zu einem literarischen Liebesdienst, zu einem Akt des Resümierens und Zusammentragens, wie sie in der Geschichte des Romans ohne Beispiel sind, wurde von James selber in seinem letzten Lebensjahr bezeichnet als «ein echtes Monument (wie Ozymandias), dem nie auch nur der Hauch von intelligenter kritischer Gerechtigkeit zuteil wurde – oder überhaupt irgendeiner Form von literaturkritischer Aufmerksamkeit». Was die materielle Anerkennung betrifft, fügte James hinzu: «Dementsprechend gab es in der literarischen Welt nie eine kommerziell undankbarere Arbeit (Vorworte und so was – das *ist* vielleicht undankbar!).» Während seiner gesamten unglaublich produktiven und gedankenreichen Laufbahn war er für den Lebensunterhalt auf seinen Anteil an dem Vermögen angewiesen, das sein aus Irland eingewanderter Großvater hier in Albany angehäuft hatte.

Doch wenigstens hatte James keine Mühe damit, veröffentlicht zu werden; William Kennedy, der heute als der bedeutendste literarische Exponent und als Zierde der Stadt unter uns weilt und dessen Roman «Wolfsmilch» im Erscheinungsjahr zwei der drei wichtigsten Literaturpreise errang, hat bei einer dieser Ehrungen erzählt, daß dieser Roman von dreizehn Verlagen abgelehnt worden war. Die Annalen der modernen Literatur quellen über von solchen Horrorgeschichten, kein geringerer Erstleser als André Gide lehnte «In Swanns Welt», den ersten Teil von Prousts überragender «Suche nach der verlorenen Zeit», für Editions Gallimard ab; von James Joyce mußte nicht nur sein «Ulysses» als Privatdruck in Frankreich erscheinen, auch «Dubliners», sein exemplarischer Kurzgeschichtenband, der heute zur

Standardlektüre für High-School-Studenten gehört, blieb zehn Jahre lang ungedruckt, in denen irische und englische Druckereibesitzer wegen ein paar höchst präziser Einzelheiten sich vor der Entscheidung drückten.

Und was denken wir uns heute dabei, 1985? Wahrscheinlich fühlen wir uns überlegen und aufmerksamer. Überlegen, weil *wir* selbstverständlich den armen Henry James nicht ausgebuht hätten, wären wir seine Zuschauer gewesen; *wir* hätten anders als jene Lektoren «Wolfsmilch» und «In Swanns Welt» angenommen; und *wir*, hätten wir 1851 gelebt, hätten «Moby Dick» als das große amerikanische Epos erkannt, das es ist. Und aufmerksamer, weil wir natürlich die Schriftsteller in ihrer selbstlosen Empfindlichkeit und ihrer Begeisterung vor den haarsträubenden Ausflüchten beschränkter Lektoren, noch beschränkterer Rezensenten und der am meisten beschränkten Buchkäufer in Schutz nehmen wollen. Eine Möglichkeit besteht darin, die Künste mit staatlichen Mitteln und Stipendien der Universitäten zu fördern. Mit seiner Unterschrift bestätigte Lyndon Baines Johnson 1965 die Einrichtung des National Endowment for the Arts and for the Humanities; 1984 verabschiedete die Senatsversammlung Ihres großen Staates New York mit Zustimmung des Gouverneurs Cuomo ein Gesetz, wonach «das allgemeine Wohlergehen der Bevölkerung im Staat durch die Einrichtung eines Zentrums, das dem Schreiben und verwandten Künsten gewidmet ist, verbessert wird». Zu den näher genannten Zielen jenes Zentrums gehört das Beschäftigen von Schriftstellern, das Anbieten von Stipendien, die Verbesserung der Zusammenarbeit in Autorenseminaren und Workshops, das Anbieten von Programmen, in denen die Unterweisung in der Kunst des Schreibens gefördert werden soll, sowie «jährlich wenigstens einen Vortrag eines bekannten Schriftstellers über einen Aspekt des kreativen Denkens anzubieten, der die Ziele der Institutsprogramme fördern und die Beschäftigung der Gemeinde mit den Künsten bereichern soll».

Man fragt sich allerdings, ob ein solcher Wirbelwind guter Absichten je mehr bewirken wird als ein paar Sinekuren und ein paar angenehme Stipendien für Schriftsteller, die sich sonst nach einem anderen Beruf umsehen müßten. Die weiter verbreitete Lösung für die bourgeoise Besorgtheit um die Kunst im Gefolge der Moderne besteht in der akademischen Förderung. Über diese Zuflucht, soweit sie die Kunst der Musik betrifft, hat sich vor kurzem Richard Sennett in der Dezembernummer des Magazins *Harper's* geäußert:

> Das Aufkommen der Universität als Hauptmäzen und Beschützer des Künstlers, eine Veränderung, die sich nach dem Zweiten Weltkrieg in Amerika, Großbritannien und in geringerem Maße auch in Westeuropa vollzog, hat die Bedingungen, unter denen künstlerisches Experimentieren sich ereignet, von Grund auf verändert. Das gilt nicht nur für den Bereich der Musik, sondern auch für Tanz und Theater sowie für Literatur und die darstellenden Künste. Ein neues Stadium in der Sozialgeschichte der Künste war erreicht: Der Künstler wurde vor der Dummheit, vor dem Bedürfnis nach Vergnügen, Tränen und Unterhaltung, vor der launischen Aufmerksamkeit und dem plötzlichen unvorhersehbaren Enthusiasmus eines Publikums geschützt – also vor nicht mehr und nicht weniger als einer verwöhnten Mischung des Menschlichen. 1958 schrieb der Komponist Milton Babbitt einen Artikel für *High Fidelity*, den das Magazin unter dem Titel «Wen kümmert's, ob Ihr zuhört?» brachte. Der Titel war die passende, nichts beschönigende Beschreibung einer Mentalität, wie sie in der verbeamteten Kunst verbreitet ist: der Künstler will als Forscher verstanden werden, und seine Zuhörer, wenn er überhaupt welche hat, sollten den gleichen Schauer fühlen wie die Leute bei einer Dinnerparty, wenn der Ehrengast zu erläutern geruht, womit er sich den Nobelpreis in Physik erworben hat.

Im weiteren zweifelt Sennett, daß die Ergebnisse einer solchen verbeamteten Kunst, zumindest in der Musik, so wunderbar gewesen sein können oder auch nur, wie man doch erwarten sollte, besonders gewagt: «Die Sicherheit brachte einen neuen Provinzialismus mit sich, den Provinzialismus der Collegestadt... Die Avantgarde wurde damit berechenbar. Sobald der Campus-Salon die Music-Hall ersetzt hatte, nahmen die Ereignisse die logische Wendung.»

Die geschilderte Situation ist vielleicht eher die Ausnahme. Die einfache Kunst des Romans mit ihren Wurzeln im Zeilenschinden und der Alltagssprache als gängiger Währung könnte sich nie so zurückziehen; meiner Meinung nach sollte sie es auch nicht. Die kreative Vorstellungskraft wird nicht in einem Vakuum geboren. Ihre ersten Regungen erblühen mit dem Stimulans durch das elterliche oder schulische Lob, und selbst das frühreifste musikalische Genie braucht ein Klavier zu Hause und mittlerweile auch Schallplatten und Tonbänder. Kreativität, so lege ich es mir zurecht, ist ein dreifaches Phänomen. Da ist einmal der Künstler, der darauf brennt, sich auszudrücken und Eindruck zu machen. Doch muß es auch ein Genre geben, eine bereits bestehende Form, eine Art von Objekt, dem der künftige Künstler zunächst als Konsument begegnete, wobei das Vergnügen an diesem Konsum sich ausdehnte in den Ehrgeiz, selber Produzent zu werden. Und verbunden mit diesem Genre, untrennbar von seinem Wachstum, ist das Publikum, das im Inhalt dieser Form Anlaß für Trost, Unterhaltung oder Bereicherung findet. Die gewagten Freskos in Pompeji dienten einem bestimmten Zweck; im Amsterdam des siebzehnten Jahrhunderts wurden Wandgemälde zu einem Teil der Einrichtung. Im neunzehnten Jahrhundert eroberten sich Romane ein gewaltiges Publikum, und Sennetts Beschreibung von Leiden und Fortschritt der klassischen Musik liefert eine interessante Parallele, wenn er sagt: «Im neunzehnten Jahrhundert kam es zu Verständigungsproblemen, weil die Bourgeoisie bestimmte Erwartungen an die Kunst knüpfte. Die Kunst, so die traditionelle Anschauung, konnte den Geschmack verfeinern und einen aus der schmutzigen Welt der kleinlichen Bedenken und des materiellen Kampfes entführen. Die romantischen Musiker kämpften unermüdlich gegen diese Vorschriften des ‹guten Geschmacks›.»

Für die schwer arbeitende Bourgeoisie wurde Kunst damit zu einem Urlaub vom Leben, war nicht, wie noch für die vorkapitalistischen Stammesangehörigen, eine Erklärung und Intensivierung des Lebens. Die Künste überleben in gewisser Weise als Instrument und Ausweis sozialer Verbesserung: Man geht ins Museum, in Konzerte, man liest Bücher, weil das andere nette Leute tun. Man besucht das College unter anderem auch, um der Kunst auf die Schliche zu kommen, damit man sich entspannt mit anderen Leuten unterhalten kann, die auf die gleichen Schliche gekommen sind. Kunst ist das Schmieröl im sozialen Räderwerk. Inzwischen sind es vor allem Banken und Unternehmen, die zeitgenössische Bilder kaufen, die sie dann in ihren Büros nicht nur als mögliche solide Geldanlage aufhängen, sondern auch als eine Art tröstlicher visueller Kaufhausmusik, mit der sie die Kunden beruhigen und eine spielerische Atmosphäre schaffen, die die schreckliche Ernsthaftigkeit ein wenig lindern soll, mit der Geld unserem Management sonst entgegentritt. Die theatralischen Künste dienen, wie schon seit Jahrhunderten, als Hintergrund für Umwerbung und Verführung im privaten wie im Geschäftsbereich. Kunst ist mit Stil verbunden, Stil mit Reichtum und Reichtum mit Macht.

Einst las man Fanny Burney und Thackeray, um etwas über die Sitten und Umgangsformen der sozialen Schicht zu erfahren, die ein oder zwei Sprossen über der eigenen lag; mit Sicherheit bestand einer der Reize, derentwegen man in den dreißiger und vierziger Jahren ins Kino ging, in der Möglichkeit, den Reichen beim Leben zuzusehen, in ihren Penthouses, mit ihrem Smoking, dem Butler, den silbernen Zigarettendosen. Der aktuelle Erfolg einer Fernsehserie wie «Denver-Clan» beweist ein weiteres Mal, daß die Reichen, die in ihren Kleidern immer gut aussehen und vor ihrem Hotel immer einen Parkplatz finden, sich einer ungebrochenen Faszination erfreuen – die Supermänner und -frauen der Konsumgesellschaft. Doch fürchte ich, daß die Leute, die heute Romane lesen, mehr interessiert, wie sich andere im Bett als bei Tisch verhalten; unsere Phantasien gehen weniger auf Paläste und Penthouses als auf die Gewalt und Paranoia des internationalen Thrillers.

Auf jeden Fall interessieren sich die Menschen für die Künste, um ihr Leben zu erweitern, und wenn ein Genre aufhört, diese offensichtlich erwünschten Ergänzungen zu liefern, werden ungeschickte philanthropische und gesetzgeberische Anstrengungen unternommen, um die Kunst zu stärken, ihre Fortsetzung zu fördern und ihr Überleben zu sichern. Wie kommt es, daß man nie davon hört, die Regierung fördere die Erhaltung und Stützung von Comic strips, von Herrenmagazinen oder Seifenopern im Fernsehen? Weil diese Genres noch immer ihr Publikum haben, für dessen Unterhaltung und Belehrung sie erfunden wurden; sie existieren in unserer Kultur ohne alle Anerkennung, ohne Respekt, ohne alle Förderung, abgesehen von der großen Nachfrage – genau wie der Roman im neunzehnten Jahrhundert, die Tragödie in der Regierungszeit von Queen Elizabeth. Eine Kunstform richtet sich nicht nach abstrakten oder inneren Anliegen; sie gestaltet sich nach der jeweils gültigen Technologie und den Vorlieben ihrer Zeit. Auf einer Form kann sich sehr rasch eine trügerische Staubschicht aus Nostalgie und Philologie ansammeln, so daß es aussieht, als sei sie immer schon angestaubt gewesen. Akademische Gesellschaften beschäftigen sich bereits mit der Frühgeschichte des Comic strips, und die Hollywoodfilme der Studioära, die einst von den sogenannten Filmfabriken als gigantische Artefakte ausgestoßen wurden, scheinen jetzt über künstlerische Qualitäten zu verfügen und über eine, noch erstaunlicher, künstlerische Integrität, die den meisten der heutigen Filme abgeht, obwohl sie doch künstlerisch viel reflektierter sind. In der Evolution der Kunst ist irgendwann der Punkt erreicht, an dem bestimmte Dinge einfach nicht mehr möglich sind; bei den heutigen Lohnkosten lassen sich keine Musicals wie die von Busby Berkeley mehr produzieren, und wir können heute auch nicht mehr (es sei denn mit einem gewaltigen Aufwand an Mimikry) Bilder von der Beschaffenheit jener viktorianischen Holzschnitte herstellen, die vor der Erfindung der Fotogravur zu Tausenden entstanden sind. Und damit werden diese Drucke in den Collage-Erzählungen von Max Ernst und Donald Barthelme zu Kunst. Eigenschaften, die einmal neutral und unvermeidlich schienen, entpuppen sich beim zweiten Mal als leidenschaftlicher Ausdruck ihrer Epoche, als hätte ein Stilempfinden sie dazu erklärt, das im Rückblick voller Fremdheit ist.

Und wo steht, nach diesem eher fatalistischen und deterministischen Überblick über die Kunst, die individuelle schöpferische Vorstellungskraft? Die schöpferische Imagination wirkt nach meiner Ansicht mit einer gewissen unverzichtbaren Unschuld innerhalb ihres unnachgiebigen Umfelds. Mit jeder Generation, die aus der Kindheit hervortritt, sucht sie zu gefallen. Sie will mehr oder weniger auf die gleiche Art gefallen, wie sie es selber angenehm fand, in ihren Entwicklungsjahren von der Kunst angerührt zu werden. Längst hat sich mit Stephen King an der Spitze eine Generation von Romanciers etabliert, die nachhaltig vom narrativen Wortschatz des Fernsehens beeinflußt ist; groß kann mich das nicht aufregen, da meine eigene Generation sich vom Kino versklaven ließ. Die schöpferische Vorstellungskraft will ihrem problematischen Publikum gefallen, und das gelingt ihr, weil sie mitteilt, was ihr am kostbarsten ist. Der Primärinstinkt des Kleinkinds bei Besitztümern läßt es festhalten, was es schon hat; Sozialisation und Kreativität beginnen, wenn es eine Limabohne oder einen besabberten Spielzeuglaster einem der Geschwister oder einem Spielgefährten zuschiebt. Vielleicht können wir diese Entwicklung noch einen Schritt weiter zurückführen: Freud sagt irgendwo, daß das Kind seinen Eltern als erstes Geschenk seinen Kot überreicht, dessen Darbringung (im dafür vorgesehenen Behältnis) allgemein gelobt wird. Und wie bei dieser Urspende preßt der Schriftsteller sein tägliches Produkt im Sitzen heraus, auf einer gesunden Grundlage von Regelmäßigkeit und dem Vermeiden von Belastungen. Der Künstler, der mit Worten und Anekdoten, mit Bildern und Fakten arbeitet, will uns nichts anderes als sein verdautes Leben, wie er es empfangen hat, mitteilen, in Erinnerungen und Phantasien, die, so verdeckt sie sein mögen, für ihn kostbar sind. Lassen Sie mich das mit einem kurzen Beispiel aus dem kreativen Prozeß erläutern, den ich am besten kenne, meinem eigenen.

Im Jahr 1958 war ich ein junger Mann von sechsundzwanzig Jahren, der sich eben erdreistet hatte, sich in einer kleinen Stadt in New England als freier Schriftsteller niederzulassen. Ich hatte die Verpflichtungen für meinen Beruf und meine Familie überschlagen, was darauf hinauslief, daß ich dem Magazin *New Yorker* pro Jahr sechs Kurzgeschichten verkaufen mußte. Ich hatte bereits mehrere geschrieben und verkauft, die auf meine Kindheit in Pennsylvania und mein Leben als junger Ehemann in New York City zurückgingen; an einem Wintertag fielen mir mit einem gleichzeitigen Gefühl von Verlust und Wiederbeschwörung plötzlich wieder die Silvesterparties ein, die meine High-School-Clique in einem bestimmten Haus feierte, und wie wir, obwohl die meisten von uns bereits weg- und aufs College gegangen waren, diesen Brauch noch mehrere Jahre aufrechterhielten, der inzwischen als eine Art Klassentreffen diente. Der Held meiner Geschichte ist ein Collegestudent im Abschlußjahr, der bereits mit einer Freundin vom College zusammen ist und die Absicht hat, demnächst seine Heimatstadt für immer zu verlassen. Er erzählt uns einen Augenblick in diesem aufgeregten Treffen von Neunzehn- und Zwanzigjährigen:

> Die Party war die Party, zu der ich schon mein ganzes Leben lang gegangen war, angefangen mit Ann Mahlons erster Halloween-Party, die ich als bulliger, vierschrötiger, atemloser und blinder Donald Duck besucht hatte. Meine Mutter hatte das Kostüm genäht, und die Augen verrutschten ständig und standen weiter auseinander als meine eigenen, so daß sie auch dann, wenn sich die Gazewolken teilten, nur jene frustrierende Welt ohne räumliche Tiefe zeigten, die man mit einem Auge zu sehen bekommt. Ann, die, weil ihre Mutter sie als Kind so geliebt hatte, selber ein wenig kindisch geblieben war, ich und ein weiteres Paar, das nicht in eine romantische Krise verstrickt war, gingen in Schumans Keller hinunter, um Rundlauf zu spielen. Mit den Schlägern bewaffnet standen wir auf jeweils unserer Seite der Tischtennisplatte und liefen, kaum daß der Ball eingeschlagen war, gegen den Uhrzeigersinn um

die Platte, schlugen und kreischten. Um besser laufen zu können, zogen die Mädchen ihre Stöckelschuhe aus und ruinierten sich die Strümpfe auf dem Estrich. Ihre Gesichter und Arme und Schulterausschnitte röteten sich, und als ein Mädchen einen Ausfall nach vorn zum Netz hin machte, gab der steife Saum am Dekolleté ihres Ballkleides nach, und sichtbar wurden die weißen Bögen ihres Büstenhalters, die sich unter ihrer schweren Last wölbten, und als sie sich nach oben streckte, schimmerte ihre rasierte Achselhöhle wie ein Stück Hühnerhaut. Ann verlor einen Ohrring, und die beiden zusammenhängenden Straßsteine schlitterten dahin, bis sie bei der Wand liegenblieben, zwischen dem Rasenmäher der Schumans und den Badmintonstangen und den leeren bronzefarbenen Ölkanistern, die zwei dreieckige Einstiche hatten. Alle diese Bilder gingen im Wirbelwind unseres Hin- und Herrennens sofort verloren; wir waren schwindelig, ehe wir aufhörten. Ann lehnte sich an mich, als sie wieder in ihre Schuhe schlüpfte.

Die Geschichte trägt den Titel «Glücklicher war ich nie». Sie wurde angenommen und bezahlt und in mehreren Anthologien nachgedruckt. Als ich daran schrieb, hatte ich das sichere Gefühl, daß mir ein Durchbruch gelungen sei, wie durch eine dünne Wand aus abweisendem Glas, zum Material, zur Wahrheit, die bis dahin verschlossen war. Ich war aufgeregt, und als meine damalige Frau die erste Fassung las, sagte sie: «Das ist aufregend.» Und was war daran nun aufregend? In der Geschichte gibt es nicht viel Gewalt oder äußerliche Abenteuer, die Figuren sind nichts Besonderes. Ich denke, das Aufregende ist der plötzliche Griff ins Menschenleben. 1958 hatte ich eben den richtigen Abstand von jener Nacht in Shillington, Pennsylvania, am Jahreswechsel 1952/53; ich konnte mich noch erinnern und interessierte mich dafür und war doch entfernt genug, um die Erinnerungen in den Griff zu bekommen, sie in Literatur zu überführen.

Das ist ein Bestandteil der Kreativität: das Ego und seine Ausdruckslust. Der zweite Bestandteil, das Genre, war die amerikanische Kurzgeschichte, genauer die *New Yorker*-Kurzgeschichte, von denen in den Jahrzehnten vor 1958 bereits genügend geschrieben worden waren, keine jedoch, so mein glücklicher Wahn, ganz genau so und mit genau diesem Material. Nicht im Süden gelegene Städte und Teenager wurden meinem Eindruck nach in der Literatur der Fünfziger gewöhnlich mit Herablassung oder allenfalls satirisch behandelt; Sinclair Lewis' und Ring Lardners Art und Weise, das Leben in der Provinz bloßzustellen, war noch allzu geläufig. Mein Auftrag bestand darin, aufzustehen und zu rufen: «Nein, hier gibt es ein Leben, das ebenso ernst genommen sein will wie jedes andere.» In diesem Licht gewinnen so winzige Details wie die rasierte Achselhöhle, die wie ein Stück Hühnerhaut schimmert, oder die beiden dreieckigen Einstiche in einem leeren Ölkanister die Dringlichkeit einer Verkündigung. Gegenstände werden zu Symbolen; versteckte Bedeutungen treten an die Oberfläche. Die verschwommene Sexualität dieses verspielten Augenblicks hat etwas Verhängnisvolles, weil sie die Beteiligten aus ihrer Kindheit vertreibt, hinein in das verwirrende Mysterium der Zeit.

Was den dritten Bestandteil des kreativen Prozesses angeht, das Publikum jenseits des Genres, so gab es da den Leser des *New Yorker*, der in meiner Phantasie verwöhnt und sehr urban war und deshalb einer gesunden kleinstädtischen Abwechslung in seiner damals üblichen Diät aus Westchester-Ehebruchsgeschichten und den Erinnerungen an eine luxuriöse Kindheit in Indien oder Polen bedurfte. Das soll heißen, daß ich der Meinung war, es gäbe unter meinen Landsleuten eine gewisse Gruppe, für die diese bescheidenen Vorgänge in Pennsylvania tatsächlich neu seien.

Auf diesem Stand bewegten sich meine Überlegungen, als ich diese Geschichte schrieb; tatsächlich erscheinen in dem Magazin inzwischen viele ähnliche Geschichten, und vielleicht war das immer so: Doch in meiner möglicherweise trügerischen Wahrnehmung war das Material neu, neu für mich, neu für die Welt, und es war echt. Mit echt meine ich real. Denn in meinem Verstand verhält sich die schöpferische Vorstellungskraft vollkommen parasitär zur realen Welt – zu dem, was einst Schöpfung hieß. Schöpferische Aufregung sowie das Gefühl, etwas Nützliches zu tun, erfaßte mich jedesmal und nur dann, wenn ich merkte, daß ich mit lebendiger Genauigkeit etwas von dem, was ich erlebt hatte, auf die Druckseite überführte. Diese beiden dreieckigen Einstiche und das Stück Hühnerhaut sind Perlen von unschätzbarem Wert, gerettet aus der gleichförmigen Weite vergangener Erfahrung. Der Drang, der Wirklichkeit Gerechtigkeit widerfahren zu lassen, drängt die Sprache in jene halb durchscheinenden Schichten, die den Stil ausmachen. In der Abstraktion gibt es weder Stil noch Form; in der Musik oder Malerei mag es das geben, aber abstraktes Schreiben ist nicht vorstellbar. Selbst Wörter, die bis zum reinen Nonsens zertrümmert sind, mühen sich ab, uns eine Bedeutung zu übermitteln; und selbst hinter den extremsten modernistischen Experimenten mit der Literatursprache – Joyce' «Finnegans Wake», Gertrude Steins Spätwerk, das automatische Schreiben von Dada – strebt irgendein Begriff von der Natur der Wirklichkeit nach einem Ausdruck.

Die kreative Vorstellungskraft hat demnach eine zweifache Schnittstelle: Auf der Output-Seite mit einer Art reagierendem Publikum, auf der Input-Seite mit der Wirklichkeit selber. Wenn eine der beiden Verbindungen zusammenbricht, fließt kein Strom mehr. Beide Seiten des kreativen Vorgangs bedürfen des Vertrauens: Auf der Output-Seite müssen wir hoffen, daß dort ein Publikum existiert oder sich irgendwann findet; auf der Input-Seite müssen wir uns in der Hoffnung niederlassen, daß das Material durch uns zu sprechen beginnt, daß dieses unvorhersehbare Glücksgefühl aus Muster und Verwirklichung sich im Schreiben aus dem Nichts erhebt.

Angefangen haben wir mit Melville. In jenem nach England ausgerichteten, auf Liebesgeschichten fixierten Amerika vor einhundertvierzig Jahren begann ihn sein Publikum zu verlassen, doch hatte sich auch in seinem Verhältnis zum eigenen Material etwas erschöpft. Melville interessierte das Meer und der Austausch zwischen Männern (beides spornte ihn an, könnte man auch sagen), und in der Verborgenheit zum Ende seines Lebens schrieb er ein weiteres Meisterwerk, «Billy Budd», das sich mit diesen Themen beschäftigte. Das riesenhafte Land Amerika und die Schwierigkeiten des Familienlebens drückten ihn eher nieder als daß sie seine Phantasie befeuert hätten. Und nachdem er für die Versuche, sich von seinem ozeanischen Material abzuwenden, getadelt worden war, verzichtete er auf den Kampf des Berufsschriftstellers und hat damit auf die Nachwelt vermutlich erst recht Eindruck gemacht. Aus heutiger Sicht scheint er völlig unbelastet von wohlfeiler Weitschweifigkeit oder bloßer Berufsroutine; die fehlende Gabe zum öffentlichen Auftritt ersparte ihm diesen. Die Niederlage in seinem Beruf bewahrte ihm seine Phantasie.

Im heutigen Zeitalter der Überinformation und der fröhlichen Ungenauigkeit, in dem auf jeden kreativen Geist sechs gewiefte oder doch ziemlich einschüchternde Sprachkritiker kommen, hat der Schriftsteller keine wichtigere Aufgabe, als sich die Vorstellungskraft zu bewahren. Wenn er es schafft, riskiert er, damit anzuecken. Wenn Sie wollen, hören Sie sich diese zeitgenössische Kritik des «Moby Dick» an:

> Mr. Melville ist offensichtlich mit dem Versuch beschäftigt, herauszufinden, wie lange es sich das Publikum gefallen läßt, daß er ihm zur Last fällt. Er stellt gleichzeitig unsere Leichtgläubigkeit und unsere Geduld auf die Probe. Nachdem er ein, zwei ganz brauchbare Abenteuergeschichten geschrieben hat, ist er nunmehr davon überzeugt, daß er das Recht besitze, so viele weitere zu produzieren, wie es ihm gefällt, immer noch übertriebener und immer noch langweiliger... In Wahrheit hat Mr. Melville seinen Ruf überlebt. Hätte er sich damit zufriedengeben können, ein oder zwei Bücher zu schreiben, wäre er vielleicht berühmt geworden, doch hat ihm seine Eitelkeit alle Aussichten auf Unsterblichkeit oder auch nur auf einen angesehenen Namen in seiner eigenen Generation zunichte gemacht.

«O, eine Generation von Schlangen» fällt einem dazu nur ein. Alle Generationen, eine jede für sich, sind natternhaft. Wie der Künstler überlebt und sich während seiner Lebenszeit durchschlägt, ist im Grund sein persönliches Problem, für das es viele Lösungen gibt, von denen wiederum keine ideal ist. Doch scheint soviel immerhin festzustehen: Wenn wir uns an die kreative Vorstellungskraft halten, bleibt uns die durch sie bewahrte Freiheit, und das unabhängig von den Reaktionen der Zeitgenossen. Oder, besser gesagt, unabhängig von dem Maß, in dem es dieser Vorstellungskraft, mit einem idealen Publikum im Kopf, gelingt, sich ihr eigenes Publikum zu schaffen, indem es unser Sensorium schärft.

Emersonianismus

In seinem Aufsatz «American Literature: Traditions and Talents» gibt der Essayist Warner Berthoff zu, daß es der «amerikanischen Umwelt tatsächlich gelungen ist, ihre eigenen schöpferischen Meister hervorzubringen», und fordert sich dann dazu heraus, diese zu nennen. Als würde ihn das überraschen, antwortet er: «Ich sollte zunächst von Melville oder Whitman und von Emerson sprechen, die auf je verschiedene Weise die lebendigsten unserer Schriftsteller geblieben sind; zugleich sind sie die mit der provozierendsten Intelligenz. Ihre Intelligenz ist sozusagen noch immer die lebhafteste mögliche Ursache für Intelligenz bei anderen.»

Wenn man das liest, zweifelt man an seiner eigenen Intelligenz. Natürlich Melville und Whitman. «Moby Dick» und «Grashalme», die beide in den achtzehnhundertfünfziger Jahren erschienen und mit Spott oder Gleichgültigkeit aufgenommen wurden, sind als amerikanische Klassiker über jeden Zweifel erhaben. Oder glauben wir heute jedenfalls, nachdem wir unsere hohe Meinung von den Literaturwissenschaftlern der Moderne übernommen haben, die in Melvilles Fall für seine Auferstehung ein ordentliches Stück Arbeit zu leisten hatten. Und doch scheint unsere allgemeine Ansicht gerechtfertigt, wenn man sie am Text selber überprüft: die Worte singen, brennen und leben, sie besitzen die stimulierende Schwierigkeit der Wirklichkeit und den Druck und die Genauigkeit tatsächlich existierender Dinge. In einer Art Verzückung stellt die Stimme jedes Autors feste Verbindungen her, und wie weit immer diese Verzückung reicht,

Eine Ansprache, die am 25. Oktober 1983 auf dem Campus der University of California in Davis sowie, etwas verändert, am 9. November 1983 beim 1644. ordentlichen Treffen der American Academy of Arts and Sciences in Cambridge, Massachusetts, gehalten wurde.

Melville und Whitman bemühen sich überzeugend, uns genau das zu schenken, was der jeweilige Titel verspricht: Gras und ein Wal, die Erde und das Meer werden dargeboten.

Aber Emerson? Ist sein Ruhm nicht im Innersten etwas matt geworden, haben die Werke, die er uns hinterlassen, nicht etwas Ausgebleichtes? Wann, frage ich mich, habe ich zuletzt einen seiner gefeierten Essays gelesen? Inwieweit sind Emersons Werke überhaupt noch Lehrstoff in den Seminaren, die nicht ausdrücklich der Literaturgeschichte gelten? Manchmal finde ich in der Post Anthologien, die in Colleges und High-Schools als Lehrbuch dienen, und ein Blick in das Register bietet wenig Emerson, und wenn doch, dann allenfalls ein oder zwei seiner kürzeren Gedichte oder ein oder zwei Absätze, um «Walden» zu erläutern, oder eine Fußnote, die erklärt, wie der noch lebende Autor Ralph Ellison zu seinem zweiten Vornamen Waldo kam. «An Approach to Literature», eine gewaltige zweispaltige Anthologie, herausgegeben von Cleanth Brooks, John Thibaut Purser und Robert Penn Warren, enthält ebensowenig wie Donald Halls fünfzehnhundert Seiten umfassende Sammlung «To Read Literature» auch nur ein einziges Wort von Emerson. Die Welle der Gegenkultur, die Thoreau und Whitman wieder zu Modeautoren erhob, erreichte Emerson nicht; er war nicht revolutionär oder ökologisch genug. Der nicht faßbare phantastische Hawthorne taucht mit ebensolcher Untrüglichkeit in jeder Anthologie auf, wie es Emerson umgekehrt nicht tut; wahrscheinlich wage ich keine besonders kühne Behauptung, wenn ich vermute, daß sogar Texte von Longfellow und Whittier einen lebhafteren Eindruck im kollektiven Gedächtnis hinterließen als Emersons literarischer Nachlaß. So dominierend und so ehrwürdig seine Gegenwart unter den Zeitgenossen war, Emerson besitzt Unsterblichkeit heute beinah nur mehr deswegen, weil er von den anderen nicht zu trennen ist.

Wie sehr er sich auch immer, was uns selbst betrifft, als geistig anregend herausgestellt hat oder noch herausstellen wird, in seinen besten Jahren war er zweifellos höchst befruchtend für das Denken anderer. Er verstand zu ermutigen und zu inspirieren, sorgte in Concord und Boston für Aufregung, sprühte, wo immer er sprach, vor Energie und Kühnheit. 1842 hörte ihn der dreiundzwanzigjährige Walter Whitman in New York lesen: «Ich siedete, siedete, siedete», sagte der Dichter*, «Emerson brachte mich zum Kochen.» Und als Whitman 1855 dem vielbeschäftigten Emerson ein im Selbstverlag erschienenes Bündel seiner Gedichte übersandte, ein Büchlein, das schon seiner exzentrischen Aufmachung wegen darum bettelte, als Werk eines Irren weggeworfen zu werden, las es Emerson erstaunlicherweise und erkannte seine epochale Bedeutung, sah darin die Erhörung seiner öffentlichen Gebete um eine neue Literatur und ein unbeschränktes neues Bewußtsein. «Ich bin nicht blind für den Wert der wunderbaren Gabe der ‹Grashalme›», schrieb er an Whitman. «Es handelt sich meiner Ansicht nach um das außerordentlichste Stück an Geist & Weisheit, das Amerika bislang hervorgebracht hat... Es besitzt die größten Verdienste, in allererster Linie jene, zu bestärken & zu ermutigen.» Der uneingeschränkte Ton dieses Lobs, das von einem Fremden ausgesprochen wird, ist großherzig; die Art der Lobpreisung strahlt auf den Geber zurück. Emerson war zu sehr damit beschäftigt, andere zu ermutigen und zu bestärken, als daß er etwa Neidgefühle verspürt hätte. Seine lange, geduldige Förderung Henry David Thoreaus ist bestens bekannt. Weniger bekannt ist die Freundlichkeit, die Emerson dem halbverrückten, von der Religion besessenen Jones Very aus Salem erwies; der ganzen Absonderlichkeiten des jungen Mannes ungeachtet, pflegte Emerson nicht nur regelmäßigen Kontakt mit ihm, sondern redigierte Verys «Essays and Poems» und sorgte 1839 für ihre Veröffentlichung. Auch die unberechenbare, aber brillante Margaret Fuller drängte Emerson in eine schwierige Freundschaft. «Ich möchte Sie sehen und mehr noch hören», schrieb sie ihm 1838. «Ich muß meine Fackel neu entfachen.» Sie warf

* Zu John Townsend Trowbridge, wie in Trowbridges «Reminiscences of Walt Whitman», *The Atlantic Monthly*, LXXXIX (Februar 1902), überliefert.

ihm eine «gewisse seelische Ungastlichkeit» ihr gegenüber vor und provozierte ihn dazu, ihr in seinen Tagebüchern eine imaginäre Abfuhr zu erteilen, die folgendermaßen begann: «Sie wollen, daß ich Sie liebe? Was soll ich lieben?» Ihr Drängen, mehr zu geben, als er geben konnte, wehrte er ab, doch profitierte er nicht wenig von ihrer intellektuellen Verbindung im sogenannten Hedge's Club und ihrer Redaktionstätigkeit für *The Dial*, der Zeitschrift der Transzendentalisten. Noch viele andere, Männer wie Frauen, sonnten sich im Emerson-Kreis in Concord; obwohl er in seinen Tagebüchern die ständige Beanspruchung seiner Zeit beklagt, bestand nicht nur seine Natur, sondern seine ganze Berufung im Ermutigen. Seine Ansprache in Boston über den «Menschen als Reformer» verkündete einen «neuen Geist» und rief die Menschen dazu auf, «die Welt aufs neue anzufangen». Bücher, hatte er in seiner berühmten Ansprache über den «Amerikanischen Gelehrten» erklärt, «Bücher sind nichts wert, wenn sie nicht inspirieren.» Mit seinem Ruf nach Erneuerung, seiner Fähigkeit zur Anerkennung und seiner Gabe, Begeisterung zu wecken, steht Emerson in katalysatorischer Verbindung zur klassischen Periode der amerikanischen Literatur, vergleichbar nur mit Ezra Pound und dem Modernismus zu Beginn des 20. Jahrhunderts. Gertrude Stein nannte Pound einen «Dorfpropheten», und der Weise von Concord war genau das. Er kannte jeden und hielt überall Vorträge. Einer seiner besten Freunde in New York war Henry James senior, und 1872, auf seinem letzten Ausflug nach Europa, war Henry James junior einer seiner Begleiter in Paris. Als er zwanzig Jahre zuvor mit Eisenbahn und Dampfboot gereist war, um in St. Louis aufzutreten, genoß er besonders die Gesellschaft des unitarischen Geistlichen William Greenleaf Eliot, des Großvaters von T. S. Eliot. Unser Eindruck, daß Emerson seine segnenden Hände auf alle Häupter zumindest der nordostamerikanischen Literatur legte, wird noch durch die Phantasie bestärkt, Emily Dickinson könnte seine geistige Tochter sein: wie er schrieb sie Gedichte auf Hummeln und fühlte sich trunken vom berauschenden Licht der göttlichen

Sonne. Ihre Vollkommenheit bestätigt, was er in dem Essay «Der Dichter» behauptete: daß «Tag und Nacht, Haus und Garten, ein paar Bücher, ein paar Taten ebenso hinreichen wie alle Handelsgeschäfte und alle Schauspiele». Wie ließe sich seine Lehre vom «Selbst-Vertrauen» besser als mit dieser Strophe von Emily Dickinson fassen:

> Ihre eigne Geselligkeit sucht die Seele sich
> Schließt dann die Tür
> Kein Zutritt mehr
> Zu ihrer göttlichen Mündigkeit.

Emersons Einfluß scheint sich bei diesen beiden großen Dichtern zu gabeln: Whitman trompetet seinen prahlerischen, alles umarmenden Optimismus hinaus; die Einsiedlerin von Amherst führt sein eher spielerisches, skeptisches Befragen von Gott und Natur fort und intensiviert es noch.

Wir sollten uns gleichwohl nicht einbilden, daß sich alle großen Namen der amerikanischen Renaissance gehorsam um Emerson gruppierten. Hawthorne, der ein Jahr jünger war und aus der gleichen Yankee-Oberschicht kam, lebte wie Emerson in Concord und hatte lange Jahre Umgang mit ihm; er liegt nur wenige Schritte von ihm entfernt begraben. Dennoch bewahrten sie im Leben eine gewisse Distanz und die Reserviertheit gegenseitiger Wertschätzung. Als der Verfasser des «Scharlachroten Buchstabens» 1864 starb, schrieb Emerson folgendes in sein Tagebuch:

> Sein Tod war für mich Überraschung & Enttäuschung zugleich. In meinen Augen war er von größerer Bedeutung, als irgendeines seiner Bücher erkennen läßt... Außerdem wähnte ich mich seiner so sicher in seiner Nähe & seinem Bedürfnis nach Sympathie & Intelligenz, daß ich meinte, es – sein Zögern & seine Launen – abwarten zu können, um mir dann eines Tages seine Freundschaft zu erringen. Es hätte, und ohne jeden Zweifel für einen jeden von uns, ein Glücksfall werden können, hätten wir uns des ständigen, rückhaltlosen Austau-

sches erfreuen können. Das Gespräch mit ihm ergab sich mühelos – es gab keinerlei Rücksichten –, nur sprach er so wenig, daß ich wiederum zuviel redete & nur aufhörte – da von ihm kein Zeichen kam –, weil ich fürchtete, es zu übertreiben.

Ohne den Beistand des Transzendentalismus hatte Hawthorne inmitten der stillen Geister Salems sein künstlerisches und sein privates Credo entwickelt; Enthusiasmus, Unitarismus, *The Dial* und Margaret Fuller betrachtete er im allgemeinen mit satirischem Blick und hielt im Grunde seines Herzens der puritanischen Vorstellung von Schuld und wesenhafter Begrenztheit die Treue, die Emerson mit solcher Begeisterung vertreiben wollte. Melville liebte Hawthorne und dessen «Kraft zur Schwärze»; er ist das zweite Mitglied in dem, was wir die Anti-Emerson-Gruppe nennen könnten. «Ich oszilliere nicht in Emersons Regenbogen», schrieb er. Nachdem er einige Essays «dieses Plato, der durch die Nase spricht», gelesen hatte, verkündete er: «Für einen, der Kap Horn als einfacher Matrose überstanden hat, ist das eine Zumutung.» In dem nicht gerade sehr kohärenten Zornesausbruch mit dem Titel «Maskeraden oder Vertrauen gegen Vertrauen» brachte Melville eine Karikatur Emersons mit Namen Mark Winsome unter, der mit einem Thoreau nachempfundenen Schüler namens Egbert auf dem Mississippi reist. Winsome wird dargestellt «mit einem dermaßen übernatürlich kalten, juwelenhaften Blick aus seinem strahlenden blauen Auge, daß er mehr Ähnlichkeit mit einem metaphysischen Wassergeist als mit einem Menschen mit Gefühlen besaß». «Kalt strahlend wie ein Prisma» deklamiert Winsome Plato und spottet jeder Logik. Der Autor, vertreten durch seinen Helden, den «Kosmopoliten», scheint bei Winsome gleich einen doppelten Fehler zu entdecken: Er ist zu mystisch und zugleich zu praktisch. Seine Philosophie ist unwirklich und dient doch gleichzeitig dem schlichtesten Sinn der Welt. «Ein Rätsel ist der Morgen, und ein Rätsel ist der Abend, und in allem ist die Schönheit des Rätsels», wird Winsome in den Mund gelegt, «doch die schlichte Wahrheit bleibt, daß Bauch und Börse gefüllt sein wollen... War Seneca nicht Geldverleiher? Und Swedenborg? Während er ein Auge auf das Unsichtbare richtete, achtete er da nicht mit dem anderen auf sein Fortkommen?» Der Schüler Egbert tritt auf als «der letzte Mensch auf Erden, den man für einen Schüler einer transzendentalen Philosophie halten würde; und doch war da etwas an seiner Hakennase und seinem glattrasierten Kinn, eine Andeutung, daß er, falls ihm der Mystizismus eines Tages als Lehre begegnen würde, mit dem ererbten Geschick des echten Neuengländers selbst etwas so wenig Gewinn Versprechendes in ein Geschäft zu verwandeln verstünde». Am Ende werden die beiden als Professoren einer «unmenschlichen Philosophie» entlassen – «Mondschein», der «erkalteten Naturen» zukommt.

Es ist höchste Zeit, Emerson selber zu Wort kommen zu lassen. «Natur», sein erstes Buch – es erschien 1836 und ist der einzige seiner größeren Prosatexte, der nicht vorher schon als öffentlicher Vortrag existierte –, schlug ein paar bemerkenswerte Umkehrungen der üblichen Sicht der Dinge vor:

> Natur ist das Symbol des Geistes... Der Zweck der Naturgeschichte besteht darin, uns Hilfestellung für die übernatürliche Geschichte zu geben: der Zweck der äußerlichen Schöpfung, uns die Sprache für die Wesen und die Veränderungen der inneren Schöpfung zu leihen... Der Mensch ist sich einer universellen Seele in oder hinter seinem individuellen Leben bewußt, in der, wie an einem Firmament, das Wesen von Gerechtigkeit, Wahrheit, Liebe und Freiheit aufscheint und erstrahlt. Diese universelle Seele nennt er Vernunft: es ist nicht meine oder deine oder seine, sondern wir sind die ihren; wir sind ihr Eigentum, ihre Männer... Das, was wir, mit intellektuellen Augen, die Vernunft nennen, nennen wir mit Blick auf die Natur den Geist. Der Geist ist der Schöpfer. Der Geist besitzt ein eigenes Leben. Und zu allen Zeiten und in allen Ländern hat ihn der Mensch in Sprache gefaßt, wie der VATER... Im Geist scheint sich die Notwendigkeit zu bilden, sich in materieller Form zu äußern; und Tag und Nacht, Fluß und Sturm, Wild und Vogel,

Säure und Sulfat – sie alle präexistieren als notwendige Ideen in Gottes Verstand und sind das, was sie sind, allein wegen der vorhergehenden Gefühle in der Welt des Geistes. Eine Tatsache ist das Ende und der letzte Gegenstand des Geistes. Die sichtbare Schöpfung ist die Endstation oder die Peripherie der unsichtbaren Welt.

So was nennt man Idealismus und hat weit zurückreichende Wurzeln bei Plato und den Neuplatonikern, in der christlichen Metaphysik, bei Berkeley und Kant und Swedenborg. Hegel, den Emerson erst spät im Leben und ohne große Begeisterung las, machte den Idealismus zur beherrschenden Tonart der Philosophie des 19. Jahrhunderts; er gelangte nach Amerika über die Schriften von Coleridge, Carlyle und Goethe, die Emerson las. Diese Art, die Wirklichkeit zu zerlegen, weckt Widerstand in uns, doch vor einhundertfünfzig Jahren waren die Männer und Frauen der Christenheit von der Vorstellung einer sie umgebenden, alles bestimmenden und alles umfassenden unsichtbaren Macht erfüllt. Insofern als der Idealismus der Vorstellung Ausdruck gibt, immer wiederkehrende Gesetzmäßigkeiten, Analogien und Verbindungen durchzögen das Universum, ist er modern und wissenschaftlich; und Emerson dachte tatsächlich sehr wissenschaftlich. In «Natur» schrieb er:

> Ähnlichkeiten bestehen nicht nur zwischen Dingen, bei denen die Analogie offensichtlich ist, wie wenn wir beispielsweise eine Vorform der menschlichen Hand in der Flosse des fossilen Sauriers erkennen, sondern auch zwischen Gegenständen, die oberflächlich betrachtet vollkommen verschieden sind... Eine Gesetzmäßigkeit, die für eine Art, eine Regel, die für eine Organisation gilt, hat in der gesamten Natur Bestand. Diese Einheit ist so eng, daß sie noch, wie sich leicht zeigen läßt, dem untersten Gewebe der Natur zugrunde liegt und ihren Ursprung im universellen Geist verrät.

Vom Gebrauch des Begriffs «Geist» abgesehen, ist uns diese Suche nach einer großen einheitlichen Theorie vollkommen vertraut. Und der Idealismus verweist auf eine tiefe Kluft, die sich in unserem Bewußtsein auftut: «Der Idealismus macht uns mit der vollständigen Ungleichheit zwischen dem Anschein unseres eigenen Seins und dem Anschein des Seins der Welt vertraut.»

Tatsächlich sind die beiden Formen des Anscheins dermaßen verschieden, daß nur Augenblicke, die nach Mystik riechen, in der Lage sind, sie miteinander zu verschmelzen:

> Im Wald finden wir zu Vernunft und Glauben heim. Dort fühle ich, daß mir im Leben nichts geschehen kann – keine Demütigung, kein Unglück (sofern mir die Augen erhalten bleiben), die die Natur nicht beheben könnte. Wenn ich auf dem Waldboden stehe – mein Kopf umspült von der heiteren Luft und erhoben in den unendlichen Weltenraum –, verschwindet alle rohe Selbstsucht. Ich werde ein durchsichtiger Augapfel; ich bin nichts; ich sehe alles; alle Strömungen des universellen Seins durchfließen mich; ich bin ein Teil, ein Partikel Gottes.

Unser Anliegen besteht nun allerdings weniger darin, Emersons Philosophie zu erklären, als vielmehr in der Prüfung, ob sie und die Folgerungen, die sich aus ihr ergeben haben, bei anderen geistig anregend wirken können. Daß der Idealismus, wie er in «Natur» präsentiert wurde, dazu geeignet war, Emerson selber durch ein produktives Leben in ungewöhnlicher Heiterkeit zu geleiten, ist durch seine Biographie belegt. 1871, als er schon Ende Sechzig war, besuchte er Nordkalifornien und stieg dabei sogar in die Opiumhöhlen San Franciscos hinab; über einen Ausflug ins Yosemite-Tal berichtet sein Reisegefährte, Professor James B. Thayer:

> «Wie kann Mr. Emerson nur immer so freundlich sein», sagte an jenem Tage einer der jüngeren Teilnehmer unserer Reisegesellschaft zu mir. «Nie wird es ihm zuviel!» Das war der schlichte Ausdruck dessen, was wir alle fühlten. Einen freundlicheren Reisegefährten hatte man noch nicht erlebt; er

war immer aufgeschlossen, fröhlich, voller Teilnahme, aufmerksam und großzügig; einem jeden, mit dem er sprach, erwies er das gleiche respektvolle Interesse, selbst den Niedrigsten, die ihn dafür um so mehr schätzten. Vor allem eines hinterließ einen tiefen Eindruck bei mir – das Gefühl, daß er außergewöhnlich großzügig mit Zeit umging und sich reichlich Muße gönnte. So verhielt sich jemand, der tatsächlich an ein ewiges Leben glaubt und sich in seinem Verhalten daran orientiert; so schön und erhaben die Gegenstände in der Natur deshalb sein mochten, zwischen denen sich unsere Reise vollzog, die süße Erhabenheit im Wesen und der spirituelle Charme unseres liebenswürdigen Freundes kamen ihnen mühelos gleich.

Obwohl er die Glaubenssätze des Idealismus nie mehr in solcher Ausführlichkeit niederlegte und sich auch nie mehr so weit wie in «Natur» einem System annäherte, bildeten sie doch weiter den Kern seines Denkens, und alle seine Vorträge kreisen um die beruhigenden Feststellungen, daß der Geist Urheber der Materie sei und daß unser jeweiliges Ich teilhat an der gütigen Einheit des universellen Seins. «Ich habe nur eine Lehre vorgetragen», schrieb er in seinen Tagebüchern, «die Unendlichkeit des Individuums.»

Im Jahr nach der Veröffentlichung von «Natur» wurde Emerson eingeladen, in Harvard die alljährliche Phi-Beta-Kappa-Ansprache zu halten; die erste Wahl der Verbindung, ein gewisser Dr. Wainwright, hatte abgesagt. Emersons Rede an jenem letzten Augusttag begründete seinen Ruhm. Oliver Wendell Holmes saß mit auf dem Podium und bezeichnete die Rede damals als «unsere intellektuelle Unabhängigkeitserklärung». Den jungen Gelehrten in seinem Publikum verkündete Emerson dabei, daß «wir zu lange auf die höfischen Musen Europas gehört» hätten und daß, «wenn das Individuum sich unbeugsam seinen Instinkten anvertraut und das durchhält, sich ihm auch die große Welt aufschließen» werde. Nicht Bücher, sondern die Natur – mit der Nordamerika inmitten all der Defizite reichlich versehen war –

sollte jene unbeugsamen Instinkte vor allem formen. Emerson beschreibt eine Erziehung durch Osmose, unter freiem Himmel:

> Damit wird ihm, diesem Schuljungen unter dem schirmenden Dach des Baumes, empfohlen, daß beide von einer Wurzel fortschreiten; eins ist das Blatt und eins die Blume; Beziehung, Sympathie, Bewegung in jeder einzelnen Ader... Er wird erleben, daß die Natur das Pendant der Seele ist und ihr Stück um Stück antwortet. Hier das Siegel, dort der Stempel. Ihre Schönheit ist die Schönheit seines eigenen Geistes. Ihre Gesetze sind die Gesetze seines eigenen Kopfes... Was er nicht über die Natur weiß, über das verfügt er auch nicht in seinem eigenen Kopf. Und um es kurz zu machen: Die überlieferte Formel «Erkenne dich selbst» und die moderne «Studiere die Natur» vereinigen sich endlich zu einer einzigen Maxime.

Kann das, fragen wir uns heute, und auch die Zuhörer von damals müssen sich das gefragt haben, kann das stimmen? Wie läßt sich denn die Natur als mit unserer Seele eins beschreiben, die Natur, dieses unerbittliche *Andere*, gegen das unser Ego löckt, deren gleichgültiges Voranschreiten jedem unserer Aufbauversuche und landwirtschaftlichen Bemühungen Widerstand leistet, und deren Krankheiten und Erdbeben und Ozeane uns mit einem Schulterzucken auslöschen? Ist nicht skandalöserweise eine ganze Welt des Leidens bei einer solchen Gleichsetzung ausgeschlossen? Emersons nächste Ansprache, gehalten im Juli 1838 vor der Abschlußklasse der theologischen Fakultät in Harvard, greift wiederum auf die Natur als Zweck und Ziel aller Erziehung zurück:

> Inmitten seiner Spielsachen lernt das Kind das Ereignis von Licht, Bewegung, Schwerkraft und Muskelkraft kennen; und im Spiel des Menschenlebens treten Liebe, Angst, Gerechtigkeit, Appetit, treten der Mensch und Gott miteinander in Verbindung. Diese Gesetze verweigern sich einer angemessenen Darstellung... und doch lesen wir sie stündlich von unseren

Gesichtern ab, den Handlungen der anderen, der eigenen Reue... Die Intuition des moralischen Gefühls bedeutet einen Einblick in die Vollkommenheit der in der Seele waltenden Gesetze. Diese Gesetze führen sich selber aus. Sie sind von Zeit und Raum losgelöst und unabhängig von den Umständen. Damit besteht in der menschlichen Seele eine Gerechtigkeit, deren ausgleichende Wirkung sich gründlich und auf der Stelle ereignet... Seht, wie diese rasche immanente Energie allüberall am Werk ist, Unrecht wiedergutmacht, den Anschein richtigstellt und Tatsachen mit Gedanken in Einklang bringt. Auch wenn die Sinne es nur mit Verzögerung wahrnehmen, steht ihr Vorgehen im Leben schließlich ebenso fest wie in der Seele... Der Charakter offenbart sich immer. Ein Diebstahl macht keinen reich; Almosen machen keinen arm; auch die dicksten Mauern verbergen keinen Mord.

Können wir das heute, 1983, noch glauben? Ich vermute nein: Zu unserem kulturellen Wissen gehört der Glaube, daß Mauern einen Mord oft sehr gut zu verbergen vermögen; daß der Charakter unklar ist und einen täuschen kann; daß, egal, welcher Harmonie wir uns mit der Natur erfreuen, jene das Ergebnis der grausamen, monströs langsamen, willkürlichen Arbeit der anpassenden Evolution ist; daß unsere moralischen Standards uns von unserem kulturellen Umfeld anerzogen wurden; und daß unser gieriges Ego und die heißhungrigen Naturkräfte, die um uns herum in Schach gehalten werden, keine große Seele verbindet. Wenn Emerson recht hat, dann unterscheidet uns unser Glaube grundlegend von der gesamten bisherigen Menschheit, die die «Tatsachen» eines innewohnenden moralischen Gefühls akzeptiert hat. «Diese Tatsachen», behauptet er,

haben den Menschen immer zu dem erhabenen Glauben bewogen, daß die Welt nicht das Ergebnis einer vielfältigen Macht, sondern das eines einzigen Willens, eines einzigen Kopfes ist; und daß dieser eine Kopf überall wirkt, in jedem Strahl des Sterns, in jeder kleinen Welle im See; und alles, was sich diesem Willen entgegenstellt, wird überall gehemmt und gedämpft, weil die Dinge so und nicht anders gemacht sind. Das Gute ist positiv. Das Böse verneint nur, es ist nicht absolut: Es ist wie die Kälte, die ja nichts anderes als entzogene Hitze ist. Alles Böse bedeutet soviel Tod oder Nichtigkeit. Güte ist absolut und real. Ein Mensch besitzt ebensoviel Leben wie er Güte besitzt... Solange ein Mensch gute Absichten hat, ist er stark mit der ganzen Stärke der Natur.

Auch bei diesen Behauptungen neigen wir zur Skepsis, obwohl unsere populären Künste, wie vor kurzem erst bei der Saga vom «Krieg der Sterne» demonstriert, sich Emerson anschließen, wenn sie behaupten, daß dem guten Menschen natürliche Kraft zuwachse und das Böse sich am Ende als eine vorübergehende Illusion herausstellt. Vielen in Emersons Publikum (das schließlich nicht nur in der harten Wirklichkeit, sondern in orthodoxen religiösen Verhältnissen aufgewachsen war, deren Hauptfigur ein leidender Gott war) muß seine optimistische Kosmologie wie Mondschein vorgekommen sein, um Melvilles Ausdruck zu gebrauchen. Seine Behauptung, die Natur und unsere Seelen seien eins, ist ein bewußter Affront gegen unsere überlieferten Anschauungen – ebenso wie Jesu Satz, daß die Sanftmütigen die Erde besitzen sollen, oder Luthers Satz, daß allein der Glaube die Menschen errette, oder Buddhas Lehre, daß das Verlangen nach Existenz und Wiedergeburt die Quelle aller Schmerzen sei. Solche anstößigen Behauptungen bezeichnen die Entstehung einer neuen Religion. Und Sie dürfen sicher sein, daß Emerson glaubte, es bedürfe einer neuen Religion. Wir dürfen nicht vergessen, daß er ein Radikaler war, dessen negative Ansichten über die christliche Kirche selbst in Transzendentalistenkreisen als extrem galten. In der Mitte seines Lebens sagte er zu einem Besucher *: «Ich kann bei mir kein Interesse am Christentum entdekken; es ist ein Jammer, daß es eine Neigung zu Glaubensrichtun-

* Moncure Conway, ein junger Mann aus Virginia, der als methodistischer Priester ordiniert war und später durch Emersons «Essays» zum Freidenker wurde. Emerson erzählte ihm auch, daß er sich weiter einen Kirchenstuhl für seine Frau und seine Kinder halte und dafür den Priester bezahle, weil es nützlich sei,

gen gibt, die uns am liebsten zum Schimpansen zurückführen möchten.» Selbst der milde, minimale Glaube der Unitarier – «der Eiskeller des Unitarismus» nannte er ihn in seinen Tagebüchern – brachte seine christlichen Überzeugungen so sehr ins Wanken, daß er auf sein Pfarramt verzichtete. Vor den Studenten der theologischen Fakultät in Harvard nahm er kein Blatt vor den Mund:

> ...es ist meine Pflicht, Euch zu sagen, daß das Bedürfnis nach einer neuen Offenbarung noch nie so groß war wie heute. Den Ansichten, die ich bereits zum Ausdruck gebracht habe, werdet Ihr die traurige Überzeugung entnehmen können, die ich meiner Meinung nach mit einer großen Zahl Menschen teile, daß nämlich der Glaube in der Gesellschaft im vollständigen Niedergang begriffen ist, wenn er nicht schon beinah an sein Ende gekommen ist.

Jenen unter uns, deren religiöse Überzeugungen von der Krisentheologie Kierkegaards und Karl Barths geformt wurden, die einen drastischen Verfall und Zusammenbruch innerhalb der sogenannten Christenheit voraussagt, wird ein wenig unheimlich, wenn es allmählich aufgeht, daß bereits im frühen Leben und Denken Emersons der Zusammenbruch sich ankündigte, als die Geologie, die Paläontologie und die Bibelkritik des frühen 19. Jahrhunderts sich mit ihren verheerenden Enthüllungen über die denkenden Menschen hereinbrachen. Emerson war sich über die historische Situation vollkommen im klaren: «Die Puritaner in England und Amerika», sagt er in seiner Ansprache in der theologischen Fakultät, «entdeckten im Christus der katholischen Kirche und in den von Rom ererbten Dogmen Möglichkeiten für ihre eigene strenge Frömmigkeit und für ihre Sehnsucht nach bürgerlicher Freiheit. Doch ihr Glaube verschwindet allmählich, und nichts ist da, was an seine Stelle treten könnte. Ich fürchte, daß heute kein Mensch mehr mit

«über einen pflichtbewußten Mann» zu verfügen, «der in Schulkomitees sitzt, bei Stadtversammlungen hilft und sich um die Kranken und Toten kümmert».

solchen Gedanken eine unserer Kirchen betreten kann, ohne zu spüren, daß das, was die Menschen am Gottesdienst in der Gemeinschaft fesselte, verlorengegangen ist oder verlorengeht. Er hat seine Herrschaft über die Gefühle der Guten und die Furcht der Bösen verloren. Auf dem Land *melden sich*, um den gängigen Ausdruck zu gebrauchen, ganze Viertel, halbe Pfarreien *ab*.»

Dennoch fühlt er, daß ein großes Bedürfnis nach *einer* Religion besteht:

> Welche Katastrophe könnte über eine Nation hereinbrechen, die größer wäre als der Verlust des Gottesdienstes? Dann treibt alles in den Niedergang. Der Genius verläßt den Tempel, um im Senat oder auf dem Markplatz zu spuken. Die Literatur wird zügellos. Die Wissenschaft ist kalt. Die Augen der Jugend leuchten nicht mehr in der Hoffnung auf andere Welten, und das Alter besitzt keine Ehre mehr. Die Gesellschaft verschwendet sich an Lächerlichkeiten, und wenn Menschen sterben, gedenken wir ihrer nicht.

Was wäre also zu tun? Emerson beschwört die Seele: «In der Seele hätten wir demnach nach der Erlösung zu suchen.» Und was heißt das eigentlich? Ich glaube, es heißt eben das, vor dem Karl Barth warnte, als er sagte, man könne nicht von Gott sprechen, wenn man mit lauter Stimme vom Menschen spreche. Vor den Theologiestudenten definierte Emerson das «wahre Christentum» als «einen Glauben wie der von Christus an die Unendlichkeit des Menschen». Wie Jesus diese Unendlichkeit begriff, mag dahingestellt bleiben, für Emerson beruhte sie darauf, daß man eines jeden Menschen Seele als Teil und Spiegel der universellen Seele, der Über-Seele begreift, deren Sprache wiederum die Natur ist. Ein besonderer Reiz dieser neuen Religion besteht darin, daß sie, obwohl neuer Wein, in die alten Schläuche der bereits bestehenden Kirchen gefüllt werden konnte. Emerson schließt mit einem Resümee, das praktische Belange berührt:

Die Übel der heute bestehenden Kirche sind mit Händen zu greifen. Immer wieder meldet sich die Frage: Was sollen wir tun? Ich gestehe, daß mir alle Versuche sinnlos scheinen, mit neuen Riten und Formen einen Kultus zu entwickeln und aufzubauen. Der Glaube schafft uns, nicht wir ihn, und der Glaube wählt sich seine eigenen Formen. Alle Versuche, ein System zu ersinnen, sind so leblos wie der Götzendienst, den die Franzosen für die Göttin der Vernunft eingeführt haben – heute Pappmaché und Filigranarbeit, um morgen in Wahnsinn und Mord zu enden. Laßt den Hauch des neuen Lebens lieber mittels der bereits bestehenden Formen durch Euch wehen. Denn wenn Ihr einmal zum Leben erwacht seid, werdet Ihr merken, daß sie plastisch und neu sind. Das Heilmittel gegen ihre Verformungen ist erstens die Seele, und zweitens die Seele und wiederum die Seele... Das Christentum hat uns zwei unschätzbare Vorzüge geliefert; als erstes den Sabbat, den Feiertag der ganzen Welt... Und zweitens die Einrichtung der Predigt – die Rede von Mensch zu Mensch –, die im Grunde das beweglichste aller Organe, aller Formen ist.

Und so wurden die jungen Theologie-Absolventen des Jahrgangs 1838, erschüttert zwar, aber, wie wir hoffen wollen, inspiriert, hinausgeschickt, um ihren Platz auf der wurmstichigen Kanzel einzunehmen und den schalen Glauben und die verbrauchten Formen des Christentums mit dem Leben ihrer eigenen Seele zu erfüllen. Die Universität Harvard lud Emerson in den nächsten dreißig Jahren zu keiner einzigen Rede mehr nach Harvard ein.

Emerson hatte sein eigenes Pfarramt 1832 aufgegeben. Zu jener Zeit steckte der Beruf des Vortragsredners mit Leuten wie Edward Everett, Daniel Webster und Horace Mann noch in seinen ersten Anfängen; kaum ein Jahrzehnt später war Emerson der Star der Gymnasium-Tour*. Seine Vorträge, von denen viele

* In der «Himmlischen Eisenbahn» (1843) machte sich Hawthorne lustig über die «unzähligen Redner, die eine reichhaltige Tiefsinnigkeit in allen menschlichen und himmlischen Wissensgebieten ausgießen, so daß sich mit ihrer Hilfe

sich in die Essays verwandelten, die in den beiden Bänden von 1841 und 1844 gesammelt sind und die ihrem Titel nach von allem zu handeln scheinen – «Geschichte», «Heroismus», «Kreise», «Geschenke», «Manieren», «Erfahrung» –, waren aber alle mehr oder weniger Predigten für Emersons Religion, «die Rede von Mensch zu Mensch», die in sich die Inspiration und Evidenzen der universellen Seele vorführte und andere zum freien und offenen Gebrauch ihres Verstandes drängte, damit sie ebenjene wahrnähmen. Sie alle sind Ermahnungen an die Tapferen und die Kühnen, dem Universum und sich selber zu vertrauen. Nach «Natur» scheint ihr übernatürlicher Gehalt abzunehmen, doch wird er nie verleugnet und bildet normalerweise die letzte Zuflucht der Ermahnung. «Wenn ein Mensch in die göttlichen Kreise gerät, wird er erweitert», schließt Emersons Ansprache an die «Reformer von New England». «Spirituelle Führer fassen uns an jeder Hand und geleiten uns durchs Leben, und ein wohltätiger Sinn erwartet uns», erklärt der Essay mit dem Titel «Natur». «Die Natur ist die Inkarnation eines Gedankens und verwandelt sich neuerlich in einen Gedanken, so wie aus Eis Wasser und Gas werden. Die Welt ist ein Niederschlag des Verstandes und die flüchtige Essenz entflieht immer wieder in den Zustand freien Denkens... Jeder Augenblick lehrt uns etwas und jeder Gegenstand: denn die Weisheit findet Eingang in jegliche Form.»

Der bekannteste unter diesen Aufsätzen ist wahrscheinlich der mit dem Titel «Selbstvertrauen»; vermutlich ist er auch am tiefsten ins amerikanische Denken eingedrungen. Er bietet als seltsamen Ratschlag den Fatalismus an, der sich in den verschiedenen Tönungen des Aktivismus verbirgt:

> Hab Vertrauen in Dich: Jedes Herz bebt an diesem eisernen Nerv. Nimm den Platz an, den die göttliche Vorsehung Dir ausersehen hat, die Gesellschaft Deiner Zeitgenossen, die Ver-

jedermann eine alles umfassende Bildung anzueignen vermöchte, ohne überhaupt lesen lernen zu müssen».

bindung der Ereignisse. Die großen Männer haben das immer so gehalten, haben sich wie Kinder dem Genius ihres Zeitalters anvertraut und damit ihre Auffassung verraten, daß der vollkommen Vertrauenswürdige seinen Platz in ihrem Herzen eingenommen hat, durch ihre Hände wirkt und ihr gesamtes Sein beherrscht.

Die Gesellschaft seiner Zeitgenossen ist allerdings nicht immer annehmbar, denn, wie wir eine Seite später erfahren, «die Gesellschaft hat sich überall gegen die Männlichkeit eines jeden ihrer Mitglieder verschworen... Die am meisten geschätzte Tugend ist die der Konformität. Selbstvertrauen ist ihr ein Greuel... Wer also ein Mann sein will, muß Nonkonformist sein».

Emerson hatte sich dem Konformismus verweigert, als er das Priesteramt aufgab, das seine Vorfahren in Ehren gehalten hatten; außerdem tat er es zu einem Zeitpunkt, da von seiner verwitweten Mutter bis zu einem Quartett von Brüdern sich alle von ihm Stabilität erwarteten. Um den Preis, daß er damit ihr Zuhause in Boston zerstörte, ohne finanzielle Aussichten außer der Erbschaft, die ihm schließlich von seiner vor kurzem verstorbenen jungen Frau Ellen zufiel, machte er sich auf die erste seiner drei Reisen nach Europa. Als junger Mann war er schwächlich, doch entwickelte er die Begabung, schonend mit sich umzugehen; anders als seine drei hochbegabten Brüder William, Edward und Charles * brachte er es in Harvard nur zu mittelmäßigem Studienerfolg und überlebte sie alle bis in ein hohes Alter. Seine dritte Europareise unternahm er, als er auf die Siebzig zuging, um nicht bei der Renovierung seines Hauses in Concord dabeisein zu müssen, das bei einem Feuer Schaden genommen hatte. Auch seiner zweiten Reise haftete ein gewisser Ruch von Rücksichtslosigkeit an – er ließ sich neun Monate lang in England feiern, während seine zweite Frau Lidian in Concord mit

* Edward und Charles starben beide, ehe sie dreißig waren. William wurde 67 Jahre alt. Robert Bulkeley, der fünfte Bruder, der bis ins Erwachsenenalter lebte, war geistig behindert, lebte in Sanatorien und Pflegeheimen, bis er im Alter von 52 Jahren starb.

drei kleinen Kindern und höchst bescheidenen Mitteln zurechtzukommen suchte. Emersons große Entdeckung inmitten der Ruinen des puritanischen Glaubens bestand in der Kunst, sich zu entspannen und das zu tun, was man wollte. In «Selbstvertrauen» erklärt er:

> Ich meide Vater und Mutter und Gattin und Bruder, wenn mich mein Genius ruft. Ich würde *Spleen* auf den Türsturz schreiben. Ich hoffe, daß es am Ende etwas Besseres als ein Spleen ist, aber wir können uns nicht den ganzen Tag bei Erklärungen aufhalten.

Die unverschämten Anforderungen der Philanthropie – ein rechtes Ärgernis im New England seiner Zeit, und erst recht für den prominentesten Vertreter des Idealismus – müssen zurückgewiesen werden:

> Kommt mir nicht, wie das heute ein guter Mann versuchte, mit meiner Verpflichtung, allen armen Menschen zu einer besseren Lage zu verhelfen. Sind sie etwa *meine* Armen? Ich sage Dir, Du närrischer Philanthrop, daß mich jeder Dollar, jeder Dime, jeder Cent reut, den ich solchen Leuten gebe, die ebensowenig zu mir gehören, wie ich zu ihnen gehöre.

Selbstgerechter Egoismus wird hier zur Lehre erhoben. Die Anweisung der Bibel «Liebe deinen Nächsten wie dich selbst» wird vorteilhaft zu «Liebe dich selbst» verkürzt:

> Ich muß ich selbst sein. Ich kann mich nicht mehr länger für Dich zerreißen, oder für Dich. Wenn Du mich so lieben kannst, wie ich bin, werden wir alle glücklicher sein ... Ich werde dann darauf vertrauen, daß heilig ist, was tief ist, daß ich entschlossen vor Sonne und Mond tun werde, was tief in mir jauchzt und das Herz bestimmt.

Wie die Yippies damals sagten: «Wenn es Spaß bringt, dann ist es auch moralisch.» Oder in der Sprache des 19. Jahrhunderts mit William Henry Vanderbilt: «Zum Teufel mit der Öffentlichkeit!» Der amerikanische Gelehrte, dem geraten wird, «sich unbeugsam seinen Instinkten anzuvertrauen», wandelt sich in «Selbstvertrauen» zum Unternehmer; der große eingeborene Glaube des krassen Individualismus beginnt seinen Ausdruck zu finden. Nachdem er schwächliche College-Absolventen verhöhnt hat, die schon verzweifeln, wenn «sie nicht spätestens ein Jahr später in einem Büro in Bostons Zentrum oder den Vororten untergebracht sind», erklärt Emerson:

> Ein kerniger Bursche aus New Hampshire oder Vermont, der sich nacheinander in allen möglichen Berufen versucht, als Fuhrunternehmer, Farmer und Hausierer arbeitet, im Verlauf mehrerer Jahre eine Schule einrichtet, eine Zeitung herausgibt, sich in den Kongreß wählen läßt, Land kauft und wie eine Katze immer auf die Füße fällt, ist soviel wert wie hundert von diesen Stadtpüppchen. Er bewegt sich auf der Höhe seiner Zeit und schämt sich keineswegs, weil er «keinen Beruf erlernt» hat. Er verschiebt nämlich sein Leben nicht, sondern lebt bereits.

Emerson wollte die Menschen ermutigen, wollte, daß sie ihren Instinkten folgten; doch diese Instinkte können, worauf hinzuweisen er unterließ, außerordentlich habgierig sein. Offenbar war ihm nicht ganz klar – und wie hätte ihm das in der Sicherheit des Vorbürgerkriegs-Amerika, in der hübschen Farmerstadt Concord auch aufgehen sollen? –, daß ein soziales Gebilde ebenso wie die Gesetze und Einschränkungen, die ein solches Gebilde erfordert, zum Schutze seiner Mitglieder existiert. Um keinen Zweifel aufkommen zu lassen: Er hat keineswegs den amerikanischen Expansionismus und unsere Begeisterung für Ausbeutung erfunden; aber er versah sie mit seinem Segen und einer hochgeistigen Rechtfertigung. Fürchten wir, die Reichen könnten die Armen unterdrücken? In seinem Aufsatz über «Kompensation» versichert uns Emerson: «Es gibt immer irgendwelche ausgleichenden Umstände, die die Anmaßenden, die Starken, die Reichen, die Erfolgreichen im Grunde doch auf die gleiche Ebene mit allen anderen zurückholen.» Blutet uns das Herz wegen des gefesselten Sklaven? «Das Leiden hat meist nur diesen Anschein», teilt er uns in seinem Aufsatz über «Das Tragische» mit, der, obwohl faszinierend, nicht in die Sammelbände aufgenommen ist:

> Ein empfindsames amerikanisches Mädchen zweifelt an der göttlichen Vorsehung, als sie von den Schrecken auf der Route liest, die die Sklavenschiffe nahmen. Schlimm sind diese Schrecken, um noch das mindeste zu sagen, doch wird sie solche Qualen niemals erleben. Sie sind für die Abgestumpften und Barbaren gedacht, denen sie keineswegs schrecklich vorkommen, sondern allenfalls ein wenig schlimmer als die alten Leiden.

Beleidigen uns der Schmutz und Lärm von Eisenbahn und Fabriken? «Liebhaber der Poesie», sagt Emerson in seinem Aufsatz «Der Dichter», «sehen das Fabrikdorf und die Eisenbahn und bilden sich ein, die Poësie der Landschaft werde dadurch zerstört, weil diese Kunstwerke noch nicht die Weihen der Literatur erhalten haben. Doch der Dichter erkennt, daß sie genauso wie der Bienenstock und das geometrische Spinnennetz in die große Ordnung der Dinge gehören.» Fürchten wir uns in diesem Land, das sich so unbedenklich der Jugend und deren göttlichen Instinkten ausgeliefert hat, vor dem Altwerden? Das sei kein Problem, sagt Emerson sinngemäß in seinem Aufsatz über «Kreise»: «Die Natur verabscheut das Alte, und das Alter scheint die einzige Krankheit zu sein... Ich sehe da keinen Bedarf. Solange wir uns im Gespräch mit dem befinden, was uns übergeordnet ist, werden wir nicht alt, sondern jung.» Auch dem Tod wird auf elegante Art ausgewichen: «Und das Wissen, daß wir die gesamte Skala des Seins durchlaufen, vom Zentrum bis zu den Polen der Natur, daß jede Möglichkeit uns betrifft, verleiht dem Tod jenen erhabenen Glanz, um den sich Philosophie und Religion zu vordergründig und zu buchstäblich bemüht haben, um der populären Lehre von der Unsterblichkeit der Seele

Ausdruck zu verleihen. Die Wirklichkeit geht bei weitem über alles hinaus, was über sie gesagt werden kann... Der göttliche Kreislauf hört niemals auf, kommt nie zum Stillstand.» («Natur») Wir sind verärgert, deprimiert oder unwillig? Emerson sagt uns, «daß es keine Kämpfe, keine Zuckungen, keine Verzweiflung, weder Händeringen noch Zähneknirschen braucht; daß wir unsere eigenen bösen Geister rufen. Wir pfuschen dem der Natur innewohnenden Optimismus ins Handwerk... Die Natur will nicht, daß wir uns sorgen und wütend sind». («Geistige Gesetze»)

Setzt man sie in Beziehung mit Emersons Grundüberzeugungen, sind diese Äußerungen keineswegs widersinnig. Außerdem waren sie inmitten anderer, bereits verblassender Überzeugungen außerordentlich nützlich und wurden mit der geschaffenen, überlieferten Wirklichkeit, die uns umgibt, verwebt. Emerson verlieh dem berühmten amerikanischen Pragmatismus und dem Optimismus des «Alles ist machbar» den glühendsten und elegantesten Ausdruck; seine Ermutigungen finden sich als Spurenelemente in den unglaublichen Wucherungen, die uns heute umgeben – den Parkplätzen und Wolkenkratzern, den gefräßigen Siedlungen mit Einfamilienhäusern, den überladenen Schluchten der Supermärkte und den verstopften Betonbändern auf den Highways: den architektonischen Manifestationen einer Nation, bestehend aus lauter Individuen, aus lauter Wagen, von denen ein jeder, wie seine berühmte Formulierung lautet, an seinem je eigenen Stern befestigt ist. Wie mit der Ballonnetzkonstruktion – eine weitere amerikanische Erfindung der achtzehnhundertvierziger Jahre – ließ sich mit dem Emersonianismus die Arbeit mit leichteren Materialien bewerkstelligen. In seinen Tagebüchern schlug er einen konstruktiven Ton an: «Die größte Leistung besteht darin, gut von der Welt zu denken und zu hoffen, denn wer so handelt, verabschiedet sich von der Welt der Erfahrung und bestimmt die Welt, in der er lebt.»

Bei der Lektüre Emersons fragt man sich, ob der amerikanische Stil nicht ebenso, wie er eine Frage von Energie und Tatkraft ist, auch eine der Unbekümmertheit, des einigermaßen leichtsinnigen Sichgehenlassens im zufälligen Überfluß von Möglichkeiten ist, den die Natur bereitgestellt hat. Der amerikanische Akzent ist das schleppende Sprechen, und in seiner Sammlung «Englische Eigenschaften» staunt Emerson mehr als einmal über die Vitalität und Stärke und gesunde Frische des Englischen, als wollte er einen Gegensatz ausmachen zu einer trägen, müden und bleichen Rasse, die er hinter sich gelassen hatte. Ist es wirklich so, daß mit unserer über alles geschätzten Unabhängigkeit und Ungezwungenheit etwas verzweifelt Imaginäres einhergeht, ein dünner Firnis an Erfahrung, analog zu unserem dünnen Firnis an Zivilisation? Nirgends ist Emerson als introspektiver Psychologe origineller als da, wo er sich zu seiner eigenen Gleichgültigkeit bekennt: «Ich bescheide mich mit kleinen, trägen Handlungen», schrieb er am 3. November 1838 in sein Tagebuch. «Ich habe J[ones] V[ery] gesagt, daß ich noch nie gelitten habe & daß ich mich nur selten dazu aufraffen kann, für die Sicherheit & das Leben meiner nächsten Freunde nur soviel Interesse aufzubringen, daß sie sich damit zufriedengeben: daß mir vollkommen klar sei, daß ich, sollten mir meine Frau, mein Kind, meine Mutter genommen werden, dennoch unbeschadet daraus hervorgehen würde, ohne die Fähigkeit einzubüßen, an allen Dingen meine kleine Freude zu haben.» Das schrieb er vor dem Tod seines geliebten, fünf Jahre alten Sohnes Waldo. Danach bekannte Emerson in seinem ungewöhnlich düsteren Essay «Erfahrung»:

> Auch der Schmerz macht uns zu Idealisten. Mit dem Tod meines Sohnes vor nunmehr über zwei Jahren habe ich offenbar ein schönes Besitztum verloren – mehr nicht... Es berührt mich nicht weiter; etwas, von dem ich glaubte, es sei ein Teil von mir, es könnte mir nicht entrissen werden, ohne mich zu bereichern, fällt ab von mir und hinterläßt keinerlei Narben... Der Indianer, der mit dem Fluch bedacht wurde, daß kein Wind ihn anwehen, kein Wasser auf ihn zufließen und kein Feuer ihn verbrennen solle, ist ein Muster für uns alle. Die

schmerzlichsten Augenblicke sind wie Sommerregen, und wir sind die Para-[Gummi]mäntel, von denen jeder Tropfen abgleitet.

Was uns wieder auf Melvilles Vorwurf der Kälte bringt, sein Bild von Mark Winsome als «kalt strahlend wie ein Prisma». Von Margaret Fuller, Thomas Carlyle und anderen wurde Emerson bereits zu Lebzeiten der Kälte bezichtigt, und in «Erfahrung» spricht er das Thema selber an: «Das Leben in der Wahrheit ist kalt und deshalb auch voller Trauer, doch ist es kein Sklave von Tränen, von Zerknirschung und Verstörung. Es versucht nicht, sich die Arbeit oder die Situation eines anderen anzueignen... Ein mitleidiger Mensch befindet sich in einem ähnlichen Dilemma wie ein Schwimmer inmitten lauter Ertrinkender, die alle nach ihm greifen. Sobald er ihnen nur ein Bein oder einen Finger reichte, würden sie ihn ertränken.» Die angewandte Moral des Idealismus mündet demnach in Abgeschiedenheit und Stoizismus. «Als Gäste müssen wir durch die Natur spazieren – und nicht voller Leidenschaft, sondern kühl und unbeteiligt», schreibt Emerson in «Das Tragische». Wird hier, bei diesem liebenswürdigsten unter den Philosophen, möglicherweise die Anlage für die berüchtigte Einsamkeit, Fühllosigkeit und Gewalttätigkeit des amerikanischen Lebens geschaffen, die in viele seiner authentischen und tatsächlich beispiellosen Reize gemischt ist?

Emerson war der erste amerikanische Denker, der Einfluß in Europa hatte; Carlyle förderte ihn, und Matthew Arnold sagte einmal, daß im 19. Jahrhundert kein anderer Autor soviel Einfluß gehabt habe wie Emerson. In deutscher Übersetzung war er einer von Friedrich Nietzsches Lieblingsautoren. Dutzende von Zitaten notierte er sich in eine Kladde, borgte sich den Ausdruck «die fröhliche Wissenschaft» für Philosophie und schrieb über die «Essays»: «Ich habe mich nie in einem Buch so zu Hause und in meinem Hause gefühlt als – ich darf es nicht loben, es steht mir zu nahe.» Beide Männer bejubelten als Pfarrerssöhne die Befreiung, die mit dem «Tod» des christlichen Gottes kam; beide waren sie Dichter und Rhapsodisten, denen das Etikett Philosoph aufgeklebt wurde. Mit allergrößter Wahrscheinlichkeit hat Emersons Ausdruck «Über-Seele» Nietzsche in der Wahl seines «*Übermenschen*» beeinflußt, auch wenn die «Über-Seele» in der Ausgabe, die Nietzsche las, mit «*Die höhere Seele*» übersetzt war, die ihren Widerhall in Nietzsches «höheren Menschen» findet. Von der Über-Seele zum *Übermensch* und zu den Übermenschen aus Hitlers Herrenrasse bildet sich eine schreckliche Kette, für die man weder Emerson noch Nietzsche verantwortlich machen sollte; doch werden aus Emersons Kälte und Unbeteiligtheit und seinem Mißtrauen gegenüber jeder Form von Altruismus bei Nietzsche eine rauschhafte Feier der Macht und der Herrschaft und der Kühnheit der edlen Rassen und ein erregter Hohn für das, was der Deutsche «Sklavenmoral» nannte. Nicht nur die Erwähnung von Zoroaster ist es, die in diesem Ausschnitt aus «Selbstvertrauen» auf Nietzsche vorausweist:

> Stets willkommen ist Göttern und Menschen der Mann, der sich selber zu helfen versteht. Alle Türen werden ihm weit aufgemacht: ihn grüßt man mit allen Zungen, bekränzt man mit allen Ehren, ihm folgen aller Augen voller Sehnsucht. Unsere Liebe geht zu ihm und umarmt ihn, weil er ihrer nicht bedarf. Beflissen und entschuldigend liebkosen und feiern wir ihn, weil er seinem Weg treu geblieben ist und unsere Mißachtung mit Spott bedachte. Die Götter lieben ihn, weil ihn die Menschen haßten. «Dem beharrlichen Sterblichen», sagte Zoroaster, «scheinen die gesegneten Unsterblichen flüchtig.»
>
> So wie der Menschen Gebete eine Krankheit des Willens sind, ist ihr Glaube eine Krankheit des Verstandes.

Der Aufsatz zitiert zustimmend Fletchers Satz «In unserer Tapferkeit und unserem Mut haben wir unsere besten Götter» und erklärt ohne Umschweife: «Der in der Natur alles entscheidende Maßstab für das Richtige ist die Macht.» Totalitäre Herrschaft mit ihren Greueln liefert einen Zerrspiegel, in dem wir verschwommen Emersons Lieblingsvorstellungen von Genie, Inspiration und Spleen wiedererkennen; der totalitäre Führer ist ein

Studienbeispiel dafür, wie Selbstvertrauen Amok laufen kann, Gesetzlosigkeit auf den Thron gehoben wird, wo Recht, Debatte und Gewaltenteilung herrschen sollten und wo keine ausgleichende Gerechtigkeit zu Hilfe kommt. Die Vernichtungslager gehören zu den Entwicklungen, die zwischen uns und Emersons Optimismus geraten sind.

Eine weitere ist die moderne Wissenschaft und wie sie sich entwickelt hat. «Heute gehen wir davon aus», sagte mir vor kurzem mein Dermatologe, «daß die Natur völlig dumm ist.» Die gleichen chemischen Vorgänge, fuhr er zur Erläuterung fort, können ebenso blind wie sie heilen auch zerstören, und ein Ziel der zeitgenössischen Medizin besteht darin, die geistlosen Befehle zu verhindern, die schädliche Reaktionen im Körper auslösen. Wo finden wir denn in diesem molekularen Idiotismus noch einen Hinweis darauf, daß «Säure und Sulfat als notwendige Ideen in Gottes Verstand präexistieren und das sind, was sie sind, allein wegen der vorausgegangenen Gefühle in der Welt des Geistes»?

Außerdem befallen uns ästhetische Schwierigkeiten mit der losen Form von Emersons Diskurs, der bei den tatsächlichen Vorträgen durch seine angenehmen Manieren und die ansprechende Baritonstimme weitgehend verdeckt und ausgeglichen gewesen sein muß. Uns bleibt allein seine literarische Stimme, die (anders als Thoreaus ähnliche Stimme) ein klein wenig über unsere Köpfe hinwegzugehen scheint, nach hinten zu den letzten Reihen, und sich zu sehr auf das verläßt, was er selber «die alte Großzügigkeit» nennt. In seinen eigenen Vorträgen über das «Geistesleben des modernen Amerika» drückte Knut Hamsun aus, was seither so manchem Studenten leise schwante:

> Man liest alle seine hervorragenden Kommentare; man liest und wartet auf eine Schlußfolgerung, die für den Gegenstand selber von Bedeutung ist. Man wartet auf das dritte und letzte Wort, das eine Figur zu entwerfen oder eine Statue zu meißeln versteht. Man wartet bis zur zwanzigsten und letzten Seite – man wartet vergeblich: hier verbeugt sich Emerson und tritt

ab. Und der Leser bleibt zurück mit einem Schoß voller Dinge, die gesagt worden sind; kein Bild ergibt sich aus ihnen; sie sind nichts weiter als eine brillante Flut von kleinen, eleganten Mosaiksteinchen.

Bei der Vorbereitung auf diesen Vortrag merkte ich selber, wie sich die Essays in meinem Kopf auflösten und miteinander verschmolzen; so erregend sie oft sind in ihrem direkten Angriff und den markigen Sätzen, so bleiben sie doch oft genug unbefriedigend in der Luft hängen; von ihrem eigentlichen Gegenstand findet sich anschließend keine Spur im Kopf. Das hätte gar nicht sein müssen: die eine Predigt Emersons, die immer wieder gedruckt wird, ist seine Abschiedspredigt in der Second Church of Boston und führt aus, warum er nicht gläubig das letzte Abendmahl vollziehen könne und deshalb sein Amt aufgeben müsse *. Die Predigt bewegt sich mit einiger Dramatik von der gründlichen Untersuchung der entscheidenden Stellen in der Bibel und den Schriften der Kirchenlehrer zu den Schlüssen, die der Sprecher selber zieht, und von da zu seinem wunderbar zurückhaltenden und dabei entschlossenen Abschied. Wir vergessen sie nicht; ihre einzelnen Bestandteile werden in einer strukturierten Beweisführung vorgetragen. Und das läßt sich nur von wenigen seiner Aufsätze sagen. Mit seinem Glauben an Inspiration und an das, was er «*Traum*-Kraft» nannte und an Gesetzmäßigkeiten, denenzufolge die gesamte Natur sich vereinige, bis irgendwann ein Ausdruck einer einigermaßen reinen Hingabe an die Über-Seele erreicht war, folgte Emerson in seinem Arbeitszimmer in Concord bei der Lektüre seinen Launen und Neigungen und trug in sein gefeiertes Tagebuch, das er seit seiner Zeit auf

* Einhundertneunundsiebzig Predigten des jungen Emerson sind dank der Houghton Library in Harvard erhalten geblieben und sollen demnächst in vier Bänden bei der University of Missouri Press veröffentlicht werden. 1938 sind, ausgewählt von Arthur Cushman McGiffert, Jr., fünfundzwanzig davon unter dem mehrdeutigen Titel «Young Emerson Speaks: Unpublished Discourses on Many Subjects» (Der junge Emerson spricht: Unveröffentlichte Vorträge über viele Themen) erschienen.

dem College führte, Zitate und Ausführungen unabhängigen Denkens ein, wie sie ihm gerade unterkamen. Seine Vorträge baute er aus den Schätzen dieser intellektuellen Goldader zusammen. Und obwohl die Verbindungen oft geschickt sind und die Sprache häufig von brillanter Anschaulichkeit, ist das Nettoergebnis einigermaßen verwirrend und vage. Wir wurden meisterlich ermahnt, doch zu welchem Ende? Er demonstriert, wie geistreich er ist, aber so, daß man selbst geistig wie betäubt zurückbleibt. Meinem Eindruck nach sind die modernen Kritiker außerdem wegen des neoplatonischen, übernatürlichen Inhalts der frühen Aufsätze peinlich berührt und geben den späteren, konkreteren Erwägungen und den Tagebüchern den Vorzug, wo die Diskontinuität offensichtlich ist, der Ton aber freier und eher privat. Doch hätten die Tagebücher und selbst die hervorragenden «Englischen Eigenschaften» – die das Herzstück in Mark Van Dorens «Portable Emerson» bilden – überhaupt unsere Aufmerksamkeit errungen, wenn sie nicht durch die gefeierten frühen Bibelvorträge und Aufsätze ins Rampenlicht gerückt worden wären? Darin liegt meiner Meinung nach die Peinlichkeit von Emersons heutigem Ansehen: Was wir an ihm schätzen, ist nicht das, was wichtig ist, und was tatsächlich wichtig ist, das schätzen wir nicht sehr. Als Prophet der neuen amerikanischen Religion wirkt Emerson schwächlich und matt; was wir schätzen, ist der weniger ätherische und pastorale Emerson, der trokkene, beobachtende, gewitzte, skeptische Weltmann.

Natürlich war Emerson schon immer so; Oliver Wendell Holmes sagte über ihn: «Er ließ nie die Schnur seines Ballons los.» Der Begründer des Emersonianismus war nicht sein idealer Verwirklicher; seine außergewöhnliche Loyalität für den leidigen Bronson Alcott muß, will mir scheinen, seinen Grund in der Ehrfurcht vor Alcotts weit ausgeprägterer Störrischkeit gehabt haben. Auch Thoreau muß Emerson wie ein Heiliger erschienen sein. In der schönen Rede, die er 1862 bei Thoreaus Begräbnis hielt, sagte er, er «lebte von Stunde zu Stunde ex tempore, wie die Vögel und die Engel». Thoreau habe sogar Wunder wirken können: «Als er eines Tages mit einem Fremden spazieren ging, der fragte, wo man Pfeilspitzen von Indianern finden könne, sagte er: ‹Überall›, beugte sich nach unten und hob sogleich eine vom Boden auf.» Und noch erstaunlicher: «Aus einer Kiste, die eine große Menge Bleistifte enthielt, konnte er mit einem flinken Griff jeweils genau ein Dutzend Stifte herausholen.» Wie seine selbstzweiflerischen Tagebücher zeigen, war Emerson eine derartige magische Sicherheit verwehrt; selbst seine eigene Begeisterung betrachtete er mit Skepsis, spottete etwa in dem Aufsatz «Illusionen» über sich als jemanden, der für jeden Stil und jede Mythologie empfänglich sei. «Ich kann mir vorstellen», schrieb er, «daß die Welt schön und gut wird, wenn sie diese Farben erhält, die ich mir nicht vorstellen konnte. Dann werde ich sie plötzlich mit dieser neuen Farbe überstreichen; aber die wird nicht haften. Es ist damit wie mit dem Leim, den ein Hausierer an der Tür verkauft; er kann damit zerbrochenes Geschirr wieder heil machen, aber niemals kann man bei ihm einen Leim bekommen, der auch noch hält, nachdem er fort ist.»

Die Vorbereitung auf diesen Vortrag gestaltete sich einigermaßen widerborstig, zumal mir auch Emerson, so wie ich ihn las, davon abzuraten schien. Eine solche Vorstellung eines Möchtegernschriftstellers widerstrebt meinen Instinkten; es ist etwas, das getan wird, um der Gesellschaft gefällig zu sein, einer Gesellschaft, die, wie wir eben erfahren haben, «sich überall gegen die Männlichkeit eines jeden ihrer Mitglieder verschworen» hat. Und ich verfüge nicht einmal über die Ausrede, die Emerson noch zu Gebote stand, daß ich von Vorträgen leben müßte. Weiter stellte sich der Gegenstand als flüchtig und problematisch heraus, und zwar in der Art, wie ich ihn versucht habe zu beschreiben; während meiner Lektüre konnten mich hundert hervorgelockte Gedanken belagern, doch alle von der Art jener Farbe, die nicht haftenblieb. Die Notizen, die ich mir machte, gerieten durcheinander; wenn ich versuchte, mit ihnen eine bestimmte Stelle wiederzufinden, schienen die Worte von Emersons Seiten zu verschwinden. Also entschloß ich mich eines schönen Morgens, mich von meiner trockenen Verantwortung freizumachen und mich in meinem Keller mit einer bescheidenen Tischlerarbeit abzugeben; die ich liegengelassen hatte. Während ich glücklich und völlig stumpfsinnig vor mich hin hobelte, schaltete ich das Radio ein – ein «Bildungs»-Programm natürlich – und fand mich einem umfassenden «Stück Welt» ausgesetzt, das nicht nur aus menschlichen Stimmen und den üblichen Musikinstrumenten bestand, sondern auch aus Tonbändern mit Wolfsgeheul, mit Walen, die sich mittels ihres rätselhaften Tönens und Stöhnens unterhielten, und mit dem Getöse des Colorado River. Wieviel Emerson steckt da drin, dachte ich und meinte seinen Geist in mir lächeln zu fühlen. Denn sind wir nicht spät in diesem Jahrhundert zu der Erkenntnis gekommen, was es heißt, wenn «der Geist eins ist und die Natur seine Entsprechung»? Bei all unserem Materialismus: Haben die Bevölkerungsexplosion und die gemeinsame Bedrohung die Natur und unsere Seelen nicht miteinander verschmolzen?

Dann mußte ich mich beeilen, weil ich von meinem Vorort aus mit dem Zug nach Boston fahren sollte. Mir stand eine schmerzlose Operation im Massachusetts General Hospital bevor, wo zum ersten Mal in diesem Lande eine Anästhesie durchgeführt worden war und wo mein Dermatologe bereitstand, um mir zu sagen, daß die Natur völlig dumm sei. Ich spazierte durch meinen eigenen Wald zum Bahnhof, und in meiner transzendentalen Laune ging mir die Seltsamkeit auf, überhaupt einen Wald zu besitzen, mit Rechtstiteln Anspruch auf ein paar Hektar Wald zu erheben, die doch eindeutig den Bäumen selber gehörten und jenen unsichtbaren Lebewesen, die unter den Bäumen Gänge bauen und Futter suchen und die nicht einmal eine respektvolle Gedenkminute für ihren vorgeblichen Besitzer einlegen würden, sollte der das Zeitliche segnen. Als Emerson 1844 seine Liegenschaften erweiterte, kaufte er etwa drei Hektar Waldfläche am Walden-Teich; doch es war Thoreau, der sich eine Hütte baute und dort wohnte, und es war Thoreau, der das Meisterwerk mit dem Titel «Walden» schrieb. Wir besitzen etwas, heißt das, indem wir es begreifen, und nicht durch eine juristische Verfügung; der Geist erschafft in der Tat die Materie, nach Maßgabe seines Bewußtseins.

Ich verließ meinen eigenen vernachlässigten Wald, überquerte die Eisenbahnschienen und erwarb beim sogenannten Convenient Food Mart eine Büchse Ginger Ale und, nach langem Zögern, eine Packung Erdnüsse mit Schalen. Ich hatte mein Leben zum größten Teil in Gesellschaft von Frauen verbracht, für die Erdnußschalen eine Quälerei sind, ganz besonders jene papierenen inneren Spelzen, die jedem Besen entkommen. Seither ist für mich das Schälen von Erdnüssen Ausübung persönlicher Freiheit. Als Junge, wenn ich die Erlaubnis hatte, eine Stunde in der pennsylvanischen Stadt in drei Meilen Entfernung von zu Hause herumzulaufen, kaufte ich mir eine Halbpfundpackung und aß im Gehen Erdnüsse. Die Schalen warf ich in die Abfallkörbe und Gullies und Hecken und Abflußgitter, die mir auf meinem sorglosen Spaziergang unterkamen. Einen so seltsamen Lunch wie Ginger Ale und Erdnüsse zu kaufen und zu mir zu nehmen, erschien mir, der ich besessen war von den Vorbereitungen für diese Ansprache, wie eine spezifisch amerikanische Gelegenheit und die angemessene Feier jener amerikanischen Unbekümmertheit, der einen philosophischen Rahmen zu verleihen Emerson sich so abgemüht hatte.

Der Zug, das sollte ich noch erwähnen, war mit Plastikfensterscheiben ausgestattet, weil Amerikaner, die jünger waren als ich, lange ihre eigene Unbekümmertheit gefeiert hatten und ihrer Inspiration gefolgt waren, indem sie Steine auf die vorbeifahrenden Fenster warfen und sie zerschmetterten, wenn sie aus Glas waren. Der Austausch gegen Plastik hatte das Problem gelöst, doch mit der Zeit hatte sich das Plastik bis zur fast vollständigen Undurchsichtigkeit getrübt, so daß, während ich nach Boston sauste, die Bäume und Häuser und Ausblicke an der Strecke noch undeutlicher und schwerer zu erraten waren als die Schatten, die in Platos berühmter Höhle flackerten, der Schoß, aus dem sowohl der Emersonianismus wie das Evangelium des heiligen Johannes geboren wurden.

Ich langte am Krankenhaus an, noch immer knackte ich Erdnüsse. Was könnte das moderne Amerika besser veranschaulichen als ein Krankenhaus! Hier fand sich ein wahrer Querschnitt aller Hautfarben und Weltanschauungen, aller Altersgruppen und Klassen, vereint in unserer körperlichen Gebrechlichkeit und unserer Hoffnung darauf, daß die Wissenschaft uns retten möge. Obwohl es bereits Herbst war, hatte das Wetter von New England noch einen Hauch von Wärme, weshalb die Menge, die ins Krankenhaus bestellt war, nur leicht bekleidet war, helle Farben trug, Sandalen und Jogging-Shorts. Heiratsfähige, barmherzige Schwestern und energische, kluge Ärzte bewegten sich in engelhaftem Weiß durch das Gedrängel der Kranken und Besucher. Es gab humpelnde junge Athleten, die man aus einem Spiel genommen hatte wegen einer Verletzung, die sie innerhalb einer Woche vergessen haben würden; junge Frauen, die empfindsame, knopfäugige Babies in Strollern vorbeischoben oder auf der Hüfte herumschleppten; ältere Paare, die die Aura umgab, seit langem ihr einsames Leiden voreinander zu verbergen. «Das Leben ist Ekstase», sagt uns Emerson in «Illusionen». «Das Leben ist so süß wie Lachgas; und der Fischer, der den ganzen Tag triefend an einem kalten See verbringt; der Weichensteller an der Abzweigung der Eisenbahn; der Bauer auf seinem Feld; der Schwarze im morastigen Reisbeet; der Fatzke auf der Straße; der Jäger in den Wäldern; der Anwalt vor der Jury; die Schöne auf dem Ball – sie alle verbinden mit ihrer Tätigkeit ein gewisses Vergnügen, das sie selber dieser Tätigkeit verleihen.» Hier war eine große Menge von ihnen zusammengeführt, sie rochen nach Lachgas, trugen die Regenbogenaura ihrer Existenz und Tätigkeit; mitten unter ihnen zu sein bedeutete Glücklichsein.

Ich bemerkte einen Mann in etwa meinem Alter, der schon kahl war – keine gesunde, leuchtende Kahlheit, sondern die unnatürliche, gazeartige Kahlheit, wie sie bei Chemotherapie entsteht. Auf Emersons Rat enthielt ich mich im Herzen einer übereifrigen Mitleidsregung, meines beflissenen Versuchs, mich anderer Menschen anzunehmen und mich in ihre Angelegenheiten einzumischen; denn der Mann, der hier im Wartebereich einem

Sultan gleich saß, bettelte nicht um Mitleid, sondern war in aller Seelenruhe in seine eigenen unabhängigen und womöglich triumphierenden Gedanken gepackt. Ich setzte mich selber hin und las – was sonst? – Emerson. Es war wieder eine meiner Sonderbarkeiten, daß ich Emerson in jener alten Einheitsausgabe mit braunem Leder und marmorierten Vorsatzblättern las, die ich auf einem Kirchenbazar für fünf Dollar gekauft hatte und in der die meisten Seiten noch nicht einmal aufgeschnitten waren. Um die Seiten aufzuschlitzen, benutzte ich ein Lesezeichen, den Joker eines alten Kartenspiels – eine weitere Sonderbarkeit, aber es ging ganz gut damit. «Der Weg des Lebens ist wunderbar», las ich, «wenn es in Hingabe gelebt wird.» Als ich hochsah, bemerkte ich einen Mann auf dem Stuhl gegenüber, der ebenfalls ein Buch las. Er las einen Roman mit dem Titel «Der Coup», den ich einmal geschrieben habe. Er war ein kräftiger, zigarrenrauchender Mann, der mit einem schrecklichen steten Stirnrunzeln langsam voranlas; er entsprach ganz und gar nicht meinem Bild des idealen Lesers. Aber er saß dort, genau vor meiner Nase; mit welchem Recht sollte ich da noch an dem zweifeln, was Emerson versprochen hatte: «Jedes Sprichwort, jedes Buch, jede Redensart, die Dir zu Hilfe und Trost werden, sollen gewißlich heimfinden auf offenen und gewundenen Wegen»? Und wie die gleiche Seite in «Die Über-Seele» erklärt: «Das Herz in Dir ist aller Herz; keine Schleuse, keine Mauer, keine Kreuzung findet sich irgendwo in der Natur, sondern ohne Unterlaß fließt ununterbrochen im endlosen Kreislauf ein und dasselbe Blut durch alle Menschen, so wie das ganze Wasser auf der Erde ein einziges Meer ist und genaugenommen auch die Gezeiten eine einzige sind.» Und bewies nicht mein Tag – der 4. Oktober 1983 – bei jeder symbolträchtigen Gelegenheit, daß «ein Faden durch alle Dinge läuft: alle Welten wie Perlen an ihm hängen, und Menschen und Ereignisse und das Leben nur wegen dieses Fadens zu uns kommen»?

In unvermeidlicher Hörweite sprach ein Mann am Münztelefon. Sein Gesprächsanteil lautete so: «Stella? Was Neues?» Pause, dann: «Ist das nicht toll? Das hätte so leicht auch ganz anders ausgehen können. Ich freue mich so für ihn.» Wieviel von dem, was wir hören, mußte ich unwillkürlich denken, sind tatsächlich *gute* Nachrichten? «Wir sind von Natur aus gläubig», sagt Emerson in seinem Aufsatz über Montaigne. «Glauben heißt, das anzunehmen, was die Seele bereits weiß; Ungläubigkeit heißt, es zu leugnen.» Emersons Offenbarung bestand darin, daß er sagte, Gott und das Selbst seien von gleicher Substanz. Vielleicht hat er sich getäuscht, vielleicht zu sehr auf die Menschheit vertraut, wenn er glaubte, daß die Natur – die er das *«andere Ich»* nannte – von Optimismus besessen sei und immer unserer Seele antworte; aber er hatte dafür unendlich recht mit dem Gedanken, daß das eigentliche *Ich*, das Ego, notgedrungen optimistisch ist.

Howells als Anti-Romancier

In diesem Jahr erleben wir die einhundertfünfzigjährige Wiederkehr des Geburtstages von William Dean Howells, und dieses Ereignis wurde zwar gefeiert, aber in ziemlicher Stille. Wenige Schriftsteller vermochten am literarischen Himmel Amerikas so zu leuchten wie Howells in seiner besten Zeit; wenige auch sind vergleichsweise so tief in der allgemeinen Achtung gesunken. Wir erinnern uns, falls überhaupt, an Howells als das liebenswürdige, breite Tal zwischen Mark Twain und Henry James – ein kultivierter und weitgereister Mann aus Ohio, der imstande war, zwei große Schriftsteller zu schätzen, die einander nicht ausstehen konnten. Und dann war da noch die Sache, daß er sich als «Realist» bezeichnete, der «das amerikanische Mädchen» schilderte, und sich in mittleren Jahren zum Sozialismus bekehrte. Als Lyriker, Dramatiker und als Autor von Kurzgeschichten hat er keinerlei Eindruck hinterlassen, als Romancier nur geringfügigen; doch als Kritiker und Redakteur ist er aus den Annalen der Literatur in der langen Periode zwischen dem Ende des Bürgerkriegs und Amerikas Eintritt in den Ersten Weltkrieg nicht wegzudenken. Er war ein liebevoller Briefpartner und eifriger Promoter von James und Twain; New Englands Größen Longfellow, Lowell, Holmes und Whittier standen in regem Kontakt zu ihm. Er war ein unermüdlicher Förderer junger Realisten wie Hamlin Garland, Frank Norris und Robert Herrick, und er trat unerschrocken für «Maggie, das Straßenkind» ein, den Roman des jungen Stephen Crane, als die Buchhandlungen noch zu entrüstet waren, um ihn zu führen; er brachte schwedische, spanische und russische Autoren an das amerikanische Publikum heran und führte Abraham Cahan, den

Gehalten als Teil einer zweitägigen Geburtstagsfeier für Howells am 1. Mai 1987 in der Emerson Hall der Harvard University.

ersten jüdisch-amerikanischen Romancier, in die heimische Literatur ein. Theodore Dreiser nannte Howells unseren «‹Beobachtungsposten auf dem Wachturm›, der sich müht, das erste Aufleuchten eines Genies zu erkennen»; Edmund Wilson bezeichnete ihn als «unseren immer taktvollen Tischredner, unsere Clearingstelle, unser Universallösungsmittel, unseren Mann, der dem verdienstvollen Veteran den Respekt erweist und den vielversprechenden Nachwuchs ermutigt». Elinor Mead Howells, seine Frau, war eine Cousine des Präsidenten Rutherford B. Hayes, und Präsident William Howard Taft erschien 1912 zu dem Fest, auf dem Howells seinen 75. Geburtstag feierte; nicht nur Henry James, sondern auch H. G. Wells und Thomas Hardy sandten herzliche Glückwünsche; fünfundsiebzig Jahre nach dieser Galaveranstaltung, zu der sich vierhundert Gäste in Sherry's Restaurant in Manhattan drängten, können wir oben auf den Listen noch immer Spuren von Howells' unglaublichem Charme und Prestige entdecken: In Boston war er der erste Präsident des Tavern Club und in New York der Präsident der American Academy of Arts and Letters. Als Romancier war er der nach Mark Twain finanziell erfolgreichste Amerikaner seiner Zeit. Seine Bücher, von denen nur wenige kurz waren, wurden in Fortsetzungen in Magazinen gedruckt und dann erneut in Buchform gekauft und bewundert. Die literaturkritischen Maßstäbe dieser Bewunderung waren in gewisser Weise jene, die er selber in seinen Kritiken – seinen Buchrezensionen und Literaturkolumnen in *The Atlantic Monthly, The Century* und *Harper's Magazine* – aufgestellt hatte. Howells besaß etwas, was sehr wenigen amerikanischen Romanautoren zu Gebote stand: eine Theorie des Romans – wie man ihn schrieb und wovon er handeln sollte. Die Methode sollte der Realismus sein, den er einmal als «nicht mehr und nicht weniger als den wahrhaftigen Umgang mit dem Material» definierte, und sein Gegenstand sollte das gewöhnliche Leben normaler Amerikaner sein. 1899, auf dem Höhepunkt seines Prestiges, formulierte er in einem Vortrag mit dem Thema «Romanschreiben und Romanlesen» ein radikales ästhetisches Programm. Der ideale Romancier der Zukunft solle

> nicht eher ruhen, als bis er seine Geschichte so lebensnah wie möglich gemacht hat, mit den gleichen gemischten Motiven, den gleichen willkürlichen und unwillkürlichen Handlungen, den gleichen unberechenbaren Ausfällen und verstörenden Pausen, den gleichen Augenblicken der Verzückung, den gleichen Tagen und Wochen schrecklicher Langeweile, dem gleichen Widerstreit hoher und niederer Ziele, den gleichen Tugenden und Lastern, Inspirationen und Neigungen... Gegenwärtig ist die Darstellung des Lebens in Romanen, selbst in jenen, die sich mit aller Gewissenhaftigkeit dem Detail widmen, verzerrt und verdreht von der Sorge des Romanciers, nur ja ein Bild zu erstellen, das überraschend und eindrucksvoll und dazu wahr ist. Wenn er nur einmal begreifen könnte, daß sich die Phantasie der Leser dieser Dinge schon annehmen wird, wenn er sich nur dazu durchringen könnte, daß es seine Aufgabe ist, für die angemessene Perspektive zu sorgen, in der alle Gegenstände in der richtigen Bewertung und im richtigen Verhältnis erscheinen, dann hat er das Geheimnis der Gelassenheit entdeckt, die die Seele der Schönheit in all ihren Erscheinungsformen ist.

Diese Vorstellung, daß man die Langeweile und die gemischten Gefühle aus dem Regen der Wirklichkeit herein in das Haus der Prosa holen müsse, hatte Howells von Anfang an begleitet. In «Their Wedding Journey» (Ihre Hochzeitsreise, 1871), seinem ersten Buch, das sich als Roman bezeichnen ließe, ruft der Autor, der schildert, welche Gespräche seine Flitterwöchner auf einem Nachtboot auf dem Hudson mitanhören, plötzlich aus: «O! du armes wirkliches Leben, das ich so liebe, kann ich andere dazu bringen, daß sie mein Vergnügen an deiner dummen, geistlosen Oberfläche teilen?» Ungefähr ein Dutzend Seiten weiter sitzt sein Ehepaar, Isabel und Basil March – Alter egos, die in Howells' Romanen während der folgenden Jahrzehnte wiederauftauchen – voller Aufmerksamkeit in einem Eisenbahncoupé, während uns ihr geschwätziger Reisegefährte, der Autor, dies anvertraut:

Es handelte sich in jeder Hinsicht um eine Waggonladung voller gewöhnlicher Menschen, und vielleicht war es gerade deshalb um so mehr wert, unter diesem Aspekt betrachtet zu werden. So wie der wahre Künstler in der Literatur der Verwendung selbst wahrhafter Ereignisse aus dem Weg gehen wird, wenn sie unwahrscheinlich sind, so wird, wer wirklich den Menschen beobachten will, nicht dessen heroischen oder besonderen Momenten sein Augenmerk schenken, sondern ihn dann suchen, wenn er sich in seiner gewohnheitsmäßigen Stimmung der Leere und Fadheit befindet. Mir jedenfalls ist er bei solchen Gelegenheiten außerordentlich kostbar, und nie sonst erscheint er mir so sehr als Mensch und Bruder, als wenn ich die Last seiner riesenhaften, natürlichen, ungekünstelten Langeweile fühlen kann. Dann kann ich vertrauensvoll in sein Leben treten und dort meine Wohnung nehmen, kann seine oberflächlichen, schwachen Gedanken denken, mich von seinen langweiligen und dummen Begierden rühren lassen, mich von seinen gelegentlichen Inspirationen schwach erleuchten lassen, mir seine törichten Vorurteile, seine stumpfe Selbstsucht zu eigen machen.

Howells' nächstes Buch «A Chance Acquaintance» (Eine Zufallsbekanntschaft, 1873) kann bereits uneingeschränkt als Roman gelten, obwohl das Buch reichlichen Gebrauch von Reiseeindrücken macht und mit Kitty Ellison aus Eriecreek, New York, eine Figur aufnimmt, die die Marches auf ihrer Hochzeitsreise kennengelernt haben; ihre Wege haben sich getrennt, und der Leser von «A Chance Acquaintance» folgt Kitty, ihrem Onkel und ihrer Tante in die Provinz und die Stadt Quebec, wo sie eine romantische Begegnung mit Mr. Arbuton erlebt, einem jungen Reisenden aus Boston. Während sie ihre Bekanntschaft vertiefen, debattieren sie wiederholt das Problem, wie man die amerikanische Realität – die nordamerikanische in diesem Fall – der Phantasie zugänglich machen könnte. Sie unternehmen eine Bootsfahrt den Saguenay River hinauf und hinunter in einer Szenerie großartiger Leere:

Auf beiden Seiten stieg das unbewohnbare Ufer in trostloser Schönheit an, verlassene Felshöhen mit einem schmalen Saum aus Kiefern, die man als undeutlichen Umriß an ihren Wipfeln erkannte, und die sich in das tiefe Dunkel von Hohlwegen und Schluchten an den Seiten herabsenkten. Der Schrei eines wilden Vogels schnitt durch die Stille, in die auch der Lärm des Dampfbootes eingegangen war, und das Echo verklang ins Nichts.

Mr. Arbuton, der in Europa herumgereist ist und die Aura eines Harvard-Mannes hat, bemerkt dazu: «In Amerika liegt der große Nachteil für solche Dinge darin, daß sich die Menschen hier nicht für Landschaften interessieren, so schön sie sein mögen.»

Kitty will das nicht unwidersprochen stehenlassen: «Ach, ich weiß nicht, da war doch diese kleine Ansiedlung beim Sägewerk. Können Sie sich denn nicht vorstellen, daß sich jemand für das Leben dieser Leute interessierte? Mir scheint, daß sich beinah alles aus ihnen machen ließe. Nehmen wir beispielsweise an, daß der Besitzer dieses Sägewerks ein enttäuschter Mann ist, der hierhergekommen ist, um sein gescheitertes Leben in – Sägemehl zu begraben?»

Unser Bursche aus Boston erwidert höflich: «Aber ja, natürlich gibt es so etwas. Aber das habe ich nicht gemeint, ich meinte etwas mehr Historisches. Es gibt keine Vergangenheit, keine Atmosphäre, keine Tradition.» Und später setzt Kitty diese kokette Diskussion mit den Worten fort: «Wenn ich eine Geschichte schreiben würde, dann würde ich mich mit der bescheidensten Handlung begnügen und sie am denkbar langweiligsten Ort spielen lassen, um dann deren Möglichkeiten alle deutlich zu machen.» Sie hat tatsächlich gerade ein derartiges Buch gelesen – es heißt «Details» –, dessen Beschaffenheit Howells' Idealvorstellung von Prosa entspricht: «Nichts Außergewöhnliches, kleine, alltägliche Dinge, die so vorzüglich erzählt werden, und alle schwinden natürlich ohne eigentliches Ergebnis dahin, aber von allem wird die gesamte Bedeutung zum Vorschein gebracht.» Mr. Arbutons Erwiderung ist schwach, auch wenn er nicht ganz unrecht hat: «Aber glauben Sie nicht», fragt er, «daß es ein ziemlich trauriges Ende für alle Beteiligten ist, wenn sie ohne eigentliches Ergebnis einfach so dahinschwinden?»

Die Frage, ob dieser Kontinent einen ernsthaften literarischen Künstler ernähren und erhalten könne, wurde in den Jahren nach dem Bürgerkrieg in den Vereinigten Staaten viel diskutiert. Auf Spaziergängen in den späten achtzehnhundertsechziger Jahren sprachen Howells und Henry James darüber, als beide ihre Karriere noch vor sich hatten*, und ehe James sozusagen

* In der amerikanischen Prosaliteratur gab es kaum anerkannte Autoren, die den beiden als konkrete Vorbilder hätten dienen können. Melvilles Leistungen fanden kaum Beachtung, und Poe, den Emerson als «Lohnschreiber» bezeichnet hatte, genoß in New England kein besonderes Ansehen. Es gab Washington Irving und James Fenimore Cooper und «Onkel Toms Hütte» und Hawthorne; und von diesen war Hawthorne der größte – «er kann», schrieb James ein Jahrzehnt später in seinem kleinen Buch über Hawthorne, «er kann als der schönste und bedeutendste Vertreter einer Literatur gelten. Die Bedeutung dieser Literatur kann in Zweifel gezogen werden, doch ist Hawthorne in jedem Fall im Bereich der Literatur das schätzenswerteste Beispiel für den amerikanischen Genius». Im berühmtesten und womöglich am tiefsten gefühlten Abschnitt dieses bemerkenswerten Büchleins bemitleidet der inzwischen ständig im Ausland lebende James Hawthorne wegen «der Kälte, der Dürftigkeit, der Leere» der amerikanischen Welt, die ihn umgäbe, und erklärt: «Es bedarf so vieler Dinge, wie Hawthorne in seinem späteren Leben aufgegangen sein muß, als er mit der dichteren, reicheren, wärmeren europäischen Szenerie bekannt wurde – es bedarf einer solchen Anhäufung von Geschichte und Brauchtum, einer solchen Vielschichtigkeit von Lebensformen und Figuren, um einen Schatz mit Anregungen für den Romancier zu bilden... Die negative Seite der Szenerie, nach der Hawthorne in seinem kontemplativen Schlendern und seinen Träumereien Ausschau hielt, ließe sich mit ein wenig Erfindungsgeist leicht ins Lächerliche ziehen; man könnte aufzählen, worin sich die hohe Kultur anderer Länder ausdrückt und was davon alles in der Struktur des amerikanischen Lebens fehlt, bis man sich fragt, was überhaupt noch übrig wäre. Kein Staat im europäischen Sinn des Wortes und tatsächlich auch kaum eine eigene nationale Identität. Kein Souverän, kein Hof, keine persönliche Loyalität, keine Aristokratie, keine Kirche, kein Klerus, keine Armee, kein diplomatischer Dienst, kein Landadel, keine Paläste, keine Schlösser, keine Herrenhäuser oder alten Landhäuser, keine Pfarrhöfe oder strohgedeckten Häuser oder efeuüberwucherten Ruinen; keine Kathedralen, keine Klöster, keine kleinen normannischen Kirchen; keine großen Universitäten oder Privatschulen – kein Oxford,

mit den Füßen abgestimmt und sich für immer in Europa niedergelassen hatte. 1866 schrieb Howells an Edmund Clarence Stedman: «Weil wir von Gesprächen reden: Der junge Henry James und ich führten gestern abend ein ganz tolles, zwei oder drei Stunden lang, in dem wir uns auf die wahren Grundsätze der literarischen Kunst verständigten.» 1920, in seinem letzten Lebensjahr, erinnerte sich Howells in einem unvollendeten autobiographischen Text: «Wir sind damals offenbar immer zusam-

kein Eton, kein Harrow; keine Literatur, keine Romane, keine Museen, keine Gemälde, keine politische Gesellschaft, keine Sportereignisse von Rang – kein Epsom und kein Ascot!»

Diese Liste mit Negativa ist berühmt geworden, zumindest bei Studenten, die im Hauptfach Amerikanische Literatur belegt haben; weniger bekannt ist Howells' Replik innerhalb einer grundsätzlich freundlichen Besprechung der Biographie Anfang 1880 in *Atlantic Monthly*. Über Hawthorne sagt er: «Für ihn als Romanautor waren die zwölf Jahre seiner Kindheit, die er in der wilden Einsamkeit von Maine verbrachte, vermutlich von größerem Nutzen, als wenn er sie in Eton und Oxford verlebt hätte. Wenigstens müssen wir das so lange annehmen, bis eine andere Kultur ein romantisches Genie hervorgebracht hat, das dem seinen überhaupt vergleichbar wäre. Wenn wir all diese romanhaften ‹Zutaten› wie Monarchen, Höfe, Aristokratie, Landadel, Schlösser, Landhäuser, Kathedralen, Klöster, Universitäten, Museen, politische Klasse, Epsom und Ascot weglassen, deren Fehlen nach Meinung von Mr. James unsere Unterlegenheit gegenüber der englischen Vorstellungswelt ausmacht, bleibt uns immer noch die Gesamtheit des menschlichen und gesellschaftlichen Lebens, die die einzigen neuen und unverbrauchten Möglichkeiten bietet, die der Prosaliteratur noch geblieben sind, Möglichkeiten, die vielfältig und unerschöpflich sind. Niemand hätte mit jenem langweiligen und abgenutzten Krimskrams weniger anzufangen gewußt als Hawthorne.»

Doch indem er, wie er es oft tat, darauf insistiert, daß Hawthorne ein «Träumer» sei und dessen längere Prosatexte «nichts als Romanzen», bestätigte Howell, worauf James hinauswollte: Amerika muß seine wahren Romanciers erst noch hervorbringen. Und James vervollständigte, wie man nicht vergessen sollte, seine Liste mit diesen Bemerkungen: «Im ziemlich grellen Licht einer solchen Anklage müßte die natürliche Antwort lauten: Wenn diese Dinge fehlen, dann fehlt alles. Der Amerikaner weiß, daß noch ziemlich viel übrigbleibt; was es ist, das übrigbleibt – das ist sein Geheimnis oder, wie man auch sagen könnte, sein Spaß.» Was übrigbleibt, und das überläßt James fröhlich unseren Mutmaßungen, ist die Freiheit des Amerikaners, der Platz, der Revolver, die selbstangebauten Nahrungsmittel sowie das Recht, jedem anderen (männlichen, weißen) Bürger direkt in die Augen zu schauen – was Tocqueville «die allgemeine Gleichberechtigung des Volkes» nannte.

mengewesen und sprachen ständig über die Methoden der Literatur, gleich ob wir tagsüber oder in der Nacht spazierengingen oder zusammensaßen und uns gegenseitig unsere Sachen vorlasen. Ich war sieben Jahre älter als James, doch in der Kunst, die wir beide über alles liebten, war ich bei weitem der Jüngere. Vielleicht spürte ich meine Prosa noch nicht richtig in mir.» James' Hommage an Howells zu dessen fünfundsiebzigstem Geburtstag erinnerte an die Zeit, «als wir beide wußten, worin das amerikanische Leben bestand – zumindest glaubten wir, es zu wissen... Du kanntest und spürtest diese Dinge besser als ich; du hattest sie früher und gründlicher kennengelernt, und ich glaube, es war nicht möglich, instinktiver und umfassender im Besitz der allgemeinen Wahrheit deines Gegenstandes zu sein, als du dich glücklich schon befandest. Der *wirkliche* Stand der Dinge in Amerikas Situation und Charakter, wie er auf deine Ansichten traf und dein Empfindungsvermögen berührte, war es, was dich inspirierte und fesselte, und... du hast dich ihm mit einem unbestechlichen Glauben hingegeben. Du hast dein Feld in seltener Klarheit gesehen: Du hast erkannt, was die Wirklichkeit an Abenteuerlichem zu bieten hatte, und das Interessante, den Reiz und den Charme des Gewöhnlichen...» Wenn er an andere schrieb, bemühte James allerdings einen weniger höflichen Ton, wenn es um Howells' Hingabe an das amerikanische Wesen ging. Als «Their Wedding Journey» als Fortsetzungsroman erschien, schrieb er an Grace Norton: «Der arme Howell ist gewiß schwer zu verteidigen, wenn man etwas höhere Maßstäbe anlegt; man braucht nur den geringsten Anspruch an ihn zu erheben, und es ist ganz und gar vorbei mit ihm. Ich muß gestehen, daß er in meinen Augen ein etwas melancholisches Schauspiel bietet – in dem sein angenehmer Stil und seine edlen Absichten so armselig und bescheiden von der amerikanischen Atmosphäre erwidert werden. Eine amerikanische Reise gibt eben nicht mehr Inspiration her als *das*!» In seiner Besprechung von Howells' Roman «A Foregone Conclusion» (Eine ausgemachte Sache, 1874) für *The Nation* schilderte James auf sympathische Weise die kulturelle Situation, wie sie sich seiner Meinung nach darstellte:

> [Howells] erinnert uns daran, wie sehr unser einheimisches Bemühen um Einbildungskraft von Einzelheiten, von kleinen Schattierungen, von blassen Farben abhängt und davon, daß wir kleine Dinge viel leisten lassen. Unsere Kultur ist eintönig, und was Kontraste, was den entscheidenden Punkt, was Chiaroscuro betrifft, müssen wir uns mit dem zufriedengeben, was wir bekommen können. Wir haben nach diesen Dingen auf Feldern Ausschau zu halten, auf denen ein weniger hingebungsvoller Blick kaum mehr als eine ausgedörrte leere Stelle erkennen würde, und am Ende gelingt es uns, sie zu finden. All das sensibilisiert und schärft unsere Wahrnehmung, macht uns in einem literarischen Sinn und nach unserem eigenen Maßstab außerordentlich feinfühlig.

Schon als sie noch in Cambridge miteinander spazierengingen, hatte sich James jene hohe Vorstellung vom Roman gebildet, die ihn durch ein Leben triumphierender Zielstrebigkeit tragen sollte; Howells war zaghafter in den Tempel der Prosaliteratur getreten, auf dem Umweg über Journalismus und Reiseskizzen. «Suburban Sketches» (Vorortskizzen, 1870), sein erstes Buch mit amerikanischem Hintergrund, versucht, die Stadtviertel und Ereignisse von Cambridge mit viel Lokalkolorit zu schildern, ähnlich wie er es in «Venetian Life» (Venezianisches Leben, 1866), seinem ersten Buch, mit Venedig gemacht hatte. Die beiden ersten Romane von Howells waren ausgearbeitete Reisebücher, und er selber hatte einen weiten Weg zurückgelegt, um an der Schwelle dessen anzukommen, was eine beeindruckende produktive Karriere werden sollte, nicht nur als Romancier, sondern auch als Wegbereiter des Romans – der Roman als eine Möglichkeit, die Wirklichkeit zu erfassen, so monoton und unspektakulär sie auch sein mochte.

Er wurde 1837 in Martins Ferry, Ohio, geboren. Sein Vater war Redakteur einer Regionalzeitung; die damit verbundenen politischen und finanziellen Gefährdungen führten Howells' Familie in viele Städte Ohios. Die längste Zeit verbrachte er in Hamilton, acht Jahre seiner Kindheit, an die er in seinem Erinnerungsbuch

«A Boy's Town» (Die Stadt eines Jungen, 1890) zurückblickte, und in Jefferson, wo sich der inzwischen jugendliche Howell ein autodidaktisches Lernprogramm – streng bis an den Rand eines Nervenzusammenbruchs – verschrieb, in dem er sich Latein, Griechisch, Spanisch, Französisch und Deutsch beibrachte und dazu noch reichlich englische Literatur las. Mit neun Jahren arbeitete er bereits als Setzer, davor schon hatte er Zeitungen ausgetragen; sein eigentlicher Schulunterricht beschränkte sich auf zwei Jahre. In Jefferson war er von sieben Uhr morgens bis zum Mittagessen in der Setzerei beschäftigt, las nach dem Essen Korrektur und legte den Satz ab, kam gegen zwei oder drei heim, um sich in seinem kleinen Arbeitsraum unter der Treppe dem Lesen oder Schreiben zu widmen, bis die übrige Familie ins Bett gegangen war. Er hatte einen ungeheuren literarischen Ehrgeiz in einer Zeit, als, wie er vierzig Jahre später schrieb, «beinah alle Literaten des Landes anderen Berufen nachgingen... oder von Haus aus wohlhabend waren; zu jener Zeit gab es keinen einzigen, der sich sein Brot ausschließlich mit seiner Feder und mit Prosa oder Theaterstücken, oder Geschichtsbüchern, oder Lyrik, oder Literaturkritik verdiente – und das, obwohl sich die Menschen damals mit weit weniger Butter auf dem Brot zufriedengaben als heute».

In seinen Büchern erinnerte sich Howell häufig an seine Jahre in Ohio, und zwar mit einem Gefühl und einer Lebendigkeit, wie sie nur prägenden Erfahrungen eigen ist. Zu seinen Erinnerungsbüchern gehört auch «My Literary Passions» (Meine literarischen Leidenschaften, 1895), das in mehrfacher Hinsicht von Bedeutung ist: als skizzenhafte Autobiographie, als Protokoll seiner Lektüre und als Hinweis darauf, welche Bücher einem Autodidakten aus dem Mittleren Westen vor dem Bürgerkrieg zur Verfügung standen. Seine erste Leidenschaft galt, wie er uns verrät, Goldsmith, und in dem langen Rückblick preist Howells dessen freundlichen Stil: «Der Stil ist der Mann, und er kann sich in keinem Wortkleid verbergen, ohne daß wir wüßten, welche Sorte Mensch darin steckt; [Goldsmiths] geistige Haltung, seine Wesensfreundlichkeit, äußerte sich in einer literarischen Schönheit, die das Herz ergreift und gleichzeitig die Phantasie beflügelt.» Das wichtigste Leseerlebnis in Howells' Kindheit war der «Don Quixote», den er sich übersetzte in Hunderte spanischer Tagträume und jungenhafter Spiele; von Cervantes und den anderen Schriftstellern, an die er durch seine Leidenschaft für Spanien geriet, lernte er folgende Lektion: «Ich bin davon überzeugt, daß jeder angehende amerikanische Schriftsteller gut daran täte, die spanischen Picaro-Romane zu studieren, denn in ihrer einfachen Anlage wird er eine der besten Formen für eine amerikanische Geschichte finden. Die Verwicklungen einer dichten Textstruktur werden sich für unsere Bedingungen, die unzusammenhängend, offen und veränderlich sind, niemals eignen; die Biographie eines jeden Menschen bei uns ist eine Romanze nach dem spanischen Vorbild.» Nacheinander begeisterte er sich für Shakespeare, Dickens, Thackeray, Macaulay, Chaucer und Tennyson, die er alle zu imitieren versuchte; eine Zeitlang schulte er sich an den knappen heroischen Couplets von Alexander Pope: «Damals schätzte ich Regelhaftigkeit, Gleichmaß, Genauigkeit», sagt er, um uns dann im Brustton des gereiften ästhetischen Radikalen zu erzählen: «Ich begriff Literatur nicht als Lebensäußerung, und ich konnte mir nicht vorstellen, daß sie sprunghaft, unbeständig und vage sein könnte, selbst auf die Gefahr möglicher Ungenauigkeit.»

Es war Heinrich Heine, dessentwegen er sich der gestrengen deutschen Grammatik unterwarf, und der ihm zeigte, daß «das Leben der Literatur aus den Quellen der besten Umgangssprache floß und daß es um so besser war, je näher es in Ton, Erscheinungsbild und Tempo dem anmutigen, leichten, pittoresken und humorvollen oder leidenschaftlichen Reden angenähert werden konnte». Howells sagt: «Er band meine Hände los, die ich mir mit solcher Mühe auf dem Rücken festgebunden hatte.» Der erste Text, den *The Atlantic Monthly* 1858 von Howells annahm, war ein Gedicht, das so sehr im Ton seines Idols gehalten war, daß man mit der Veröffentlichung ein Jahr wartete, bis sich die Redakteure davon überzeugt hatten, daß es sich nicht um eine Übersetzung handelte; James Russell Lowell, der zuständige Redakteur des Magazins, gab ihm Jahre später den Rat: «Sie müssen sich den Heine aus den Knochen schwitzen wie andere Menschen Quecksilber.» Nach seiner Zeit in Ohio beeindruckten Howells insbesondere so unterschiedliche Autoren wie der italienische Dramatiker Goldoni, der russische Schriftsteller Turgenjew und der norwegische Romancier Bjørnson, von dem er lernte, daß «die beste Dichtung nicht vor der allerschlichtesten Tatsache zurückschreckt [und] daß Erzählen bereits genügt, Erklären schon zuviel ist». Es waren in etwa die gleichen Tugenden, die bei allen drei Autoren Eindruck auf ihn machten: natürlicher Stil, zurückhaltende Darstellung, die es erlaubt, daß die Geschichte sich selber zu erzählen scheint, sowie die Bereitschaft, sich mit gewöhnlichem Material zu beschäftigen und die Persönlichkeit des Autors zu unterdrücken, was sich wiederum in der «grundsätzlichen Freundlichkeit» des Stils bemerkbar macht – mit einem Wort, jene Tugenden, die Howells selbst auszeichnen sollten.

Als er einundzwanzig gewesen sei, erzählt Howells, «öffnete sich die ganze Welt dort, wo ich bisher eine undurchdringliche Wand vermutet hatte». Eine Zeitung der Republikaner, das *Ohio State Journal* in Columbus, bot ihm eine Stelle als Redakteur und Reporter an; er war gleich erfolgreich und fand Anerkennung in den ersten gesellschaftlichen Kreisen der Landeshauptstadt. 1860 erhielt er das Angebot, die Wahlkampfbiographie von Abraham Lincoln zu schreiben. Mit dem Honorar finanzierte er eine Reise nach Osten, wo er mit 23 Jahren die wichtigsten Intellektuellen New Englands kennenlernte, selbst zurückgezogen lebende Autoren wie Hawthorne und Thoreau, und das zu einer Zeit, als die amerikanische Literatur sich beinah ausschließlich in Yankee-Händen befand. Auf der gleichen Reise fuhr er nach Norden, nach Brattleboro, wo er die Familie von Elinor Mead kennenlernte, die künstlerisch begabte und temperamentvolle junge Frau, die er heiraten sollte. Lincoln gewann die Wahlen, und nach einigem Hin und Her belohnte seine Regierung Howells mit der Stelle eines amerikanischen Konsuls in Venedig, wo er die vier Jahre des amerikanischen Bürgerkriegs verbringen sollte. In seinen ersten Briefen nach Hause weiß er sich vor Freude über das Glück, Amerikaner zu sein, kaum zu fassen: «Ach! Ins Ausland müßt Ihr reisen, damit Ihr seht, welch kostbares Land Amerikaner besitzen!» und: «Auf der ganzen Welt gibt es kein so fröhliches, so geselliges, so wunderschönes Land wie Amerika», und: «Keiner weiß, um wieviel besser Amerika ist, solange er es nicht mit einem anderen Teil der Welt versucht hat. Unser Volk ist männlicher und reiner als irgendein Volk in Europa; und obwohl ich hoffe, meine ganzen vier Jahre hierbleiben zu können, und obwohl ich weiß, daß ich durch meine Erfahrung gewinnen und sie genießen werde, habe ich doch die Hoffnung, daß ich zurückkehren kann, um mich an dem Kampf und Konflikt zu beteiligen, der Amerika zu einem so wunderbaren Land für Individuen macht.»

1865 kehrte er mit einer erheblich verstärkten und aufpolierten Kulturrüstung in den Kampf und Konflikt zurück; wenn die Setzereien in Ohio seine Oberschule waren, dann war Venedig sein College. Ein Aufenthalt im Ausland bereichert das Heimatland nicht nur, es verkleinert und relativiert es auch. Howells' Gefühl für das amerikanische Leben als Gegenstand der Literatur wäre nicht so lebhaft gewesen, wenn er im Mittleren Westen geblieben wäre, versunken in dieser Realität ohne alle Grenzen. Er kehrte in die Vereinigten Staaten zurück, aber er wollte nicht nach Hause. Mit seiner Jugend in Ohio verband sich sogar eine gewisse Melancholie, weil er dort, wie er einmal schrieb, «stolz, hochnäsig und arm» gewesen war. Er hatte dort unter Phobien, Depressionen und unter Überarbeitung zu leiden. 1864 schrieb er an seinen Vater: «Ich kann vor Dir die Tatsache nicht verhehlen, daß es mir in drei Jahren nicht gelungen ist, den alten morbiden Schrecken davor abzuschütteln, wieder zurückzukehren, um an einem Ort zu leben, an dem ich so unglücklich war.» «Morbid» ist ein auffälliger Begriff. Seine Kindheit war, wie er in «A Boy's Town» schrieb, «mehr durch Ängste als durch Hoffnungen» geprägt. Von der Hauptfigur seines letzten Romans «The Leatherwood God» (Der Bleiholz-Gott, 1916) heißt es, er sei «ständig elend und so, so – voller Angst». Eine Gedichtstrophe von 1860 lautet:

Once on my mother's breast, a child, I crept,
Holding my breath;
There, safe and sad, lay shuddering, and wept
At the dark mystery of Death.*

Leon Edels Biographie über Henry James zufolge vertraute Howells Grace Norton an, «daß er sein gesamtes Leben lang von Angst beherrscht war». Edel führt aus:

> James bemerkt dazu, er habe immer gespürt, daß Howells depressiv sei, sei aber auch der Überzeugung gewesen, Howells sei in der Lage, die Depression von seinem «*operativen* Ich» getrennt zu halten. Sie wirkte nie, wie James sagt, «im geringsten lähmend oder behindernd oder im Wortsinne deprimierend». Im Gegenteil, Howells habe Kompensationen gefunden, «um die sich zu bemühen sehr anregend» war.

Man muß sich fragen, ob Howells' hartnäckiges künstlerisches Festhalten an der Oberfläche der Dinge nicht vielleicht Zeichen seiner Angst ist, neuerlich in den Abgrund zu stürzen. Ohio verfügte über Tiefen, die er nicht noch einmal ausloten wollte. Er war kaum anders als Henry James ein Expatriierter und weigerte sich, nach Jefferson zurückzukehren, wo sein swedenborgischer Vater lebte, ebenso wie James Cambridge verschmähte, wo *sein* swedenborgischer Vater lebte.

Der Osten wurde Howells' glückliches Exil. Vier Monate arbeitete er als Kolumnist für *The Nation* in New York, dann bat ihn James T. Fields, der Lowell als Herausgeber von *The Atlantic* nachgefolgt war, als sein Stellvertreter nach Boston zu kommen. Er nahm das Angebot an, und er und seine Frau zogen bald nach Cambridge um, das damals als Vorort galt. Aus seiner Freundschaft mit Lowell ergaben sich weitere mit solch literarischen Größen wie Longfellow, Oliver Wendell Holmes und Charles

* «Als Kind, an meiner Mutter Brust, wand ich mich / Atmete kaum; / Lag da, geschützt, traurig, zitternd, und weinte / Über das dunkle Rätsel des Todes.» (Anm. d. Ü.)

Eliot Norton. Er pflegte ein aktives gesellschaftliches und Familienleben, dazu hatte er einiges an Redakteursarbeit zu bewältigen. Doch war ihm Arbeit nicht fremd, und er besaß genügend Energie, um weiter über das seltsame Problem zu grübeln, wie man eine Prosa schreiben sollte, die Amerika würdig war, wie sein mystischer Begriff des «armen wirklichen Lebens» und das irgendwie Großartige an der «riesenhaften, natürlichen, ungekünstelten Langeweile» des normalen Amerikaners auszudrükken sei. Im Rückblick erklärte er: «Als ich noch ganz am Anfang in der Ausübung meiner Kunst stand, wurde mir klar, daß ich in die Prosa, wenn ich auch nur irgend etwas Sinnvolles erreichen wollte, jene Dinge einführen mußte, die bisher dort keinen Platz gefunden hatten.»

In den folgenden Jahren schrieb Howells viele Kritiken, in denen er in oft provozierenden und umstrittenen Begriffen seine immer enger festgelegten Begriffe vom Roman und vom «Realismus» verkündete – ein Wort, für dessen Propagierung er viel unternahm. Doch sollten wir uns in der verbleibenden Zeit dieses Nachmittags statt mit den Predigten mehr mit der Praxis beschäftigen und uns mit drei Charakteristika befassen, durch die sich seine Prosa auszeichnet und in denen sie selbst jetzt noch unseren Leseerwartungen zuwiderläuft und nach wie vor gleichsam avantgardistisch ist.

Das erste dieser realistischen, die Wahrheit suchenden Charakteristika könnten wir als den nicht unbedingt sympathischen Helden bezeichnen. In der allerersten Kritik, die Howells über einen Roman schrieb, erschienen 1866 in *The Atlantic*, beanstandete er an Bayard Taylors «The Story of Kennett» (Kennetts Geschichte): «Der Held des Buches hat nach unserer Meinung viel mit anderen Helden gemein – vielleicht ein wenig natürlicher als die meisten, aber noch immer bombastisch edel und vollkommen. Er interessiert uns nicht besonders.» Und als er sieben Jahre später Turgenjews «Dimitri Roudine» positiv besprach, erklärte er: «Wir sind uns nicht ganz sicher, ob wir die Sorgfalt, mit der uns Roudines Charakter vollständig vorenthalten wird, gut oder schlecht finden sollen. Wir schwanken zwischen Bewunderung und Trotz, bis wir schließlich bei einem halbwegs respektvollen Mitleid anlangen; aber verhält es sich nicht im wirklichen Leben ganz genau so?» Diesen Effekt, ein Held, dessen moralische Schattierung sich ändert, während wir über ihn lesen, um damit unsere Vorurteile durcheinanderzubringen und herauszufordern*, strebte Howells immer an. Von daher führt bei seiner gereiften Prosa auch das Gefühl, daß wir nicht genau wissen, mit wem wir es denn eigentlich halten sollen.

In «The Wedding Journey» steht die Sympathie für Basil March allerdings außer Frage; nach Temperament und Intelligenz steht er dem Autor so nahe, daß wir das Buch zuklappen müßten, wenn wir ihn nicht schätzten. Doch in «A Chance Acquaintance» ist Arbuton, der Inbegriff der Oberschicht-Rechtschaffenheit in Boston – ein «simulacrum», wie Howells an James schrieb, und ein «Stockfisch» –, eindeutig nicht so angelegt, daß man ihn unbedingt mögen muß; seine Schwächen, seine Steifheit und sein Snobismus werden vom Autor benannt und von der empfindsamen Heldin wahrgenommen. Dabei hat er auch seine angenehmen Züge, und man empfindet bei seiner schließlichen Niederlage Mitleid mit ihm, ebenso wie in der schrecklich komischen Szene, wo ihn zwei tugendsame Bekannte aus Boston so überraschen, daß er seine eigene Verlobte brüskiert. Kurz gesagt, Arbuton ist eine ausgeschriebene Figur; wir können ganz und gar um ihn herumspazieren und ohne weiteres seine verschiedenen Seiten erkennen. Tatsächlich scheint mir «A Chance Acquaintance», so bescheiden es als Unternehmen ist, bereits das Wesentliche an Howells zu enthalten; der Roman hat nichts Gestrecktes, er lahmt nicht; Howells' Stärke, sein Einblick in die Komplexität der Mann-Frau-Beziehungen, wird mit einer Frische ausgespielt, die uns amüsiert und berührt; das

* Einmal beschrieb er als Aufgabe des Romanciers, daß er «die verbreitete Ansicht, nach der die Menschen mit sich selber im reinen sind, aufzulösen und sie zu drängen habe, die Grundlagen ihrer gesellschaftlichen und moralischen Ansichten zu überprüfen».

Ganze ist so stärkend und klar wie ein Schöpflöffel ländlichen Quellwassers. Howells' Idol Turgenjew las den kleinen Roman in Paris und sagte: «Jetzt würde ich gern das Land besuchen, in dem es Mädchen wie diese Heldin gibt.»

Doch was sollen wir von dem Helden halten in «A Foregone Conclusion», dem nächsten Roman? Henry Ferris, ein eher dilettierender Maler, der den Posten bekleidet, den Howells innehatte, den eines amerikanischen Konsuls in Venedig, scheint ein unverheirateter Basil March zu sein, jedoch mit einem passiven und ungehobelten Zug, der ihn ungeeignet erscheinen läßt für den Umgang mit dem lebhaften amerikanischen Mädchen Florida Vervain. Jedenfalls fehlt es ihm entschieden an Stil, um auf seinen unglücklichen Rivalen, den Priester Don Ippolito, zu reagieren, der sich auf seinem Totenbett vergeblich an den kaltherzigen Amerikaner wendet. Wenn Ferris letztlich doch triumphiert und die reiche, schöne Florida heiratet, so wird das mit bitteren Untertönen gefeiert:

> Die Menschen können sich im weiteren Leben allenfalls in einem kurzen Aufblitzen die Romantik ihrer Jugend bewahren, und Ferris gelang es insbesondere nicht, die, wie er es nannte, opernhafte Stimmlage ihrer kurzen Verlobungszeit und der ersten Zeit ihrer Ehe zu halten... Ferris hatte das Glück, daß sie, da er nicht arbeiten konnte, über Geld verfügte; in begeisterten Augenblicken hatte er das für ein Ehehindernis behalten; doch vermochte er sich an keinen einzigen Fall zu erinnern, wo jemand die Hand eines schönen Mädchens ausgeschlagen hätte, nur weil sie zufällig reich war, und schließlich brachte er seine Skrupel doch zum Schweigen.

In diesem Roman ist auch die Heldin mit ihrem unberechenbaren und herrischen Temperament nicht unbedingt sympathisch; die psychologischen Einschränkungen, die Howells aus Gründen des Realismus vornahm, bezogen sich nicht nur auf das männliche Geschlecht. Doch neigen seine Frauen immerhin dazu, dynamisch zu sein; ihre Sünden bestehen eher im Tun als im Lassen, und der Autor fordert den Leser auf, viel von dem, was, wie er es hier formuliert, im «ganzen Mysterium der Nerven einer Frau» geschieht, zu entschuldigen.

Auch «Indian Summer» (Nachsommer, 1886) spielt in Italien, und sein Held Theodore Colville, der ein älterer, kräftigerer, aber nicht unbedingt klügerer Ferris ist, findet sich ebenfalls den unbegreiflichen sexuellen Manövern des schönen Geschlechts ausgeliefert. In Florenz hatte er vor siebzehn Jahren vergeblich um ein amerikanisches Mädchen geworben; als er als Tourist in die Stadt zurückkehrt, wird ihm nicht klar, daß er sich in ihre Freundin von damals, die jetzt eine ansehnliche Witwe ist, verliebt hat, und läßt es zu, daß sich ein sehr junges Mädchen mit sehr wenig Erfahrung amourös an ihn bindet. Er geht herum und «fühlt sich wie eine seltsame, neu erfundene Art Schurke – ein Gauner, der noch so neu war und eben eingeführt, daß er noch keine Gelegenheit gehabt hatte, sich zu klassifizieren und sich des genauen Grades seiner Verderbtheit zu vergewissern... Er war der versprochene Liebhaber dieses armen Kindes, dessen Zuneigung er ohne ein gewisses Maß an Brutalität, zu der allerdings nur ein besserer Mensch den entsprechenden Mut aufgebracht haben würde, nicht überprüfen konnte». Obwohl die Frauen in dem Roman, zu denen die Mutter des Mädchens und die kleine Tochter der Witwe gehören, am Ende die Dinge für ihn bereinigen, verübeln wir ihm sein unklares Verhalten, die Selbstgefälligkeit des reichen Müßiggängers, die erbarmungslose Albernheit und seine amüsierte Distanz. Basil March, der charmante Reisegefährte und begeisterte Zeuge der menschlichen Eintönigkeit, ist als romantischer Protagonist von ähnlicher Statur.

Doch es ist Bartley Hubbard in «A Modern Instance» (Ein moderner Fall, 1882), der die fehlende Sympathie zu etwas Erhabenem erhöht – man könnte sagen, er ist so schlecht, daß er wieder gut ist. Benommen vor Eitelkeit und zielloser Gutmütigkeit, wie so viele der Howellsschen Helden, ergibt er sich in einer kleinen Stadt in Maine dem sexuellen Ansturm von Marcia Gaylord, heiratet sie und lebt dann sein eheliches Mißvergnügen in Boston aus. Zu seiner Zeit war der Roman, möglicherweise Howells' rundester und gelungenster, eine Sensation, weil er eine Scheidung schilderte; doch liegen seine Wahrheit und Stärke im Porträt einer Ehe ohne feste Basis, weil beide nicht gleichermaßen lieben. Bartleys wunderbar gerissener, aber auch nicht unbedingt böswilliger Strom der Selbstrechtfertigung seiner unsichtbaren Ehe und seiner abschüssigen journalistischen Laufbahn zeigt eine psychologische Präzision, die ebenso humorvoll wie genau ist. Zum Beispiel werden in der großartigen Versöhnungsszene am Tag, nachdem Bartley als Folge eines heftigen Ehestreits sturzbetrunken nach Hause gebracht wurde, viele winzige Vorgänge im Kopf des Ehemanns registriert, der schwankt zwischen Verteidigung und dem Versuch, Oberwasser zu gewinnen. Obwohl er bereut, «vermochte er doch das selbstgerechte Gefühl nicht zu unterdrücken, ihr eine nützliche und notwendige Lektion erteilt zu haben». Sie zeigt mehr Reue als er und bricht in Tränen aus: «Der Anblick entmannte Bartley; er konnte niemanden weinen sehen, nicht einmal seine Frau, an deren Tränen er sich gewöhnt hatte.» Bei seinem Versprechen, daß es nicht wieder vorkommen würde, «spürte er das Glühen einer virtuosen Darbietung». Ihre völlige Unkenntnis des Alkohols und seiner Folgen gewährt ihm mehr Spielraum, als er erwartet hatte; er erklärt ihr: «Wenn ich gewohnheitsmäßig trinken würde, dann würde es mir nichts ausmachen... Ich habe nur getrunken, was einen anderen, der regelmäßig trinkt, gar nicht beeinträchtigt hätte.» Marcia stürzt sich eifrig auf diese Rechtfertigung und sieht in ihm den «einen gewohnheitsmäßig nüchternen Menschen in Boston, das sonst aus lauter Betrunkenen bestand». «Mit glänzenden Augen» nimmt sie ihre Näharbeit wieder auf, und «Bartley blieb auf seinem Platz auf dem Sofa und fühlte sich ziemlich schafsmäßig und sah vielleicht auch so aus. Er hatte sich erklärt, und die Beichte wurde ihm zu seinem Vorteil angerechnet. Um ihm nicht Unrecht zu tun: Es hatte nicht in seiner Absicht gelegen, die Affäre zu einem so glorreichen Abschluß zu bringen; und womöglich war sogar etwas Edleres als sein Sinn für Humor angesprochen, als er sich nicht nur entlastet, sondern gleich in ein Muster an Enthaltsamkeit verwandelt sah».

Als Mark Twain diesen Roman in Fortsetzungen in der Zeitung las, schrieb er Howells begeistert: «Sie haben Bartley nicht für mich geschrieben, aber trotzdem *bin* ich er, bis ins kleinste Detail.» Jahre später sagte Howells zu Brander Matthews, daß er Bartley, den «falschen Schurken», nach dem eigenen Bild gezeichnet habe. Mit Sicherheit ist dieser Mann mit seinen Fehlern, ist seine fehlerhafte Ehe aus einer ungerührt prüfenden Sicht geschildert, ohne einen Hauch von Sentimentalität. Die oben wiedergegebene Szene ist ironisch gebrochen im Idealismus von Ben Halleck, einem von Howells' hypermoralischen Bostonianern, der die Versöhnung der Hubbards nach «dieser Ekligkeit» unglaubwürdig findet, und dem man über das Ehepaar sagen muß: «Sie können nicht als Feinde zusammenleben, und sie müssen zusammenleben. Ich wage die Behauptung, daß sich die Beleidigungen bei ihnen erschöpft haben.»

Als Bartley Marcia schließlich verläßt, wird er in ihrem einsamen Wachen, ihrer stolzen Qual zum Schurken; und die verzweifelte Reise, die Marcia, ihr Vater, ihr Kind, Halleck und dessen Schwester nach Indiana unternehmen, um Bartleys Scheidungsverfahren zuvorzukommen, ist aufregend wie kaum etwas anderes bei Howells. Der Puls des Lesers beschleunigt sich, als die Gesellschaft Anfang April im Zug das kalte Boston verläßt, um in den milderen, wärmeren Mittleren Westen aufzubrechen, aus dem auch Howells stammt:

> Es war ein schönes Land und besaß selbst für ihre unwilligen Augen einen Charme, der das Herz rührte... Sie hatten inzwischen die Hügel am Fluß und das wellige Land hinter sich gelassen und die große Ebene erreicht, die sich vom Ohio bis an den Mississippi erstreckt; und während sie nach Süden und nach Westen fuhren, entfaltete sich Meile für Meile weiter der Frühling in der weichen Luft unter der trägen warmen Sonne.

Hier im Herzland wird der Roman altmodisch, melodramatisch und sentimental; Marcias Vater, ein Rechtsanwalt in Maine, der als Autorität in juristischen Dingen gilt – ebenso wie Howells'

Schwiegervater in Brattleboro –, langt eben noch rechtzeitig an, um eine altmodische Ansprache zu halten, die in dem verschlafenen Gerichtssaal in Indiana sehr bewundert wird und in der er «besagten Meineidigen der Gerechtigkeit zuführen» will; ihr Vater, derart gebremst in seiner Rachsucht, bricht mit einem Herzanfall zusammen; und am folgenden Tag zeigt sich Bartley Halleck gegenüber als das vertraute Ich – zu Scherzen aufgelegt, unbekümmert, nicht übermäßig zerknirscht und mit einer Geschichte, die ihn entlasten soll. Er wüßte sogar ein Happy-Ending: Halleck, der Marcia liebt, soll sie doch jetzt heiraten. Doch der Bostonianer ist zu tugendhaft, sein Moralismus quält ihn zu sehr, als daß er darauf eingehen könnte. Mit seiner Tatenlosigkeit verdammt er sie zu zänkischer Einsamkeit. Gemessen an den Standards, die nicht aus Romanen, sondern aus der amerikanischen Wirklichkeit gewonnen sind, wirkt der fröhliche Deserteur nicht völlig unsympathisch, und der skrupulöse Mann ist alles andere als bewunderungswürdig.

Der gedämpfte, mehrdeutige Schluß von «A Modern Instance» bringt uns zu der zweiten Besonderheit in Howells' Romanen: ihre Neigung, sich aufzulösen, die eigenen Krisen zu umgehen oder zu dämpfen. Kein Buch illustriert diese Neigung besser als jenes, das wir mit größter Wahrscheinlichkeit alle gelesen haben: «The Rise of Silas Lapham» (Der Aufstieg Silas Laphams, 1885). Die ersten Seiten zeigen Lapham, einen tobenden Mann aus Vermont, der ein Vermögen mit der Herstellung von Farben gemacht hat, wie er von niemand anderem als Bartley Hubbard in dessen besseren Tagen interviewt wird. Wir richten uns ein auf die mehr oder weniger schmerzhafte Geschichte eines fehlgeleiteten gesellschaftlichen Ehrgeizes – der rüpelhafte neureiche Kapitalist drängt sich und seine zurückhaltende Frau ihren beiden heiratsfähigen Töchtern zuliebe der Aristokratie des alten Boston auf. Von Anfang an werden wir mit Andeutungen darüber reichlich versorgt, daß Lapham, der ein grober, aber gutmütiger Kerl ist, es zu toll treiben und schließlich scheitern wird; eine frühere moralische Verfehlung – er hat einen Partner genau zu der Zeit aus dem Geschäft gedrängt, als es zu florieren begann – muß ihn nach dem Gesetz von Romanen doch noch einholen. Doch als sich die Ereignisse entwickeln, sind die Coreys, die Repräsentanten der Bostoner Gesellschaft, zu ironisch und realistisch, um es auf eine Auseinandersetzung ankommen zu lassen oder zuviel Widerstand zu leisten. Als Mrs. Corey die schreckliche Möglichkeit ins Gespräch bringt, ihr Sohn könnte eine «Farbenprinzessin» heiraten, sagt ihr Ehemann, der als Maler dilettiert (er arbeitet in kleinerem Maßstab als Lapham, der in surrealem Stil ganze Felsbrocken aus Vermont bemalt hat, um für seine Produkte zu werben), fröhlich: «Wenn Geld ehrlich und anständig verdient wird, warum sollten wir dann so tun, als interessierte es uns, wo es herkommt, wenn es uns doch gar nicht interessiert? Dieser Aberglaube schießt überall aus dem Boden hervor.» Und der Sohn Tom Corey *will* tatsächlich ins Farbengeschäft und ist einsichtig genug, Laphams schlechte Seiten zugunsten der guten und der Möglichkeiten, die sich ihm bieten, zu übersehen. Es gibt die obligatorische Szene voll der üblichen gesellschaftlichen Taktlosigkeiten, wenn altes und neues Geld zusammenkommen und der Emporkömmling aus Vermont von den Alkoholika von Beacon Hill betrunken wird; doch die Szene ist vorsichtig und leicht angelegt, in Laphams Erinnerungen aus dem Bürgerkrieg meldet sich doch etwas Aristokratisches und in der wohlerzogenen Höflichkeit der Coreys etwas Anmut.

Andererseits glaubt die falsche Farbenprinzessin, Tom sei in sie verliebt, doch als dieses lang dauernde Mißverständnis sich schließlich aufklärt, verschwindet die sitzengelassene Schwester vernünftig und stoisch aufs Land und kehrt nicht eher in den Roman zurück, als bis die Wunde verheilt ist. In einer pikanten kleinen Nebenhandlung scheint ein rätselhaftes und verdächtig hübsches Mädchen in Laphams Bostoner Büro unter seinem besonderen Schutz zu arbeiten. Eine uneheliche Tochter? Eine Geliebte, der Himmel möge es verhüten? Die Antwort, als sie schließlich gegeben wird, spricht nur für Lapham, und Mrs. Lapham muß sich für ihre gemeinen Verdächtigungen schämen. Und am günstigsten ist, daß sich der lang erwartete finanzielle Rückschlag im Gegenteil als Segen erweist, zu Laphams moralischer Erneuerung beiträgt und ihn zurück nach Vermont schickt, wo er hingehört. Als das großartige Haus in Back Bay, dessen Bau als Symbol der Ambitionen Laphams in der Stadt diente, unversichert niederbrennt, ruft seine Frau aus: «Oh, Gott sei Dank in seiner Güte!» Lapham rechnet kühl, daß er, «nachdem er sich entschlossen hatte, sein Haus nicht zu verkaufen, er durch seinen Verlust nicht mehr behindert wurde, als er es gewesen wäre, wenn er sein Geld ungenutzt drin hätte liegenlassen». Tatsächlich entwirft der übergeordnete komödienhafte Geist Howells' eine eigentlich unwiderstehliche Möglichkeit für Lapham, wieder zu seinem Geld zu kommen, daß ihn nur ein Anfall sehr spitzfinder Skrupel – für den Leser so phantastisch raffiniert wie die von Ben Halleck in «A Modern Instance» – es ihm ermöglicht, erneutem Reichtum um ein Haar zu entgehen.

Fast scheint es, als wären zwei Männer mit der Verfertigung von «Silas Lapham» beschäftigt – einer, der die Handlung entwirft, Konflikte anlegt und für Konfrontationspunkte sorgt, und ein geschickter Unterminierer, der weiß, daß Mißverständnisse nicht ewig währen, daß sich in dieser liebenswerten Demokratie soziale Unterschiede leicht überbrücken lassen, daß die Menschen – oder wenigstens die Amerikaner – im Grunde vernünftig sind und das Beste aus ihren Enttäuschungen machen, und daß sich die Dinge im allgemeinen wenn nicht zum besten, so doch zum zweitbesten hin entwickeln. Howells sagt genau das: «Unsere Theorie des Desasters, des Leids, der Not, die wir von Dichtern und Schriftstellern geborgt haben, geht dahin, daß all diese Dinge nie ein Ende nehmen; doch können wir aus jedem unserer eigenen Lebensabschnitte oder aus dem Leben anderer, bei dem wir Zeuge geworden sind, lernen, daß das nicht wahr ist... Laphams Not... war nicht immer wie die Not, wie wir sie uns bildhaft vorstellen; sie hatte auch Momente, da sie ein Glück war.»

Für Zola, Frank Norris und Sinclair Lewis hieß Realismus die Präsentation von etwas, das unangenehm war; für Howells bedeutete Realismus, sich an die milde, passable Wahrheit des durchschnittlichen amerikanischen Lebens zu halten. Als er gescholten wurde, weil er zu zahm sei, erwiderte er: «Die Sitten des Romans haben sich mit denen des Lesers gebessert; so einfach ist das. Gentlemen fluchen nicht mehr oder fallen betrunken unter den Tisch oder entführen junge Damen, um sie in einsamen Landhäusern einzuschließen, oder legen es nicht mehr so gewohnheitsmäßig auf den Untergang der Frauen ihres Nachbarn an, wie sie es einmal taten.» Als er den amerikanischen Roman gegen den Einwand verteidigte, es mangele ihm im Gegensatz zum französischen Roman an einer gewissen sexuellen Offenherzigkeit, sagte er: «Es wird keiner so tun können, als gebe es unter der Oberfläche unserer Gesellschaft keine lasterhafte Liebe; wenn doch, würden ihn die übelriechenden Ausbrüche bei Scheidungsprozessen Lügen strafen; wenn er allerdings vorgäbe, das wäre in jeder Hinsicht charakteristisch für unsere Gesellschaft, wäre er noch leichter Lügen zu strafen.» Selbst Howells' vielparodierte Wendung von den «lächelnden Aspekten des amerikanischen Lebens» folgt in ihrem Kontext aus der Wahrnehmung der örtlichen Gegebenheiten: «Unsere Romanciers... beschäftigen sich mit den eher lächelnden Seiten des Lebens, den eher amerikanischen... Selbst auf die Gefahr, daß das als Gemeinplatz bezeichnet wird, es lohnt sich, sich an unsere positiven Gegebenheiten zu halten; selbst Leidenschaften scheinen sich abzumildern und zu verändern, wenn Bedingungen herrschen, von denen zumindest nicht von vorneherein gesagt werden kann, sie würden jemandem Unrecht tun, Bestrebungen einengen oder legale Ansinnen durchkreuzen.»

Menschen und Umstände werden machtvoll durcheinandergewirbelt, Krisen werden normalerweise abgewendet oder verhindert, und das Leben hält sich nicht an Romanhandlungen: Howells' Romane nötigen uns diese Wahrheiten im Widerspruch zur Tradition des Romans auf, die nach Helden, Krisen und komplizierten Handlungen verlangte. Wie Kitty Ellison wollte er sich «mit der bescheidensten Handlung begnügen und sie am denkbar langweiligsten Ort spielen lassen, um dann deren Möglichkeiten alle hervortreten zu lassen». Als Howells 1871 an seinem ersten Roman arbeitete, schrieb er an einen Freund: «Es geht nichts über Eisenbahnen und Dampfschiffe, die einem die Handlung in Gang setzen.» Als er Jahrzehnte später über Dickens schrieb, erklärte er: «Die wahre Handlung entsteht aus dem Charakter... Eine vorher zurechtgelegte Handlung ersetzt keine Charakterisierung. Doch Dickens glaubte daran, und die ganze romantische Schule der Schriftsteller glaubte daran. Bulwer, Charles Reade und selbst George Eliot dachten bis zu einem gewissen Grade so; bei alledem jedoch – bei diesem ganzen Vortäuschen, diesem nutzlosen und falschen Geschäft, eine Handlung zu erfinden und die Ereignisse zu vervielfältigen – war Dikkens der größere Künstler, weil es ihm irgendwie gelang, daß sich die Dinge selber in Gang setzten.» Für dieses ganze Vortäuschen, dieses nutzlose und falsche Geschäft, fand Howells in einem Essay von Armando Palacio Vadés, einem spanischen Romancier, den rechten Namen: Mit dem Begriff «Effektismus» bezeichnete er «das Aufstacheln von lebhaften und gewaltsamen Gefühlen beim Leser um jeden Preis» mit «einer komplizierten Handlung, die mit Gefahren, Überraschungen und Spannungselementen gewürzt» ist. Den Gegensatz zum «Effektismus» bildeten die einfachen, direkten Romane Bjørnsons, bei dem wir laut Howells lernen, «daß die Biographien von Männern und Frauen, wenn man sie nur aufrichtig studiert, ohne überraschende Zwischenfälle und glückhafte Umstände in der Literatur ebenso interessant sein können, wie es die unbedeutendsten persönlichen Angelegenheiten von Männern und Frauen in der eigenen Umgebung sind».

Howells' Bücher verfügen über eine Handlung, doch der Autor – und das ist das dritte merkwürdige Charakteristikum – scheint nicht mit ganzem Herzen dahinterzustehen. Man hat den Eindruck einer Skizze, die nicht weiter ausgeführt wurde, Entwicklungen, die nicht stattfinden durften. Seine Figuren zerren an einer Leine, die sich nicht völlig in der Hand der Umstände und Ereignisse befindet. Howells mißtraute jeder Übertreibung, und da Übertreibung in der Literatur unabdingbar ist, mißtraute er der Literatur. Wie Sie sich erinnern, fand seine lange Lehrzeit während der Jugendjahre im Journalismus statt, und sein Lieblingsroman «Don Quixote» warnte vor einem Mann, der verrückt geworden war, weil er die seinerzeit aktuellen Romane las, mittelalterliche Romanzen. In «My Literary Passions» bekennt Howells, daß er sich nicht ganz sicher sei, ob er Bücher über Geschichten nicht der Belletristik vorziehe, und berichtet von einer langen Krankheit, die ihn in seinen mittleren Jahren befiel, als ihm «schon der Blick auf die Druckseite, die in Dialogsätze gegliedert war, Angst bereitete»: «Es war der dramatische Effekt, den sich ein Theaterdichter oder Romancier ausgedacht und seinen Figuren als direkte Rede untergeschoben hatte, was ich nicht mehr ertragen konnte.» Und es gibt kaum einen Roman von Howells, in dem die Figuren nicht irgendwann ihr Verhalten süffisant als das Gegenteil dessen bezeichnen, was die Menschen in Romanen an den Tag legen.

Das Thema Handlung reicht noch weiter als Melodrama und Effektismus; weil er die Handlung dem Charakter unterordnete, brachte sich Howells in Gegensatz zu Aristoteles, den größten Theoretiker des Erzählens. 1899 erklärte Howells in seinem Vortrag über den Roman: «Aufgegeben werden muß der alte Aberglaube, eine dramatische Situation sei die höchste Darstellung des Lebens, und der Romancier muß sich darum bemühen, die Wirklichkeit des Lebens genau wiederzugeben. Ich glaube, daß man noch so weit kommen wird. Mir selber wird es nie gelingen, denn ich wurde in der falschen Schule erzogen, und ich war nie in der Lage, ihre Fesseln vollständig zu sprengen; doch der Romancier, der da ansetzt, wo ich aufhöre, wird noch den Roman schreiben, den ich mir vorgestellt habe.» In einer seiner anmutigen, wenn auch vorsichtigen Hommagen sprach Henry James davon, daß Howells «den Aberglauben der ‹Form›» überwunden habe.

Warum «Aberglaube»? Was heißt «Form» auf das Erzählen bezogen? Für Aristoteles – der der Sohn eines Arztes war und mit Eifer Physiologie und Zoologie studierte – leitet sich die Form eines Stücks vom Nutzen ab, den es für den Menschen hat: Der

Lauf der Ereignisse in einer Tragödie soll «durch Mitleid und Furcht die angemessene Reinigung dieser Gefühle bewirken». Das ist buchstäblicher Effektismus: Unserem Herz wird eine Katharsis zuteil, weil wir uns auf die Verwicklung und Entwirrung eines Dramas einlassen. Handlung ist eine Art Maschine, die bei uns einen nützlichen, reinigenden Effekt bewirkt, einen Effekt erhöhter Anspannung, die dann gemildert wird. Damit lassen sich die meisten erfolgreichen Romane, Filme und Fernsehspiele beschreiben: Sie sind Vorrichtungen, die mehr oder weniger mechanisch und zynisch unsere Gefühle und unsere Bereitschaft, uns um Phantome zu sorgen, befördern.

Aber was ist, wenn eine Geschichte keine Therapie ist – nicht das Gegengift zum Leben, sondern seine Verdeutlichung? Was ist, wenn man der Ansicht zuneigt, die Erzählkunst beziehe ihren Wert und ihre Bedeutung aus der Tatsache, daß sie unsere profane menschliche Lage geduldig und wahrheitsliebend schildert? Dann läßt sich eine Handlung nur bis zu dem Grad rechtfertigen, bis zu dem man sagen kann, die Wirklichkeit verfüge selber über eine Handlung, einen Entwurf – dann wird Handlung zu einer philosophischen und sogar zu einer theologischen Frage. Für die Griechen verzeichnet die Handlung die Rache der Götter, deren Willen sich oft mit Hilfe menschlicher Leidenschaften vollzieht. Für die Christen gibt die Handlung den Blick frei auf die göttliche Vorsehung und ihre letzte Gerechtigkeit. In «My Literary Passions» erinnert sich Howells daran, wie er in seiner Jugend Dickens las:

> Während ich ihn las, befand ich mich in einer Welt, in der es dem Guten am besten erging… und wo Verdienste von einem Erfolg gekrönt wurden, der sich, wie ich glaube, auch in unserem Alltag einstellen wird… In seiner Welt, in dieser idealen Welt, der sich die wirkliche Welt irgendwann würde anpassen müssen, lebte ich inmitten des äußeren Scheins der Dinge, doch unter einer Vorsehung, die alle Dinge bis an ein gutes Ende geleitete und wo weder Reichtum noch hohe Geburt etwas gegen Tugend oder das Gute auszurichten vermochten.

Howells' eigene Prosa zeigt allerdings wenig von dem instinktiven Glauben, daß Verdienste schließlich tatsächlich vom Erfolg gekrönt würden und daß sich die wirkliche Welt irgendwann der idealen würde anpassen müssen. Obwohl er eher willkürlich in einem mit tiefer protestantischer Frömmigkeit durchtränkten Ohio als Swedenborgianer erzogen wurde, wandelte er sich langsam aber sicher zum Agnostiker und wandte sich in mittleren Jahren Tolstoi und dem Sozialismus zu statt einem Glauben an etwas Übernatürliches. Mit voller Absicht also und nicht nur, weil er den auffälligen Effektismus aus ästhetischen Gründen verschmäht hätte, ist seine Prosa formlos und wurde auch von seinen Zeitgenossen so wahrgenommen. Ein Rezensent schrieb, daß «Mr. Howells mehr als demokratisch ist, er ist anarchisch». Bei Mark Twain bewunderte Howells den ästhetischen Anarchisten: «Meines Wissens ist Mr. Clemens der erste Schriftsteller, der sich bei längeren Texten einer Methode bedient, nach der wir alle denken, nämlich etwas genauso niederzuschreiben, wie es einem in den Sinn kommt, ohne Angst vor dem, was davor war oder danach kommt, und ohne darauf Rücksicht zu nehmen... Er schlendert durch die Welt der Literatur, flaniert quer über die sorgfältig gehegten Wege und spaziert nach Lust und Laune über das Gras.» Und Henry James, der an seinen Bruder William über Howells' Roman «A Hazard of New Fortunes» (Die Gefahr neuerworbener Reichtümer, 1890) schrieb, klagte: «Seine Überfülle und seine Begabung stürzen mich immer wieder in tiefe Verwunderung und Neid – oder wahrscheinlich doch kein Neid, da er sie nämlich um den Preis erkauft hat, die ganze Frage von Form, Stil und Komposition ins tiefe Meer zu versenken – aus dem ich sie meinerseits ständig herauszufischen suche.»

Wenn wir bei dieser Frage der Form in der Prosa in uns hineinsehen, so entdecken wir die instinktive Erwartung, daß die Ereignisse und Personen, die uns vorgeführt werden, sich als Teil eines einheitlichen Feldes erweisen, daß eine bestimmte Ökonomie ihre Zahl und Verteilung begrenzen und die Geschichte damit enden wird, daß in gewisser Hinsicht jeder seinen Anteil erhält – daß ein Schurke wie Jago vor Gericht kommt, eine gequälte Seele wie Othello ihre Ruhe findet und eine unschuldige Person wie Desdemona wo nicht gerettet, so doch wenigstens gerächt wird. Dieses Gefühl von Konten, die letztlich doch ausgeglichen werden, das bei Dickens noch sehr stark ausgeprägt ist, beherrscht den klassischen europäischen Roman und hält sich seltsamerweise noch bei Henry James, der wie Howells als Swedenborgianer aufgewachsen ist und sich wie dieser vollständig davon losgemacht hat. Doch hat sich, wie kein geringer Experte in Glaubensfragen als Graham Greene darlegte, James einen Sinn für Religion bewahrt; ohne daß sie auf einen Gott bezogen wäre, durchdringt sie seine Romane und verleiht deren moralischen Konflikten eine rätselhafte Großartigkeit und dem Schicksal seiner Gestalten die Aura gerechter Strafe *. Obwohl Howells gelegentlich eine himmlische Gerechtigkeit walten lassen will – Bartley Hubbard zum Beispiel wird in Arizona eher beiläufig von Schüssen getötet, und Ben Halleck tadelt sich selber dafür, daß er es gewagt hat, Marcia zu lieben, während sie noch mit diesem fröhlichen Lumpen verheiratet war –, scheint er sich dann doch nicht ganz zu trauen; in seiner Kunst war er ein moralischer Anarchist, während er gleichzeitig allen Pflichten als Ehemann, in-

* Seine Figuren müssen für ihre Sünden leiden, auch wenn es in noch so begrenztem und erträglichem Maße geschieht: Da sie Milly Theale getäuscht haben, werden die Dinge für Kate Croy und Merton Densher in «The Wings of the Dove» (Die Flügel der Taube) nie mehr so sein wie zuvor, und in «The Golden Bowl» (Die goldene Schale) wird Charlotte Stant dafür, daß sie einen Mann liebt, den zu kaufen ihr das Geld fehlt, nicht nur bestraft, sondern gefoltert. Selbst in einem vergleichsweise so leichtgewichtigen kurzen Roman wie «The Spoils of Poynton» (Die Schätze von Poynton) verkomplizieren sich die berechnete Zurückhaltung und die künstlichen Skrupel auf einschneidende Weise. «Sie werden glücklich sein, sobald Sie vollkommen sind!» sagt Fleda Vetch zu Owen Gereth, der zur Unvollkommenheit verdammt ist; ein Urteilsspruch, auf den es zum Ende hin ein seltsames Echo gibt, als der Bahnhofsvorsteher in Antwort auf ihre ungläubige Frage «Poynton ist *verschwunden*?» erwidert: «Wie sonst wollen Sie es nennen, Miss, wenn es nicht wirklich gerettet ist?» Ein solcher Absolutismus – ein solcher Lebenssinn als Anordnung irreparabler moralischer Kristalle – ist in Howells' elastischer Welt ziemlich fremd. Allerdings muß man zugeben, daß die Drehung dieser Kristalle eine Hitze erzeugt, die Hitze des alten Höllenfeuers, die bei Howells fast entweicht.

teressierter Bürger, neotolstoianischer sozialer Moralist und mustergültiges Oberhaupt der literarischen Gemeinschaft genügte. Seine übertriebene Prüderie erklärt sich daraus, daß er sich vom Dekorum seiner Zeit nicht lösen konnte. Sein Realismus machte entschieden halt vor sexuellem Realismus*; er verurteilte ihn auch bei anderen und ging dabei bis zu Chaucer zurück. Vielleicht ist auch die Prüderie schuld an seinem einzigen großen Versagen als Kritiker, und das in einem Leben, das so auffallend großzügig im Anerkennen der unterschiedlichen Begabungen bei anderen war – seine Unfähigkeit, «Schwester Carrie» in seinem Wert zu erkennen und zu merken, daß Dreiser, der bei weitem hilfloser als er in die neue amerikanische Wirklichkeit des gottlosen Konkurrenzkampfes eingetaucht war, in seinem nüchternen Bericht über den Aufstieg einer gefallenen Frau den ungebundenen Roman geschrieben hatte, den Howells schreiben wollte, einen Roman, der in seiner Amoralität ebenso realistisch ist wie in seinen Details aus dem Stadtleben.

«A Hazard of New Fortunes» müht sich darum, ein Roman der modernen Stadt zu sein. Man beginnt ihn aufgeregt zu lesen, weil sich Howells' Beobachtungsgabe von der eher engen, rückwärtsgewandten Welt in Boston ab- und der ethnischen Breite und grobkörnigen Energie New Yorks zugewandt hat. Howells'

* Aber man kann nicht behaupten, daß es in Howells' Romanen überhaupt keinen Sex gebe; er taucht allerdings nur in plötzlichen kleinen Gesten oder Gegenständen von fetischistischer Eindringlichkeit auf: In «Lapham» schenkt Tom Corey Irene Lapham einen Holzspan, den sie spielerisch mit ihrem Sonnenschirm aufgespießt hatte, und als sie ihre Liebesunterpfänder Penelope überreicht, gehört der Kieferspan, der sich «seltsam mit einem Band verknotet» hat, auch dazu; in «A Modern Instance» geht Marcia Gaylord nach Bartley Hubbard aus der Tür, beugt sich nach vorn und küßt den Türknauf, «auf dem seine Hand ruhte»; in «The Landlord at Lion's Head» (Der Wirt von Lion's Head) bemerkt Jeff Durgin, als er mit Bessie Lynde spazierengeht, deren Mund zuvor als «schön und sehr rot» beschrieben worden ist, daß «der graue Film ihres Schleiers sich in ihrem raschen Ausschreiten sanft gegen ihren roten Mund drückte», und immer «sieht er das Spiel des Schleiersaums an ihren Lippen, wenn sie sprach». Diese konzentrierten, verschleierten Bilder bleiben im Kopf haften, wo deutlichere und weniger verklemmte Bilder vielleicht verschwinden würden.

Lebensreise hatte ihn von Ohio nach Italien, von Italien nach New England und 1888 in zaghaften Trippelschritten von Boston nach New York geführt. Es heißt, daß er mit seinem Umzug den literarischen Mittelpunkt der Vereinigten Staaten mit sich nahm, doch die Riesen New Englands, die er aus der Ferne angebetet und denen er in Cambridge gehuldigt hatte, waren tot oder greis, und die Vitalität war längst von Boston mit seiner (wie Howells es nennt) «idealisierenden Tendenz» auf New York mit seiner «realisierenden Tendenz» übergegangen. Sein Instinkt, wo seine Laufbahn weitergehen sollte, trog ihn nie.

In «A Hazard of New Fortunes» öffnet sich eine völlig neue Welt romanhafter Möglichkeiten, doch werden diese Möglichkeiten nur gelegentlich genutzt, in einer immer dünner werdenden Kette. Die ersten Seiten, auf denen wir unsere alten Freunde Basil und Isabel March auf ihrer Suche nach einer Wohnung begleiten, führen uns zurück in die lichte Atmosphäre von «Their Wedding Journey» – pikareske Komödie und komische Begegnungen auf amerikanischem Boden. Doch als weitere Figuren eingeführt und verschiedene Spannungsfäden und Möglichkeiten eingezogen werden, merken wir, daß das einheitliche Feld fehlt, ein Äquivalent zu Napoleons Invasion in «Krieg und Frieden» oder für den Nebel in «Bleakhaus». Es treten insgesamt zu viele von Howells' jungen Damen auf, für die es nicht annähernd genug Liebhaber gibt, die sie entführen könnten, und das Literaturmagazin *Every Other Week* ist als zentrale Schaltstelle nicht groß genug, um die vielen verschiedenen Menschen, die der Roman einführt, vom tobenden Sozialisten bis zum barschen Millionär, miteinander zu verbinden. Wir fühlen uns an die Warnung des Autors erinnert, daß «die Verwicklungen einer engen Struktur niemals auf unsere Lage passen, die so unzusammenhängend und offen und abwechslungsreich ist». Wir wissen um die weiten Räume zwischen den Figuren, psychologisch und sogar geographisch – fast keiner ist gebürtiger New Yorker –, die Howells in das Gitter von Manhattan eingestrichelt hat, und wir wissen auch um die künstlichen Zufälle, mit denen er sie zusammenführt, damit ein paar Funken sprühen. Die Dryfooses aus den dunklen, flammenden Ölfeldern im nördlichen Ohio sind lebendig, aber lebendig nur in der Isolation, ebenso wie die liebenswerten Woodwards aus dem Süden und die tapfere frühe Feministin Alma Leighton und der nichtssagende Künstler Beaton, ein besonders unsympathisches Exemplar in Howells' langer Reihe passiver und geckenhafter intellektueller Herumtreiber. Kurz gesagt, Howells verfällt da, wo er eine Handlung braucht, um ein so großes Feld zu aktivieren und vor allem in Bewegung zu versetzen, auf Schilderungen von New York und ehrenhafte kluge, besorgte Bemerkungen über Armut und Reichtum und vereinzelte brillante Szenen und Figuren, die zu zahlreich sind und zu scharf gezeichnet, als daß man nicht das Gefühl hätte, es handele sich um Karikaturen.

Meiner Ansicht nach ist «The Landlord at Lion's Head» (1897) ein besserer Roman aus den neunziger Jahren. Howells kehrt nach New England zurück und versucht sich mit der alten Frage auseinanderzusetzen, warum schlechte Menschen erfolgreich sind – obwohl einem in Wirklichkeit Jeff Durgin nicht nur sympathischer, sondern auch noch vernünftiger vorkommt als sein harscher Kritiker, der pingelige Maler Westover. Einigermaßen reizend, wenn sich herausstellt, daß beide Männer verdeckt um das gleiche Mädchen, um Cynthia, geworben haben, die Westover zuerst als Kind gesehen hat und die Durbin tapfer als zu edel für sich erkennt. Das Buch hat die geisterhafte Atmosphäre einer Romanze, einschließlich eines Alkoholiker-Bruders und einer von Poe ausgeliehenen tuberkulösen Familie, und zeigt, wie wenig ein Autor tolstoische Markigkeit in einem Land erzwingen kann, wo die eintönige demokratische Zivilisation zarte Schatten und blasse Farben verlangt.

Der magere Junge aus Ohio, den Hawthorne 1860 mit der lakonischen Notiz «Ich halte diesen jungen Mann für würdig» an Emerson weiterempfohlen hatte, lebte lange genug, um sich von Ambrose Bierce und H. L. Mencken als fülliges Symbol einer überlebten aristokratischen Tradition schmähen lassen zu müssen. Die Nachwelt ist meist streng mit jenen, die ihrer eigenen

Gegenwart zu sehr ergeben waren. Wenn wir uns Howells und Henry James vorstellen, wie sie nicht weit von hier in Harvard Yard durch die Straßen gelaufen sind und darin wetteiferten, «die wahren Grundsätze der literarischen Kunst» darzulegen, müssen wir uns eingestehen, daß James das Rennen gewonnen hat. Seine Titel sind als Taschenbücher erfolgreich; in der weitschweifenden Mühsal seiner Sätze und der stolzen Leidenschaft seiner immer abstrakter werdenden Entwürfe zeichnet er sich als der erste große amerikanische Moderne ab. In ihren Vorlesungen «Was ist englische Literatur?» sah Gertrude Stein einen Unterschied zwischen ihm und seinen englischen Zeitgenossen: «Die anderen blieben, wo sie waren, sie waren angekommen, aber Henry James wußte, daß er auf dem richtigen Weg war. Und zwar, weil seiner der amerikanische Weg war. Und obwohl sie in gewisser Weise das gleiche taten, hatte man bei ihm ein Gefühl von Zukunft, während es bei ihnen zu Ende war.» Und doch, wenn wir uns umsehen, können wir dann nicht sagen, daß James viele Akademiker hat, die ihn anbeten, aber wenige Autoren, die ihn nachahmen – Peter Taylor und Cynthia Ozick in ihren Anfängen sind die einzigen, die mir einfallen –, während der Howells-Glaube an das «arme wirkliche Leben», verbunden mit einer «Dichtung… die vor der allerschlichtesten Tatsache nicht zurückschreckte», überall probiert und der «Effektismus» in die Drehständer der Drugstores und in die Bestsellerlisten verbannt wird? Zu Howells' Erben gehören nicht nur Hamlin Garland und Booth Tarkington, die an ihn schrieben, um ihm zu danken, sondern auch Sinclair Lewis, der einen Teil seiner Nobelpreis-Ansprache darauf verwendete, Howells anzugreifen, und John O'Hara und Raymond Carver, die ihn vielleicht gar nicht gelesen haben. Die heutige Prosa hat sich, nachdem die modernistische Ader der Formexperimente ausgebeutet ist, mit einer formlosen – einer minimalistischen – stilistischen Grobheit und einer Aufmerksamkeit für das unmittelbare Detail, die dem Regionalismus zu einer Rennaissance verholfen hat, wieder den Bereichen häuslicher Moral und sexuellen Verhaltens zugewandt, die auch Howells interessierten. «Selbst auf die Gefahr möglicher Ungenauigkeit» beleuchten unsere «sprunghaften, wankelmütigen und nicht festgelegten» Erzählungen von persönlichen Skrupeln und Krisen die «riesenhafte, natürliche, ungekünstelte Langeweile» des passablen amerikanischen Lebens.

Schließlich besteht ein Triumph des amerikanischen Lebens darin, daß es ganz passabel ist. Howells' Thema bleibt unser Thema – der amerikanische Schriftsteller muß in Amerika leben und das in seiner Arbeit widerspiegeln und «alles herausholen». Ich weiß nicht, warum Charles Eliot Norton Howells ein paar der Briefe zeigte, die ihm Henry James geschrieben hatte und in denen er Howells und dessen schönen Stil mit einem «armen Mann, der einen Diamanten besitzt und nicht weiß, was er damit anfangen soll», vergleicht. Howells' Antwort war gelassen und trotzig. Er schrieb an Norton: «Ich bedaure es nicht, soviel am gewöhnlichen Rohmaterial geschmiedet zu haben; das ist der richtige amerikanische Stoff... Ich habe mich immer darum bemüht und tue es noch, aus dem mir nächstgelegenen Leben ein Stück Literatur zu formen.» Auch acht Jahrzehnte später wüßte ich kaum, was man sonst tun könnte.

Edmund Wilson

In den vergangenen fünfzig Jahren ist die Literaturkritik und mit ihr der Gebrauch von Literatur zunehmend akademisch geworden. Wer würde gute Bücher lesen, wenn nicht die Collegestudenten dazu gezwungen würden? Und wer würde über sie schreiben, wären die Professoren nicht verpflichtet, von Zeit zu Zeit etwas zu veröffentlichen, um ihre Karriere zu befördern? Und doch besaß Edmund Wilson, der führende amerikanische Kritiker jener Jahre, keinen besseren Titel als den eines Bakkalaureus der Princeton University, und seine Lehraufträge waren kurz und keineswegs zahlreich. Er schrieb einmal, daß «ich nach einem Versuch mit dem Unterrichten, der mir zunächst sogar Spaß machte, beschloß, daß das ganze Zeug für einen Schriftsteller unnatürlich, peinlich und abstoßend ist und daß ich es lieber gleich mit dem Journalismus versuchen sollte, wenn ich schon Geld verdienen mußte». Wobei er nichts gegen Bildung hatte; seine eigene scheint er mehr als die der meisten anderen genossen und hochgehalten zu haben. Bis zu dessen Tod führte er einen liebevollen Briefwechsel mit Christian Gauss, seinem Lieblingsprofessor in Princeton, und seinem Griechischlehrer auf der Privatschule widmete er eine bewundernde und dankbare Denkschrift: «Das, was damals in den Klassenzimmern vor dreißig Jahren für mich durch Xenophon und Homer leuchtete, hat bis heute nicht aufgehört, für mich zu leuchten.» Griechisch und Latein, Französisch und Italienisch ergänzte Wilson um Deutsch, Russisch, Hebräisch und Ungarisch, alles Sprachen, die er sich jeweils selber beibrachte. Einer seiner Vorwürfe gegen Akademiker geht dahin, daß sie zu faul seien, viel zu lesen, und deshalb den Ruf von so wenig produktiven Schriftstellern wie T. S. Eliot übertreiben würden. Wilson war ein eifriger Leser, der auf beinah jeder seiner Tausenden von Seiten an Literaturkritik jenes belebende Vergnügen – die frischen Winde und die gesunde

Bewegung – mitteilte, das sich in der Literaturlandschaft finden ließ.

Seine Kindheit hatte etwas Modriges, etwas Eingemauertes. Er kam 1895 in Red Bank in New Jersey zur Welt. Sein Vater Edmund Wilson sr. war ein brillanter, erfolgreicher Anwalt, Generalstaatsanwalt unter zwei Regierungen in New Jersey, obwohl er etwas Exzentrisches und Empfindsames hatte; er verschwand häufig, wie uns sein Sohn in dem Erinnerungsbuch «A Prelude» (Ein Vorspiel) erzählt, «wegen etwas, das damals ‹Neurasthenie› hieß, in der Dunkelheit eines Sanatoriums». Die Dame des Hauses war in anderer Weise schwer zugänglich; sie ertaubte (tatsächlich wurde sie taub, kurz nachdem sie erfahren mußte, daß ihr Ehemann verrückt war) und widmete sich ihren Gärten. Wilson war ein Einzelkind. Von seiner Einsamkeit erlösten ihn ein Aufgebot von Tanten und Onkeln, wie sie sein vornehmer Presbyterianer-Hintergrund lieferte, und die Bücher. Er verwies sich selber schon früh auf die Literatur. Noch bevor er lesen konnte, erzählt er uns in «Up-state», einem weiteren Erinnerungsbuch, sagte er sich unvermittelt: «Ich bin ein Dichter», um sich dann zu korrigieren: «Nein, ein Dichter bin ich nicht ganz, aber etwas in der Art.» Mit siebzehn tauschte er mit seinem Freund Alfred Bellinger altkluge literarische Ansichten über Kipling, Meredith, Shaw und Pater aus. In Princeton schloß er sich Scott Fitzgerald und John Peale Bishop an und blieb fortan ihr enthusiastischer, wenn auch gelegentlich ernüchternder Kamerad im Streben nach literarischer Unsterblichkeit. Obwohl er brüskieren konnte und niemals ein Blatt vor den Mund nahm, gehörten Loyalität und Freundschaft zu den Gaben und Neigungen, die der schüchterne Junge aus Red Bank entwickelte. Das Idyll von Princeton endete 1916; der New Yorker *Evening Sun* stellte ihn als Reporter an, und Wilson verlängerte sein Collegeleben auf angenehmste Weise in Manhattans Boheme. Mit all diesen Annehmlichkeiten war es allerdings vorbei, als Amerika in den Krieg eintrat; obwohl er es «nie als seine Pflicht angesehen hatte, in diesem Krieg zu kämpfen», meldete er sich für ein Sanitätskorps und diente in Frankreich als Krankenträger. Ähnlich wie Hemingway hatte Wilson, der weit weniger Aufhebens darum machte, mit Soldaten zu tun, die im Senfgas erblindet waren, mit Verstümmelten und Toten. Der Erste Weltkrieg war der Initiationsritus für die lost generation, aus dem sie über ihr Alter hinaus klug hervorging und mit einem unendlichen Lebenshunger und dem Wunsch, etwas zu erreichen.

Wilson wollte nicht unbedingt Kritiker werden. Er richtete sich 1919 in New York als freier Autor ein, und manche Projekte, die er während der zwanziger Jahre verfolgte, klingen dadaistisch: Ein Brief von 1922 kündigt vergnügt eine «unglaubliche Burleske [an], die sich mit der Expedition beschäftigt, die in Patagonien das Glyptodon oder den Plesiosaurus, oder was es ist, fangen will», und 1924 fuhr er in der (vergeblichen) Hoffnung nach Kalifornien, er könnte Charlie Chaplin überreden, in dem «tollen Superballett», das er geschrieben hatte, eine Rolle zu übernehmen. Wilson schrieb viele Gedichte, allerdings ohne rechtes Talent, und er schrieb Stücke, von denen «The Crime in the Whistler Room» (Das Verbrechen im Whistler Room) von den Provincetown Players in New York aufgeführt wurde. (Mary Blair, die Hauptdarstellerin, wurde die erste seiner vier Frauen.) Er arbeitete als Theaterkritiker für *The Dial*, als geschäftsführender Redakteur für *Vanity Fair* und als Literaturredakteur für *The New Republic*; für diese Zeitschrift schrieb er Rezensionen, doch die drei Bücher, die er während dieses Jahrzehnts veröffentlichte, gehörten alle in den belletristischen Bereich: «The Undertakers's Garland» (Der Kranz des Leichenbestatters; Gedichte und Geschichten, zusammen mit John Peale Bishop, 1922); «Discordant Encounters» (Unharmonische Begegnungen; Stücke und Dialoge, 1926); und «I Thought of Daisy» (Ich dachte an Daisy; ein Roman, 1929). Der Roman, der Wilson soviel proustsche Reflexion kostete, wirkt heute ein wenig wie eine hingekritzelte Valentinskarte an das Greenwich Village mit seinem illegalen Gin und Edna St. Vincent Millay. Als Prosaautor ist Wilson ganz und gar nicht zu verachten: Er vermag eine sichtbare Welt zu erschaffen, hat ein ungezwungenes Gefühl für das Makabre und für moralischen Niedergang und gewährt der Erotik ihren Platz im Zentrum menschlichen Treibens. Doch jenseits der erotischen Episoden drückt etwas bleiern und düster auf unsere Aufmerksamkeit; Wilson konnte nie einfach so dahingleiten, wie es ein Geschichtenerzähler tun muß, aus reiner Freude an der Oberfläche.

Das mag daran liegen, daß ihm die Menschen, die er im wirklichen Leben kennenlernte, weniger bedeuteten als jene in gedruckter Form. Nach 1930 wird seine Biographie überwiegend bibliographisch. Während er einige Mühe damit hatte, «I Thought of Daisy» zu überarbeiten, erweiterte er mit ziemlich leichter Hand einige Essays über die Symbolisten in eine theoretische Arbeit; und mit «Axels Schloß» (1931) beginnt sein unverzichtbares Werk. Auch wenn die einzelnen Kapitel über Yeats, Valéry, Eliot, Proust, Joyce, Stein und Rimbaud Mängel zeigen, so war das Gesamtbild der Moderne doch lebendig, echte Würdigungen, historisch gebildet, ausgewogen und ohne Vergleich: Autoren und ihre Werke, die für das allgemeine Publikum (und das akademische Establishment) kaum mehr als Gerüchte waren, wurden, ohne daß er im geringsten zu popularisieren versucht hätte, deutlich vor Augen geführt. Wilson konnte wie kein zweiter Autoren Leben einhauchen; seine Begabung, aus einer Masse an Gelesenem die Persönlichkeit und den Schwerpunkt eines Werkes zu destillieren, bewies eine Stärke von jener Art, die auch Berge versetzen kann, und ein Selbstvertrauen, das wir patrizisch nennen dürfen. A. E. Housman und Henry James konnten für jene, die die Essays über sie in «The Triple Thinkers» (Die Tripeldenker, 1938) gelesen hatten, nicht mehr die gleichen sein. Die langen Essays über Dickens und Kipling erregen uns wie Kriminalgeschichten, wenn Wilson das Werk untersucht, um die verletzte Psyche dahinter zu entdecken. Sein Urteil war immer kühn; wer sonst hätte 1938 Henry Miller gepriesen und Louis Bromfield verrissen? Er konnte sich auf alles stürzen; eines Tages fiel ihm auf, «daß niemand je in verständlichen menschlichen Begriffen die Entwicklung des Marxismus und der anderen Phasen moderner Ideengeschichte dargestellt hatte... Ich wußte, daß ich dann nicht um die Mühe herumkäme, Deutsch und Russisch zu lernen, und daß es mich weitab führen würde..., doch irgendwie lockte mich die Herausforderung». Das Ergebnis war «Auf dem Weg zum Finnischen Bahnhof» (1940), sein Opus magnum in den dreißiger Jahren.

Getreulich und mit der Ehrlichkeit eines Beichtenden führte er Tagebuch, das er gegen Ende seines Lebens für die Veröffentlichung zu redigieren begann und für dessen postumen Druck Leon Edel gesorgt hat. Wilsons Leben schien sich nach den Jahrzehnten auszurichten; er zechte und machte den Clown in den Zwanzigern und brütete in den Dreißigern über dem Sozialismus. 1941 zog er sich aus dem Leben in der Metropole zurück, kaufte sich auf Cape Cod in Wellfleet ein Haus und fand einige Jahre später im *New Yorker* den idealen Sponsor für seine tatsächlichen und seine imaginären Reisen. 1946 veröffentlichte er «Erinnerungen an Hekates Land», seinen einzigen Bestseller, und heiratete Elena Mumm Thornton, die letzte seiner vier Frauen. Margaret Canby, seine zweite Frau, war 1932 in Santa Barbara nach einem Sturz gestorben; Mary McCarthy, seine dritte, zeichnete ihre eigenen Eindrücke der ersten Jahre in Wellfleet in ihrem Roman «Der Zauberkreis» und etlichen hervorragenden Kurzgeschichten auf. Ohne Wellfleet, Elena oder den *New Yorker* aufzugeben, zog es Wilson in seinen späteren Jahrzehnten mehr und mehr auf den alten Sommersitz der Familie in Talcottville, New York, und zu Reflexionen über die Familiengeschichte und seine eigene Vergangenheit. Sein einst so lebhaftes Interesse an zeitgenössischer Literatur verlagerte sich statt dessen auf Gegenstände, die, wie die territorialen Ansprüche der Indianer oder die Schriftrollen vom Toten Meer, abstruse Recherchen erforderten. Doch bis zum Ende seines Lebens im Jahr 1972 blieb er ein Leitstern – ein amerikanischer Geist, aber europäisch in seinem Horizont und seinem Vergnügen daran, sich selber spielen zu sehen. Eine seiner späten Sammlungen trägt den Titel «A Piece of My Mind» (Ein Teil meiner Gedanken), ein respektloser Freund von mir kam mit dem Vorschlag, das Buch sollte besser «Kiss My Mind» (Küß meinen Verstand) heißen. Wilson hätte der Scherz vielleicht sogar gefallen; er duldete den wenig ehrerbietigen Spitznamen «Bunny», schrieb in Briefen an seine Freunde Limericks, war Hobbyzauberer, der Vorstellungen für Kinder veranstaltete, und zeigte gegen Ende seines Lebens eine fröhliche Aufgeschlossenheit für Alkohol.

Seine Tugenden waren altmodisch amerikanisch: Fleiß, Enthusiasmus, Direktheit, Integrität. Unter seinen Büchern befindet sich eine unschätzbare Anthologie, «The Shock of Recognition» (Der Schock des Erkennens, 1943), die den Untertitel trägt: «The Development of Literature in the United States Recorded by the Men Who Made It» (Die Entwicklung der Literatur in den Vereinigten Staaten, aufgezeichnet von jenen Menschen, die sie schufen). Er drängte auf die Einrichtung einer Reihe mit den gültigen Texten der klassischen amerikanischen Literatur, vergleichbar der französischen Edition Pléiade – eine Idee, die inzwischen erfreulicherweise von der Library of America verwirklicht wird. Wenn Wilson in seinem letzten Lebensjahrzehnt unwirsch auf die offiziellen Vereinigten Staaten reagierte, so war das eine besitzergreifende, eine fürstliche Griesgrämigkeit im Stil von Thoreau und Henry Adams. Schwierigkeiten mit dem Finanzamt wegen der Tantiemen aus «Hekates Land» führten zu den selbstgerechten Donnerworten in «The Cold War and the Income Tax» (Der Kalte Krieg und die Einkommensteuer, 1963) und dem swiftischen Vorwort in dem parodistisch so genannten «Patriotic Gore» (Patriotenblut, 1962). Dabei ist «Patriotic Gore» selbst ein Meisterwerk in der Würdigung der Intellektuellen des 19. Jahrhunderts und bedeutet ein entscheidendes Vermächtnis an Wilsons ethische Tradition. Noch im schrulligsten Winkel seiner Arbeiten bereicherte er das amerikanische Leben, war ein Muster an intellektueller Energie und Neugier.

«Gesammelte Erzählungen» von Franz Kafka

Alles, was er tut, kommt ihm zwar außerordentlich neu vor, aber auch entsprechend dieser unmöglichen Fülle des Neuen außerordentlich dilettantisch, kaum einmal erträglich, unfähig historisch zu werden, die Kette der Geschlechter sprengend, die bisher immer wenigstens zu ahnende Musik der Welt zum erstenmal bis in alle Tiefen hinunter abbrechend. Manchmal hat er in seinem Hochmut mehr Angst um die Welt als um sich.

Kafka, «Er» (Aufzeichnungen)

Das Jahrhundert, das seit Franz Kafkas Geburt 1883 vergangen ist, wird durch die Idee der «Moderne» geprägt – ein Selbstbewußtsein, das nach Jahrhunderten neu aufkam, das Bewußtsein, neu zu sein. Sechzig Jahre nach seinem Tod verkörpert Kafka einen Aspekt dieser modernen Denkweise: ein Gefühl von Angst und Scham, deren Mittelpunkt sich nicht finden läßt, und das folglich auch nicht zu mildern ist; das Gefühl, sich inmitten der Dinge, die jeden Schritt hemmen, unendlich schwerzutun; eine Empfindlichkeit, die über jeden Nutzen hinaus geschärft ist, als müßte das Nervensystem, dem die alte Haut gesellschaftlicher Konventionen und religiösen Glaubens abgezogen wurde, jede einzelne Berührung als Schmerz registrieren. In Kafkas besonderem Leben und höchst originärem Fall verbindet sich diese fürchterliche Eigenschaft mit unendlicher Zartheit, einem ungewöhnlichen Humor und einem strengen, beruhigenden Formalismus. Die Kombination macht ihn zum Künstler, doch dürfte es kaum einen Künstler geben, der mit einem größeren inneren Widerstand und mit mehr aufrichtiger Bescheidenheit, was den Wert seiner Kunst betraf, zu ringen hatte.

Dieser Band umfaßt die gesamte Prosa, die Kafka zu Lebzeiten zur Veröffentlichung bestimmt hatte*: ein schmales Bündel meist sehr kurzer Geschichten, von denen die längste, «Die Verwandlung», auch nur fünfzig Seiten lang ist, und unter den übrigen nur eine Handvoll länger als fünftausend Wörter sind. Er veröffentlichte zwischen 1913 und 1919 sechs schmale Bände, vier davon mit nur je einer Erzählung, und las die Fahnen eines siebten in dem Sanatorium Korrektur, in dem er am 3. Juni 1924 an Tuberkulose starb, genau einen Monat vor seinem einundvierzigsten Geburtstag. Nach seinem Tod fanden sich unter seinen Aufzeichnungen verschiedene Blätter, die an seinen engsten Freund Max Brod gerichtet waren. Auf einem stand diese Erklärung:

> Von allem, was ich geschrieben habe, gelten nur die Bücher: Urteil, Heizer, Verwandlung, Strafkolonie, Landarzt und die Erzählung: Hungerkünstler... Wenn ich sage, daß jene fünf Bücher und die Erzählung gelten, so meine ich damit nicht, daß ich den Wunsch habe, sie mögen neu gedruckt und künftigen Zeiten überliefert werden, im Gegenteil, sollten sie ganz verlorengehn, entspricht dieses meinem eigentlichen Wunsch. Nur hindere ich, da sie schon einmal da sind, niemanden daran, sie zu erhalten, wenn er dazu Lust hat.

Der kleine Kanon, den Kafka zögernd künftigen Zeiten zugestand, vermag allerdings zu gelten; allein «Die Verwandlung» würde ihm einen Platz in der Weltliteratur sichern, wenn er auch weniger bedeutend wäre als jener, den er durch die Masse an postum veröffentlichten Romanen, Geschichten, Parabeln, Aphorismen und Briefen einnimmt. Der oben zitierte Brief wies im weiteren Verlauf Brod an, sämtliche Manuskripte Kafkas «ausnahmslos, am liebsten ungelesen» zu verbrennen. Ein weiterer, später geschriebener Zettel bekräftigte diesen Befehl mit noch größerem Nachdruck; und Dora Dymant, die junge Frau,

* Die einzige Ausnahme ist «The Stoker», der 1913 als «Der Heizer. Ein Fragment» erschien und jetzt als erstes Kapitel in Kafkas unvollendeten Roman «Amerika» (bzw. «Der Verschollene») Eingang gefunden hat.

mit der er sein letztes Jahr verbrachte, vernichtete gehorsam jene Teile des Kafka-Schatzes, die sich in ihrer Obhut befanden. Doch Brod war nicht gehorsam, und das war nicht anders zu erwarten: Zu Kafkas Lebzeiten hatte Brod dem extrem skrupulösen Freund wiederholt Manuskripte entrissen und bei mehreren für die Veröffentlichung gesorgt. Um Brod zu zitieren: «...er kannte die fanatische Verehrung, die ich jedem seiner Worte entgegenbrachte, und die mich in den zweiundzwanzig Jahren unsrer niemals getrübten Freundschaft (unter anderem) veranlaßte, auch nicht das kleinste Zettelchen, keine Ansichtskarte, die von ihm kam, wegzuwerfen.» 1921 warnte er Kafka in einem Gespräch, daß er nichts verbrennen würde. Deshalb schickte der Nachlaßverwalter guten Gewissens den «Prozeß» und das «Schloß» in die Welt hinaus – zwei Romane, die unvollendet und in ihrer Textgestalt etwas problematisch, aber in jedem Fall überwältigend geschrieben waren – sowie eine Masse weniger bedeutender, gleichwohl immer noch unschätzbarer Fragmente, die er mit äußerster Gründlichkeit entzifferte und betreute. Das verbindet Kafka mit Shakespeare: Ihr Ruhm beruht im wesentlichen auf Texten, die sie nie abgesegnet oder Korrektur gelesen haben.

Deshalb enthält dieser Band auch viele Erzählungen in verschiedenen Stadien der Nichtvollendung. Manche, wie «Der Dorfschullehrer» und «Blumfeld, ein älterer Junggeselle», wirken verhängnisvoll gekürzt, ihre eigentliche Absicht, ihr letzter Sinn muß ein Rätsel bleiben. In einigen anderen, vor allem den «Forschungen eines Hundes», scheint der Autor einem Einfall gefolgt zu sein, ohne die Geschichte abzurunden; Kafkas Drang, diese Vorspiegelung philosophischer Spekulation in einer Hundewelt, in der Menschen unsichtbar bleiben («eine Art Hunde-Atheismus», wie ein Interpret dieses Phänomen bezeichnete), zu erforschen, hat sich glücklich erschöpft, ehe ein Ende erreicht ist. Das Versagen ist rein technischer Natur, und wir fühlen uns nicht betrogen, weil die Last der Erzählung an persönlicher Bedeutung abgeworfen wurde – im gesamten Werk Kafkas finden sich kaum weitere Seiten, die so angenehm und einnehmend autobiographisch wären. In wieder anderen der unvollendeten Erzählungen wie «Beim Bau der Chinesischen Mauer» und «Der Bau» ist das Ende sogar noch näher, ohne daß uns etwas fehlte. Nach Aussage von Dora Dymant endete «Der Bau» in einer Fassung, die sie vernichtete, mit einer Szene, in der der Held geschildert wurde «in gespannter Kampfstellung in unmittelbarer Erwartung des Tieres und des entscheidenen Kampfes, in dem der Held unterliegen wird»; obwohl das nicht ohne Bitterkeit ist – Kafka nannte die Krankheit, der er in wenigen Monaten erliegen sollte, «das Tier» –, sind wir doch froh, diesen wühlenden Helden, der so kleinmütig bebt und so munter andere verschlingt, dort allein zu lassen, wo er sich befindet, ängstlich und gelassen zugleich, zwischen Gefährdungen, die kosmischer und komischer sind als alles, mit dem seine Krallen sonst zurechtkommen müssen.

«Der Bau» und «Beim Bau der Chinesischen Mauer» gehören zu den besten Schöpfungen Kafkas; ihre phantastischen Bilder werden mit allergrößter Eleganz und stilistischem Feingefühl entwickelt. Beide Erzählungen enthalten in ihrem deutschen Originaltitel das Wort «Bau». Kafka hatte ein obsessives Verhältnis zum Bauen, zu einer Arbeit, die nie fertig ist, die nie vollendet werden kann, die unweigerlich unvollkommen bleibt. Seine Manuskripte belegen, daß er ein fieberhafter Arbeiter war, daß er in gemessener Stetigkeit die Seiten mit «Gekritzel» füllte (wie er sein Schreiben bezeichnete), vergleichsweise wenig überarbeitete, jedoch nachließ, wenn ihm die Authentizität verlorenzugehen schien, um dann auf der Suche nach seiner Beute oft parallele oder auch einander widersprechende Fährten zu legen. Er begnügte sich mit dem «offenen» Zustand seiner Arbeiten, beispielsweise bei seiner «Chinesischen Mauer» – in ihren Teilen unbestimmt verbunden, mit seltsamen Lücken und einer Scheu vor dem letzten Ziel, als würde seine Größe blenden. Nicht für Geld oder die schäbigeren Formen des Ruhms zu schreiben ist bei den modernen Avantgardisten weit verbreitet; doch dem ästhetischen Feinschliff abzuschwören heißt die Askese noch einen Schritt weiterzutreiben, in einen Bereich des Protests, in dem so unterschiedliche Modernisten wie Eliot und Pound (mit der wesenhaft fragmentarischen Natur ihrer Lyrik) und Rilke und Salinger (mit ihrer Fähigkeit zu schweigen) Kafka Gesellschaft leisten. Die Nichtvollendung ist eine Qualität seines Werks, eine Facette seiner Aufrichtigkeit.

Als er Kafka aus seinen Jugendwerken «Beschreibung eines Kampfes» und «Hochzeitsvorbereitungen auf dem Lande» vorlesen hörte, war Max Brod auf der Stelle davon überzeugt, daß sein Freund ein Genie sei: «Ich hatte sofort den Eindruck, daß hier keine gewöhnliche Begabung, sondern ein Genie sprach.» Ihr, die Ihr diesen Band in die Hand nehmt, ohne etwas über seinen Verfasser zu wissen, tut gut daran, diese ersten beiden Arbeiten auszulassen und zu ihnen zurückzukehren, wenn Ihr eingeführt seid. Die wiederholte Lektüre dieser zusammengestellten Fragmente haben sie mir nicht bloß opak, sondern geradezu abstoßend werden lassen. «Beschreibung eines Kampfes» muß bis 1904/05 entstanden sein, als Kafka Anfang Zwanzig war. Es ist voller Verzerrungen psychologischer («Und ich, ich mußte mich zurückhalten, daß ich meinen Arm nicht um seine Schultern legte und ihn in seine Augen küßte zur Belohnung dafür, daß er mich so gar nicht brauchen konnte») wie physischer Natur («Und dieser Umstand quälte mich… doch so sehr, daß ich meinen Rücken gebückt machte, daß meine Hände im Gehen meine Knie berührten»; «Ich verzerrte meinen Mund… und stützte mich auf das vorgestreckte rechte Bein, während ich das linke auf der Fußspitze hielt»). Das klingt nach adoleszentem Posieren oder dem steifen körperlichen Zustand, der mit Epilepsie oder dämonischer Besessenheit einhergeht. Die Gespräche wirken hektisch, und der Held und seine Begleiter tauschen wie die alten Graien, die ein gemeinsames Auge besaßen, untereinander eine rätselhafte Beinverletzung aus. Hinter all diesem körperlichen Unbehagen lauern Selbstekel und Mißtrauen gegen die eigene Person; der «Beter» betet schreiend in der Kirche, um «von den Leuten angeschaut zu werden, sozusagen von Zeit zu Zeit einen Schatten auf den Altar zu werfen». Auch eine bestimmte erotische Unterströmung gibt es, und in den «Hochzeitsvorbereitungen» rüstet sich Eduard Raban, der Held, für seine Hochzeit auf dem Land. Diese Erzählung weist immerhin ein erkennbares Ziel auf, doch sind wir uns ziemlich sicher, daß Raban, trotz seiner pflichtbewußten Entschlossenheit, nie dort ankommen wird. Der typische kafkaeske Prozeß des Nichtankommens ist in Gang gesetzt. Und tatsächlich schaffte es Kafka nie, obwohl heterosexuell, ansprechend, verschiedene Malc verlobt und außerdem bekennend, daß «Heiraten, eine Familie gründen, alle Kinder, welche kommen, hinnehmen, das Äußerste [seien], das einem Menschen überhaupt gelingen kann» bis zur eigenen Hochzeit.

Der Reiz, den diese beunruhigenden, fehlgeschlagenen frühen Arbeiten auf Brod und andere Zuhörer ausübten (denn Kafka pflegte sie seinen Freunden vorzulesen, wobei er manchmal so heftig lachen mußte, daß er nicht mehr imstande war weiterzulesen), muß zu einem Großteil mit ihrem besonderen Gebrauch der deutschen Sprache zu tun haben. Die präzise und flüssige englische Fassung der Muirs und der Sterns kann allenfalls einen Schatten dessen einfangen, was von erregender Reinheit gewesen sein muß. «Schreiben als Form des Gebetes», schrieb Kafka in sein Tagebuch. Thomas Mann pries Kafkas Stil als bewußt, seltsam deutlich, objektiv, klar und korrekt; es handle sich um einen präzisen, beinah offiziösen Konservativismus. Brod verglich Kafkas Stil mit dem Johann Peter Hebels und Heinrich von Kleists und meinte, sein einzigartiger Reiz habe mit der Allgegenwart Prags und österreichischen Elementen von Umgangssprache in seinen Sätzen zu tun. Die Prager Juden sprachen überwiegend Deutsch und verschärften ihren religiösen Minderheitenstatus noch um eine gewisse linguistische Isolation, da Tschechisch die Sprache auf dem Land und die der böhmischen Nationalisten war. Es ist interessant, daß Milena Jesenská-Pollak, die eine der beiden letzten Frauen in Kafkas Leben, die ihn bei seinem Fortstreben in den letzten, glücklichen Jahren unterstützten, seine Übersetzerin ins Tschechische war und ihm auch Nachhilfestunden gab, und daß Dora Dymant sein Interesse für den Judaismus unterstützte und mit ihm zusammen Hebräisch lernte. An Brod schrieb er über seine Schwierigkeiten mit der deutschen Sprache, «daß im Deutschen nur die Dialekte und außer ihnen nur das allerpersönlichste Hochdeutsch wirklich lebt, während das übrige, der sprachliche Mittelstand, nichts als Asche ist, die zu einem Scheinleben nur dadurch gebracht werden kann, daß überlebendige Judenhände sie durchwühlen». Obwohl ihn die Lebendigkeit des jiddischen Theaters faszinierte, entschied er sich für das, was Philip Rahv einen «ironisch konservativen» Stil nannte; was sonst könnte auch derartige symbolistische Sprünge, einen solchen Überfluß an Gefühlen und Furcht, zusammenhalten?

Kafka selbst datierte seinen Durchbruch als Schriftsteller auf die lange Nacht vom 22. auf den 23. September 1912, in der er in einem Zug, in achtstündiger Arbeit, «Das Urteil» schrieb. Am Morgen vertraute er seinem Tagebuch an: «*Nur so* kann geschrieben werden, nur in einem solchen Zusammenhang, mit solcher vollständigen Öffnung des Leibes und der Seele.» Dabei ist die Erzählung nicht vollkommen frei von den unerklärten neurotischen Elementen, die das vorangegangene Werk verzerren; der Zusammenhang zwischen der Verlobung und dem Vater wirkt dunkel, die Wut des alten Mannes unlogisch. Doch indem er mit seinem Helden Georg «zum Schreckbild seines Vaters auf[sah]», war Kafka zu einer großen Höhle mit aufgestauten Gefühlen durchgebrochen. Er liebte diese Erzählung und pries vor Freunden – er, der beinah alles aus seiner Feder mißbilligte – ihre «Zweifellosigkeit». Kurz nachdem er sie fertiggestellt hatte, schrieb er innerhalb weniger Wochen «Die Verwandlung», ein unbezweifelbares Meisterwerk. Es beginnt mit einer phantastischen Voraussetzung, während im «Urteil» die Ereignisse phantastisch werden. Diese Voraussetzung – daß Gregor Samsa über Nacht in ein riesenhaftes Insekt verwandelt wurde – wird im ersten Satz eingeführt, und von da ab entfaltet sich «Die Verwandlung» mit wunderbarer Natürlichkeit und klassischer Ökonomie. Die Erzählung läuft über drei Akte: Dreimal versucht der verwandelte Held aus seinem Zimmer zu gelangen, jeweils mit turbulenten Ergebnissen. Seine Angehörigen – etwas einfacher als in Kafkas Familie, zu der drei Schwestern gehörten – gruppieren sich um den zentralen Schrecken mit anrührender, aber auch amüsanter Plausibilität. Der Zorn des Vaters, der zum Schutz der kränkelnden Mutter aufflammt, stammt unmittelbar aus der Handlung und führt zu einer seelischen Verletzung, die schauerlich in dem verfaulenden Apfel objektiviert ist, den Gregor in seinem Rückenpanzer trägt; die Entwicklung der Schwester Grete vom Schock zu ablehnender Betreuung, zu einer Art schmollenden Besitzergreifens und schließlich zur trostlosen Gleichgültigkeit ist sorgfältig gezeichnet; da ist kein Strich zuviel. Die schreckliche, aber auch schrecklich menschliche Geschichte endet mit Gretes eigener Verwandlung in eine wohlgestaltete junge Frau. Auf seltsame Art und Weise spiegelt diese große Erzählung eine große Erzählung des 19. Jahrhunderts, Tolstois «Der Tod des Iwan Iljitsch»; beide Male liegt ein bis dahin gesunder Mann auf abstoßende Weise plötzlich krank inmitten einer Familie, deren gereizte, banale, alltägliche Existenz ihn umströmt. Der Abgrund mitten im Leben wird offenbar, aber auch das Leben selbst.

Was für ein Insekt ist Gregor? Nach verbreiteter Ansicht ist er eine Kakerlake, was zu der Wohnung in der Stadt passen würde, ebenso zum zurückgezogenen Wesen des Geschöpfs und seinen schmierigen Speisegewohnheiten. Doch hat Vladimir Nabokov, der schließlich in der Entomologie zu Hause war, in seinen Vorlesungen zur «Verwandlung» an der Cornell University darauf hingewiesen, daß Gregor für eine Kakerlake zu breit und zu konvex ist. Die Putzfrau heißt ihn einen «Mistkäfer», doch sei es, wie Nabokov sagte, «offensichtlich, daß die gute Frau dieses Epithet nur aus Freundlichkeit verwendet» habe. Interessanterweise träumt Eduard Raban in den «Hochzeitsvorbereitungen auf dem Lande» im Dahinspazieren: «Ich habe, wie ich im Bett liege, die Gestalt eines großen Käfers, eines Hirschkäfers oder Maikäfers, glaube ich.» Bei seinem Erwachen sieht Gregor Samsa «seine vielen, im Vergleich zu seinem sonstigen Umfang kläglich dünnen Beine», sie «flimmerten ihm hilflos vor den Augen». Falls «viele» mehr als sechs bedeutet, muß er ein Tausendfüßler sein – und gehört damit gar nicht zur Klasse der Insecta. Aus der Erzählung ist zu erfahren, daß er von brauner Farbe und etwa so lang ist wie der Abstand zwischen Fußboden und dem Türgriff; er ist breiter als die halbe Tür. Zunächst verfügt er über eine Stimme, «in die sich aber, wie von unten her, ein nicht zu unterdrückendes, schmerzliches Piepsen mischte», das im weiteren Verlauf der Erzählung verschwindet. Seine Kiefer arbeiten nicht wie die unseren, aber er besitzt Augenlider, Nasenlöcher und einen Hals. Es ist, in einem Wort, unmöglich, ihn sich vorzustellen, außer wenn der Autor ihn beschwören will, den Leser auf einen überraschenden, schmerzlichen Zug in Gregors Körperlichkeit verweisen will. Das seltsame körperliche Unbehagen, das schon im Frühwerk auffällt, hat hier seine vollkommene Form gefunden. Ein wunderbarer Moment tritt ein, als Gregor, der sich unter Schmerzen darum gemüht hat, wieder eine menschengemäße Haltung einzunehmen, auf seine Füße fällt:

> Kaum war das geschehen, fühlte er zum erstenmal an diesem Morgen ein körperliches Wohlbehagen; die Beinchen hatten festen Boden unter sich; sie gehorchten vollkommen, wie er zu seiner Freude merkte; strebten sogar darnach, ihn fortzutragen, wohin er wollte; und schon glaubte er, die endgültige Besserung alles Leidens stehe unmittelbar bevor.

Als «Die Verwandlung» im Jahre 1915 als Buch erscheinen sollte, schrieb Kafka in der Angst, der Umschlaggestalter «könnte etwa das Insekt selbst zeichnen wollen», an den Verleger: «Das nicht, bitte das nicht!... Das Insekt selbst kann nicht gezeichnet werden. Es kann aber nicht einmal von der Ferne aus gezeigt werden.» Statt dessen schlug er eine Szene vor, in der die Familie in der Wohnung vor einer geschlossenen Tür oder einer geöffneten Tür stehen sollte, die ins Dunkle führt. Jede theatralische oder kinematographische Fassung dieser Geschichte muß an diesem Punkt veräußerlichter Darstellung scheitern: Ein eindeutiges Bild des Insektes würde zu sehr ablenken und Mitleid ausschließen; eine solche Fassung wäre um das eigentliche Herz und das Pathos gebracht, das im unruhigen Bereich zwischen dem Objektiven und dem Subjektiven schlägt, in dem Gregors insektenhaftes und sein menschliches Ich miteinander schwankend ringen. Noch im Halbschlaf nimmt er seine außergewöhnliche Situation wahr, beharrt aber darauf, sich an seine Pflichten als Reisender und als Stütze des Haushalts zu erinnern und zu versuchen, sie zu erfüllen. Später, als ihn seine Familie ins Dunkel eines Zimmers verbannt hat, das zur Abstellkammer geworden ist, reagiert er auf Geigenmusik und kriecht nach vorn, um, mit Staub und einer Spur von Essensresten bedeckt, die Liebe seiner Schwester einzufordern. Solche Szenen lassen sich nur mit Worten darstellen. In dieser Zeit, die mit dem Visuellen lebt und stirbt, bewahrt «Die Verwandlung» ihren absoluten literarischen Rang. Die Erzählung kann nur dort bestehen, wo sich Sprache und der nebelhafte Bilderreichtum des Gehirns überschneiden.

«Die Verwandlung» ist außerdem der Einlaß in jene Welt, die Kafka danach geschaffen hat. All seine Themen und Formen sind jetzt da. Seine meisterliche Beherrschung der offiziellen Schwulstsprache – der Jargon der Dokumente, der Ton der Männer, die Geschäfte verhandeln – zeigt sich hier in den Reden des Prokuristen zum ersten Mal. In den späteren Fabeln Kafkas werden Mäuse und Hunde wiederum die Musik als überwältigendes Erlebnis wahrnehmen – ein Thema, dessen Gegenstück die extreme Lärmempfindlichkeit und die Sehnsucht nach unberührter Stille ist, die Kafka mit seinem Helden im «Bau» verband. Gregors Todesszene und Kafkas Todeswunsch kehren im «Hungerkünstler» wieder – meiner Meinung nach die traurigste von Kafkas Geschichten, geschrieben von einem Sterbenden, der (wie seine Briefe zeigen) immer weniger zuversichtlich über das Sterben dachte. Das Wesentliche in der Abstinenz des Hungerkünstlers taucht im entgegengesetzten Symbol des Panthers auf, der ihn im Käfig ersetzt: «Die Freude am Leben kam mit derart starker Glut aus seinem Rachen, daß es für die Zuschauer nicht leicht war, ihr standzuhalten.» 1920 schrieb Milena Jesenská-Pollak an Brod: «Aber Frank kann nicht leben. Frank hat nicht die Fähigkeit zu leben... Er ist absolut unfähig zu lügen, so wie er unfähig ist, sich zu betrinken. Er ist ohne die geringste Zuflucht, ohne Obdach. Darum ist er allem ausgesetzt, wovor wir geschützt sind. Er ist wie ein Nackter unter Angekleideten.» Nach Gregor Samsas Inkarnation ließ Kafka eine Neigung für nackte Helden erkennen – Tiere, die komplizierte und sogar pedantische Beichten abzulegen haben, die aber auch durch ein paar scharf beobachtete tierische Eigenschaften ausgezeichnet sind – der Affe in «Ein Bericht für eine Akademie» beschmutzt sich selber, in seinem Fell hausen die Flöhe; der Hund in den «Forschungen» erinnert sich an seine Jugend, als er, ganz wie ein Welpe, «glaubte, daß große Dinge um mich vorgehen, deren Anführer ich sei, denen ich meine Stimme leihen müsse, Dinge, die elend am Boden liegenbleiben müßten, wenn ich nicht für sie lief, für sie meinen Körper schwenkte»; das Mäusevolk in «Josefine, die Sängerin» pfeift und vermehrt sich und ist von einer «unerstorbenen, unausrottbaren Kindlichkeit» durchdrungen; und der nicht klassifizierbare Bewohner des «Baus» ist das Tier in uns allen, sein fröhliches Verspeisen des «Kleinzeugs» steht existentiell unter dem gleichen Joch wie die Furcht, selbst verspeist zu werden. Ein unheimliches Mitgefühl brütet über diesen Symboltieren und stattet sie mit mehr aus ihres Schöpfers Seele aus, als die menschlichen Figuren erhalten. Genauso freundet sich ein Kind, das die Welt der menschlichen Erwachsenen einschüchtert und langweilt, mit Haus- und Spielzeugtieren an.

In seinem langen «Brief an den Vater», den er sich im November 1919 von der Seele schrieb, den zuzustellen sich seine Mutter aber wohlberaten weigerte, hinterließ Kafka ein lebhaftes Bild von sich als Kind; «ein kleines Gerippe», das sich zusammen mit seinem Vater in der Badekabine auszog. «Ich mager, schwach, schmal, Du stark, groß, breit. Schon in der Kabine kam ich mir jämmerlich vor, und zwar nicht nur vor Dir, sondern vor der ganzen Welt, denn Du warst für mich das Maß aller Dinge.» Herrmann Kafka – «der riesige Mann, mein Vater, die letzte Instanz» – war der Sohn eines Metzgers aus einem Dorf in Südböhmen; er kam nach Prag und gründete ein erfolgreiches Unternehmen, ein Kaufhaus mit Galanteriewaren, das an Händler in Landstädten lieferte. Er war körperlich kräftig wie alle Kafkas (Kafka selber wurde einen Meter achtzig groß*), und eine Photographie von 1910 zeigt Herrmann mit anmaßenden, harten Gesichtszügen. Ohne Zweifel war er manchmal streng mit seinem empfindsamen einzigen Sohn, und für dessen literarische Pläne fehlte ihm jegliches Verständnis. Doch kann man Herrmann Kafka keinen Vorwurf daraus machen, daß er im Kopf und im Werk seines Sohnes zum Mythos geworden ist, der Inbegriff von überwältigender Vitalität und unanfechtbarer Autorität, mit der verglichen man immer hoffnungslos im Nachteil ist. Es sind vor allem Franz Kafkas Extrapolierungen dieser Erfahrung mit väterlicher Autorität und Verweigerung, die, zumal in seinen Romanen «Der Prozeß» und «Das Schloß», das Wort «kafkaesk» ausmachen. Ähnlich wie in Orwells Rezeptionsgeschichte beschreibt das Wort nicht den Autor, sondern eine Atmosphäre in einem Teil seines Werks. Kafkas Renommee wurde noch ins Unendliche gesteigert durch seine scheinbaren Prophezeiungen, mit denen er in Büchern, die so privat und exzentrisch waren, auf die abscheulichen Regimes von Hitler und Stalin mit ihren wahnsinnigen Schuldzuweisungen und Scheinprozessen und ihrer institutionalisierten Paranoia hingewiesen haben soll. Doch gab es die Saat dieses ungeheuren Bösen längst im Europa von Kaiser Franz Joseph und Kaiser Wilhelm II., und Kafka war, was wir bei all seinen Schwächen nicht vergessen sollten, ein Mensch, der in dieser Welt lebte. Er besuchte die strengen deutschen Schulen von Prag; er wurde zum Dr. jur. promoviert; durch das Geschäft seines Vaters verfügte er über Erfahrungen im Handel. Dreizehn Jahre arbeitete er bei der *Arbeiter-Unfall-Versicherungs-Anstalt für das Königreich Böhmen* – sein Spezialgebiet war Unfallverhütung in Fabriken, und seine Berichte waren zuverlässig, wurden bewundert und in Fachzeitschriften veröffentlicht. Er wurde als Obersekretär pensioniert, und als

* Als er sich bei der «Assicurazioni Generali» bewirbt, gibt er seine Größe mit 1,81 Meter an.

die österreichisch-ungarische Monarchie 1918 zusammenbrach, war eine Auszeichnung in Anerkennung seiner Beiträge zur Errichtung und Verwaltung von Krankenhäusern und Pflegeheimen für hirngeschädigte Veteranen unterwegs zu ihm. Aus seiner Erfahrung mit väterlicher Tyrannei und dekadenter Bürokratie projizierte er Alpträume, die sich als prophetisch erwiesen. Gustav Janouch, ein jugendlicher Schüler, der die hagiographischen «Gespräche mit Kafka» zusammenstellte, warf einmal die Möglichkeit auf, daß sein, Kafkas, Werk «ein Spiegel sei, der – wie eine verstellte Uhr – vorausgeht». Dem Bericht zufolge bedeckte Kafka mit beiden Händen die Augen, schaukelte hin und her und sagte: «Sie haben recht. Sie haben bestimmt recht. Deshalb kann ich wahrscheinlich nichts beenden. Ich schrecke vor der Wahrheit zurück... Man muß schweigen, wenn man nicht helfen kann... Deshalb soll mein ganzes Gekritzel vernichtet werden.»

Janouch behauptet auch, daß Kafka, als sie an der Alten Synagoge in Prag vorübergingen (ebenjene Synagoge, die Hitler als Spottmal für ein verschwundenes Volk stehenlassen wollte), verkündete: «Man wird die Synagoge schon durch die Vernichtung der Juden selbst zu zerstampfen versuchen.» Seine Vorfahren hatten den gelben Stern getragen, es war ihnen untersagt, Land zu besitzen oder Arzt zu werden, und sie hatten unter den Kaisern unter strengen Aufenthaltsvorschriften zu leiden. Kafka lebte und starb in einem für das europäische Judentum vergleichsweise friedlichen Interim, doch alle seine drei Schwestern sollten im Konzentrationslager sterben. Der Haushalt der Kafkas nahm es mit den liturgischen Pflichten nicht sehr genau. Herrmann Kafka war stolz auf den bereits erreichten Grad seiner Assimilation, und das Judentum, das er aus seinem Dorf mitgebracht hatte, war, wie ihm sein Sohn vorwarf, zuwenig; «es vertropfte zur Gänze, während Du es weitergabst». Julie Löwy, Kafkas Mutter, stammte aus einer orthodoxen Familie und erinnerte sich ihres Großvaters als eines «sehr frommen und gelehrten Mannes mit langem weißen Bart». Als wollte er sich gegen seinen Vater rüsten, interessierte sich Franz nachdrücklich für alles Jüdische; 1911 findet sich in seinem Tagebuch verzeichnet:

Heute «Geschichte des Judentums» von Graetz gierig und glücklich zu lesen angefangen. Weil mein Verlangen danach das Lesen weit überholt hatte, war es mir zuerst fremder, als ich dachte, und ich mußte hie und da einhalten, um durch Ruhe mein Judentum sich sammeln zu lassen.

Er lernte Hebräisch und träumte zusammen mit Dora Dymant davon, nach Palästina auszuwandern. Dennoch spielen Kirchen in Kafkas Landschaften eine größere Rolle als Synagogen; er las auch Kierkegaard. In seinem Tagebuch von 1913 heißt es:

Ich habe heute Kierkegaard «Buch des Richters» [eine Auswahl aus *dessen* Tagebüchern] bekommen. Wie ich es ahnte, ist sein Fall trotz wesentlicher Unterschiede dem meinen sehr ähnlich, zumindest liegt er auf der gleichen Seite der Welt. Er bestätigt mich wie ein Freund.

Kierkegaards verletzender Glaubensabsolutismus scheint hinter der Foltermaschine der Erzählung «In der Strafkolonie» und den grausamen Entfremdungen im «Prozeß» zu stehen und Kafka in gewisser Weise den Freikauf von seinen geistigen Qualen ermöglicht zu haben. Doch 1917 schrieb er an Oskar Baum, einen befreundeten Schriftsteller in Prag: «Kierkegaard ist ein Stern, aber über einer mir fast unzugänglichen Gegend.» Kafka fand sich schließlich mit der Unzugänglichkeit des Glaubens ab; von seiner Theologie ließe sich vielleicht zusammenfassend sagen, daß er Gott nicht die Schuld dafür gab, daß er ihn nicht fand. Eine Autorität, die sich in Phänomenen verkleidet, entgeht der Anklage. Bei seinen kürzeren Texten könnte man an eine Verwandtschaft mit den Parabeln der Chassidim denken, jener pietistischen Bewegung innerhalb des Judentums, die gegen das orthodoxe Gesetz die mystische Freude und die göttliche Immanenz betonte. Manche Parabeln haben etwas von Kafkas Freude am Rätselhaften, seinem erhabenen Achselzucken:

Einer, der von schwerem Siechtum heimgesucht war, klagte Rabbi Israel, das Leiden verstöre ihm Lernen und Gebet. Der Rabbi legte ihm die Hand auf die Schulter und sprach: «Woher weißt du denn, Freund, was Gott wohlgefälliger ist, deine Lehre oder dein Leid?»

Martin Buber, *Die Erzählungen der Chassidim*

Doch hat die Chassidim-Literatur wenig von Kafkas abwechslungsreicher Struktur, seinen grell gemalten exotischen Kulissen und von der theatralischen Komödie, die noch die bittersten Umstände verziert – zum Beispiel die Komödie zwischen dem Gefangenen und seinem Wächter in der Strafkolonie oder die der drei bärtigen Untermieter in der «Verwandlung». Die Samsas, das sollte man nicht vergessen, sind Christen, sie bekreuzigen sich in schicksalhaften Augenblicken und richten ihr Jahr an Weihnachten aus; so unmißverständlich die ethnische Quelle seiner Lebendigkeit und Fremdheit ist, Kafka mied die jüdische Engstirnigkeit, und seine Allegorien schmerzhafter Bewußtwerdung nehmen das gesamte europäische – was mit anderen Worten heißt: das überwiegend christliche – Unbehagen auf.

Manche seiner kürzeren Geschichten funkeln mit flüchtigen Landschaftseinsichten, mit einem Anflug von Volksmärchen und mittelalterlichem Fest. Sie erinnern uns daran, daß Kafka in einem Europa schrieb, in dem die Inseln mit städtischem Reichtum, Kultur und Unbehagen von einem Land umgeben waren, das bei aller Einfachheit noch über das Geheimnis des Glücks verfügte, eine Harmonie mit den Kräften der Erde und des Himmels. Die Moderne ist weit genug fortgeschritten und hat sich weit genug ausgebreitet, daß wir begründete Zweifel daran hegen dürfen, ob sich überhaupt irgend jemand im Besitz dieses Geheimnisses befindet. Ein Teil von Kafkas Fremdheit, Teil seines immer noch weiterwirkenden Reizes, bestand in dem Verdacht, daß es außer ihm alle besäßen. Von seinem Vater empfing er das Gefühl, hilflos und völlig einzigartig zu sein, bezeichnete sich als Sklaven, der nach Gesetzen zu leben habe, die eigens für ihn erfunden worden seien. Eine buchstäblich unaussprechliche

Scham verband sich mit diesem Gefühl. Mehr noch als für die meisten anderen Prosaautoren war die Phantasie für Kafka die Möglichkeit, aus seiner Haut zu entkommen, damit er sich vorsichtig wieder in sie zurückbegeben konnte. Er schämte sich gleichsam für die bloße Tatsache seiner Existenz, fühlte sich als Dilettant, weil dieses Gefühl vor ihm keiner so recht auszudrükken vermocht hatte. Er war so einzigartig, daß er für Millionen und ihr neues Unbehagen sprach; ein Jahrhundert nach seiner Geburt ist er der letzte heilige Schriftsteller und der größte Geschichtenerzähler im kosmischen Dilemma des modernen Menschen.

«Sieben phantastische Geschichten» von Isak Dinesen *

Als der noch junge Book-of-the-Month-Club «Sieben phantastische Geschichten» als seinen Vorschlagsband für April 1934 ankündigte, hieß es im Mitteilungsblatt lakonisch: «Es fehlt jeglicher Hinweis auf die Identität des pseudonymen Autors.» Doch selbst als mit Hilfe von ein paar journalistischen Detektiven in Dänemark dieser außergewöhnlich geheimnisvolle Autor langsam als eine der pittoreskesten und extravagantesten literarischen Größen dieses Jahrhunderts ins Scheinwerferlicht rückte, eine Frau, die «Stil» besaß und dazuhin über einen ganz unzeitgemäß getragenen und leuchtenden Prosastil verfügte, selbst da schienen die Werke, die ihrem verschleierten Debut folgten, fortgesetzte Erweiterungen ihrer öffentlichen Rolle. Sie genoß, was sie «die Süße des Ruhms» nannte und die Gesellschaft der Schönen und Reichen; sowohl im heimatlichen Dänemark wie auf Reisen in anderen Ländern wurde sie wie eine Berühmtheit behandelt. Als sie während ihrer hinfälligen letzten Jahre das einzige Mal die Vereinigten Staaten besuchte, ließ sie fast nichts unversucht, um Marilyn Monroe kennenzulernen, und vor kurzem ist sie selber zur Kinoheldin geworden; Meryl Streep spielte sie in der Verfilmung von «Jenseits von Afrika». Seit ihrem Tod im Jahr 1962 – die Todesursache wurde stilvoll mit «Auszehrung» angegeben – wurde die Frau mit den vielen Namen, die die Welt als Isak Dinesen kennt, zum Gegenstand zahlreicher Biographien. Zu diesen gehört auch die wirklich überragende von Judith Thurman, der ich die meisten im folgenden verwendeten Fakten verdanke.

Karen Christentze Dinesen wurde im April 1885 auf einem

* In Deutschland geläufiger unter dem Namen Tania Blixen. Die deutsche Übersetzung der «Geschichten» trägt den kuriosen Hinweis, es handle sich um «von der Autorin selbst geschriebene Originalausgaben». (Anm. d. Ü.)

Gutshof in Küstennähe, fünfzehn Meilen nördlich von Kopenhagen, geboren. Ihr Vater Wilhelm Dinesen, der jüngere Sohn eines jütländischen Grundbesitzers, der einst zusammen mit Hans Christian Andersen Italien bereist hatte, war Soldat, Abenteurer und Schriftsteller; «Briefe von der Jagd», ein Erinnerungsbuch in Briefform, gilt in der dänischen Literatur als kleiner Klassiker. Karens Mutter Ingeborg stammte aus einer Familie reicher Händler und Kaufleute; die Familie arbeitete hart, war in ihren gesellschaftlichen Ansichten gleichzeitig liberal und prüde und versuchte, die Tochter von einer Verbindung mit den verwegenen, verbauerten und ein wenig aristokratischen Dinesens abzuhalten. Obwohl von Natur aus zurückhaltend und häuslich, war Ingeborg viel gereist, sprach verschiedene Sprachen und bezeichnete sich als «Freidenkerin» und als «Bücherwurm von der gefräßigsten Sorte». 1881 heiratete sie Wilhelm und wurde innerhalb von fünf Jahren Mutter dreier Töchter, von denen Karen, Spitzname «Tanne», die mittlere war; im Verlauf des nächsten Jahrzehnts folgten zwei weitere Kinder, beides Söhne. Tanne war ihres Vaters Liebling und seine Vertraute; deshalb war der Schlag für das kleine Mädchen um so größer, als Wilhelm, der sowohl in der Politik wie in der Literatur einen entmutigenden Karriereknick hatte hinnehmen müssen und schon lange unter Unruhe und «Seelenkrankheit» litt, Selbstmord beging, indem er sich kurz vor Tannes zehntem Geburtstag erhängte.

Unter dem starken weiblichen Einfluß ihrer Mutter und Schwestern, der Dienerinnen und Tanten wuchs Karen als die Träumerin in der Familie auf. Seit sie zehn oder elf war, dachte sie sich Stücke aus, die im häuslichen Kreis aufgeführt wurden und wo die Kinder und Freunde die Rolle von Columbine und dem Harlekin, von Blancheflor und Ritter Orlando übernahmen. Im Tivoli von Kopenhagen gab es ein Theater mit geschnitzten und vergoldeten Marionetten, und die Standardfiguren der Commedia dell'arte und die gefühlsmäßig aufgeladene Künstlichkeit von Masken und Verkleidungen haben Isak Dinesen immer fasziniert. Als Kind zeichnete und malte sie voller

Begabung und Eifer, und im Verlauf ihrer eher sporadischen Ausbildung entfloh sie mehrfach aus dem Haus ihrer Mutter, um Kunst zu studieren. Doch wie die meisten Mädchen in der Oberschicht wurde sie vornehmlich auf die Ehe vorbereitet, und von Reisen zur Verbesserung von Fremdsprachenkenntnissen abgesehen, wuchs sie wohlbehütet und in Heimatnähe auf. Während der Pubertät war sie mehr und mehr von der Figur ihres toten Vaters besessen und der Vorstellung, daß seine Ideale und seine romantische Seele auf sie übergegangen seien. Als sie mit Anfang Zwanzig ein paar Erzählungen in dänischen Zeitschriften veröffentlichte, tat sie das unter dem Künstlernamen «Osceola». Osceola hieß Wilhelms Hund, mit dem zusammen Vater und Tochter ihre Spaziergänge unternommen hatten; der Name ging auf einen Seminolenhäuptling zurück, der einen englischen Vater und eine Mutter aus dem Stamme der Creek hatte. Diese Anspielung auf so unterschiedliche Elternteile bedeutet eine Treueerklärung an den Vater; er war in Amerika herumgereist, hatte voller Bewunderung über die Indianer geschrieben und unter dem Pseudonym Boganis veröffentlicht; noch ein indianischer Name. 1934 erläuterte Isak Dinesen einem dänischen Reporter, daß sie ihr Pseudonym «aus dem gleichen Grund gewählt habe, aus dem sich mein Vater hinter dem Pseudonym Boganis verbarg... damit er sich ungehindert ausdrücken konnte, die Zügel seiner Phantasie schießen lassen konnte... Ich besitze in vielem eine große Ähnlichkeit mit meinem Vater». Und als sie Anfang 1914, als sie 28 Jahre alt und beinahe schon eine alte Jungfer geworden war, doch heiratete, war es ein schwedischer Adeliger, ihr Vetter Bror Blixen, wie ihr Vater unruhig, unpraktisch und ein Kavalier. Obwohl er sich als untreuer Ehemann erweisen sollte, machte er ihr zwei Hochzeitsgeschenke, die zu der phantastischen Vorstellung paßten, die sie von sich selbst hatte: Sie wurde Baronin, und er brachte sie nach Afrika.

Über die Zeit, die Baronin Blixen in Afrika verbrachte – von 1914 bis 1931 –, ist viel geschrieben worden, am glänzendsten von ihr selbst. Ihr bedeutendstes autobiographisches Buch «Jenseits von Afrika», das 1937 erschien, wurde als größte pastorale

Romanze der Neuzeit bezeichnet; es ist ein streng geschönter Bericht über siebzehn unruhige Jahre, ihrer Blütezeit als Frau, die sie verbrachte im Kampf mit einer widerspenstigen und schlecht entwickelten Kaffeeplantage, mit ihrer reichen dänischen Verwandtschaft, die zögernd dieses verlustbringende Abenteuer finanzierte, mit einem herumstreunenden und häufig abwesenden Großwildjäger von Ehemann und dann einem Liebhaber (ebenfalls ein Großwildjäger), der noch weniger zu fassen war; und mit einer schmerzhaften chronischen Syphilis, mit der sie Bror im ersten Jahr ihrer Ehe angesteckt hatte. Was ihr Schreiben angeht, sind zwei entscheidende Entwicklungen zu erwähnen: In Britisch-Ostafrika wurde Englisch zu ihrer Alltagssprache; und in Gestalt ihres gutaussehenden, in Eton und Oxford erzogenen Liebhabers Denys Finch Hatton begegnete sie zum ersten Mal einem intellektuellen Partner, der sie richtig beanspruchte, einem brillanten, spielerischen Stimulans für ihre eigene Intelligenz und ihr Talent als Geschichtenerzählerin. «Als ich auf Denys wartete», schrieb sie, «und hörte, wie sein Auto die Auffahrt heraufkam, hörte ich gleichzeitig die Gegenstände auf der Farm erzählen, was sie wirklich waren... Als er zur Farm zurückkam, gab sie frei, was in ihr war; sie sprach.» Sie verglich sich gern mit Scheherezade, und in Denys traf sie ihren Sultan. Im Hochland von Kenia bekam sie es mit zwei Gesellschaften zu tun, der afrikanischen und der der weißen Siedler, beide bunt durchdrungen von Vorstellungen von Ehre, Fatalismus und Kühnheit, die sie immer angezogen hatten. Viele der Exoten aus dem 19. Jahrhundert in den «Phantastischen Geschichten» gehen in Wirklichkeit auf Vorbilder zurück, die sie in der halbfeudalen Kolonialgesellschaft in der Umgebung Nairobis kennenlernte und die gleichzeitig verwegen und vornehm, rauh und verschwenderisch waren.

Im Alter von sechsundvierzig Jahren mußte sie nach Dänemark zurück, und ihre Situation läßt sich nur als schmachvoll beschreiben. Ihre Ehe war schon lange vorbei, ihre Farm bankrott und an einen Immobilienspekulanten verkauft, ihr Liebhaber vor kurzem bei einem Flugzeugabsturz tödlich verunglückt, ihr Körper gequält von den Komplikationen der *Tabes dorsalis*: So wurde sie als verlorene Tochter in den Haushalt ihrer Mutter aufgenommen, eine Heranwachsende in mittleren Jahren. Sie richtete sich im alten Arbeitszimmer ihres Vaters ein, suchte ihre Notizbücher und die Ideen zusammen, mit denen sie während der letzten zehn Jahre in Afrika gespielt hatte. Ihre Schreibmethode bestand aus Ansammeln, Nacherzählen und neuen Einfällen, was alles nahtlos ineinander überging. Sie schrieb englisch und versetzte, wie sie sagte, ihre Geschichten aus dem gleichen Grund ins vergangene Jahrhundert, aus dem sie ein Pseudonym gewählt hatte: «Weil... ich nur so vollkommen frei wurde.» Das Manuskript der «Sieben phantastischen Geschichten» war im Frühjahr 1933 vollendet, doch obwohl es so reichhaltig, so ungewöhnlich und so frei war, gestaltete es sich schwierig, es zum Druck zu befördern. Mehrere englische Verlage lehnten es ab; doch Thomas Dinesen hatte sich mit Dorothy Canfield Fisher, einer amerikanischen Schriftstellerin, angefreundet und schickte ihr das Manuskript seiner Schwester nach Vermont. Miss Canfield war beeindruckt und drängte das Buch danach ihrem Nachbarn Robert Haas auf, einem Verleger, dessen Firma später in Random House aufging. Im Januar 1934 veröffentlichte er das Buch mit einer Einleitung von Miss Canfield, die unvergeßlich beginnt: «Die Person, die ihre Zähne in eine ihr bislang unbekannte Frucht gesenkt hat, ist normalerweise ebenso neugierig wie unfähig, einem zu sagen, wie sie schmeckt.» * Die neue Frucht erlebte den Beifall der Kritik und wider Erwarten auch einen kommerziellen Erfolg. Der Book-of-the-Month-Club druckte fünfzigtausend Exemplare und sollte noch fünf ihrer anderen Bücher auswählen. Diese dänische Frau, die unter Engländern gelebt hatte, schaffte ihren Durchbruch in den Vereinigten Staaten, und zwischen Isak Dinesen und ihrem amerikanischen Publikum bestand immer eine besondere Sympathie. Nicht nur kam aus Amerika der weitaus

* Der vollständige Text ihrer Schilderung hat sich in einer Einleitung zur Ausgabe der Modern Library der «Sieben phantastischen Geschichten» erhalten.

größte Teil ihrer Tantiemen, auch die Rezensenten behandelten sie ohne das Gekrittel und Mißtrauen, das sie in England und Dänemark so oft zu hören bekam. Als die ätherische Autorin schließlich 1959 die Vereinigten Staaten besuchte, sagte sie zu einem dänischen Reporter: «Wenn ich die amerikanischen und die dänischen Kritiken, die ich für mein erstes Buch bekommen habe, miteinander vergleiche, komme ich nicht um die Überlegung herum, daß ich in Amerika weit besser verstanden und akzeptiert wurde als in Dänemark.»

Im selben Jahr sprach sie über die «Sieben phantastischen Geschichten» mit einem anderen Interviewer, der erzählte, sie sei peinlich berührt gewesen. Sie seien «zu elaboriert», habe sie gesagt, und hätten «zuviel vom Autor in sich». Jetzt hat Pauline Kael die Gelegenheit des Films mit Meryl Streep ergriffen, um uns mit der ihr eigenen Verve und Entschiedenheit zu sagen, daß Isak Dinesens «barocke Geschichten lackierte Worte und Sätze ohne Inhalt sind. Einige sind offenbar als moralische Erzählungen gedacht, aber die Moral findet sich nie. Und die übernatürlichen Effekte in ihnen sind mit keiner Spiritualität verknüpft – sie führen ein literarisches Waffenarsenal und Begabung vor. Als Autorin ist sie die Erzählerin der Geschichte; nichts wird mit mehr Leidenschaft vorgeführt als irgend etwas anderes – sie scheint sich der Gelegenheit zu verweigern, aus ihrer eigenen Erfahrung zu schöpfen... ‹Sieben phantastische Geschichten› sind eine Art Divertimento; sie lesen sich, als hätte sie sie in der aufgeheizten Atmosphäre nächtelanger Gelage entworfen». Dieses Urteil klingt wie ein Echo der prüden Mäkelei des jungen dänischen Kritikers Frederick Schyberg, der, als das Buch herauskam, schrieb: «In den ‹Sieben phantastischen Geschichten› gibt es keine normalen menschlichen Wesen. Das erotische Leben, das sich in den Geschichten entfaltet, ist von der bedenklichsten Art... Wenn der Schleier [des Autors] gelüftet ist, findet der Rezensent... nichts dahinter.»

Aber wie Dorothy Canfield Fisher schon vor fünfzig Jahren empfahl: «Probieren Sie selbst.» Betreten Sie eine köstlich geschilderte Welt mit klar gemalten, dramatisch ausstaffierten

Helden und Heldinnen, die mit zahlreichen spektakulären Gesten und beredten Arien in atemberaubenden Landschaften posieren, die wie eine riesenhafte Bühne fungieren. Dieses opernhafte Europa erwartet von uns, wie die Oper auch, eine gewisse Großzügigkeit. Eine Figur ist «gekränkt und enttäuscht, weil die Welt kein größerer Ort war, als sie ist», und eine andere sagt in einem krisenhaften Moment von sich: «Ich bin zu klein gewesen, zu klein für Gottes Wege.» Obwohl Isak Dinesens entspannten und kunstvollen Anekdoten, die sie mit gerade soviel historischen Zutaten ausstattet, daß die Bühne sicher wirkt, etwas Visionäres und Künstliches eignet, sind sie dennoch nicht eskapistisch. Von der verschlingenden Flut der ersten Geschichte bis zu dem beiläufigen, bestialischen Mord in der letzten, treten sie dem Schmerz und dem Verlust mit der lebhaften Vertrautheit eines Menschen gegenüber, der beides im Überfluß kennengelernt hat und uns nötigt, es uns selbst anzuschauen. Ihre Geschichten sind alles andere als oberflächlich und amoralisch, sie mühen sich geradezu um eine moralische Position; darin erinnert ihre Prosa an die Hemingways, der immerhin soviel von ihr hielt, daß er seine Nobelpreisrede mit einem Ausdruck des Bedauerns darüber unterbrach, daß Isak Dinesen ihn nicht erhalten hatte. Beide Autoren drängen uns einen beherzten Stil auf, eine Tapferkeit, deren stoisches Hinnehmen etwas ausstrahlt, was der alte Kardinal in der ersten phantastischen Geschichte «göttliche Angeberei» nennt. Dinesen nannte diese Eigenschaft sogar *«chic»* und schrieb sie den kostümierten Massai-Kriegern zu, die vielleicht «tollkühn und verwegen phantastisch wirken…, aber unbeirrbar ihrer Natur und einem innewohnenden Ideal treu bleiben». In Afrika bewunderte sie auch die Muslime, deren «moralischer Kodex aus Hygiene und Ehrbegriffen besteht – für sie gehört zum Beispiel Diskretion zu den ersten Geboten».

Diese Bewunderung für den Kodex eines Kriegers überrascht uns bei einer Frau. Sie war eine Feministin, für die zum Ideal einer erregenden sexuellen Transaktion auch das Leichtsinnige und sogar Feindselige des männlichen Teils der sexuellen Dichotomie gehörte *. Die drei Männer, die sie am meisten liebte – ihr Vater, ihr Ehemann, ihr Liebhaber –, versäumten es in auffälliger Weise, ihr Geborgenheit zu geben; und sie begriff deren Flucht als Aufforderung zu eigener Großzügigkeit. Diese Aufforderung, deren Widerhall sich überall in ihren Geschichten mit all ihren plötzlichen und finster mysteriösen Wendungen findet, war, so scheint es, im Land von Emerson und Whitman leichter zu hören und zu verstehen als bei den gemütlichen Bewohnern Englands und Dänemarks. Amerika spielte für ein älteres Europa die Rolle Afrikas: ein Ort der gefährlichen Freiheit, der natürlichen Großzügigkeit und der «schicken», verschwiegenen Eingeborenen. Die Verschwiegenheit in Dinesens Büchern, das heitere und kunstvolle Sich-Verbergen selbst in ihren Memoiren, ist ein Aspekt der persönlichen Tapferkeit, die im gesellschaftlichen Bereich ihre fürchterlichen Anfälle von Schmerz und Schwäche hinter der Maske der glamourösen, mit dickem Make-up belegten und am Ende sibyllinischen *persona* verbargen.

* Sie nimmt Sex außergewöhnlich ernst und schreibt darüber mit einem Forschungseifer, den wenig andere Prosaautoren erreichen. Graf Augustus von Schimmelmann, der junge Held in den «Straßen um Pisa», stellt etwas Ähnliches wie Freuds mißbilligte Frage «Was will das Weib?». Nachdem er eben eine atemberaubende junge Frau kennengelernt hat, äußert er seinen Kummer über die schlechte Meinung, die sie von den Männern hat, und sagt zu ihr: «Mir ist es viele Male passiert, daß eine Dame mir gesagt hat, ich machte sie unglücklich und sie wünschte, wir wären beide tot, zu einer Zeit, da ich alles versuchte, sie glücklich zu machen. Es ist lange her, seit Adam und Eva... im Garten Eden zusammen waren, und darum um so betrüblicher, daß wir noch nicht gelernt haben, einander besser zu gefallen.»

Das Mädchen denkt nach und erwidert, daß Gott, als er Adam und Eva schuf, «es so eingerichtet [hat], daß Männer in diesen Dingen die Rolle des Gastes spielen und Frauen die Rolle der Gastgeberin. Daher nimmt ein Mann die Liebe leicht, denn die Ehre und Würde seines Hauses ist hier nicht auf dem Spiel». Sie fährt fort mit: «Jetzt sagen Sie mir, Graf, was verlangt ein Gast?»

Er versucht es damit, daß ein Gast «vor allem Zerstreuung» will, dann möchte er «glänzen, sich entfalten, er möchte seine eigene Persönlichkeit auf seine Umgebung übertragen» und schließlich «verlangt er vielleicht eine Rechtfertigung seines Daseins überhaupt». Danach fragt er seinerseits: «Was verlangt die Gastgeberin?»

«Die Gastgeberin», sagt die junge Dame, «verlangt, daß man ihr dankt.»

Der Erzähler von Geschichten würde unsere Gefühle und unsere Begegnungen mit einer göttlichen Schicksalhaftigkeit adeln. Isak Dinesen schrieb, daß wir «stolz... auf die Vorstellung sein müßten, die Gott hatte, als er uns schuf». Sie war eine Bilderbuch-Theistin (wofür sie ihr Bruder Thomas, der ein vernünftiger dänischer Atheist war, häufig aufzog). Schließlich bedarf es zur «göttlichen Angeberei» zuallererst der Göttlichkeit. Sie situierte diese phantastischen Geschichten in der Romantik, als man sich Gott nicht mehr in Kirchen und geweihten Einrichtungen wohnend, sondern im Freien vorstellte, auf den Bergen und im Sonnenuntergang. Doch selbst diese verflüchtigte Göttlichkeit wirkt im 20. Jahrhundert zu gütig, um glaubwürdig zu sein, als Bürge unseres Ehrgefühls zu sanft. In den «Träumern» behauptet die Geschichtenerzählerin Mira Jama von Gott: «Um ihn wahrhaft zu lieben, muß man die Veränderung lieben und muß man einen Scherz lieben, denn das sind die wahren Neigungen seines eigenen Herzens.» Eine derartige Gottheit wirkt vorchristlich – eine Vitalität im dunklen Herz der Dinge. Einer der vielen magisch-atmosphärischen Sätze in «Der Dichter» lautet: «Die Ruhe und Stille der Nacht war von einem tiefen Leben erfüllt, als würde das Universum im nächsten Augenblick sein Geheimnis preisgeben.» Die Spielart von Stoizismus, den zu teilen uns diese Geschichten einladen, ist weder von der objektiven katholischen noch von der lustfeindlichen protestantischen Art; sie hat etwas vom Wikinger-Rausch und von Kriegswahnsinn. Der Rausch tritt häufig auf in den Büchern von Isak Dinesen, und Gnadenlosigkeit gehörte zu ihrem Verständnis von der Kunst des Geschichtenerzählens: Die Geschichte muß ohne störendes Mitleid für ihre Figuren zu Ende gebracht werden. Das Geheimnis der «Sieben phantastischen Geschichten» besteht eher im Kampf als im Mitleid, und ihr Hochgefühl kommt aus ihrer ansteckenden Laune.

«Die Kraft und die Herrlichkeit» von Graham Greene*

«Die Kraft und die Herrlichkeit» erschien zum ersten Mal vor fünfzig Jahren in einer bescheidenen englischen Erstauflage von dreitausendfünfhundert Exemplaren. Inzwischen gilt es allgemein als Graham Greenes Meisterwerk, als das Buch, das sowohl von Kritik wie Publikum am höchsten geschätzt wird. Das Buch geht auf einen Aufenthalt im März und April 1938 in Mexiko zurück, weniger als zwei Monate, darunter fünf Wochen zermürbender, einsamer Reisen durch die südlichen Staaten Tabasco und Chiapas, und es ist der am wenigsten englische Roman Greenes, kommt er doch mit ein paar englischen Nebenfiguren aus. Vielleicht rührt der überragende Erfolg genau daher, daß dem Katholizismus, der mit seiner manichäischen Dunkelheit und dem gequälten Buchstabenglauben seine ehrgeizigste Prosa beflügelt, etwas spezifisch Unenglisches eignet. Die drei Romane (im Unterschied zu den «Entertainments»), die vor und nach «Die Kraft und die Herrlichkeit» entstanden – «Brighton Rock»/«Am Abgrund des Lebens» (1938), «Das Herz aller Dinge» (1948) und «Der Ausgangspunkt»/«Das Ende einer Affäre» (1951) –, können alle für sich Größe beanspruchen; sie sind so intensiv, durchdringend und verstörend wie der Blick eines Inquisitors. Vergleichsweise bescheiden waren seine Anfänge als Romancier unter dem Einfluß von Joseph Conrad und John Buchan, doch dann fanden Greenes meisterhafte Begabung im Ausbrüten von Thrillerplots und seine ziemlich muntere morbide Sensibilität auf hohem intellektuellen und auch leidenschaftlichem Niveau zusammen mit den strengen Begriffen einer inneren religiösen Auseinandersetzung, der er damals noch nicht

* Die deutsche Übersetzung von Veza Magd und Bernhard Zebrowski erschien 1948. Drei Jahre später kam eine Neubearbeitung von Veza Magd (= Veza Canetti) und Walther Puchwein heraus. (Anm. d. Ü.)

überdrüssig war. Dabei wirkt der Katholizismus in diesen drei Romanen leicht aufgesetzt – man hat ein traumähnliches Gefühl. Dieser mordlustige Teenager-Bandenführer mit seinem bitteren Glauben an die Hölle und seiner Gewohnheit, Chorknabenlatein aufzusagen; der gutherzige Kolonialpolizeibeamte, den schieres Mitleid in die sichere Verdammnis des Selbstmords treibt; und diese muntere untreue Hausfrau, die eine zufällige Taufe, die sie nicht einmal wahrnimmt, in einen heiligen Stand zieht, der noch postum Wunder zu wirken vermag – das sind moralische Grotesken, die in einer anderen Welt entstanden sind; sie wollen sich nicht an die sie umgebende Welt anpassen, dem so klar und kenntnisreich beschworenen Milieu von Brighton, von Britisch-Westafrika und dem London der Kriegsjahre.

Im Unterschied dazu fügt sich der namenlose Whiskypriester aus «Die Kraft und die Herrlichkeit» mühelos in sein tropisches, schurkisches, antiklerikales Mexiko. Der Katholizismus ist unverzichtbarer Bestandteil sowohl dieser Figur wie ihrer Landschaft; die Phantasie, mit der Greene in beide eintaucht, ist überwältigend. 1978 erzählte ein mexikanischer Priester Norman Sherry, dem Autor der großen Greene-Biographie: «Als Mexikaner reise ich in diesen Gegenden herum. Die ersten drei Abschnitte, in denen er einem Fotos des Handlungsortes gibt, sind schlicht erstaunlich. Man ist richtig *dort.*» 1960 hatte ein katholischer Lehrer aus Kalifornien an Greene geschrieben:

> Einmal gab ich «Die Kraft und die Herrlichkeit» ... einer Mexikanerin, die die Zeit der schlimmsten Verfolgungen erlebt hatte ... Sie gestand mir, daß Ihre Schilderungen dermaßen lebendig, Ihr Priester so real war, daß sie schließlich während der Messe für ihn betete. Ich begriff, was sie bewegte. Als ich im vergangenen Jahr durch Mexiko reiste, schaute ich selber in Lehmhütten, blickte Dorfstraßen hinunter und über unpassierbare Bergwege, weil ich beinah daran glaubte, ich würde eine undeutliche Figur erkennen, die im Regen zur Grenze hin stolperte. Eine größere Anerkennung läßt sich für die von Ihnen erfundene Figur gar nicht denken – sie lebt.

Greenes Identifikation mit seinem anonymen Helden – «der kleine Mann in seinem fadenscheinigen, dunklen Anzug, er trug eine kleine Aktentasche» – vertreibt den Skeptizismus des Bildungsbürgertums und den Ennui, die selbst die glühendste Vergeistigung seiner anderen Romane zu überschatten vermögen. Mr. Tench, der Zahnarzt, und die komplizierte Fellows-Familie stammen aus England, und vielleicht war ihnen eine bedeutendere Rolle zugedacht als jene, die sie spielen; so aber existieren sie nur am Rande, Figuren, die allein eingeführt wurden, um der Landschaft mehr Größe zu verleihen. Die Höhen und Tiefen beim Abstieg des Whiskypriesters in die Dunkelheit und seines gleichzeitigen Aufstiegs zum Martyrium dominieren die Leinwand dermaßen, daß selbst sein Verfolger und ideologischer Gegenspieler, der Leutnant mit seinem fanatischen Atheismus, beiseite gedrängt, zur reinen Folie plattgewalzt wird. Nur die ungewöhnliche Erscheinung des Mestizen mit seinen gelben Reißzähnen, seinem gekrümmten nackten Zeh und dem kriecherischen, klettenden, unaufhaltsamen Verrat vermag im gleichen überdimensionierten Reich des transzendenten Paradoxes wie der zähe, dem Untergang geweihte Priester zu existieren.

Edith Sitwell schrieb Greene 1945, daß ein wunderbarer Priester aus ihm geworden wäre. Sein Übertritt, den er 1926 im Alter von 22 Jahren in Nottingham vollzog, wurde von Father Trollope betreut, einem Priester, den – Greenes Erinnerungsbuch «Eine Art Leben» zufolge – nach dem eigenen Übertritt «ein innerer Zwang weiter zum Priesteramt trieb». Doch für Greene war eine solche Gefahr gering; er konvertierte, um eine Katholikin zu heiraten; außerdem hätte, wie er 1938 schrieb, «Keuschheit meine Möglichkeiten überschritten». Dennoch kommt in den meisten seiner ernsthaften Romane ein Priester vor, der als menschlich fehlbar, als Priester aber über jeden Zweifel erhaben dargestellt wird. In seinem zweiten autobiographischen Buch «Fluchtwege» schreibt Greene: «Ich glaube, ‹Die Kraft und die Herrlichkeit› ist der einzige Roman, den ich nach einem Plan geschrieben habe... Schon als Schuljunge wurde ich ungeduldig, wenn Touristen diese Skandalgeschichten von Priestern erzählten, denen sie in abgelegenen lateinamerikanischen und südeuropäischen Dörfern begegnet waren (der eine hatte eine Geliebte; ein anderer war ständig betrunken), denn ich wußte aus meinen protestantischen Geschichtsbüchern genau, an was die Katholiken glaubten; selbst damals schon konnte ich zwischen dem Menschen und seinem Amt unterscheiden.» Der Unterschied zwischen sündhaftem Leben und der kirchlichen Funktion ist auch den entwürdigten Priestern in «Die Kraft und die Herrlichkeit» klar. Father José, den der Staat und seine eigene Feigheit zur Heirat drängen, erinnert sich an «das Geschenk, das er erhalten hatte und das ihm niemand wegnehmen konnte. Dafür hatte er die Verdammnis verdient – die Macht, die ihm immer noch zu Gebote stand, die Hostie in Gottes Fleisch und Blut zu verwandeln». Dem Whiskypriester bedeutet das Gebet nichts mehr, aber für ihn «war die Hostie etwas anderes: Sie einem Sterbenden zwischen die Lippen zu legen bedeutete, Gott dorthin zu legen. Das war eine Tatsache – etwas, das man berühren konnte». Über seinen Helden sagt Greene etwas, das er auch über sich sagen könnte: «Merkwürdige Pedanterien bewegten ihn.»

In der unerbittlichen Abfolge grausamer Szenen, in denen der Verfolgte versucht, seinen priesterlichen Pflichten nachzukommen, gibt es keine grausamere, keine, die bitterer wäre in ihrer Ironie und zerstörerischer in ihrem groben Dialog als jene Episode, wo er mitansehen muß, wie ein Trio einheimischer Penner, zu denen auch der Polizeichef gehört, die Flasche Wein austrinken, die er mit seinen letzten Pesos als Meßwein gekauft hat. Doch beinah jede Situation auf der zerlumpten Pilgerreise des Priesters zwischen den zwei Blicken des Mr. Tench in der lähmenden Hauptstadt des Höllenstaates (Tabasco, ohne daß er so genannt würde), ergreift uns vor Kummer und Mitleid. Als Filmkritiker ging Greene in den dreißiger Jahren viel ins Kino, und seine Szenen sind hart aneinandergefügt, kinematographisch, aus brillanten und kunstvoll beleuchteten Bildern gebaut: das «große geweißelte Gebäude» am Ende des zweiten Teils zum Beispiel, das der Priester nicht als Kirche erkennt und für eine

Kaserne hält, und der Hain hoher, verrückt geknickter Kreuze auf dem Berggipfel, «wie Bäume, die man ihrer Fortpflanzung überlassen hat», und die den Indianerfriedhof bezeichnen und die Grenze zum weniger intoleranten, sicheren Staat (Chiapas, auch er ohne Namen). Der vorangehende Aufstieg in Begleitung einer Indianerin, die auf dem Rücken ihr totes Kind trägt, ist von ebenso großartiger Stummheit wie bei Eisenstein, und als der Priester bei seiner Rückkehr zum Friedhof bemerkt, daß das hingebreitete Kind ein Zuckerstück im Mund trägt, hat die Szene etwas vom surrealen Schrecken Buñuels. Als Greene in «Eine Art Leben» darüber nachdenkt, wo es in seinen vielen Romanen «Absätze, vielleicht sogar Kapitel gab, die mir wenigstens zu der Zeit, als ich sie schrieb, eine gewisse Befriedigung verschafften», erwähnt er den «Gefängnisdialog in ‹Die Kraft und die Herrlichkeit›», und auch diese Szene, wo der Priester erniedrigter und gefährdeter ist denn je, die ganze Nacht in einer überfüllten Zelle wacht und auf die verschiedenen Stimmen – die geisterhaften Seelen – der anderen Häftlinge hört, ist in ihrer Tiefe, Direktheit und ihrer seltsamen Komik auf der Höhe Dostojewskis, eines weiteren Glaubenden voller Zweifel.

Greenes Übertritt zum katholischen Glauben vollzog sich, wie er es in «Eine Art Leben» schildert, eher beiläufig. Er führte seinen Hund an einer Kirche vorbei, die für ihn «so etwas wie eine düstere Autorität versinnbildlichte, da sich in ihr das Unbegreifliche und das Unglaubliche verbanden. Dort hing ein hölzernes Kästchen für Anfragen, und dahinein steckte ich meinen Zettel mit der Bitte um Unterweisung... Ich hatte nicht die Absicht, in die Kirche einzutreten. Ehe das geschah, hätte man mich erst von der Wahrheit ihrer Glaubenslehre überzeugen müssen, und diese Möglichkeit war mehr als gering». Doch nach einigen Unterweisungsstunden mit Father Trollope, in denen er leidenschaftlich für den Atheismus eingetreten war, geschah etwas: «Ich kann mich nur mehr erinnern, im Januar 1926 zu der Überzeugung gelangt zu sein, daß wahrscheinlich etwas existiert, das wir Gott nennen, obwohl ich heute dieses Wort mit all seinen anthropomorphen Assoziationen ablehne...» Zu Anfang des folgenden

Monats legte er seine erste Generalbeichte ab, wurde getauft und in die Kirche aufgenommen. «Ich erinnere mich deutlich, in welcher Stimmung ich die Kathedrale verließ: Ich spürte keine Freude, nur eine düstere Vorahnung.» Die gesamte rasche Unterwerfung erinnert uns an eine andere, die ein wenig früher geschah, während er vier Monate allein in Nottingham lebte und sich entsetzlich langweilte.

> Einmal wanderte ich an meinem freien Tag über die Hügel nach Chesterfield, wo ich einen Zahnarzt fand. Ich beschrieb ihm die mir wohlbekannten Symptome eines Abszesses. Er klopfte mit seinem kleinen Spiegel an einen völlig gesunden Zahn, und ich reagierte in entsprechender Weise.
>
> «Es ist besser, wir ziehen ihn», riet er mir.
>
> «Ja», sagte ich, «aber mit Äther.»
>
> Ein paar Minuten der Bewußtlosigkeit waren wie Ferien von der Welt. Ich hatte zwar einen guten Zahn verloren, aber die Langeweile war währenddessen verschwunden.

Schon in der ersten Zeit in Oxford hatte er, auf der Suche nach ununterbrochenen Ferien von der Welt, wiederholt russisches Roulett gespielt. In seiner Prosa wird diese Welt mit strengen Zensuren bedacht. Für Pinkie im «Abgrund des Lebens» «bewegte sich die Welt nie: sie lag immer gleich da, das verwüstete und umkämpfte Territorium zwischen zwei Ewigkeiten». In «Die Kraft und die Herrlichkeit» kann der Priester, als er hinaufsieht zu den Sternen, nicht glauben, daß «diese Welt mit solchem Glanz leuchten konnte: unter ihrem Nebel rollt sie schwerfällig wie ein brennendes, verlassenes Schiff durch den Weltraum». Wenn er sein uneheliches Kind betrachtet, sieht er, daß «sie die Welt bereits im Herzen trug, wie der kleine braune Fleck in einer Frucht». In der Gefängniszelle grübelt er: «Dieser Ort hatte viel von der Welt im ganzen: er war erfüllt von Lüsten, Verbrechen und unglücklicher Liebe, daß es zum Himmel stank; gleichzeitig wurde ihm klar, daß man hier dennoch seinen Frieden finden konnte, wenn man sich ganz sicher war, daß es nicht lange dauerte.» Ein asketischer, bedenkenloser, lebensverachtender Zug in Greenes Charakter kennzeichnete neben anderen überstürzten Abenteuern auch seine Reise nach Mexiko im Jahr 1938.

Seit 1936 hatte er sich um einen Auftrag bemüht, um nach Mexiko reisen und über «die grausamste Religionsverfolgung, die es je irgendwo seit der Herrschaft Elizabeths gegeben hatte», schreiben zu können. Die Verfolgung hatte ihren Höhepunkt bereits einige Jahre zuvor erreicht, unter Präsident Calles, der 1924 gewählt worden war, und unter dem berüchtigten Atheisten Garrido Canabal, dem Gouverneur von Tabasco. Schließlich erhielt Greene von Longman's in England und von Viking in den Vereinigten Staaten die notwendige Unterstützung, überlebte seine Reise und schrieb ein Buch, das in England «The Lawless Roads» und hier «Another Country» hieß*. (Derartige transatlantische Titeländerungen waren früher verbreitet: «The Power and the Glory» [«Die Kraft und die Herrlichkeit»] erschien zuerst bei Doubleday unter dem, wie Greene es nannte, «schwierigen und irreführenden Titel ‹The Labyrinthine Ways›».) «Gesetzlose Straßen» liest sich, trotz seiner episodischen Struktur und der gelegentlichen Sorglosigkeit im Stil, immer noch gut. Auf charmante Weise streut Greene immer wieder Dinge, die er geträumt hat, und Zitate von Trollope und Greene, die zu seiner Reiselektüre gehörten, in seinen Text ein. Viele Elemente des Romans lassen sich ohne weiteres ausmachen: die Geographie, die Geier, die Anlage und die Trägheit von Villahermosa, der liebenswürdig-korrupte Polizeichef, der beflissene Dorfschullehrer, der den verfemten Priester zu ersetzen versucht, die europäische *finca*, deren Besitzer im Fluß zwischen knabbernden Fischen baden, das Zuckerstück, der Mestize mit den vampirischen Zähnen (den er hinter einer Schreibmaschine im Dorf Yajalon antraf) sowie das Gerücht von dem Whiskypriester, einschließlich dessen trunkener Entschlossenheit, einen Sohn

* Die deutschsprachige Ausgabe erschien unter dem Titel «Gesetzlose Straßen. Aufzeichnungen aus Mexiko» 1949 in Wien in der Übersetzung von Hubert Greifeneder. (Anm. d. Ü.)

Brigitta zu taufen. Doch in «Die Kraft und die Herrlichkeit» ist alles auf wunderbare Weise umgestellt und redigiert: Die Flucht des Priesters auf einem Maultier vor den Häschern des Tabasco nachgebildeten Staates geht auf die quälend langen Maultierritte zurück, die Greene in Chiapas auf dem Weg nach Las Casas unternahm, das sein fiktionaler Priester nie erreicht. Wäre die Flugverbindung zwischen Yajalon und Las Casas nicht wegen der Regenfälle unterbrochen gewesen, hätte sein Roman vielleicht ohne seine eindrucksvollste und biblischste Fortbewegungsform auskommen müssen.

Auch der Ton hat sich verändert; in «Gesetzlose Straßen» ist Greene noch sehr der aufgebrachte Tourist, der das mexikanische Essen, die Umgangsformen, Hotels, Ratten, Moskitos, Maultierritte, Souvenirs und Ruinen haßt. Er schimpft sogar gegen die «scheußliche Ausdruckslosigkeit brauner Augen». Im Roman, der einen Mexikaner schildert, der sich unter zumeist höchst bescheidenen und ärmlichen Mexikanern bewegt, ist alles Meckern verschwunden, verschlungen von den größeren Themen Leben und Tod und Jenseits. Selbst in «Gesetzlose Straßen» finden sich schon Hinweise auf eine erlösende Stimmung: «In Chiapas hatte mich einfach die körperliche Beanspruchung, die Unfreundlichkeit und die Langeweile erschöpft; das Leben in dunklen Hainen aus geknickten Kreuzen hatte in jedem Fall mit ewigen Werten zu tun.» Der Whiskypriester, der schon vor Beginn von «Die Kraft und die Herrlichkeit» seinen Lebensunterhalt und die Achtung der Frommen verloren hat, muß im Verlauf des Romans auch noch den Verlust seiner Aktentasche und seines Anzugs hinnehmen; ihm bleibt nichts als sein Wert vor der Ewigkeit oder seine Wertlosigkeit. Auf einem Tiefpunkt seiner Reisen in Chiapas suchte Greene Unterschlupf in einer Hütte an der Straße, «einem Lagerschuppen für Mais, doch er enthielt etwas, das man in Mexiko selten antrifft, das Gefühl menschlicher Güte». Der alte Mann, der dort lebte, verzichtete auf sein Bett – «ein Untersatz aus Erde, den eine Strohmatte bedeckte, und das vor dem Maisspeicher, in dem die Ratten wühlten» – und überließ es Greene, der über diesen Augenblick schrieb:

«Übrig blieb nur ein alter Mann, der nahe am Verhungern war, in einer Hütte mit lauter Ratten lebte, Fremde willkommen hieß, ohne Geld zu verlangen, und friedlich im Dunkeln schwatzte. Ich glaubte mich wieder bei den Bewohnern des Himmels.» *Selig die Armen im Geiste, denn ihrer ist das Himmelreich.*

Graham Greenes Sympathie für die Armen im Geiste, für die Verlierer in der Welt, ist älter als seine religiöse Bekehrung und überlebt sie offenbar auch: Norman Sherry gegenüber bezweifelte er, ob er noch immer an Gott glaubte, und in «Eine Art Leben» sagt er: «Viele von uns geben Beichte und Kommunion auf, um in die Fremdenlegion der Kirche einzutreten und für eine Stadt zu kämpfen, deren Bürger uns zu nennen wir nicht mehr voll berechtigt sind.» Zu seiner religiösen Überzeugung gehörte immer auch die Meinung, daß, wie er es 1941 in seinem Essay über Eric Gill formulierte, «Konservativismus und Katholizismus kein Gespann bilden sollten». 1980, als er in «Fluchtwege» (wo er schildert, wie «Die Kraft und die Herrlichkeit» geschrieben wurde, nach der Rückkehr nach London, langsam, an Nachmittagen, mit Benzedrin, nachdem er am Vormittag durch «Jagd im Nebel» gerast war) über Mexiko nachdenkt, beklagt Greene, daß die mexikanische Regierung, verglichen mit der Kubas, nicht links genug sei. Sein Mitgefühl hat ihn in der Nachkriegszeit zu einem heftigen Antiamerikanismus und einem etwas ungeschickten Eintreten für Leute wie Castro und Kim Philby verleitet. Doch die Energie und der Glanz seines schönsten Romans entspringen dem gleichen entschlossenen Mitgefühl, einem idealen Kommunismus, der mehr christlich bestimmt ist als kommunistisch. Dessen Einheit ist das Individuum, keine Klasse. Im Dunkel seiner Gefängniszelle erkennt der Priester: «Wenn man sich einen Mann oder eine Frau ganz genau vorstellte, mußte man immer Mitleid verspüren – das war eine Eigenschaft, die Gottes Ebenbild mit sich brachte.»

Das Evangelium nach Matthäus

Matthäus könnte man vielleicht als das Arbeitstier unter den vier Evangelisten bezeichnen, den Mann des Establishments. Seine Version der Geschichte Jesu eröffnet traditionell das Neue Testament und steht weiterhin bei den vier kanonisierten Evangelien an erster Stelle, obwohl das von Markus seit den achtzehnhundertdreißiger Jahren als das mit großer Wahrscheinlichkeit am frühesten entstandene und damit als das (vermutlich) authentischste gilt, als das, das am wenigsten von Wunschdenken und versteckten Dogmenansprüchen überlagert ist. Markus hat diese elektrische Kompaktheit und die rasche Erzählweise, Lukas bringt zarte menschliche Episoden (die Verkündigung; die Geburt des Johannes; die Geburt in der Krippe; der zwölfjährige Jesus im Tempel zu Jerusalem; die Geschichte von Maria und Martha; die Gleichnisse vom verlorenen Sohn und der kostbaren Perle; der gute Schächer am Kreuz; die Erscheinungen des auferstandenen Christus in Emmaus und Jerusalem), die in den anderen Evangelien fehlen, und Johannes verfügt über anregende Dialoge und platonische Ausbrüche. Verglichen mit diesen Schriftstellern ist Matthäus ein fader und nicht besonders ansprechender «sicherer Mann», der das etwas schwierige Bauholz des christlichen Glaubens beherzt handhabt – die Bedrohungen durch das Feuer der Hölle und die Finsternis draußen und das für den modernen Leser so lästige Bestehen darauf, daß sich in Christi Leben in allen Einzelheiten die Prophezeiungen des Alten Testaments erfüllen. Dennoch ist kein Evangelium das ausschließliche Ergebnis der Persönlichkeit und der Inspiration eines einzelnen Autors, da sie alle von der gleichen mündlichen Überlieferung zehren und zahlreiche parallele, wo nicht sogar identische Passagen enthalten.

Von ein paar beiläufigen und umstrittenen Erwähnungen bei Flavius Josephus, Sueton und Tacitus abgesehen, hinterließ die

Biographie, die in den Evangelien erzählt wird, in den zeitgenössischen nichtchristlichen Geschichtsbüchern keinerlei Spuren. Dennoch bestätigen die Briefe des Paulus, die sogar noch älter sind als Markus, sowie die Apostelgeschichte, die der Autor des Lukas-Evangeliums verfaßt hat, daß es einen historischen Jesus gab, dessen Leben und Tod einen verändernden Einfluß erst auf einen inneren Kreis von Jüngern und Anhängern und innerhalb einer Generation nach seinem Tod auf Gruppen von Gläubigen in ganz Palästina und in der nächsten Generation auf einen großen Teil der römischen Welt ausübte. Die Autoren der Evangelien gehören wahrscheinlich zur zweiten Generation von Christen, die sich nach den Aposteln bildete, obwohl die frühe Kirchenüberlieferung behauptet, das Markus-Evangelium sei von Petrus diktiert worden und das Johannes-Evangelium tatsächlich das Werk eines der Zwölf, das des Johannes, dem Sohn des Zebedäus, «dem Jünger, den Jesus liebte», der sich als sehr alter Mann um das Jahr 100 n. Chr. in Ephesus an diese Ereignisse erinnert.

Keine anderen Texte haben so unter der Last der Analyse zu leiden gehabt, und doch haben Gelehrte noch immer Gelegenheit, sich über so Grundsätzliches wie die Datierung, den Ort und die Reihenfolge der Abfassung zu streiten und dazu noch entscheidende Fehler in jeder Theorie zu finden. Dennoch datieren angesehene Gelehrte Markus einhellig auf etwa das Jahr 65 n. Chr. und Matthäus zehn oder fünfzehn Jahre später – mit Sicherheit nach der Zerstörung des Tempels im Jahre 70 n. Chr., ein Ereignis, auf das Jesus, wie in 23,38 steht, hingedeutet haben soll. Matthäus folgt mit einigen Abweichungen und Verbesserungen im Griechischen im wesentlichen dem Bericht von Markus und fügt ihm eine Fülle von Sprüchen und Lehrsätzen zu, die sich auch bei Lukas findet: Der Korpus an gemeinsamem Material ergibt das wohlbekannte hypothetische Dokument Q, so benannt nach dem deutschen Wort «Quelle». Während Matthäus und Lukas nicht genau die gleiche Q vor sich hatten und es in Kleinigkeiten reichlich Unterschiede gibt, steht einigermaßen fest, daß Matthäus = Markus + Q und daß

Lukas = Markus + Q + die umfangreichen erzählerischen und predigenden Passagen, die sich nur bei Lukas finden und die manche Wissenschaftler «S» nennen. Und wenn man diese drei «synoptischen» Evangelien als sich zunehmend weiter sedimentierend betrachtet, dann ist das Evangelium nach Johannes wie ein metamorpher Felsen, in dem diese Schichten mit Gewalt ausgeglüht wurden, in dem sich aber immer noch erkennbare Adern finden lassen. Die Gelehrten des 19. Jahrhunderts, die sich mit den Evangelien beschäftigten, stellten sich naturgemäß Männer vor, die geschriebene Texte veränderten. Viele offene Fragen, die sie damals formuliert haben, etwa wegen der Unstimmigkeiten und Veränderungen zwischen den Texten, erübrigen sich, wenn wir uns die Autoren der Evangelien so vorstellen, daß sie sich unabhängig voneinander auf einen lebendigen Korpus an mündlicher Überlieferung stützten – ein Korpus, der, während die christliche Gemeinde sich immer weiter ausdehnte und immer heterogener wurde, Gefahr lief, immer mehr verdreht und für unauthentische, vor allem gnostische Einfälle offen zu sein. Im letzten Viertel des ersten nachchristlichen Jahrhunderts war ein niedergeschriebenes Testament notwendig geworden, wenn die Bewegung eine Einheit bleiben wollte. Lukas' Widmung seines Evangeliums an Theophilus beschwört eine Atmosphäre zunehmender Verwirrung, in der «sich's viele unterwunden haben, zu stellen die Rede von Geschichten, so unter uns ergangen sind. Wie uns das gegeben haben, die es von Anfang selber gesehen und Diener des Worts gewesen sind» *.

Wir, die wir uns Christen nennen, schauen also *durch* die Evangelien, die aus dem ersten Jahrhundert hervorkamen, wie durch Milchglas hindurch zum strahlenden Licht. Doch die Autoren der Evangelien, gleich ob sie sich nun selber erinnerten oder die Erinnerungen anderer bearbeiteten, sahen ihrerseits

* Dieses Zitat stützt sich wie die folgenden auf die 1545 zu Wittenberg erschienene Bibel-Übersetzung des D. Martin Luther. Zu Rate gezogen wurde auch die gemeinsame Bibelübersetzung katholischer und evangelischer Bibelwerke, Stuttgart [2]1982. (Anm. d. Ü.)

durch die Anlagerungen von mündlicher und schriftlicher Überlieferung auf Ereignisse zurück, die ihnen so fernlagen wie uns der Zweite Weltkrieg. Der Abdruck ihrer Daumen läßt sich vom Glas nicht mehr abwischen; zu Beginn dieses Jahrhunderts wies Albert Schweitzer in seinem Buch «Auf der Suche nach dem historischen Jesus» nach, daß sich aus dem Kanon der Evangelien, der bis ins Innerste übernatürlich ist, kein bequemer liberaler Jesus – kein reiner politischer Revolutionär, den man von abergläubischen Zuschreibungen befreite, kein süßer Jesus in all seiner Schönheit – herauspräparieren läßt. Dabei ist Markus ein ziemlich kryptisches Gewitter aus Gleichnissen und Wundern, das mit dem Auftreten des erwachsenen Jesus beginnt, «er kommt aus Nazareth in Galiläa», um sich taufen zu lassen, und der an der Stelle schließt, wo drei seiner weiblichen Anhänger auf der Suche nach seinem gekreuzigten Leib zum Grab kommen und von «einem jungen Mann in einem weißen Gewand» begrüßt werden, der ihnen sagt, daß Jesus «auferstanden ist: Er ist nicht hier». Obwohl er den Frauen auch sagt: «Fürchtet euch nicht», endet der Text von Markus, der als authentisch gilt, mit dem Satz: «Sie sagten zu niemandem ein Wort, denn sie fürchteten sich.» Das triumphierende und erlösende Ende der Geschichte, Christi wunderbare Auferstehung, wird mit diesem Schluß rätselhaft gedämpft, und ein Autor des 2. Jahrhunderts fügte in einem Griechisch, das eindeutig nicht das von Markus ist, zwölf weitere Zeilen an, in denen einige der Situationen verzeichnet sind, in denen der auferstandene Christus den Aposteln erschien, und die auch seinen Auftrag an sie enthalten: «Gehet hin in alle Welt und predigt das Evangelium allen Kreaturen.» Diese hinzugefügten Verse, die in keiner Bibel fehlen, sind kanonisiert, aber nicht von Markus; in dem, was von Markus als «echt» überliefert ist, verschwindet Jesus so beiläufig aus dem Grab, wie er am Jordan erscheint, um sich von Johannes taufen zu lassen. Es gibt keine Geburtsgeschichte, und dem leeren Grab folgt nichts. Es kommt auch zu keiner weiteren Erklärung der Ankündigung von Jesus: «Die Zeit ist erfüllt und das Reich Gottes herbeigekommen. Tut Buße und glaubt an das Evangelium.»

Das Evangelium, das wir erzählt bekommen, handelt von einem jungen Mann, einem Muster an Vitalität und poetischer Selbstbehauptung, der nach einer unbestimmten Periode als Wanderprediger und Wunderheiler in Palästina in Jerusalem auf Aufforderung der jüdischen Priesterschaft von den römischen Machthabern gefangengenommen und auf schmachvolle Weise zum Tode befördert wird, wobei er am Kreuz in seiner Muttersprache Aramäisch ausrief: «*Eloi, Eloi, Lama, sabachthani* – Mein Gott, mein Gott, warum hast du mich verlassen?»

Matthäus übernimmt die Aufgabe, diesen Ereignissen einen kosmischen Kontext zu verschaffen, indem er sie eng mit den heiligen Texten des jüdischen Volkes verwebt, die zu einer Sammlung gehören, welche heute das Alte Testament heißt. Traditionell gilt Matthäus als der jüdischste unter den Autoren der Evangelien. In seiner «Historica Ecclesiastica» aus dem 4. Jahrhundert zitiert Eusebius Papias, der um das Jahr 130 Bischof von Hieropolis war, mit dem Satz: «Matthäus faßte die Weissagungen (oder ‹Sprüche›) in hebräischer Sprache zusammen, doch jedermann übersetzte sie nach seinen Möglichkeiten.» Eusebius zitiert weiter Irenäus mit der Behauptung, daß «Matthäus auch ein aufgeschriebenes Evangelium veröffentlichte, das für die Hebräer gedacht und in ihrer Sprache verfaßt war». Die Bibelgelehrten W. F. Albright und C. S. Mann, die die Anchor-Bible-Ausgabe von Matthäus herausgegeben haben, schlagen vor, daß der Jünger Matthäus, ein ehemaliger Zolleinnehmer, der sonst als Levi bezeichnet wird, in Wahrheit Matthäus der Levit ist und als Levit «ein Pharisäer, gebildet» sei und «aus einer strenggläubigen Umgebung» komme. Der Autor des Evangeliums nach Matthäus, wie immer er nun geheißen haben mag, war ihrer Ansicht nach «ein konservativer Jude», der sich besonders für Rechtsfragen interessierte und auf «messianische Ansprüche (der Prophet; der Rechtschaffene), die bereits zur Zeit Jesu archaisch waren», achtete. Ohne daß er Jesus als den neuen Moses präsentieren wollte, beweist Matthäus ein «brennendes Interesse an der geistigen Geschichte Israels als dem auserwählten Volk» und «an einer sorgfältigen Bewahrung der Aussprüche

Jesu, die die wahren Grundsätze des mosaischen Gesetzes wiederherstellen».

Matthäus kann allerdings ermüdend legalistisch sein; das beginnt schon mit der endlos gedehnten Genealogie von David bis Jesus, die sein Evangelium eröffnet. Zehnmal – und jedesmal schwächt er die Glaubwürdigkeit statt sie, wie im ursprünglichen kulturellen Kontext, zu erschaffen – behauptet er, etwas sei geschehen, um zu erfüllen, was der Herr durch die Propheten verkündet hatte: die jungfräuliche Geburt, Bethlehem als Geburtsort, Herodes' Massaker an allen Kindern, die noch keine zwei Jahre alt waren, die Flucht von Josef und Maria mit ihrem unmündigen Sohn nach Ägypten, ihre Ansiedlung dann in Nazareth, Galiläa als die Landschaft, in der Jesus wirkte, seine Heilung der Kranken, seine Bescheidenheit, sein Reden in Gleichnissen, seine seltsame Entscheidung, sowohl auf einer Eselin wie auf einem Füllen in Jerusalem einzuziehen, sowie Judas' Belohnung mit dreißig Silberstücken beziehen alle ihre Bedeutung aus der Tatsache, daß sie in den Texten von Jesaja oder Jeremias bereits angekündigt waren. Für den Vers «Statt Nahrung haben sie mir Gift gereicht, mir Essig angeboten, um meinen Durst zu löschen» (Psalm 69,22) in den Psalmen hat Matthäus Markus' «Sie gaben ihm Myrrhe im Wein zu trinken» in «Wein mit einem bitteren Zusatz» verändert. Damit sollte der Eindruck entstehen, daß Jesus selbst sein Leben als Erfüllung von Israels Hoffnungen auf einen Messias sehen sollte. In Markus 14,27 zitiert er Sacharja: «Ich werde den Hirten töten, und die Schafe werden auseinanderlaufen», um seinen Jüngern, die ihn verlassen sollten, die Würde der Vorbestimmung zu geben. Doch kann man sich kaum des Eindrucks erwehren, daß Christus Worte in den Mund gelegt werden, wenn Matthäus ihn in 26,53–54 zu einem Jünger, der das Schwert gezogen hat, sagen läßt: «Weißt du nicht, daß ich nur meinen Vater um Hilfe zu bitten brauche, und er wird mir sofort mehr als zwölf Legionen Engel schicken? Aber wie soll sich dann erfüllen, was in den heiligen Schriften vorausgesagt ist? Es muß doch so kommen.» Und wenige Verse weiter tadelt der Jesus des Matthäus die Menge, die sich wegen seiner

Gefangennahme versammelt hat: «Mußtet ihr wirklich mit Schwertern und Knüppeln anrücken, um mich gefangenzunehmen? Bin ich denn ein Verbrecher? Jeden Tag war ich bei euch im Tempel und habe gelehrt; da habt ihr mich nicht festgenommen. Aber es mußte alles so kommen, damit die Voraussagen der Propheten in Erfüllung gehen.» Diese Berufung auf die Propheten hat bei Markus (14,49) und bei Lukas eine Parallele, doch besitzt sie bei Lukas eine vollkommen andere Qualität: «Jeden Tag war ich bei euch im Tempel, da habt ihr euch nicht getraut, mich festzunehmen. Aber jetzt ist eure Stunde gekommen. Jetzt hat Gott den dunklen Mächten Gewalt über mich gegeben» (22,53). Bei Johannes, der Petrus als den Jünger bezeichnet, der das Schwert erhob und dem Knecht des Hohenpriesters das rechte Ohr abhieb, findet sich keine Parallelstelle.

Mit der ihm eigenen formaljuristischen Leidenschaft besteht Matthäus darauf, daß «bis daß Himmel und Erde zergehen, wird nicht zergehen der kleinste Buchstabe noch ein Tütel * vom Gesetze, bis daß es alles geschehe» (5,18). Jesus versichert seinen Zuhörern: «Glaubt nicht, ich sei gekommen, um das Gesetz oder die Propheten aufzulösen. Ich bin nicht gekommen, um aufzulösen, sondern zu erfüllen» (5,17). Die Parallelstelle bei Lukas kennt keine solche Versicherung. Sie weiß auch nichts von der Kritik, die Jesus am Meineid übt, oder seiner Betonung der Innerlichkeit und der Abgeschiedenheit beim Beten, Fasten und Almosengeben: «Wenn du aber Almosen gibst, so laß deine linke Hand nicht wissen, was die rechte tut, auf daß dein Almosen verborgen sei, und dein Vater, der in das Verborgene sieht, wird dich dafür belohnen» (6,3–4). Und nur bei Matthäus endet die Aufzählung der Seligpreisungen mit «Selig sind die, die um der Gerechtigkeit willen verfolgt werden, denn ihrer ist das Him-

* Im Altgriechischen lauten die beiden Wörter *iota* und *keraia*, und mit dem letzteren sind die kleinen Schwänze gemeint, die im Hebräischen an manche Buchstaben angefügt werden. (J. U.) Hier wurde nach Luther zitiert; in der gemeinsamen Bibelübersetzung ist auch das Jota modernisiert: «Solange Himmel und Erde bestehen, bleibt auch der letzte i-Punkt im Gesetz stehen. Das ganze Gesetz muß erfüllt werden.» (Anm. d. Ü.)

melreich»; die junge Kirche hatte bereits unter Verfolgungen zu leiden, und deshalb spricht Matthäus durch Jesus zu den gefährdeten Gläubigen von 80 n. Chr. Die Hölle als Drohung ist bei Matthäus besonders gegenwärtig, und er ist bereit, dies anzusetzen und mit dieser Drohung herumzufuchteln. An zwei verschiedenen Stellen (5,29–30; 18,8–9) wiederholt er die grimmige Ermahnung, die er bei Markus 9,43–48 fand:

> Wenn dich deine Hand zum Bösen verführt, dann hau sie ab. Es ist besser für dich, mit nur einer Hand bei Gott zu leben, als mit beiden Händen in die Hölle zu kommen, in das Feuer, das nie ausgeht. Oder wenn dich dein Fuß zum Bösen verführt, dann hau ihn ab; denn es ist besser für dich, mit nur einem Fuß ewig zu leben, als mit beiden Füßen in die Hölle geworfen zu werden. Und wenn dich dein Auge verführt, dann reiß es aus, denn es ist besser für dich, mit nur einem Auge in die neue Welt Gottes zu kommen, als mit beiden Augen in die Hölle zu fahren, wo die Qual nicht aufhört und das Feuer nicht ausgeht.

Das sind die strengsten der nicht übermäßig vielen strengen Aussagen Jesu, und Matthäus betont sie noch; seine Darstellung schwelgt in moralischem Perfektionismus. «Nein, ihr sollt vollkommen sein, weil euer Vater im Himmel vollkommen ist» (5,48). Es ist nicht leicht, ins Himmelreich Einlaß zu finden, es gilt die kleinsten Buchstaben und Tütel des überlieferten Gesetzes zu beachten: «Wer also ein noch so unbedeutendes Gebot übertritt und auch andere dazu verleitet, der wird in der neuen Welt Gottes der geringste von allen sein» (5,19).

Und worin nun besteht dieses Himmelreich? Manchmal wirkt es wie eine revolutionierte Erde, eine Erde, auf der nunmehr Gottes Gebot gilt; dann wieder ist es ein Reich des entrückten Nachlebens, das Gegenteil der Hölle und der großen Finsternis. Und dennoch scheint es ein neues Stadium des inneren Seins, ein Stadium der moralischen Perfektion zu sein, das nicht so sehr die Eintrittskarte zum Königreich ist, als dieses Königreich selbst. Bei Lukas sagt Jesus zu seinen Jüngern: «Das Reich Gottes kommt nicht mit äußerlichen Gebärden. Man wird auch nicht sagen: ‹Sieh hier oder da ist es.› Denn sehet, das Reich Gottes ist in euch» (17,20–21). Die ausführlichste Erklärung zu jenem Himmelreich und die längste Zusammenstellung von Christi Lehren steht bei Matthäus in den Kapiteln 5 bis 7. Es ist die sogenannte Bergpredigt oder Große Unterweisung, die auch den schmerzlichsten Verlust bedeutet hätte, wenn das Evangelium des Matthäus zusammen mit Q und mit Matthäus' vermuteter hebräischer Fassung inmitten der prekären und chaotischen Überlieferungssituation im ersten Jahrhundert des Christentums verlorengegangen wäre. Lukas' kürzere Fassung der Predigt (6,17–49), die bei ihm nicht auf einem Berg, sondern in der Ebene stattfindet, ist weniger als halb so lang und schlägt einen fröhlichen Ton an, der einigermaßen auffällig ist: «Glücklich jene, die jetzt weinen, denn sie werden lachen.» Matthäus erwähnt kein Lachen, doch seine erweiterte Fassung der Aussprüche Jesu enthält viele Hinweise auf die erhabene Tapferkeit, die kosmische Sorglosigkeit, die vom Menschensohn ausgeht:

> Selig seid ihr, wenn euch die Menschen um meinetwegen schmähen und verfolgen und reden allerlei Übles wider euch in meinem Namen.
>
> Laßt euer Licht leuchten vor den Leuten, daß sie eure guten Werke sehen und euren Vater im Himmel preisen.
>
> Wenn dich einer auf die rechte Wange schlägt, dann halte ihm auch die linke hin. Und wenn jemand mit dir rechten will und deinen Rock nehmen, dann laß ihm auch den Mantel. Und wenn dich einer zwingt, eine Meile mit ihm zu gehen, so gehe zwei mit ihm.
>
> Liebet eure Feinde, segnet die, die euch fluchen, tut wohl denen, die euch hassen, bittet für die, die euch beleidigen und verfolgen, auf daß ihr Kinder seid eures Vaters im Himmel. Denn er läßt die Sonne aufgehen über die Bösen und über die Guten und läßt regnen über Gerechte und Ungerechte.

Ihr sollt euch keine Schätze sammeln auf Erden, da sie die Motten und der Rost zerfressen oder Einbrecher kommen und sie stehlen.

Sehet die Lilien auf dem Felde, wie sie wachsen! Sie arbeiten nicht, sie spinnen nicht. Ich aber sage euch: Auch Salomon in all seiner Herrlichkeit war nicht so gekleidet wie eine von ihnen.

Richtet nicht, auf daß ihr nicht gerichtet werdet!

Gebt heilige Dinge nicht den Hunden zum Fraß und eure Perlen werft nicht den Schweinen vor, auf daß sie diese nicht zertreten mit ihren Füßen und sich wenden, um euch zu zerreißen.

Bittet, und es wird euch gegeben! Suchet, und ihr werdet finden! Klopft an, und es wird euch aufgetan! Denn wer bittet, der empfängt; wer sucht, der findet; und wer anklopft, dem wird aufgetan.

Diese Gebote ergeben kein Rezept für das Leben in dieser Welt. Von den Zuhörern heißt es (bei Luther), es «entsetzte sich das Volk über seine Lehre. Denn er predigte gewaltig und nicht wie die Schriftgelehrten». Der Begriff des «Sich-Entsetzens», des Erstaunens kehrt in diesem Teil von Matthäus mehrfach wieder. Im nächsten Kapitel «verwundern» sich die Menschen, weil Jesus Wind und Meer beruhigt hat, und Jesus seinerseits «wundert» sich über den Glauben des Zenturios, der zu ihm mit der Bitte kommt, seinen gelähmten Sohn zu heilen.

Hier stoßen zwei Welten zusammen, und das Staunen behält die Oberhand. In den Berichten der Evangelien gehören Jesu Wundertaten und sein Predigen zusammen, und auch sein Lehren ist eine Art Heilen, weil es die irdische Angst vertreibt; damit werden die gemeinhin gültigen und materiell verifizierbaren Regeln außer Kraft gesetzt, die wie die Geldwechsler im Tempel die Welt mit ihrem praktischen Verstand beherrschen. Jesus verkündet eine Umkehrung der Weltordnung; nach ihm sollen die Ersten die Letzten und die Letzten die Ersten sein; den Schwachen soll die Erde gehören; die Hungernden und Dürstenden sollen genährt und die Armen im Geiste das Himmelreich erhalten. Dieses Reich ist die Hoffnung des Christentums und gleichzeitig sein Schmerz; es ist zu erlangen gegen den Strich, durch die Verleugnung instinktiven und sozialen Wissens und durch den Glauben an das Unsichtbare. So unangestrengt wie ein Autor, der seine eigenen Arbeiten zitiert, verwendet Jesus natürliche Metaphern, um die Natur und ihre Überlebensregeln von sich zu weisen. Der natürliche Weg, er mag noch so naheliegend und breit sein, führt in den Tod; jener andere Weg ist schmal und schwer zu begehen: «Geht durch das enge Tor! Denn das Tor, das ins Verderben führt, ist breit, und die Straße dorthin ist es auch. Viele sind auf ihr unterwegs. Aber das Tor, das zum Leben führt, ist eng, und der Weg dorthin schmal. Nur wenige finden ihn» (7,13–14).

Das Leben ist nicht das, wofür wir es halten. Das wahre Leben ist etwas gänzlich anderes als das Leben des Körpers: «Wer sein Leben festhalten will, wird es verlieren. Wer es aber um meinetwillen verliert, wird es gewinnen» (10,39). Christi Lehren bedrohen die Menschen, die gerechten sogar noch mehr als die ungerechten, mit ihrer vollständigen Umwertung aller Werte, nach der die Reichen und die Gottesfürchtigen verdammt sind, während Huren und Zolleinnehmer schon eher gut wegkommen. Die Armen, die Unwissenden und jene, die sind wie die Kinder, sind noch willkommener. Jesus dankt Gott dafür, «daß du den Unwissenden zeigst, was du den Klugen und Gelehrten verborgen hast» (11,25). Selbst der gewöhnliche Altruismus und die ehrbare Sparsamkeit werden in Frage gestellt im Fall der Frau, die zum Erstaunen und Zorn der Apostel kostbares Salböl über Jesus ausgoß. Sie wenden ein: «Dieses Öl hätte man teuer verkaufen und das Geld den Armen geben können!» Ihnen wird die unbekümmerte, unsterbliche Antwort: «Arme wird es immer bei euch geben; aber mich habt ihr nicht mehr lange» (26,11). Die menschliche Perspektive wird von der Gottes überlagert, für den selbst Spatzen, von denen zwei für einen Heller verkauft werden, ihren Wert besitzen. Entsprechend besitzt auch die menschliche Seele, und zwar einschließlich jener von Frauen, Sklaven und Nichtjuden, ihren eigenen Wert. Aus unserer Sicht mag der Pfad der Rechtschaffenheit schmal sein, doch das enge Tor führt zum unendlichen Trost: «Nehmt auf euch mein Joch und lernt von mir, denn ich bin sanftmütig und demütig von Herzen, und ihr werdet Ruhe finden für eure Seele. Denn mein Joch ist sanft und meine Last ist leicht» (11,29–30). Die Erfüllung des alten Gesetzes kommt beinah, wie sich herausstellt, der Gesetzlosigkeit nahe; Beschneidung, Eßvorschriften, strenge Beobachtung des Sabbats, Familienordnungen und pharisäische Skrupel werden mit dem neuen Glaubenssystem alle weggefegt. Johannes der Täufer sagt: «Er wird euch mit dem Heiligen Geist und mit Feuer taufen. Er hat die Worfschaufel in der Hand. Er wird seine Tenne fegen und den Weizen in seiner Scheune sammeln» (3,11–12). Jesus sagt: «Die Blinden sehen wieder, die Lahmen gehen, die Aussätzigen werden rein, die Tauben hören, die Toten stehen auf und den Armen wird das Evangelium verkündet. Und selig ist, wer nicht irre wird an mir» (11,5–6).

Das sanfte Joch Christi lockte Dutzende und dann Tausende und Millionen in die Christenheit, zu der man sich im Römischen Reich während der ersten drei Jahrhunderte ihrer Existenz bei Todesstrafe bekannte. Weder nach den Begriffen der jüdischen Schriften und der religiösen Praxis noch im Kontext der anderen Weltreligionen war die Umwertung der Werte, die Jesus verkündete, vollkommen neu, doch im Gefolge der kurzen Missionierungszeit und der behaupteten Auferstehung kam sie jenen, die sich dem Christentum zuwandten, neu vor. Es ist der neue Wein, und von allen Autoren der Evangelien gibt sich Matthäus die meiste Mühe, ihn aus alten Schläuchen abzufüllen. Der judäische Gott war mit Adam im Paradies herumspaziert, hatte mit dem Teufel gescherzt, Hiob drangsaliert und mit Jakob gerungen; dennoch war es ein Skandal, SEinen eigenen Sohn auf die Erde zu schicken, auf daß er einen erniedrigenden, qualvollen Tod erleide. Für die Griechen mit ihrem spielerischen, schönen und unverwundbaren Pantheon und für die Juden mit ihrer überlieferten Erwartung eines königlichen Messias war diese

Vorstellung eine regelrechte Beleidigung. Und doch war es eine Antwort auf die Realität, auf etwas, das tief in den Menschen schlummerte. Der gekreuzigte Gott bildete eine Brücke zwischen unserer menschlichen Vorstellung von einer grausam unvollkommenen und gleichgültigen Welt und unserem menschlichen Verlangen nach Gott, unserem menschlichen Gefühl, daß Gott gegenwärtig ist. Inzwischen haben fast zwanzig Jahrhunderte lang Generationen immer wieder Trost und Hilfe im paradoxen Helden der Evangelien gefunden, dem Mann des Friedens, der ein Schwert bringt, dem Messias, der scheitert und seine Verzweiflung laut hinausschreit, dem vollkommenen Menschen, der zu treiben, bei den meisten seiner Taten nur auf andere zu reagieren scheint, wenn sie ihn anflehen zu heilen oder ihn auffordern, sich zum König der Juden zu machen («Das habt ihr gesagt», erwidert er) oder wenn sie ihn, wie sein Vater im Himmel, darum bitten, die Kreuzigung auf sich zu nehmen.

In der lutheranischen Sonntagsschule, die ich als Kind besuchte, zeigte eine riesige Reproduktion eines beliebten Gemäldes im milchigen germanisch-viktorianischen Stil einen Jesus im Gewand, der in Gethsemane predigte, die Hände auf einem praktischerweise tischförmigen Felsen gefaltet, das leicht bärtige Gesicht in einem melancholischen Leuchten nach oben gewandt, wie er vermutlich gerade darum bittet, daß dieser Kelch an ihm vorübergehen möge, um dann vom Himmel herab die Verweigerung zu empfangen. Ich war in der Sonntagsschule ziemlich durchschnittlich, und selten nur erhielt ich im Mai die kleine Nadel für ausgezeichnetes Betragen. Doch mich beeindruckte der Satz, daß es ebenso schlimm wie Ehebruch sei, eine Frau nur in Gedanken zu begehren und ebensowohl der Selbstverstümmelung würdig, weil damit eine Welt postuliert wurde, in der, neben jener der Bäume, der Autos und der lebenden Menschen um mich herum, eine Bewegung im Kopf oder in der Seele eine richtige Tat war, eine, die ebensoviel zählte wie eine physische. Und ich bewahrte die Vorstellung, daß Gott selbst über den Sturz des Sperlings wacht – daß unsere Welt überall und jederzeit in jeder Kleinigkeit von Gott wie von einer vierten Dimension bewacht wird. Manche Gleichnisse – jenes von dem verlorenen Sohn, dem eine besonders gute Behandlung zuteil wurde; oder jenes, in dem törichte Jungfrauen oder schlechtbezahlte Arbeiter im Weinberg im Dunkeln weinen und klagen müssen – verwirrten mich und stießen mich wegen ihrer Andeutung der schrecklichen Freiheit, die hinter Gottes Glaubenssystem herrscht, ab, doch das Gleichnis von den Talenten hatte mir tatsächlich etwas zu sagen: Lebe dein Leben. Lebe es, als läge ein Segen drauf. Riskier etwas, damit dein Talent nicht im Boden begraben bleibt. Ich vermochte mir in aller sinnlichen Deutlichkeit auszumalen, wie der ängstliche Diener sein Loch in den Dreck gräbt und konnte mir sogar vorstellen, wie angenehm kühl und feucht es sich in der Hand anfühlte, als er sein Talent hineinpackte.

Wie viele andere kleine Mitbürger in der Christenheit befiel auch mich der schreckliche Gedanke, es könnte unterschiedliche Maßstäbe geben, den von dieser und den einer anderen Welt, und daß letzterer der höhere sei, von dem alles wahre Leben kommt. Vielleicht ist die Vitalität die wichtigste Tugend der Bibel; trotz aller Spitzfindigkeiten, Unklarheiten, Wiederholungen und dunklen Stellen erneuert das Neue Testament die Vitalität des Alten. Von bestimmten notorischen Stellen, vom vielen Zitieren blank wie die abgeküßten Zehen an Bronzestatuen von Heiligen, und von bestimmten kaleidoskopischen Facetten aus der Masse des durcheinandergeschüttelten Testaments, drang ein Licht hervor, das in meinem kindlichen Bewußtsein mit den dynamischen, unbeaufsichtigten Momenten reinen Glücks korrespondierte, die ich gelegentlich erlebte. Ich erlebe sie noch immer, diese Heimsuchungen von Freude und Dankbarkeit, und noch immer verbinden sie sich mir mit der Frohen Botschaft. «Und siehe», schließt das Evangelium nach Matthäus, «ich bin bei euch bis ans Ende der Welt.»

Das häßliche Entlein

«Tolstoy's Diaries»; herausgegeben und übersetzt aus dem Russischen von R. F. Christian, zwei Bände: «1847–1894» und «1895–1910». Charles Scribner's Sons, New York 1985. Die umfangreichste deutschsprachige Auswahl ist 1979 im Winkler Verlag, München, erschienen: Leo N. Tolstoi: «Tagebücher 1847–1910». Aus dem Russischen übersetzt von Günter Dalitz, ausgewählt, mit Vorwort und Zeittafel versehen sowie zusammen mit Ulrike Hirschberg kommentiert von Eberhard Dieckmann. Ergänzt durch einen Essay von Bodo Zelinsky.

Würden sämtliche Hauptwerke von beispielsweise Emerson oder Kierkegaard vollständig verschwinden und nur ihre Tagebücher übrigbleiben, besäßen wir doch noch immer einen recht genauen Begriff von ihrem Denken und ihren Gefühlen und wüßten in Umrissen über ihre Leistungen Bescheid. Im Fall von beispielsweise Edmund Wilson oder Franz Kafka wäre der Verlust gravierender, doch übrig bliebe doch eine recht genaue Vorstellung des Menschen, der Reichweite seiner Anliegen sowie seiner Phantasie. Doch im Fall Tolstois, der, mit Unterbrechungen, vom achtzehnten bis zum zweiundachtzigsten Lebensjahr ein Tagebuch führte, das in der russischen Gesamtausgabe dreizehn Bände beansprucht, bekämen wir kaum einen Hinweis auf den weitausgreifenden, allwissenden Autor von «Krieg und Frieden», «Anna Karenina», «Familienglück» und «Der Tod des Iwan Iljitsch». Die Lesestrecke durch die zweibändige Auswahl von «Tolstoy's Diaries» ist eine klaustrophobische Erfahrung, ein langer, intensiver Aufenthalt in einem Kopf, der so verdrießlich und strafend, so puritanisch perfektionistisch und mürrisch unzufrieden war, daß man sich irgendeine nennenswerte kreative Leistung damit überhaupt nicht vorzustellen vermag. Das helle Licht der Sonne von Tolstois Kunst dringt nur ganz selten in die aus gnadenlosem Moralismus und Selbstverachtung bestehende Mönchszelle; die strahlendhelle Welt des Künstlers, die den für Tolstoi so charakteristischen Eindruck von Transparenz und Dichte gleichzeitig schafft, liegt weit jenseits des Horizonts der Tagebücher, die einmal mit den Aufzeichnungen des Schuljungen über sein anstrengendes Fortbildungsprogramm begannen und mit den melancholischen, indirekten Unterhaltungen des alten Mannes mit seiner hysterischen Frau und einer unsichtbaren Gruppe mehr oder weniger belastender Schüler endete. Von Anfang bis Ende ist die mangelnde Gesundheit ein Thema: Die ersten Eintragungen werden in der Universitätsklinik in Kasan vorgenommen, in die sich der junge Jurastudent wegen einer Gonorrhöe-Infektion begeben mußte, und die letzten kritzelte der weltberühmte Weise auf seinem Totenbett im Bahnhof Astapovo, wenige Tage nachdem er schließlich vor den widerstreitenden Ansprüchen von Familie und Philosophie, von irdischer Existenz und idealer Gütigkeit, geflohen war.

Der Tolstoi, der uns am teuersten ist, der zwischen 1863 und 1877 «Krieg und Frieden» und «Anna Karenina» schrieb, führte sein Tagebuch alles andere als gründlich. Und auch in den achtzehnhundertneunziger Jahren, als er an seinem dritten Buch in Romanlänge arbeitete, an «Auferstehung», wird er sehr nachlässig. Der Tolstoi, bei dem wir mit weniger auskämen, der bejahrte Prophet im russischen Bauernhemd und mit geteiltem weißem Bart, der immer länger in dieses ihm völlig zuwidere Jahrhundert hineinlebte, gewöhnte sich an tägliche Tagebucheinträge, und weit mehr als zwei Drittel der 700 Seiten umfassenden Auswahl von R. F. Christian stammen aus den Jahren 1880 bis 1910. Von dem jungen Tolstoi bis zu seinem 35. Lebensjahr, als er Sonja Bers heiratete, stammen 165 Seiten*. Ein wenig arg tugendhaft erklärt er sich zu Beginn: «Ich hatte noch nie ein Tagebuch, denn ich konnte keinen Nutzen darin sehen. Jetzt nun, da ich mich mit der Entwicklung meiner Fähigkeiten befasse, werde ich an Hand meines Tagebuchs den Verlauf dieser Entwicklung beurteilen können.» Findet er zwischen Kriegs-

* In der deutschen Ausgabe stammen fast drei Viertel der 936 Textseiten aus diesem Zeitraum. 219 gelten der Jugend. (Anm. d. Ü.)

dienst und Anfällen von Zerstreuungssucht, zwischen Reisen durch Europa, der Verwaltung seiner Güter und der Verwirklichung seiner Erziehungsprogramme, die er auf Bauernkinder anwendet, einen freien Moment, notiert er sich seine Zahnschmerzen und seine Verluste beim Kartenspiel (beide reichlich) und da und dort sogar seine bemerkenswerten literarischen Erfolge, die mit «Kindheit» begannen, das er schrieb, als er dreiundzwanzig war. Unermüdlich stellt er neue Regeln für sich auf – «Regeln zur Entwicklung des physischen Willens», «Regeln zur Entwicklung des emotionalen Willens», «Regeln zur Unterwerfung der Gewinnsucht unter den Willen», «Regeln zur Entwicklung erhabener und zur Unterdrückung niederer Gefühle, oder anders ausgedrückt: Regeln zur Entwicklung des Gefühls der Liebe und zur Unterdrückung der Eigenliebe». Sein Ich war entschlossen, sich ein Über-Ich aufzubauen, das ebenso mächtig war wie das Ich: «Allmählich beginne ich physische Willenskraft zu entwickeln, doch die Willenskraft des Verstandes ist immer noch schwach. Mit Geduld und Ausdauer kann ich alles erreichen, was ich will.» Das Programm, das er für sich vorgesehen hatte, war unendlich ehrgeizig: «Worin besteht der Sinn des Menschenlebens? Wo ich auch anfange mit meinem Nachdenken, von wo aus ich auch aufbreche, ich gelange jedesmal wieder zum gleichen Schluß: Der Sinn des Menschenlebens besteht in jeder möglichen Förderung und allumfassenden Weiterentwicklung von allem, was existiert.»

Niemals mäßigte er dieses großartige Vorhaben. Auf diesen ersten Seiten erweist er Franklin, Rousseau und Sterne die Ehre und erinnert uns damit daran, wie sehr auch Tolstoi selbst noch im 18. Jahrhundert verhaftet blieb, ein Mann der Aufklärung, für den die «bedeutendste Fähigkeit des Menschen» selbstverständlich «die Vernunft» ist. Wir werden weiter daran erinnert, daß Tolstoi bereits mit neun Jahren Waise wurde und keinerlei bewußte Erinnerung an seine Mutter besaß, die gestorben war, als er noch keine zwei Jahre alt war, und auch kein deutliches Bild von seinem Vater. Nikolai Tolstoi, ein dandyhafter Playboy, dessen eigener Vater die Familie ruiniert hatte mit luxuriösen Extravaganzen wie der, daß er seine Kleider durch ganz Europa schickte, damit sie in Holland gewaschen würden, hatte Leos Mutter Marija Wolkonskaja geheiratet, um sich damit aus seiner finanziellen Not zu helfen. Sie war vier Jahre älter als er und wird in einem zeitgenössischen Brief als «häßliche alte Jungfer mit buschigen Augenbrauen» bezeichnet. Die schüchterne, hochgebildete Frau war die Erbin des wertvollen Gutes von Jasnaja Poljana, das Leo, der der jüngste der vier Söhne des Paares war, schließlich erben sollte.

Obwohl «Kindheit» nicht (worauf Tolstoi bestand) als rein autobiographisches Dokument gelesen werden sollte, enthält die Skizze des Vaters doch mit Sicherheit die emotionale Temperatur von Nikolais Vaterschaft: «Er war ein Mann des vorangegangenen Jahrhunderts und besaß die unstete Natur, in der sich Ritterlichkeit, Entschlossenheit, Selbstsicherheit, Liebenswürdigkeit und eine Verwegenheit verbanden, wie sie für die Jugend jenes Jahrhunderts charakteristisch ist... Sein Leben war erfüllt mit jeder Form von Zeitvertreib, so daß ihm keine Zeit blieb, in irgendeiner Weise Überzeugungen zu entwickeln; außerdem besaß er soviel Lebensfreude, daß er gar keinen Anlaß dafür sah.» Innerhalb weniger Jahre nach dem plötzlichen Tod seines Vaters durch einen Schlaganfall starben sowohl seine liebevolle Großmutter wie seine Tante Aline, die sein offizieller Vormund war; obwohl die wohlhabende Familie weitere Tanten (vor allem eine entfernte Cousine seines Vaters, genannt Tante Toinette) sowie Vormunde und Diener aufbot, um den Verlust zu ersetzen, war Tolstois Zustand nicht danach, wie er sich in «Beichte» erinnert: «Ich war bei meiner Suche nach Gütigkeit allein, vollkommen allein. Jedesmal, wenn ich versuchte, das Sehnen in meinem Herzen danach, gut zu sein, zu äußern, trafen mich Hohn und Spott, doch sobald ich mich den niedrigen Leidenschaften überließ, ward ich gelobt und ermuntert.» Eine namenlose «gutherzige Tante» sagte ihm, daß «es etwas gäbe, das sie sich mehr als alles andere für mich wünsche – eine Affäre mit einer verheirateten Frau». Zu seinen Entwicklungsjahren erklärt Tolstoi: «Ich kann an diese Jahre nur mehr mit einem schmerzhaften Gefühl von

Schrecken und Abscheu zurückdenken.» Sein ganzes Leben lang und in krisenhafter Zuspitzung in den letzten dreißig Jahren davon, sollte er sich, wie ein Eintrag von 1891 es formuliert, von dem «schlechten Leben des Adels, dem ich angehöre, deprimiert» fühlen. Ein Jahr später schrieb er: «...sogar die Menschen, die immer in meiner Nähe sind – meine Kinder, meine Frau... Mitten unter all diesen Menschen bin ich allein, vollkommen allein und isoliert».

Einsam wie Gott erschuf er sich selbst, und die frühen Aufzeichnungen hallen wider von Entschlossenheit und Zurechtweisungen an die eigene Person: «Die Belanglosigkeit meines Lebens quält mich..., doch noch verfüge ich über ausreichend Kraft, um mich sowohl wie mein Leben zu verachten. Irgend etwas gibt mir die Überzeugung ein, daß ich nicht dazu geboren wurde, um genauso wie alle anderen zu sein... Ich bin alt – die Zeit, mich zu entwickeln, ist vorbei oder geht eben vorüber, doch noch immer quält mich der Durst... nicht nach Ruhm – ich will keinen Ruhm und verachte ihn –, sondern nach einem großen Einfluß auf das Glück der Menschen und nach Nützlichsein.» Die Unbestimmtheit und das Allumfassende von «Menschen» soll womöglich etwas weit Offensichtlicheres ausgleichen, einen sozialen Mangel, den Tolstoi als «meine Unfähigkeit, mit Menschen zurechtzukommen», beschreibt. Er fragt: «Warum fühlen sich alle Menschen – und nicht nur jene, die ich nicht mag oder nicht respektiere und die einfach anders denken als ich, sondern alle Menschen ohne jede Ausnahme – so unverkennbar unwohl in meiner Gegenwart? Ich muß eine schwierige, eine unerträgliche Person sein.» Im darauffolgenden Jahr, mit 24 Jahren, fragt er sein Tagebuch: «Warum liebt mich niemand? Ich bin kein Narr, kein Krüppel, kein böser Mensch, kein Ignorant. Es ist mir unbegreiflich.» Und im nächsten Jahr, er ist inzwischen Soldat, fragt er sich: «Was bin ich?» und gibt sich folgende Antwort:

Einer von vier Söhnen eines Oberstleutnants a. D., seit dem 7. Lebensjahr verwaist und unter der Vormundschaft von Frauen und Fremden, weder für die Welt noch für die Wissenschaft vorgebildet und seit dem 17. Lebensjahr mein eigener Herr, ohne großes Vermögen, ohne jegliche gesellschaftliche Stellung, ... ohne Fürsprecher, unfähig, in der Gesellschaft zu leben, ohne Kenntnis des Militärdienstes, ohne praktische Fähigkeiten; aber – mit gewaltigem Eigendünkel! ...

Ich bin häßlich, ungeschickt, unsauber und ohne weltmännische Bildung. Ich bin reizbar, für andere langweilig, unbescheiden, unduldsam (intolérant) und schamhaft wie ein Kind. Ich bin fast unwissend... Ich bin unbeherrscht, unentschlossen, unbeständig, albern eitel und leicht entflammbar wie alle charakterlosen Menschen.

Ich bin nicht tapfer.

Tatsächlich war er tapfer und erhielt Belobigungen, die das bestätigen, und wenn er unwissend war, dann war er ein Unwissender, der sein Leben lang sehr viel las, und das nicht nur auf russisch und in den Sprachen, deren Kenntnis man beim Adel erwarten durfte (Französisch, Deutsch und Englisch), sondern auch, wenn es erforderlich war, Holländisch, Italienisch, Latein und Griechisch. Häßlichkeit ist eine Selbstbezichtigung, für deren Zurückweisung sich schwer Gründe finden lassen. In seiner Tolstoi-Biographie nennt Henri Troyat keine Quelle für sein anrührendes Wortbild des «kleinen Leo», den, nachdem er sein mit einem Turban und einem mit angekokeltem Korken aufgemalten Schnurrbart maskiertes Gesicht bewundert hatte, heftiger Schmerz erfaßte, als er erleben mußte, wie, «als sein Make-up abgewaschen war, das bekannte alte Babygesicht mit seiner dikken Nase, den breiten Lippen und den kleinen grauen Augen wieder auftauchte. Ein großes, fettes Kind, ein ‹Patapouf›, wie Papa sagte». Laut Troyat hatte er ein paar Jahre später die «Hoffnung, daß sich seine Gesichtszüge mit der Zeit veredeln würden, doch mit neun, mit zehn Jahren besaß er noch immer seine Blumenkohlnase und die kleinen stahlgrauen Augen, die tief in den Höhlen saßen». Mit einiger Sicherheit darf man annehmen, daß der Held in «Kindheit» für den «kleinen Leo» spricht, wenn er bekennt: «Ich glaubte, daß es für jemanden mit einer so breiten Nase, so dicken Lippen und kleinen grauen Augen wie bei mir auf Erden kein Glück geben könne. Ich flehte Gott an, er möge mich in einen gutaussehenden Mann verwandeln, und ich hätte für ein angenehmes Gesicht alles hingegeben, was ich besaß und was ich mir je erwerben würde.» Auf den Kinderfotografien wirkt er so angenehm wie die meisten, und das Gesicht, an das wir uns aus «Kindheit» erinnern, sieht nunmehr, da der Held, durch ein wenig Champagner ermuntert, leidenschaftlich mit der lieben kleinen Sonja getanzt hat, so aus:

> Als ich durch Großmutters Boudoir ging, inspizierte ich mich im Spiegel: mein Gesicht war in Schweiß gebadet, die Haare waren völlig durcheinander geraten, und die Tolle stand schlimmer als je hoch; doch war mein allgemeiner Eindruck so lebhaft, so gesund und gut gelaunt, daß ich außerordentlich zufrieden mit mir war.

Doch was der Spiegel sieht oder was andere Menschen sehen, ist weniger wichtig als die Wahrnehmung des inneren Auges. «Meine Schüchternheit wurde noch verschlimmert durch die Überzeugung, ich sei häßlich», erklärt der Erzähler in «Knabenjahre». «Ich bin vollkommen davon überzeugt, daß es nichts gibt, was einen entscheidenderen Einfluß auf die Gesinnung eines Menschen hat als sein Erscheinungsbild, oder nicht so sehr sein Erscheinungsbild als vielmehr seine Ansicht davon, ob es attraktiv ist oder nicht.» Mit einer Sicherheit, die ebenso ungewöhnlich ist wie sein Gefühl moralischer Isolation, hielt sich Tolstoi selbst für körperlich häßlich, und die Mutter, selbst reizlos, die ihn vielleicht von dieser maßlosen Abneigung gegen sich hätte entwöhnen können («Man sagt mir», notierte er in seinen «Memoiren», «daß sie mich sehr gern hatte und mich ‹*mon petit Benjamin*› nannte»), starb, ehe er sie sich einprägen konnte. In «Kindheit» entwirft er eine Mutter, die einen reichlich herben

Trost anbietet: «Denk immer dran, Nikolenka, daß dich nie jemand wegen deines Gesichtes lieben wird, deshalb mußt du dich immer darum bemühen, ein guter und kluger Junge zu sein.»

Er bemühte sich allerdings und wurde ein grausam anstrengender Vormund für sich selbst als träges, launisches Mündel. «Es ist traurig zu wissen», schrieb er, «daß mein Kopf ohne alle Bildung ist, ungenau und schwach (wenn auch beweglich), daß meine Gefühle weder verläßlich noch stark sind, daß mein Wille so wechselhaft ist, daß schon der kleinste Zwischenfall ausreicht, um alle meine guten Vorsätze zunichte zu machen.» – «In allem gebricht es mir an Ausdauer und Geduld. Deshalb bin ich mir im höchsten Grade selber widerlich.» Dieser Abscheu reicht auch in seine schriftstellerische Arbeit hinein: «Früh aufgestanden, weiter an ‹Kindheit›, das inzwischen außerordentlich abstoßend ist.» Über das gleiche Buch schrieb er: «Ich bin vollkommen sicher, daß es nichts taugt. Der Stil ist zu nachlässig, und es hat zu wenige Ideen, die dafür sorgen könnten, daß sich damit der fehlende Inhalt entschuldigen ließe.»

Von Anfang an war er der strengste und selbstkritischste Schriftsteller. Über den «Morgen eines Gutsbesitzers», das er einmal mit ziemlicher Begeisterung begonnen hatte («Schäme mich regelrecht, weil ich dermaßen viel Zeit auf so Narreteien wie meine Geschichten verschwende, wo ich mit einer so wunderbaren Sache begonnen habe»), schrieb er schließlich: «Es ist wirklich erbärmlich, aber ich werde es veröffentlichen», genauso wie er sich zwei Monate zuvor, 1856, notiert hatte: ‹Jugendzeit› abgeschlossen; schwach, aber weggeschickt.» Die Selbstverdammung hält Schritt mit seinem wachsenden Werk. «...mit der ‹Kaukasuserzählung› dagegen bin ich ganz und gar nicht zufrieden» (18.8.57). «Habe ‹Familienglück› bekommen. Ekelhaft und beschämend» (9.5.59). «Korrekturen an den ‹Kosaken› – entsetzlich schwach» (23.1.63). Während der Jahre, da er an seinen beiden großen Romanen arbeitet, verstummt das kritikasternde Tagebuch fast vollständig; die herabsetzenden Bemerkungen Tolstois über «Krieg und Frieden» tauchen nicht auf. Jedoch schritt die Arbeit an «Anna Karenina» unter Anfällen von Enthusiasmus und Gleichgültigkeit voran, und am Ende, als der Roman ein Erfolg in den Buchhandlungen wurde, brummte er vor seiner Familie: «Was ist schließlich so schwer dabei, einen Offizier zu schildern, der sich mit einer Frau verstrickt? Das ist nicht besonders schwer und lohnt außerdem die Mühe nicht. Es ist schlecht und hat keinen höheren Sinn.» In «Beichte», das 1879 begonnen wurde, wischte er seine große kreative Periode mit einem Absatz weg:

> Obwohl ich während dieser fünfzehn Jahre das Handwerk des Schreibens als eine sehr unbedeutende Tätigkeit betrachtete, schrieb ich doch immer weiter. Ich hatte die Verführungskraft der Autorschaft entdeckt, die Verlockung durch eine reichliche pekuniäre Entlohnung und einen gewaltigen Beifall für wertlose Arbeit und überließ mich ihnen, um meine materielle Situation zu verbessern und damit auch alle Fragen, die mein eigenes und das Leben im allgemeinen betrafen, in meiner Seele zu ersticken. In meinen Schriften lehrte ich, worin für mich die einzige Wahrheit bestand – daß unser Lebensziel im größtmöglichen Glück für uns und unsere Familie bestehen sollte.

Seine Umgebung war bestürzt über die neue Richtung, die er am Ende der siebziger Jahre einschlug. Im November 1879 schrieb Sonja an ihre Schwester: «Leo arbeitet immer noch, wie er es nennt, aber ach! alles, was er zustande bringt, sind philosophische Traktate! Er liest und denkt, bis er Kopfschmerzen davon bekommt... Ich kann nur hoffen, daß er bald darüber hinwegkommt und daß es wie eine Krankheit bald vorbei ist.» Turgenjew kam 1880 zu Besuch und schrieb: «Er ist ohne Vergleich in der heutigen europäischen Literatur... Doch was soll man mit ihm beginnen? Er hat sich kopfüber in eine andere Sphäre gestürzt: Er hat sich mit Bibeln und Evangelien in allen Sprachen umgeben und stapelweise Flugschriften verfaßt.» Das Über-Ich, welches das Tagebuch verkörpert, hat triumphiert. Die Tagebücher werden weit ausführlicher und singen das immergleiche Lied von Gewissensbissen und Selbsthaß – religiöse Kasteiung vermischt mit unerreichbaren künstlerischen Maßstäben und einem dandyhaften «Weltschmerz». «Möchte oft am liebsten sterben. Die Arbeit fesselt mich nicht» (2.9.81). «Beschämend und ekelhaft. Schreckliche Verzagtheit. Die Schwäche hat mich völlig übermannt. Muß wie im Schlaf auf der Hut sein, um ja nicht im Schlaf zu verderben, was nach dem Erwachen not tut. Es zieht und zieht mich in den Schlamm, und mein Schaudern ist nutzlos» (11.4.84). «Bemühe mich, heiter und glücklich zu sein, aber das ist sehr, sehr schwer. Alles, was ich tue, ist schlecht, und darunter leide ich entsetzlich» (28.5.84). In seinem ganz eigenen Schlamm widmete er sich mit mehr Eifer der Anfertigung von Stiefeln, dem Zusammensein mit Bauern, dem Bestreben, der eigenen Familie, die das gar nicht schätzte, Armut und Keuschheit aufzudrängen, und dem Tadeln der eigenen Faulheit und Sinnlichkeit als dem Schreiben: «Ich schreibe die ‹Kreutzersonate› und sogar ‹Über die Kunst›, und beides ist negativ und böse, dabei möchte ich gern Gutes schreiben» (24.7.89). «Mir ging durch den Sinn, daß ich mich mit meiner ‹Kreutzersonate› nur aus Eitelkeit abplage; möchte nicht, daß sie dem Leser ungenügend ausgefeilt, holprig oder gar schlecht erscheint. Und das ist abscheulich» (29.8.89). «Vormittags an einer neuen Variante der ‹Kreutzersonate› geschrieben. Nicht übel, aber träge» (6.10.89). «Habe die ganze ‹Kreutzersonate› durchgesehen, gestrichen, korrigiert, ergänzt. Habe sie schrecklich über. Vor allem, weil sie künstlerisch falsch, unecht ist» (6.10.89). «Las alles Belletristische durch, was ich angefangen habe. Alles schlecht» (14.6.94).

Das Jahr 1895 bringt uns mit einem müden Seufzer in den zweiten Band der Tagebücher. Tolstoi hatte noch weitere fünfzehn Jahre zu leben. In diesem Zeitraum gelang es ihm, die «Auferstehung» fertigzustellen – «‹Auferstehung› ist fertig. Nicht gut. Nicht überarbeitet. Übereilt. Aber ich bin es los, und es interessiert mich nicht mehr» (18.12.99). Er vollendete weiter «Herr und Knecht» («ziemlich wertlos») und «Hadschi-Murat» («dumm»), etliche Fabeln, das Stück «Macht der Finsternis», mehrere Bände einer Anthologie mit Weisheiten der Völker unter dem Titel «Lesefrüchte» sowie eine große Zahl von Pamphleten und Erklärungen. «Trotzdem bin ich ein widerwärtiges Scheusal», versichert er seinem Tagebuch. «Und wie gut ist es, dies zu wissen und sich daran zu erinnern» (9.10.1900). «Gott sei Dank bin ich mir selber widerwärtig und im höchsten Grade verächtlich» (21.12.09). Seine Kämpfe mit den unerfüllbaren Anforderungen der Tugend, den unnachgiebigen Problemen der Welt, seiner unbelehrbaren Familie, seiner sich unversöhnlich an ihn klammernden Frau und seiner eigenen erdrückenden Berühmtheit sorgen für eine hektische Atmosphäre. Beinah wie eine Veranstaltungstafel scheint sein Tagebuch fast gleichzeitig mit dem Schreiben gelesen zu werden, und Sonja führt ihr eigenes, das wiederum er liest, während er sein geheimes Tagebuch in seinem Kittel oder seinem Stiefel verbirgt. Mitten in der Nacht blättert sie durch seine Papiere, und auf dem Höhepunkt ihrer Eifersucht wegen Wladimir Tschertkow, dem Lieblingsapostel unter den Tolstoi-Anhängern, wedelt sie ihrem Ehemann, um ihm seine Homosexualität nachzuweisen, mit Seiten unter der Nase, die sie aus seinen alten Tagebüchern kopiert hat. Das alles wirkt sehr kindisch und nervig, und ging so schon seit Jahren. 1889 zeichnete Tolstoi einen Dialog mit Sonja auf, der den Ton ihrer Unterredungen festhält, jedoch nicht unbedingt zu seinem Vorteil:

> Ich: «Was für wunderbare Artikel über Gewaltlosigkeit.» Sie: «Ja, aber es ist doch alles nur Gerede. Jeder weiß es, aber keiner tut es, weil es sich nicht rechnet.» Ich: «Das liegt nur daran, daß es die Menschen nicht einpauken.» Sie: «Das kannst du soviel einpauken, wie du willst, sie werden doch nicht drauf hören.» Ich: «Warum denn nicht, wenn es einem beispielsweise genauso eingepaukt wird wie die heiligen Sakramente? ... Du verstehst das nicht.» Sie: «Was gibt es da zu verstehen? Ich verstehe schon soviel, daß ich weiß, was du als nächstes sagen wirst. Du redest immer und immer wieder über das gleiche.»

Bei all seiner Selbstkasteiung und dem angestrebten heiligmäßigen Leben fällt Tolstoi nur selten auf, wie tyrannisch und egoistisch seine Absicht ist, «einzupauken» oder die lang aufgeschobene «alles umfassende Entwicklung von allem Bestehenden» zu erreichen, die bei seiner Frau und den widerborstigen, ungestümen Söhnen beginnen soll. Wenige Monate nach der Unterredung mit Sonja bekennt er, daß «der Teufel» ihn «in Gestalt einer stolzen Leidenschaft, einem Verlangen, daß jeder auf der Stelle meiner Meinung sein solle», versucht. 1891 folgert er angesichts der bejammernswerten Not der Welt mit einiger Verzweiflung: «Das einzige, was in Frage kommt, besteht darin, alle Menschen gut zu machen.»

Oft notiert er seine Schwermut: «Ich bin deprimiert. Ich bin wertlos, mitleiderregend, ein überflüssiges Geschöpf und außerdem ein selbstsüchtiges. Gut an mir ist nur, daß ich zu sterben wünsche» (3.5.84). «Kann mich seit langem an keinen derartigen geistigen Niedergang erinnern» (13.5.95). «Kann vor Kummer nicht schlafen» (12.1.97). Er liest William James' «Vielfalt der religiösen Erfahrung» und stellt fest: «...in James' Buch wird gesagt, ich sei ein Melancholiker, nicht weit von einer Geisteskrankheit entfernt». Übersättigung an diesen melancholischen Tagebüchern führte diesen Leser zu dem Schluß, daß Tolstoi an der Krankheit äußerster Klarsichtigkeit litt. Er sah durch alles hindurch die bittere Wahrheit, und die Kunst war der einzige Bereich, in dem sich diese Hellsichtigkeit nutzbar machen ließ. Nachdem er seine Phase des sexuellen Abenteurertums und des Familienglücks hinter sich hatte, sah er unter die Oberfläche dieser Freuden und entdeckte tief drunten Selbstsucht und Vergänglichkeit. Er sah die Unterdrückung und Grausamkeit in dem damals herrschenden autokratischen, kapitalistischen System, doch er merkte auch, daß eine sozialistische Revolution keine Lösung bringen würde. Seine Kritik am Marxismus, zwei Jahrzehnte, ehe er in seinem Land an die Macht kam, ist prophetisch:

> Selbst wenn einträte, was Marx voraussagt, bedeutete dies nur, daß sich der Despotismus verlagert. Bislang haben die Kapitalisten geherrscht, dann würden die Arbeiterfunktionäre herrschen... Der entscheidende Denkfehler, der entscheidende Irrtum in der Theorie Marx' liegt in der Annahme, das Kapital würde aus den Händen von Privatpersonen in die Hand der Regierung übergehen und von der Regierung, die das Volk vertritt, an die Arbeiter... Daß die Regierung das Volk vertrete, ist eine Fiktion, eine Lüge.

Tolstoi erlebte, daß ein Leben ohne Religion nichts ist als Tod und Dunkelheit und Darwinscher Überlebenskampf; doch war das orthodoxe Christentum für ihn nur absurd, und er hatte die größte Mühe, sich auch nur einen letzten Rest an Glauben zu bewahren: «Sonja ist nach Kiew gereist. Innerer Kampf. Ich glaube nicht sehr an Gott.» Wenn er ihn erklärt, ist sein Glaube ein reduzierter Kant, ein hypothetisches «Gesetz»: «Existiert Gott? Ich weiß es nicht. Ich weiß, daß es ein Gesetz gibt, das mein spirituelles Wesen regiert. Die Ursache, den Grund für dieses Gesetz nenne ich Gott.» Als Denker hält es Tolstoi nicht mit den viktorianischen Wiederentdeckern des Glaubens wie Dostojewski, Kierkegaard und Newman, sondern mit den *philosophes* und Deisten des 18. Jahrhunderts und sogar mit den zynischen, reduktionistischen höfischen Aphoristikern wie La Rochefoucauld und Chamfort. Er sucht nach dem zugrundeliegenden Prinzip, dem alles erklärenden Gesetz, und verblüfft am Ende von «Krieg und Frieden» die Leser seines gewaltigen Panoramas menschlichen Tuns und moralischer Suche mit der Ankündigung, daß der freie Wille ebenso eine Illusion sei wie die Vorstellung, die Erde bewege sich nicht. Als Schriftsteller ist Tolstoi nie machtvoller, als wenn er mit Iwan Iljitsch und Anna Karenina durch den Schrecken der Dinge hindurchsieht – einen Schrecken, den er dann mit einem Lichtblitz aufzuhellen sucht: Für Iwan Iljitsch war «statt des Todes Licht», und als der Zug Anna zermalmt, «flammte... das Licht heller auf als je zuvor, erleuchtete ihr alles, was bisher im Dunkeln gelegen hatte». Vielleicht ist es so; doch wirkt Tolstois Religiosität normalerweise ein wenig bemüht, seine Theorien, in denen er für eine «moralische», populäre Kunst eintritt, sind selbstverstümmelnd reaktionär und doktrinär.

Die Tagebücher enthalten viele strenge und regelrecht abfällige Bemerkungen über andere Schriftsteller. «Ich habe Shaw gelesen. Seine Banalität erstaunt mich.» – «Las Nietzsches ‹Zarathustra› und die Anmerkung seiner Schwester darüber, wie er es geschrieben hat; bin endgültig überzeugt, daß er vollkommen verrückt war, als er das schrieb.» – «Las Boccaccio. Der Anfang der unmoralischen Kunst der herrschenden Klasse.» – «Las Dostojewski und war überrascht von seiner schludrigen Art, der Künstlichkeit und Lügenhaftigkeit.» Gontscharows «Oblomow» läßt ihn ausrufen: «Wie armselig!», und eine Auswahl von Walt Whitman wird folgendermaßen abgefertigt: «Ein paar dumme Gedichte.» Schriftsteller, die er wenigstens teilweise bewundert, bewegen ihn zu etwas differenzierteren Urteilen. «Wir sprachen über Tschechow... Mir wurde klar, daß er, ähnlich wie Puschkin, in der Form Fortschritte gemacht hat. Und dafür muß man dankbar sein. Doch ist er wie Puschkin ohne Inhalt.» – «Saß den ganzen Abend für mich, las Tschechow. Fähigkeit, bis zur künstlerischen Klarsicht zu lieben, aber vorläufig noch ohne Sinn.» – «Habe soeben Tschechows Erzählung ‹Auf dem Wagen› gelesen. Von hervorragender Gestaltungskraft, aber Rhetorik, sobald er dem Erzählten einen Sinn geben will.» – «Las Coleridge. Ein mir sehr sympathischer Autor – exakt, klar, leider nur zaghaft – Engländer – die anglikanische Kirche und die Erlösung. Unmöglich...» Als Tolstoi spät in seinem Leben soweit gelangte, daß er seinen literarischen Ansichten in gedruckter Form Ausdruck verleihen konnte, erwies er sich als einer der großen Schimpfer in der Geschichte der Literaturkritik. In seinem Aufsatz «Was ist Kunst?» widmete er sich über mehrere Seiten der Verurteilung von Baudelaire, Verlaine, Mallarmé und weiterer «décadents» als «unverständlich». Er verfaßte einen umfangreichen, leidenschaftlichen Aufsatz, um den «unvergleichlichen Ekel und die Ödnis» zu rechtfertigen, die die Werke von Shakespeare in ihm erweckten; er mühte sich, die Quellen und Vorlagen von Shakespeares Geschichten zu lesen (das alte Stück «King Leir»; die italienische Geschichte von Othello) und stellte in jedem Fall fest, daß sie logischer und glaubwürdiger waren als die verzerrten, uneindeutigen Stücke, die Shakespeare zusammengeschmiert und die Goethe und andere Deutsche dem leichtgläubigen 19. Jahrhundert als große Kunstwerke aufgedrängt hätten. Prüfsteine für Tolstoi waren Klarheit und Natürlichkeit; als sich sein religiöses Sendungsbewußtsein verstärkte, forderte er ein deutliches moralisches Anliegen und Nüchternheit bis hin zur völligen Enthaltsamkeit. In «Warum die Menschen sich berauschen?» behauptet er, daß «Kants Werke nicht in einem dermaßen seltsamen und schlechten Stil geschrieben wären, wenn er nicht soviel geraucht hätte». In einer Annäherung an totalitäre Ansichten, die einen frösteln läßt, gelangte er zu der Überzeugung, daß die Kunst der Gesellschaft mit moralischer Erziehung zu dienen habe, wenn sie überhaupt ein Lebensrecht beanspruchen wolle.

Doch als sich sein Leben in einem Durcheinander von privaten Streitereien, öffentlichen Anliegen und weltweitem Ruhm dem Ende nähert, notiert er im Tagebuch voller Wehmut seine Sehnsucht nach «belletristischer Arbeit»: «Ja, ich sehne mich nach belletristischer Arbeit. Man kann alles aussprechen, sich Luft machen, ohne jemanden zu verdammen» (21.10.09). Etwas später gesteht sich dieser einundachtzigjährige Mann traurig ein: «Mit dem Schreiben (von Belletristik) ist es anscheinend zu Ende. Keine Konzentration auf einen Gegenstand. Dabei möchte ich so vieles.» Ein Jahr vor seinem Tod schreibt er: «Ich habe in meinen Büchern herumgelesen. Ich sollte nicht mehr schreiben. Ich glaube, daß ich in dieser Hinsicht alles geleistet habe, was ich konnte. Dennoch will ich, will ich so sehr...» (2.11.09). Die meisten Ideen, die er nach dem Abschluß von «Auferstehung» skizziert hat, entwickeln sich nicht, wie uns die Anmerkungen von R.F. Christian glaubwürdig mitteilen. Doch ist «Hadschi-Murat», das aus dem Nachlaß veröffentlicht wurde, ein «Billy Budd» vergleichbares Meisterwerk, und der eine Absatz in diesen beiden Bänden, in dem sich für mich das ganze Tolstoische Feuer entfachte, der rasende Puls der Wahrheit, kam ziemlich gegen Ende, als der alte Weise und Patriarch, dessen Gesundheit schon sehr nachläßt, schließlich doch noch die Flucht von zu Hause unternimmt und zum Pilger wird:

> In der 6. Stunde war alles recht und schlecht gepackt; ich ging zum Pferdestall, um anspannen zu lassen; Dušan, Sascha und Warja packten die letzten Sachen ein. Es war eine Nacht, man sah die Hand vor den Augen nicht, ich kam vom Weg zum Nebengebäude ab, geriet ins Dickicht, stach und stieß mich an den Bäumen, fiel hin, verlor meine Mütze, fand sie nicht, gelangte mit Mühe und Not wieder auf den Weg, ging zum Haus zurück, holte eine Mütze, tastete mich mit Hilfe einer Laterne zum Pferdestall und befahl anzuspannen. Sascha kam, Dušan und Warja. Ich zitterte in Furcht vor einer Verfolgung. Allein wir kamen fort. In Stschokino mußten wir eine Stunde warten, und jeden Augenblick fürchtete ich, daß sie [Sonja] auftauchte. Doch dann saßen wir in der Eisenbahn, der Zug fuhr an, die Furcht verging, und Mitleid für sie stieg auf; nicht aber Zweifel, ob ich richtig gehandelt habe. Vielleicht irre ich mich, wenn ich mich rechtfertige, doch ich glaube, ich habe mich gerettet, nicht den Lew Nikolajewitsch, sondern das, was bisweilen, und sei es auch nur als ein Fünkchen, in mir steckt.

Diese rasende Folge von Sätzen entfaltet die überreizte Klarheit und Konkretheit, sogar das Komödiantische eines Geistes und eines Körpers, die sich hier in leicht unstimmigen Handlungen zeigen, von Erlebnissen und Gefühlen, die unablässig der Kritik durch eine unbewegte, wachsame, wunderbar aufrichtige Intelligenz unterzogen werden – das klarsichtige Gegenüber im Tolstoischen Balanceakt. Zehn Tage später war Tolstoi tot.

Durch diese Tagebücher laufen mehr rote Fäden, als sich zählen lassen. Seine Bemerkungen zur Kunst beispielsweise klaffen weit auseinander:

> Literatur ist nur Zeitvertreib. (27. 12. 52)

> Kunst ist die Fähigkeit, darzustellen, was sein soll, wonach alle Menschen streben müssen und was ihnen das größte Glück gewährt. (13. 10. 94)

> [Die Kunst] ist ein Mikroskop, das dem Künstler die Geheimnisse der eigenen Seele entdeckt und diese allen gemeinsamen Geheimnisse anderen zeigt. (17. 5. 96)

Das Glück gehört wie die Kunst und die Frauen ins Reich der Versuchungen; gleichwohl kann er sich nie vollständig davon lösen:

> Unglück macht tugendhaft – Tugend macht den Menschen glücklich – Glück verdirbt ihn. (März bis Mai 1851)

> Unglück ist die beste Voraussetzung, sich fortzuentwickeln, sich auf eine höhere Ebene zu erheben; Unglück zeigt an, daß man unvollkommen ist. (28. 9. 99)

> Es gibt vieles einzutragen, vor allem über den frohen, gewissen, klaren, fast immer liebevollen Zustand, in dem ich mich befinde. Hier kann man wahrhaftig sagen: Von wannen kommt mir solches? Wofür, bei meinem garstigen Leben, soviel des Glücks? (22. 12. 04)

Er predigte die Askese und war doch unerreicht in der Darstellung des Glücks; die Vorstellung davon hat in seinem Werk eine ebenso große Bedeutung wie die Wahrheit und scheint den Kern seiner im Wesen religiösen, pantheistischen Anschauungen zu bilden; der Held der «Jugendzeit», der schlaflos daliegt in der mondhellen Nacht, neben einem See, inmitten von Birken und tauüberzogenen Blumen und glänzenden, hüpfenden Fröschen, bekennt: «Das alles bekam eine seltsame Bedeutung für mich, bezeichnete ein Übermaß an Schönheit und zugleich eine Art unvollendeten Glücks.»

Es erscheint als trauriges Paradox, daß dieser Autor, der uns von allen männlichen Schriftstellern diese unübertroffenen sympathischen und lebendigen Frauengestalten geschenkt hat und dessen literarische Laufbahn dem Rat und den Sekretärsarbeiten seiner Frau und seiner Töchter soviel verdankt und der schließlich mit der «Kreutzersonate» fast so etwas wie ein feministisches Traktat geschrieben hat, daß dieser Autor, belastet von den Kämpfen mit Sonja, in seinen Tagebüchern vom gelegentlichen Chauvinismus bis zu furchtbarer Frauenverachtung sinken sollte:

Dirnen haben mich auf die schiefe Bahn gebracht. (23.6.53)

Eine Frau will ich haben – unbedingt. Eine schöne. (15.6.57)

Und mit einem Mal wurde mir klar, worin die Stärken der Frauen liegen: Kälte – und etwas, für das sie nicht verantwortlich zu machen sind, weil sie nicht über besonders viel Geisteskraft verfügen – Täuschung, List und Schmeichelei. (31.8.84)

Ja, die Katastrophe ist das Königreich der Frau. Niemand außer den Frauen (sie und ihre Töchter) vermöchte dumme und schmutzige Dinge auf eine saubere und sogar angenehme Weise zu tun und damit vollauf zufrieden zu sein. (3.3.89)

Frauen als das zu betrachten, was sie sind – die geistig schwächeren Geschöpfe –, heißt nicht grausam gegen sie zu sein; sie als gleichberechtigt anzusehen, das ist grausam. (13.6.91)

Frauen sind Menschen, bei denen die Geschlechtsorgane dem Herzen vorgelagert sind. (2.6.94)

Siebzig Jahre schon schraube ich meine Erwartungen hinsichtlich der Frauen immer weiter herab und muß immer noch mehr Nachsicht walten lassen. (20.11.99)

Ohne Zweifel gehen alle Katastrophen, oder doch ein riesengroßer Teil davon, auf die Zügellosigkeit der Frauen zurück. (19.12.1900)

Frauen lügen wie die Kinder, ohne es zu merken. (11.5.01)

Für die Aufrechterhaltung einer vernünftigen, moralischen Gesellschaft ist es notwendig, daß sich die Frauen den Männern unterordnen. (31.7.05)

Womöglich beziehen sich diese Beschimpfungen auf die Unwirklichkeit seiner eigenen Mutter und die Wirklichkeit, mit der er, sogar als er selbst schon dem Tode entgegengeht, ihrer bedarf: «Ich, ein alter Mann, wollte ein Kind werden, mich an ein liebendes Geschöpf schmiegen, mich kuscheln, klagen, wollte gestreichelt und getröstet werden. Doch wo ist dieses Wesen, bei dem ich mich anschmiegen und in dessen Armen ich weinen und mich beklagen könnte? Niemand ist mehr am Leben.» Er hatte nie ein Gespräch mit Marija Tolstaja; sie wurde in eine stumme riesenhafte Größe verwandelt, ein religiöses Ideal:

Ja, ja, meine geliebte Mutter, die ich nie bei diesem Namen genannt habe, weil ich noch nicht sprechen konnte. Ja, sie ist meine höchste Vorstellung von reiner Liebe – keine kalte oder göttliche, sondern warme, erdhafte, mütterliche Liebe. Das zieht meine bessere, müde Seele an. Liebe Mutter, streichle mich.
Das ist alles dummes Zeug, aber es ist auch wahr.

Die Worte «wahr» und «Wahrheit» erscheinen wieder und wieder in diesen Tagebüchern*, und Tolstois Kunst triumphiert durch den Eindruck von Wahrheit, den sie selbst dann noch bei uns hinterläßt, wenn eine verrückte, strenge Ideologie sie überschattet. Wir eignen uns die Bilder, die Dialoge und die Psychologie seiner Prosa an, als wären sie schon unsere eignen; die Luft, die wir in seinen Büchern atmen, scheint auch unsere natürliche

* Und in allen seinen Werken, nie aber mitreißender als im letzten Satz von «Sewastopol im Mai», datiert auf den 26. Juni 1855: «Nein, die Heldin meiner Erzählung, die ich aus ganzem Herzen und ganzer Seele liebe, die ich in all ihrer Schönheit darzustellen versucht habe, die immer von strahlendem Glanz umgeben war, es immer ist und immer sein wird, diese Heldin ist die Wahrheit.»

Luft zu sein. Wenn man in den Tagebüchern die vernichtende kritische Griesgrämigkeit erlebt, mit der Tolstoi sein eigenes Werk, das anderer und den größten Teil der Welt insgesamt bedenkt, läßt sich daraus nur folgern, daß sich erhabene Kunst nur mit einem weitgehend negativen Prozeß erreichen läßt, mit einer überentwickelten kritischen Gabe, die sich in unmittelbarer Nachbarschaft einer unwiderstehlichen kreativen Schaffenskraft eingerichtet hat. Er war ein gnadenloser Bearbeiter; seine geduldige Frau schrieb «Krieg und Frieden» immer wieder ab, und er korrigierte so ausschweifend in den Fahnen, daß ihm sein Verleger Bartenjew schrieb: «Nur Gott weiß, was Sie da treiben! Wenn Sie so weitermachen, werden wir noch Ewigkeiten korrigieren und umsetzen müssen. Dabei wird Ihnen jedermann sagen, daß die Hälfte Ihrer Änderungen überflüssig ist... Herr im Himmel, hören Sie bitte auf mit dem Gekritzel!» Doch Tolstoi erwiderte: «Es ist mir unmöglich, anders zu kritzeln, als ich nun einmal kritzle.» Ganz am Anfang seiner Laufbahn, mit 24 Jahren, notierte er: «Ich muß mich für alle Zeiten von der Vorstellung verabschieden, ich könnte etwas schreiben, ohne es zu überarbeiten.» Die lebendige Konkretheit und Direktheit seiner Prosa gelang ihm, weil er wie ein Bildhauer arbeitete, mit einer Serie selbstkritischer Hiebe, einer Folge energischer Korrekturen. James Joyce, der sich 1905 mit seinem Bruder Stanislaus über Tolstoi stritt, formulierte sein Lob intuitiv in Verneinungen: «Tolstoi ist ein großartiger Schriftsteller. Er ist nie langweilig, nie dumm, nie müde, nie pedantisch, nie theatralisch!» *

Proust, der andere moderne Romancier, der ähnlich hochgesteckte Ambitionen wie Tolstoi hegte, hatte folgendes über ihn zu sagen: «Jeder sogenannte Zug der Beobachtung ist einfach die Umschreibung, der Aufweis, das Beispiel eines Gesetzes, eines Gesetzes der Vernunft oder der Unvernunft, das der Romancier offengelegt hat... Man glaubt sich mitten im Gedränge von lauter Gesetzen zu bewegen... Und bei all dem, in diesem scheinbar unerschöpflichen Fundus an Kreativität, hat man den Eindruck,

* Brief an Stanislaus aus Triest, vom 18. September 1905.

daß Tolstoi sich selber wiederholt, als stünde ihm nicht mehr als eine Handvoll Themen zu Gebote, verkleidet und umgeformt... Könnte es nicht sein, daß bei Kitty, die in der Kutsche vorüberfährt, und bei Natascha, die in einer Kutsche der Armee folgt, dieselbe Erinnerung ihren Ausdruck gefunden hat?»* Tatsächlich besteht ein Teil von Tolstois Wahrheit in sturer Beständigkeit, jedenfalls in seiner Prosa, in seiner Treue zu dem, was sein Herz verifiziert hat; er weigerte sich, eine bestimmte emotionale Basis, die durch Jasnaja Poljana definiert war, zu verlassen. Der mißmutige bärtige Prophet, der die «alles umfassende Verbesserung von allem Bestehenden» verkündet, hält Ausschau mit den tiefsitzenden, lebendigen grauen Augen des überreizten kleinen Jungen; seine Kuhlippen stehen vor, doch der allgemeine Eindruck ist «so lebhaft, so gesund und gut gelaunt, daß ich außerordentlich zufrieden mit mir war». Im Jahr seines Todes notierte er in seinem Tagebuch ein Gefühl, das aus seiner Kindheit kam und in seiner Jugendzeit mehr als einmal wiederklang: «Wie seltsam: Ich liebe mich, doch niemand liebt mich.» Wenn sie von der Anhöhe eines so langen, siegreichen Lebens kommt, erreicht eine solch demütige Beichte episches Format.

Vielleicht ist ein Wort über die Lektoratsarbeit an der Übersetzung dieser Tagebücher angebracht. Obwohl die Ausgabe bewundernswert ist, so ist sie doch nicht einladend und hätte, darf man vermuten, angenehmer sein können. Scribner's hat nichts weiter getan, als die englische Ausgabe aufzutischen – erbarmungslose, große graue Seiten, zahlreiche Druckfehler** und alles, was dazugehört. Um gut in der Hand zu liegen, sind die beiden Bände etwas zu unförmig, und es ist ziemlich lästig, sich vom Register im zweiten Band zu den Anmerkungen am Ende

* «Tolstoi», in: «By Way of Sainte Beuve» (1908; englische Übersetzung von Sylvia Townsend Warner). Deutsche Ausgabe in der Übersetzung von Helmut Scheffel unter dem Titel «Gegen Sainte-Beuve».

** einschließlich der hartnäckigen Leidenschaft, «worldly» als «worldy» zu schreiben und dem typographischen Klassiker «vgl. S. 50».

eines jeden Bandes durchzuarbeiten. Mr. Christian hat zuvor zwei Bände mit Tolstois Briefen herausgegeben, und sein Wissen um Details aus Tolstois Leben ist so gründlich wie eindrucksvoll. Wie bei jeder Auswahl spukt das, was weggelassen wurde, durch das Verbliebene; Auslassungszeichen schwirren wie Fliegen herum, und viele Einträge wirken übermäßig fragmentarisch. Zufällig hat Professor Leon Stilman von der Columbia University vor 25 Jahren eine Ausgabe herausgegeben mit einer Auswahl aus den Tagebüchern, die Tolstoi 1910, in seinem letzten Jahr, führte, und dieses eine Jahr mit ungekürzten Einträgen war eine spannende Lektüre. In der Ausgabe von R. F. Christian lautet der Eintrag zum 13. April einschließlich seiner Auslassungen und Klammern folgendermaßen:

> *Heute ist der 13. April.* Bin um 5 aufgewacht und dachte die ganze Zeit darüber nach, wie ich aus all dem herauskommen, was ich unternehmen kann. Und weiß es nicht. Dachte an Schreiben. Auch Schreiben ist widerwärtig, solange man in diesen Lebensumständen bleibt. Mit ihr sprechen? Fortgehen? Die Dinge allmählich ändern? […] Nur das letztere werde und kann ich wohl tun. Aber dennoch ist es schwer. […]

Die Stilman-Ausgabe führt die Stelle nach der zweiten Auslassung zu einem überraschenden Ausbruch *:

> Nur das letztere werde und kann ich wohl tun. Aber dennoch ist es schwer. Vielleicht, sogar ganz gewiß ist es gut. Hilf, hilf mir, du, der in mir, der in allem ist und der existiert, den ich anflehe und liebe. Ja, liebe. Jetzt weine ich vor Liebe. Sehr.

Von den zehn Stellen, die ich mir hinten in der Stilman-Ausgabe als besonders gewitzt oder ergreifend notiert hatte, sind bei Mr. Christian acht weggefallen, darunter diese wertvolle und für

* Obwohl sie mehrere der von Updike zitierten Stellen nicht enthält, ist die deutsche Ausgabe von Eberhard Dieckmann und Ulrike Hirschberg umfangreicher als jene von R. F. Christian. So findet sich bei Winkler auch die bei Scribner's gestrichene Passage. (Anm. d. Ü.)

Tolstoi typische Einsicht: «Ich bin mir meiner jetzt, mit 81, genauso bewußt, wie ich meiner, meines ‹Ich›, mit fünf oder sechs Jahren bewußt war.» Falls es sich überhaupt lohnt, Tagebücher zu übersetzen, ist eine ungekürzte Ausgabe vielleicht die beste Lösung; das würde dem Leser erlauben, selbst zu entscheiden, was er für wichtig hält, und die Strömung der Tage in ähnlicher Weise zu erleben, wie es der Autor tat.

Für die wissenschaftliche Arbeit scheint Mr. Christians Ausgabe ungeeignet, obwohl sie auf den gewöhnlichen Leser noch einschüchternd genug wirkt. Auf diese Weise setzt sich die mangelhafte, unsystematische Tradition der englischen Übersetzung von Tolstois Tagebüchern fort. Im Jahre 1917 erblickten mit zwei «ersten Bänden», die auch die letzten sein sollten, zwei Ausgaben, von den Häusern Dutton und Knopf, das Licht der Verlagswelt: «The Diaries of Leo Tolstoy: Youth – 1847 to 1852», übersetzt von C. J. Hogarth und A Sirnis, und «The Journal of Leo Tolstoi: First Volume – 1895 to 1899», übersetzt von Rose Strunsky. Zehn Jahre später brachte Doubleday, in der englischen Übertragung von Louise und Aylmer Maude, den Veteranen unter den Tolstoi-Übersetzern, die Tagebücher von 1853 bis 1857 heraus. Kein einziger dieser Bände – sie sind alle nicht mehr lieferbar – erlebte eine Fortsetzung, obwohl von Fortsetzungsbänden die Rede war; sie alle, soviel läßt sich immerhin sagen, waren leichter in der Hand zu halten und besser zu lesen als Mr. Christians gewaltiger Doppelpack in der Kassette. Und mit Ausnahme der Ausgabe von Ms. Strunsky führten sie alle die Fußnoten am unteren Ende der Seiten auf, an der Stelle, wo sie sich, wie schließlich das Wort nahelegt, auch befinden sollten.

Mißratene Äpfel

Sherwood Andersons «Winesburg, Ohio» gehört zu den Büchern, deren Titel so bekannt ist, daß wir uns vorstellen, wir wüßten, was drinsteht: eine Skizze der Einwohnerschaft, mehr oder weniger im Querschnitt gesehen, einer kleinen Stadt im Mittleren Westen. Das ist ebenso zutreffend wie die Aussage, Edvard Munch habe Porträts der norwegischen Mittelschicht um die Jahrhundertwende gemalt. Sowohl für Anderson wie für Munch sind aber nicht die Kleider und die Möbel und nicht einmal die Körper das Entscheidende, sondern der Schrei, den sie verbergen – der psychische Druck und die psychischen Verzerrungen auf der Kehrseite des gesellschaftlichen Lebens. Obwohl es so nüchtern daherkommt, ist «Winesburg, Ohio» doch fiebrig, halluzinatorisch, traumartig. Anderson hatte diese Sammlung lose miteinander verbundener Kurzgeschichten zutreffend als «Das Buch über das Groteske» bezeichnet; sein Verleger B. W. Huebsch riet ihm zu dem ansprechenderen und neutraleren Titel. Das Buch erschien 1919, als Anderson dreiundvierzig war; es begründete seinen Ruhm und bleibt sein Meisterwerk.

«Das Buch über ‹Das Groteske›» ist auch der Titel der einleitenden Geschichte, die Anderson als erste schrieb und die als Prolog dient*. Ein Schriftsteller, «ein alter Mann mit weißem Schnurrbart... der über sechzig war», hat einen Traum, in dem «alle Männer und Frauen, die der Schriftsteller jemals kennengelernt hatte, grotesk geworden» waren.

* Aus unerfindlichen Gründen ist dieser Prolog in der deutschen Ausgabe, die zum ersten Mal 1958 in der Übersetzung von Hans Erich Nossack erschien, ans Ende gerückt. Dort erfährt man auch, daß «sieben Geschichten in die deutsche Ausgabe nicht übernommen» wurden. (Anm. d. Ü.)

> Diese grotesken Figuren waren jedoch keineswegs unheimlich. Einige waren komisch und andere beinahe schön, und eine, und zwar eine Frau, die ganz aus der Fasson geraten war, bekümmerte den alten Mann durch ihr groteskes Aussehen. Wenn sie vorüberschritt, gab er einen Ton von sich wie ein wimmerndes Hündchen.

Ein weiterer Schriftsteller, ein «Ich», das vermutlich Sherwood Anderson ist, mischt sich ein und erklärt, was es mit der Theorie des alten Schriftstellers vom Grotesken auf sich hat:

> ...anfangs, als die Welt noch jung war, gab es eine große Menge Ideen, aber nirgends so etwas wie eine Wahrheit. Die Menschen machten sich die Wahrheiten selber, und jede Wahrheit war zusammengesetzt aus einer Anzahl unklarer Ideen...
>
> Es waren die Wahrheiten, die die Leute zu grotesken Figuren machten. Der alte Mann hatte eine ziemlich endgültige Theorie über diesen Punkt. Nach seiner Erfahrung wurde jemand mit dem Moment, wo er sich eine der Wahrheiten aneignete und sie seine Wahrheit nannte und sein Leben mit ihr zu führen versuchte, eine groteske Figur, und aus der Wahrheit, die er in den Armen hielt, wurde etwas Unwahres.

Nachdem er auf so merkwürdige Weise die auktorialen *personae* verdoppelt hat, wartet Anderson mit einundzwanzig Geschichten auf, eine davon vierteilig, alle, wie das Inhaltsverzeichnis erklärt, «über» den einen oder anderen Bürger von Winesburg; ob sie aus dem Buch der grotesken Figuren des alten Schriftstellers oder einem anderen Zusammenhang stammen, zu dem der jüngere Autor Zugang hatte, bleibt ebenso unklar wie ihre Einfügung in den kauzigen und hellseherischen anthropologisch-metaphysischen Rahmen, der mit solch wenig eleganter Feierlichkeit präsentiert wird.

«Hände», die erste Geschichte, «über Wing Biddlebaum», stellt nicht nur ihren Helden vor, einen bemitleidenswerten, schüchternen alten Mann am Stadtrand, dessen nervöse kleine weiße Hände sich einst auf den Körpern allzu vieler Schuljungen in einer Stadt in Pennsylvania verlaufen hatten, wo er einmal Lehrer gewesen war, sondern auch George Willard, den achtzehnjährigen Sohn des Hoteliers am Platze, der als Reporter für den *Winesburg Eagle* arbeitet. Er scheint ein junger Stellvertreter des Autors zu sein; und dann ist da noch ein «Dichter», der plötzlich in koketten Passagen wie dieser zu Hilfe gerufen wird:

> Wir wollen einen kurzen Blick auf die Geschichte dieser Hände werfen. Vielleicht, wenn wir darüber reden, findet sich auch der Dichter, der uns das Märchen namenloser Gewalten erzählt, die sich durch diese Hände nur wie durch flatternde Wimpel verkündigen wollten.

Damit begleitet die Bürger von Winesburg eine ganze Wolke literarischer Anstrengung, während sie andererseits allein spazieren, jeder für sich, bis zu einer unsagbaren Auflösung privater Enthüllung. Tatsächlich ist das Unsagbare das, wovon am meisten die Rede ist: Die Figuren sprechen oft nur mit George Willard; ihre Versuche, sich untereinander zu unterhalten, gipfeln gewöhnlich in einer Komödie der sprachlosen Stille.

> Elmer versuchte es zu erläutern. Mit der Zunge netzte er sich die Lippen und sah auf den Zug, der angefangen hatte zu stöhnen und allmählich Fahrt aufnahm. «Weißt du», fing er an, verlor dann die Kontrolle über seine Zunge. «Ich werde gewaschen und gebügelt. Ich werde gewaschen und gebügelt und gestärkt», murmelte er ohne rechten Zusammenhang.
>
> «Komisch»

> Während Ray Pearson dahinlief, senkte sich die Dunkelheit über die Felder. Sein Atem ging stoßweise. Als er den Zaun bei der Straße erreichte und Hal Winters gegenüberstand, der fein angezogen und mit der Pfeife im Mund munter zur Stadt wanderte, war es ihm nicht möglich, das zu sagen, was ihm im Sinn lag und was er sagen wollte.
>
> «Die unausgesprochene Lüge»

Anderson selbst hatte lange gebraucht, bis er sagen konnte, was in «Winesburg, Ohio» los war. Aufgewachsen in der kleinen Stadt Clyde in Ohio, hatte er mit einigem Erfolg in Chicago in der Werbung gearbeitet und dann in Elyria, Ohio, eine Farbenfabrik besessen, sich unterwegs eine Frau und drei Kinder angeschafft, war dabei aber unruhig und etwas überreizt geblieben. Ende 1912 gab er in einem Anfall von schlafwandlerischem Protest, wie er so manche der angespannten und unerlösten Seelen in Winesburg befällt, seine Farbenfabrik auf. Vier Tage später fand man ihn in Cleveland; er litt unter Erschöpfung und war unfähig zu sprechen. Langsamer, als er in seinen geschönten Memoiren zugibt, verlagerte er sein Leben nach Chicago und in die literarische Bewegung, zu der Dreiser, Sandburg, Ben Hecht und Floyd Dell gehörten. Anderson hatte bereits mehrere lange Romane verfaßt, aber, wie er später schrieb: «Sie waren eigentlich nicht von mir.» Die ersten Winesburg-Geschichten, die 1915 entstanden, als er allein in einer Pension in Chicago lebte, bedeuteten einen Durchbruch für ihn. Behilflich dabei war ihm die vorausgegangene Lektüre von Edgar Lee Masters' «Die Toten von Spoon River» und Gertrude Steins «Drei Leben»*. Masters' poetische Bestandsaufnahme einer kleinen Gemeinde im Mittleren Westen, die eben in jenem Jahr erschienen war, stand eindeutig Pate bei Andersons Formulierung seiner Erinnerungen an Clyde; aber vielleicht war die Art, wie Stein bescheidenen Biographien eine seltsame Würde verlieh, verbunden mit ihrem bemerkenswert entspannten und idiomatischen Stil, doch der ergiebigere Einfluß. Er gab für Anderson ein Material frei, von dem er tatsächlich das Gefühl haben konnte, es sei das seine, und das ihm, wie er später berichtete, zu der Überzeugung verhalf, «ein echter Schriftsteller» zu sein.

* Zufällig beide entscheidend von europäischen Vorbildern beeinflußt: Masters' Gedichte von den «Epigrams from the Greek Anthology», die ihm der Redakteur der St.-Louis-Ausgabe von *Reedy's Mirror* 1913 gegeben hatte, und Miss Steins Trilogie, die in Paris entstand, von Flauberts «Drei Erzählungen», die zu übersetzen ihr Bruder Leo sie gedrängt hatte.

Beide Paten von «Winesburg, Ohio» verfügten über eine Entschlossenheit und einen Realismus, die nichts mit Andersons Begabung gemein hatten. Masters arbeitete als Anwalt, und seine Grabinschriften in freien Versen beschreiben jeden Fall in beinah juristischer Sprache; viele sind wie Anklageschriften abgefaßt, und eine Reihe von Kriminalfällen wird vorgeführt, als jeder Geist seine knappe Zeugenaussage macht. Ehe ihr selbstsicherer und dreister Kopf sich im Vergnügen am Wortspiel allzusehr gehenließ, bewies Gertrude Stein einen erfrischenden Hang zu den Details, wie man Dinge formuliert und denkt, kannte in gesellschaftlicher Hinsicht weder Herablassung noch Zimperlichkeit und verfügte über ein hervorragendes Gespür für die Nuancen in Beziehungen, vor allem, aber nicht nur zwischen Frauen. Für Anderson gibt es die Gesellschaft mit ihren juristischen und emotionalen Bindungen kaum, und seine Dialoge bestehen im wesentlichen darin, daß sich zwei unter Schmerzen jeweils ihren Monolog aufdrängen. Auf dem Höhepunkt der nicht vollzogenen Liebesaffäre zwischen George Willard und Helen White, die einen der durch «Winesburg, Ohio» sich ziehenden Fäden bildet, sitzen die beiden zusammen auf dem verlassenen Jahrmarktsgelände und halten Händchen:

> So hockten denn an diesem hohen, dunklen Ort zwei in ihrer Art besonders sensitive menschliche Zellteilchen eng aneinander geschmiegt und warteten. Beide hatten die gleichen Gedanken. «Ich bin an diesen einsamen Platz gekommen, und hier ist nun dieser andere», war etwa die Quintessenz ihrer Empfindungen.

Sie umarmen sich, doch dann überwältigt sie «gegenseitige Verlegenheit», und Kindern gleich laufen und stolpern sie den Weg zurück in die Stadt und trennen sich, nachdem ihnen «für einen kleinen Augenblick das zuteil geworden [war], was Reifsein in der modernen Welt für Männer und Frauen erträglich macht».

Die Unbestimmtheit dieses «das» ist chronisch, und nur der stolpernde, achselzuckende, eigenwillige Stil, den Anderson aus

Steins heiterer voranstürmender Syntax geformt hatte, erlaubt ihm einen halben Zugriff auf seinen unaussprechlichen Gegenstand, jenes «das», das seine Figuren im Innersten aufwühlt. Doktor Reefy, der George Willards sterbende Mutter betreut und in gewisser Weise liebt, schreibt zwanghaft Gedanken auf Papierstückchen, zerknüllt sie dann zu kleinen Bällchen – «Papierkügelchen» –, steckt sie in die Tasche und wirft sie schließlich weg. «Stück für Stück waren diese Gedanken in Doktor Reefys Kopf entstanden. Aus vielen von ihnen hatte er eine Wahrheit geschaffen, die gigantische Ausmaße in ihm annahm. Die Wahrheit überschattete die Welt, wurde fürchterlich und verblaßte dann. Und die kleinen Gedanken begannen von neuem.» Worin dieser gigantische Gedanke bestand, erfahren wir nicht. Ein weiterer suchender Mediziner, Doktor Parcival, erzählt umständliche Geschichten, die George manchmal wie «ein Haufen Lügen» vorkommen, und dann wieder, wie wenn sie «auf Wahrheit beruhten». Wie wir aus Thornton Wilders «Unsere kleine Stadt» wissen, denken die Leute in Kleinstädten viel über das Universum nach (anders als die Großstadtbewohner, die nur über sich nachdenken). Die quälende philosophische Suche ist ein Erbstück der Religion; in der vierteiligen Geschichte «Frömmigkeit» sagt der Autor, der als moderner, mit Gedrucktem wohlversorgter Mensch spricht, über die Welt vor fünfzig Jahren: «Die Menschen arbeiteten zu schwer und waren zum Lesen zu müde. Sie kannten überhaupt kein Verlangen nach Worten, die auf Papier gedruckt waren. Während der Feldarbeit ergriffen undeutliche, halbformulierte Gedanken Besitz von ihnen. Sie glaubten an Gott und daran, daß Gottes Macht ihr Leben bestimme... Gottes Gestalt war riesengroß im Herzen der Menschen.» Die ländliche Szenerie des Mittleren Westens vermischt sich im Kopf ihrer frommen Bewohner schnell mit jener der Bibel, wo Gott selbst in Zeichen und gesprochenen Worten sich kundtat. Jesse Bentleys Versuch, Abraham nachzueifern, was die Opferung Isaaks angeht, erschreckt seinen Sohn David so sehr, daß er auf alle Zeit aus der Gegend von Winesburg flieht. Über religiöse Besessenheit schreibt Anderson mit Widerwillen, aber auch mit Respekt; sie ist etwas, das wirklich ins Leben eindringen und es verderben kann. Diesem spirituellen Hunger fügt der Sex seinen eigenen hinzu; Reverend Curtis Hartman schlägt ein kleines Loch in das bleigefaßte Fenster seines Arbeitszimmers im Glockenturm, um eine Frau beobachten zu können, die im Haus gegenüber auf dem Bett liegt, raucht und liest. «Es verlangte ihn nicht danach, die Schultern und die Kehle Kate Swifts zu küssen; an so etwas auch nur zu denken, erlaubte er sich nicht, aber was er eigentlich verlangte, wußte er selber nicht. ‹Ich bin Gottes Kind, er muß mich vor mir selber retten›, rief er.» Eines Abends sieht er, wie sie nackt in ihr Zimmer kommt, wie sie weint und dann betet; mit der Faust zerschlägt er das Fenster, so daß jetzt das ganze, einschließlich des Gucklochs, repariert werden muß.

In Winesburg kommen mehr nackte Frauen vor, als man glauben möchte. «Ein Geschehnis» zeigt Alice Hindman, eine siebenundzwanzigjährige alte Jungfer, die ihr Liebhaber vor zehn Jahren sitzengelassen hat, wie sie, «von dem Verlangen verführt, daß sich in ihrem reichlich begrenzten Dasein etwas Herrliches ereignen möge», eines Abends nackt in den Regen hinausläuft und tatsächlich einen Mann anmacht – einen verwirrten alten tauben Mann, der weitergeht. In «Achtbare Leute», der darauffolgenden Geschichte, erinnert sich Wash Williams, ein fanatischer, abstoßender Frauenhasser, für George Willard daran, wie ihm vor vielen Jahren seine Schwiegermutter in der Hoffnung, ihn mit seiner untreuen jungen Frau zu versöhnen, diese nackt in ihrem Salon in Dayton, Ohio, vorgeführt hat. Von seiner keuschen Beziehung zu Helen White abgesehen, leidet George Willard in den Gassen und auf den Feldern der Umgebung nicht unter einem Mangel an sexuellen Angeboten. Sherwood Andersons Frauen sind ebenso wie die Männer erfüllt von «einem unbestimmten Hunger, einem geheimen, unsagbaren Verlangen». Die sexuelle und die philosophische Suche gehen ineinander über: von George Willards Mutter, der mit der größten Zärtlichkeit gezeichneten Frau, sagt der Autor: «Mit blinder Leidenschaftlichkeit wartete sie immer auf irgendein heimliches Lebenswunder... Und aus dem Wortgestammel, das von den

Lippen der Männer kam, mit denen sie sich einließ, bemühte sie sich, das wirkliche, nur für sie allein bestimmte Wort herauszuhören.» «Winesburg, Ohio» ist dem Andenken an Andersons eigene Mutter gewidmet*, «deren genaue Beobachtung des sie umgebenden Lebens in mir zum ersten Mal den Hunger erweckte, unter die Oberfläche der Menschenleben zu schauen.»

Der Hunger des Autors, zu sehen und sich auszudrücken, ist eng verwoben mit dem allgemeinen Hunger nach Liebe und Bestätigung und verleiht dem Buch seine unbeholfene Kraft und seine etwas beschränkende Merkwürdigkeit. Die vielen Figuren in «Winesburg, Ohio» treten weniger als Individuen in Erscheinung, sie wirken vielmehr mit ihren wiederkehrenden Ticks und der allen gemeinsamen Einsamkeit wie Aspekte einer alle einschließenden Persönlichkeit, ein umfassendes Bündel von erstarrten Impulsen und erfrorenen Schmerzen. Nirgends findet sich ein Bürger, der – wie Thomas Rhodes aus Spoon River in seinem materiellen Triumph und seiner reuelosen Schurkenhaftigkeit aufjauchzt, oder auch nur der bescheidenere Typ wie die «echt schwarze, große, gutgebaute, dumme, kindische, gutaussehende» Rose Johnson aus Gertrude Steins erfundenem Bridgepoint –, glücklich wäre in seiner Haut. Geht denn den Winesburgs der Vereinigten Staaten der irdische Erfolg in jeder Form ab? Trägt der provinzielle Obsthain, in Andersons bildhaftem Ausdruck, nur «mißratene Äpfel»? Nein und doch wieder ja; denn die unheimliche Wahrheit von Andersons traurigem, surrealem Bild müßte einem jeden dämmern, der, wie dieser Rezensent, in einer Kleinstadt zur Welt kam, ehe Highways und Siedlungen alle Felder überzogen und das Fernsehen jedem Haushalt eine hohle Kultiviertheit aufdrängte. Die protestantischen Dörfer in Amerika, die auf Hawthornes Salem zurückgehen, hinterlassen einen gespensterhaften Eindruck in der Literatur: dumpfes Sehnen und monotone, inzüchtige Befriedigung sind ihr Wesen; die Herbergen, die solche Gemeinschaften für die Bedürfnisse und Neigungen der Menschen bereitstellen,

* Die Widmung fehlt in der deutschen Ausgabe. (Anm. d. Ü.)

haben etwas Gefährliches, Unerträgliches. Unter den wachsamen Augen der Nachbarn und ihrem allfälligen Klatsch vergeht ein Leben sichtbar wegen einer verpaßten Gelegenheit, einer verhinderten Leidenschaft. Die Sehnsucht besteht vielleicht nur in der Sehnsucht, endlich fortzukönnen. Die gesunden, wohlgerundeten Äpfel, sagt uns Anderson, «sind in Kisten verpackt und in die Städte verfrachtet worden, wo sie in Etagenwohnungen gegessen werden, die mit Büchern, Zeitschriften, Möbeln und Menschen vollgestopft sind». George Willard gelingt am Ende die Flucht, und kaum daß Winesburg aus den Fenstern des Zuges verschwunden ist, war «das Leben, das er dort verbracht hatte, nichts mehr als ein Hintergrund, auf den die Träume seines Mannesalters gemalt werden sollten».

Der erwachsene Schriftsteller, der es in die Großstadt geschafft hat, sieht in der Kleinstadt für gewöhnlich den Ort jugendlicher Lähmung und Träumerei. Natürlich schrieb Anderson, worauf Malcolm Cowley hingewiesen hat, auf träumerische Weise, vertat sich in der Eile, mit der er den Epiphanien des hilflosen Bewußtwerdens zustrebte, oft in der Chronologie und der logischen Abfolge der Ereignisse, wenn die Bürger von Winesburg ihre sprachlose Trance unterbrechen und vorübergehend füreinander zum Leben erwachen. Gertrude Steins Stil, der so revolutionär und so befreiend war, besitzt die Überheblichkeit und den Humor der *fausse-naïve*; auch Anderson besitzt viel von dieser eigentümlichen Naivität, die selbst in seinem Meisterwerk mit dem Absurden liebäugelt und die sonst sein Werk entschieden beeinträchtigt hat. «Winesburg, Ohio» beschreibt das Dasein des Menschen nur insofern, als ausbleibende Erlösung und Unruhe – das bohrende Gefühl, daß das Leben anderswo spielt – ein untrennbarer Teil davon sind. Doch der großäugige Eifer, mit dem Anderson dem Rätsel der bescheidenen Existenzen in Winesburg auf der Spur blieb, öffnete Michigan für Hemingway und Mississippi für Faulkner; hier wurde ein Weg zu neuem Vertrauen in das einheimische Material, eine neue Leidenschaft für seine flüchtigen Hervorbringungen aufgezeigt. Obwohl «Winesburg» im Vorwärtstasten äußerliche Fakten sammelt – Straßen, Geschäfte, Stadtpersönlichkeiten –, besteht seine eigentliche Last in einer geistigen Essenz, einem bestimmten obstkuchensüßen Lebensgefühl, wie es sich in Amerikas einsamen, verstreuten Haushalten ereignet. Inmitten der sanften Verzweiflung ruht eine quälende Schönheit; Andersons Parade aus lauter sehnsüchtigen Gespenstern bildet zusammengenommen ein demokratisches Plädoyer für die Gescheiterten, die Vernachlässigten, die Festsitzenden. «An den Bäumen hängen nur noch ein paar runzelige Äpfel, die das Mißfallen der Pflücker erregt haben... Doch man sauge einmal an so einem Apfel, dann wird man merken, wie köstlich er ist. An einer kleinen runden Stelle an der einen Seite des Apfels hat sich nämlich alle Süßigkeit angesammelt.» Obwohl «Winesburg, Ohio» eine Pferdefuhrwerk-Welt beschreibt, die selbst 1919 schon untergegangen war, vermittelt das Buch doch diesen durchdringenden Geschmack, der heute noch so frisch ist wie gestern.

Das dunkle Geschlecht

Ernest Hemingway, «Der Garten Eden». Roman. Aus dem Amerikanischen von Werner Schmitz. Rowohlt Verlag, Reinbek 1987

Aus dem Morast an unvollendeten Manuskripten, die Hemingway über die letzten fünfzehn Jahre seines Lebens quälten, haben seine Erben – seine Witwe und drei Söhne sind alle auf der Imprimaturseite aufgeführt – sowie das Verlagshaus Charles Scribner's Sons einen weiteren Text hervorgeholt. «Der Garten Eden» wurde nach der Biographie von Carlos Baker «in den ersten Monaten des Jahres 1946» begonnen und war eine «experimentelle Mischung aus Vergangenheit und Gegenwart, voll der erstaunlichsten Ungeschicklichkeiten, ging teilweise auf seine Erinnerungen an die Ehen mit Hadley und Pauline zurück und umfaßte etliche Exkursionen hinter die Kulissen seines gegenwärtigen Lebens mit Mary». Nach einem Jahr «existierten von ‹Der Garten Eden› mehr als hundert Seiten... im Typoskript, weitere neunhundert Seiten lagen nur handschriftlich vor». Baker, der sich sonst keine strenge Kritik an seinem Gegenstand erlaubt, wirft diesem «langen und inhaltslosen hedonistischen Roman über junge Liebende» vor, daß er mit seiner Albernheit und seinem Narzißmus auch den veröffentlichten Roman «Über den Fluß und in die Wälder» (1950) angesteckt habe. Anfang der fünfziger Jahre sollte eine zusammengestrichene Fassung des «Garten Eden» den ersten Teil einer von Hemingway geplanten Meeres-Trilogie bilden, Titel: «The Sea When Young» (Als das Meer noch jung war). Als der Autor 1958 an den Pariser Skizzen arbeitete, aus denen «Paris – ein Fest fürs Leben» werden sollte, kürzte er den widerspenstigen Roman auf 48 Kapitel, etwa zweihunderttausend Wörter. Baker jedoch sieht noch immer Grund zur Klage: «Es besaß nichts von der straffen Nervosität, die Ernests beste Texte auszeichnete, und war so voller Wiederholungen, daß es endlos wirkte.» Zum letzten Mal blitzt dieses beklagenswerte Werk auf, als Castro Ende 1958 Kuba Batista zu entreißen versucht: «Die Situation... blieb besorgniserregend. [Hemingway, weit weg in Idaho], versuchte es zu vergessen, indem er Teile des Pariser Skizzenbuchs überarbeitete und drei Kapitel des ‹Garten Eden› durchging.»

Natürlich ist es mehr als zweifelhaft, etwas mit der Aussicht auf Gewinn zu veröffentlichen, das der Autor nicht gedruckt haben wollte. Die vorangegangenen Raubzüge im Hemingway-Schatz hatten unglückseligerweise die Tendenz, weniger unsere Achtung vor seinem Talent als vielmehr vor seiner Psychopathologie zu erhöhen; selbst das reizende und heitere «Paris – ein Fest fürs Leben», die erste und noch am ehesten abgeschlossene postume Veröffentlichung (1964), zeigte dieses häßliche Aufblitzen von Bosheit und geschickter Selbstbeweihräucherung. «Inseln im Strom» (1970, dt. 1971) war ein durchgehend widerwärtiges Buch, brutal und unangenehm und mit einem malenden Segler als Helden, dessen Menschlichkeit sich zwischen Bargeschwätz und Hollywood-Heldentum fast zur Gänze auflöste. Auch die Briefe (1981; dt. 1984), die Hemingway wohlberaten vor den Aasgeiern zu schützen versuchte, gewährten Einblicke in seine rauflustige, kindische, sexistische und am Ende paranoide Natur, die eher alarmierend als angenehm waren. Unter den veröffentlichten Briefen findet sich einer, der an Charles A. Fenton, einen der ersten Aasgeier, gerichtet ist und in dem es heißt*: «Sie haben nicht das Recht, etwas von mir zu veröffentlichen, von dem ich nicht will, daß es veröffentlicht wird. Ich würde Ihnen so etwas genausowenig antun wie jemanden beim Kartenspiel betrügen oder seinen Schreibtisch oder Papierkorb durchwühlen oder seine persönlichen Briefe lesen.» Ja, dieses altmodische gentlemanhafte Donnern klingt in dieser umtriebigen Zeit der berufsmäßigen Schreibtischwühler doch ziemlich schwach. Die zweite Welle von Biographien überschwemmt das Land, wispert

* Der Brief fehlt in der deutschen Ausgabe. (Anm. d. Ü.)

uns zu, daß Oak Park keineswegs der Urwald war und daß drei Wochen Schokoladeverteilen noch keinen Helden machen; bald wird der alte Angeber ähnlich wie Santiagos großer toter Schwertfisch in «Der alte Mann und das Meer» bis auf sein freudianisches Gerippe entblößt sein.

Dennoch: Nachdem er in den Sechzigern beinah verschwunden war, als seine Begeisterung für Krieg und Gewalt verzweifelt wertlos schien, gilt Hemingway heute mit der gleichen Selbstverständlichkeit wie Hawthorne als Klassiker, und fünfundzwanzig Jahre nach seinem Tod werden seine grimmigen Ansprüche auf eine Privatsphäre womöglich durch jene abgelöst, die seine literarische Persönlichkeit an unser Interesse richtet. Gründe gäbe es überreichlich – der abgedroschene Titel, Bakers abschätziges Urteil, die vierzig Jahre undurchschaubarer Verzögerungen, die seit seinem Entwurf vergangen sind –, dem «Garten Eden» zu mißtrauen; doch ist das Buch, wie es sich schließlich darstellt, eine Art Wunder, ein frischer Blick auf die alte Magie, und viel hätte nicht gefehlt, und das Buch hätte uns ebenden Genuß verschafft, den nur ein ganz und gar durchdachtes und gelungenes Werk zu geben vermag. Das Wunder – das sollte schon erwähnt werden – ist offenbar Hemingway nicht ganz allein zu verdanken, es gab Mitwirkende, die in der Vorbemerkung, die ohne Umschweife von «Kürzungen im Manuskript und einige[n] redaktionelle[n] Korrekturen» spricht, nicht erwähnt werden. Seltsame Kürzungen. Seltsamer Chink, das, wie sich Harry Morgan in «Haben und Nichthaben» über den mysteriösen chinesischen Herrn ausläßt. Das letzte, was man vom «Garten Eden» hörte, bestand laut Carlos Baker aus über zweihunderttausend Wörtern langweiliger Dialoge und schaurigen Kleinkrams. Es ist kein Geheimnis – im Gegenteil, es war überall davon die Rede –, daß im vergangenen Juli einem gewissen Tom Jenks, einem fünfunddreißigjährigen Lektor, den Scribner's eben eingestellt hatte, mehr als dreitausend Manuskriptseiten des «Garten Eden» in die Hand gedrückt wurden – alle drei Fassungen, mit denen Hemingway gerungen hatte, genug für zwei Einkaufstüten – mit dem Auftrag, aus dem Wortwust ein druckbares Manuskript zu destillieren. Er schaffte es. In dem zurechtgestutzten veröffentlichten Text von 65 000 Wörtern findet sich noch immer die tägliche Wiederholung von Vorgängen (aufwachen, schreiben, trinken, essen, Siesta, trinken, essen, Liebe, schlafen), aber die Dialoge halten sich nicht beim Immergleichen auf, und die Handlung entwickelt sich beständig und unterschwellig, genau wie im richtigen Leben. Die wesentlichen Spannungen der schlichten Dreieckssituation werden kunstfertig aufrechterhalten. Der psychische Niedergang der Heldin Catherine Bourne, die berufliche Inanspruchnahme des Helden, des jungen Schriftstellers David Bourne, sowie die allmähliche Einbindung von Marita, einer weiteren Frau, stehen im Vordergrund; all das ist, ohne je darunter begraben zu werden, verwoben mit Hemingways tranceartigen Schilderungen des Wetters, des Essens, der Landschaft, der regelmäßigen Entspannung. Ein ernüchternder, beinah mechanischer Rhythmus wurde unterlegt, und obwohl eine Ausgabe mit philologischem Gewissen wenigstens gelegentlich einen Hinweis auf die Unmengen von Manuskriptmaterial gegeben hätte, die ausgeschieden wurden*, bietet dieser Rest dem Leser doch einen Text, in dem er sich, anders als der Autor bei seiner mühevollen Arbeit vor langer Zeit, nicht verirren muß. Erfreulicherweise konnten viele von Hemingways exzentrischen Stileigentümlichkeiten vor den Korrektoren bewahrt werden – die Kommata, die eher nach dem Gehör als nach dem Sinn weggelassen wurden («driving the machine up the short hill feeling the lack of training in his thighs»); die Kommata, die in eine Folge von sechs Adjektiven scheinbar willkürlich eingestreut sind (a «good light, dry, cheerful unknown white wine»); die sture, merkwürdige Wortstellung («the girl put the one she was reading down»); das gesprochene Englisch («Feel it how smooth»); die charakteristische Schreibweise («god

* Ein empörtes Referat über den gesamten Text von jemand, der die Manuskripte in der Kennedy Library in Boston studiert hat, findet sich unter dem Titel «Ernest Hemingway's Real Garden of Eden» in Barbara Probst Solomons «Horse-Trading and Ecstasy», North Point 1989.

damned», «pyjama tops», «self conscious»); und ein Satz, der nicht weniger als elfmal «and» enthält.

«Der Garten Eden» ergänzt den Kanon nicht nur um einen weiteren Band, sondern auch um eine neue Lesart von Hemingways Empfindungsvermögen. Abgesehen von ein paar Short stories und dem merkwürdigen Roman «Haben und Nichthaben» vermied er es, jenes Leben zu beschreiben, das die meisten Männer und Frauen führen, das häusliche. «Der Garten Eden» konfrontiert sexuelle Intimität, Ehe und menschliche Androgynität mit einer vorsichtigen, aber suchenden Zärtlichkeit, was für einen Mann, der so sehr in seinen männlichen Werten und öffentlichen Posen gefangen war, ziemlich viel Mut erfordert. Was ihn, als er erst Mitte Vierzig war, davon abhielt, den Roman zu vollenden und zu veröffentlichen, bleibt müßiger Spekulation überlassen. Eine Möglichkeit könnte sein, daß ihn der Stoff zwar nicht losließ, aber ihm doch peinlich war, eine andere, daß er bis über beide Ohren drinsteckte und das nur zu gut wußte. Mit seinem Kopf stimmte etwas nicht; sein Verhalten im Zweiten Weltkrieg war seltsam, und in seinen Arbeitsmethoden entwikkelte er die Papaeske Logorrhöe (aus der er um Haaresbreite «Wem die Stunde schlägt» gerettet hatte), sein verhängnisvolles Abhängigsein vom Sich-Ausschütten in freier Form, das seinen desaströsen Höhepunkt mit «Gefährlicher Sommer» erreichen sollte – der Auftrag von *Life* im Jahr 1959 lautete auf zehntausend Wörter, und er produzierte schließlich eine schwindelerregende Menge, das Zwölffache. Möglich auch, daß er im «Garten Eden» vor der Schlangengrube des männlich-weiblichen Wechselspiels zurückzuckte und lieber wieder Schutz in der alten unzugänglichen Rolle des Hemingway-Machos Zuflucht suchte, dem die Frauen aufwarten wie die Huris im islamischen Paradies den gesegneten Unsterblichen. Das ist der Romanschluß, für den sich die Lektoren bei Scribner's entschieden haben – vielleicht war es auch der einzige, den das unkontrollierte Manuskript zuließ –, und es ist, verglichen mit der sanften Gewalt der Eingangskapitel, doch eine ziemlich schwache Lösung.

Mir scheint, daß sich Hemingway in seinen anderen Romanen

selbst Fußfesseln angelegt hat, weil er unbedingt einen Helden im althergebrachten Sinne haben will, eine männliche Hauptfigur, die immer das Richtige tut und gut aussieht, selbst wenn die grausame Welt sie, wie im Fall von Harry Morgan und Jake Barnes, äußerlich verstümmelt hat. So wie David Bourne vorgestellt wird, ist er ein komischer Kauz, ein innerlich verwundbarer Hemingway-Held, der mit einer Frau verbunden ist, die, für sein enges stoisches Universum sehr verstörend, selber *will.* «Ich bin, wie du willst, aber ich bin auch, wie ich will, und das wird für uns beide gut sein.» Catherine ist 21 Jahre alt und seit drei Wochen mit David verheiratet; wie Eva hat sie lange Haare und ist meist nackt. Sie verbringen ihre Flitterwochen in Le Grau-du-Roi, einer mediterranen Stadt an einem Kanal, der ins Meer fließt; sie fahren Rad und schwimmen und essen und trinken; alles, was sie verzehren und tun, ist mit jenem liturgischen Ernst geschildert, den Hemingway erfunden hat. «Es war herrlich, und sie waren so richtig glücklich gewesen, und er hatte vorher nicht gewußt, daß man jemanden dermaßen lieben konnte, daß einem alles andere gleichgültig war und nichts anderes zu existieren schien... Wenn sie jetzt miteinander geschlafen hatten, aßen und tranken sie und schliefen noch mal miteinander. Eine ganz unkomplizierte Welt, in keiner anderen war er je so glücklich gewesen.» Sie beginnt ihr Wollen, indem sie sich die Haare schneiden lassen will; sie läßt sich ihre üppigen dunklen Haare so kurz wie ein Junge schneiden. David ist einigermaßen betroffen, es bleibt ihm allerdings nichts anderes übrig, als sich damit abzufinden. Außerdem möchte sie ganz dunkelbraun werden. «Wozu willst du so braun werden?» fragt er. Ihre aufgeregte Antwort: «Weiß ich nicht. Wozu will man überhaupt irgendwas? Es ist eben jetzt das, was ich am liebsten will. Was uns fehlt, meine ich. Findest du es nicht erregend, wenn ich so braun werde?» – «Mhm», antwortet er. «Es gefällt mir sehr.» Sie will, daß sie beide monatelang auf ihre Kosten durch Europa fahren; sie will es nicht besonders gern, wie sich herausstellt, daß David seine Zeitungsausschnitte liest oder zu eifrig an seinen Geschichten arbeitet. Um die Wirkung ihrer Hautfarbe noch zu erhöhen, läßt sie sich die kurzen Haare so bleich wie Elfenbein tönen, und um die Wirkung ihrer Ehe noch zu erhöhen, verführt sie David dazu, sich sein Haar ebenfalls so tönen zu lassen und mit ihr durch Cannes zu promenieren. Um noch tiefer in seine weibliche Seite einzudringen, tut sie unaussprechliche «teuflische Dinge» im Bett, die den Geschlechtswechsel verwirklichen, nach dem es sie verlangt und in dessen Verlauf sie ein Junge namens Peter wird und er ein Mädchen namens Catherine. «Du bist meine herrliche Catherine», sagt Catherine zu David. «Du bist meine schöne, meine geliebte Catherine. Du warst so lieb, dich zu verwandeln. Oh, ich danke dir so, Catherine. Bitte versteh. Du mußt es wissen und verstehen. Ich werde dich immer und immer lieben.»

Vielleicht liegt es an Hemingways eigenen Hemmungen, vielleicht auch an denen der Nachkriegszeit, als sich so vieles änderte, jedenfalls hindern sie ihn, uns zu sagen, was hier eigentlich passiert. Wie zwanglos eindeutige Bücher bei den unterschiedlichsten sexuellen Spielarten geworden sind, können wir beispielsweise einem neuen Roman von Carolyn See mit dem Titel «Golden Days» entnehmen, wo von einer typischen Frau von heute berichtet wird: «Ehemann Nummer drei war ein Musiker aus Jamaika namens Prince Le Bœuf gewesen, der immer Weiß trug. Auch er war zuerst toll im Bett gewesen, schätzte es aber, wie Lorna herausfand, seine männlichen Freunde zu bumsen – nur so zum Spaß. Lorna merkte, daß sich ihre Toleranz in Grenzen hielt: ‹Ich sagte zu ihm, bums *mich*! Ich habe ein Arschloch wie alle anderen in dieser großartigen Demokratie! Wenn ich mit tiefer Stimme spreche, du die Augen zumachst, wo ist dann der Unterschied?›» Für Hemingway ist das kein Spaß; die «teuflischen Dinge» veranlassen David, seine Frau «Teufel» zu nennen, und vergiften ihr Eden, noch ehe Catherine auf ihrem Raubzug des Wollens beschließt, eine weitere, eine bisexuelle Frau namens Marita in ihren Flitterwochen-Haushalt zu bringen. Wenn es darum geht, daß Männer in Frauen verwandelt oder von ihnen überrannt werden, zeigt sich Hemingway als Moralist der alten Schule; putzige Wörter wie «Sünde» und «richtig» und «falsch» und «Reue» und «Perversion» kommen ins ernste Spiel. Das Böse ist offensichtlich weiblichen Geschlechts; David denkt an seinen Vater zurück: «Er behandelte das Böse wie einen alten vertrauten Freund… und wenn ihn das Böse ansteckte, merkte er gar nicht, daß sie gewonnen hatte.» Nachdem sie ihn im Bett verweiblicht hat, will Catherine jetzt David als Schriftsteller entmannen: «Warum soll ich damit aufhören? Bloß weil du heute morgen geschrieben hast? Glaubst du vielleicht, ich hätte dich geheiratet, weil du Schriftsteller bist? Du mit deinen Kritiken.» Es kommt noch schlimmer. Voller Hohn erzählt sie Marita: «Er schreibt in diese lächerlichen Kinderschulhefte und schmeißt nie was weg. Höchstens streicht er mal was durch und schreibt was anderes an den Rand. Im Grunde ist das alles Betrug. Und außerdem macht er orthographische und grammatikalische Fehler.»

«Armer David. Was die Frauen dir alles antun», bedauert ihn Marita, die, während Catherines weibliche Perversität bis zum vollen Wahnsinn austreibt, zunehmend sympathischer und heterosexuell wird. Nachdem sie als verstockte, wenn auch reizend errötende Lesbierin begonnen hat, wird sie, nicht eben glaubhaft, die perfekte Frau für den Mann, die Davids Arbeit am Schreibtisch und im Bett bewundert und nur will, was er will – nämlich weg von den Frauen und hinein in die kerngesunde Gemeinschaft anderer Männer: «Ich will, daß du Freunde hast, Freunde aus dem Krieg und Freunde, mit denen du auf die Jagd gehen und im Club Karten spielen kannst.»

Obwohl «Der Garten Eden» wie die anderen Hemingway-Überreste seinen psychopathologischen Aspekt hat, ist die Pathologie hier in einem funktionierenden künstlerischen Entwurf aufgefangen. Die aus dem tiefsten Herzen des Autors kommende Vorstellung, daß Frauen die Wurzel alles Bösen seien, verstärkt die Allegorie und lädt sie zusätzlich auf. Catherines Verwandlung von der sexuell sanftmütigen Eva zur bissigen und zerstörerischen Hexe läßt sie zur interessantesten Heldin bei Hemingway werden; anders als die Märtyrerin Catherine Barkley in dem Roman «In einem anderen Land» tut sie etwas, ehe ihr etwas angetan wird, lieber benutzt sie einen «schmutzigen Trick», als daß sie sein Opfer wird. Ihr fortschreitender Niedergang sorgt zusammen mit unerwarteten Rückfällen in Zärtlichkeit und Sanftmut für einige von Hemingways besten Dialogen; ähnlich wie Bellows ungezähmte Frauen wird sie lebendig und leuchtet in ihren Widersprüchen. Und Hemingways makellose Prosa liefert die natürliche Unschuld, die es zu verlieren gilt. Wie anders denn als paradiesisch wäre sein Stil zu bezeichnen, der Stil des frühen Morgens, wo die Dinge noch taufeucht sind von den Namen, die sie erhalten haben?

> Der Kellner brachte ihnen Gläser mit Manzanilla aus dem Tiefland bei Cádiz, das Las Marismas hieß, dazu dünne Scheiben *jamón serrano*, ein rauchiger, stark gepökelter Schinken von Schweinen, die mit Eicheln gemästet wurden, hellrote würzige *salchichón*, eine noch würzigere, dunkle Wurst aus einer Stadt namens Vich, Sardellen und Knoblauch-Oliven.

> Am Morgen war es im Buen retiro so frisch wie in einem Wald. Alles war grün, die Baumstämme waren dunkel und die Entfernungen ganz ungewohnt.

> ... als er für diesen Tag fertig war, schloß er das Zimmer ab, ging raus und fand die beiden Mädchen an einem Tisch im Garten beim Schachspielen. Sie sahen beide frisch und jung aus und so verlockend wie der vom Wind gereinigte Morgenhimmel.

Das gleiche Notieren einfacher großer Elemente mit seiner seltsamen wogenden Unterströmung – «der dunkle Teil zeigte sich als leichtes Fächern einer kleinen Quelle, die an einem windstillen Tag das darunterliegende Riff anzeigte» – dient auch dazu, das gezeitenhafte Mysterium des Paarseins zu beschwören, die Seltsamkeit, mit jemandem zusammen zu schlafen:

> In der Nacht wachte er auf, hörte den Wind singen und klingen, drehte sich auf die andere Seite, zog sich das Laken über die Schultern und machte die Augen wieder zu. Er spürte, wie

sie atmete, und machte die Augen wieder zu. Er spürte, wie sie leicht und ruhig atmete, und schlief wieder ein.

Hemingways eigene Unschuld, die Jahrzehnte von aggressiv gesuchter Erfahrung überstanden hatte, erlaubte es ihm, aus seinem Arbeitszimmer in Kuba durch all die Schlachten und Flaschen und Verletzungen und Interviews zurück in eine Jugend auf einem anderen Kontinent zu gehen und seine Entdeckung, daß Sex schwierig sein konnte, in mythisches Material zu überführen. Er ist in der Lage, ausgerechnet er, der sich so gründlich hinter Bestimmtheit und Bescheidwissen verbarg, sexueller Ambivalenz Ausdruck zu verleihen, das Weibliche in sich selbst anzusprechen, die Verführbarkeit, vor der nur sein Schreiben (und auch das nur eine Zeitlang) sicher war, und den unabhängigen, männlichen Willen in Frauen, über den er mit Sicherheit mehr wußte, als ihn seine typischen männlichen Helden ausdrücken lassen, heraufzubeschwören, und sei es auch nur in einer Art Exorzismus. Die manierierten, nicht besonders gehaltvollen Sätze zwischen Maria (ein Name, dessen Echo im «Garten Eden» widerklingt) und Robert Jordan in «Wem die Stunde schlägt» sowie Dorothy Hollis' Masturbationsmonolog in «Haben und Nichthaben» sind die dichtesten Annäherungen an einen sexuellen Realismus in Hemingways Romanen. Lesbiertum oder jedenfalls der Blick eines Mannes auf eine Frau, die ihn deswegen verläßt, war das Thema der Short story «Wetterumschwung», die in einem dieser kaum besetzten Cafés spielt, mit dem typischen engelhaften Barkeeper, die im geschmackvoll hedonistischen Paradies das Tüpfelchen auf dem von Hemingways Europa sind. Die namenlose Heldin der Geschichte ist wie Catherine Bourne stark sonnengebräunt, hat helles, kurzgeschnittenes Haar; wie die Bournes bilden sie und «Phil» «ein hübsches junges Paar», das von einem teuflischen Zerren des Verlangens, des *Wollens* in der Frau, deren Äußeres makellos ist, zerstört wird: «Er betrachtete sie, den Schwung ihres Mundes, die Wölbung ihrer Backenknochen, ihre Augen und die Art, wie ihr Haar an der Stirn und am Rand ihres Ohres und am Nacken ansetzte.» Die Geschichte ist sehr dicht und ungewöhnlich, und man fragt sich beim Lesen, ob es diese Frau in Hemingways Leben wirklich gegeben hat. Auf diese Frage antwortete er, laut Carlos Baker, «daß die Vorbilder dieser Leute ein Paar waren, das er einmal in der Bar Basque in St.-Jean-de-Luz belauscht hatte».

Doch die Frau ist im «Garten Eden» zurückgekehrt, und sie hat noch die gleiche Bräune und ihr so faszinierendes Haar. Die Geschichte entstand 1931, und im Sommer 1929 ließ sich Hemingways zweite Frau Pauline in Spanien zur Feier ihres vierunddreißigsten Geburtstages, wie Baker uns in einer Fußnote mitteilt, «ihre Haare als Geste der sexuellen Unabhängigkeit und als Überraschung für EH blond färben... Von dieser Geste wird später in EHs unveröffentlichtem Roman ‹Der Garten Eden› viel Aufhebens gemacht». Im Sommer 1926 lebte Hemingway mehr oder weniger mit zwei Frauen zusammen: seiner ersten Frau Hadley und der ihn heftig umwerbenden Pauline Pfeiffer, die sich mit Hadley angefreundet hatte. In «Paris – ein Fest fürs Leben» erzählt er die Geschichte folgendermaßen:

> Ehe diese Reichen gekommen waren, hatte sich bereits eine andere Reiche bei uns eingenistet, die den ältesten Trick benutzte, den es gibt, nämlich daß eine unverheiratete junge Frau die zeitweilig beste Freundin einer verheirateten jungen Frau wird und mit dem Mann und der Frau zusammenlebt und sich dann nichtswissend, unschuldig und erbarmungslos anschickt, den Mann zu heiraten. Ist der Ehemann ein Schriftsteller und mit einer schwierigen Arbeit beschäftigt, so daß er die meiste Zeit in Anspruch genommen ist und einen großen Teil des Tages seiner Frau kein guter Kamerad oder Partner sein kann, hat das Arrangement seine Vorteile, bis man merkt, wie es sich auswirkt. Der Ehemann hat zwei anziehende weibliche Wesen um sich, wenn er mit seiner Arbeit fertig ist. Eine ist neu und fremd, und wenn er Pech hat, liebt er plötzlich beide.

In Carlos Bakers Schilderung jener Wochen, die die *ménage à trois* in zwei gemieteten Zimmern im Hôtel de la Pinède in Juan-les-Pins verbrachte, ähnelt der normale Tagesablauf stark jenem im «Garten Eden»:

> Sie verbrachten jeden Vormittag am Strand, schwammen und lagen in der Sonne. Nach dem Mittagessen im Garten und einer langen Siesta unternahmen sie lange Fahrradtouren den Golfe de Juan entlang und kehrten am Abend genau rechtzeitig für die Cocktails zurück... Im Hotel gab es alles in dreifacher Ausführung: Frühstückstabletts, Fahrräder, die Badeanzüge, die auf der Leine trockneten...

Pauline war kleiner und dunkler als Hadley, wie Marita im Vergleich zu Catherine; und Hemingway lastet Catherine eine böswillige Version jenes berühmten Vorfalls an, bei dem Hadley, in bester ehefraulicher Absicht, einen Koffer mit seinen frühen Manuskripten verlor. In der Memoirenfassung der Dreiecksgeschichte, die gegen Ende von Hemingways Leben entstand, ist die Ehefrau untadelig und die Geliebte «unschuldig» trickreich und erbarmungslos; im «Garten Eden» wird die Frau schlecht und die Geliebte gut – d. h. eine Gefolgsfrau für den Schriftsteller und seine Arbeit.

Die gesamten dreizehn Jahre seiner Ehe mit Pauline (und der größte Teil der kürzeren Ehe mit Martha Gellhorn) lagen hinter ihm, als er sich 1946 hinsetzte, um eine Version jener traumatischen Periode zu schreiben, als er, zwanzig Jahre zuvor, als «Fiesta» seinen Ruhm endgültig bestätigt hatte, von seiner ersten Frau weg verführt worden war. Hemingway, der damals erst 27 Jahre alt war, betrachtete seine Untreue mit Reue und Schmerz, für das ihn nichts zu entschädigen vermochte; für ihn war es ein Sündenfall, das Ende einer Idylle, die sich er und Hadley in Österreich und Spanien und Paris geschaffen hatten. Damit bringt Pauline das Böse, das sein Eden unterhöhlt; ihr Geist ist gleichzeitig Eva und die Schlange, und sie stattet sowohl Catherine (ihre gebleichten Haare und ihr Katholizismus, von dem anfangs beiläufig die Rede ist) wie Marita (ihre Zartheit und ihr Geld; Maritas Spitzname ist «Erbin», obwohl auch Catherine an dem Makel ausreichender eigener Mittel leidet) mit ihren Eigenschaften aus. Die langsame Entzauberung einer in die Länge gezogenen Ehe und Hemingways immerwährender Kampf, der während der alkoholbenebelten Jahre in Key West weiterging, die Schreibarbeit mit dem zu verbinden, was er einmal sein «Fiesta-Lebenskonzept» nannte, werden in den erfundenen Flitterwochen zusammengeführt – wie noch vieles andere, das erfunden und erinnert ist. In einem Punkt wird Hemingways tatsächliche Situation von 1926 auffällig falsch dargestellt: Catherine ist erst 21 Jahre alt, Marita nicht älter, während sowohl Hadley wie Pauline in den Dreißigern waren, acht beziehungsweise vier Jahre älter als er.* Eine Schwäche für ältere Frauen

* In einem weiteren Punkt wurde das Handlungspersonal vereinfacht; der Sommer von 1926 wurde durch den anhaltenden Keuchhusten des jungen Bumby Hemingway kompliziert, was dazu führte, daß die Familie von Sara und Gerald Murphys englischem Arzt in Quarantäne geschickt wurde (denn das war auch der legendäre Rivierasommer der Murphys, der MacLeishes und der Fitzgeralds in Cap d'Antibes, an den zu Anfang von «Zärtlich ist die Nacht» erinnert wird; es war jener Sommer, in dem Hemingway Fitzgerald den Durchschlag von «Fiesta» zeigte und die Änderungsvorschläge empfing, die den Text entscheidend verbesserten). Pauline schrieb aus Paris, daß sie bereits Keuchhusten gehabt habe, drang in die Quarantäne ein, schloß sich der kleinen Familie erst in der gemieteten Villa an, der Villa Paquita in Juan-les-Pins, die ihnen die Fitzgeralds überlassen hatten, und anschließend in den Zimmern im nahe gelegenen Hôtel de la Pinède. Hemingways kränkelnder, zwei Jahre alter Bumby und die sogenannte *femme de ménage* Madame Rohrbach, das vierte und fünfte Mitglied der *ménage à trois*, lebten in einem eigenen Bungalow und schlossen sich den anderen vermutlich am Strand an. Die Gefühle eines Vaters, der drauf und dran ist, ein Kleinkind zu verlassen, wurden aus begreiflichen Gründen David Bournes Gefühlschaos nicht auch noch beigefügt. Hadleys eigene hübsche Schilderung dieser Zeit (die im Juli endete, als die Hemingways, Pauline und die Murphys nach Pamplona reisten), die sie 1967 Baker gab, sollte vielleicht wörtlich zitiert werden, so wie sie in Bernice Kerts Buch «The Hemingway Women» (1983) erscheint: «Hier war es, wo man die drei Frühstückstabletts, die drei auf der Wäscheleine trocknenden Badeanzüge und die drei Fahrräder antreffen konnte. Pauline versuchte mir das Tauchen beizubringen, aber ich lernte es einfach nicht. Ernest wollte, daß wir Bridge spielten, aber mir fiel es schwer, mich zu konzentrieren. Wir verbrachten den ganzen Vormit-

gehört nicht zu David Bournes Anfälligkeiten, als er sich zu «teuflischen Dingen» verführen läßt – zu der Möglichkeit, daß männlich und weiblich keine absoluten Zustände sind.

Auch die gefühlsmäßige Einstellung zur Jagd findet einen ganz uncharakteristisch ambivalenten Ausdruck. Auf die Safaris in Afrika zurückgreifend, deren Gemetzel in den «Grünen Hügeln Afrikas» (1935) so nüchtern gepriesen wird, zeigt Hemingway David Bourne, wie er über eine Elefantenjagd schreibt, die er als Kind mit seinem Vater erlebt hat. Die fiktionalen Episoden, die schließlich am Anfang eines jeden von Frauen beherrschten Tages und Kapitels stehen, gewinnen an Bedeutung und werden für sich genommen interessant. Der Junge und sein Hund Kibo entdecken den alten Elefanten mit seinen legendären großen Stoßzähnen im Mondschein, und das bringt seinen Vater, den Jäger, und Juma, den afrikanischen Jagdgefährten seines Vaters, auf die Spur. Während die Tage der Verfolgung vorüberziehen, erwacht in dem müden Kind eine Liebe zu dem verurteilten Elefanten und die entsprechende Abneigung für seinen Vater und Juma: «Mich und Kibo würden sie auch töten, wenn wir Elfenbein hätten.» Die Schilderung, wie der Elefant erschossen wird, ist schrecklich und bewegend und ebenfalls ein Verlust der Unschuld. «Scheiß Elefantenjagd», sagt der Junge zu seinem Vater und denkt bei sich: «Jetzt weiß er genau Bescheid und wird mir nie mehr vertrauen. Das ist gut. Das soll er auch nicht, denn ich werde weder ihm noch sonstwem jemals mehr irgendwas erzählen, nie mehr. Niemals mehr, nie.» Die Verzahnung und der Kontrapunkt der afrikanischen Geschichte-in-der-Geschichte sind ziemlich brillant ausgeführt – und zwar vom Autor selber, wie Mr. Jenks dem Rezensenten versicherte. Einige Seiten im «Garten Eden», etwa wo der Elefant seinem Tod entgegentrampelt und Catherine in den Wahnsinn eintaucht und wieder hochkommt und David sich in seinem Innern verabschiedet, gehören

tag am Strand mit Sonnenbaden und Schwimmen, aßen in unserem kleinen Garten zu Mittag. Nach der Siesta gab es lange Fahrradausflüge den Golfe de Juan entlang.»

zum Besten, was Hemingway geschrieben hat, und das gesamte abgerundete Fragment entläßt uns mit einem besseren Gefühl von der Menschlichkeit und grundsätzlichen Gesundheit – so kompliziert, wie Gesundheit sein muß –, als irgend etwas, das sonst seit seinem Tod veröffentlicht worden ist.

Fort von zu Hause

Anne Tyler, «Die Reisen des Mr. Leary». Roman. Aus dem Amerikanischen von Andrea Baumrucker. S. Fischer Verlag, Frankfurt/Main 1989.

Anne Tylers zehntem Roman gelingt es, Baltimore zu verlassen; sein Held Macon Leary schreibt eine Reihe von Reiseführern unter dem Pseudonym «Der Zufallstourist», und seine Schöpferin, zu deren vielen Tugenden der Kosmopolitismus bislang noch nicht gehörte, verschafft ihm überzeugende, auffallend kesse Versionen von London und Paris, von Edmonton und Vancouver sowie einige sehr lebendige Flugzeugreisen. Transatlantisches Reisen im Flugzeug wird fachkundigst skizziert:

> Aus dem Lautsprecher kam das übliche klangvolle Murmeln über Sitzgurte, Notausgänge, Sauerstoffmasken. Er fragte sich, warum Stewardessen derart merkwürdige Wörter betonten. [Macon] schob sein Buch in einen schmalen Lichtkegel und schlug eine Seite um. Die Maschinen hatten einen müden, zähen Klang. Es war der Zeitraum, den er als Langstrecke bezeichnete – die Lücke zwischen Abendessen und Frühstück, wenn sie über dem Ozean hingen und darauf warteten, daß der Himmel sich erhellte, was der Morgen sein sollte, obwohl das natürlich überhaupt nichts mit dem Morgen zu Hause zu tun hatte. Nach Macons Ansicht war der Morgen in anderen Zeitzonen eine künstliche Veranstaltung – ein Vorhang, der mit einer aufgehenden Sonne bemalt war und vor die eigentliche Dunkelheit gezogen wurde.

Der echte Morgen und das echte Leben sind auf Baltimore beschränkt, wo Macon eines von vier Geschwistern in mittleren Jahren ist. Porter und Charles, seine beiden Brüder, sind nach dem Scheitern ihrer jeweiligen Ehe zu ihrer altjüngferlichen Schwester Rose gezogen, die noch immer in dem großen Haus wohnt, in dem sie bei ihren Großeltern aufgewachsen sind; nachdem ihn seine Frau verlassen und er sich ein Bein gebrochen hat, zieht auch Macon ein. Dort beschließen sie ihre täglichen Verrichtungen, indem sie ein Kartenspiel namens «Impfen» spielen, das sie in ihrer Kindheit erfunden haben und das für Außenstehende zu kompliziert zum Erlernen ist. Der Witz bei Macons Reiseführern besteht darin, daß sie den wenig reiselustigen, «zufälligen» amerikanischen Reisenden mit Informationen versorgen, die das Trauma, fort von zu Hause zu sein, möglichst gering halten: wo gibt es in Stockholm ein Kentucky Fried Chikken; welche Tokioter Restaurants bieten Sweet'n Low an; wie entgeht man im Flugzeug Gesprächen («Nehmen Sie immer ein Buch mit als Schutz vor Fremden. Magazine halten nicht lange genug»). Seine Führer sind Handbücher in vorsichtigem, systematischem Selbstschutz; die mit liebevollen Details gespickte, höchst lebendige Prozession von sanftmütigen Platzangst-Geplagten und gewohnheitsfanatischen Familien in Ms. Tylers Romanen hat in Macon den Theoretiker und Kritiker hervorgebracht. Entschlossener als noch jeder seiner Vorgänger erforscht dieser Roman den tiefen, heiklen Konflikt zwischen Behaglichkeit und Abenteuer, Sicherheit und Gefahr, Ordnung und Durcheinander, Heimat und Welt, Innen und Außen, uns und den anderen.

Anne Tyler produziert unfehlbar jedesmal eine flüssige, gutgebaute Geschichte, in der helle, klare Bilder aufblitzen, die sie aus der sogenannten Alltagswelt nimmt. Obwohl eine Stadt der vertrauten Viertel und der eingefleischten Gewohnheiten, ist ihr Baltimore doch auch ein Teil des amerikanischen Nordostens und der westlichen Kultur; ihre Prosa teilt bereitwillig die Markennamen und Popsongs und die gerade aktuellen Moden mit, wobei besonderes Augenmerk der jeweiligen Schuhmode gilt. Doch im Unterschied zu einigen jungen Schriftstellern tut sie nicht so, als seien diese vorüberhuschenden Marotten und Schlagzeilen schon die gesamte Kultur. Mit ihrem Sinn für Vergangenheit ist sie eine Schriftstellerin aus dem Süden; ihre alten Leute verfügen über eine schöne Vitalität; und einige ihrer besten Seiten rekonstruieren – wie in «Caleb oder das Glück aus den Karten» und «Dinner im Heimweh-Restaurant» – eine vergangene Zeit. In ihren bisherigen Romanen seit «The Clock Winder» (Der Uhrenaufzieher, 1972)* hat sie sich Baltimore als Schauplatz ihrer Phantasien zu eigen gemacht – John Barth neigt dazu, sich ans Wasser und an Marylands Ostküste zu halten, und Menckens Stadt gehört in die Zeit Roosevelts. Als Schauplatz verfügt Baltimore über Reichtum an Figuren und die verschiedensten Örtlichkeiten und hat dabei, wie ein weniger drastisches Yoknapatawpha County, eine weltfremde, nostalgische Art, die einem Schöpfer von Mikrokosmen entgegenkommt.

Daß Ms. Tyler hier die Zügel schießen lassen kann, ohne sich in ihrer künstlerischen Version der Stadt an jemand anderem messen zu müssen (man vergleiche nur die vielfältigen Schatten, die die New Yorker Schriftsteller aufeinander werfen, oder wie Saul Bellow immer wieder neben dem Geist von Dreiser und Algren und Farrell antreten muß, wenn er sich mit Chicago befaßt), begünstigt unsere Vorstellung von einer Spielzeugstadt, die ein wenig leichthändig vorgeführt wird. Ihr großherziges Mitgefühl und ihre herausragende Intelligenz neigen gelegentlich dazu, alles ins Possierliche zu verkleinern. Im Verlauf dieses Romans kommen die Learys, die alle schon jenseits der Vierzig sind, auf die Idee, zusammen ein größeres Puppenhaus zu bauen, und das Vergnügen der Autorin daran ist bei jedem Handgriff zu spüren:

* Ein Roman, der in mancher Hinsicht dem hier besprochenen Buch ähnlich und sogar überlegen ist – in der Bandbreite des Personals kühner, in seiner Haltung zu Heimat und Heimweh sogar von lebendigerer Ambivalenz. Die Emerson-Familie dort verfügt zwar auch über die Annehmlichkeiten des Reichtums und eine verschwörerische Harmonie, doch anders als bei den Learys ist es eine streitsüchtige Harmonie, und die Mutter ist wie jene im «Heimweh-Restaurant» ohne Ehemann und wird von den Kindern als tyrannisch und anstrengend empfunden. Mrs. Emerson und ihr Sohn Andrew gehören zu den bemerkenswertesten häuslichen Monstern der Autorin. Ihrer Begabung, Scheusale und Ungetüme zu zeichnen, hat sie vielleicht bisher zuwenig gefrönt.

Die Garage war überzeugend wenig aufgeräumt. Winzige Holzsplitter bedeckten den Boden bei dem Stapel mit auf Zweiggröße verkleinertem Brennholz, und eine Rolle grüner Draht bildete einen perfekten Gartenschlauch. Jetzt nahmen sie sich das Obergeschoß vor. Rose füllte ein Kissen für den Lehnsessel, das nicht größer war als ein Aspirin. Charles schnitt ein Stück Tapete aus einem Musterbuch. Porter bohrte Löcher für die Vorhangschnüre.

Ihre Figuren schnitzeln an verspielten Hobbies und basteln an komischen Erfindungen. Die Nettigkeit der Namen, die in den «Reisen des Mr. Leary» für erfundene Tätigkeiten gesucht werden, hat weniger den Geschmack von Mimesis als den von literarischem Gealbere: «Doggie, Do» heißt eine Ausrüstung für das Abrichten von Hunden; mit «Re-Runs» wird ein Laden mit Secondhandschuhen bezeichnet. Manches am Verhalten der Learys ist selbst für Einsiedler und ordnungsbesessene Exzentriker unwahrscheinlich. Macon tritt, während er duscht, die täglich anfallende Schmutzwäsche, bewegt sich auf einem Skateboard zum Wäschekorb und schläft in einem «riesenhaften Umschlag, der aus einem der sieben Tücher genäht ist, die er an der Nähmaschine gefaltet und zusammengenäht» hat. Seine Schwester Rose «hatte eine Küche, die so vollständig am Alphabet ausgerichtet war, daß der Aal neben dem Ameisengift lag», womit der Leser einen Lacher hat, die Figur Rose aber undeutlicher wird. Und sollen wir im Ernst glauben, daß die Learys, vier erfolgreiche Erwachsene, dermaßen zarte Verbindungen zur Außenwelt pflegen, daß sie sich beiläufig darauf verständigen, in ihrem Haus nicht ans Telefon zu gehen, und zwar tagelang nicht? Sie lassen es einfach klingeln.

«Die Reisen des Mr. Leary» ist leichtere Kost als sein uneingeschränkt bewundernswerter und vergleichsweise düsterer Vorläufer «Dinner im Heimweh-Restaurant». Ms. Tyler verbraucht einige Zeit damit, ihre Geschichte zu entwickeln, und verwendet das erste Romandrittel zum größten Teil auf häuslichen Slapstick wie die alphabetisierte Küche und die Geschichte mit dem

Wäschetreten. Die eigentliche Geschichte handelt vom Auseinanderbrechen und vom Ausbrechen. Ein Jahr vor der ersten Szene des Romans hat die grausame Außenwelt Macon und seiner Frau Sarah, mit der er seit zwanzig Jahren verheiratet ist, einen herben Schlag versetzt: Ethan, ihr zwölfjähriger Sohn – «ein großer blonder Sprößling mit freundlichem offenen Gesicht» –, wurde in einem Hamburger-Restaurant von einem neunzehnjährigen Räuber sinnlos umgebracht. Sarah erklärt Macon jetzt, daß er sie nicht trösten kann, und verläßt ihn. Als er allein lebt, bricht er sich ein Bein und kehrt in das Haus seines Großvaters zurück, wo er und seine drei Geschwister «Impfen» spielen und nicht ans Telefon gehen. Das schlechte Benehmen seines Schoßhunds, eines reizbaren Walisischen Corgis namens Edward (der bis etwa zur Romanmitte die sympathischste und verständlichste Figur bleibt), bringt immerhin den rasselnden Atem von Sauerstoff in diese luftarme Atmosphäre – nämlich die Hundetrainerin Muriel Pritchett, die jünger, ärmer, gewöhnlicher und dynamischer als Macon ist. Daß ihre direkte und offene Haltung den vorsichtigen Leary durcheinanderbringen wird, ist ebenso vorhersehbar wie Sarahs wiedererwachendes Interesse an ihm, als Macon sich mit dieser neuen Frau einrichtet. Doch die Wendungen und Steigerungen entwickeln sich mit vielen kleinen Überraschungen und nach einem buchstäblichen Höhepunkt, und als Macon von Panik erfaßt wird, weil ihm offenbar auf dem Dach des World Trade Centers aufgeht, was Entfernung ist («Er sah die Stadt tief unter sich wie einen glitzernden goldenen Ozean ausgebreitet, die Straßen winzige Lichtschnüre, der Planet krümmte sich an den Rändern, der Himmel ein lilafarbener Hohlraum, der sich in die Unendlichkeit hinaus erstreckte»), mag man das Buch gar nicht mehr aus der Hand legen, bis einem die Augen verschwimmen, man zwanzig Seiten vor dem Ende abbricht, in einen unruhigen Schlaf fällt, vor der Morgendämmerung erwacht, das Buch zu Ende liest und sich erst da entspannt. Es ist ein *happy ending*, so glücklich, wie man nur sein kann in einer Welt, in der man «nach einem bestimmten Alter... nur die Wahl hat, was man aufgeben will».

In einer Zeit, in der sich viele Autorinnen ausgiebig damit beschäftigen können, wie schwer es ist, Frau zu sein, beschäftigt sich Anne Tyler hartnäckig mit der moralischen Entwicklung von männlichen Figuren. Obwohl der sanfte, passive Macon nicht gerade ein Macho ist, leben wir dreihundertfünfzig Seiten lang in seiner Haut und sehen mit seinen Augen, was er an beiden Frauen findet – die rundliche, verläßliche Sarah mit ihrem «ruhigen Gesicht, rund wie ein Gänseblümchen», und die magere Muriel mit ihrer «empfindlichen, angriffslustigen Entschlossenheit» und Augen, die «sehr klein, wie Kümmelkörner» sind. Die Ehefrau ist vorteilhafter als die Freundin gezeichnet, und Macon liebt sie mit geringerem Einsatz, obwohl er nach mehr sucht: «Er kam auf den Gedanken, daß es wichtiger sein könnte, bei jemandem zu sein, als ihn zu lieben.» Bei Sarah war er, wie er sich selbst vorwirft, «gedämpft». Sie sagt zu ihm: «Als würdest du versuchen, ohne Änderungen durchs Leben zu flutschen, ohne dich ändern zu müssen.» Aber auch sie bestätigt die Basis der Learyschen Vorsicht: Die Welt ist schrecklich. «Seit Ethan gestorben ist», sagt sie zu ihm, «muß ich selber sagen, daß die Menschen im Grunde böse sind. Böse, Macon. So böse, daß sie einen zwölfjährigen Jungen nehmen und ihm völlig grundlos eine Kugel in den Kopf jagen können. Ich habe in eine Zeitung geschaut, und ich bin am Verzweifeln; die Nachrichten im Fernsehen schaue ich mir nicht mehr an. Es gibt soviel schlimme Dinge, Kinder, die andere Kinder anzünden, und erwachsene Männer, die Babies im zweiten Stock aus dem Fenster werfen, Vergewaltigung, Folter, Terrorismus, alte Leute, die zusammengeschlagen und ausgeraubt werden, in unserer eigenen Regierung Männer, die bereit sind, die ganze Welt in die Luft zu jagen, Gleichgültigkeit und Gier und allzeit bereiter Zorn an jeder Straßenecke.»

Muriel holt Macon aus sich heraus und unübersehbar unter sein soziales Niveau. «Die Reisen des Mr. Leary» handelt zum Teil auch vom Überschreiten der Klassenschranken. Man muß nicht selber aus Baltimore kommen, um zu begreifen, daß Singleton Street, wo Muriel mit ihrem kränkelnden und abstoßenden siebenjährigen Sohn Alexander lebt, und Timonium, wo ihre

Eltern in einer Sozialsiedlung namens Foxhunt Acres hausen, ein gutes sozioökonomisches Stück von der North Charles Street entfernt liegen, an der Macon und Sarah ihr Haus hatten, und von der namenlosen Straße, an der Macons Großvater, ein Fabrikbesitzer, seine vier Enkelkinder aufzog. Macon war in Princeton, und nichts treibt ihn bei Muriel zu größerer Verzweiflung als ihre Fauxpas – «eck cetera», «angeekelt», wenn sie «ekelhaft» meint, «gigamisch», wenn sie eine Größenangabe machen will, «da Vinci», wenn es «Leonardo» heißen müßte, und «Ich wär so gern ein ganz ein andrer», wenn sie sagen sollte «jemand anders».

Ein anderer wird allerdings Macon: «In dem fremden Land, das Singleton Street hieß, war er ein völlig anderer Mensch.» Als Zufallstourist in Baltimore «fühlte er sich hier allmählich entspannter. Noch immer nervte ihn die Singleton Street mit ihrer Armut und ihrer Häßlichkeit, aber sie wirkte nicht mehr gefährlich». Die Rowdies, die herumhängen, sind, wie er feststellt, «bemitleidenswert jung und abgerissen», und Kinder und Mütter bringen einen ständig säubernden Wind der «guten Absichten». Die verwahrloste Ansammlung von Frauen aus dem Viertel in Muriels Küche wird ihm so vertraut wie eine Partie «Impfen»; man fragt sich allmählich, ob er sich wirklich an diese grelle Umgebung anpaßt oder ob diese einfach an die bunten, angemalten, verniedlichten Bezirke von Tylerville angeschlossen wurde. «Macon sah Singleton Street vor seinem inneren Auge: klein und deutlich... und voller fröhlich gezeichneter Menschen, die mit ihren Besen scheuerten, an ihren Autos herumwerkelten und sich am Feuerhydranten naßspritzten.» Ein Straßenräuber bedrängt Muriel, aber die klebt ihm eine mit ihrer Tasche und schickt ihn nach Hause. Läßt sich Baltimores Unterwelt tatsächlich so einfach entwaffnen? Als Mrs. Soffel letztes Jahr in einem Film gleichen Namens ihr sicheres Quartier auf der Wärterseite des Allegheny County Jail verließ, um zusammen mit einem Ausbrecher ihren Ruf zu ruinieren und aller Voraussicht nach in ihr Verderben zu rennen, war klar, daß sie für ihre Flucht aus der bürgerlichen Welt zu zahlen hatte. Macon geht weniger von zu

Hause weg, als daß er sein Zuhause wechselt; wohlhabend, wie er ist, findet er, wie schon viele vor ihm, die Slums lustiger als eine bürgerliche Umgebung.

Aber nein, die Menschen sind nicht böse. Oder jedenfalls nicht nur. Und sie erweisen sich als entgegenkommender und unterhaltsamer, als sich das ein Stubenhocker vorstellen würde. Muriel ist noch nie gereist. Als sie zu Macon sagt: «Wenn ich überallhin könnte, würde ich nach Paris fahren», sagt er ihr sofort: «Paris ist schrecklich. Alle sind unhöflich.» Und doch erweist sich Paris am Ende für Muriel (ohne Ms. Tylers kurioses Finale zu verraten) als überaus höflich, hilfsbereit, voller Menschen, die Englisch sprechen und sie zu unglaublichen Sonderangeboten in Secondhandboutiquen hinführen. Immer wieder öffnen sich Menschen in diesem Buch spontan und sprechen über sich – Taxifahrer, Flugzeugpiloten, Nachbarn, Clubdirektoren. Anne Tylers Menschheit gehört zur Rasse der zwanghaften Fabulierer: immer in Bewegung, immer am Reden. Als er bei seinem ersten Flug mit Muriel aus dem Flugzeugfenster schaut, hat Macon einen «genauen Blick auf Farmhäuser, Wälder, Hausdächer. Ganz plötzlich wurde ihm klar, daß sich unter jedem kleinen Dach wirkliche Leben verbargen. Natürlich hatte er das schon immer gewußt, aber im Augenblick war er sprachlos. Er merkte, wie wirklich dieses Leben für die Leute war, die es tatsächlich lebten – wie intensiv, persönlich und ausschließlich.» Obwohl sich nicht jeder Straßenräuber mit einem Schubser verscheuchen läßt und nicht unbedingt jeder Pariser zu einem amerikanischen Trampel höflich ist, bietet die Annahme des Gegenteils doch eine gute Voraussetzung dafür, weiterzukommen. Wir sollten Fremden und Außenseitern ein ebenso intensives und kompliziertes Eigeninteresse zugestehen wie uns selbst – für den ursprünglich ängstlichen und solipsistischen menschlichen Organismus alles andere als selbstverständlich – sowie eine Wohlgesonnenheit, die unser Vertrauen rechtfertigt. Wenn uns Anne Tyler zu wohlgesonnen vorkommt, zu eilig bemüht, für ihre Puppen ein Schutzdach zusammenzuleimen, dann mag das daran liegen, daß wir zusammen mit dem Sinn fürs Komische auch die Ungezwungenheit verloren haben, das Primärvertrauen in die natürliche Unverwüstlichkeit und die Kräfte der Erneuerung. Wie die ältere, ernstere Iris Murdoch glaubt Ms. Tyler an Liebe und Kunst und daran, daß ein Aufrütteln nur von Vorteil sein kann. Die konstruktive, bastelnde, erfinderische, systematische Seite in unserem Ich reicht nicht aus; wer sein Leben gewinnen will, muß es verlieren.

«Es kam [Macon] vor, als sei die Welt genau in der Mitte geteilt: Manche lebten ein vorsichtiges Leben und manche ein sorgloses, und alles, was geschah, ließ sich mit dem Unterschied zwischen ihnen erklären. Aber er hätte nicht sagen können, auch nicht in einer Million Jahren, warum ihn Muriels dünne Steppdecke so sehr rührte, die er auf dem Boden liegen sah, wohin sie sie gezerrt haben mußte, als sie am Morgen aufgestanden war.» Er kann es nicht sagen, doch benennt es das Buch heimlich für ihn: Macons Mutter Alicia, die man im Roman nur selten zu Gesicht bekommt, gehört selber zur Gruppe der Sorglosen. Diese Frau pflegt stürmische und vorübergehende Leidenschaften, wurde im Zweiten Weltkrieg Witwe und heiratete 1950 ein zweites Mal, einen «Ingenieur, der in der Welt herumfuhr und Brücken baute», und brachte ihre vier Kinder bei deren Großeltern in Baltimore unter. «Sie wurden von ihren Großeltern abgeholt, zwei dünne, strenge, vornehme Leute in dunkler Kleidung. Die Kinder fanden sofort Gefallen an ihnen.» Später «schoß [ihre Mutter] in ihr Leben hinein und wieder hinaus und hinterließ wie eine ungezogene, fröhliche Fee eine Spur unverantwortlicher Bemerkungen». Als Rose heiratet, verblüfft Alicia, inzwischen bei ihrem vierten Ehemann gelandet, Macon damit, daß sie bei der Hochzeit auftaucht, ihm mit ihrer knalligen Aufmachung mißfällt («ein langer, weißer Kaftan, verziert mit flatternden Satinbändern, und als sie sich nach oben reckte, um ihn zu umarmen, schepperte ein ganzes Rohr mit Metallarmbändern und rutschte an ihrem linken Arm herunter») und Muriel unterhakt. «Macon hatte plötzlich einen abstoßenden Gedanken: Vielleicht entschied er sich in seinen mittleren Jahren für eine Frau nach dem Geschmack seiner Mutter, um damit zuzugeben, daß Alicia – diese dumme, eingebildete, nervende Frau – vielleicht doch die richtigen Antworten hatte. Aber nein. Er gab diesen Gedanken auf.» Dabei ist das kein schlechter Gedanke. Wir mögen so vorsichtig sein, wie wir wollen, wir sind die Kinder des Chaos. Von zu Hause fortzugehen kann heißen, nach Hause zu kommen.

Philip Roth
Er betreibt seine Sache

Philip Roth, «Zuckermans Befreiung», Roman. Aus dem Amerikanischen von Gertrud Baruch. Hanser Verlag, München 1982.

In dieser episodischen Fortsetzung zu «Der Ghostwriter» hat der Jungautor Nathan Zuckerman mit Ruhm, Reichtum, Störungen und Entfremdungen zu kämpfen, was er alles dem ungeheuren Erfolg von «Carnovsky», seinem vierten Roman, zu verdanken hat. Zuckermans Eltern, sein in Newark beheimatetes Judentum, die auswechselbaren Schicksen, mit denen er liiert ist, seine Anfälle von Schuld und Ungeduld, seine Liebe für die Klassiker des abendländischen Denkens und seine Begeisterung für die Populärkultur der vierziger Jahre dürften den chronischen Lesern von Mr. Roth bereits vertraut sein, der sich vom breitschultrigen Realisten von «Anderer Leute Sorgen» über den wahnsinnigen Phantasten von «The Great American Novel» (Der große amerikanische Roman) und den zügellosen Psychodramatiker aus «Portnoys Beschwerden» zu einer Art Exquisitist entwickelt hat, der sich in seinen vier letzten Romanen mit immer noch größerer Kundigkeit und Sorgfalt zwischen seinen inzwischen auf Hochglanz polierten Themen bewegt. Die komischen Schmähreden wirken beinah wie eingraviert, sie sind so sorgfältig abgestimmt, und die Gegensätze zwischen Es und Über-Ich, Jude und Nichtjude, künstlerischer Aufrichtigkeit und menschlichem Takt so schön ausgeführt wie die Themen einer Fuge von Bach. Schon immer war Roth einer der intelligentesten und zupackendsten Autoren in Amerika, doch jetzt gehört er auch zu den gewissenhaftesten, und der dankbare, amüsierte, aufgeklärte Leser müßte sich einen Bauerntrampel schimpfen lassen, wenn er sich über die immer geringere, beinah miniaturisierte Reichweite von Roths juwelenbesetzter und verspielter Welt beklagen wollte.

Warnung: Dieses kurze Buch, das in drei Magazinen bereits zur Gänze vorveröffentlicht ist, enthält auf dem Buchumschlag eine Inhaltsangabe, die beinah ebenso lang und überflüssig wie eine Magisterarbeit ist. Ignorieren Sie die, es sei denn, Sie wollen auf alle Überraschungen, angenehme wie unangenehme, verzichten.

Jahweh siegt über Dionysos; umstrittene Entscheidung

Philip Roth, «Die Anatomiestunde». Roman. Aus dem Amerikanischen von Gertrud Baruch. Hanser Verlag, München 1986.

Treuen Roth-Lesern ist Nathan Zuckerman, der Held von Philip Roths neuem Roman, bereits zweimal untergekommen. In «Der Ghostwriter» (1979) als dreiundzwanzigjähriger Schriftsteller, der seine ersten Sachen veröffentlicht und in den Berkshires den verehrten älteren Autor E.I. Lonoff besucht; Zuckerman hatte eben eine Kurzgeschichte mit dem Titel «Höhere Erziehung» geschrieben, die auf einige Vorfälle in der Familie zurückging, was seinen Vater ziemlich unglücklich gemacht hatte und zu einem salbungsvollen Brief und Fragenkatalog führte, den ihm der hochangesehene Newarker Richter Leopold Wapter schickte. Die abschließenden Fragen von Richter Wapter lauteten:

> Abgesehen von dem finanziellen Gewinn für Sie selber, welche Vorteile hätte eine Veröffentlichung Ihrer Geschichte in einer überregionalen Zeitschrift a) für Ihre Familie; b) für Ihre Gemeinde; c) die jüdische Religion; d) das Wohlergehen des jüdischen Volkes?

Und:

> Können Sie ehrlich sagen, daß es in Ihrer Story irgend etwas gibt, was nicht Wasser auf die Mühlen eines Julius Streicher oder eines Joseph Goebbels wäre?

Lonoff (der 1961 starb, diese Episode ereignete sich in den fünfziger Jahren) hatte selber alle Hände voll mit einem ausgelassenen Hausgast zu tun, der vielleicht wirklich Anne Frank war. Doch nahm er sich die Zeit, um Zuckerman zu versichern, daß Nettigkeit für einen Schriftsteller nicht das Entscheidende ist.

Und wie um die zwischenmenschlichen Peinlichkeiten der Kreativität vorzuführen, galoppierte er seiner Frau Hope nach, die sich gerade «auf der Suche nach einer weniger edlen Berufung» aus dem Staub gemacht hat. Mit «Zuckermans Befreiung» (1981) hat unser moralisch besorgter junger Schriftsteller sein Bedürfnis, den angesehenen jüdischen Bürgern von Newark zu gefallen, soweit unterdrücken können, daß er einen zügellosen Roman mit dem Titel «Carnovsky» zustande bringt, dessen Erfolg und Skandalträchtigkeit sich nur mit Mr. Roths eigenem Roman «Portnoys Beschwerden» vergleichen läßt. Der Erfolg brachte seine eigenen Mißgeschicke mit sich, von denen am beunruhigendsten war, daß Zuckermans Vater seinen Sohn auf dem Sterbebett einen «Bastard» hieß. Nathans jüngerer Bruder Henry bestätigte den Beinamen in einer Haßrede, als sie sich nach der Beerdigung des Vaters am Flughafen Newark trennen.

> «Du *bist* ein Bastard. Ein herzloser, gewissenloser Bastard. Was bedeutet dir Loyalität? Was bedeutet dir Verantwortungsgefühl? Was bedeutet dir Selbstverleugnung, *Zurückhaltung* – und alles andere? Für dich ist alles ablegbar! Für dich ist alles *darstellbar*! Jüdische Moral, jüdische Durchhaltekraft, jüdische Weisheit, jüdischer Familiensinn – für dich taugt alles bloß dazu, verulkt zu werden. Selbst deine Schicksen wirfst du in die Gosse, sobald sie deine Phantasie nicht mehr anstacheln. Liebe, Ehe, Kinder – was zum Teufel bedeutet dir das schon? Für dich ist alles bloß Spaß und Spiel. *Aber für uns andere ist es das nicht.*»

In der «Anatomiestunde» steckt Zuckerman noch tiefer im Sumpf der Gewinne, die ihm so schlecht bekommen, und der Gewissensprobleme, vor die ihn die Fragen von Richter Wapter und Henrys Anschuldigungen stellen. Der Roman spielt 1973, in der Watergate-Zeit, und Zuckerman sieht Nixon im Fernsehen – «das puppenhafte Gestikulieren, sein satanisches Blut-und-Wasser-Schwitzen, seine tolldreiste Lügnerei» – mit einem kameradschaftlichen Gefühl, denn der Präsident ist der «einzige andere Amerikaner, den er tagtäglich zu sehen bekam und der offenbar genauso tief im Schlamassel steckte wie er selber». Er sieht ihn, wie man hinzufügen muß, durch Prismengläser, denn Zuckerman liegt mit entsetzlichen, rätselhaften, nicht diagnostizierbaren und nicht zu heilenden Nacken- und Schulterschmerzen flach auf dem Rücken. «Wenn man nur einen Nacken, Arme und Schultern besaß, war das, als habe man einen anderen mit sich herumzutragen.» Er kann nicht weiter als ein paar Blocks auf einmal gehen, keine Einkaufstüten tragen oder die Fenster öffnen, kochen oder sein Bett machen oder schreiben. Er hat drei Exfrauen, vier Freundinnen und ist auf einen Kritiker namens Milton Appel zornig, weil der unfreundlich über seine Arbeit gesprochen und geschrieben hat. Um den Schmerz zu betäuben, nimmt er Percodan, trinkt Wodka und raucht Marihuana, alles in wachsenden Mengen. Allmählich kommt er auf den Gedanken, mit vierzig Jahren, daß er eigentlich am liebsten Arzt wäre; reichlich abgefüllt mit Medikamenten, fährt er nach Chicago, wo er einst als Student glücklich war, um sich an der Medizinischen Fakultät einzuschreiben. Mittlerweile fällt Zuckerman das Glücklichsein allerdings nicht mehr so leicht. Mit Hilfe von Percodan erreicht er neue Höhen der Selbstanalyse und der Selbsterniedrigung, während sein Geist offensichtlich leidet.

«Die Anatomiestunde» ist ein grimmiges Buch aus der Tiefe des Herzens. Stoffe, die man in früheren Roman-Unternehmungen Roths erschöpft glaubte, Entflammungen, die man längst für ausgebrannt gehalten hätte, brennen heißer als je zuvor; das entscheidende Geheul entwickelt sich mit einem kalkuliert wilden Ungestüm, das faszinierend und abstoßend zugleich ist, maßlos, aber auch wieder gediegen, unerbittlich, aber auch im reinen Stil der fortgeschrittenen Moderne, diesem Wunderwerk, dem in den fünfziger Jahren alle kunstsüchtigen jungen Leute verfielen. Der Satz, mit dem sich Zuckerman selbst ermahnt: «Vertreib den Schmerz aus deinem Herzen, wie ein Klöppel der Glocke den Klang entreißt», könnte auch von Kafka stammen. Beckett tritt ebenfalls auf: «Percodan war für Zuckerman so wichtig wie die Lutschsteine für Molloy.» Das Schreiben war sein Leben und seine Religion: «Immer wieder fragte er sich, wie die Milliarden, die nicht schrieben, den täglichen Schneesturm ertrugen – alles suchte sie heim, eine solche Sättigung des Gehirns, und davon war so wenig bekannt oder hatte auch nur einen Namen. Wenn er keine hypothetischen Zuckermans züchtete, war er ebensowenig wie ein Wasserhydrant dazu in der Lage, seine Existenz zu entziffern.» Doch diese Züchtung von hypothetischen Ichs ist selbst zum Endspiel geworden:

> Entweder es war keine Existenz mehr zum Entziffern übrig oder es fehlte ihm an ausreichender Kraft zur Phantasie, das in seine Prosa vorgeblicher Selbstentblößung zu verwandeln, was inzwischen zur Existenz geworden war. Es war kein rhetorischer Überzug mehr übrig: das wirkliche, rohe Ding hielt ihn gefesselt und geknebelt, er war bei seinem eigenen gar nicht hypothetischen Krümchen angekommen. Er konnte nicht mehr so tun, als sei er jemand anderes, und als ein Medium für seine Bücher hatte er aufgehört zu sein.

Zuckerman will aus seinem müden, mit zu vielen Anmerkungen versehenen, seinem schmerzenden Ich heraus; aber «wenn Zukkerman über das schrieb, von dem er keine Ahnung hatte, wer schrieb dann über das, wo er Bescheid wußte?». Die Zwangslage des postmodernen Schriftstellers wird in einem kategorischen Tonfall formuliert, der an Hemingways zwangslose Briefe erinnert, die er spätabends schrieb: «Wenn du dich selber aufgibst, kannst du kein Schriftsteller sein, denn es ist der persönliche Anteil, der dich in Gang setzt, und wenn du dich an den persönlichen Anteil weiter so klammerst, wirst du bald in deinem eigenen Arschloch verschwunden sein.» Zuckerman ist bereit, seine schriftstellerische Berufung zu opfern; als ausgebeuteter Notfallarzt hofft er auf «ein Ende der Suche nach der Befreiung vom eigenen Ich». Er denkt: «Andere Menschen. Von denen hätte man mir schon vor langer Zeit erzählen sollen.» Die Sorge um den Schmerz anderer verspricht die Befreiung vom eigenen Unbehagen. «Hätte er ein Schmerztagebuch geführt, so hätten die Eintragungen in einem einzigen Wort bestanden: Ich.»

Ein Text, der seiner selbst so sehr bewußt und so selbstreferentiell ist, läßt einen an die Foltermaschine in Kafkas «Strafkolonie» denken, die der Haut des Opfers immer und immer wieder eine unverständliche Lektion einschreibt. Neben dem unermüdlichen Übereinanderschreiben scheint ständig eine Flankenbewegung vor sich zu gehen; die wiederholten Selbstbezichtigungen lassen dem Rezensenten wenig zu sagen übrig. Man kann sich kaum über den wahnhaften Solipsismus des Romans beklagen, wenn wahnhafter Solipsismus das gewählte und erklärte Thema des Romans ist. Natürlich sollte man Zuckermans Erfinder – den liebenswürdigen und großherzigen Herausgeber einer Penguin-Reihe, die den unterschätzten Schriftstellern Osteuropas gewidmet ist, ein Mann, der mit beispielhafter Würde und Zurückhaltung das Narrenkostüm des amerikanischen Schriftstellers trägt – auf keinen Fall mit dem elenden Zuckerman verwechseln, der sich von Philip Roth in ebenso vielen biographischen Details unterscheidet, wie er zufällig mit ihm gemein hat. (In zwanzig Jahren hat Zuckerman im Unterschied zu Roths dreizehn gerade bescheidene vier Romane zustande gebracht. Zuckerman hatte drei Ehefrauen, Roth nur eine. Zuckermans Vater ist gestorben, der von Roth ist jedenfalls 1983 noch gesund.) Man kann die Behauptung wagen, daß sich «Die Anatomiestunde» wie schon eine Reihe früherer Bücher von Roth um das Paradox der Inkarnation dreht – daß in ein und demselben Leben erstaunlicherweise Infantilismus und Intelligenz, Egoismus und Altruismus, sexuelles Verlangen und ein soziales Gewissen koexistieren können – und es die Form und die Art und Weise eines Monologes in einer psychoanalytischen Sitzung hat, wobei ein Ende in diesem Fall nicht abzusehen ist.

Nachdem er nach einer anstrengenden sexuellen Pilgerfahrt im Zustand der Impotenz in Israel angelangt war, erreichten Portnoys Beschwerden immerhin einen Höhepunkt, an dem man, wie die sich einmischende Psychiaterstimme am Ende erklärte, beginnen konnte. Am Ende seiner Trilogie scheint Zukkerman, obwohl ihm manche Umstände arg zugesetzt haben, in seinen Basisfunktionen unbeeinträchtigt; sein elementares Staunen darüber, daß er eine Person ist, kaum daß er wieder Luft bekommt, wird weiter seinem Ärger und seiner heißhungrigen Redewut, seiner «selbstbewußten Selbstimitation» Nahrung geben. Wenn ich den letzten, ziemlich Henry-James-haften Satz richtig gelesen habe, haben ihn weder der Schmerz noch seine Berufung verlassen. Trotz der ganzen verbalen Raserei ist nichts geschehen, nicht mehr als bei David Kepesh, der am Ende von «Die Brust» keine Brust mehr war. Diese unvergeßliche Novelle erschien 1972, in der Zeit, in der «Die Anatomiestunde» spielt. Wie das vorliegende Buch beginnt auch «Die Brust» mit einem unerklärlichen somatischen Übergriff – es sind keine lähmenden Nackenschmerzen, sondern eine «geballte hormonale Ausschüttung», die in einer Nacht voller «Schmerz und Panik» («als würde ich immer und immer wieder aus einer Kanone gegen eine Ziegelmauer geschossen») einen jungen Englischprofessor verwandelt in eine 1,80 Meter lange Brust, deren eines Ende «abgerundet ist wie eine Wassermelone». Beide Bücher suchen eine Lösung in einer orgiastischen Vision: Die riesenhafte Brust will ununterbrochen von zwölf- bis dreizehnjährigen nackten Mädchen gestreichelt werden, «lüsterne, ungezogene kleine Mädchen, die an mir lecken und saugen und mein Herz zufrieden machen», und Zuckerman in Chicago rasselt vor seiner Chauffeurin eine umständliche dionysische Phantasie herunter, nach der er ein Porno-König mit Namen Milton Appel ist, wie ihm ein verrückter Impuls seines durch Drogen gelösten Kopfes eingibt. «Die Brust», die auf den Bestseller «Portnoys Beschwerden» folgte, verblüffte viele Leser, hat aber mit den Jahren gewonnen; 1980 hat es der Autor in einer revidierten Fassung neu erscheinen lassen. Beim Vergleich der beiden «Brüste» vermochte vorliegender Leser wenig Verbesserungen zu entdecken – nur Umstellungen einzelner Elemente innerhalb von Absätzen, eine Abschwächung des akademischen Spotts im Zusammenhang mit einer Figur namens Arthur Schonbrunn sowie eine vorsichtige Durchsetzung mit Kommata und Gedankenstrichen, die einen etwas professionelleren Ton ergeben. Die innere Bedeutung der

Fabel wurde da und dort abgeschwächt und verzerrt; in der ersten Version ruft Kepesh in der Qual seiner Unbeweglichkeit und Blindheit aus:

> «Was wißt denn ihr alle, was grotesk ist und was nicht! Was könnte grotesker sein, als mir dieses kleine Vergnügen zu versagen, inmitten eines gnadenlosen Alptraums! Warum sollte ich nicht gerieben und geölt und massiert und geleckt werden, warum sollte ich nicht auch ficken dürfen, wenn ich das brauche! Warum sollte ich nicht alles und jedes haben, was man sich nur vorstellen kann, *und zwar jede einzige Minute des Tages*, wenn mich das aus dieser Hölle erlöst.»

Dieser *cri de sein* wurde in der späteren Fassung weitgehend gekürzt und der deskriptive Ausdruck «Anfälle von Unlogik oder Infantilismus» auf der folgenden Seite getilgt.* Dabei geht es doch um nichts anderes als um Infantilismus; Roths Botschaft, die er Buch für Buch verkündet, lautet schlicht, daß Männer Kinder sind. Das Kind, hat Freud uns gelehrt, ist der prototypische Mensch: ein «geiles kleines Monster» Auden (in «Mundus et Infans») zufolge und laut Wordsworth der himmlische Geist, der eben ins Fleisch eingepflanzt wurde. Nur die Gewohnheit versöhnt uns mit dem «gnadenlosen Alptraum» unserer Verkörperung, doch im Grunde genommen ist es nicht grotesker, bewußt in einer riesenhaften Brust zu leben als in dem Körper, den man tatsächlich besitzt, mit seinen Haaren und Fingernägeln und Zähnen, seinen symmetrischen Gliedmaßen und den symmetrischen inneren Organen. Der hilflose Säugling in seinem tiefen Unbehagen *will* grenzenlos, ebenso wie David Kepesh, in seine Hängematte gekrümmt, will oder wie Nathan Zuckerman will, der, ohne sich bewegen zu können, auf einer Spielmatte liegt, die er «in einem Kindermöbelgeschäft in der Fifty-seventh Street» gekauft hat. Während unser Held auf seiner Spielmatte liegt und sein Kopf auf einem Wörterbuch ruht, das ihm sein

* Bei Hanser und Fischer ist die Übersetzung (von Kai Molvig) der Fassung von 1972 erschienen. (Anm. d. Ü.)

Vater mit der Widmung «Von Dad – ich setze mein ganzes Vertrauen in dich» geschenkt hat, kommen seine vier Geliebten und senken ihm ihre Öffnungen entgegen. Kepeshs Traum von den «lüsternen, ungezogenen kleinen Mädchen» ist wahr geworden, wenn auch mit ein paar unvorhergesehenen Verschiebungen. Doch noch immer ist Zuckerman, der saugt und gesaugt wird, nicht zufrieden; er will das ganz Echte, er möchte, daß die Urmutter ihre Brüste auf ihn herabsenkt. «Endlich wurde Zuckerman klar, daß seine Mutter seine einzige Liebe gewesen war.» Als sie in Florida stirbt, nimmt er aus ihren Hinterlassenschaften eines ihrer Bücher mit dem Titel «Was Sie über Babypflege wissen müssen»; auf der Seite mit der Überschrift «Das Stillen», auf der beschrieben wird, wie die Brust alle vierundzwanzig Stunden mit der Hand entleert werden muß, entdeckt er einen Fleck, von dem er glaubt, er stamme von einem Tropfen ihrer Milch, der 1933 ausgelaufen ist. Er schließt die Augen und drückt seine Zunge an die trockene Seite. Weiter kann erwachsener Infantilismus nicht gehen.

Es ist das vertraute Milieu jener frühkindlichen Befriedigungen, das Zuckerman und seine Vorläufer in Roths Büchern auf unvergeßliche Art stören, erst durch Masturbation und dann im sexuellen Verkehr mit den schmutzigen Mädchen der Nichtjuden, schließlich mit der Niederschrift eines «haßerfüllten, satirischen Bestsellers», der, vergiftet mit der «Geschmacklosigkeit, die Millionen beleidigte, und der Schamlosigkeit, die seinen Stamm erzürnte», seinen Vater umbringt und ihm dessen Fluch einträgt. Der Fluch wird bekräftigt durch das ablehnende literarische Urteil Milton Appels, gegen den Zuckerman mit einer obsessiven Leidenschaft wütet, die seine empfindsame christliche Freundin Diana erstaunt und langweilt. Er erklärt ihr: «Ich bin ein kleinlicher, tobender, rachsüchtiger Jude, der niemals vergibt.» Obwohl Roth wie Zuckerman vorgeworfen wird, er schreibe antisemitisch oder verspotte zumindest die amerikanische jüdische Mittelschicht, wirkt er mit diesem Buch am jüdischsten von allen jüdisch-amerikanischen Autoren; Bellow beschäftigt sich mit einigem Vergnügen mit den christlichen polnischen Arbeitern in Chicago, und Malamud kann einen Waldlauf im Geiste Thoreaus genießen, und Mailer läßt sich auf Astronauten und Marilyn Monroe und das Elendsmilieu in Utah ein, doch für Zuckerman, so wie ihn sich Roth ausmalt, gibt es außerhalb von Abrahams Schoß *keine* Authentizität. Wäre Milton Appel kein Jude, wer würde sich darum scheren, was er sagt? Zuckermans Schicksen sind gerade hübsch entworfene Tapeten an den Mauern seiner Zelle; Schwarze sind dort eingezogen, wo er früher in Newark zu Hause war, und er fühlt sich ebenso gründlich vertrieben wie Nabokov aus Rußland.

Das Judentum ist der rote Faden, der schon in das ursprüngliche Heim in Newark gewoben war, und «Die Anatomiestunde» enthält eine Reihe soziologischer Reflexionen darüber, von «Jüdische Mütter wissen, wie sie Besitz von ihren leidenden Jungen ergreifen», bis zu «Die streitbare Haltung, die aggressiv randständige Sensibilität, die Verleugnung gemeinsamer Bande, die Lust, ein gesellschaftliches Ereignis zu untersuchen, als wäre es ein Traum oder ein Kunstwerk – für Zuckerman war das das Kennzeichen der jüdischen Intellektuellen..., an denen er sich in seinem eigenen Denken orientierte». Eher instinktiv und symptomatisch ist eine mit Lebendigkeit verbundene Zärtlichkeit, die sich jedesmal in den Monolog des Erzählers drängt, wenn ein bejahrter jüdischer Mann – Dr. Kotler, Mr. Freytag – einen Auftritt hat; anders als die übrigen Erscheinungen und bloßen Sprecher sind das die einzigen Charaktere, über die der Roman verfügt, die einzigen, die außerhalb der gequälten Vitalität des Helden Leben verkörpern. Roth war in erster Linie immer ein Autor, der die Welt des Sohnes verherrlicht hat. Wer sonst hätte uns so viele lebendige, komische, clevere, vor allem aber liebenswert gebliebene Roman-Mütter und -Väter gegeben? Oder die Erlebnisse aus der Kindheit als moralischen Maßstab so treulich aufbewahrt? Als er sich aus seiner drogenbedingten Starrheit aufrichtet, sieht Zuckerman aus den Fenstern seiner Limousine, daß es zu schneien begonnen hat. Er denkt: «Es gab nichts, was dem Heimkommen von der Chancellor Avenue School im Schnee des späten Nachmittags vergleichbar gewesen wäre.» – «Ich bin keine Autorität, was Israel angeht», wendet er ein, als man ihn um einen Kommentar zur Verteidigung Israels für die Meinungsseite der *New York Times* bittet, «ich bin eine Autorität in Sachen Newark. Und um der Wahrheit die Ehre zu geben, nicht einmal für das ganze Weequahic-Gebiet. Ich gehe nicht einmal über die Bergen Street hinaus.»

John O'Hara hatte eine ähnlich enge Bindung an die Straßen von Pottsville, aber er wollte dort nicht bleiben; tatsächlich empfahl er einmal einem alten Freund, «etwas zu schreiben, das deine Verbindung mit der Stadt automatisch durchtrennt». Im irischen Stammesbewußtsein gibt es nicht einmal eine Ahnung von den Qualen, mit denen sich Zuckerman selbst heimsucht. Für seine Beschwerden wird schon am Anfang der «Anatomiestunde» eine Diagnose gestellt, die sich im Verlauf seiner weiteren medizinischen Untersuchungen nicht bessert. «Die Verkrüppelung seines oberen Torsos war offensichtlich die Strafe, die seinem Verbrechen folgte: Verstümmelung als primitive Form der Gerechtigkeit. Wenn dich dein Schreibarm ärgert, so reiß ihn aus und wirf ihn von dir. Unter dem ironischen Panzer einer toleranten Seele war er [Nathan Zuckerman] der Jahwe, der niemals vergab.» Zuckerman vergibt sich auch nicht, daß er seinen Samen auf den Boden hat fallen lassen; er war dreimal kinderlos verheiratet, und in seiner phantasierten Biographie als messianischer Pornograph Milton Appel teilt er sich eine vierte Frau und einen siebenjährigen Sohn zu – den er Nathan nennt! Seine Raserei und sein Schmerz erreichen ihren Höhepunkt in einer Szene, die so fabelhaft ist wie eine heilige Krise bei Malamud oder Singer: Der halluzinierende Autor, der dem Herrn Lieder singt, «der Du aus der Erde hervorbringst den Abspritztrieb, der uns alle zu Affen macht», versucht einen weiteren zärtlich und komisch gezeichneten jüdischen Vater umzubringen und wettert gegen die «Gestapostiefel» seiner bezopften, evangelisch-lutherischen Chauffeurin. Und der Autor, der selbst kein grausamer Jahwe ist, versucht Zuckerman auf seinen beleidigenden Körperteil zu treffen, seinen schwätzenden, spottenden, flehenden Mund.

Die Szenen in Chicago sind visionär und bleiben dem Leser im Gedächtnis. Eine wunderbare Leidenschaft, immer aufrichtig zu sein, treibt die quälenden, wimmernden Abschnitte an. Obwohl überreich mit Lachern und extravaganten Erfindungen ausgestattet, erschien «Die Anatomiestunde» mir als eingefleischtem Roth-Fan das am wenigsten funktionierende Buch in der Zuckerman-Trilogie, das am wenigsten objektivierte und kohärente. Vor allem die Seiten, die Zuckermans innerem, brieflichen, schließlich telefonischen Streit mit Milton Appel gewidmet werden, zeigen das Mißverhältnis zwischen der aufgewandten Energie und dem Bereich, für den diese Unkosten entstehen. Natürlich, es gibt scharfsinnige, intelligente Verrisse, gegen die ein Autor angehen muß, als ginge es um sein Leben; doch mit vierzig sollte ein Autor über dem kleinlichen Gemecker zu Hause und den schlechten Besprechungen aus der Metropole stehen, die nun einmal zum Job gehören, und mit fünfzig sollte ein Schriftsteller nun wirklich die alten Rechnungen beglichen haben. Zuckermans babyhafte Reduzierung aller Frauen auf reine Lieferantinnen verdeckt zum großen Teil Roths aufmerksame Charakterisierung der Geliebten, die eine nach der anderen vor uns auftreten, um niemals wieder zu erscheinen. Das Buch zeigt elegantes, schnelles Schreiben, ein überwaches Wirbeln voller Beobachtungen, doch spart es (anders als «Der Ghostwriter») an Figuren, die der Autor respektiert; statt echter Charaktere hat «Die Anatomiestunde» Dämonen, und diese werden mit Macht aufgerüttelt, aber nicht ausgetrieben. Weder Zuckerman noch seinem Erfinder scheint ganz klar zu sein, daß der Autor des «Carnovsky» mit seinem Ehrgeiz, ein netter Arzt zu werden, der Gutes tut, sich am Ende doch noch Richter Wapter unterwirft.

Zuckerman gebunden

Philip Roth, «Der Ghostwriter», «Zuckermans Befreiung», «Die Anatomiestunde», «Die Prager Orgie». Aus dem Amerikanischen von Werner Peterich, Gertrud Baruch, Jörg Trobitius. Hanser Verlag, München 1986.

Die bereits früher erschienenen kurzen Romane «Der Ghostwriter», «Zuckermans Befreiung» und «Die Anatomiestunde» hat Mr. Roth um einen Epilog mit dem Titel «Die Prager Orgie» ergänzt, in dem der Protagonist, der amerikanische Literat Nathan Zuckerman, bei dem Versuch, ein Manuskript mit Kurzgeschichten eines unbekannten jiddischen Schriftstellers, der von den Nazis umgebracht wurde, aus Prag herauszuschmuggeln, mit ein paar verwegenen tschechischen Kollegen zusammenkommt. Die schmerzhaften Verzerrungen von Kunst und Geist unter dem Kommunismus werden mit düsterer Zusammenhanglosigkeit in der seltsamen Atmosphäre einer schwermütigen Farce gezeichnet; wie für die ewig heimatlosen Juden besteht die Haupttätigkeit in der «Konstruktion der Erzählkunst aus den Mühen des Überlebens». Als Ganzes zeigt die Zuckerman-Trilogie wie immer die übersprudelnde Erfindungslust des Autors. Seine kunstvolle Prosa ist auf Hochglanz poliert und konzentriert. Diesem Autor ist das Thema Autorschaft ein hehres Anliegen. Seine wiederholten Andeutungen, daß die Mißgeschicke seines Helden mit größeren historischen Leiden zu tun haben, vermögen uns allerdings nicht zu überzeugen. Sie sind kaum mehr als das Drama des begabten männlichen Kindes, das erst von seinen liebenden Eltern und anschließend von weiteren Bewunderern unterdrückt wird. Mit dem Etikett «Die amerikanische Autorität für jüdische Dämonen» versehen, stellt sich Zuckerman den Wehen der Lehrzeit, des Erfolgs und der Schreibhemmung mit einer wachsenden Reizbarkeit und einer manischen, erheiternden, qualvollen Beredsamkeit, die allen anderen Figuren die Luft zum Atmen zu nehmen droht; wenn sie nicht die Reizerreger oder das Schaufenster für Mr. Roths gewaltige mimetische Fähigkeiten bilden, existieren außer Zuckerman eigentlich keine anderen Charaktere. Obwohl zahlreiche, immerhin biologisch vollständige Frauen zu Zuckermans Beschwerden beitragen, findet sich auf den etwa tausend Seiten der deutschen Ausgabe nur eine einzige Annäherung an eine Heldin: an den Geist von Anne Frank. Proust, der Autor eines anderen Epos über ein Ich, das sich müht, Früchte zu tragen, schenkte uns immerhin Albertine, Odette und Marcels Großmutter. Doch vielleicht wird ihm ein anderer Vergleich gerechter als die «Suche nach der verlorenen Zeit»: wie in Melvilles «Pierre» kämpft ein weiterer ehrgeiziger junger Schriftsteller unter Qualen mit den ihn bedrängenden Schatten eines feminisierten, klaustrophobischen Amerika.

Unförmige Monster

Umberto Eco, «Der Name der Rose». Roman. Aus dem Italienischen von Burkhart Kroeber. Hanser Verlag, München 1982.

Iris Murdoch. «The Philosopher's Pupil». Viking, New York 1983.

Henry James schrieb abfällig über Romane, die ihm wie «unförmige Monster» vorkamen; als Beispiele führte er – worauf ein heutiger Kritiker wohl kaum verfallen würde – Romane an wie «Krieg und Frieden», «Die drei Musketiere» und Thackerays «Die Newcomes». Doch wie sollte, fragt uns ebendiese Zusammenstellung von Titeln, wie sollte der Roman denn *nicht* etwas unförmig sein, wo zu seinen Vorläufern doch die historische Chronik, die Abenteuergeschichte, das Gesellschaftspanorama und die private Beichte gehören und er sich immer weiter kompliziert und davon nur immer dicker wird? «Auf der Suche nach der verlorenen Zeit», «Ulysses» und «Der Zauberberg», die Meisterwerke dieses Jahrhunderts, stehen jenen aus dem 19. Jahrhundert, die James anführt, an verworrenem, ambitioniertem Umfang in nichts nach, und die vielbeachteten amerikanischen Literaturkarrieren von Saul Bellow, Norman Mailer und Thomas Pynchon zeigen, daß Unförmigkeit, wenn sie nicht schon per se als Tugend gilt, zumindest hingenommen wird, nachsichtig wie eine Jugendsünde, und zudem als Zeichen von Vitalität gilt. Und ist der Roman nicht ein Nachfahre des Epos, der mittelalterlichen Romanzen und des «Don Quixote»? Seine bereits unendlich strapazierten Möglichkeiten hat die Moderne seit Flaubert noch um das Angebot erweitert, daß der Roman ein wunderbar ausgedehntes Prosagedicht sein kann. Seit sich die Philosophie aus der Hegel und Schopenhauer noch geläufigen epischen Form in eine akademische Sprache von undurchdringlicher Spitzfindigkeit geflüchtet hat, blähen philosophische Botschaften die Unförmigkeit des Romans noch weiter auf. Tatsächlich ist die Prosa das Podium geworden, von dem aus die Philosophie sich nicht in der gedrechselten Fachsprache der Semantik, sondern in der von Plato, Aristoteles und der christlichen Theologie vorgegebenen Tradition kommentierend zu unserem existentiellen Wesen äußern kann. Für die moderne Philosophie lautet die charakteristische Frage: «Kann man uns verstehen?», doch fragt sich ein atavistisches Element in unserem Innern nach wie vor: «Wie sollen wir leben?» und «Gibt es etwas jenseits unserer Welt?» Wenn Philosophen heute diese Fragen stellen, scheint es, als müßten sie das abseits des Katheders tun, in jenem permissiven Genre, das dem sonst unaussprechlichen, inoffiziellen, dem weniger angesehenen Teil des Menschen seit der Renaissance Zuflucht gewährt hat. Die leichte Lesekost des vergangenen Sommers wurde um zwei unförmige, brillante Romane erweitert, die zusammen mehr als tausend Seiten haben und von Autoren stammen, die beide Philosophie an europäischen Universitäten lehren.

Der eine Roman, Umberto Ecos «Der Name der Rose», hat trotz seiner Gewundenheit, seiner Wissensanhäufung und den ungeniert nicht übersetzten lateinischen Passagen, wie zuvor schon in Italien, Frankreich und Deutschland, auch hier die oberen Ränge der Bestsellerliste erklommen. Die vielfach verästelte Krimi- und Mordgeschichte, die im Mittelalter spielt, hat auch einige literarische Auszeichnungen eingeheimst; seit «Hundert Jahre Einsamkeit» gab es keinen so einmütigen Erfolg mehr auf diesem Kontinent. Der fünfzigjährige Professor Eco ist, wie wir dem amerikanischen Buchumschlag entnehmen, «ein weltberühmter Spezialist in der Semiotik, anerkannter Historiker, Philosoph, Ästhetiker sowie James-Joyce-Forscher. Er lehrt an der Universität von Bologna und lebt in Mailand». Jetzt, da Roland Barthes tot ist, setzt sich die Popularisierung der Semiotik mit diesem Roman triumphal fort. Der Titel spielt auf ein mittelalterliches Aperçu an: *«Stat rosa pristina nomine, nomina nuda tenemus.»* *

* Wie ich von Jay Laughlin erfahren habe, besteht die lateinische Quelle aus einem Gedicht aus dem 12. Jahrhundert (*De Contemptu Mundi*) des Mönches

Der Roman gibt vor, die italienische Übersetzung einer französischen Abschrift zu sein, die «ein gewisser Abbé Vallet» im 19. Jahrhundert von einem Manuskript eines Adson aus dem 14. Jahrhundert angefertigt hat. Adson ist ein Benediktinermönch aus dem österreichischen Kloster Melk und erzählt Ereignisse, die sich Ende November 1327 in einem italienischen Kloster zugetragen haben, das «etwa zwischen Pomposa und Conques» zu vermuten ist; «am ehesten dürfte der Ort des Geschehens irgendwo an den Hängen des Apennin zwischen Piemont, Ligurien und der französischen Grenze zu finden sein».

Ecos Einleitung mit ihrer Überlast an komplizierten und antiquierten Herleitungen ist eine unverblümte Hommage an Jorge Luis Borges, erwähnt dessen Geburtsort, ebenso wie es seinen die Gelehrtensprache parodierenden Stil imitiert: «Doch als ich im Jahre 1970, während eines Aufenthaltes in Buenos Aires, die Regale eines kleinen Antiquariats am Corrientes durchstöberte, unweit des berühmten Patio del Tango an jener großen Straße, fiel mir die kastilianische Version eines Buches von Milo Temesvar in die Hände, ‹Vom Gebrauch der Spiegel beim Schachspiel›.» Außerdem heißt einer der Mönche in jener namenlosen Abtei, die als Mise en scène des Romans dient, Jorge von Burgos. Noch weitere solcher wortspielender Anklänge sind in den «Namen der Rose» eingearbeitet, und es lassen sich außer dem Borges' noch andere literarische Einflüsse aufspüren – Joyce' thomistische Strenge der Organisation zum Beispiel und die spielerische Belesenheit und das Nebelwerfen von Ecos Landsmann Italo

Bernhard von Cluny, den man nicht mit dem berühmten heiligen Bernhard von Clairvaux oder dem Scholastiker Bernhard von Chartres verwechseln sollte. Die Zeile erschließt sich aus den vorangehenden, die wie manche Balladen Villons ein Verzeichnis der Dahingeschiedenen auflisten:

> Nunc ubi Marius atque Fabricius inscius auri?
> Mors ubi nobilis et memorabilis actio Pauli?
> Diva Philippica, vox ubi coelica nunc Ciceronis?
> Pax ubi civibus atque rebellibus ira Catonis?
> Nunc ubi Regulus? aut ubi Romulus? aut ubi Remus?
> Stat rosa pristina nomine, nomina nuda tenemus.

Calvino. In Calvinos jüngstem Roman «Wenn ein Reisender in einer Winternacht» fand sich eine Figur, die einen stark an Ian Fleming erinnert, und in dem vor kurzem veröffentlichten literaturwissenschaftlichen Sammelband «Die Poetik des Mordes» ist Eco mit seiner Analyse der «Narrativen Strukturen bei Fleming» vertreten. Ein weiterer strukturalistischer Beiträger dieses Bandes ist Barthes, von dem zwei Auszüge aus «S/Z» mit den Titeln «Aufschub» und «Der hermeneutische Satz» abgedruckt sind; in diesen wird die Spannung als Prinzip hinter jeder «klassischen» Erzählung betont, von denen die stilisierteste Form (und jene, die sich am besten für die strukturalistische Analyse und die Manipulation durch die Avantgarde eignet) der Kriminalroman ist. Borges, Calvino, Robbe-Grillet und Michel Butor gehören zu den Autoren der Moderne, die gewissermaßen von hoch oben auf den Kriminalroman gekommen sind – angezogen durch eine gewisse theoretische Faszination, die sie von Praktikern wie Graham Greene, Dorothy Sayers und Simenon unterscheidet, die ihn ohne vorausgehende Herablassung von unten herauf in einen literarischen Rang erhoben. Eco schließt sich *en haut* den erstgenannten an, ohne jedoch die wichtigsten Voraussetzungen der populären Form zu mißachten, und tatsächlich ist ihm damit auch ein Publikumserfolg gelungen.

«Der Name der Rose» ist doppelt so lang wie ein konventioneller Krimi; folgende Bestandteile tauchen auf: ein exzentrischer Detektiv, dem anfallsartig immer wieder undurchschaubare Folgerungen möglich sind; ein liebenswerter, aber naiver Begleiter, der die Geschichte erzählt; ein abgeschlossener Ort, an dem sich eine grauenerregende Mordserie ereignet; ein überschaubares Aufgebot an Personal, unter dem sich der Mörder befinden muß; ein unsympathischer, sich durchwurstelnder offizieller Detektiv; Karten, Codes, geheime Gänge, verborgene Riegel und fehlende Dokumente sowie eine abschließende, reinigende Auflösung. Der Detektiv ist ein «gebildeter Franziskaner, Bruder William von Baskerville»; wie der Held von «Der Hund von Baskerville» und ähnlicher Erzählungen ist William Engländer, groß, mager, hakennasig und nimmt Drogen:

Von Zeit zu Zeit aber... erschien ein Ausdruck von Leere und Abwesenheit in seinem Blick, und ich hätte ihn fast schon unter dem Einfluß einer Visionen erzeugenden Kräutersubstanz gewähnt, hätte nicht die Enthaltsamkeit seines ganzen Lebenswandels mir einen solchen Verdacht untersagt. Gleichwohl sei nicht verschwiegen, daß er im Verlauf unserer Reise sich manchmal an einem Wiesensaum oder Waldrand aufhielt, um irgendein Kraut zu sammeln (vermutlich immer dasselbe) und es dann mit selbstvergessener Miene zu kauen.

In der Manier, die Conan Doyle perfektioniert hat, läßt Eco William seine «Auftraggeber» in der katastrophenhaften Abtei mit einem schnellen Beweis für seine scheinbar hellseherischen Fähigkeiten überraschen: «‹Nun›, antwortete William, ‹es liegt doch auf der Hand, daß Ihr Brunellus sucht, das Lieblingspferd Eures Abtes, den besten Renner in Eurem Stall; einen Rappen, fünf Fuß hoch, mit prächtigem Schweif; kleine runde Hufe, aber sehr regelmäßiger Galopp; schmaler Kopf, feine Ohren, aber große Augen.›» Er sagt nie exakt: «Im Grunde genommen, mein lieber Adson», obwohl er seinen Schüler ähnlich väterlich behandelt wie Holmes: «Mein guter Adson, während unserer gesamten Reise habe ich dich gelehrt, die Beweise zu erkennen, vermittels deren die Welt wie ein großes Buch zu uns spricht.»

Der junge Adson (der sich gegen Ende seines Lebens, mehr als ein halbes Jahrhundert später, höchst detailliert an zahllose Einzelheiten erinnert – schon für sich genommen ein mittelalterliches Wunder) hat als junger Benediktinernovize den Auftrag erhalten, Bruder William auf einer schwierigen Mission zu begleiten, die darin besteht, eine Versöhnung zwischen Ludwig dem Bayern, dem Kaiser des Heiligen Römischen Reiches, zu dessen Hof William gehört, und dem Papst in Avignon, Jacques von Cahors, herbeizuführen – «ein zweiundsiebzigjähriger alter Mann, der den Namen Johannes XXII. annahm, und der Himmel gebe, daß niemals wieder ein Papst diesen Namen annehme, der für die Rechtgläubigen so verabscheuungswürdig ist». Zusammen mit den Feinheiten eines immer verwickelteren und zunehmend blutrünstigen Mordfalls wird dem Leser eine starke Dosis mannigfaltiger Ins und Outs mittelalterlicher Politik verabreicht. Der offizielle Detektiv, der in der siedenden Abtei ankommt, ist ein Inquisitor, der ehrwürdige Bischof Bernard Gui, dem der Papst den Befehl über die französischen Soldaten anvertraut hat, die den Auftrag haben, die päpstliche Gesandtschaft zu schützen. Diese soll in der Abtei mit Michael, dem Ordensgeneral der Minoriten-Franziskaner, zusammentreffen, ein Orden, dessen Erklärung von 1322, in der die Armut Christi betont wurde, dem an Geld interessierten Papst mißfallen und deshalb dem exkommunizierten Kaiser gefallen hatte. Gui gelingt es, in den unteren Rängen des Klosters einige Ketzer zu enttarnen, und er reist zufrieden ab, obwohl das Verbrechen nach wie vor tobt. «Bernard ist nicht an der Entdeckung des Schuldigen interessiert», sagt William wehmütig, «sondern daran, die Angeschuldigten zu verbrennen. Während ich im Gegensatz dazu den größten Genuß daraus beziehe, einen hübschen, komplizierten Knoten zu entwirren.»

Zweifellos waren es jene, die Geschichtsunterricht, in farbenprächtige Prosa verpackt, schätzen, die im Verein mit den Krimiliebhabern das internationale Publikum für diesen Roman haben anschwellen lassen. Als Beispiel für blutigen Aufruhr und funkelnde Fäulnis, für grausamsten Zynismus in einträchtiger Gemeinschaft mit übertriebener religiöser Inbrunst bleibt, wie Barbara Tuchman vor kurzem und vor ihr Jacob Burckhardt und Johan Huizinga nachgewiesen haben, das 14. Jahrhundert unendlich faszinierend. Ein brandheißes Thema der damaligen Zeit war, wie dem «Namen der Rose» zu entnehmen, Christi Armut und demzufolge auch die Armut der inzwischen für ihren Reichtum und ihre Korruption berüchtigten Kirche. Die Franziskaner waren Teil einer weitgespannten Protestbewegung, der auch ketzerische Sekten wie die Fraticelli und die Brüder des armen Lebens angehörten, die sich von den Franziskanern abspalteten und sich ausschließlich vom Betteln ernährten, sowie die noch radikaleren Pseudoapostel von Gherardo, der die Mißachtung der Gesetze über Privateigentum predigte und Ehegelübde nicht mehr gelten ließ. Fra Dolcino, ein Jünger Gherardos, gründete eine umherziehende Gruppe, die freie Liebe und Banditentum praktizierte und auf die vollständige Zerstörung der Kirche aus war. Als bei Bernard Guis Befragung der Kellermeister des Klosters bekennt, ein Dolcinianer gewesen zu sein, schreit er:

> «Wir zogen plündernd und brandschatzend durch das Land, weil wir die Armut zum allgemeinen Gesetz erhoben hatten und weil wir das Recht besaßen, uns den unrechtmäßigen Reichtum der anderen anzueignen, wir wollten das giftige Unkraut der Habgier, das sich von Sprengel zu Sprengel verbreitete, ein für allemal ausrotten mit Stumpf und Stiel... Wir töteten, um zu strafen, um durch das Blut die Unreinen abzuwaschen, wir waren ergriffen von einem vielleicht zu starken Gerechtigkeitsstreben... wir waren das Schwert des Herrn und mußten auch Unschuldige töten, um euch alle töten zu können so schnell wie möglich, denn es war Eile geboten, wir wollten eine bessere Welt errichten, eine Welt in Frieden und Freundlichkeit, eine Welt, in der alle glücklich sind, wir wollten den Krieg vernichten, den ihr mit eurer Habgier in die Welt gebracht habt, und ihr wollt uns vorwerfen, ihr ausgerechnet, daß wir in unserem Kampf für Glück und Gerechtigkeit zwangsläufig auch ein bißchen Blut vergießen mußten?»

Die Parallele zur Rechtfertigung des modernen Terrorismus, unter dem Italien mehr als alle anderen westlichen Nationen zu leiden hatte, ist ebenso deutlich wie die verstohlene Anspielung auf Papst Johannes XXIII., die weiter oben angeführt wurde. Eco betont den revolutionären Impuls, der im Ketzertum steckt, und die erdrückende Armut der «Einfachen», die hinter diesem Impuls steckt: William von Baskerville sagt zu dem konservativen Abt, der Edelsteine liebt: «Ich wage die Behauptung, daß viele dieser Ketzereien, und zwar unabhängig von den Lehren, die sie verkünden, bei den einfachen Leuten deswegen so erfolgreich sind, weil sie diesen Menschen die Möglichkeit eines anderen Lebens vorzeichnen.» Und doch erschreckt ihn der Ausbruch radikaler Begeisterung bei dem Kellermeister und dessen Lust nach Reinheit. Als Adson ihn fragt: «Was erschreckt dich am meisten an der Reinheit?», antwortet William: «Die Hast.» Damit klingt er genau wie die Stimme des modernen Liberalen, der zwischen den staatstragenden Kräften und den wenig ansprechenden Möchtegern-Umstürzlern wie gelähmt ist.

Obwohl Kleriker und kaiserlicher Gesandter, wird William von Baskerville als Vorläufer des modernen Menschen eingeführt. Er trägt beim Lesen eine Brille, entwickelt einen Magneten und versteht es, eine weitere brandneue Erfindung, eine Gabel, zu gebrauchen. Er ist ein intellektueller Gefolgsmann des Empiristen Roger Bacon und des Nominalisten Wilhelm von Ockham, die er beide in Oxford kennengelernt hat, wo man ihm, wie ihm Jorge von Burgos vorwirft, beigebracht hat, die Vernunft anzubeten. Er erwartet sich eine Zukunft, in der «die Gemeinschaft der Gebildeten diese neue menschliche Theologie vertreten wird, die in Naturphilosophie und positiver Magie besteht». Gleichwohl beteiligt er sich eifrig an der mittelalterlichen Diskussion mit ihrer verwirrenden Mischung aus träger Analogie, scholastischer Primitivlogik und ehrfürchtigem Zitieren aus der Bibel und den heiligmäßigen Kommentatoren. Ecos Bild des intellektuellen Lebens im Spätmittelalter ist einer der großartigsten Aspekte in diesem großartig gearbeiteten Buch; während wir dazu neigen, uns ein graues monochromes Bild wie jenes der Kalksteinkathedralen aus dieser Zeit vorzustellen, liefert er uns einen Schuß jener hochintelligenten Debatte über Themen, die nach wie vor von fundamentaler Bedeutung sind, und das in grellen Farben, die er aus inzwischen verblaßten Quellen wie der apokalyptischen Offenbarung des hl. Johannes und den *Coena Cypriani* nimmt, einer Art Untergrund-Witzbuch in Versen, das unter der strengen Oberfläche der Orthodoxie gedieh und deren Bilder auf den Kopf stellte. Eco gelingt es sogar, uns mit einer Sexszene zu verwöhnen, die mit Zitaten aus dem Hohen Lied Salomons verziert ist. Nachdem Adson von einem jungen Bauernmädchen aus dem nahe gelegenen Dorf verführt worden ist, wird er zu der nachfolgenden edlen philosophischen Untersuchung über das Wesen der Liebe veranlaßt:

Mein Verstand erkannte sie als einen Herd der Sünde, mein Sinnendrang erfühlte sie als einen Inbegriff aller Anmut... Zur Rechtfertigung meiner damaligen unverantwortlichen Leidenschaft kann ich heute sagen, und zwar mit den Worten des Doctor Angelicus, daß ich unzweifelhaft verliebt war... *et amor est magis cognitivus quam cognitio*... Und ich glaube, daß es in jener Nacht die begehrliche Liebe gewesen war, als ich von dem Mädchen etwas gewollt hatte, was ich niemals zuvor besessen, während ich an jenem Morgen nichts mehr von ihr begehrte und nur ihr Bestes wollte, ja mir sehnlichst wünschte, daß sie glücklich sei...

Dennoch kann man nicht sagen, daß uns Umberto Eco ins Mittelalter eintaucht, wie beispielsweise Zoé Oldenbourg und eine ganze Reihe unbedeutenderer Autoren historischer Romane das versucht haben. Wir sind uns immer eines Spiels bewußt – gerade die Üppigkeit der ausgebreiteten Bildung erinnert uns notwendig daran –, das Spiel eines distanzierten, sehr zeitgenössischen Kopfes, der über die spiegelnden Oberflächen seiner zerbrechlichen Erfindung gleitet. Das Buch ist im Grunde semiotisch, eine glitzernde Ansammlung von Zeichen mit einer leeren Mitte – oder genauer gesagt, bildet die Büchergelehrtheit, an die uns Dutzende gelehrter Anspielungen erinnern, das Zentrum des Buches. Das Vorwort besteht aus einer elaborierten Bibliographie. Bereits der erste Satz betont das Primat des Wortes. Das entscheidende Rätsel hat mit der Klosterbibliothek, der Handschriftensammlung und einem bestimmten, dort aufbewahrten Band zu tun. «Wir versuchen hier zu verstehen», erläutert William, «wie es den Menschen ergangen ist, die zwischen, mit und von Büchern gelebt haben.» Für William war, wie Adson feststellt, «jedes Buch wie ein Fabelwesen, das er in einem fernen Land traf». Er ist semiotischer Gelehrter vor seiner Zeit und sagt zu Adson: «Bücher werden nicht geschrieben, damit man ihnen glaubt, sondern um untersucht zu werden. Wenn wir uns ein Buch vornehmen, dürfen wir uns nicht fragen, was es sagt, sondern was es bedeutet.» Borges' schöne Parabel von der «Bibliothek von Babel» ist hier mit Hilfe des mittelalterlichen Glaubens, daß *«omnis mundi creatura, quasi liber et scriptura»* – «jedes Geschöpf in der Welt zugleich ein Buch und eine Schrift ist», ins Monströse erweitert. Eine Welt, die vollständig aus Zeichen zusammengesetzt ist, nutzt sich allerdings rasch ab: Die mittelalterliche Wahrscheinlichkeit wird arg strapaziert, wenn Eco seinen frommen jungen Erzähler vorsichtig an einen klaren Atheismus des ausgehenden 20. Jahrhunderts heranführt. «Wie aber kann ein notwendiges Sein existieren, ohne völlig mit dem Möglichen befleckt zu sein?» muß Adson fragen. «Welcher Unterschied besteht dann noch zwischen Gott und dem Chaos vor der Welterschaffung? Läuft eine Bestätigung von Gottes unumschränkter Allmacht und seiner vollkommenen Freiheit in der Wahl seiner Entscheidungen nicht notwendig auf den Beweis hinaus, daß Gott nicht existiert?» Als alter Mönch, der dem Tod entgegengeht, bereitet er sich darauf vor, in einen Gott zu sinken, der «das lautere Nichts» ist, eine «stumme, unbewohnte Göttlichkeit, in der es keine Arbeit und kein Bild gibt». Selbst gesetzt den Fall, daß das Zeitalter des Glaubens in seinem Denken und Mystizismus einige Kühnheit zeigte und wie das unsere vom Nichts verfolgt war (der hl. Thomas begreift Gott zum Beispiel fast ausschließlich in dem, was er *nicht* ist), wirken diese würdevollen stoischen Überlegungen bei unserem Mönch des 14. Jahrhunderts doch, als wären sie ihm von weit her aufgenötigt – von der Universität von Bologna, um genau zu sein.

Ein Krimi ist von allen Romanen der papierenste, weil sein Personal umgebracht und seine Rätsel angelegt werden, um entwirrt zu werden. Wie Eco mit Bezug auf Fleming festgestellt hat, scheint ein Krimi «auf einer Reihe von Gegensätzen aufzubauen, die eine begrenzte Zahl von Vertauschungen und Interaktionen erlauben». Der Vertrag zwischen dem Autor und dem Leser ist eindeutig formuliert; nach der hermeneutischen Verzögerung «findet alles seine Ordnung, kann der Satz enden», wie Barthes schrieb. Doch ist die Auflösung von derart begrenzten Rätseln mit einem plötzlichen Entweichen von Luft verbunden, und ein Roman, der so aufgebaut ist, scheint bei weitem bescheidener zu schließen, als er es in seinem Verlauf war. Der Leser glaubt sogar ein Recht darauf zu haben, daß er vollständig verschwindet; die Fans von Agatha Christie hoffen auf das vollständige Vergessen, weil sie dann ihre Bücher alle wieder von vorn zu lesen beginnen können. Ich bin (anders als der angesehene Bostoner Kritiker Robert Taylor) nicht der Meinung, daß «Der Name der Rose» als historische Untersuchung ohne die eingebaute Mordhandlung besser gewesen wäre; der Krimi hilft uns durch die ganze historische Anlage. Doch ist ein Code einmal geknackt, bleibt nichts weiter als eine Zierleiste. Wenn dieser Roman erst einmal an sein Ende gekommen ist, wirkt er winziger und spielzeughafter, als er geplant war, wenn man die große Menge an leidenschaftlichem Geist und Gelehrtheit bedenkt, die in seine Seiten eingegangen ist.

Henry James wollte nichts wissen von der «verhängnisvollen *Schäbigkeit*», der «reinen *Taschenspielerei*» des historischen Romans; wenn wir uns nach dem exotischen Abenteuer in «Der Name der Rose» nach etwas sehnen, das James das «spürbare, gegenwärtige *Vertraute*, in dem es wie eine Antwort klopft» nannte, können wir uns an eine keine verläßlichere Vermittlerin von Vertrautheit als an Iris Murdoch halten, deren neuer Roman «The Philospher's Pupil» (Der Schüler des Philosophen) zu ihren umfangreichsten und besten gehört. Er beginnt mit einem Wirbelwind an Auseinandersetzung zwischen Ehemann und Ehefrau, und sein erster Absatz bringt die lebendigste Beschreibung einer Autofahrt im Regen – ein «spürbares, gegenwärtiges» Gefühl par excellence –, die ich je gelesen habe:

> Wenige Minuten vor seinem geistigen Aussetzer (oder was immer es war) hatte George McCaffrey Streit mit seiner Frau. Es war elf Uhr an einem regnerischen Märzabend. Sie hatten George' Mutter besucht. Jetzt fuhr George das Ufer entlang, nahm die Abkürzung den Kanal entlang und an der eisernen Fußgängerbrücke vorbei. Es regnete heftig. Der bösartige Regen hämmerte wie ein Geschoßhagel auf das Auto. Er trieb in

schrägen Schauern überfallartig auf die Windschutzscheibe und machte in Sekundenschnelle die hektische Arbeit der Scheibenwischer zunichte. Kleine dämonenhafte Gesichter bildeten sich aus den rasenden Regentropfen und verschwanden wieder. Das zuckende gelbe Licht der Straßenbeleuchtung erhellte die grauen Atome des Unwetters und zersplitterte auf dem regenüberschwemmten Glas in überraschende Sterne. Während es auf dem Kopfsteinpflaster dahinrumpelte, summte und brummte das Auto.

Diese Beschwörung kann als typisches Beispiel für Miss Murdochs Magie gelten, wenn sie funktioniert: die knappen, aufeinanderfolgenden Sätze, unter denen sich kaum ein Nebensatz befindet, führen zu den wunderbaren «kleinen dämonenhaften Gesichtern», die sich «aus den rasenden Regentropfen» bilden, um uns daran zu erinnern, daß nicht alles so einfach, schlüssig und atemlos ist, wie es scheint – daß hinter dieser hetzenden Wirklichkeit eine hochsymbolisch arbeitende Intelligenz thront. In mittlerweile einundzwanzig Romanen hat diese Schriftstellerin in ihrer Phantasie und in der sie umgebenden Welt nach philosophischem Gold geschürft. In einer postreligiösen Zeit schreibt sie mit ungewöhnlichem Interesse und Wissen über Geistesanstrengungen, die sich an der Schnittstelle entzünden, wo die menschliche Wahrnehmung aus Regentropfen Dämonen werden läßt.

Das streitende Paar sind George und Stella McCaffrey; die McCaffreys – Alexandra, das sechzigjährige Oberhaupt dieser reichen Familie; ihre beiden Söhne George und Brian, die Mitte vierzig sind; Tom, der zwanzigjährige Sprößling von Alan, Alexandras verstorbenem Ehemann, und einer inzwischen ebenfalls gestorbenen Ausreißerin namens Fiona Gates; sowie Adam, der achtjährige Sohn von Brian und seiner Frau Gabriel – bilden den Mittelpunkt einer Saga, zu der so viele weitere Figuren gehören, daß sie allein schon die gesamte Bevölkerung von Ennistone, einer kleinen englischen Stadt «nicht so furchtbar weit weg von London», auszumachen scheinen, in der die Handlung während eines sehr regen Zeitraums von drei Monaten stattfindet. Die zusammengedrängte Handlungsdauer, der Trick mit einem verschwindenden und wieder auftauchenden Ich-Erzähler, der mehr weiß, als er wissen kann, und die Hervorhebung einer bestimmten Familie und einer Stadt in der Provinz erinnern ein wenig an Dostojewskis späte Romane. Falls Miss Murdoch diese bewußt wiedergelesen hat, dann ist das ein glücklicher Schachzug; die Theatralik des Russen, sein wilder Humor, seine verwirrte spirituelle Not entsprechen ihr vollkommen. Wie Dostojewski interessiert sie sich für den Einfluß, den Menschen auf andere haben – den *Bann*; wie wir in den Köpfen der anderen herumspuken; die Veränderungen in der Gravitation, wenn spirituelle Körper mit ihrer ichbezogenen Umlaufbahn aneinandergeraten.

Das auslösende Ereignis in «The Philosopher's Pupil» besteht in der Rückkehr von Professor John Robert Rozanov nach Ennistone. Nach einer bescheidenen Jugend in einem der weniger angesagten Viertel der Stadt hat er sich in der Welt draußen einen Ruf als Philosoph und in Amerika, wo er lehrt und Vorlesungen hält, auch einiges Vermögen erworben. Mit ihm ist seine Enkelin Hattie Meynell und deren Gesellschafterin Pearl Scotney gekommen, die, wie es der Zufall will, die Halbschwester von Alexandras ehrwürdigem Mädchen Ruby Doyle und Cousine von George McCaffreys langjähriger Geliebten Diane Sedleigh ist; Rozanov bringt Hattie und Pearl in Slipper House unter, einer eleganten kleinen Art-déco-Residenz auf Alexandra McCaffreys Liegenschaften, und in einem seltsamen Eifer, für seinen siebzehnjährigen Schützling einen angemessenen Gefährten zu finden, entscheidet er sich für den glücklichen und unschuldigen Tom McCaffrey. In der Zwischenzeit ist der leidenschaftliche, von Dämonen gehetzte George von Rozanov, dessen wenig erfolgreicher Schüler er einst war, maßlos besessen – mit einer dieser jüngerhaften Obsessionen, wie sie Iris Murdochs Figuren quälen und die alle aus einer ursprünglichen Leidenschaft der Schülerin für den Lehrer herzurühren scheinen. John Roberts olympische Gleichgültigkeit wurmt George bis an die Grenze mörderischer Raserei. Der Titel des Romans ist, nebenbei gesagt, mehrdeutig:

Obwohl es den Anschein hat, als könnte George mit dem meisten Recht den Rang des Schülers aus dem Titel beanspruchen, hat auch seine Frau Stella bei Rozanov studiert, und zwar mit mehr Erfolg; und Pater Bernard Jacoby, ein ungläubiger anglikanischer Priester, erklärt in einem Brief: «Ich war sein letzter Schüler, und ich bin bei der Prüfung durchgefallen.» Und in einer komischen Wendung taucht zum Schluß ein ausgezeichneter jüngerer Schüler Rozanovs in Ennistone auf, der Amerikaner Steve Glatz, und schleppt den Hauptpreis der Stadt, die reiche und schöne Anthea Eastcote ab, die Großnichte des heiligmäßigen Quäker-Philanthropen William «Die Eidechse» Eastcote – der, wie man noch wissen muß, der ersten von mehreren fliegenden Untertassen ansichtig wird, von denen im Roman berichtet wird. Eine weitere erwähnenswerte Figur ist Emmanuel «Emma» Scarlet-Taylor, Toms androgyner junger irischer Freund, ein hochintelligenter Student, der Historiker werden will, aber von Pearl Scotney und seinem eigenen großartigen, sehr hohen Tenor abgelenkt wird. Der versteckspielende Erzähler nennt sich selber «N» und gibt auch der Stadt seinen Namen –«Ns Town», Ennistone. Er ist, wie wir allmählich erfahren, in mittleren Jahren, unverheiratet, hat etwas von einem Voyeur und ist Jude. Auch Stella McCaffrey, Pater Jacoby und, wie man vermuten darf, Steve Glatz sind ebenfalls Juden. Jedenfalls reichlich Handlung. Es gibt noch viel mehr davon, und alles ist aufs aufwendigste aus Miss Murdochs makellosem und offenbar mühelos bestückten Fundus an Gesichtern, Kostümen und Frisuren, an möblierten Räumen und architektonischen Fassaden, an persönlichen und heimatkundlichen Geschichten, an herrlich individuellen Kröten in botanisch jeweils unterschiedlich angelegten Gärten ausstaffiert. Sie verfügt über die glücklichste Phantasie in der englischsprechenden Welt, kennt keine Furcht und ist immer neu, gleich, ob sie eine homosexuelle Initiation beleuchtet oder eine Musikstunde, eine Quäkerversammlung oder den übersteigerten Wahnsinn eines Mörders, den Eindruck, den ein Hund von einem Fuchs hat oder den Traum einer alten Frau, die die Enteignung fürchtet.

Der Rezensent fand «The Philosopher's Pupil» packender und befriedigender als die vorangehenden, gleichermaßen wirkungsvollen und kundigen Romane von Miss Murdoch, die er in letzter Zeit gelesen hat – «Uhrwerk der Liebe» und «Nuns and Soldiers» (Nonnen und Soldaten). Warum? Zum einen, weil die Liebe hier einmal Urlaub erhält, oder jedenfalls teilt sich romantische Vernarrtheit hier mit anderen dampftreibenden Leidenschaften den Antrieb der Figuren. Eine Art freundlicher Treibsand bedeckt diese kleine Industriestadt mit ihrer «lebendigen, weit zurückreichenden puritanischen und nonkonformistischen Tradition». Abseits der verträumten Türme Oxfords und der grünen Plätze Londons legt Miss Murdoch einen erfrischenden Zugriff auf die schlichte Unerfreulichkeit an den Tag. Mit George McCaffrey hat sie einen faszinierend ekelhaften Mann geschaffen – eingebildet, enttäuscht, durcheinander, tobend und zerstörerisch mit einer Selbstgefälligkeit, wie sie wahrscheinlich nur einem Engländer zu Gebote steht. Sein Bruder Brian ist gesünder, aber ansonsten keine gewaltige Bereicherung, und auch der tyrannische, füllige John Robert Rozanov ist keine sehr ansprechende Erscheinung. Wenn wir Georges wahnsinniges Verlangen, Rozanov zu beeindrucken, oder Stellas zurückhaltende Loyalität ihrem grausamen, verlotterten Gefährten gegenüber nicht als Liebe verstehen wollen, spielt erotische Leidenschaft bis etwa zur Romanmitte keine besondere Rolle, und auch dann nur in der ironischen Form einer ritterlichen Suche, die direkt allegorisiert wird. Bis dahin und auch in der weiteren Folge befinden wir uns fest im Griff einer Art Krimihandlung, in der die Frage nicht «Wer war's?» lautet, sondern «Was hat er getan?». Hat George versucht, Stella umzubringen? Und das psychologische Rätsel, das die Autorin sich selber zu untersuchen aufgibt, ist nicht das des amourösen Affekts, sondern das der widerlichen und unkorrigierbaren menschlichen Zerstörungslust. Mit einem Wort hat Miss Murdoch ihrer dunkleren Seite mehr Freiheit gewährt und ihren allgemeinen und klugen Ansichten über die Menschennatur etwas Luft gelassen jenseits des Dogmas von der Allmacht der Liebe. «Der Triumph der Aphrodite» heißt ein

Maskenspiel, für das im Roman geprobt wird, deren Aufführung dem Leser aber erspart wird.

Außerdem hat sie in dem gründlich und liebevoll entwickelten Setting von Ennistone ihren unbeständigen geistigen Dramen eine feste Bühne bauen können. Die Stadt ist bekannt wegen ihrer berühmten, alten heißen Quellen. Das Wasser, das seit der Römerzeit bekannt ist und angeblich medizinische und aphrodisische Wirkung hat, wird in mehrere Teiche und viktorianische Anlagen mit dem Namen «The Bath Institute» geleitet. Fast alle Einwohner von Ennistone gehen das ganze Jahr über schwimmen. Die Versammlungen und Begegnungen der Figuren an diesem wäßrigen Forum, wo sie fast nackt herumstehen wie die Gestalten auf einer von Dantes Strafterrassen, ergeben ein immer wieder nachwirkendes Bild – als wären da Seelen und nicht die Körper zusammengekommen. Mit einem künstlerisch geschulten Auge und ihrem theatralischen Instinkt kann Miss Murdoch Tableaux und bedeutungsvolle Kulissen entwerfen. Wenn während eines improvisierten Festes vor dem Slipper House ein betrunkener Emma den Deckel von seiner verborgenen Gabe nimmt und singt, erstarrt die Menge wie ein Heer bei Malory: «Und sie standen, wie sie waren, unbewegt wie Statuen, manche sogar in der Haltung, in der die Musik sie überrascht hatte, kniend oder mit einer erhobenen Hand.» Mit ihrem beständigen Dampf und dem Grollen, das aus einer unergründlichen Quelle im Boden dringt – gewissermaßen das Unbewußte der Erde –, liefern die Bäder von Ennistone für die Dämpfe und Tricks des Romans ein heißes Zentrum, das putzig und doch unerschütterlich real ist. In der Rolle des suchenden Ritters steigt Tom in das der Allgemeinheit verschlossene Herz der Bademaschinerie hinab, eine «Masse schimmernder Rohre», manche sehr klein, andere riesenhaft... eine Vergoldung in mattem Silber, ein sehr, sehr bleiches Gold, und überzogen mit winzigen Tröpfchen Feuchtigkeit, die da und dort wie Diamanten glitzerten». Wir sind gefesselt und erkennen gleichzeitig die Höhle des symbolischen Drachen und das pragmatische Staunen über die viktorianischen Installationen. Wasser bildete in Miss Murdochs Werk schon häufig das äußere Symbol für die Kraft der Liebe, die uns überschwemmt und überwältigt; indem sie diese Kraft im Zentrum ihrer Stadt unterbringt, hat sie es gezähmt und in feste Bahnen gelenkt und das Symbol noch verstärkt. Alles fügt sich zusammen; das Mobiliar des Romans wird mit Atmosphäre illuminiert und fungiert gleichzeitig als Ding und als Zeichen. Als gegen Ende ein UFO herabstößt und eine Figur blendet, kommt uns das gar nicht wie ein Spleen vor; wir wissen inzwischen, was gemeint ist und wie solche Dinge geschehen. «Die Innenwelt ist die Außenwelt, die Außenwelt ist die Innenwelt: eine alte Geschichte, doch wer verstünde sie tatsächlich?»

Natürlich lassen sich wie bei jeder freien und großzügigen Arbeit Schwächen entdecken. In einem Feld von dermaßen panoramischer Breite reifen vielleicht nicht alle Figuren so wie vorgesehen. Adam und sein Hund Zed schmoren schnell weg; Ennistones zahlreiche «schlaue junge Dinger» leisten kaum mehr, als daß sie das Bild aufblähen. Obwohl Pater Bernard von der Person, die die Seite «And Bear in Mind» (Achten Sie auf...) in der *New York Times Book Review* schreibt (denn dieser Roman war kein Bestseller), für die Hauptfigur gehalten wurde, ist der Priester in Wirklichkeit fadenscheinig und ein Opfer der Neigung von Miss Murdoch, sich halbverrichteter Dinge neuen Angaben zuzuwenden und in ihren Gärten Vogelscheuchen aufzustellen. Während eines Stromausfalls betreut dieser ungläubige, aber mitleidige Kleriker eine Miss Dunbury, die dem Tode entgegengeht, Angst hat und so gut wie taub ist; damit sie seine rituellen Tröstungen lesen kann, läßt er sie eine Taschenlampe auf seine Lippen richten. Welches Pathos, welche Furcht hätten Bernanos oder Graham Greene oder sogar, in seiner abgehackten Art, Evelyn Waugh aus einem solch inspirierten Tableau herausholen können! Hier aber rauscht es vorbei und wirkt auch noch manieriert. In einer späteren Szene trifft man den Priester, der zu Scott Joplins «Sugar Cane» meditiert. Obwohl er denkt: «Aber, ach, das Verlangen nach Gott, das Verlangen, das Verlangen», interessieren wir uns für «Sugar Cane» und nicht für Gott. Willkürlich wird der Priester damit betraut, die offenkundige Moral des

Romans zu formulieren, und er tut es in einem Brief aus dem griechischen Exil: «Metaphysik und Geisteswissenschaften werden durch das *Eindringen von Ethik in das alltägliche Verhalten im gewöhnlichen Leben* unmöglich gemacht: Das Begreifen dieser Tatsache ist *Religion*.»

Seit langem versucht Miss Murdoch, die Religion vor einem intellektuell nur peinlichen Theismus zu retten. Ein geköpftes Huhn mag ja noch eine Zeitlang herumflattern, aber es legt keine Eier mehr; ein gottloses Christentum ist nicht wesentlich lebensfähiger. Und doch hört sie nicht auf, uns atheistische Priester und Nonnen zu liefern und geduldig die feinen Schattierungen von Unglauben und Abtrünnigkeit zu verzeichnen – John Robert Rozanov ist ein reuelos abgefallener Methodist, Diane Sedleigh geht zwar in die Kirche, ist aber eine ungläubige Anglikanerin, für Brian McCaffrey trifft als Quäker das gleiche zu, Emma ist ein irischer Anglikaner, der die Katholiken ein bißchen beneidet und so weiter. In alldem ist etwas Verdünntes, Verschwommenes, Kokettes, und das hat so gestrenge postchristliche Kritiker wie George Stade empört. Doch mir kommt ihre Wiedergabe dieser matten religiösen Zwischentöne realistisch vor; für einen Wortkünstler reichen sie ziemlich nah an das heran, was Graham Greene vor bald vierzig Jahren formuliert hat:

> Nach dem Tod von Henry James brach eine Katastrophe über den englischen Roman herein... Denn mit James' Tod war im englischen Roman der Sinn für das Religiöse verlorengegangen, und mit dem Sinn für das Religiöse verlor sich auch der für die Bedeutung des menschlichen Tuns... Selbst bei einem der materialistischsten unserer großen Romanciers – bei Trollope – haben wir das Bewußtsein einer anderen Welt, die die Taten des Handlungspersonals deutlich hervortreten läßt. Der linkische Priester, der mit seinen schwarzen Stiefeln durch den Dreck watet, ungeschickt mit seinem Schirm hantiert, von seinem elenden Einkommen spricht und stotternd seinen Heiratsantrag loswird, verfügt über eine Existenz, wie sie Mrs. Woolfs Mr. Ramsay niemals eignet, weil uns nämlich bewußt ist, daß

er nicht nur für die Frau existiert, der er den Antrag macht, sondern auch vor Gottes Angesicht. Seine Bedeutungslosigkeit in der Welt der Sinne findet nur einen Ausgleich in seiner ungeheuren Bedeutung in einer anderen Welt.

«The Philosopher's Pupil» hat eine erstaunliche Ähnlichkeit mit einem frühen Roman von Iris Murdoch, mit der «Flucht vor dem Zauberer». Dort steckt der Philosoph mehr in der Widmung (an Elias Canetti) als im Titel; doch handeln beide von minderjährigen Frauen, die zum ersten Mal die Liebe erleben, und dem Zauber, der von einer charismatischen Schamanen- oder Vaterfigur auf eine Gruppe von Personen ausgeübt wird. Die Handlung der beiden Romane hat kleine Dinge gemeinsam: Zigeuner, geschnitzte Netsuken, Füchse – der Zauberer heißt Mischa Fox, und auf dem Grundstück von Alexandra McCaffrey treibt sich eine wunderbar realistisch dargestellte Fuchsfamilie herum. Wenn man diese beiden Bücher mit all ihrer Ähnlichkeit liest, überrascht einen die glitzernde Präzision, über die die jüngere Autorin verfügte, ein unbeschwerter Sinn für das Absurde, der uns daran erinnert, daß Miss Murdoch in den Tagen von Waugh und Huxley und Rose Macaulay und Nancy Mitford groß wurde, daß sie sich die ersten Sporen mit einem Prosastil verdiente, der sich in ungestümer Intelligenz und besseren Pamphleten äußerte. Bei der späteren Murdoch fehlt einem diese flotte weibliche – ja sogar feministische Schärfe, denn «Die Flucht vor dem Zauberer» handelt tatsächlich von weiblichen Rebellionen – und der nichttheoretischen, «spürbare, gegenwärtige» Biß in den Amouren der Heldinnen. Hattie Meynell in «The Philosopher's Pupil» lebt in Auseinandersetzungen auf, ist in der Liebe aber beinah ohne Worte, ist eher das untätige Objekt einer Suche, als daß sie selbst sich auf die Suche machte. Männer haben die Macht im Zentrum der Romane von Miss Murdoch übernommen – genau das Gegenteil dessen, was in den Romanen von Henry James passierte –, und die weniger aufregenden Seiten durchweht ein gewisser schwerer Geruch, ein Geschmack wie von den Zigarren nach dem Essen vom Vorabend. Doch alles in allem übertrifft der spätere Roman den früheren bei weitem, ein Buch, so groß wie das Leben selbst, so umfassend und so bunt, daß sich kaum zwei Menschen finden werden, die in ihm die gleiche Geschichte lesen. *Omnis mundi creatura, quasi liber et scriptura:* Ein Buch, das dermaßen überreich ist, verlangt eine Umkehrung der Gleichung.

Trostlos

Gabriel García Márquez, «Die Erzählungen». Aus dem kolumbianischen Spanisch von Curt Meyer-Clason. Kiepenheuer & Witsch, Köln 1990.

Der Verlag Harper and Row, der Gabriel García Márquez in den Vereinigten Staaten bis zu seinem jüngsten Buch «Chronik eines angekündigten Todes» veröffentlicht hat, bringt jetzt die gesammelten Erzählungen des Nobelpreisträgers heraus. Die Veröffentlichungsgeschichte dieser 26 Geschichten wird nicht übermäßig deutlich gemacht, obwohl mit einer «Notiz des Verlages» immerhin ein Versuch unternommen wird, in dem es kurz heißt: «Sie werden jetzt in einem Band in der chronologischen Reihenfolge ihrer ursprünglichen Veröffentlichung in spanischer Sprache veröffentlicht und stammen aus den drei Kurzgeschichtenbänden ‹Augen eines blauen Hundes›, ‹Das Leichenbegängnis der Großen Mama› und ‹Die unglaubliche und traurige Geschichte von der einfältigen Eréndira und ihrer herzlosen Großmutter›.» Um die Verwirrung noch zu vermehren, wurden die ersten beiden Sammlungen hierzulande in umgekehrter Reihenfolge übersetzt und veröffentlicht, und zwar mit anderen Titeln; die Geschichten aus «Augen eines blauen Hundes» zusammen mit der Novelle «Laubsturm» als «Laubsturm und andere Geschichten» 1972, und jene aus «Leichenbegängnis der Großen Mama» 1968 zusammen mit der langen Erzählung «Der Oberst hat niemand, der ihm schreibt», die auch den Titel lieferte. Die beiden Titelgeschichten fehlen in den «Erzählungen», und obwohl jede Erzählung eine Jahreszahl trägt, sind wir nicht restlos von den Angaben überzeugt; eine, «Ein Tag nach dem Samstag», von der es auf dem Umschlag von «Der Oberst hat niemand, der ihm schreibt» hieß, sie habe 1955 einen kolumbianischen Literaturpreis gewonnen, ist hier auf 1962 datiert, ebenso wie alle

Geschichten, die dem Teil «Das Leichenbegängnis der Großen Mama» angehören.*

Aber egal: Die Erzählungen sind, was den Stoff angeht, imposant und aufrüttelnd und überzeugend und elegant in stilistischer Hinsicht. Für den Leser, der die Wunder von García Márquez' Meisterwerk «Hundert Jahre Einsamkeit» bereits ausgekostet hat, sind sie (nach dessen wunderbarem Vorläufer «Laubsturm») die nächstbeste Wahl. Sie sind – das Wort läßt sich nicht vermeiden – magisch, obwohl mir die Magie nicht bei jedem Kunstgriff gleichmäßig leuchtete und schwärzer vorkam, als ich erwartet hatte. Anders als einige seiner Interviews vermuten ließen, begann García Márquez nicht als realistischer Erzähler, der sich dann eine neue, nüchterne Methode der Phantasie eroberte. In einem Gespräch, das Peter Stone 1981 für *The Paris Review* mit ihm führte, schilderte er den Durchbruch:

> Ich hatte eine ungefähre Vorstellung von dem, was ich immer machen wollte, aber da fehlte noch etwas, und ich wußte nicht, was es war, bis ich eines Tages den richtigen Ton fand – den Ton, den ich schließlich in «Hundert Jahre Einsamkeit» verwendete. Er geht auf die Art und Weise zurück, wie meine Großmutter Geschichten erzählte. Sie erzählte Dinge, die übernatürlich und phantastisch klangen, doch sie erzählte sie vollkommen natürlich. Als ich schließlich den Ton entdeckt hatte, den ich verwenden mußte, setzte ich mich achtzehn Monate lang hin und arbeitete jeden Tag.

* Zur deutschen Veröffentlichungsgeschichte von Gabriel García Márquez: 1974 erschien «Das Leichenbegängnis der Großen Mama und andere Erzählungen», das die beiden späteren Bände sowie zwei frühere Erzählungen umfaßte. «Laubsturm» (1975) und «Der Oberst hat niemand, der ihm schreibt» (1976) erschienen jeweils mit der Bezeichnung «Roman». 1980 erschien, um die Verwirrung komplett zu machen, García Márquez' erster Erzählungsband «Ojos de perro azul» unter dem Titel «Die Nacht der Rohrdommeln» auf deutsch. Erst 1982 kam es zu einer Neuausgabe, die dann den korrekten Titel «Augen eines blauen Hundes» trug. (Anm. d. Ü.)

Der Ton war wie versteinert:

> Bei meinen früheren Versuchen, «Hundert Jahre Einsamkeit» zu schreiben, hatte ich versucht, die Geschichte zu erzählen, ohne an sie zu glauben. Ich merkte, daß ich nur an sie glauben mußte und sie mit dem gleichen Ausdruck schreiben mußte, mit dem meine Großmutter sie erzählte: mit versteinertem Gesicht.

Doch die erste der hier gesammelten Erzählungen, die García Márquez schrieb, als er erst neunzehn war, referiert mit dem charakteristischen Aplomp die Gedanken eines toten jungen Mannes, der in einem Sarg liegt:

> Sein Körper ruhte schwerfällig, jedoch friedlich, ohne jegliches Mißbehagen, als sei die Welt plötzlich stehengeblieben, als unterbräche niemand die Stille; als hätten alle Lungen der Erde aufgehört zu atmen, um nicht die leichtfüßige Ruhe der Luft zu unterbrechen. Er fühlte sich glücklich wie ein Kind, das im frischen, plattgedrückten Gras auf dem Rücken liegt und einer im Nachmittagshimmel davonsegelnden hohen Wolke nachblickt. Er war glücklich, obwohl er wußte, daß er tot war, daß er für immer in der mit Kunstseide ausgeschlagenen Totenkiste ruhte.

Die Gabe des reifen García Márquez, Dinge miteinander zu verknüpfen, seine Art, unwahrscheinliche Fäden miteinander zu verflechten und zu einem regelrechten Zopf zu bündeln, kann man in diesen Geschichten, die er als Student und junger Journalist schrieb, schon in voller Blüte erleben. Die darauf folgende Geschichte nimmt die Gedanken auf, die den Zwillingsbruder des toten Jungen bedrängen: «Die Vorstellung vom Leichnam seines Zwillingsbruders hatte sich in seinem Lebenszentrum festgesetzt.» Es findet sich hier soviel faulknersche Indirektheit, daß es schwer zu entscheiden ist, wer tatsächlich tot ist und wer es sich nur vorstellt; Pronomen geraten ins Schwimmen, und eine ganze Gruppe gruseliger Gefühle zuckt vorüber – als «der Tod ihm wie

Aschenfluß durch die Knochen zu eilen begann... Die Kälte seiner Hände nahm zu und ließ ihn die Gegenwart des Formols in seinen Arterien fühlen». Vielleicht ist der Vater all dieser eingesargten Jungen jener Leichnam, den das zehnjährige Kind am Anfang von «Laubsturm» sieht:

> Zum ersten Mal habe ich einen Toten gesehen... Ich hatte immer gedacht, Tote müßten einen Hut tragen. Jetzt weiß ich, daß sie keinen haben. Ich kann sehen, daß sie einen Kopf wie Wachs haben, und um das Kinn ist ein Taschentuch geknotet. Ich kann sehen, daß ihr Mund leicht offen steht, und daß man hinter den violetten Lippen fleckige, unregelmäßige Zähne erkennen kann... Ich kann sehen, daß sie die Augen viel weiter aufsperren als Lebende, wild und voller Angst, und daß ihre Haut aus straffer klammer Erde gemacht scheint. Ich hatte geglaubt, ein Toter würde ruhig und schlafend aussehen, jetzt weiß ich, daß er das Gegenteil ist. Ich kann sehen, daß er aussieht, als wäre er wach, wie in einem Anfall nach einem Streit ... Wenn ich feststelle, daß Fliegen im Zimmer sind, quält mich sogleich die Vorstellung, daß der [inzwischen geschlossene] Sarg sich mit Fliegen füllen könnte... Ich komme mir vor, als würde jemand zu mir sagen: *Auch du wirst eines Tages so sein. Du wirst eines Tages in einem Sarg voller Fliegen liegen. Du bist noch keine elf Jahre alt, aber eines Tages wirst du genau so aussehen, ein Opfer der Fliegen in einer geschlossenen Kiste.*

Die Vorstellung, lebendig tot zu sein, mit einem Bewußtsein, das sich in einem unbeweglich gewordenen Körper bewegt, ein allmähliches Sterben in der grellen Aufmachung des lateinamerikanischen Begräbnisses, das «chemische Abenteuer», «dieser Somnambulismus, in dem die Sinne ihren Wert verlieren», «eine sanftere, unkomplizierte Welt, in der alle Dimensionen ausgelöscht sind» – das alles beherrscht diese frühen Erzählungen mit ihrem unangenehm süßen Gestank der Frühreife, des nach außen gewandten pubertären Schreckens. Obwohl dieser geisterhafte Bereich in ein soziologisches Feld der geschlossenen Häuser und eingefrorenen Leben erweitert wird, ein geographisches Zwischenreich, in dem nur die bittere Vergangenheit das Denken belebt, kündigt sich hier in den ersten Ansätzen bereits García Márquez' großes Thema der aufgehobenen Bewegung an, das einhergeht mit einer sanften, dandyhaften Gleichgültigkeit gegenüber den Konventionen des Realismus.

Er wisse nicht genau, ob er Faulkner schon gelesen habe, als er seine ersten Prosaarbeiten schrieb, sagte er einem Interviewer: «Manche Kritiker haben vom literarischen Einfluß Faulkners gesprochen, doch mir kommt das wie ein Zufall vor: Ich hatte einfach ein Material entdeckt, das in der gleichen Art behandelt werden mußte, wie Faulkner mit ähnlichem Material umgegangen war.» Die Ähnlichkeiten sind bemerkenswert, und nicht nur in der Atmosphäre der von Klassengegensätzen beherrschten, schwermütigen Erstarrung, sondern in der Musik des obsessiven Umkreisens, einer gefangenen, aber nicht zu unterdrückenden faszinierten Empfindsamkeit; in Erzählungen wie «Jenseits» und «Carcassonne» taucht auch Faulkner in das Leben jenseits des Grabes hinab. Ein Autor, den der junge Kolumbianer tatsächlich las, war Kafka: «In der Universität in Bogotá lernte ich neue Freunde kennen und machte Bekanntschaften, die mich auf zeitgenössische Autoren hinwiesen. Eines Abends lieh mir ein Freund ein Buch mit Erzählungen von Franz Kafka. Ich ging zurück in die Pension, in der ich wohnte, und begann ‹Die Verwandlung› zu lesen. Die erste Zeile warf mich beinah aus dem Bett... Ich hatte nicht gewußt, daß irgend jemand überhaupt so schreiben durfte. Wenn ich das gewußt hätte, dann hätte ich schon vor langer Zeit mit dem Schreiben angefangen. Deshalb begann ich sofort mit eigenen Kurzgeschichten.» Eine Erzählung dieser ersten Sammlung entfernt sich aus dem surrealen Bereich und bewegt sch in die Umlaufbahn Hemingways. «Die Frau, die um sechs kam» zeigt uns ein beinah leeres Restaurant, reichlich schlichte Dialoge, eine Frau mit seltsamen Gewohnheiten, einen höflichen Barmann, einen Hauch krimineller Gewalt. Doch auch hier strömt die träge Flut des halben Todes herein und überschwemmt die Wirklichkeit: «Auf der anderen Seite der Theke konnte sie das Geräusch des frischen Fleisches, das in die siedende Butter fiel, nicht hören... Gesammelt, übermäßig gesammelt saß sie da, bis sie endlich blinzelnd den Kopf hob, als sei sie von einem sekundenlangen Tod zurückgekehrt.» Nonsens der düsteren Art nagt am Rand vieler Sätze, was uns beim Wiederlesen in die hoffnungslose Welt der klebrigen, verzerrten Zeit zu werfen droht:

> Und so sitzt sie seit zwanzig Jahren im Schaukelstuhl und flickt ihre Sächelchen, sie schaukelt sich, blickt zum Stuhl hinüber, als habe sie nun nicht mehr für den kleinen Jungen zu sorgen, der mit ihr die Nachmittage der Kindheit geteilt hat, sondern für den invaliden Enkel, der hier ist und in der Ecke sitzt, seit die Großmutter fünf Jahre alt war.

Räumliche Desorientierung kann in der unvorhersehbaren Prosa auch vorkommen:

> Darauf suchten wir drei uns in der Dunkelheit und fanden einander an den Gelenken unserer dreißig Finger, die sich auf der Theke angesammelt hatten.

Diese drei sind gerade erblindet, ihre Desorientierung hat also wenigstens eine gewisse Plausibilität. Anderswo wandert das Bewußtsein einer Frau unerklärlicherweise in das einer Katze und brütet insgesamt dreitausend Jahre über das Bedürfnis nach, eine Orange zu essen, und ein schwarzer Stalljunge, den ein Pferd getreten hat, liegt eine unendliche Zeit im Stroh, während er auf die Todesengel wartet und ein «kleines totes, einsames Mädchen», das gleichzeitig stumm und über dreißig zu sein scheint, immer wieder ein Grammophon aufzieht. Die Erzählung über den Stalljungen, «Nabo. Der Neger, der die Engel warten ließ...», schließt mit einem monströsen, immer weiter laufenden Satz, mit dem García Márquez bereits im Alter von dreiundzwanzig Jahren die Pranke seiner schriftstellerischen Kraft zeigt. Eine Methode zentrifugaler Enthüllung, bei der eine Anordnung von Bildern, die auf den ersten Blick absurd oder frivol wirken, sich allmählich zu einer gefrorenen, schwebenden Welt zusammenfügen, die wir als Schauplatz eines Gefühls, von Furcht oder Mitleid erkennen: Dies sollte die Schreibweise von «Hundert Jahre Einsamkeit» werden.

Die zweite, mittlere Gruppe von Erzählungen, die alle auf 1962 datiert sind, sind naturalistischer und bis auf die Titelgeschichte und «Ein Tag nach dem Samstag» * nicht in Macondo, sondern in El Pueblo angesiedelt – in «der Stadt», einer Stadt, die sich von Macondo vor allem durch den relativ direkten Stakkatostil unterscheidet, in dem sie geschildert wird. Offenbar wurde García Márquez von seinen linken Genossen für seinen üppigen Frühstil gescholten. In seinem Gespräch mit der *Paris Review* sagte er über diesen Abschnitt seiner Laufbahn: «Das war die Zeit, in der das Verhältnis von Literatur und Politik heftig diskutiert wurde. Ich bemühte mich immer, eine Brücke zwischen beidem zu schlagen. Mich hat Faulkner beeinflußt; danach war es Hemingway. Ich schrieb ‹Der Oberst hat niemand, der ihm schreibt›, ‹Die böse Stunde› und ‹Das Leichenbegängnis der Großen Mama›, die alle mehr oder weniger zur gleichen Zeit entstanden und vieles gemeinsam haben. Diese Geschichten finden in einem anderen Dorf statt als jenem aus ‹Laubsturm› und ‹Hundert Jahre Einsamkeit›. Es ist ein Dorf, in dem es keine Magie gibt. Es ist journalistische Literatur.» Ende der fünfziger, Anfang der sechziger Jahre lebte er im Ausland, in Europa, Mexiko und Venezuela; eine Zeitlang arbeitete er im New Yorker Büro von Castros Nachrichtenagentur Prensa Latina. Obwohl er sich mit einiger Begeisterung radikaler Themen annahm, wirkt «Das Leichenbegängnis der Großen Mama» kaum je politisch, wenn man von der überzeugenden Darstellung von Stagnation und Armut und der eher farcenhaften Verdammung des Imperiums der

* In der eine Figur ein Hotel betritt, das *Hotel Macondo* heißt. Auch treten viele weitere Bekannte – *Rebecca*, Pater Anthony Isabel, Oberst Aureliano Buendía – aus «Hundert Jahre Einsamkeit» in dieser Erzählung auf, obwohl García Márquez 1972 («The Yellow Trolley Car in Barcelona, and Other Visions» [Der gelbe Straßenbahnwagen in Barcelona und andere Visionen], *Atlantic Monthly*, January 1973) gegenüber William Kennedy behauptete, daß «‹Laubsturm› und ‹Hundert Jahre› in Macondo spielen, sonst nichts».

Großen Mama absieht. Diese Erzählungen sind in ihrer Stimmung heiterer, neigen mehr als die frühen zur Komik; die Unwirklichkeit bricht in den Schmutz ein wie hier die Hühner in diesen eingefärbten Satz: «Es war eine grüne, ruhige Stadt, in der die Hühner mit aschendunklen, langen Beinen ins Schulzimmer kamen, um unter dem Waschbecken Eier zu legen.» Es gibt eine neue aphoristische Lockerheit: «Sie zeigte die gewissenhafte Heiterkeit von jemand, die an Armut gewöhnt war»; «Sie war älter als er, hatte sehr bleiche Haut, und ihre Bewegungen hatten die sanfte Effizienz der Menschen, die an die Wirklichkeit gewöhnt sind.» García Márquez, der inzwischen in der Welt herumgekommen ist, betrachtet die Erinnerung an seine karibische Provinz aus einer gewissen urbanen Perspektive und bereitet sich darauf vor, sie in einen völlig eingeschlossenen Mikrokosmos, in eine Metapher, zu überführen. Die unheimliche Verwirrung des Konkreten mit dem Abstrakten, die den jungen Autor beschäftigte, sein Vorsatz, die schreckliche Unbestimmtheit im Schatten der Dinge in den Griff zu bekommen, vollzieht sich jetzt innerhalb von einzelnen geschliffenen Sätzen: «Wo die Erinnerungen an die vergangene Nacht noch im Sumpf seiner Kopfschmerzen trieben, wollte es ihm an diesem Morgen nicht gelingen, einen Punkt zu finden, an dem er mit dem Leben anfangen konnte»; «Als sie mit den Stämmen fertig war, wandte sich Mina Trinidad mit einem Gesicht zu, das in etwas Immateriellem zu enden schien».

Einige dieser Geschichten gehören zu García Márquez' besten. «In diesem Dorf gibt es keine Diebe», die längste davon, beschreibt mit autoritativem Einfühlungsvermögen das verwirrte, selbstzerstörerische Verhalten eines gutaussehenden, jungen Faulenzers namens Damaso und die Liebe, die ihm Ana, seine weit ältere Frau, entgegenbringt, sowie die Langeweile eines Dorfes, die sich betäubend bis zum Horizont erstreckt. Das Dorf verfügt über so wenig Freizeitmöglichkeiten, daß Damasos Diebstahl von drei angestoßenen Billardkugeln eine riesige soziale Lücke schafft; ohne sichtbare Anleihen beim Phantastischen wird eine verzauberte Umgebung beschworen, schäbig und unbewegt, doch voller Spannung. «Künstliche Rosen» zeigt, wie eine blinde Großmutter den Liebesgeheimnissen ihrer Enkelin auf die Spur kommt, und «Dienstag mittag» skizziert die Ankunft der Mutter eines erschlagenen Diebes in einer Stadt; beides sind kleinere Geschichten, doch, was Reinheit und Würde angeht, in der Handhabung ihres Themas nicht schlechter. «Balthazars wunderbarer Nachmittag», eine Parabel des Künstlertums, in der José Mantiel, der Dorfplutokrat, es versäumt, für den «schönsten Käfig der Welt» zu bezahlen, tendiert zum Phantastischen, und die preisgekrönte Erzählung «Ein Tag nach dem Samstag» noch ausgeprägter, wenn die Stadt unter einer Pest leidet, bei der alle Vögel sterben. «Das Leichenbegängnis der Großen Mama» (zu dem auch der kolumbianische Präsident und der Papst erscheinen) ist eindeutig phantastisch und feiert Macondo, das Reich der Phantasie, in dem der Autor reich werden sollte. Aber nicht sofort: Nach 1962, als er in Mexico City lebte, versuchte es García Márquez mit einer neuen Karriere als Drehbuchautor und schrieb fast keine Prosa mehr bis zum Januar 1965, als ihm «der richtige Ton» für sein Meisterwerk aufging.

Die dritte und letzte Gruppe der Erzählungen entstand zum größten Teil nach der Vollendung und dem Triumph von «Hundert Jahre Einsamkeit», und sie haben die Stärken und Schwächen einer gefestigten Virtuosität. Eine von ihnen, «Die letzte Reise des Gespensterschiffs», besteht aus einem einzigen, sich über sechs Seiten hinziehenden Satz und zwei, «Ein sehr alter Herr mit riesengroßen Flügeln» und «Der schönste Ertrunkene von der Welt», tragen (in der amerikanischen Übersetzung) den Untertitel «Eine Geschichte für Kinder». Zum ersten Mal merken wir die Gefahr der Nettigkeit: «Sie hätten am liebsten den Anker eines Frachters an seine Knöchel gekettet, damit er unbehindert in die tiefsten Meere versank, wo die Fische blind sind und die Taucher aus Heimweh sterben»; «Das Haus lag weitab von allem, mitten in der Wüste in der Nähe einer Ansiedlung mit so elenden und glühendheißen Straßen, daß die Ziegen aus Verzweiflung Selbstmord verübten, wenn der Unglückswind wehte.» Solche Bilder sind reine Rhetorik, die allzu zungenfertig daherkommt, obwohl noch etwas von der alten morbiden Magie durchblitzt. García Márquez' Bild eines Engels als brummendem, hilflosem alten Mann mit beschmutzten Flügeln ist bedrohlich und anrührend. Nicht weniger gilt das für den Leichnam des Ertrunkenen, der so groß und schön und männlich ist, daß er, «obgleich sie ihn sahen, über ihre Vorstellungskraft» ging. Doch das Meer, das er immer wieder beschwört, hat nicht nur die Unwirklichkeit von Schlaf und Traum, sondern, nach dem Text eines alten Liedes, die eines Meeres aus Pappe, eines Meeres, das sich wie jenes im «Herbst des Patriarchen» tatsächlich einpakken und verkaufen läßt.

Die längste und späteste dieser späten Erzählungen, «Die unglaubliche und traurige Geschichte von der einfältigen Eréndira und ihrer herzlosen Großmutter», ist nach einem Drehbuch des Autors und unter seiner Kontrolle verfilmt worden, so daß sich diese beiden Formen von Illusion einigermaßen vergleichen lassen. Da ich den Film gesehen hatte, ehe ich den Text las, war ich darum überrascht, wieviel von dem, was dunkel schien, sich leicht verdeutlichen ließ – der Fotograf zum Beispiel, der im Film völlig überflüssig wirkte und ohne eigentliche Bedeutung war, wird in der Erzählung als natürliches Anhängsel jenes Volksfests erklärt, das jedesmal stattfindet, wenn die zur Prostituierten gewordene Heldin sich irgendwo niederläßt. Die Auf- und Abtritte von Ulises, dem jungen Liebhaber Eréndiras, die auf der Leinwand nur verstören, wirken im Druck sehr vernünftig. Andererseits kann Irene Papas als Großmutter nicht «wie ein schöner weißer Wal» aussehen, mit «mächtigen Schultern, die so gnadenlos tätowiert waren, daß sie Matrosen damit beschämte»; unvermeidlich ist jedoch, daß sie dieser unversöhnlichen Figur ein menschliches Gesicht gibt und sie damit noch verwirrender macht, als sie es im Buch ist, wo ihre Grausamkeit vornehmlich eine literarische Voraussetzung und ein Spiel mit Worten ist. Die Szene mit Eréndiras Entjungferung, die in der gedruckten Form in unterseeische Bilder eingehüllt ist, peitscht auf der Leinwand die Augen mit dem realen Mädchen, dem realen Mann mit einem Dreitagebart, der realen Hütte, den realen Regengüssen, der realen Brutalität. Kurz gesagt, der Film zeigt eine Kraft, uns in einer Art und Weise aufzuwühlen und zu erschrekken, die wenig mit dem zu tun hatte, was er nun eigentlich wollte. Das Drehbuch war naturgemäß so lose gestrickt, daß García Márquez wegen ihrer fotogenen Episoden mit einem Ozeandampfer aus bemaltem Papier und Pesoscheinen, die sich in Schmetterlinge verwandeln, eine weitere Erzählung, «Beständiger Tod über die Liebe hinaus», einflechten konnte. Das einzige Bild in der Erzählung «Beständiger Tod über die Liebe hinaus», das sich in unserer eigenen Erfahrung festsetzt und ihr eine übertragbare Bedeutung verleiht – der verängstigte und zugleich fesselnde Geruch der Heldin (nicht Eréndira), wie «ein dunkler Waldtiergeruch» –, läßt sich natürlich nicht in einen Film umsetzen. Inmitten realer Landschaften, mit Schauspielern aus Fleisch und Blut, starrte die sorglose Grausamkeit der «unglaublichen und traurigen Geschichte» den Kinobesucher zu dessen Verwirrung an, kein reiner Actionfilm, aber auch nicht ganz Poesie. Wenn man erlebt, wie echte Menschen seine Ideen ausführen, wird einem klar, wieviel stilisierte Enthumanisierung García Márquez seinen Lesern anbietet.

In diesen späteren Geschichten geht es höchst sadistisch zu. Eréndira wird gezwungen, sich unzähligen Männern hinzugeben, und ihre Großmutter wird in aller Ausführlichkeit von einem Liebhaber erschlagen, den Eréndira dann verschmäht; der gefallene Engel wird unablässig verhöhnt und verspottet; und in «Blacamán der Gute, Wunderverkäufer» wird ein Kind mit Foltermethoden in einen Wunderheiler verwandelt:

> Er riß mir die letzten Fetzen vom Leib, wickelte mich in Stacheldraht, rieb mit Salpetersteinen über meine Wunden, legte mich in die Lauge meines eigenen Wassers, hängte mich an den Fußknöcheln auf, um mich in der Sonne zu beizen... [Er] gab mir etwas zu essen... doch gleich darauf ließ er mich für die empfangene Mildtätigkeit bezahlen, indem er mir die Fingernägel mit Zangen ausriß und mir die Zähne mit Mahlsteinen stutzte...

Das Kind wird sich rächen: Als er ein Wunderheiler geworden ist und sein Meister tot, erweckt er ihn in dessen Mausoleum wieder, läßt ihn aber drin; dort muß er sich «herumwälzen in Schrecken». Er erweckt ihn nicht nur einmal, sondern wiederholt: «...dann lege ich das Ohr an den Grabstein, um ihn zwischen den Ruinen der zerstörten Truhe weinen zu hören, und falls er wieder gestorben ist, erwecke ich ihn wieder, denn die Gnade der Züchtigung soll in der Grabstätte weiterleben, solange ich am Leben bin, und das heißt, für immer.» Keine sehr schöne Geschichte, aber in Lateinamerika, so wird man einem entgegnen, ist das Leben auch nicht besonders schön.* Und das waren auch García Márquez' zwei Post-«Einsamkeits»-Romane nicht, «Der Herbst des Patriarchen» und «Chronik eines angekündigten Todes». Der erste erschien mir, der ich nach mehr tropischer Blendung lechzte, quälend und voller Wiederholungen, der andere beißend und dünn. Beide hinterließen einen schlechten Geschmack.

Schon bevor er den Nobelpreis bekam, sorgte sich García Márquez um die Folgen von Prominenz und Ruhm: «Damit wird man meist von der übrigen Welt abgeschnitten», erklärte er in *The Paris Review*. «Ich hätte es wirklich gern gehabt, wenn meine Bücher erst nach meinem Tod erschienen wären, damit ich nicht diesen ganzen Ärger mit dem Ruhm und der Tatsache, daß ich ein bekannter Schriftsteller bin, hätte erleben müssen.» Ein be-

* Kolumbien, das Land, von dem die Vereinigten Staaten das Gelände für den Panamakanal klauten und das uns heute mit Kokain versorgt, hatte unter zwei Erhebungen zu leiden, die García Márquez beeindruckt haben: Die Generation seiner Großväter kämpfte im blutigen Bürgerkrieg von 1899–1903, und 1948, in seiner eigenen Jugend, führte die Ermordung von Gaitán, dem Anführer der Liberalen, zu Unruhen, bei denen Hunderttausende starben. Im Gespräch mit *The Paris Review* erklärte er: «Ich war in meiner Pension und wollte gerade zu Mittag essen, als ich davon hörte. Ich lief zu dem Platz, aber Gaitán war bereits in ein Taxi geschafft und zum Krankenhaus gebracht worden. Als ich zur Pension zurückging, waren die Menschen schon auf den Straßen und demonstrierten, plünderten die Geschäfte und zündeten die Gebäude an. Ich schloß mich ihnen an. An diesem Nachmittag und Abend wurde mir bewußt, in welchem Land ich lebte und wie wenig meine Erzählungen mit alledem zu tun hatten.»

kannter Schriftsteller zu sein heißt noch nicht unbedingt, daß man gut schreibt. Er schreibt langsam: «An einem guten Arbeitstag, an dem ich von neun Uhr morgens bis zwei oder drei Uhr nachmittags schreibe, schaffe ich höchstens einen kurzen Absatz mit vier oder fünf Zeilen, die ich üblicherweise am nächsten Tag zerreiße.» Er schreibt, wie er seinem Gesprächspartner mitteilte, «für meine Freunde»; das Wissen um «Millionen von Lesern... nervt und behindert mich». Die kühnen epischen Qualitäten seines Meisterwerks, das Umschlagfoto, das ihn freundlich lächelnd und gutaussehend zeigt, und seine erklärte linke politische Einstellung ergeben zusammen den falschen Eindruck, er sei ein robuster extrovertierter Literat; wenn man seine gesammelten Erzählungen liest, vermutet man eher, daß seine Inspiration sehr persönlich und leise ist. Vielleicht auch gefährdet. «Der Ausgangspunkt für ein Buch», erläuterte er vor kurzem einem Interviewer der *New York Times*, «besteht für mich immer in einem Bild, niemals in einem Plan oder einer Handlung.» Er bekannte auch: «Wenn man jung ist, folgt man beim Schreiben... Impulsen und Inspirationen... Wenn man älter wird, wenn die Inspiration nachläßt, wird die Technik wichtiger. Und wenn man die nicht hat, bricht alles zusammen.» Mit magischer Klarheit auf der schmalen Linie zu schreiben, auf der objektive Tatsachen und subjektive Mythen ineinander übergehen, ist eine heikle Aufgabe. Obwohl er Wert auf die Technik legt – «Letztlich ist Literatur nichts weiter als Zimmern», sagte er *The Paris Review* –, gehört zu diesem Vorgang viel, das sich einer objektiven Kontrolle entzieht, so kunstvoll die Einflüsterungen des Unbewußten auch überwacht werden mögen. «Hundert Jahre Einsamkeit» war ein Werk vollkommener Reife. Daß der Autor in den achtzehn Jahren, die seither vergangen sind, so wenig veröffentlicht hat, zeigt, welche Mühe er sich gibt, Fäulnis fernzuhalten.

Lateinamerikanische Strategien

Mario Vargas Llosa, «Maytas Geschichte». Roman. Aus dem Spanischen von Elke Wehr. Suhrkamp Verlag, Frankfurt/Main 1986.

Carlos Fuentes, «Der alte Gringo». Roman. Aus dem mexikanischen Spanisch von Maria Bamberg. Deutsche Verlags-Anstalt, Stuttgart 1986.

Mario Vargas Llosa, ein fünfzigjähriger Peruaner, hat Gabriel García Márquez als der südamerikanische Romancier abgelöst, bei dem Gringos etwas nachzuholen haben; der angenehme Eindruck, den er hierzulande vor vier Jahren mit der Übersetzung von «Tante Julia und der Kunstschreiber» machte, verstärkte sich im vergangenen Jahr noch durch die ehrfürchtige Aufnahme von «Der Krieg am Ende der Welt», mit dem er letztes Jahr den mit fünfzigtausend Dollar dotierten Ritz-Hemingway-Preis in Paris gewann. Sein neuester Roman «Maytas Geschichte» ist eine blendende Vorstellung – und vielleicht, wenn die Krittelei erlaubt ist, ein wenig zuviel der Vorstellung. Aber egal: Señor Vargas Llosa beherrscht das Spiel, und die Aufmerksamkeit des Lesers für die Virtuosität des Autors ist in diesem Fall bereits in die komplizierte und spannende Struktur seiner Geschichte eingeschrieben. Im Spanischen heißt der Roman schlicht «Historia de Mayta»; der englische Titel erinnert an Nabokovs «Das wahre Leben des Sebastian Knight» – und ganz gleich, ob dieser Anklang beabsichtigt ist, man fühlt sich immer wieder an Nabokov erinnert, wenn Vargas Llosa raffiniert und unaufhörlich zwischen Vergangenheit und Gegenwart, zwischen Autor und Figur, «ich» und «er», einem historischen und einem futuristischen Peru, einem parodierten Dokumentarstil und dem raffinierten Plauderton des angeblichen Romanerfinders hin und her schaukelt. Er beginnt damit, daß er sich selbst (oder einen sich sehr ähnlichen Erzähler) beschreibt, wie er den Malecón von Barranco in Lima entlangläuft und sich darüber beklagt, daß in diesem privilegierten Wohnviertel der Abfall über die Hänge an der Steilküste gekippt wird. «Der Anblick des Elends, einst Monopol der Barriadas, später auch des Zentrums, bietet sich jetzt in der ganzen Stadt, bis hin zu diesen Bezirken – Miraflores, Barranco, San Isidro –, die zu den privilegierten Wohngebieten gehören. Wenn man in Lima lebt, muß man sich entweder an das Elend und den Schmutz gewöhnen oder verrückt werden oder sich umbringen.» Dann folgt ein neuer Absatz, der mit diesem Satz beginnt: «Ich bin jedoch sicher, daß Mayta sich nie daran gewöhnt hat.»

Alejandro Mayta war des Erzählers Klassenkamerad im Colegio Salesiano. Mayta war ein pummeliger, ungelenker Junge, der aus sehr bescheidenen Verhältnissen stammte und ungebührlich empfindsam auf die Bettler und die anderen Unglücklichen in den Straßen von Lima reagierte und der einmal den Priester, der die Vorbereitungsstunden für die Erstkommunion leitete, fragte: « Warum gibt es Arme und Reiche, Padre?» Die Frage läßt ihn nicht mehr los; er tritt in einen Hungerstreik, verliert seinen katholischen Glauben und wird kommunistischer Revolutionär – zwei Jahrzehnte lang ist er ein linker Purist, der seine dogmatische Entsprechung in einer winzigen, nur sieben Männer umfassenden trotzkistischen Zelle findet, um dann mit vierzig Jahren verspätet zum Handeln zu finden, indem er einen Aufstand in der Andenstadt Juaja anführt, der 1958 scheitert. (Nach dieser Chronologie wäre Mayta 1918 geboren, womit er und sein Klassenkamerad, der Jahrgang 1936 ist, eine Generation älter wären als Vargas Llosa.) Jetzt, 25 Jahre nach dieser Erhebung, in einem Peru, das angeblich vom Guerillakrieg zerrissen wird und im Gefolge einer «russisch-kubanisch-bolivianischen Invasion» in ein Schlachtfeld verwandelt wurde, in dem eine Junta herrscht, die von den amerikanischen Marines gestützt wird (erfunden, obwohl die Voraussetzungen dafür, daß das möglich ist, bereits existieren), entschließt sich der Erzähler, das Leben Maytas zu erforschen und einen Roman zu schreiben, der auf die gewaltsamen Ereignisse zurückgeht, die vor langer Zeit in Juaja stattfanden. Er spricht mit vielen Menschen in der

Umgebung von Lima, und dabei erhält man eine schöne Führung durch die einst so schöne vizekönigliche Stadt, die inzwischen überbevölkert und verdreckt ist, eine heruntergekommene, wuchernde Stadtlandschaft. Die Unterhaltungen – mit Maytas Tante, mit trotzkistischen Genossen von früher, mit radikalen Nonnen und einem ehemaligen Stalinisten, dessen Wege sich einst mit dem Maytas kreuzten, und mit Adelaida, einer Frau, die Mayta, der homosexuell ist, überreden konnte, seine Frau zu werden – wechseln sich ab, oft auf einer Seite gleich mehrfach, mit Szenen aus dem gewissermaßen erst entstehenden Roman, mit Maytas Leben im Jahr 1958, wie es sich der Erzähler vorstellt. Dieser doppelte Fokus wird geschickt verwendet und führt gelegentlich – etwa wenn die geschliffenen Verleumdungen eines heutigen Senators mit Szenen aus seinen jungen Tagen vermischt werden, als er von Mayta verführt wurde – zu einem verblüffenden 3-D-Effekt bei Lebensläufen, die in den Tiefen der Zeit existieren. Gelegentlich scheint Vargas Llosa zuviel auf einmal zu betreiben, zum Beispiel, wenn die Schilderung, die die ehemalige Frau von ihrer Ehefarce und dem Schicksal ihres Sohnes gibt, den sie von Mayta empfangen hat, nicht nur gegen ihre gegenwärtige Ehe, ihr Ich in mittleren Jahren und die trostlose Umgebung, sondern auch gegen einen apokalyptischen Hintergrund ausgespielt wird, in dem Cuzco in einem imaginären peruvianischen Krieg zerstört wird. Dieses Science-fiction-Element macht, wo die schlichte Wahrheit über Peru bereits bizarr genug gewesen wäre, einen ohnehin überreich verwickelten Roman noch verwirrender; auch kriecht in diesem Kapitel das «Ich» des Erzählers in Maytas Bewußtsein und schiebt ein weiteres Dia in den bereits überforderten Projektor. Wenn er sich jedoch für bestimmte Werkzeuge entschieden hat, ist der Künstler auch gehalten, sie ganz einzusetzen, und immerhin gewährleisten Vargas Llosas funkelnde Instrumente alle Spielarten interessanter Vorgriffe und Rückblicke. Grundsätzlich gilt, daß ein durchgehaltener doppelter Fokus – Ruth Prawer Jhabvalas «Hitze und Staub» und Anne Tylers «Nur nicht stehen bleiben» wären weitere Beispiele – der Handlung im Vordergrund Spannung entzieht; die häufigen Unterbrechungen betonen die Gegenwart des Autors und geben einem das Gefühl, alles existiere auf einem erhabeneren Niveau als in der voranzockelnden Wirklichkeit, in der ein Tag nach dem anderen kommt. Wie auch immer, die entscheidenden Kapitel dieses Romans, in denen die gescheiterte Revolution von Juaja dargestellt wird, gehen bruchlos über in die Berichte der überlebenden Augenzeugen von Ereignissen, die vor 25 Jahren stattgefunden haben. Damit läßt sich ein schöner kinematographischer Effekt erzielen.

Selbst hier vermag der Leser den Autor-Reporter nicht zu ignorieren, eine impulsivere und zugänglichere Figur als der gütige, pedantische, (buchstäblich) plattfüßige Alejandro Mayta. Ebenso spontan, wie wir den gutaussehenden, in Nadelstreifen gewandeten Hidalgo auf der Rückseite des Buchumschlages bewundern, ist die Phantasie zu bestaunen, die beispielsweise die komische Pedanterie der winzigen kommunistischen Splittergruppe bei ihrer feierlichen Sitzung beschwören kann oder die Ekelgefühle einer jungen Frau, die merkt, daß ihr Mann homosexuell ist, oder die wie betäubte Begeisterung eines verstädterten Idealisten, der in ein Feuergefecht in den Anden verwickelt ist, während ihn die Höhenkrankheit plagt. Alles ist wunderbar ausgeführt, obwohl wir beunruhigenderweise daran erinnert werden, daß es auch anders hätte kommen können, daß Kunst so beliebig ist wie die Wahrheit relativ. Das letzte Kapitel reiht wie einer dieser Nabokovschen Schlüsse, in denen die Kulissen wegfallen und der großmäulige Puppenspieler direkt vor das Publikum hintritt, Knalleffekt an Knalleffekt und sollte auf seine provozierenden Überraschungen besser verzichten. Der Autor, der sich nur um ein Haar nicht Mario Vargas Llosa nennt, beichtet seiner Figur einnehmend: «Außerdem ist diese Unterhaltung mein letztes Kapitel. Sie können sie mir nicht verweigern. Sie würden ja meinen Roman amputieren.»

Im Kopf des Lesers wie auf der Druckseite erhebt sich immer wieder die Frage, warum sich unser Held, der Autor, als Gegenstand diesen obskuren, geschlagenen Revolutionär Alejandro Mayta erwählt hat? Weil, wie die naheliegende Antwort lautet, weil der Gegenstand politischer Natur ist, und weil es für einen Autor aus Südamerika nur angemessen und sogar unvermeidlich ist, politisch zu schreiben. Die Figur, die die Rolle von Vargas Llosa übernommen hat, erklärt gegenüber einer Person, die sie befragt: «Ich glaube, daß die einzige Möglichkeit, Geschichten zu schreiben, darin besteht, sich mit *der* Geschichte zu beschäftigen.» Lima, die Stadt, die Pizarro gründete und von der aus Spanien sich mit einem Kontinent voller Gold und Sklaven versorgte, verfügt ganz sicher über Geschichte; wenn überhaupt irgendwo, dann findet das Rätsel der lateinamerikanischen Armut, der Unruhe, der Krise hier seine Antwort. Der äußerliche Niedergang der Stadt ist weit fortgeschritten; der allgegenwärtige Müll steht am Anfang und Ende des Romans. Die wuchernden Slums und sogar die Schrecken der fürchterlich überfüllten Gefängnisse werden gnadenlos geschildert. Nirgends auch ein ländliches Idyll, das einen Kontrast bildete oder Erholung böte; die Indios strömen aus Andenstädten wie Quero noch immer in die Siedlungen aus Wellblechhütten:

> So sah es wahrscheinlich in allen Häusern Queros aus: weder Elektrizität noch fließendes Wasser, noch Abwasserleitungen, noch Toiletten. Bestimmt gehörten Fliegen, Läuse und tausenderlei Ungeziefer zum spärlichen Mobiliar, Herren und Gebieter über Porongokürbisse, über Haut und Haar, über die derben Pritschen in den hintersten Winkeln, an den Wänden aus Lehm und Schilfrohr, über die an die Türen genagelten, verblaßten Bildchen von Jungfrauen und Heiligen... Ja, Mayta, in diesem Schmutz, in dieser hilflosen Ohnmacht leben Millionen von Peruanern, zwischen Urin und Exkrementen, ohne Licht und ohne Wasser, leben das gleiche vegetative Leben, den gleichen abstumpfenden Trott, die gleiche primitive, beinahe tierische Existenz...

Einige Rezensenten in den Vereinigten Staaten haben «Maytas Geschichte» als Abrechnung mit dem linken Engagement verstanden. Tatsächlich finden sich in der Ineffektivität der sieben Mann starken trotzkistischen Zelle – die mit ihrem elaborierten

Jargon vollkommen isoliert ist von den Massen, die sie erziehen und befreien will – und in dem unzulänglichen Aufstand Maytas, dessen Truppen im wesentlichen aus sieben Schuljungen bestehen, die nicht in der Lage sind, die Internationale auswendig zu lernen und statt dessen die Schulhymne und die Nationalhymne singen, als sie auf dem einsamen revolutionären Lastwagen dahingeschaukelt werden, komödien- und sogar farcenhafte Elemente. Dennoch, scheint Vargas Llosa zu sagen, wurde an jenem Tag der revolutionäre Same inmitten der ganzen Absurdität ausgesät; außerdem meldet sich das Verlangen nach einer Veränderung von allen Seiten, in dem allgegenwärtigen Elend und der Unordnung. Er liefert ein Modell dafür, wie politische Literatur sein kann: eine Beschreibung der tatsächlichen sozialen Verhältnisse sowie eine Skizze von Persönlichkeiten, die politische Anliegen verfolgen. Solche Anliegen gehen natürlich mit sexuellen und anderen privaten, verhüllten Beweggründen einher, aber sie existieren. Alle politisch interessierten Gesprächspartner stehen links; es gibt keinen Sprecher der Junta, keinen unnachgiebigen Großgrundbesitzer, keine pampigen *norteamericanos*, die heimtückisch auf die Tugenden der Marktwirtschaft drängen. Doch in seinen klugen und lebendigen Porträts peruanischer Anwälte, Friseure und Ladenbesitzer fängt Vargas Llosa recht gut die Stimmung der vorsichtigen, improvisierenden Bürgerschaft ein, die sich mit einem System arrangiert und, nachdem ihr das gelungen ist, sich jeder gründlichen Veränderung widersetzt. Man kann sich die konservative Trägheit einer Gesellschaft *vor*stellen, während ihre Agitatoren *dar*gestellt werden. Die Dutzende kleiner absteigender Lebensläufe, die am Rande von Alejandros eigener absteigender Laufbahn skizziert werden, verdeutlichen einem überzeugend die Grenzen menschlichen Strebens und jene Niederlage, die jeden träumerischen, idealistischen Organismus erwartet. Falls der Roman eine Moral hat, könnte sie in dem bestehen, was ein peruanischer Bürokrat zum Erzähler sagt: «Wenn Sie in der Politik nach Reinheit suchen wollen, landen Sie schließlich bei der Unwirklichkeit.»

Die Intelligenz von Mario Vargas Llosa überspielt die traurigen Wirklichkeiten und Unwirklichkeiten mit einer Kälte, die man von Nabokovs hermetischer ästhetischer Glut und Gabriel García Márquez' surrealem Fieber unterscheiden sollte. Jene beiden schreiben eine Prosa, die in poetischen Passagen aufwogt, während Vargas Llosa, jedenfalls der Übersetzung nach zu urteilen, immer angemessen, aber nie spektakulär schreibt. Auf den dreihundert Seiten kommt kaum je ein Bild vor. Wir erfahren, daß Maytas Spreizfüße «aussahen wie Zeiger einer Uhr, die auf zehn vor zwei stehengeblieben war», und das Geräusch von Ratten auf dem Boden läßt die Prosa diese Blüte treiben: «Gerade da hörten sie über ihren Köpfen winzige Geräusche: leicht, vielfältig, unsichtbar, abstoßend, ohne Gestalt. Ein paar Sekunden lang klang es wie ein Erdbeben.» Vargas Llosa ist großartig im Verzeichnen der zersetzenden Wahrnehmung, der persönlichen Gegenströmung: Solange er die gewaltsame Revolution betreibt, hat Mayta gegen die verstörenden, gewaltigen Symptome der Höhenkrankheit zu kämpfen, und während der entscheidenden Debatten in seiner trotzkistischen Zelle «bemerkte Mayta, daß der Haufen mit den Ausgaben der *Voz Obrera*, auf dem er saß, sich zur Seite zu neigen begann, und dachte, wie lächerlich es wäre, auszurutschen und sich auf den Hintern zu setzen». «Maytas Geschichte» ist einer der wenigen Romane, die ich gelesen habe, in denen die Figuren mitten im Kampf um ihr Leben sich ganz realistisch erkälten.

Die beinah einzige ergiebige Figur, auf die in der verwirrenden Geschichte von Alejandro Mayta angespielt wird, heißt Fuentes. Das mag Zufall sein, aber der echte Carlos Fuentes ist tatsächlich reichlich mit Beifall und Auszeichnungen versehen, und zwar auf beiden Seiten der Grenze; er ist Mexikos bekanntester Romancier. Seine löbliche Entschlossenheit, sowohl sein Geburtsland wie die Vereinigten Staaten (wo er gegenwärtig lebt, in Boston) zu verstehen und sein großherziges Bedürfnis, die eine Seite der anderen zu erklären, lassen mich meine Ansicht reuen, daß «Der alte Gringo», sein neuer Roman, ein reichlich geschraubtes Unterfangen ist, statisch und wortreich, eine Serie von Tableaux, schwulstig kostümiert und mit einer besonderen Art von Sepia eingefärbt, von denen ich es nicht für möglich hielt, daß sie nach dem Tode von Stephen Vincent Benét im Handel noch lieferbar wären:

> ...während die anderen sich blind der langen Abschnitte und riesigen Flächen zu beiden Seiten der Einkerbung erinnerten, die sich nach Norden zu wie der Rio Grande selber öffnete und über steile Canyons herabstürzte, von ganz hoch oben in den Sangre-de-Cristo-Bergen, Inseln in den Wüsten des Nordens, altehrwürdige Länder der Pueblos, der Navajos und der Apachen, Jägern und Bauern, die sich von den Abenteuern Spaniens in der Neuen Welt nur halb hatten überwältigen lassen, schienen sie hier, von den Ländern der Chihuahua und vom Rio Grande kommend, zu sterben, hier auf dieser Hochebene, wo eine Gruppe Soldaten ein paar Sekunden lang die Haltung der Pietà einnahm, verwirrt von dem, was sie getan hatten und von Mitleid begleitet, bis endlich der Oberst den Bann brach.

Und was für einen. Wir sollen glauben, daß Ambrose Bierce – wahrscheinlich die am wenigsten ansprechende Gestalt von bleibendem Wert in der amerikanischen Literatur – sich 1914 Pancho Villa angeschlossen hat; darüber gab es häufig Gerüchte, doch verifizierbar ist nur, daß er 1913 nach Mexiko verschwunden ist. In Fuentes' Phantasie durchquert Bierce die Chihuahua-Wüste und wird sofort eine Vaterfigur sowohl für Tomás Arroyo, einen jungen Rebellengeneral, der zurückgekehrt ist, um die Hazienda Miranda zu zerstören, in der er, der uneheliche Sohn des Besitzers, als Bauer aufgewachsen ist, wie für Harriet Winslow, eine dreißigjährige Lehrerin aus der Fourteenth Street in Washington, D. C., die hierhergekommen ist, um den Kindern der Mirandas Englischunterricht zu erteilen, und nicht weiß, daß die gesamte Familie plötzlich und wohlberaten abgereist ist. Harriets biologischer Vater war, wie uns wiederholt mitgeteilt wird, ein Army-Hauptmann, der angeblich in Kuba gefallen ist oder, nach anderer Darstellung, heimlich auf der gegenüberliegenden Straßenseite der Sixteenth Street lebte und im Keller eines aufgelassenen Hauses mit einer Schwarzen schlief. Während Bierce, der alte Gringo, nur noch sterben will, und sei es nur, um auf die Weise William Randolph Hearst zu entwischen, der ihn vierzig Jahre lang beschäftigt und gefeuert hat. Er marschiert geradenwegs ins feindliche Feuer, aber es macht ihm nichts; am Ende muß er sich um den Tod geradezu mühen, indem er die wertvollen Papiere – «Papiere so mürb wie Seide», ein Geschenk der spanischen Krone – verbrennt, die Tomás Arroyos legitimen Anspruch auf die Hazienda und den Grundbesitz beweisen. Während sie darauf warten, daß ihr griesgrämiger geistiger Vater seinen indirekten Selbstmord in Szene setzt, werden General Arroyo und Miss Winslow aufeinander aufmerksam, und obwohl sie die Verkörperung des aufdringlichen nordamerikanischen Puritanismus ist («Seht sie euch an! Diese Leute brauchen Erziehung, keine Gewehre. Wenn man sie nur ordentlich abschrubbt, ihnen dann beibringt, wie wir das in den Vereinigten Staaten machen, dann wäre schnell Schluß mit diesem Chaos»), kommt es im Eisenbahnwaggon des Generals zu einem aufwendigen Gebrünftel, während sie so süße Feinheiten wie «verdammt, verdammter brauner Stecher, verdammte häßliche Schmalzlocke» denkt. Von solchen irdischen Momenten (der Tiefpunkt ist erreicht, als er «sie wieder küßte, eingeschlossen in ihrem Mund wie in einem Keller voller zudringlicher Hunde») erhebt sich die Prosa zu Höhenflügen wie dem folgenden: «Wenn es notwendig ist, erfindet unser atomisiertes Bewußtsein die Liebe, imaginiert sie oder täuscht sie vor, lebt aber nicht ohne sie, weil uns die Liebe noch mitten in der unendlichen Auflösung selbst als reiner Vorwand das Maß unseres Verlustes liefert.» Es findet sich noch einges Gegrübel in dieser Güteklasse, das durch ein paar Hemingway abgelauschten Brocken aufgelockert wird («Harriet sah den alten Gringo genau so an, wie er angesehen werden wollte, ehe er starb») oder durch ein oder zwei hübsche Kunstgriffe («Jeder ballte seine Faust über der des anderen»; «Mitten aus dem stummen Gedrängel von Sombreros und Rebozos tauchten diese grauen Augen auf, die kämpften, um sich den Sinn für die eigene Identität, für die eigene Würde und den Mut inmitten des schwindelerregenden Schreckens, den das Unerwartete mit sich brachte, zu bewahren»); dazu viel Phlegma und ockerfarbener Staub sowie Dialoge aus hölzernstem Holz:

> «Nein, ich werde niemals vergessen», sagte General Frutos García seinen Freunden nach der Revolution, nachdem der frühere Oberst befördert worden war, um auf diese Weise Villas Niederlage wiedergutzumachen und die vielen Parteiungen der Revolution zu vereinen. «Der Gringo hat den Tod gesucht, nichts weiter. Allerdings hat er etwas anderes gefunden: den Ruhm – und die bittere Frucht des Ruhms, den Neid.»

Der griechische Chor, der die Hauptfigur kommentiert («Der alte Gringo wollte in Mexiko sterben»; «Yessir, man konnte den Abschied in seinen Augen lesen»), macht Ambrose Bierce nicht lebendiger, auch nicht die gelegentliche Paraphrase einer seiner Erzählungen. Nicht einmal über Humor verfügt er, dieser Erfinder von tausend zynischen Scherzen. Er ballt seine Faust gegen nichts, gegen die angekündigte Absicht, sterben zu wollen, während Harriet Winslow und Tomás Arroyo sich um ein paar stilisierte und ziemlich aufdringliche Erinnerungen ballen. Die lebendigsten und am wenigsten programmatischen Seiten im «Alten Gringo» geben die Reaktion einer Mexikanerin mittleren Alters auf einen plötzlichen Überfall der Rebellen wieder; diese Passage entfacht ein nicht erzwungenes Interesse, als würde Fuentes' steife Armee von Symbolen in einem Überraschungsangriff überwältigt. Doch im großen und ganzen ist das einzige, was sich in dieser toten Landschaft bewegt, der Kopf des Autors, der wie eine Spinne seine Kontrollpunkte abgeht und das Netz aus Spiegeln, Schlüsseln und ödipalen Fixierungen noch verstärkt.

Auf der Rückseite des Buchumschlags erklärt der Autor: «Ich habe lange mit dieser Geschichte gelebt.» Vor vierzig Jahren hatte er die Idee, schrieb 1964 die ersten zehn Seiten und nahm sie sich 1970 für einen Monat erneut vor. Vielleicht hat er die

Inspiration und ihre symbolischen Figuren zu lange in seinem Kopf mit sich herumgetragen; sie sind versteinert. Obwohl der Roman vorgibt, für die geographische und historische Authentizität zu sorgen, erfahren wir wenig mehr über Mexiko, als wir schon aus «Der Schatz der Sierra Madre» und «Viva Zapata!» wußten. Die Schlaglichter auf Washington, auf Harriets Leben dort, wirken lebendiger, scheinen den Autor auch mehr beschäftigt zu haben als die Horde mexikanischer Rebellen mit ihren Schlitzaugen und ihrem maulfaulen Gemurmel. Die Revolution, die in Vargas Llosas Buch als gebrochene Vielschichtigkeit aus winzigen Ereignissen und psychologischen Schatten auftritt, hat sich im «Alten Gringo» in eine Phantasmagorie aus dem Fundus verwandelt, die der Schriftsteller mit einem bombastischen Freudianismus anzureichern sich müht. Über internationale wie persönliche Beziehungen äußert sich Fuentes ähnlich wie Vargas Llosa mit seinen vieldeutigen parodistischen Recherchen: «Hast du gewußt, daß wir alle nur Objekt der Phantasie eines anderen sind?» Doch in dem peruanischen Roman werden die Einzelheiten in einem unablässig changierenden Licht, in einem rastlosen Kopf gezeigt. Obwohl Fuentes zweifellos intelligent ist, geht seinem Roman die Intelligenz in dem Sinne ab, daß keine sprachliche Auseinandersetzung mit erkennbaren Umständen und Gegebenheiten stattfindet. Die träumerische und geistesabwesende Glasur des Romans, seine mürbe Groteskerie erscheinen weder wesentlich noch real. Der lateinamerikanische Surrealismus hat den gesamten Globus verzaubert, doch seine Freiheiten sind nicht selbstverständlich zu haben. Sonst ist das Ergebnis schlichter Manierismus.

Zweifel und Schwierigkeiten in Leningrad und Moskau

Andrej Bitow, «Das Puschkinhaus.» Roman. Aus dem Russischen von Natasha Spitz-Wdowin und Sylvia List. Luchterhand, Neuwied 1988.

Anatolij Rybakov, «Die Kinder vom Arbat». Roman. Aus dem Russischen von Jurij Elperin. Kiepenheuer & Witsch, Köln 1988.

Wenn die Sonne durchbricht, gibt es auch Schatten, bei *Glasnost* ist das nicht anders. In der Sowjetunion wird jetzt zweifellos mehr erlaubt, aber wieviel mehr? Weil es das Wohlergehen der Revolution nicht ernsthaft zu beeinträchtigen vermag, kann nun «Doktor Schiwago» erscheinen, ebenso ein paar Brocken von bisher geschmähten Emigranten wie Joseph Brodsky und Vladimir Nabokov. Und nicht nur Nabokovs Schachprobleme, seine Übersetzung aus jungen Jahren von «Alice in Wonderland» und ein kleines Buch über Gogol sind erschienen, sondern auch zwei Romane mit dem schweren Makel eines politischen Inhalts – «Die Gabe» und «Einladung zur Enthauptung» – wurden im nervösen Heimatland ihrer Sprache für druckbar befunden. Wer hätte das noch vor wenigen Jahren für möglich gehalten?

Zwei ehrgeizige Romane von sowjetischen Bürgern sind vor kurzem ins Englische übersetzt und hierzulande veröffentlicht worden, nachdem sie auf dem Weg zu ihrem Drucker zu Hause einiges durchzustehen hatten. «Das Puschkinhaus» von Andrej Bitow entstand Mitte der siebziger Jahre, zirkulierte im Samisdat, erschien bei Ardis Publishers in Michigan in russischer Sprache und endlich letztes Jahr auch offiziell in der Sowjetunion. Anatolij Rybakovs «Kinder vom Arbat» wurde zwanzig Jahre lang unterdrückt, ehe es mit «einem der mutigsten Schritte von Glasnost» (um einen Satz Jewgenij Jewtuschenkos auf der Umschlagrückseite zu zitieren) in der UdSSR erschien, «wo die öffentlichen Bibliotheken Wartelisten mit Tausenden von Lesern führen». Auch auf dem Umschlag des «Puschkinhauses» prangt eine Lobrede; Wassilij Aksjonov schreibt: «Obwohl ‹Das Puschkinhaus› in der Sowjetunion bisher noch nicht erschienen ist, gilt dieser Roman seit zehn Jahren in künstlerischer und intellektueller Hinsicht als entscheidender Bestandteil der heutigen russischen Lebenswelt. Andrej Bitow gehört zur Prosaschule von St. Petersburg-Leningrad, die den Ehrgeiz hat, die Vollkommenheit des Silbernen Zeitalters fortzuführen.» Andererseits erklärt uns Jewtuschenko: «‹Die Kinder vom Arbat› ist in der Tradition des russischen Sozialromans aus dem 19. Jahrhundert geschrieben. Sein geologischer Querschnitt durch die *terra incognita* zeigt uns alle Schichten der Gesellschaft im Moskau der frühen dreißiger Jahre.» Auffällig die Symmetrie der beiden Lobredner: Jewtuschenko ist der international bekannteste Schriftsteller jener jetzt auch schon in die mittleren Jahre gekommenen Gruppe, die vor fünfundzwanzig Jahren, während der kurzen Tauwetterperiode unter Chruschtschow, aufblühte und sich entschloß, es als Künstler in der Sowjetunion auszuhalten, während Aksjonov, sein ehemaliger Mitstreiter, der fast genau gleichaltrig ist, das bekannteste Kind des Tauwetters ist, das in die Vereinigten Staaten ausgewandert ist und heute in Washington lebt, wo er joggt und Interviews gibt. Den jeweiligen Klappentexten ist zu entnehmen, daß Rybakovs Roman der eines Insiders ist («Einer der erfolgreichsten Schriftsteller Rußlands», steht auf der hinteren Klappenseite), der ziemlich am Rand arbeitet, während Bitow ein Außenseiter ist (obwohl zwischen 1963 und 1972 fünf Bücher mit seinen Kurzgeschichten erscheinen konnten), der es vorzöge, sich nicht mit dem Rand beschäftigen zu müssen. Als er im vergangenen Jahr überraschend die Erlaubnis erhielt, an einem Washingtoner Treffen über die westliche Literatur teilzunehmen, sagte Bitow – ein großer, eher bedächtiger Mann, dem die Haare ausfallen und der einen ergrauenden Schnauzbart trägt – über das neue Klima unter Gorbatschow: «Mich persönlich machen diese vielen Veränderungen, die jetzt stattfinden, ziemlich müde, weil ich keine Zeit mehr zum Schlafen finde... Jede Veränderung, selbst zum Besseren hin, führt zu Unbehagen.»

«Das Puschkinhaus» ist ein brillanter, unruhiger, ein dreister Roman, der insofern an «Die Gabe» erinnert, als er den moralischen und ästhetischen Fortschritt eines empfindsamen jungen Mannes, gebrochen durch ein Prisma von Anspielungen auf ältere russische Literatur, zeigt, und an Andrej Belyjs «Petersburg», insofern als er der Stadt, die jetzt Leningrad heißt, eine lebendige, symbolisch befrachtete Präsenz verleiht und ein paar hektische private Ereignisse in einen verwirrenden Wirbel metaphorisch beladener Sprache hüllt. Alle drei Romane scheinen für den amerikanischen Leser bei der Übersetzung viel zu verlieren. Das Silberne Zeitalter, von dem Aksjonov spricht, findet in der englischen Prosa keine Entsprechung; ihre eigentümliche stilistische Effektversessenheit und Verspieltheit und die enge Verbindung mit der Lyrik des Symbolismus lassen an entschieden bescheidenere Schriftsteller wie Ronald Firbank und Edgar Saltus denken, während ihrem russischen Äquivalent, namentlich Belyj und Nabokov, nichts Bescheidenes anhaftet. Vielleicht entsprechen Nabokovs englischsprachige Romane «Fahles Feuer» und «Ada» und die philosophisch mitteilsameren Bücher von Saul Bellow wie «Der Regenkönig» und «Humboldts Vermächtnis» eher jenen kontrollierten Explosionen, dem energetischen Zusammenströmen von poetischer Sprache und irrwitzigem Denken, die sich in der russischen Tradition herausbildeten, ehe ihr Lenin und Stalin ein Ende machten. Das Puschkinhaus ist ein Literaturzentrum und Museum in Leningrad und in einem erweiterten Sinn jenes Haus, für das Puschkin den Grundstein legte – die klassische russische Literatur. Motti aus und Anspielungen auf diese Literatur (vom Übersetzer aufmerksam nachgewiesen) durchziehen Bitows Text, dessen drei Teile Überschriften tragen, die von vier Meisterwerken genommen sind: «Väter und Söhne» (Turgenjew), «Ein Held unserer Zeit» (Lermontow) und «Der demütige Reiter» (in dem sich Puschkins «Der bronzene Reiter» und Dostojewskis «Kleine Leute» verbinden, eine Kombination, die im Epilog zu «Bronzene Leute» umgedreht wird). Der Roman hat auch eine pointierte, schelmische Parallele zu Nikolai Gawrilowitsch Tschernyschewskis richtungsweisendem, radikalem Roman «Was tun?». Es wäre ohne Zweifel von Vorteil, alle diese Bücher gelesen zu haben, wie es selbst beim nur halbwegs gebildeten Russen der Fall ist, aber vielleicht verstehen wir dennoch, worum es geht – um den verschwenderischen Menschen, den Gentleman, der über die Tiefen der russischen Gesellschaft hinwegtreibt und dessen Existenz besonders für die Literatur problematisch ist, weil er trotz seiner Abgehobenheit die Hauptstütze der Kultur ist.

Aristokraten in dem blendenden alten Stil von Puschkins Onegin und Lermontows Pechorin gibt es nicht mehr, doch hat die sowjetische Gesellschaft neue Eliten hervorgebracht. Bitows Held Ljowa Odojevtsev gehört zur Professorenelite sowie, aufgrund seiner Herkunft, zum Adel. Obwohl Ljowas Sensibilität im Verein mit der des geschwätzigen Autors den Vordergrund des Romans beansprucht, kann man ihn sich nicht besonders gut vorstellen oder gar lieben. Sein Gesicht wird erst zum Schluß hin beschrieben, und dann mit einer listigen Unbestimmtheit:

> Seine Gesichtszüge entbehrten jeglicher Individualität; obwohl sein Gesicht auf seine Weise einzigartig war und keinem gewöhnlichen Typ entsprach, war es doch – wie soll ich sagen? – bei all seiner Besonderheit wiederum typisch und nicht vollkommen mit sich im Einklang. Ein Experte hätte diese Züge vielleicht als regelmäßig und groß, beinah «stark» geschildert, doch fand sich in dem unvermittelten Absturz an seinem wie gemeißelten Mund und dem markigen Kinn etwas so Hoffnungsloses und Schwaches, daß sich hier im Slawen der Arier mit seinem halbherzigen Mut und seiner heimlichen Charakterlosigkeit verriet – Mitischatjew [eine weitere Figur, der Rivale und Feind des Helden] hätte ich mir eher als Ljowa so vorgestellt.

So unklar er bleibt, dient Ljowa doch als Brennpunkt dreier ausgedehnter, wirrer Episoden: die Rückkehr aus dem Exil und wissenschaftliche Rehabilitierung seines Großvaters; ein oszillierendes Liebesleben, das er auf drei Frauen verteilt; und die katastrophalen drei Tage, die er als einsamer Wächter im Puschkinhaus verbringt, während das übrige Leningrad den fünfzigsten Jahrestag der Oktoberrevolution feiert. Zur ersten und letzten Episode gehören lange Szenen der Trunkenheit, die in ihrem farbigen, treibenden Nebel und den Sturzbächen pseudotiefsinniger Gespräche herrlich wiedergegeben sind: «Der Wodka trägt die Myrrhe der Handlung», erfahren wir einmal. In dieser Handlung scheint manches zu geschehen und dann wieder nicht; eine lebensnah gezeichnete Figur namens Onkel Dickens stirbt und wird in einem Augenblick wiedererweckt, wenn seine Unterstützung gelegen kommt. Handlungsvarianten werden in aller Freimütigkeit diskutiert, manchmal auch mehrere ausprobiert. Die allgemeine Bewegung wird als «träger Traum» beschrieben, der im Kriechgang einer flauen Enthüllung entgegentreibt: «Und hier endlich die Summe, der Höhepunkt, das Crescendomescendo, der Gipfel, die Klimax, die Enthüllung – was sonst? – das NICHTS; hier endlich ist dieses kritische NICHTS, das Idol, das Symbol: ein kleines, weiches, dunkles, glänzendes kleines Ding, flach, paßt in eure Handfläche…! Hier ist es, und weg ist es!» Der Roman ist nicht nur schwierig, er scheint auch von Schwierigkeiten zu handeln, russischen Schwierigkeiten. In der UdSSR, in die Ljowa 1937, auf dem Höhepunkt der Säuberungen Stalins, hineingeboren wurde, und in der man ihn dreißig Jahre später erkennen kann, wie er an den Ufern der Newa sein Leben dahingehend zusammenfaßt, daß es «allein durch den Terror existiert», ist nichts einfach oder selbstverständlich. Das Familienleben ist schwierig, die Entscheidung für einen Beruf, das taktische Verhalten im Beruf, das Liebesleben; außerdem ist das Schreiben eines Romans in dieser Post-Puschkin-, Post-Stalin-, postmodernen Welt schwierig, ein Vorgang, der so kompliziert und quälend ist, daß sich die Schwierigkeiten (wie ich bekenne) sogar bis zum Schreiben einer Rezension darüber erstrecken.

Innerhalb dieser umfangreichen, wenig appetitlichen Trägheit seines von Wodka und Zweifeln befeuerten Plots, dieser «ständig verschobenen Geschichte», entwickelt Bitow eine mikrokosmische Hyperaktivität des Ausdrucks, des Satzes und des Bildes, die selbst durch den nebelhaften Vorhang der Übersetzung von einnehmender Lebendigkeit bleibt. Gleich, wo man hineinschmeckt, überall kristallisieren sich kleine Überraschungen. «Er sah immer wieder auf die Uhr an Kareninas Handgelenk. Die Uhr beeindruckte ihn: Aus Gold, winzig an ihrem breiten, pummeligen Arm, war sie in den Falten ertrunken und lag lächelnd da.» – «Der aufgetriebene Himmel über Leningrad hing wie ein schwerer, von Adern durchzogener Bauch. Kein Regen, kein Schnee – eine Art zerfetztes Himmelsfleisch kam jetzt herunter und hatte den Wandersmann von einem Augenblick auf den andern eingegipst, ihn erstickt wie die haßerfüllte, ekelerregende Maske eines Ohnmachtsanfalls.» Der Roman beginnt mit einem überraschenden Schwall auktorialer Reflexionen:

> Irgendwo gegen Ende des Romans haben wir bereits versucht, das saubere Fenster, das eisige Starren des Himmels zu beschreiben, der direkt und ohne zu blinzeln herabblickte, während die Menge am 7. November auf die Straßen strömte. Selbst da schien dieser klare Himmel kein Geschenk zu sein, er mußte von besonderen Flugzeugen abgepreßt worden sein. Und auch kein Geschenk in jenem erweiterten Sinn, daß man bald dafür würde zu zahlen haben.

Die Skizze von Ljowas Familie ist überraschend bissig:

> Wo dieses Kapitel einmal mit «Vater» überschrieben ist, sollten wir folgendes erwähnen: Ljowuschka kam es so vor, als liebte er seinen Vater nicht... Vater schien nicht einmal in der Lage, Ljowas Haare in angemessener Weise zu zausen – Ljowa krümmte sich – oder ihn auf den Schoß zu nehmen – er bereitete seinem Ljowa damit jedesmal körperliches Unwohlsein – Ljowuschka verspannte sich, und sein peinliches Gefühl dabei war ihm peinlich.

Doch als Ljowa schließlich seinen Großvater trifft, einen Linguisten, der dreißig Jahre lang eingesperrt war und der nach jeder liberalen und sentimentalen Logik sympathisch sein sollte, erweist sich der alte Mann als abstoßend, mit einem elastischen Gesicht, das aus zwei Hälften zu bestehen scheint und aus zahlreichen unheimlichen Ticks: «Er trank lang, tauchte tief, schluckte, saugte, sank hinein, schnaufte hinein, ertrank, zog sich vollständig in den Krug zurück, brummte darüber wie eine Biene auf einer Blume, und wenn er sich mit einem glücklichen Seufzer zurücklehnte, bemerkte Ljowa mit Schrecken, daß das Bier keineswegs vollständig aus dem Krug verschwunden war – es war ebenso viel wie zuvor.» Zunächst hat Ljowa Mühe, seinen Großvater von Koptelov zu unterscheiden, der der Lagerkommandant des alten Mannes war und der in einer grotesken Perestroika-Wendung zum Kumpel geworden ist. Wo Ljowa auf Wärme im Schoß der Familie hofft, hat Rudik, ein junger Dichter, den Platz eines Lieblings usurpiert. Während der Wodka in Strömen fließt, wird Ljowa von seinem Großvater brutal gehänselt und erbarmungslos abgekanzelt. Der Großvater tobt gegen «diesen Affront von einer Rehabilitierung. Sie fürchten mich nicht mehr. Ich gehöre zum alten Eisen. Sie haben mich in den Ruhestand geschubst – ich habe meine Zeit als Gefangener hinter mich gebracht, und sonst tauge ich zu nichts mehr. In den Lehrbüchern werden die Arbeiter in den kapitalistischen Ländern so behandelt». Schließlich wird Ljowa in den bitterkalten «gescheiterten Platz» in den Vororten Leningrads hinausgeschickt, wo seine Erlebnisse das Tempo des Romans nachahmen: «Er fühlte mit seltsamer Deutlichkeit, wie die Zeit durch ihn hindurchtrieb. Sie war ungleichmäßig und ging stoßweise: Sie zog, sie dehnte sich, verdünnte sich wie ein Tröpfchen, bildete einen kleinen Hals – und zerbrach plötzlich.»

Hier drehen sich die Räder eines echten Schriftstellers, ein kluger Kopf versucht den raschen Richtungswechseln der Wahrheit zu folgen. «Waren sie [Ljowas Bekannte] ganz am Anfang wirklich so viele, frage ich mich, und habe ich sie als Autor zu einer Faina, einem Mitishatjew verschmolzen, einem…, um Ljowas verzerrtem Leben wenigstens einen Mittelpunkt zu geben? Sind doch die Menschen, die uns berühren, eine Sache, und das, was sie bei uns bewirken, eine ganz andere; häufig hat das eine nicht das geringste mit dem anderen zu tun, weil das, was sie bei uns bewirken, bereits wir selber sind.» Die Frauen in Ljowas Liebesdreieck befreien ihn nur für wenige Momente fieberhafter Visionen von seiner obsessiven Beschäftigung mit seinen eigenen Gefühlen: «Endlich erkannte Ljowa, daß Albina schön war, ihr hoher Nacken..., daß sie begehrt und geliebt werden könnte, obwohl, aus irgendwelchen Gründen, nicht jetzt, sondern von dem fernen Ljowa, der sie so großherzig nicht geliebt hatte, von jenem Ljowa, nicht diesem, der immer noch neben ihr saß, noch immer nicht ging und sie beinah liebte.» Auf diese Weise erfahren wir, daß Albina zwar nicht geliebt wird, aber einen langen Hals hat. Bitows auktoriales Zögern und seine Entschuldigungen haben oft eine komische Munterkeit:

> Zum Abschluß unserer Berichterstattung über dieses Zusammentreffen müssen wir gestehen, daß wir etwas abgeschweift sind, unsere Aufgabe ein wenig zu wörtlich genommen haben, zu schnell bereit waren, uns ködern zu lassen. Das ist alles nur Vaudeville und den ganzen Aufwand gar nicht wert. Jetzt ist es zu spät. Wir sind auf diesen Prosaabschnitt gelatscht – hier wird kein Gras mehr wachsen. Wir hätten die Beherrschung nicht verlieren dürfen.

Wie in einem von Nabokovs vielschichtigen Wunderwerken wird dem Helden allmählich klar, daß er in einem fiktionalen Werk lebt und es ihm freisteht, über die «Brüche im Bühnenbild (Wind dringt herein)... die allgemeine Vernachlässigung, das billige Melodram, den Traum» zu frohlocken. Ein Buch, das sich mit solcher Energie und Intelligenz selber dekonstruiert wie «Das Puschkinhaus» muß natürlich die Literaturkommissare unruhig machen, wenn das sie umgebende kommunistische Kartenhaus bereits erzittert und wackelt. Doch aus der Auflösung kommt die Erneuerung, und Bitows liebevolle Demontage der großen russischen Tradition führt zu einer weiteren Fortsetzung dieser Tradition.

Anatolij Rybakov ist gut eine Generation älter als Bitow, und verglichen mit dem «Puschkinhaus» ist sein «Kinder vom Arbat» ein altmodischer Roman – psychologisch und ästhetisch weniger dicht, dafür ist er umfangreicher, was Figuren und Ereignisse angeht. Der Roman hätte sogar von einem altmodischen Hilfsmittel profitiert, einem vorangestellten Personenverzeichnis sowie einer angehängten kurzgefaßten Geschichte der Sowjetunion. Er handelt von einer Gruppe junger Leute, die im Moskauer Arbat-Viertel aufgewachsen sind, einem Boheme-Stadtteil westlich des Kreml, und wie sich ihre Biographien zwischen dem Herbst 1933 und Dezember 1934 verbinden und auseinanderentwickeln. In dieser Periode, die ihren Höhepunkt in der Ermordung Sergej Kirows in Leningrad erreicht, wird Stalin gezeigt, wie er mit der ihm eigenen Paranoia und seinem Machthunger Lenins idealistische Revolution korrumpiert und Vorbereitungen für seine byzantinischen Machenschaften trifft, aus denen die große Parteisäuberung und die Schauprozesse von 1936 bis 1938 werden. Das genaue und ausführliche Porträt, das der Roman von Stalin zeichnet, muß vom Standpunkt der sowjetischen Zensoren der entscheidende Skandal und der Hauptgrund gewesen sein, warum der Roman auf Glasnost warten mußte, um endlich gedruckt zu werden. Für den westlichen Leser, der seit langem schon Zugang zu einer Reihe von nichts beschönigenden Biographien des Diktators sowie zu der schonungslosen Charakterisierung hatte, die Solschenizyn in «Der erste Kreis der Hölle» gibt, wird dieser Aspekt kaum besonders sensationell sein, obwohl Rybakovs Phantasie ein paar lebendige Striche gelingen – Stalins tränenreiche Identifikation mit seinem Vater Vissarion Dschugaschwili, mit dem Charlie Chaplin der «Lichter der Großstadt» und das behutsame Verhältnis zu einem jungen jüdischen Zahnarzt, dem es gelingt, Stalin, der eine Goldplatte wollte, eine aus Plastik einzusetzen. Doch sind Stalins Überlegungen, wie Rußland regiert, die Geschichte umgeschrieben und noch der Schatten einer Opposition im Politbüro ausgemerzt werden müsse, von geringerem Wert – auch weniger eindeutig von Rybakov selber – als die

Skizzen aus dem russischen Alltagsleben in seiner überraschenden Vielfalt und seinem Flair in der Zeit einer wachsenden Unterdrückung und eines Krieges mit Deutschland, den außer Stalin beinahe jeder kommen sieht.

Die Kinder vom Arbat heißen Sascha, Juri, Lena, Nina, Max, Vadim, Vika und Varya. Varya, Ninas Schwester, ist siebzehn; die übrigen sind Anfang Zwanzig. Die meisten gehören dem kommunistischen Jugendbund an, dem Komsomol, und ihre freundliche kleine Welt gerät völlig durcheinander, als der Komsomol-Schulsekretär Sascha verhaftet und zu drei Jahren Verbannung nach Sibirien verurteilt wird. Die Gründe dafür bleiben unklar. Er ist eigensinnig, ein Freund deutlicher Worte, aber ein glühender Kommunist; kurz vor seiner Verhaftung wandte er sich erfolgreich gegen seine Relegation vom Transportinstitut, wo er einige satirische Verse für die studentische Wandzeitung verfaßt hatte. Während des Tumults stellt sich heraus, daß er verurteilt worden ist, weil er sich beiläufig, aber eben subversiv mit Krivoruchko unterhalten hatte, einem untergeordneten Schulfunktionär, der bei der Partei in Ungnade gefallen ist. Krivoruchko hatte, in einem anderen Zusammenhang, nur gesagt: «Das ist ein Koch [Stalin], der seine Gerichte gern ordentlich würzt.» Sascha bestreitet, sich an diese Bemerkung zu erinnern, als er vom NKWD verhört wird. Obwohl Lenas Vater, der Altbolschewik Budyagin, und Saschas Onkel Mark Ryaranov, ein emporstrebendes Parteimitglied, der eine sibirische Stahlkocherei leitet, die Stalin sehr am Herzen liegt, unabhängig voneinander intervenieren, können sie Sascha nicht vor seinem Schicksal bewahren; sowohl Budyagin wie Mark, soviel geht aus den weiterführenden dunklen Andeutungen im Roman hervor, sind selbst gefährdet, was ihren Status im Kreml angeht. Den Feinheiten der Parteiorganisation läßt sich nicht ohne weiteres folgen, auch behält man die Namen nicht immer, doch ist das Gefühl zunehmender Kontrolle, einer alles durchdringenden Beobachtung und der Irrationalität, die von ganz oben kommt, dermaßen gut dargestellt, daß wir uns erleichtert und sogar in Hochstimmung fühlen, als Sascha das dünn besiedelte Hinterland am Angara, zwischen Kansk und Bratsk, erreicht.

In der unendlichen Taiga, bei den primitiven Bauern, sind die Vorkehrungen für die Verbannung ziemlich formlos. In diesen abgelegenen Dörfern am Fluß gestatten sich die Männer und Frauen, die bereits verbannt sind, eine relative Redefreiheit. Der Autor, der einen solchen Verbannungsaufenthalt durchstehen mußte, beschwört die sommerliche Atmosphäre in Sibiriens rauhem Eden mit der Zärtlichkeit der Erinnerung. Sexuelle Entbehrung gehörte nicht unbedingt zu den Leiden des Exils: Sascha beginnt damit, «die sehr schönen, stattlichen sibirischen Mädchen mit ihrem hellbraunen Haar, dem kräftigen Körper und den kräftigen Beinen» zu bewundern, erlebt eine Affäre mit Lukeschka, einem barfüßigen Mädchen, die einen «Geruch von Fluß und frischgemähtem Gras» verströmt, und landet in dem ihm zugewiesenen Dorf Mosgova schließlich im Bett der Schullehrerin, einer zierlichen und leidenschaftlichen Tatarin namens Zida. Falls es so etwas gibt, besteht das zentrale Thema des Romans in Saschas moralischer Erziehung: Bei den vom System Ausgestoßenen und den Bürgern zweiter Klasse gelangt er zu dem Schluß, daß «in den Menschen das menschliche Gefühl nicht getötet wurde und niemals sterben wird».

In Moskau versuchen die Menschen unterdessen zurechtzukommen. Saschas Mutter kommt zurecht, indem sie sich Arbeit sucht und in einer Wäscherei Leinentücher zusammenfaltet; nach einem sanftmütigen Leben wird sie unabhängig und spricht sich ohne Umschweife gegen den Kommunismus aus. Juri schläft mit Lena, schwängert sie, führt eine Abtreibung herbei, indem er ihr kochendes Senfwasser auf die Füße schüttet, und schließt sich dem NKWD an. Er stellt fest, daß eine seiner Aufgaben darin besteht, Vika zu «führen», die im Verlauf ihres promisken, glamourösen Lebens in Cafés und Kunstzirkeln Spionin geworden ist, mit Ausländern ins Bett geht, um dann Juri in einer wöchentlichen Verabredung, die die eifersüchtige Lena für sexuell motiviert hält, Pikanterien mitzuteilen. So jung Varya ist, gerät sie doch in einen weiteren Ring der sowjetischen Unterwelt, tut sich mit einem Billardspieler und undurchsichtigen Drahtzieher namens Kosya zusammen, der mit dem Geld nur so um sich schmeißt, und wird in Saschas altem Zimmer seine Geliebte. Am Ende kann sie sich von ihm losmachen und findet etwas Frieden und Erlösung mit der staatlich dafür vorgesehenen Rezeptur: Arbeit. Sie wird Konstruktionszeichnerin, und die glanzlose Prosa nähert sich der Lyrik:

> Sie legte die Zeichnung, die kopiert werden sollte, auf ihr Bett, deckte ein blaßblaues Leinentuch darüber und befestigte beide mit Reißzwecken. Dann strich sie einen dünnen Film Maschinenöl über die Oberfläche..., um das pausende Leinen transparent zu machen. Damit drückte sich die Zeichnung durch, und die Tinte zerlief nicht... Ljowa und Rina waren voller Bewunderung für ihre Begabung, die Tinte, wenn sie doch auslief, mit einer Rasierklinge zu entfernen, ohne dabei Spuren zu hinterlassen. Und zu ihrem Erstaunen konnte sie mit einem dünnen Stift freihändig einen Bogen zeichnen.

Rybakovs Prosa, obwohl eher zu schnellfüßig journalistisch, als daß man sie schwerfällig nennen könnte, liest sich farblos und vermag sich kaum vom Boden zu lösen (während die Bitows kaum je den Boden berührt). Angeblich erwartete sich Little, Brown einen neuen Bestseller wie «Doktor Schiwago», doch findet sich in «Kinder vom Arbat» nichts von Pasternaks Poesie und magischem Schwung von Vision und Zufall. Tatsächlich erlebt man bei beiden hier besprochenen Büchern ein klaustrophobisches Gefühl: Bei Bitow sind wir in einem Kopf gefangen, bei Rybakov in einem totalitären Staat. Auch Rybakov beweist durch die Form seines Buches etwas Mut zur Moderne: So umfangreich es ist, es wirkt doch wie ein Fragment, ein verwildertes sattes Stück Leben. Beinah alle Fragen, die sich in dieser dichtbevölkerten Seifenoper stellen, bleiben unbeantwortet. Wird Sascha eines Tages nach Moskau zurückkehren oder wird er noch weitere Verbannungszeit ansammeln mit seinem ungestümen freien Geist? Wird Varya das Glück jenseits des Zeichenbretts und auch dort finden? Wird es Vika gelingen, sich vom NKWD zu befreien und die Heirat mit einem namenlosen, berühmten Architekten forcieren können? Warum will Zida Sascha nicht erzählen, was sie in diesen wilden Teil der Taiga geführt hat? Was wird die liebeskranke Lena unternehmen, wo ihr Juri nach Leningrad versetzt wird? Wie wird es Mark Ryaranov ergehen, der immer noch glaubt, er könne sich der Gunst Stalins erfreuen? Wer weiß? Nur für Kirow, der ermordet ist, hat die Geschichte einen Abschluß gefunden, und die Stalins wird durch die historische Entwicklung beendet. Eine Reihe der Kinder vom Arbat, die erst mit ziemlichem Aufwand eingeführt werden, beschreibt eine einzige Drehung und zieht sich dann in die Kulissen zurück, vielleicht um dort auf den nächsten Akt oder die nächste Oper zu warten. Sollte dieser auf so drastische Weise unaufgelöste Roman nur die erste Folge eines gigantischen Romanzyklus sein, der in ungefährer Parallele zum ereignisreichen Leben des Autors verläuft? So sei es, erklärte Rybakov vergangenes Jahr in einem Interview mit *Time*; er plant zwei weitere Folgen seiner Saga, um den Leser bis hin zum Zweiten Weltkrieg zu führen, in dem der Autor, nach seinem Aufenthalt in Sibirien rehabilitiert, als Panzerkommandant diente.

Doch «Die Kinder vom Arbat» – dessen amerikanischer Verleger keinerlei Hinweis darauf gibt, daß das vielleicht nicht der vollständige Roman ist – erzählt uns nicht einmal, wie Sascha seinen ersten sibirischen Winter übersteht. Auf der politischen Ebene wird mit der Ermordung Kirows ein gewisser Höhepunkt erreicht; damit ist der Auftakt für die kommenden historischen Säuberungen gegeben. Auf der privaten Ebene bleiben die Dinge in der Schwebe. Trotz seines Reichtums an Figuren wirkt der Roman leicht und dünn. Es fehlt ihm das wachsende Gewicht der Geschichte, die das Unterfangen abrunden würde. Der Roman wagt sich in Stalins Kopf, vermag aber Stalins Erbe nicht zu verlassen und begreift Glück auf traditionelle russische Weise als etwas, das vom Staat geklaut wurde – als eine Art geistiger Leisetreterei, eine trotzig bewahrte Privatsphäre und individuelle

Freiheit. «Der Staat war Sascha immer allmächtig, allwissend und alles durchdringend erschienen. Tatsächlich verhielt es sich anders. Man konnte mit dem Staat auskommen.» Konnte sich der Staat zum Besseren hin verändern? Diese Frage liegt jenseits des Romanhorizonts, und wir können in den Zeitungen jeden Tag nach einer Antwort suchen.

Wie uns andere sehen

Lars Gustafsson, «Die Tennisspieler». Erzählung. Aus dem Schwedischen von Verena Reichel. Carl Hanser Verlag, München 1979.

Fumiko Enchi, «Die Dichterin und die Masken». Roman. Aus dem Japanischen von Irmela Hijiya-Kirschnereit. Rowohlt Verlag, Reinbek 1984.

Tadeusz Konwicki, «Die Polnische Apokalypse». Aus dem Polnischen von Gabriele Hanussek. S. Fischer Verlag, Frankfurt/Main 1982.

Lars Gustafsson ist ein Schwede, der, neben vielem anderen, Nietzsche gelesen hat; bei dem deutschen Rhapsodiker hat er gelernt, die Philosophie mit dem Spiel zu verknüpfen, der *homo* gewissermaßen *ludens* und gleichzeitig *in extremis.* «Tod eines Bienenzüchters», der erste seiner komplizierten, schmalen Romane, der ins Englische übersetzt wurde, bediente sich als Form des Tagebuchs eines Sterbenden und zeigte pikante Fakten aus der Welt der Bienen und die sanftgraue Winterlandschaft im ländlichen Schweden vermischt mit den drastischen Schmerzen von Krebs im Endstadium. Der zweite, mit dem Titel «Die Tennisspieler», ist ebenfalls in der Ich-Form gehalten, die Erinnerung einer umgänglichen Professorenfigur, die sich Lars nennt. Er erinnert sich an eine «glückliche Zeit» als Visiting Professor of Swedish Literature an der University of Texas in Austin im Herbst 1974; neben seinem Bemühen, unschuldige junge Amerikaner in die Dunkelheiten Strindbergs, Brandes' und Nietzsches zu führen, arbeitet unser Held entschlossen an seinem Tennisspiel und gerät in ein sonderbares Doppel, an dem sonst noch teilnehmen: Abel, ein ehemaliger Profi und Tennismystiker mit breitkrempigem Lederhut; Polly, ein zartes Mädchen, das sich als verkleidete Texas-Prinzessin herausstellt; und ein mathematisches Genie namens Chris, der halbtags für das Strategic Air Command arbeitet und den Computer des Southern Air Defense

District in Forth Worth zu überwachen hat. Einer von Lars' Studenten, ein Schwarzer namens Bill («sehr schwarz, sehr lang, sehr mager, sehr verrückt») hat in einem hinteren Regal in einem der oberen Stockwerke der Universitätsbibliothek (die, wie der Zufall so spielt, in dem neunzehnstöckigen Turm untergebracht ist, von dem aus der verwirrte Charles Whitman an einem Junitag des Jahres 1966 nach unten geschossen und dreizehn Menschen getötet hat*) ein Buch entdeckt, das 1899 in Paris im Druck erschien, «Mémoires d'un chimiste» von einem gewissen Zygmunt I. Pietziewzskoczsky; Pietziewzskoczskys Memoiren legen den Schluß nahe, daß Strindberg während der Krise, die in seinem (in Skandinavien) berühmten Roman «Inferno» (1897) geschildert wird, nicht einfach nur paranoid war, sondern tatsächlich vergiftet wurde. Auf Lars' Vorschlag versucht Chris «Inferno» und die «Mémoires d'un chimiste» auf dem riesigen Regierungscomputer zu kollationieren, was zu einer kurzen Krise führt, die zusammenfällt mit einem Universitätsstreik wegen der politischen Implikationen, die daraus resultieren, daß die Universitätstheatergruppe statt «Aida» «Rheingold» aufführt, sowie mit der Tatsache, daß einer der städtischen Honoratioren in der *batter's box* des Baseballstadions bei einem unmoralischen Akt erwischt wird.

Eine Farce, aber verhalten gespielt und schnell vorbei, wobei das Persönliche nachklingt; die Verbindung von sonnenüberfluteter texanischer Wirklichkeit und der intellektuellen Düsternis des Fin-de-siècle-Nordeuropa – «eine Zeit des Steinkohlenrauchs und des Absinths, als Europa langsam die Hoffnung aufgibt» – hat der Autor natürlich selber miterlebt. Eine derartige kulturelle Gleichzeitigkeit ist ein Campus-Gemeinplatz, hier vornehmlich in der Person von Doobie Smith verkörpert, einer Doppelgängerin der Lou Andreas-Salomé aus Dallas, die so sehr

* So jedenfalls lauten die Angaben im Buch; in Wirklichkeit hat der Turm 28 Stockwerke, und Whitman erschoß an einem Augusttag 14 Menschen und verwundete 31 weitere.

in ihre Lektüre versenkt ist, daß «für sie Berlin noch immer eine Stadt voller Gaslaternen und dunkler Droschken [war], die über das Kopfsteinpflaster der Straßen rollten». Lars, der in Berlin war, teilt uns mit: «Sie konnte ungeduldig mit mir werden, weil ich einige Literatencafés nicht kannte, die schon längst nur noch als Baumaterial in einem fünfzig Meter langen Abschnitt der Mauer existierten.» Mit ihrem blonden Haar und ihren rundlichen Händen war Doobie «Nietzscheanerin, eine der überzeugtesten, denen ich je begegnet bin». Es ist immer interessant, sich selber mit den Augen anderer zu sehen, und Mr. Gustafssons Eindrücke von Amerika sind nicht besonders bitter, sondern eher anregend:

> Solche Hilfspolizisten mit speziellen, besonders schweren, wasserdichten Taschenlampen, die auch als Knüppel dienen können, gibt es in jeder amerikanischen Stadt zu Hunderten. Sie wurden im Laufe der sechziger Jahre jedesmal aufgeboten, wenn es Rassenunruhen gab, und rekrutierten sich etwa aus denselben Kreisen, welche die farbenfrohen Waffenzeitschriften abonnieren, die man an jedem Zeitungsstand sehen kann.

> Ich kann mich nie genug wundern über ihre [der Studenten] emotionale Sprödheit, ihren vollendeten Aufschlag beim Tennis, ihre fast erschreckende Fähigkeit, sich Dinge zu eigen zu machen, Gunnar Eklöfs Akritzyklus, nicht-abelsche Gruppen und Nietzsches «Jenseits von Gut und Böse» fast in einem Atemzug, ihr starkes, leidenschaftliches Interesse an der Existenz Gottes, ihre seltsame Überzeugung, daß die Welt außerhalb von Texas für Kriege und Touristenreisen bestimmt sei.

Diese Art, Ansichtskarten nach Hause zu schicken, vermag das Auge des amerikanischen Lesers eher zu fesseln als die nordische Korbflechterei, in der Themen von Strindberg, Wagner und Nietzsche miteinander verflochten werden. Mr. Gustafsson selber ist gleichzeitig umgänglich und semiopak; er benutzt sich selber als Prisma, mit dem er das Licht in überraschende Winkel leitet. Unterm Strich verbinden sich großer Ernst und lässiger

Charme. Wenn Susan Sontag Woody Allen auf halbem Wege entgegenkäme, dann bekämen wir womöglich eine Denksportaufgabe im Stile dieser sanft verdrehten Vision und dieses gutgelaunten intellektuellen Überschwangs.

Nach Aussage ihres amerikanischen Verlegers auf dem Buchumschlag gilt Fumiko Enchi «bei den Japanern allgemein als ihre bedeutendste Autorin». Sie wurde 1905 geboren, und hier in den Vereinigten Staaten mußte «Die Dichterin und die Masken» 25 Jahre auf die Veröffentlichung warten. Frau Enchi ist die Tochter eines bekannten Meiji-Wissenschaftlers, der das zehnbändige klassische Epos «Geschichte vom Prinzen Genji» der Dame Murasaki übersetzt hat. In diesem kurzen Roman schildert sie «ein Verbrechen, das nur Frauen begehen können», und wirft im Vorbeigehen bemerkenswert kundiges Licht auf Nô-Masken und die «Geisterbesessenheit in der Heian-Zeit». Durchaus zeitgenössische psychologische Besessenheit ermöglicht es Mieko Toganō, einer verwitweten Dichterin Mitte Fünfzig, ihre schöne, ebenfalls verwitwete Schwiegertochter Yasuko in gleichzeitige Affären mit zwei Männern zu drängen – mit Tsuneo Ibuki, einem hageren, verheirateten Literaturprofessor, und Toyoki Mikame, einem übergewichtigen, unverheirateten Psychologen. Akio, Yasukos Mann und Miekos Sohn, wurde unter einer Lawine begraben, die vier Jahre zuvor am Fujijama niederging, kaum ein Jahr nach ihrer Heirat. Wie sich herausstellt, hat Mieko Akio und seine schwachsinnige Zwillingsschwester Harume nicht von ihrem inzwischen verstorbenen Ehemann Masatsugu empfangen, sondern von einem namenlosen Liebhaber, der 1937 an der japanischen Invasion in China teilnahm und fiel. Weiter gehören zum Handlungspersonal: Sadako, Ibukis geschäftsmäßige Frau (ihr zu Ehren formuliert er den Aphorismus: «Eine vernünftige Frau ist ebenso lächerlich wie eine in Stacheldraht gefaßte Blume»); Yu, die betagte Dienerin, die alles miterlebt hat, was sich im verdrehten Haushalt der Toganōs ereignet hat; Toe, die Tochter von Yorihito Yakushiji, einem sterbenden Nô-Meister; und die Rokujō-Dame, eine zwielichtige Figur aus der «Geschichte vom Prinzen Genji», die in Miekos Gedanken und auf der geisterhaften Ebene dieses Romans spukt. Einige Nô-Masken sind beinah selber Figuren, und die drei Kapitel des Romans sind mit Maskennamen überschrieben: «Ryō No Onna», die «Geisterfrau» und Symbol weiblicher Rache; «Masugami», eine Maske, die für eine junge Wahnsinnige steht; und «Fukai», was «tiefe Quelle» oder «tiefe Frau» bedeutet, eine Maske, die verwendet wird, um Frauen in mittleren Jahren darzustellen.

«Es ist sehr japanisch», heißt es an einer Stelle im Roman, und das scheint auch für «Die Dichterin und die Masken» zu gelten. Die beschreibende Prosa hat manchmal die beschwörende Präzision und die rasch wechselnde Perspektive des Haiku:

> Von dem Schnee, der vor einigen Tagen gefallen war, lagen hier und dort noch Flecken am Fuß der Gebäude oder an Baumwurzeln in einzelnen Vertiefungen. Beim Anblick der verharschten Flächen erinnerte er sich an die weiche Kälte des frisch gefallenen Pulverschnees.

Andere Passagen besitzen die Schlichtheit japanischer Gemälde, sind voll angedeuteter Texturen und Winkel:

> Yasuko richtete sich ruckartig auf. Dabei schlug die Decke in einem spitzen Winkel zurück, so daß sie Miekos geschmeidige Gestalt in ihrem kleingemusterten Nachthemd aus Seidenkrepp mit leicht angezogenen Beinen neben sich liegen sah.
>
> Durchs Fenster des Baderaums fiel der Blick auf einen steilen, schmalen Pfad, von Dächerkuppen wie von aufgereihten Dreiecken gesäumt, die zum Meer hin – auch das ein Dreieck, diesmal auf dem Kopf stehend – abfielen, das blau und friedlich glitzernd dalag.

Gelegentlich scheint die Prosa so schwer wie ein Sumo-Ringer zu atmen:

> Ihre Gesichtszüge waren ruhig und reglos wie immer, aber unter dem kühlen Gewicht ihrer schweren Brüste raste ihr Herz in einem wilden Feentanz, und eine kraftvolle Spannung ergriff sie von der Hüfte bis zu den Schenkeln, die ihre schlanken Beine auf dem Boden verankerte.

Vielleicht kommt auch dem Übersetzer das Verdienst an einem so unangestrengten Satz wie diesem zu:

> Die Straße, auf der sie sich im Dunkeln den Weg nach unten ertasten mußte, hoffnungslos beladen mit dieser unendlichen und unausweichlichen Last, schien sich mit stinkender und schreckerregender Schwärze vor ihr zu dehnen.

Doch allein die Autorin hat dieses Übergewicht an Symbolen und Behauptungen und *dei ex machina* angehäuft, die knarzend aus der klassischen Literatur und den überlieferten Stücken niederfahren. Mrs. Enchis Einfügung eines zehnseitigen Aufsatzes über den Charakter der Rokujō-Dame und der häufige Vergleich der Gesichter ihrer Heldinnen mit Nô-Masken – «[Miekos Gesicht war] ein Gesicht wie eine Nô-Maske, doch war der Eindruck, der von ihm ausging, noch vager, noch weniger faßbar» – erdrücken das eher, was zwischen Mieko, Yasuko und Harume vorgeht, als daß sie es verdeutlichten. Unser Interesse an menschlichen Begebenheiten hat sich gewissermaßen durch die verschiedenen Lagen der erklärten Bedeutung zu arbeiten.

Das Leben, das dieses zarte, rätselhafte Buch dennoch besitzt, meldet sich in überraschenden, grotesken Gesten und Bildern:

> ...Mieko strich ihr wie einem kleinen Kind die von kaltem Schweiß getränkten, wirren Strähnen aus dem Gesicht. Währenddessen ruderte sie still mit ihren glatten, weichen Füßen an Yasukos angezogene Beine heran und umklammerte sie sanft.

Wir lesen, daß Harume vom Strampeln Akios im Bauch einen Hirnschaden davongetragen hat; daß Akios Körper, als man ihn nach fünf Monaten unter dem Schnee ausgrub, auf einer Gesichtshälfte bis zum Knochen aufgerissen war; daß Yasukos Körper nach dem Beginn ihrer Affäre mit Ibuki für Miekos Nase einen bestimmten Geruch besaß – «den scharfen, feuchten Geruch eines soeben aus dem Meer geholten Fisches». Nach einem Gespräch mit der Mutter und Schwiegertochter bemerkte Ibuki «den klebrigen Fluß der Gefühle zwischen Yasuko und Mieko als unrein, doch zugleich bemerkte er an sich das paradoxe Verlangen, selbst in diese unreine Feuchtigkeit hineinzutreten». Ohne sichtbar vom Christentum oder von Freud souffliert zu sein, sucht sich die japanische Psyche ihre eigene Unterwelt, den glühenden, unreinen Fluß hinter der unbeteiligten Maske. Diese so beherrschte Kultur hat in diesem Jahrhundert in Romanen und Filmen eine Kunst der gewaltsamen Bilder und schmerzlichen Schönheit hervorgebracht. Yasuko erinnert sich, wie sie im Schnee des Fujijama nach ihrem Mann suchte und die lange Metallstange hinabstieß, und wie da jedesmal «im Schnee ein winziges Loch von so unsagbar tiefem Blau, so klar, so schön, daß es mir den Atem verschlug», entstand; und eines Nachts träumt sie davon, wie sie «in sein totes Gesicht, mitten ins Auge» gestoßen hat.

Die Umgangsformen der Frauen in «Die Dichterin und die Masken» sind quälend kompliziert: Unter Miekos Zauber bringt Yasuko Harume dazu, sich von ihrem eigenen betäubten Liebhaber befruchten zu lassen, und das neue Leben, das auf die Weise in die Welt kommt, ersetzt und rächt gewissermaßen jenes Kind, mit dem Mieko eine Fehlgeburt erlitten hat, als sie an einem Nagel hängenblieb, den Aguri, die eifersüchtige Geliebte ihres Mannes, arglistig am oberen Treppenende angebracht hatte. Eifersucht, Kummer, Sinnlichkeit und Passivität tragen ihren nicht genau bestimmbaren Anteil zu diesem «Verbrechen, das nur Frauen begehen können», bei; die Maske von Fukai verbirgt tatsächlich eine tiefe Quelle. Wie in Mr. Gustafssons kurzem Roman bekommt man Amerikaner in der leichten Drehung einer anderen Kultur zu sehen. Yasuko und Ibuki, die eben ihre ehebrecherische Affäre beginnen wollen, beobachten im Zug ein junges amerikanisches Paar – eine Frau mit flachsblonden Haaren und einen Mann, dessen Haar «wie der Pelz eines kleinen Tieres wirkte». Die beiden streicheln einander zärtlich, dann heißt es: «Die beiden schliefen aneinandergelehnt wie zwei zahme Tiere.» 1974 sind wir für den Schweden Killer; 1958 besaßen wir für die Japanerin die Unschuld von Tieren.

Tadeusz Konwicki, Jahrgang 1926, ist ein polnischer Schriftsteller und Regisseur, der einmal offiziell anerkannter sozialistischer Realist war und dann zum Dissidenten wurde, dessen Prosa nur in der Untergrundzeitschrift *Zapis* und im Westen veröffentlicht wird. Im vergangenen Jahr ist hier in den USA ein früherer Roman erschienen, «Chronik der Liebesunfälle»*; «Die polnische Apokalypse» treibt die unbeschwerte pikareske Art des Vorgängers weiter in die Verzweiflung. In beiden Romanen tragen die Helden Konwickis Namen und sind mit seiner Biographie ausgestattet – als wären die Zeiten für das konventionelle Erfinden eines Alter ego schon zu schlecht und beschwerlich. «Müdigkeit und Ohnmacht überwältigten mich. Mein Leben wiederholte sich, und ich wiederholte mich selber... Meine Kunst ließ sich wie mein Leben wie eine Wurst aufschlitzen.»

Obwohl er nichts getrunken hat, erwacht Konwicki in diesem Roman mit einem Kater und erhält Besuch von Hubert und Rysio, zwei Schriftstellerkollegen, die ihm mitteilen, daß er ausgewählt worden ist, sich bei einer Protestaktion um acht Uhr abends vor dem Gebäude des Zentralkomitees der Partei selber in Brand zu stecken. Die Freunde erläutern unserem Helden, daß er der nächstliegende Kandidat sei, weil er bekannt, aber nicht unersetzlich und außerdem schon lange vom Tod besessen sei; tatsächlich lehnt er ihren Vorschlag nicht rundweg ab, sondern läßt ihn sich während eines langen Tages durch den Kopf gehen. Auf seiner Wanderung begleiten ihn immerhin ein Benzinkanister und schwedische Streichhölzer (schwedische, weil polnische meist nicht zünden). Um ihn herum bricht Warschau zusammen

* Deutsche Ausgabe: Aufbau Verlag, Berlin 1978. (Anm. d. Ü.)

– Brücken stürzen ein, Stromausfall, im Wind treiben Sandsteinplatten vom Kulturpalast –, und die Stadt befindet sich im festen Griff einer ungeheuren Feier, die auf verschiedenen Seiten als vierzigster, fünfzigster, fünfunddreißigster und sechzigster Jahrestag der tatsächlich erst 1952 gegründeten Volksrepublik Polen bezeichnet wird. Nicht nur der Kalender, auch das Wetter ist unbeständig; der Tag beginnt als einer jener «hoffnungslosen Tage im Herbst», es folgen einige sommerliche Abschnitte, und das Buch endet im Schnee. Konwicki besucht alte Freunde, ein spektakuläres Restaurant namens Paradyz und einen polnischen Film mit dem Titel «Transfusion», der auf der Anzeigetafel als russischer Film mit dem Titel «Die strahlende Zukunft» angekündigt ist. Auf seinen Streifzügen begleiten ihn verschiedene Gefährten, von denen die beständigsten ein vielfarbiger Hund namens Pikush und Tadzio Skorko sind, ein glühender Verehrer von Konwicki und hoffnungsvoller Dichter, der nebenher für die Geheimpolizei zu arbeiten scheint. Immer wieder wird Konwicki von verschiedenen Einheiten der Polizei angehalten und schließlich sogar von einer Gruppe gefoltert. Er schläft mit der rothaarigen russischen Schönheit Nadezhda und wohnt einer Art Hexenkonzil jener fünfzehn Frauen bei, deren Liebhaber er zu verschiedenen Zeiten seines Lebens war. Er beteiligt sich an vielen erregten Debatten mit Vertretern des Establishments wie der Opposition, doch hat die unglückliche polnische Situation so lange vor sich hin geköchelt, daß die Entscheidung schwerfällt, wer nun was ist, zumal auch kein regelrechter Konflikt besteht, sondern nur die Wirrheit eines trockenen, sinnlosen Palaverns.

Wie andere anarchistische Geister wie Flann O'Brien und Céline verfügt Konwicki beim Schreiben über eine wunderbar leichte Hand. Nie verklumpt der chaotische Fluß im Selbstmitleid, noch auf den schrecklichsten Seiten finden sich Sätze beiläufiger Glückseligkeit. Besonders gut geht er mit Frauen um, denen alle möglichen zarten Gerüche anhängen. Hier ist Nadezhda, die verführt wird:

Sie roch wie Wasser, das sich in der Sonne erwärmt hatte, und sie besaß zudem das scharfe, verführerische Aroma von Birkenblättern... Wir konnten das verzweifelte Schlagen unserer Herzen und das polyphone Kreischen der Vögel hören, wie eine Mahnung, die sich erhob... Sie hatte die Augen so fest geschlossen, daß die Lider weiß wurden. Scharfe räuberische Zähne glänzten in dem von Heidekrautrot nach Pink changierenden Mund.

Konwicki verfügt über einen unangestrengten Witz, und er verwirrt den westlichen Leser mit den Windungen der ausweglosen polnischen Lage, wie sie in ihren eigenen Ironien untergeht. Ein marxistischer Philosoph erläutert dem Autor, warum der Kommunismus Polen davor bewahrt hat, von einem vitalen, unternehmungslustigen Rußland geschluckt zu werden: «Sie sollten beten und Ihren Göttern jeden Tag dafür danken, daß die Russen durch diese idiotische Lehre träge geworden, durch dieses grauenerregende Leben verkommen und durch das debile Wirtschaftssystem völlig erschöpft sind.» Genosse Kobialka, ein Parteifunktionär, der seine Karriere ruiniert, weil er sich bei einer vom Fernsehen übertragenen Parteiveranstaltung auszieht, wirkt keineswegs absurder als die vom Fernsehen übertragene Umarmung der beiden allmächtigen Generalsekretäre: «Zwei dicke Männer, die einander auf den Mund küssen.» Auch in Polen hat sich die besondere Bedeutungslosigkeit des Fernsehens eingeschlichen; zwar sind alle politischen Gesten darauf ausgerichtet, dennoch macht es aus jedem Ereignis ein triviales Flimmern. Kummer wird banal, und Glück ist absurd, ganz gleich, ob es Kobialkas Glück ist, der in einer gepolsterten Zwangsjacke in das Irrenhaus der Staatssicherheit geschafft wird, oder das des geilen Ministers im Ruhestand, der inzwischen als Aktmaler tätig ist und weiter hinaus aufs Land fährt, wo man «noch Mädchen findet, die sich für die guten alten polnischen Złoty ausziehen» (anders als die Warschauer Prostituierten, die auf harter Währung bestehen). Selbst das Verhör unter der Folter ist eine Farce; die Polizisten injizieren Konwicki eine Droge, die ihn so empfindlich macht, daß ihm bereits das Schnippen mit der Fingerspitze oder das Werfen einer Papierkugel Schmerzen bereitet. Als die Tortur zu Ende ist, denkt er: «Ein ziemlich verwirrtes Spiel war vorbei.»

Daß kommunistische Regierungen grauenhaft sind, ist einigermaßen bekannt; weniger bekannt ist, worauf Konwicki wiederholt hinweist, daß auch das Dissidententum etwas Verbrauchtes, Korruptes und Sinnloses hat. Offensichtlich haben die Vorstöße der Opposition in Polen, ebenso wie die der Regierung, etwas Schlafwandlerisches. Eine eigene Klasse von «Dissidenten mit Lebensstellung» ist hochgekommen. «Das Regime hat sich allmählich an sie gewöhnt, und sie haben sich an das Regime gewöhnt.» An seinen jungen Gefährten in der Verschwörung bemerkt Konwicki, daß «sie alle klein, mager, zottig» sind. «Doch nur in ihnen schwelte noch so etwas wie Widerstand gegen die Mächtigen. Im Lauf der Jahre waren auch die Mächtigen häßlich geworden, nur anders – sie hatten zugenommen, waren in die Breite gegangen; sie waren verweiblicht.»

Amerikaner sind an diesem langen Tag in Warschau – eine Mischung aus Bloomsday und, wie der Leser häufig erinnert wird, den Stationen des Kreuzwegs – nicht zu sehen; nur ein «leitender Redakteur von Associated Press» ruft gegen Abend an und sagt: «Ich wollte nur fragen, was heute in Warschau los war.» Konwicki sagt es ihm: «Nichts Aufregendes. Der übliche Feiertagsauftrieb.» Die Antwort wird akzeptiert. Der Westen selber wird keineswegs als ein dem polnischen Niedergang überlegenes System gesehen, sondern befindet sich im gleichen entropischen Verfall. Kobialka behauptet: «Der Westen... begann wegzulaufen, als wir ihn einholen wollten, und wurde dann langsamer, als wir uns entspannten. Auch er ist erschöpft. Auch er sitzt rittlings auf dem Zaun.» Aus dem Blickwinkel Polens und von 1979 aus sind wir weder unschuldig noch dynamisch. Angesichts des Verfalls und des Niedergangs in Osteuropa hat sich die freie Welt als hilflos erwiesen; der Kapitalismus wurde nicht Polens Erlöser, sondern sein Gläubiger. Im Paradyz spielte «die Kooperative Band der behinderten Veteranen ein Medley amerikanischer Melodien, doch spielte sie, um sie sie zu tarnen, die Stücke rückwärts, um keine Tantiemen in Devisen bezahlen zu müssen». Polen kann sich nur den Import von schwarzem Humor leisten. Instinktiv nimmt Konwicki den Ton absurder Prosa an, den Ton, der sagt: «Dies geschieht und das geschieht, erwartet nicht von mir, daß es mir etwas bedeutet, denn das Leben ist bedeutungslos; und bitte, geneigter Leser, erwarte von mir auch nicht, daß ich dich etwa so sehr aufwühle, bis du Mitleid bekommst.» Wenn am Ende der «Polnischen Apokalypse» von uns Mitleid erwartet wird, berührt uns das Phrasenhafte daran peinlich, weil unser Reaktionsvermögen durch den deflationären Slapstick von Konwickis hoffnungsloser Welt so sehr herabgestimmt worden ist.

Studien in Selbstbezichtigung im nachhitlerischen Österreich und Deutschland

Thomas Bernhard, «Wittgensteins Neffe. Eine Freundschaft». Suhrkamp Verlag, Frankfurt/Main 1982.

Martin Walser, «Dorle und Wolf». Eine Novelle. Suhrkamp Verlag, Frankfurt/Main 1987.

Irgend jemand hat Hitlers Macht über das deutsche Volk damit zu erklären versucht, daß er sein Publikum mit jener schrillen Stimme ansprach, die der deutsche Ehemann benutzt, wenn er mit seiner Frau spricht. Der österreichische Dramatiker, Romancier und Lyriker Thomas Bernhard, der, als er im vergangenen Februar im Alter von 58 Jahren starb, die wichtigsten Literaturpreise gesammelt hatte, die die deutschsprachige Welt bereithält, verdankt seinen großen Erfolg bei der Kritik und sogar (mit seinen vielgespielten Stücken) beim Publikum möglicherweise einem ähnlichen Wesenszug: In seinem Schreiben ging er immer bis an die Grenze zur Schrillheit, und in der deutschen Psyche liefert die Schrillheit den Nachweis dafür, daß etwas interessant ist. In Bernhards letztem Stück «Heldenplatz» wird Österreich dergestalt charakterisiert: «die Partei und die Kirche / haben alles mit ihrem Stumpfsinn zerstört... Österreich selbst ist nichts als eine Bühne / auf der alles verlottert und vermodert und verkommen ist / eine in sich selber verhaßte Statisterie / von sechseinhalb Millionen Alleingelassenen / sechseinhalb Millionen Debile und Tobsüchtige...» In seinem Roman «Korrektur» speit der Erzähler etwas von seiner überschüssigen Galle auf «eine Zeit, in welcher alles, nur nicht etwas Bemerkenswertes, herausgegeben und veröffentlicht wird... und jedes Jahr Hunderte und Tausende Tonnen von Stumpfsinn auf dem Papier auf den Markt geworfen werden, der ganze Verlotterungsmüll dieser durch und durch verlotterten europäischen oder, nur nicht zurückhalten, verlotterten Weltgesellschaft, in einer Zeit, in welcher immer und immer wieder nur Geistesmüll produziert und dieser fortwährend stinkende und fortwährend alles verstopfende Geistesmüll auf das widerwärtigste immerfort als Geistesprodukte ausgegeben wird, wo es sich doch nur um Abfallprodukte des Geistes handelt...» Und in seinem jüngsten Werk, das in englischer Sprache erschienen ist, in «Wittgensteins Neffe», finden wir folgende Mahnung: «... machen wir uns nichts vor, die Köpfe, die uns die meiste Zeit erreichbar sind, sind uninteressant, wir haben nicht viel mehr davon als wenn wir mit ausgewachsenen Erdäpfeln zusammen wären, die auf wehleidigen Körpern in mehr oder weniger geschmacklosen Kleidern ein kümmerliches, leider gar nicht erbarmungswürdiges Dasein fristen.»

Mit seiner tyrannischen Wiederundwiederholung und seinen unerwarteten Betonungen durch Kursivierung – wie die Hiebe einer zuschlagenden Faust – war Bernhard ein Maestro der musikalischen Schmährede, ihrer strudelnden, hämmernden, alles verschlingenden Dynamik, einer Musik, in der jede Note, die *nicht* Tadel bedeutet, wie ein Mißklang wirkt, wie ein vorübergehendes Nachlassen der künstlerischen Stärke. Selbst sein typographisches Markenzeichen – der entschlossene Verzicht auf Absätze, ein einförmiger Marsch durch niemals eingezogene Zeilen – zeugt von Feindseligkeit, und zwar dem Leser wie auch dem Setzer gegenüber, für den jede Änderung einen neuen Umbruch erforderlich macht. Durch Bernhards gesamte Prosa zieht sich seine rasch aufgestachelte Wut mit solcher Verläßlichkeit, daß man versucht ist, sie für einen unfreiwilligen Charakterzug zu halten, der sich im Verhalten des Autors ebenso bemerkbar macht wie in seinen Büchern. Natürlich vermutet man, daß es noch eine andere Version des offiziellen Vorfalls gibt, der sich ereignete, als Bernhard im Audienzsaal des Ministeriums in Wien den Staatspreis für Literatur entgegennahm. «Wittgensteins Neffe» zufolge hörte er sich zuerst die Laudatio an, die «nichts als Unsinn» war; ein Minister, dem die «Dummheit... ins Gesicht geschrieben» stand, las sachlich unrichtige «Unsinnigkeiten» vor. Dann gab er zurück:

Nachdem ich aber dann, sozusagen als Dank für den Preis, ein paar Sätze, die ich erst kurz vor der Preisverleihung in höchster Eile und mit dem größten Widerwillen auf ein Blatt Papier geschrieben hatte, eine kleine philosophische Abschweifung sozusagen vorgetragen hatte, in welcher ich nichts anderes zu sagen gehabt habe, als daß der Mensch armselig und ihm der Tod sicher sei, alles in allem hatte mein Vortrag nicht länger als drei Minuten gedauert, war der Minister, der überhaupt nicht verstanden hatte, was ich gesagt hatte, empört von seinem Sitz aufgesprungen und hatte mir die geballte Faust ans Gesicht geschleudert. Wutschnaubend hat er mich vor allen Anwesenden auch noch einen *Hund* genannt und hat den Saal verlassen, nicht ohne hinter sich die Glastür mit einer solchen Gewalt zuzuschlagen, daß sie in tausende Scherben zersplittert ist... Darauf geschah das Merkwürdige: die ganze Gesellschaft, die ich doch nur als Opportunistenmeute bezeichnen kann, ist dem Minister nachgerannt, nicht ohne vorher noch gegen mich vorzugehen, nicht nur mit Schimpfwörtern, sondern auch mit geballten Fäusten...

Als Bernhard später den angesehenen Grillparzer-Preis erhielt, der von der Österreichischen Akademie der Wissenschaften verliehen wird, verlief die Zeremonie keineswegs moderater. Niemand empfing den neuen Preisträger vor oder in der Akademie. Bernhard beschloß, den Gästen zu folgen und setzte sich zusammen mit seiner Begleitung mitten ins Publikum. «Das philharmonische Orchester zupfte schon nervös an den Instrumenten und der Präsident der Akademie der Wissenschaften, der *Hunger* hieß, lief aufgeregt auf dem Podium hin und her und keiner außer mir und den Meinigen wußte, warum mit dem Festakt noch nicht begonnen wird.» Als Bernhard schließlich doch entdeckt und von einem Mitglied der Akademie gebeten wird, nach vorne zu kommen und in der ersten Reihe neben der Ministerin Platz zu nehmen, scheute der Autor: «Ich gehorchte dem Herren nicht, weil er die Aufforderung an mich in einem tatsächlich widerwärtigen, arroganten Ton vorgebracht hatte, letzten Endes auch in so abstoßend siegessicherer Weise, daß ich mich, um mein Selbstgefühl zu behalten, weigern *mußte*, mit ihm aus der Reihe hinaus und auf das Podium zu gehen.» Er gab erst nach, als Präsident Hunger selber vom Podium herabkam und ihn an seinen Platz geleitete. Autoren mit weniger Preisen als Bernhard können sich mit seiner mühsam erworbenen Einsicht trösten, daß «eine Preisverleihung nichts anderes [ist], als daß einem auf den Kopf gemacht wird. Einen Preis entgegennehmen, heißt nichts anderes, als sich auf den Kopf machen zu lassen, weil man dafür bezahlt wird». Preise «erhöhen nicht, wie ich bevor ich meinen ersten Preis bekommen habe, glaubte, sondern sie erniedrigen, und zwar auf die beschämendste Weise».

Thomas Bernhards Beschämungen begannen schon in frühester Kindheit. Er kam 1931 als uneheliches Kind in einem holländischen Kloster zur Welt, das unverheiratete Mütter bis zu ihrer Niederkunft aufnahm. Sein erstes Lebensjahr verbrachte er zum größten Teil in einer Hängematte, die an der Holzdecke eines Fischkutters hing, der im Hafen von Rotterdam ankerte, während seine Mutter als Haushaltshilfe arbeitete, um für seine Unterbringung in dieser schwimmenden Behausung aufkommen zu können. In seiner Autobiographie – zwischen 1975 und 1982 verfaßte er fünf kurze autobiographische Texte, die auf englisch in der Übersetzung von David McLintock (bei Knopf 1985) unter dem Titel «Gathering Evidence» (Beweisaufnahme) gesammelt sind* – berichtete er von ihren wöchentlichen Besuchen: «Ich hätte jedesmal jämmerlich geschrien und mein Gesicht sei, solange ich auf dem Fischkutter gewesen sei, von Furunkeln übersät und verunstaltet gewesen, da, wo die Hängematten hingen, seien ein unglaublicher Gestank und ein undurchdringlicher Dunst gewesen.» Seine Mutter Herta war die Tochter des wenig bekannten österreichischen Schriftstellers Johannes Freumbichler; sein Vater Alois Zuckerstätter war ein Bauernsohn aus

* «Die Ursache. Eine Andeutung» (1975), «Der Keller. Eine Entziehung» (1976), «Der Atem. Eine Entscheidung» (1978), «Die Kälte. Eine Isolation» (1981), «Ein Kind» (1982); alle erschienen im Residenz Verlag, Salzburg. (Anm. d. Ü.)

dem österreichischen Henndorf, wo Herta bei ihrer Tante gewohnt hatte. Bernhard bekam seinen Vater nie zu Gesicht; er starb 1943 unter rätselhaften Umständen, offenbar gewaltsam. 1945 überredete Bernhard seinen Großvater väterlicherseits, ihm etwas über Alois mitzuteilen (er «hatte von meinem Vater wie von einem Vieh gesprochen») und ihm eine Photographie des Mannes zu überlassen, «das Bildnis meines Vaters, das mir so ähnlich war, daß ich erschrocken bin». Der junge Thomas nahm das Bild mit nach Hause zu seiner Mutter, die es ihm aus der Hand riß und in den Ofen warf. Sie hatte die unfreundliche Angewohnheit, ihr Kind zum Rathaus zu schicken, damit es sich die fünf Mark abhole, die der Staat jeden Monat an uneheliche Kinder bezahlte. Sie meinte, *«damit du siehst, was du wert bist»*.

Nach dem Jahr auf dem Kutter, so ist der Autobiographie weiter zu entnehmen, wurde Bernhard von seiner Mutter nach Wien gebracht, wo er bei seinen Großeltern wohnen sollte. *Ihre* Mutter kam aus einer reichen Salzburger Familie und war in Ungnade geraten, als sie mit 24 Jahren ihren Mann und drei Kinder* verließ, um zu Freumbichler nach Basel zu fliehen; das Paar lebte 34 Jahre zusammen, ehe die beiden heirateten. 1937 zogen die «armen, dahergelaufenen Leute» von Wien in das Dorf Seekirchen bei Salzburg. Herta hatte in Wien den Friseurgehilfen Emil Fabjan kennengelernt und heiratete ihn 1937 in Seekirchen.** Thomas bekam einen Bruder und eine Schwester. Weil er in Österreich nirgends Arbeit finden konnte, zog Fabjan über die Grenze ins bayrische Traunstein; die Großeltern folgten mit dem Enkel und wohnten im nahe gelegenen Ettendorf. Freumbichler, «mein wie nichts auf der Welt geliebter Großvater», kam aus einer angesehenen Familie in Henndorf. Er war ein großer «Erklärer», doch nach Bernhards Bericht

* Die Autobiographie spricht einmal von zwei, einmal von drei Kindern. In Caroline Markolins Buch «Die Großväter sind die Lehrer. Johannes Freumbichler und sein Enkel Thomas Bernhard» (Otto Müller Verlag, Salzburg 1988) sind es wieder zwei. (Anm. d. Ü.)

** Das Ehepaar ging zurück nach Wien, Thomas Bernhard, den Emil Fabjan nie «überschreiben» ließ, blieb bei seinen Großeltern in Seekirchen. (Anm. d. Ü.)

auch ein «Einzelmensch, er war gemeinschaftsunfähig, untauglich also für jede Anstellung». Der ehemalige Priesterseminarist und spätere Anarchist verdiente mit dem Schreiben buchstäblich nichts; er «lebte von Frau und Tochter, die bedingungslos an ihn glaubten, und schließlich auch noch von seinem Schwiegersohn».

Auch sein Enkel erwies sich als gemeinschaftsunfähig; nach einem vielversprechenden Jahr in der Volksschule, in die er bereits mit fünf Jahren eingetreten war, wurde er ein hoffnungsloser Fall, ein Schulschwänzer und Bettnässer. Die Schule wurde ihm zur ununterbrochenen Qual, noch unglücklicher war er in einem «Heim für schwer erziehbare Kinder» in Saalfeld, und am meisten verabscheute er das «Nationalsozialistische Schülerheim» in Salzburg, in dem er zwischen 1943 und 1944 ein Jahr verbrachte, in einer Atmosphäre, in der Katholizismus und Nazismus sich auf eine so unerträgliche Weise verbanden, daß mehrere Schüler Selbstmord begingen; während er in der Schuhkammer auf seiner Geige übte, tröstete sich Bernhard jeden Tag mit dem Gedanken, sich ebenfalls umzubringen. In seiner Autobiographie bezeichnet er diesen Abschnitt als «meine finsterste und in jeder Hinsicht qualvollste» Zeit, und sein Elend wurde nicht aufgehellt, es änderte sich nur, als die heftigen Luftangriffe auf Salzburg begannen. Die Schule wurde zur Ruine zerbombt, und der Dreizehnjährige erhielt reichlich Gelegenheit, mitten im Schutt zu sitzen und einen Blick «direkt in die Menschenverzweiflung und in die Menschenerniedrigung und in die Menschenvernichtung hinein» zu werfen. Nach dem Krieg kehrte er zur Schule zurück, die jetzt Gymnasium Johanneum hieß und von katholischen Priestern geleitet wurde, doch für ihn hatte sich nichts gebessert: «Der jetzt jeden Tag und also annähernd dreihundertmal im Jahr geschluckte und verschluckte Leib Christi war auch nichts anderes gewesen als die tagtägliche Ehrenbezeigung vor Adolf Hitler.» Er verabscheute die Schule, das Salzburger Bürgertum und auch sonst so ziemlich seine ganze Umgebung: «Kindheit und Jugend, in jeder Beziehung nur schwierig.»

Bernhards Schilderung, wie er in der Schuhkammer auf der

Geige übte, läßt einen an seinen rhapsodischen, frei dahinströmenden Stil denken, den er in seinen Monolog-Romanen und seinen autobiographischen Exkursionen entwickelt hat: «... unter dem ihm leicht und auf das virtuoseste, wenn auch nicht exakteste kommenden Geigenspiel geht er gänzlich in seinem Selbstmorddenken auf... einerseits hochmusikalisch (Steiner *), andererseits naturgemäß einer vollkommenen *Nicht*disziplin Vorschriften betreffend verfallen (ebenso Steiner)». Diese frenetische musikalische Betätigung als Ersatz für den Selbstmord entstand mit weiteren Aktivitäten: Bernhard wurde bei Wettkämpfen ein unschlagbarer Läufer, und mit fünfzehn gab er die Schule auf und ließ sich als Lehrling einem Lebensmittelladen im verrufensten Salzburger Stadtteil zuweisen, in der Scherzhauserfeldsiedlung. «Die meisten meiner Eigenschaften, absoluten Vorzüge meines Charakters, waren schon in den ersten Tagen im Keller wieder zum Vorschein gekommen, nachdem sie jahrelang verschüttet und von den Widrigkeiten der Erziehungsmethoden zugedeckt gewesen waren... *Ich wollte von Anfang an nicht nur nützlich sein, ich war nützlich, und meine Nützlichkeit war zur Kenntnis genommen worden.*» Hier, in einem Kellergeschäft, wo er inmitten von lauter Außenseitern arbeitete, fühlte er sich auf eine perverse Art nützlich, frei und glücklich. Doch die Belastungen seiner Arbeit – das Einatmen des Mehlstaubs, das Heben der schweren Säcke – ruinierten ihm schließlich die Gesundheit. Als er bei Schneetreiben einen Lastwagen mit Kartoffeln entlud, holte er sich eine Grippe, aus der eine nasse Rippenfellentzündung wurde. Mit noch nicht achtzehn Jahren wurde er 1949 im Krankenhaus auf die Sterbestation verlegt und empfing sogar die Letzte Ölung. Er verbrachte zwei weitere Jahre in verschiedenen Krankenhäusern, wo seine Lungenkrankheit, schließlich eine offene Tuberkulose, aufwendig behandelt wurde. Wie um die Serie seiner Unglücksfälle nicht abreißen zu lassen, starben in dieser Zeit sein Großvater und seine Mutter. Aber er erholte sich doch soweit, daß er Gerichtsreporter beim sozialistischen

* Sein Violinlehrer.

Demokratischen Volksblatt wurde, am Salzburger Mozarteum Musik und darstellende Kunst studierte und, ehe er zuletzt seinen Krankheiten erlag, mehr als dreißig Werke mit Prosa, Gedichten und Stücken sowie seine überragende Autobiographie komponierte, sein Beweis, daß eiserne Willensstärke einen auch durch die entsetzlichste Isolation zu tragen vermag. Obwohl sein typischer Held ein Intellektueller ist, den völlige geistige Lähmung umfängt, schrieb er selber entschlossen, mutig und mit einem gewieften Sinn für den Skandal.

Verleger bezeichnen Bücher mit Begeisterung als Romane. Auch «Wittgensteins Neffe» hat von Knopf dieses Etikett erhalten*, obwohl es sich ganz eindeutig um ein Erinnerungsbuch handelt. Genau einhundert Seiten lang (in der amerikanischen Ausgabe) schildert das Buch mäandernd, nur mit einer Restglut der fünfteiligen Autobiographie, Bernhards Freundschaft mit Paul Wittgenstein, einem Neffen des berühmten Philosophen und geistig instabilen Dandy, der in Wien und Umgebung zur Prominenz gehörte. Wie schon «Korrektur» (dessen erfundener Held Roithammer mit seinem aristokratischen Hintergrund und dem Wohnsitz in England eindeutig nach dem Vorbild des Philosophen gestrickt ist) handelt es sich auch hier um die Verschlingung eines wortreichen und faszinierten Erzählers mit einem Wittgenstein. Die Verschlingung beruht hier auf der gemeinsamen Begeisterung für Oper und Musik, für Schopenhauer und Novalis und Pascal und Velázquez und Goya, für das Sitzen im Sacher, wo sie abfällige Bemerkungen über die Gäste und drastische Spekulationen über deren kosmopolitische Narreteien austauschen. Wie wir weiter erfahren, litten sowohl Bernhard wie Paul Wittgenstein unter der «*Zählkrankheit*» – dem zwanghaften Zählen von Fenstern und Türen von einem beliebigen Punkt aus, etwa aus einer fahrenden Straßenbahn – und unter der Gewohnheit, nicht beliebig, sondern «nach einem ganz genau vorgeschriebenen System» über die Pflastersteine zu laufen. Beide

* Statt einer Gattungsbezeichnung trägt das Buch im Original den Untertitel «Eine Freundschaft». (Anm. d. Ü.)

litten an der «Krankheit», «immer von einem Ort zum andern gefahren [zu sein] nur zu dem Zwecke des Verlassens eines Ortes und des Aufsuchens eines andern, ohne gleich welche Ankunft, zu seinem Glück machen zu können». Ihren ernsteren Krankheiten verleiht Bernhard die Romantik willentlicher Rebellion:

> Der Paul ist verrückt geworden, weil er sich auf einmal gegen alles gestellt hat und naturgemäß dadurch umgeworfen worden ist, wie ich umgeworfen worden bin eines Tages, weil ich mich wie er gegen alles gestellt habe, nur ist er *verrückt* geworden aus demselben Grund, aus dem ich *lungenkrank* geworden bin. Aber der Paul ist nicht verrückter gewesen, als ich selbst bin... Der Unterschied zwischen dem Paul und mir ist ja nur der, daß der Paul sich von seiner Verrücktheit hat *vollkommen* beherrschen lassen, während ich mich von meiner ebenso großen Verrücktheit niemals habe vollkommen beherrschen lassen, er ist sozusagen in seiner Verrücktheit aufgegangen; während ich meine Verrücktheit zeitlebens ausgenützt habe...

Als Paul verrückter wurde, zog sich Bernhard zurück; in der Erinnerung meldet sich Reue: «Ich mied in den letzten Monaten seines Lebens meinen Freund ganz bewußt aus dem niedrigen Selbsterhaltungstrieb, was ich mir nicht verzeihe.» Der Gedanke an Pauls groteske, abgemagerte, totenähnliche Erscheinung in seinen letzten Tagen verleitet den Autor zu einer pervers überheblichen Selbstbezichtigung: «Ich beobachtete ihn und schämte mich gleichzeitig. Denn ich empfand es als Schande, noch nicht am Ende zu sein, während der Freund es schon war. Ich bin kein guter Charakter. Ich bin ganz einfach kein guter Mensch.» Paul hatte Bernhard versprochen, *«zweihundert Freunde werden bei meinem Begräbnis sein und du mußt an meinem Grab eine Rede halten»*. Tatsächlich kamen nur acht oder neun zur Beerdigung, und sein Freund Thomas Bernhard blieb in Kreta, wo er an einem Theaterstück schrieb, das er, wie er uns berichtet, «als es fertig gewesen war, gleich wieder vernichtet» habe. Und noch eine weitere Beichte: «Sein Grab habe ich bis heute nicht aufgesucht.»

Dieses Buch der Erinnerung, das Pauls Prophezeiung für sein Ende als Motto führt, soll die Rede am Grab ersetzen. Es hat keine Moral anzubieten außer jener, die Bernhard an anderer Stelle vorgetragen hat, daß der Mensch armselig ist und der Tod ihm sicher. Seine lebendigsten Episoden zeigen den Autor, wie er seine leichte Erzürnbarkeit vorführt; vom armen, eleganten, unterbeschäftigten Paul ist hinter der dominierenden Persönlichkeit der übellaunigen Prosa vergleichsweise wenig zu sehen, die im Vorübergehen die deutsche Presse abschießt, die der Erzähler «nicht mehr ertragen kann»; oder die «niederträchtigen Schauspieler», die eines von Bernhards Stücken aufführten; oder die Literaten-Kaffeehäuser mit ihrer «stinkenden, die Nerven irritierenden und den Geist tötenden Luft»; die Psychiater, die «die tatsächlichen Teufel unserer Zeit» sind; sowie, gleich über mehrere Seiten, die «radikale Selbstdegradierung», wenn man der Mode folgt, aufs Land zieht, Selchfleisch in den Rauchfang hängt und eigenes Gemüse zieht. Bernhards brummbärige Art nähert sich hier den Schnurrigkeiten von W. C. Fields; sein wildgewordener Menschenhaß, der sonst Alpträume aus seiner Prosa erstehen lassen kann, sinkt hier beinah ins Liebenswürdige.

Martin Walser (nicht zu verwechseln mit dem Schweizer Romancier, Feuilletonisten, Kafka-Vorläufer und Insassen einer Heil- und Pflegeanstalt Robert Walser [1878–1956]) wird auf dem Klappentext der amerikanischen Ausgabe seines Romans «Dorle und Wolf» beschrieben als «derjenige unter den westdeutschen Autoren, der am ehesten wie John Updike ist». Ach ja? «Dorle und Wolf» erschien diesem naturgemäß gespannten Leser als ein freudloser, kurzangebundener, wirkungsvoller kleiner Roman, dem gegen Ende, in dem unvermeidlich theatralischen Milieu des Gerichtssaals, ohne große Anstrengung ein kleines Aufblühen gelingt. Bis dahin hält sich der Roman pflichtschuldig in der stark frequentierten Grauzone zwischen den beiden Deutschlands auf, in dem Spionieren, Loyalitätskonflikte und häusliches Mißbehagen zum Alltagsgeschäft gehören. Wir kennen das von früher, von John LeCarré und anderen reizlos gewordenen Sängern des Blues vom Kalten Krieg. Walsers intellektualisierte Agentengeschichte, die mit reichlich Zitaten aus Schillers «Jungfrau von Orleans» und Schumanns Klavierstücken aufgepumpt wird, kann bei aller Ernsthaftigkeit, allem Mitgefühl, nicht ganz verhindern, daß man sich wie auf einer Ghettotour vorkommt. Eine Menge Details scheinen widerwillig in die Erzählung eingeführt zu werden, wegen ihrer symbolischen Bedeutung vor allem, und die Handlung ist so verschwindend, daß unser Appetit auf Spannung eher verdorben als befriedigt wird.

Der Held Wolf Zieger ist ein ostdeutscher Möchtegernpianist, der seinem Klavierlehrer eine Ohrfeige versetzte und, bevor er sich wegen dieses Fauxpas in den Westen absetzte, vom Ministerium für Staatssicherheit auf ein sechswöchiges Schulungsprogramm in die Agentenschule in Potsdam-Eiche geschickt wurde. Er ist nicht allzu unglücklich mit Dorle verheiratet, die im westdeutschen Verteidigungsministerium arbeitet. Da sie keinen Zugang zu den NATO-Protokollen hat, schläft Wolf mit der Sekretärin, die über diesen verfügt, mit Sylvia Wellershoff. Sylvia – «Nicht dick, aber fleischig. Sie hatte von allem ein bißchen zuviel. Der Mund hing immer ein bißchen offen im Gesicht, als seien die Lippen zu schwer» – ist erotisch ebenso großzügig wie mit Informationen. Derweil will Dorle, die gerade 35 geworden ist, ein Kind; ihr Vorgesetzter im Büro, der schleimige Dr. Meißner, hat ein überaus freundliches Auge auf sie geworfen; und der ungarische Mathematiker, der auf dem gleichen Flur wie die Ziegers wohnt, hat herausgefunden, daß Wolf ein Spion sein muß, weil er Schumann nie mit beiden Händen spielt; und Wolf wird in seinem Vorsatz wankend, am Ende seiner perfiden Laufbahn in den Osten zurückzukehren.

Wenn diese Handlungszusammenfassung etwas hastig wirkt, so liegt das an dem Buch: Alle Zutaten, einschließlich undurchsichtiger Angaben über die westliche High-Tech-Elektronik und Metallurgie und einiger glaubwürdiger rasch skizzierter Porträts von Meisterspionen der kommunistischen Seite, finden sich am richtigen Ort, sind aber zu dicht aneinandergefügt, als daß sie sich bewegen könnten. Der Roman ist offenbar weder die Parodie eines Thrillers wie Robbe-Grillets «Die Radiergummis» oder Queneaus «Man ist immer zu gut zu den Frauen» noch das echte, finster entschlossene Zeug. Wolfs Selbstrechtfertigung für seinen Verrat am westdeutschen Staat, die in der uneigennützigen Absicht besteht, die Grenze zwischen den beiden Deutschlands aufzulösen und mitzuhelfen, die «unselige Tendenz der deutschen Teilung» zu heilen, ist für den amerikanischen Leser vielleicht etwas schwierig nachzuvollziehen. Teile von Hitlers Reich wiederzuvereinigen, ist nicht gerade ein Anliegen, das die Herzen weltweit höher schlagen ließe, so nahe es dem deutschen «Volksgeist» gehen mag. Die rhetorische Aufforderung unseres Präsidenten *, die Berliner Mauer niederzureißen, ist eine Sache, die noch lebendige Erinnerung an «Deutschland über alles» eine andere. Da eine Motivation fehlt, mit der sich eher Sympathie empfinden ließe, scheint Wolfs nervöses Schwanken kaum so tiefschürfende Grübeleien wie die folgende zu verdienen: «Wie sehr darf eigentlich, was man denkt, dem, was man tut, widersprechen? Wieviel Unvereinbarkeit erträgt man in sich?» Seine Selbstverhöhnung – genau in der gnadenlosen Art, wie sie heute offenbar bei den jüngeren Deutschen üblich ist – ist so vernichtend, daß dem Leser wenig übrigbleibt, wo er mit seinem Mitgefühl ansetzen könnte: «Jetzt hatte er das Gefühl, er erlebe sich mit einer Art von Mißbilligung, von der er nicht genug kriegen könne.»

Dennoch gelingt es einigen Szenen, wo das geopolitische Unwohlsein in den privaten Umgang übertragen wird – die Ferien, die Dorle und Wolf an der Côte d'Azur verbringen, und bestimmte Augenblicke im Hotel zwischen Wolf und Sylvia –, aus der Mechanik der Handlung freizukommen, und im letzten Drit-

* Bush, obwohl seit Kennedy alle seine Vorgänger das gleiche verlangten. Die wenigsten von uns dachten auch nur im Traum an die Möglichkeit, daß wenige Monate nach Veröffentlichung dieser Kritik sich die Mauer öffnen und es Ost und West nicht mehr geben würde. (J. U.) Aber war es nicht Reagan? (Anm. d. Ü.)

tel des Buches zahlt sich der umstandslose, elliptische Stil in einer raschen, gradlinigen Lösung aus, die lauter Überraschungen birgt, einschließlich jener sachten Andeutung, daß, wenn ich richtig gelesen habe, Dorle zwar schwanger ist, aber nicht von Wolf. Erst auf den letzten Seiten, auf denen die ausgesetzte, aber noch nicht zerstörte Ehe der Ziegers als Metapher für die vorübergehende deutsche Teilung herhalten muß, verdrängt Mr. Walsers Schwäche für die großen Themen die vitalen Neigungen seiner Figuren. Der Roman ist allzu gewollt, und selbst ein kleineres, geringschätzig beiläufiges Angebot von Thomas Bernhard wie «Wittgensteins Neffe» scheint der Literatur näher zu kommen und die Luft einer Freiheit zu atmen, die Epiphanie erlaubt. Bernhard knausert mit Bildern und ist überaus großzügig bei Wiederholungen, doch von Zeit zu Zeit taucht er tief in die Erscheinung der Dinge. Als er und Paul Wittgenstein Patienten in verschiedenen Pavillons zweier aneinanderstoßender Krankenhäuser sind, versucht er loszugehen und ihn zu besuchen. Er gerät in Atemnot und setzt sich draußen auf eine Bank, um den Eichhörnchen zuzusehen:

> ... die vor allem anderen nur eine einzige Leidenschaft zu haben schienen: sie schnappten die überall auf dem Boden liegenden, von den lungenkranken Patienten weggeworfenen Papiertaschentücher und rasten mit ihnen auf die Bäume. Überall liefen sie mit den Papiertaschentüchern im Maul, aus jeder in jede Richtung, bis man in der Dämmerung nurmehr noch die hin- und herhuschenden weißen Punkte der Papiertaschentücher sehen konnte, die sie im Maul hatten. Ich saß da und genoß diesen Anblick, an den ich naturgemäß meine aus dieser Beobachtung wie von selbst entstandenen Gedanken knüpfte.

Diesen die Gedanken beflügelnden Atomismus jener seltsamen «hin- und herhuschenden weißen Punkte» erreicht Walsers gefühlsarme Prosa auch gelegentlich: Wolf fühlt sich besonders im Bus entspannt, wo «allen ... etwas fehlte. Vielleicht fehlte sogar allen das gleiche»; er und Dorle fühlen sich an einem verlassenen

Abschnitt des französischen Strandes an der Mündung der Rhône glücklich und frei, gegenüber einer Industrielache, wo Angler bei ihren Ruten sitzen und der Mistral «den Sand in scharfen Strahlen gegen jede Stelle Haut [treibt], die man nicht vor ihm schützt». Wieder zu Hause, als Wolfs Bus den Rhein überquert: «Es tat ihm gut, daß der Rhein so heftig dahinschob, als habe er im Wassermassentransport Akkordarbeit zu leisten.» In diesen überraschenden Gefühlen und Details bricht das Leben durch; wir fühlen uns wirklichen Menschen nahe, deren Dilemmata nur Teil ihres Daseins sind, und die echte Erlebnisse haben, deren Bedeutung nicht aufdringlich ist, sondern sich von selbst ergibt.

Ein Papageienpärchen

Julian Barnes, «Flauberts Papagei». Aus dem Englischen von Michael Walter. Haffmans Verlag, Zürich 1987.

Michel Rio, «Parrot's Perch». Aus dem Französischen ins Englische übersetzt von Leigh Hafrey. Harcourt Brace Jovanovich 1985.

Was ist ein Roman? In dieser Zeit des unbekümmerten Etikettenschwindels erweist sich als Roman immer mehr das, was so genannt wird, egal ob es nun eine Sammlung miteinander verbundener Kurzgeschichten ist («Liebeszauber» von Louise Erdrich; «Sarah Phillips» von Andrea Lee) oder eine aufgepumpte Reportage («Gnadenlos. Das Lied vom Henker» von Norman Mailer). Wenn «Flauberts Papagei» tatsächlich, wie auf dem Umschlag der amerikanischen Ausgabe vorsichtig behauptet wird, «ein verkleideter Roman» ist, «ein Roman voller Überraschungen», dann ist er das am merkwürdigsten geformte Exemplar seines Genres seit Vladimir Nabokovs «Fahles Feuer» (das ich gelesen habe). Wenn es sich aber um eine biographisch-literaturwissenschaftliche Abhandlung über einen verstorbenen Schriftsteller handeln sollte, dann ist es die seltsamste und wunderlichste seit Nabokovs «Nikolaj Gogol». «Flauberts Papagei» stammt von einem englischen Fernsehkritiker, der noch nicht ganz vierzig ist, und langte in dieser Weltgegend überreich mit Girlanden aus britischen Lobeshymnen behängt an («Ein komplizierter, wunderbarer Roman» – Graham Greene. «Unerschöpfliche Nahrung für den Kopf, wunderschön geschrieben» – Germaine Greer. «Mit Sicherheit der beste Roman, der 1984 in England erschienen ist» – John Fowles) und erwarb sich rasch auch ein Bouquet amerikanischer Sträußchen («Ich mußte beim Lesen in einem fort lachen» – Leon Edel. «Wunderbar und bereichernd» – Joseph Heller. «Ein Juwel» – John Irving. «Flauberts Papagei, c'est moi!» – Fran Leibowitz). Das Buch ist tatsächlich mit kühner Originalität angelegt und liefert mengenweise Merkwürdigkeiten über Flaubert: seine Statue in Trouville hat einen Teil ihres Oberschenkels und des Schnurrbartes verloren; die Doktorarbeit seines Bruders Achille trug den Titel «Einige Überlegungen hinsichtlich des Operationszeitpunkts bei abgeschnürter Hernie»; sein Roman «Salammbô» lieferte den Namen für eine neue Kreation von *petits fours*; er schickte der Kaiserin Eugénie 1864 Kamelien; bei der Geburt war er so schwächlich, daß sein Vater vorsichtshalber für seinen Körper bereits ein Kindergrab ausheben ließ; von der Behandlung mit Quecksilber gegen Syphilis blieb sein Speichel immer schwarz; sein Stück *Le candidat* war ein solcher Reinfall, daß die Schauspieler die Bühne mit Tränen in den Augen verließen; an der Spitze der Großen Pyramide von Cheops fand er 1849 eine Geschäftskarte aus Rouen; er verabscheute Züge; er konnte nicht tanzen; er versicherte Louise Colet, daß er ernstlich mit sich zu Rate ginge, ob er in Smyrna Bandit werden solle; erst 1952 erschien er auf einer französischen Briefmarke; und 1876 entlieh er, um sich die Arbeit an «Ein schlichtes Herz» zu erleichtern, das natürlich von einem Dienstmädchen handelt, die im Tod ihren geliebten Papagei mit dem Heiligen Geist verwechselt, aus dem Museum in Rouen einen ausgestopften Papagei, den man heute an zwei Orten ausgestellt sehen kann, im Hôtel-Dieu in Rouen und in Flauberts Schreibpavillon in Croisset, wobei beide Reliquien als genau jener Vogel ausgegeben werden, den sich Flaubert vor mehr als einem Jahrhundert geborgt hat. Der Roman besteht, falls «Roman» und «bestehen» nicht zu gewagte Formulierungen sind, aus weitschweifigen Reflexionen, wie sie ein gewisser Dr. Geoffrey Braithwaite, Arzt aus Essex in den Sechzigern, Witwer und glühender Amateur-Flaubertologe, der gern nach Frankreich reist und an der Invasion in der Normandie teilgenommen hat, aus Anlaß dieser seltsamen Papageienverdoppelung anstellt. Obwohl überaus beredt und klug, mag Dr. Braithwaite doch nicht über sich selbst sprechen; noch nach 150 Seiten tauchen Bruchstücke seiner sparsamen Selbstbeschreibung auf.

Als einfallsreiche und gelehrte Abhandlung über Gustave Flaubert ist «Flauberts Papagei» nur zu rühmen, in vielen seiner Details komisch und dabei voller Ernst auf der Suche nach Hinweisen auf Flauberts flüchtiges und eher abstoßendes Wesen. Manche Tatsachen und Zusammenhänge dürften auch für Professoren der Romanistik neu sein. Die verstorbene Dr. Enid Starkie, «Autorin der erschöpfendsten englischsprachigen Flaubert-Biographie», wird ordentlich abgewatscht, für ihre Aussprache des Französischen wie für ihre wissenschaftliche Arbeit, und Jean-Paul Sartre kommt in puncto Aussprache zwar noch einmal davon, aber mit seiner unvollendeten Biographie Flauberts hat er weniger Glück. In einer bunten Parodie akademischer Verfahrensweisen entdeckt Geoffrey Braithwaite oder sein verbündeter Erfinder Julian Barnes eine Fülle von Möglichkeiten, das Fell des Flaubärs zu verteilen: die verschiedenen Kapitel bestehen etwa aus einer dreistündigen schriftlichen Prüfung, einem «Wörterbuch der übernommenen Ideen» in Anklang an «Bouvard und Pécuchet», drei Chronologien von Flauberts Leben (jede mit einer anderen Moral), einer umfassenden Auflistung der Vogel- und Tiermotivik in Flauberts Leben und Werk, einem Überblick über die Züge, soweit sie seine Welt beeinflußt haben und es noch immer tun, einem abschließenden Essay über Madame Bovarys unbeständige Augenfarbe, einem imaginären Monolog von Louise Colet, einer Begegnung mit einem mythischen amerikanischen Collegedozenten, der behauptet, Flauberts Briefe an die geheimnisvolle Juliet Herbert entdeckt und vernichtet zu haben, sowie einem Verzeichnis der zahlreichen Bücher, die Flaubert schreiben wollte und nie schrieb. Im großen und ganzen liefert dieses fragmentarische, passionierte Interesse ein heroischeres und liebenswürdigeres Bild des «ersten modernen Romanciers» als die übliche hochmütige Daguerreotypie; darüber hinaus vermittelt Mr. Barnes' elaborierte, groteske, funkenschlagende und vibrierende Enthüllungsapparatur einige Begeisterung über die Arbeit des Künstlers.

Aber als Roman? Worin besteht eigentlich die Geschichte, worin bestehen Anfang, Mitte und Ende von «Flauberts Papagei»? Die Selbstverleugnung des geschwätzigen Erzählers («Drei Geschichten wetteifern in mir… Meine eigene ist die einfachste von den dreien – sie ist kaum mehr als ein überzeugender Beweis für meine Existenz –, und trotzdem fällt es mir am schwersten, mit ihr zu beginnen… Hoffentlich glauben Sie jetzt nicht, ich mache hier einen auf rätselhaft. Wenn ich Sie irritiere, dann liegt es wahrscheinlich daran, daß ich verlegen bin») deutet auf Scham, auf etwas, das verborgen gehalten wird. Dr. Braithwaites unausgesprochenes Geheimnis, der Grund für sein aufreizendes Sich-Zieren, lauert hinter seinem Vorhang aus flaubertinischen Nichtigkeiten und wagt sich gelegentlich vor. Es ist für ihn verdächtig schwierig, über Ellen, seine verstorbene Frau, zu sprechen: «Meine Frau… Nicht jetzt… nicht jetzt.» Seine Zunge spielt mit dem Thema wie mit einem kariösen Zahn: «Was meine Frau angeht, die war nicht vernünftig. Das wäre so ziemlich das letzte Wort, das sich auf sie anwenden ließe. Man spritzt Weichkäse, wie gesagt, damit er nicht zu rasch weich wird.» Die Geschichte kommt schließlich heraus und soll hier nicht verraten werden, abgesehen von dem Hinweis, daß Dr. Braithwaites Schmach der eines anderen Mediziners ähnelt, der des *officier de santé* Charles Bovary. Zweifellos erklärt einem das einen Teil seines leidenschaftlichen Interesses an dem französischen Schriftsteller und dessen Meisterwerk; und zweifellos sollen wir im Rückblick merken, daß dieser verzweifelt materialreiche Diskurs über Flaubert eine Möglichkeit ist, um das eigene Leben herumzureden. Eine Maske versteckt das Gesicht darunter und verrät es doch auch. Braithwaites häufiges Leugnen («Mißverstehen Sie mich nicht. Ich sage nicht, daß ihr Geheimleben Ellen in die Verzweiflung führte. Mein Gott, ihr Leben ist doch kein moralisches Lehrstück. Das ist niemandes Leben») ist ein Echo von Flauberts stolzem Bestreiten; Braithwaites auffällige Zurückhaltung in seiner eigenen Erzählung bestätigt Flauberts berühmten Satz «In seinem Werk muß der Autor sein wie Gott in seinem Universum, allgegenwärtig und nirgendwo sichtbar».

Die künstlerische Strategie von «Flauberts Papagei» bedient

sich der bewährten magischen Technik der Substitution; so wie Kinbote in «Fahles Feuer» sein eigenes wahnsinniges Leben in John Shades Gedicht über ein vollkommen anderes Thema liest, schmuggelt Braithwaite seine private Tragödie in die Tatsachen über Flaubert. Ein glänzendes Ergebnis, aber keins, das richtig zu Herzen ginge. Die offenkundige Vorwegnahme der Enthüllung nervt und ärgert auf Dauer; während ein beliebiges Kapitel satirisierter Gelehrsamkeit auf das andere folgt – jedes Kapitel gewissermaßen eine weitere Brüskierung unserer natürlichen Neugier für den schattenhaften Braithwaite –, melden sich beim Leser Ermüdung und Gereiztheit. Wenn der Erzähler, der nacheinander neckisch, streitsüchtig, kurz angebunden, lieb und unglaubwürdig gebildet war, zum Schluß mit eigener Stimme spricht, können wir sie nicht mehr hören. Braithwaites so bösartige wie witzige Liste von Romanarten, die er am liebsten verboten hätte, ist natürlich die eines der Londoner *culturati*, nicht die eines Landarztes, und manche Metaphern sind geradezu geckenhaft überdehnt:

> Die Phantasie trägt nicht jährlich Früchte wie ein zuverlässiger Obstbaum. Der Schriftsteller muß das einsammeln, was gerade da ist: manchmal zuviel, manchmal zuwenig, manchmal gar nichts. Und in den fetten Jahren gibt es immer einen Lattenrost in einer kühlen, dunklen Dachkammer, die der Schriftsteller ab und zu nervös aufsucht; und ja, oje, während er unten geracker hat, sind oben in der Dachkammer Schalen geschrumpelt, warnende Flecken aufgetaucht, pappt es bräunlich zusammen, haben sich Schimmelpilze breitgemacht.

Emma/Ellen; Bovary/Braithwaite/Barnes: die Trennwände zwischen ihnen sind durchlässig; der Autor und seine Figur gehen allzuleicht ineinander über. Zu viele Aphorismen über das Verhältnis Kunst/Leben – «Die Vergangenheit ist eine autobiographische Erzählung, die sich als Parlamentsprotokoll ausgibt» – «In den Büchern werden einem die Dinge erklärt; im Leben nicht» – erinnern uns beständig daran, daß wir ein Buch lesen.

Auch wenn der Roman schon als Form nach Experimenten geradezu verlangt und auch viel verkraften kann, muß er doch irgendwann den Punkt erreichen, wo er sich selbst vergißt und die schlichten Ereignisse zu ihrem Recht kommen läßt. In «Flauberts Papagei» wird dieser Punkt zu spät erreicht und bringt dann zuwenig. Anscheinend geht es darum, uns immer wieder an etwas zu erinnern, was unserem Erzähler so sehr am Herzen liegt: «Bücher sind nicht das Leben, so gerne wir das vielleicht auch hätten.» Was wohl heißen soll, daß sein eigenes Mißgeschick roh und ungefügt bleibt und einer Sublimierung durch die Literatur widersteht. Doch wirkt soviel kunstfertiger Aufwand, mit dem auf den Vorrang des «Wirklichen» verwiesen wird, seinerseits künstlich und berührt uns nicht weiter. Ganz gleich, was wir uns von Romanen versprechen, es sollte schon mehr sein als eine Unterhaltung mit dem Autor, so einnehmend raffiniert sie auch geführt werden mag.

Mit 88 großgesetzten Seiten ist «Papageienstange» zu kurz für die Bezeichnung «Roman», obwohl genau das auf dem Umschlag steht. Michel Rio ist in etwa so alt wie Mr. Barnes. Er wurde in der Bretagne geboren und lebt heute in Paris. Auf der Rückseite des Umschlags bekennt er sich zu einer «besonderen Schwäche für Conrad und Chomsky», und seine zwei vorangegangenen Bücher wurden in Frankreich beide mit Literaturpreisen ausgezeichnet. (Wie viele von diesen Preisen *gibt es* eigentlich?) Mit diesem Buch wurde der Autor zum ersten Mal ins Englische übersetzt. Seine Version des «Wirklichen» zeichnet sich schon am Anfang ab, auf der einleitenden Seite, die den Titel erklärt:

> Papageienstange – In Lateinamerika weitverbreitete Foltermethode. Das nackte Opfer wird verkehrt herum aufgehängt, und zwar so, daß sein gesamtes Körpergewicht auf den Unterarmen lastet. Sehr bald ist es sich sicher, daß seine Finger platzen werden. Seine Arme drohen zu brechen. Die Papageienstange ist in der Regel nur die erste Station für weitere Folterungen.
>
> (Kommentar aus dem Film «Das Jahr des Folterers»)

Wir sind auf der Hut, Folter ist mehr als alles andere ein Thema, vor dem wir die Augen lieber verschließen. Das Buch beginnt in einem französischen Kloster in der Nähe des Atlantiks, wo ein Gast, Joaquin Fillo, ein junger Priester aus Südamerika, eine Predigt hält, einen Kommentar zur Eucharistie. Seine Ausführungen werden damit angekündigt, daß sie «von Schmerz» handelten, «von jenem Schmerzenskult, der eine der Grundlagen unserer Religion bildet». Er beginnt mit der Leidensgeschichte Christi, einem Leiden, das «unauflöslich verbunden ist... mit dem größten Gut, nämlich der Erlösung und dem Leben. Die beiden durchdringen einander ununterscheidbar in einem Gewebe aus Blut und Liebe, aus Leiden und Freude, dem Garten der Foltern und jenem der Wonnen, dem Opfer und dem Henker; und zusammen bringen sie eine Menschengattung hervor, die ihr eigenes Opfer ist und zugleich ihr eigener Henker». Er fährt fort mit einer grauenvollen Litanei der Märtyrer, mit den Details ihrer grausamen Todesarten («Quentin, der aufs Rad geflochten, ausgepeitscht, mit Öl, Pech und ungelöschtem Kalk verbrannt und dann aufgespießt wurde. Euphemia, die geschlagen, an ihren eigenen Haaren aufgehängt und mit dem Schwert durchbohrt wurde. Leger, dem man die Augen und die Zunge herausriß, und den man anschließend enthauptete») und gelangt schließlich zum Paradox der christlichen Grausamkeit: «Gleich wer der Folterknecht oder wer der Gefolterte ist, das Leiden bleibt der einzige Weg zur Erlösung. Und mehrere Jahrhunderte lang betrachtete es die Heilige Inquisition als ein Gebot der Nächstenliebe, den Körper zu foltern, zu verbrennen und zu vernichten, um die Seele zu retten.» Mit knappen Worten schildert Pater Fillo seine eigene Bekanntschaft mit der Folter, nachdem er in seinem Heimatland als radikaler Priester «verhaftet und von Leuten gefoltert wurde, die behaupteten, damit die Werte des Christentums zu verteidigen». Seine Predigt endet damit, daß er vor dem ganzen Mönchskonvent dem Christentum abschwört: «Ich lehne diese Religion ab, eine Religion, in der die Liebe mit zuviel Blut vermischt ist. Ich lehne ab, was an ihr verabscheuungswürdig ist, und deshalb muß ich auch das Erhabene an ihr ablehnen. Es stinkt alles nach menschlichem Kalkül, nach didaktischer Phantasie. Für mich ist Gott anders, oder es gibt Ihn nicht... Ich möchte, daß ihr selbst fühlt, wie sinnlos dieser Schmerz und diese Erniedrigung sind, die zur Verzweiflung führen, zu meiner Verzweiflung – ihr, die ihr euch in Disziplin und Demut übt, auf die ihr eure Hoffnung setzt.»

Das sind große Themen, und man tut «Papageienstange» nicht groß Unrecht, wenn man feststellt, daß sich das Buch im weiteren Verlauf nicht ganz auf dieser Höhe hält. Wie Dostojewski und Bernanos, Graham Greene und Shusako Endo hat Michel Rio ein Problem aufgeworfen – das Problem des Schmerzes, von Gottes offenbarer Gleichgültigkeit angesichts der Schmerzen des Daseins –, auf das kein Roman eine überzeugende Antwort zu geben vermag, wenn er auch möglicherweise Antworten bestätigt, zu denen der Leser selbst bereits für sich mittels Religion oder persönlicher Philosophie gelangt ist. Auf Erden gibt es darauf keine Antwort, und die Form des Romans ist nun einmal sehr irdisch, zu Recht und aufs schönste (wie Henry James sagen würde) auf die menschliche Perspektive begrenzt. Die Antwort des Körpers auf das Problem des Schmerzes besteht in eisernem Ertragen, gemildert allenfalls in der Betäubung durch einen Schock und schließlich in der Gnade des Todes; die Antworten des normalen säkularisierten Weltbürgers bestehen in Stoizismus, Verdrängung und dem großzügigen Gebrauch des modernen Arsenals an Betäubungsmitteln von Alkohol bis Morphium. In den «Brüdern Karamasow» lautet die bekümmerte Antwort auf Iwans Zorn über das Sterben der Kinder: ein heiligmäßiges Leben, wie es beispielhaft sein Bruder Aljoscha führt. Das Buch Hiob endet mit der Berufung auf die undurchschaubare, unnachahmliche Großartigkeit der Schöpfung: Philosophisch läßt sich der Schöpfer nicht an die Kandare nehmen. Nachdem Pater Fillo in «Papageienstange» seine niederschmetternde Predigt gehalten hat, streift er gedankenverloren durch die Landschaft, führt einige unglaublich steife Unterhaltungen mit den Leuten, die er unterwegs trifft, starrt aufs Meer hinaus und unterwirft sich schließlich der Ungeheuerlichkeit seines eigenen Schöpfers.

Die Sprache entwickelt sich von getragen zu furchtbar: «Er hatte sich von seinem eigenen Denken abgeschnitten, dessen katastrophales Fortschreiten bereits den Keim der eigenen Negation in sich schloß, die Möglichkeit einer Rückkehr oder wenigstens eines Umwegs auf seinem von der Vernunft diktierten Vorwärtsschleppen auf den Abgrund zu.» Die Grübeleien des Priesters schmecken bald nach allzu vielen Hauptseminaren in Epistemologie und nach Becketts existentialistischer Schauerromantik: «Er überlegte auch, daß das Bewußtsein für immer in der Betrachtung seiner eigenen absoluten Unfähigkeit erstarren könnte: nicht sehen, nicht schmecken, nicht berühren, nicht hören. Eine vollständige Impotenz, die sich ihrer selbst bewußt war. Und in diesem Paradox eines Bewußtseins, das zu leiden hätte, weil es keine Erfahrungen machte, ahnte er die äußerste Melancholie.» Auf seinem Spaziergang überholt ihn der Abt, der in aller Heiterkeit weniger als Teilhard de Chardin, aber doch ein bißchen mehr als Jacques Monod zu glauben scheint. «Ich glaube an keine Erbsünde», sagt der Abt. «Wie könnte man an die Schuld von Aminosäuren und Proteinen glauben, aus denen schließlich Leben und Bewußtsein hervorgegangen sind?... Wenn ich die Idee von Schuld bestreite, bestreite ich logischerweise auch die Konsequenz, nämlich die Erlösung; und wie du gebe ich die Sinnlosigkeit allen Leidens zu.» Hiervon wird selbst der ausgebrannte Pater Fillo entflammt und fragt den Abt, woran er denn überhaupt noch glaube. «An die Dauer, die Vollkommenheit und die Universalität des Geistes», lautet die liberale Antwort. «Und ich glaube an die Moral Christi, weil sie die Moral der Liebe ist.» Der junge Renegat läßt sich dennoch nicht so leicht wieder ins Kloster zurückschmeicheln; auf seinem weiteren Weg, nachdem er an einem alten Kanal vorübergekommen ist, der aufwendig beschrieben wird als «schwankend zwischen der Gewöhnlichkeit des Funktionalen und der Noblesse einer Ruine, zwischen der moribunden Bestätigung seines künstlichen Charakters und seinem endlichen Eintauchen mittels einer Art langsamer chromatischer Vermischung mit seiner natürlichen Umgebung», begegnet er einer namenlosen Frau, die die Kanalschleuse bedient. «Ihr ganzes Sein strömte eine Art unterdrückter Großherzigkeit aus, eine spontane Wärme, die von einer erzwungenen Reserviertheit im Zaum gehalten wurde.» Sie war in der Versammlung und hat gehört, wie er dem Christentum abgeschworen hat; dennoch begrüßt sie ihn und lädt ihn in ihr Haus ein. «Hier war ein Mann, der sich in einem dunklen Innenraum verirrt hatte, und eine einsame Frau – ohne große Bildung, lebhaft und spontan.» Gleichwohl entwickelt sich kein Dialog, kein Austausch; sie sitzt vollkommen stumm da, während ihr der desillusionierte Priester Nihilismus in die Ohren träufelt. Wie es in einem der besseren Sätze des Buches heißt: «Ihre eigene, sprachlose Hoffnung war in seiner Leere untergegangen, und jetzt merkte sie, daß sie von diesem Mann außer Verstörung nichts zu erwarten hatte.»

Pater Fillo wandert weiter. Seine Reise ist inzwischen zu offenkundig die eines Pilgers geworden, eines mit sich selber beschäftigten Pilgers, der das Inventar eines Romans um sich herum nicht mehr braucht. Das kleine Buch besitzt die Ernsthaftigkeit, aber nicht die Bewegung und das Personal eines Romans. Zum Ende hin müssen bestimmte halbabstrakte szenische Effekte als Epiphanien durchgehen. Der Atlantische Ozean und der Abend nähern sich: «Die Nacht, oben noch halb Tag, Dunkelheit am Grund, schien eher dem Ozean als dem Himmel entstiegen zu sein.» Diese schwarze Unendlichkeit des Meeres dient dazu, das Universum zu emblematisieren und beschwört eine Seite mit kosmologischen Meditationen und geistigen Verwirrspielen wie dem folgenden herauf: «Er fand sich in einer Hölle, von der er fürchtete, sie sei ewig, und die sich um zwei Pole drehte: die Relativität des Nichts und die Absolutheit des Universums.» Wie bei Hamlet scheint sich seine Unruhe jetzt auf einen schwachen Zweifel am Vergessen zu gründen: «In einer seltsamen Rückbesinnung auf das Gebet flehte er nur um eins: daß der Gott, den er für schuldig befunden hatte, weil er den Schmerz erschaffen hatte, auch das Vergessen erschaffen möge.» Die Szene vor seinen Augen verfügt über den «beschönigenden Alptraum der Realität, einen friedlichen Spiegel, dessen Rückseite die Gewalt war; in diesem sah er sich selber». Schließlich, in einer letzten gequälten Drehung der Wahrnehmung wie der Sprache, sieht sich Joaquin Fillo als Teil jener Landschaft, die er von seinem Fenster im Kloster aus so oft gesehen hat, und das stachelt sein Denken an – und den schwitzenden Übersetzer zu Begriffen wie «topologisch», «Metonymie» und «Alterität» – und bringt ihm den Frieden. «Eine Flucht wurde durch die Überführung des Ortes in ein Bild möglich, der Realität in die Illusion. Er konnte sich in die Fiktion flüchten, die er aus der Wahrheit der Umgebung gewonnen hatte, konnte über das Feld hinaus verschwinden, über alle Felder der Leinwand hinaus, die von seinem Fenster eingerahmt wurde...»

So überformuliert und unterdramatisiert «Papageienstange» sein mag, das Buch beschäftigt uns, lädt uns ein, an seinem Kampf teilzunehmen, während uns «Flauberts Papagei», das breiter angelegte und gewandtere, sanft aussteigen läßt. Keiner der beiden Romane liefert uns Handlung im Stile der Romane des 19. Jahrhunderts, für die ein Gegensatz zwischen Mensch und Natur bestand und wo Männer und Frauen zu Handlungen genötigt waren, um sich zu retten. Die Vorstellung von der Welt als einer Probebühne ist allmählich verlorengegangen und mit ihr viel von dem, was selbst der schlichtesten Abenteuergeschichte noch eine gewisse Würde verlieh. Der moderne Held zeichnet sich durch Hilflosigkeit aus; die energischsten und menschlichsten Handlungen, zu denen sich Dr. Braithwaite und Pater Fillo in der Lage finden, sind Sprechakte des Protestes, als jeder auf seine eigene Art und Weise erstaunt zur Kenntnis nimmt, daß, wie Flaubert sagte, die Aufgabe der Sonne nicht darin besteht, den geistigen Kleingärtnern über die Runden zu helfen.

Unspektakuläre Existenzen

Andre Dubus, «Stimmen vom Mond». Aus dem Amerikanischen von Dieter Schwarz. Rowohlt Verlag, Reinbek 1985.

Thomas Bernhard, «Beton». Suhrkamp Verlag, Frankfurt/Main 1982.

Andre Dubus hat sich seinen Weg als Schriftsteller mit einem bewußt unauffälligen Stil und einem beharrlichen Festhalten an glanzlosen, unironischen Figuren schwergemacht. Diese Figuren neigen seit jeher dazu, am nördlichen Rand von Bostons noch urbanen Vororten zu leben, in einer Gegend, wo Massachusetts bereits an das südliche New Hampshire grenzt, zwischen Newburyport und Haverhill, der Stadt, in der Mr. Dubus heute lebt.* Das Merrimack Valley war der erste eigentliche Industriegürtel der Neuen Welt und befindet sich bereits seit Jahrzehnten in einer wirtschaftlich trostlosen Lage; die Textilfabriken sind nach Süden verzogen, und anschließend machten Importe aus dem Ausland den Leder- und Schuhfabriken das Leben schwer. Doch das Leben geht weiter, und das tapfere, ramponierte Weitergehen des Lebens mit seinen unberechenbaren Kicks durch Sex, Religion und Alkohol bildet Dubus' hartnäckig verfolgtes Hauptthema, das in seinem neuen und sehr kurzen Roman «Stimmen vom Mond» mit brillantem Feingefühl und einer etwas nachlassenden Virtuosität behandelt wird.

Der Titel stammt aus einem Gedicht von Michael Van Walleghen, in dem von «einzelnen Stimmen / Die Dir zuriefen / Wie Stimmen vom Mond» die Rede ist. Diese Stimmen sind wahrscheinlich die sechs Figuren, deren Perspektive der Leser im Verlauf der neun Kapitel einnimmt und deren innere Monologe er mitverfolgt. Die Handlung beansprucht nur einen Tag, ihr

* Der jüngsten Verlagsangabe zufolge ist er nach Bradford/Massachusetts verzogen. (Anm. d. Ü.)

Hauptereignis besteht in der Ankündigung von Greg Stowe, dem siebenundvierzigjährigen Besitzer zweier Eisdielen, seine fünfundzwanzigjährige ehemalige Schwiegertochter Brenda zu heiraten. Neben den Gedanken und Ansichten von Greg und Brenda dürfen wir auch jene von Joan, Gregs erster Frau, belauschen, von Larry, Brendas erstem Ehemann und Gregs älterem Sohn, von Carol, Gregs sechsundzwanzigjähriger Tochter, und von Richie, seinem zwölfjährigen Sohn. Die Geschichte dreht sich eigentlich um Richie; wir beginnen und enden in seinem Kopf, früh am Morgen und spät am Abend, und zwei weitere Kapitel verfolgen im Fortschreiten des Tages seine innere Unruhe nach der verstörenden Ankündigung, die soviel Veränderung in seiner Familie bringen wird. Bisher hat er bei seinem Vater gewohnt, seine Mutter in der nahe gelegenen Stadt Amesbury besucht und war viel mit seinem Bruder zusammen, der nun, wie er fürchtet, den neuen Haushalt meiden wird. Richie ist ein ganz normaler Junge – «ein magerer, sonnengebräunter Junge... weder groß noch klein» –, der im Herzen ein Heiliger ist; er schätzt zwar auch Reiten und Softball und Skilanglauf, doch die katholische Kirche ist seine Hauptbeschäftigung und sein größter Trost. Fast jeden Tag geht er allein zur Messe. Er hofft, später einmal Priester zu werden:

> Jetzt hob Pater Oberti den Kelch, und Richie stellte sich vor, er stecke in seiner Haut und spüre, wie der Wein, den der Kelch enthielt, zum Blut Christi wurde. *Mein Herr und mein Gott*, betete Richie, schlug sich auf die Brust und tauchte in dem Verlangen unter, das er in seinem Herzen spürte: ein Verlangen, Christus in sich aufzunehmen, durch Ihn in die Priesterschaft aufgenommen zu werden, eines Morgens geläutert und voller Anbetung in weißen Meßgewändern dazustehen und zu beobachten, wie seine Hand erst Brot, dann Gott hielt.

Auf einer anderen Reizebene als Pater Oberti steht Melissa Donnelly, die drei Monate älter als Richie und, mit knapp dreizehn, bereits eine der jüngsten Verführerinnen in der Literatur seit Nabokovs Lolita ist. Im Verlauf der niemals gewaltsamen Ereignisse dieses Sommertages – wie die meisten, ein Tag bescheidener Entdeckungen und Anpassungen – sehen wir, wie Richies Berufung zum Priesteramt kaum wahrnehmbar untergraben wird. Obwohl der Roman mehrere Herzen bloßlegt, Erwachsene in ihrem harten, distanzierten oder sogar perversen Verhalten zeigt, besteht seine überragende und entscheidende Errungenschaft doch im Porträt dieses gutmütigen Jungen, dem das Trauma der elterlichen Scheidung und die Lehre der Kirche eine frühreife Mannhaftigkeit abverlangen. Als sein Vater ihn fragt, was er von der angekündigten Eheschließung hält, sagt Richie nur: «Ich möchte, daß du glücklich bist.» Der energische ältere Mann besitzt darauf die Anmut zu erröten und ist einen Augenblick sprachlos.

Ein dramaturgisch vielseitiger Überblick wie in «Stimmen vom Mond» läuft Gefahr, uns zu sehr an den zu erinnern, der alles überblickt. Mr. Dubus hat sich mit besonderer Liebe seiner drei Frauen angenommen und weiß viel von weiblicher Sexualität und dem Gegenstück, der weiblichen Lust am Alleinsein, zu erzählen: Joan, die «über die Liebe hinaus» ist, genießt ihre unbemannte Wohnung und das kameradschaftliche Beisammensein mit ihren Kolleginnen nach der Arbeit im Lokal. Carol und Brenda leben ebenfalls allein, sind aber noch nicht über die Liebe hinaus und scheinen deshalb ein wenig gestraft zu sein; eine der theologischen Botschaften des Romans lautet, daß wir sündig werden und unweigerlich Schmerzen leiden, wenn wir uns aus der Einsamkeit zu befreien suchen. Joan überlegt, daß «Richie immer ein Einzelgänger gewesen und zufrieden damit» war; deshalb verspürt der Leser ein deutliches Verlustgefühl, wenn Richie am Ende die Tröstungen bei einem Menschen sucht. Keine der drei Frauen verfügt, obwohl jeder von ihnen verschiedene Eigenschaften zugeschrieben werden, besonders viel physische Präsenz oder eine greifbare Besonderheit in ihrem Wesen; womöglich sind alle drei in ihren Gedanken zu sehr auf das sich ewig durchwurstelnde, leicht verwahrloste Wunder der Männlichkeit fixiert. Nachsichtig staunt Brenda darüber, daß Männerfreunde eigentlich nie über ihr Leben sprechen, stundenlang gemeinsam an der Bar stehen, daß sie «wie zwei Rüden» miteinander kämpfen und daß sie, «genau wie Hunde, sich nicht weh tun würden». Und Carol sieht bei ihrem eigenen Vater erfreut «in seinem vorgeneigten Gesicht und seinem Lächeln diesen Blick, den Männer aufsetzten, wenn sie wußten, daß sie Taugenichtse waren, aber trotz alledem von einer Frau geliebt wurden». Für die Männer von Dubus neigen die Frauen, nicht viel anders als bei Raymond Carvers quasiproletigen, bierbüchsenbewehrten Helden, zur Überlebensgröße und verschwimmen in einem großen, tückischen, unwiderstehlichen Schoß. Carol, die mit ihrem Tochtersein die große Geschlechterdifferenz überschreitet, und Larry, der sie durch seine Veranlagung sozusagen übergrätscht, bilden vergleichsweise dunkle Haltepunkte auf Mr. Dubus' Reise mit der Familie Stowe. Zu viele seiner neun Kapitel enden mit einer Umarmung, mit oder ohne Tränen, und manchmal wird die Sprache allzu gefühlig: «und im Geräusch seines herausgestoßenen Atems hörte Greg Niederlage und Resignation, und sie versetzten seinem Herzen einen Stoß, der ihn fast umwarf, der ihn beinahe zwang, sein Gesicht in die Hände zu senken und zu weinen». Die Sprache vermag auch abstrakter zu werden: «Denn wenn man so viel und so mühsam kämpfte, gegen einen Schmerz wie diesen oder auch gegen die knietiefe Scheiße auf der Welt, damit es einem freistand, im Schatten von Zufriedenheit und Liebe zu liegen, bestand die große Gefahr, daß man keine Freude oder Leidenschaft mehr empfand und an den langen Abenden der Ruhe und Einsamkeit sich der Frau, die man liebte, nur mit der zerstreuten Berührung, dem kühlen Gemurmel müder Verpflichtung zuwandte.» Vom anderen Ende dringen die Schlichtheiten Hemingways herein: «Dann hockte er sich hin, um das Hinterrad anzuschließen; er war sehr hungrig und hoffte nur, sein Vater würde Pfannkuchen backen.» Auch gibt es im Übermaß verfahrenstechnische Details, die diesmal nicht mit dem Fischfang am Big Two-Hearted River, sondern mit der Essenszubereitung am Ufer des Merrimack zu tun haben: Pfannkuchen und Speck,

Tequila, Lunch für jene, die auf ihre Linie achten, Wodka mit Zwiebeln und Pfeffer – wir erfahren alles über Zubereitung und Verzehr. Mr. Dubus versorgt seine Figuren ordentlich.

Doch verleiht seine Neigung, derart aufmerksam über seinen verunsicherten, geschiedenen, zumeist vom Glauben abgefallenen Katholiken zu grübeln, seinem Überblick die Qualität eines Luftbilds, die Illusion übernatürlicher Bewegung, die uns an das erinnert, wozu man einst Romane gelesen hat. Wie selten trifft man heute noch Figuren mit einem eigenen Willen, mit einem Sinn für Entscheidungen! Richie wie auch sein Vater sammeln ihre inneren Kräfte, machen Vorsätze und bereuen ihre Entscheidungen. Die gefährlichsten Widersacher seien jene ohne Körper, meint Greg: «Selbstmitleid, Kapitulation vor all dem, was ihn zu Trägheit oder Indifferenz, zu Anomie oder Verzweiflung nötigte.» In diesem Buch werden die Bewußtseinsströme durch Verstandeskräfte kanalisiert; der Kopf ist ein Garten, in dem bestimmte Gedanken und Impulse gehegt und andere ausgejätet werden sollten. Die Vorstellung von Reinheit lockt jedermann an einen sauberen Ort, wie er im Motto geschildert ist:

Nein, es bleibt
Dir nichts zu tun
Als hier zu stehen

Erfüllt von deiner Stille
Die selbst eine Reinheit ist
Und alles Licht, das du benötigst.

Greg tagträumt, wie er den unberührten Amazonas entlangwandert, «wo jeder Schritt der erste war, auf unerforschtem Grund». Brenda gibt ihre Promiskuität auf, und Joan hat zum eigenen dauerhaften Schaden auf die Mutterrolle verzichtet: Als sich die Möglichkeit bietet, «einem ihrer Kinder mit ihrem Wissen weiterzuhelfen», ergreift sie sie und zeigt Larry – der sich gedemütigt fühlt, weil er seine Exfrau an seinen Vater verliert –, wie er über seine Wunden hinwegkommen und sein Leben wieder in den Griff kriegen kann. Für Jack Kerouac, einen weiteren

Franko-Amerikaner aus dem Merrimack Valley, war der römisch-katholische Glaube auf einen manischen Funken zusammengesunken, auf den rasenden Auftrag, das Heilige überall zu finden; für Mr. Dubus dient die Kirche inmitten der Egos, die im säkularen Amerika alle auf der Suche nach sich selbst sind, noch immer als Maßstab, als Hüterin von Geheimnissen, die unserem gemeinschaftlichen Leben Linie und Ziel zu geben vermögen. Die Familie und die intimen Bindungen, aus denen Familien bestehen, sind für diesen Autor Teil der Bedeutung unserer Seele und unsere bescheidenen, ungeschickten Versuche familiärer Anpassung und Versöhnlichkeit die reale Fortsetzung von dem, was Pascal «die Bewegungen der Gnade» nannte.

Bewegungen einer anderen Art, in einem anderen Land und auf einer anderen sozialen Ebene werden in «Beton» beschrieben. Obwohl er kurz ist, wirkt der Roman – der vierte von Thomas Bernhard, der ins Englische übersetzt wurde – viel länger. Bernhards besonderer Beitrag zum Arsenal der Avantgarde, ein eher entmutigender freilich, war die Eliminierung der Absätze, so daß die bittere Pille seiner Texte so regelmäßig wie eine Infusion verabreicht wird und wie in einer Mappe von Ad Reinhardts Schwarzbildern eine festgefügte Seite auf die andere folgt.

Und doch sind seine Sätze von strahlender Sinnhaftigkeit. Bernhard ist ausgebildeter Musiker und schrieb deshalb für das Ohr. In «Beton» tänzelt die Stimme des Erzählers weiter und immer weiter und entwirrt dabei eine faszinierende Komödie der Selbstbezichtigung. Der Erzähler heißt Rudolf, und er schreibt diese «Notizen», wie sich herausstellt, in Palma, auf Mallorca. Doch der Großteil der Handlung (wenn man es denn so bezeichnen will) ereignet sich auf Rudolfs Liegenschaft in Peiskam, wo sich sein empfindliches Nervensystem von einem Besuch seiner Schwester erholt und er versucht, sich endlich an das «Niederschreiben einer größeren wissenschaftlich einwandfreien Arbeit» über den Komponisten Mendelssohn Bartholdy zu machen. Rudolf, der zwanzig Jahre lang in Wien gelebt hat, dort in den entsprechenden Musikerkreisen verkehrt, vielleicht sogar den einen oder anderen wissenschaftlichen Artikel veröffentlicht, sich aber schon vor langer Zeit nach Peiskam zurückgezogen hat, wo er Blitze schleudert, Medizin einnimmt, Zeit vertrödelt und immer mehr zum Einsiedler wird, sieht als einzigen Menschen mit einer gewissen Regelmäßigkeit Frau Kienesberger, seine Haushälterin. Wie wir schließlich erfahren, ist er achtundvierzig und war die meiste Zeit seines Lebens von Tabletten abhängig: «Ich selbst verdanke der Chemie, wenn ich es in einem einzigen Satz sage, alles, seit dreißig Jahren alles.» Ein derart unproduktives und auf sich selbst bezogenes Leben erfordert Geld: «Im Grunde habe ich überhaupt kein Anrecht auf meine Art von Lebenswandel, der tatsächlich so einmalig wie kostspielig und genauso fürchterlich ist.» Seinen Reichtum hat er geerbt, und er stachelt seine Prosa zu einem der wenigen enthusiastischen Aufschwünge an:

> Den Geschäftsgeist, der meine Schwester wie nichts sonst auszeichnet und von welchem niemand, der sie nicht so wie ich kennt, etwas ahnt, hat sie von unserem Großvater väterlicherseits, der auch derjenige gewesen war, der unser Vermögen zusammengebracht hat, durch die kuriosesten Umstände, aber immerhin und ganz gleich, auf welche Weise, soviel, daß wir, meine Schwester und ich, noch in der dritten Generation genug zum Existieren haben und wir beide existieren, alles in allem betrachtet, nicht auf das bescheidenste... Tatsächlich und selbst wenn ich in Betracht ziehe, daß ich der Unfähigste in allen sogenannten Geldangelegenheiten bin, könnte ich noch zwanzig Jahre leben, ohne einen Groschen verdienen zu müssen und dann bliebe mir immer noch die Möglichkeit, nach und nach eine Parzelle nach der andern, ohne das Grundstück wesentlich in Mitleidenschaft zu ziehen und dadurch zu entwerten, zu verkaufen, was ich überhaupt nicht notwendig habe und was im Hinblick auf die Tatsache, daß ich ja nur noch die kürzeste Zeit zu leben habe infolge meiner unaufhörlich und unaufhaltsam fortschreitenden Krankheit, höchstens ein, zwei Jahre, nicht mehr und nicht länger, zu welchem Zeit-

punkt dann auch mein Bedürfnis an Leben und Existenz, was immer auf dieser Welt, tatsächlich vollkommen verbraucht sein dürfte, absurd ist.

Liebhaber der modernen Literatur sind Rudolfs Typ der neurasthenischen, selbstzweiflerischen, überkritischen, entscheidungsschwachen und anspruchsvollen Persönlichkeit schon häufiger begegnet – vor allem in den Briefen und Arbeiten von Kafka und Proust, aber auch in den üppig wuchernden Nervensystemen und Phantasien von Henry James, Virginia Woolf und Thomas Mann. Sie alle haben irgendwann mit dem Schreiben angefangen, während alle Zweifel angebracht sind, ob Rudolf das je gelingen wird; immerhin verfügt er über die Empfindsamkeit des Künstlers und vermag darüber hinaus einigermaßen zu faszinieren. Seine Schmähreden sind nicht ohne Schwung – österreichische Politik besteht aus «allen diesen perversen Schauermärchen vom Ballhausplatz, wo ein gemeingefährlich gewordener Kanzler seinen Ministeridioten ebenso gemeingefährliche Befehle gibt. Allen diesen haarsträubenden Parlamentsnachrichten, die tagtäglich meine Ohren kakophonieren und meinen Verstand beschmutzen und die in die christliche Heuchelei verpackt sind». Nach dem Vorschlag, sich gegen seine Vereinsamung einen Hund anzuschaffen, karikiert er großartig und nicht ganz unzutreffend, wie es um die Rolle des Hundes im allgemeinen bestellt ist:

> Die Masse ist für den Hund, weil sie in ihrem Innersten nicht einmal die Anstrengung auf sich nehmen will, mit sich allein zu sein, was tatsächlich Seelengröße voraussetzt... Muß der Hund hinaus, muß ich mit dem Hund hinaus etcetera. Ich dulde die Hundekomödie, die wir tagtäglich, wenn wir die Augen aufmachen und uns noch nicht mit der tagtäglichen Blindheit daran gewöhnt haben, sehen, nicht. In dieser Hundekomödie tritt ein Hund auf, der einen Menschen sekkiert, ausnützt und ihm im Verlaufe mehrerer oder weniger Akte, seine harmlose Menschlichkeit austreibt.

Aus Rudolfs ungehemmtem Diskurs schießen unerwartete Aphorismen: «Jeder einzelne ist ein Virtuose auf seinem Instrument, alle zusammen eine unerträgliche Kakophonie.» – «Jeder will leben, keiner tot sein, alles andere ist Lüge.» Seine eigenen Manöver – Wechsel der Zimmer, Aufstehen zu einer festgelegten Stunde –, mit denen er seine Beschwerden geringzuhalten und sich einen Ansatzpunkt zu sichern versucht, von dem aus er mit der Niederschrift des Buches beginnen kann, haben die betörende Energie der vergeblichen Versuche von Kafkas namenlosem Helden, der seinen «Bau» sichern will. Diese Bewegungen und Verlagerungen in seinem Monolog erinnern weniger an Pascals Bewegungen der Gnade als vielmehr an das, was Nathalie Sarraute als «unzählige, ineinander verschlungene Bewegungen aus der Tiefe empor» bezeichnet hat und deren «unruhiger Schimmer irgendwo auf dem fließenden Übergang» besteht, «der das Gespräch vom Subgespräch trennt». Seine Schwester führt in Rudolfs Monolog die schwer faßbare Existenz eines Seeungeheuers, das in der Tiefe haust: Zuerst tritt sie als vulgärer Unmensch auf, den er verabscheut, doch während er fortfährt und ihr aktives Leben als Realitätenvermittlerin bei den Schwerreichen beschreibt, sehen wir sie als ganz normale dynamische Frau mit ihrem persönlichen Stil, die in aller Loyalität versucht, ihren neurotischen kleinen Bruder so weit zu triezen und zu reizen, damit er zumindest etwas von ihrer Tatkraft entwickelt. Er haßt sie gar nicht; er liebt sie mit der ressentimentgeladenen Bewunderung, die die Schwachen für das Leben der Tatmenschen verspüren, ein Gefühl, dessen klassischer Ausdruck Kafkas «Brief an den Vater» ist. Rudolf geht sogar noch weiter als Kafka, wenn er sich am Ende trotz aller Einwände gegen seine Schwester mit ihr identifiziert: «Beide sind wir so, wir beschuldigen uns der Unmöglichkeiten jahrzehntelang gegenseitig und können diese Unmöglichkeiten nicht aufgeben, diese Sprunghaftigkeiten, diese Launenhaftigkeiten, diese Unbeständigkeiten...»

Und gerade, wenn der Leser sich mit einer weiteren beckettschen Studie totaler Trägheit und klaustrophobischer Gefangenschaft abgefunden hat, gelingt es Rudolf, sich aus dem nebelverhangenen Peiskam zu befreien und nach Palma zu entkommen. Dort beschreibt er die Lage, die relative Wärme und die Schmerzen, unter denen er sich vom Flugabenteuer erholt, sowie eine Geschichte, die ihm vor mehr als zwei Jahren, bei einem früheren Aufenthalt auf Mallorca, eine Fremde erzählt hat, eine Frau aus Bayern mit Namen Anna Härdtl, die er und eine Bekannte aus Palma auf der Straße kennenlernten. Ihre eher fade Geschichte, von der Unglücksserie einer jungen Frau mit ihrer Ehe und einem schlechtgehenden Elektrogeschäft, ist für Rudolfs normale Probleme ungefähr so wichtig wie ein heiterer Heftchenroman, aber er hat doch zugehört und erzählt jetzt davon, knapp und detailliert, innerhalb seiner üblichen von sich selbst besessenen «Notizen». Die Erinnerung an Anna Härdtl veranlaßt ihn, bei seinem gegenwärtigen Besuch in Palma den Friedhof aufzusuchen, wo alle Grabmale aus Beton sind; daher der Titel des Buches. Die Härte des Betons von Palma steht im Gegensatz zu dem weichen Nebel und den angestaubten Möbeln in Peiskam, und obwohl Rudolf in seinem gewohnten, modernistischen Zustand «höchster Angst» schließt, wurde er ausnahmsweise doch veranlaßt, sich um die Sorgen anderer zu kümmern.

Diese beiden kleinen Romane der sanften Bewegungen im Herzen liefern allenfalls eine bescheidene und ziemlich trostlose Moral. «Am Ende haben wir weder uns, noch sonst etwas zu rechtfertigen», schreibt Rudolf. «Wir haben uns nicht gemacht.» Und in den «Stimmen vom Mond» sagt Joan zu Larry: «Und wenn ich nachts allein bin – und ich liebe das, Larry –, sehe ich aus meinem Fenster, und mir wird klar: wir haben kein bedeutendes Leben zu führen, wir haben bloß das Leben, das wir bekommen haben, zu begreifen und zu überstehen.» Hier wird Linderung von dem verschrieben, was Ibsen in der «Wildente» den «Anspruch des Idealen» nannte. «Ach, das Leben könnte ja ganz erträglich sein», findet Ibsens Dr. Relling, «könnten wir uns nur losmachen von den elenden Mahnungen, die uns in unserer Armut in einem fort mit dem Anspruch des Idealen behelligen.» Es ist unübersehbar, daß Rudolfs glühender Wunsch, eine bedeutende «Schrift» über Mendelssohn Bartholdy zu verfassen, ihn davon abhält, das erste Wort zu Papier zu bringen; Perfektionismus ist der Feind des Schöpferischen, genau so wie extreme Besorgtheit um sich selber der Feind des Wohlbefindens ist. Doch haben die Menschen in «Stimmen vom Mond», von Richie abgesehen, überhaupt versucht, ein «bedeutendes Leben» zu führen? Joans Erklärung steht in einem bestimmten Zusammenhang: Larry ist Tänzer, und seine Mutter hat ihn gerade gefragt, warum er nicht das Merrimack Valley verläßt und es in New York versucht. Sie weiß, daß er es nicht tun wird. Weil aus Bescheidenheit oder mangelnder Begabung mehr Menschen in den Merrimack Valleys dieser Welt als auf den Höhen leben müssen, sagt sie, was sie sagen kann, und das ist nicht viel – denn was bedeutet eigentlich dieses «begreifen» und «überstehen» unseres Lebens? Religiöse Resignation ohne Religion ist ein sehr bescheidener Trost. In früheren Zeiten verhießen die Predigten ein besseres Leben, ein Leben nach dem Tode oder eine Revolution, die ein Messias anführt. Joan verspricht nichts und Mr. Dubus nicht viel mehr, obwohl er sich vorstellt, wie Richie auf dem Rücken liegt, auf «der sanften sommerlichen Erde», und sich in ein normales Menschenleben sinken läßt, und dabei «redete [er] zu den Sternen». Aber Richie ist erst zwölf, er hat noch Jahre, bis ihm so betonierte Weisheiten aufgehen wie «Jeder will leben, keiner tot sein, alles andere ist Lüge».

Die Lasterhaftigkeit der Alten Welt

Patrick Süskind, «Das Parfum». Die Geschichte eines Mörders. Diogenes Verlag, Zürich 1985.

Vladimir Nabokov, «Der Zauberer». Erzählung. Aus dem Englischen von Dieter E. Zimmer. Rowohlt Verlag, Reinbek 1987.

Europäische Monster sind unvergleichlich; sie brauchen romantische Winkel und Nischen und die eisigen Wirbel und den *trompe l'œil* des Barock als Nährboden und Hintergrund. Patrick Süskinds «Parfum» spielt in einem wunderbar recherchierten, wenn auch phantastisch unheilvollen Frankreich des 18. Jahrhunderts; sein monströser Held Jean-Baptiste Grenouille wird im Juli 1738 im Dunstkreis des Pariser Cimetière des Innocents geboren – «am allerstinkendsten Ort des gesamten Königreichs». Es ist eine duftende Epoche:

> Zu der Zeit, von der wir reden, herrschte in den Städten ein für uns moderne Menschen kaum vorstellbarer Gestank. Es stanken die Straßen nach Mist, es stanken die Hinterhöfe nach Urin, es stanken die Treppenhäuser nach fauligem Holz und nach Rattendreck, die Küchen nach verdorbenem Kohl und Hammelfett; die ungelüfteten Stuben stanken nach muffigem Staub, die Schlafzimmer nach fettigen Laken, nach feuchten Federbetten und nach dem stechend süßen Duft der Nachttöpfe. Aus den Kaminen stank der Schwefel, aus den Gerbereien stanken die ätzenden Laugen, aus den Schlachthöfen stank das geronnene Blut. Die Menschen stanken nach Schweiß und nach ungewaschenen Kleidern; aus dem Mund stanken sie nach verrotteten Zähnen, aus ihren Mägen nach Zwiebelsaft und an den Körpern, wenn sie nicht mehr ganz jung waren, nach altem Käse und nach saurer Milch und nach Geschwulstkrankheiten. Es stanken die Flüsse, es stanken die Plätze, es stanken die Kirchen, es stank unter den Brücken und in den Palästen.

In diesem Anprall von Gerüchen ist das Kind, das von seiner wenig begeisterten Mutter unter dem Schlachttisch eines Fischstandes geboren wird, ein doppeltes Monster: Er selber ist geruchlos, und sein eigener Geruchssinn ist (wie sich herausstellen wird) übernatürlich scharf entwickelt. Als eine Art olfaktorischer Übermensch erhebt er sich aus seinen bescheidensten Anfängen im Fischabfall, um der größte Parfümeur der Welt zu werden und als solcher aus dem Aroma ermordeter pubertierender Schönheiten ein Parfum zu destillieren, das so faszinierend ist, daß sein Träger die Welt beherrschen könnte.

Könnte, denn natürlich tut er es nicht, weil die Geschichte vor dieser brillanten Erzählung eines jungen Münchner Dramatikers und ehemaligen Musikers * nichts von einem Grenouille wußte, den der Autor wegen dessen moralischer Verkommenheit in eine Reihe mit de Sade, Saint-Just und Napoleon stellt. Ähnlich wie jeder Schöpfer eines Übermenschen hat auch Mr. Süskind seine Schwierigkeiten damit, jene gewichtigen Hindernisse aufzurichten, die die Laufbahn seines Helden hemmen könnten: Mit seiner fabelhaften Nase kann Grenouille schon aus einer halben Meile Entfernung den Hauch eines Geruchs wahrnehmen, kann sich durch die Dunkelheit schnüffeln, kann meisterhafte Parfums mit der gleichen Leichtigkeit mischen, mit der Mozart göttliche Melodien hinkritzelte, und kann schließlich eine riesige Menschenmenge seinem Willen unterwerfen. Wir sollen auch glauben, daß er sich auf einem erloschenen Vulkan in einer Höhle sieben Jahre lang in völliger anachoretischer Einsamkeit mit sich selber beschäftigen kann, indem er sich mit Symphonien aus erinnerten Düften betäubt. Allerdings ist dieser Übermensch schon am Anfang auf das schrecklichste geschlagen; da er es verabsäumt, bei seiner Geburt zu sterben, kommen die früheren, erfolgreichen Versuche seiner Mutter, ihre Kinder umzubringen, ans Licht, weshalb sie alsbald enthauptet wird. Die Waise ist der Welt auf Gedeih und Verderb ausgeliefert, und diese findet ihn

* Hier ist John Updike einer verbreiteten Legende erlegen: Patrick Süskind war nie Musiker. (Anm. d. Ü.)

seines verkrüppelten Körpers, seiner undeutlichen Sprechweise und seines fehlenden menschlichen Geruchs wegen abstoßend. Obwohl sein Name im Französischen «Frosch» bedeutet, ist die Zecke – «der einsame Zeck, der in sich versammelt auf seinem Baume hockt, blind, taub und stumm, und nur wittert, jahrelang wittert, meilenweit, das Blut vorüberwandernder Tiere, die er aus eigner Kraft niemals erreichen wird» – das kreatürliche Bild, mit dem Grenouille am häufigsten assoziiert wird, während er und sein monströses Talent unter einer Reihe von brutalen Aufsehern und Vormündern reifen. Der allfällige Schmutz und die Grausamkeit des alltäglichen Lebens im 18. Jahrhundert bilden einen Subtext in der Erzählung, und die einführende Szene mit dem überfüllten, stinkenden, von Krankheiten geplagten Unruheherd Paris («Paris produzierte im Jahr über zehntausend neue Findelkinder») verbindet sich einleuchtend mit den sich entwickelnden Greueltaten.

Die niemals übertrieben wirkende Authentizität des historischen Hintergrunds und die faszinierende Darstellung der Vorgänge bei der Parfumherstellung, wie sie erst in einem Pariser Geschäft und Laboratorium und anschließend in der dörflichen Destillierindustrie in Grasse vorgeführt werden, tragen uns auf angenehme Weise weiter. Der Stil besitzt die leichthändige Autorität von Mr. Süskinds Münchner Landsmann Thomas Mann (gehalten etwa im Stil von «Königliche Hoheit» und «Felix Krull»), und John E. Woods ist eine Übersetzung von ungewöhnlicher Verve und Anmut gelungen. Die Neuerschaffung der Welt nach Geruchsbegriffen ist eine interessante Tour de force. Säuglinge etwa verfügen, wie wir von einer Amme erfahren, über eine Vielzahl von Gerüchen: «... also an den Füßen zum Beispiel, da riechen sie wie ein glatter warmer Stein – nein eher wie Topfen ... oder wie Butter, wie frische Butter, ja genau: wie frische Butter riechen sie. Und am Körper riechen sie wie ... wie eine Galette, die man in Milch gelegt hat. Und am Kopf, da oben, hinten auf dem Kopf, wo das Haar den Wirbel macht, da, ... da riechen sie am besten. Da riechen sie nach Karamel ...» Für Grenouille sind Gerüche über jedes Maß fein und zahlreich: zum

Beispiel der «Geruch von Glas..., der lehmig-kühle Geruch glatten Glases» und der «kühl-schimmlige, belegte Duft» eines Türknaufs aus Messing und der «feuchte, frisch-talgige und ein wenig scharfe Duft» eines Hundes. Seine mörderischen Umtriebe dienen dem Zweck, jenen kostbaren Geruch einzufangen, den eine sehr junge Frau ausströmt. «Dieser Geruch hatte Frische; aber nicht die Frische der Limetten oder Pomeranzen, nicht die Frische von Myrrhe oder Zimtblatt oder Krauseminze oder Birken oder Kampfer oder Kiefernnadeln, nicht von Mairegen oder Frostwind oder von Quellwasser..., und er hatte zugleich Wärme; aber nicht wie Bergamotte, Zypresse oder Moschus, nicht wie Jasmin und Narzisse, nicht wie Rosenholz und nicht wie Iris... Dieser Geruch war eine Mischung aus beidem, aus Flüchtigem und Schwerem, keine Mischung davon, eine Einheit, und dazu gering und schwach und dennoch solid und tragend, wie ein Stück dünner, schillernder Seide... und auch wieder nicht wie Seide, sondern wie honigsüße Milch, in der sich Biskuit löst –» Im allgemeinen verabscheut Grenouille den Geruch von Menschen; auf seiner Flucht aus Paris reist er nachts, um diesen erdrückenden Ausdünstungen zu entgehen, die die Welt zum großen Teil erfüllen. «Auch in den entlegensten Gebieten gab es Menschen. Sie hatten sich nur in ihre Schlupfwinkel zurückgezogen wie die Ratten und schliefen. Die Erde war nicht rein von ihnen, denn selbst im Schlaf dünsteten sie ihren Geruch aus, der durch die offenen Fenster und durch die Ritzen ihrer Behausungen hinaus ins Freie drängte und die sich scheinbar selbst überlassene Natur verpestete.»

Ein weiterer Subtext des «Parfums», vielleicht der wichtigste, ist in Sartres Aphorismus «Die Hölle, das sind die anderen» formuliert. Die Menschen stinken ekelerregend; als Grenouille, um sich zu einer menschlichen Persönlichkeit und Erscheinung zu verhelfen, den Geruch zusammenmischt, den gewöhnliche Menschen besitzen, den «Geruch des Menschlichen», sind seine Ingredienzien ein halbes Löffelchen Katzendreck, «noch ziemlich frisch», sowie Essig, Salz und etwas angegangener Käse. Außerdem: «Vom Deckel der Sardinentonne, die im hinteren Teil des Ladens stand, kratzte er ein fischig-ranzig-riechendes Etwas ab, vermischte es mit faulem Ei und Castoreum, Ammoniak, Muskat, gefeiltem Horn und angesengter Schweineschwarte, fein gebröselt. Dazu gab er ein relativ hohes Quantum Zibet, mischte diese entsetzlichen Zutaten mit Alkohol, ließ digerieren und filtrierte ab in eine zweite Flasche. Die Brühe roch verheerend.» Mit Tupfern dieses komplizierten Gebräus, über das er Parfum sprüht, wagt er sich voller Furcht auf die Straße, denn «er konnte sich nicht vorstellen, daß andere Menschen seinen Duft nicht ebenfalls als stinkend empfänden». Tun sie nicht. Zum ersten Mal in seinem Leben wird er als angenehm wahrgenommen; er besitzt eine passende, vertraute olfaktorische Aura. Seit Gulliver die brobdingnagianischen Frauen aus nächster Nähe beschrieb («Oft zogen sie mich von Kopf bis Fuß aus und plazierten mich in voller Länge zwischen ihren Brüsten, was mich abstieß, weil ihre Haut, um der Wahrheit die Ehre zu geben, einen widerwärtigen Geruch ausströmte»), war unsere fleischliche Hülle selten Gegenstand einer solch gnadenlosen Komödie. Der existentielle Ekel geht mit der Mutmaßung einher, die übrigens durch moderne wissenschaftliche Forschung bestätigt wird, daß wir auf Gerüche empfindlicher und bereitwilliger reagieren, als uns bewußt ist – daß die große verschüttete Sprache des Geruchs unterbewußt von unserem Gehirn nach wie vor gesprochen wird. Ob diese Sprache allerdings laut genug ist, um unmittelbar bis in die hinteren Reihen einer großen Menge zu tragen und zehntausend Menschen ihrer Vernunft zu berauben, erscheint höchst unwahrscheinlich, lohnt aber, einmal durchgespielt zu werden in einem Land und einer Stadt, die noch die lebendige Erinnerung an den nun wirklich nicht einnehmenden Adolf Hitler bewahren.

Nachdem er sein Monster erfunden und es durch die Gesellschaft wie ein heißes Messer durch Butter gejagt hat, weiß Mr. Süskind nicht so recht, wie er es erledigen soll; er ist nahe dran, eine Armee zu Hilfe zu holen. Der Schluß ist der schwächste Teil, ein abrupter, bitterer Hauch, der ein köstliches Buch abschließt. Ein wenig beunruhigt uns «Das Parfum», weil es, ähnlich wie Grenouilles Herstellung des menschlichen Geruchs, so unverfroren eine Erfindung ist: In dieser Prosa scheinen alle persönlichen und unwillkürlichen Elemente sublimiert, ein Buch, das bei aller eifrig beschworenen Bildung und dem zeitgenössischen Flair doch nur seine Theorien belebt. Es ist bezeichnend für Mr. Süskinds Unbekümmertheit, daß er, um seiner Erzählung einen Rahmen zu geben, seinem Helden zwei Eigenschaften zuschreibt, die physiologisch recht wenig miteinander zu tun haben – ein überscharfer Geruchssinn, der zu der olfaktorischen Membran hoch oben in der Nase gehört, und das völlige Fehlen eines Körpergeruchs, den die Haut und die Drüsen erzeugen. Wir schließen das Buch mit dem vermutlich postmodernen Gefühl, an der Nase herumgeführt worden zu sein. Calvinos Phantasien erwecken, wenn auch auf liebenswürdigere Weise, einen ähnlichen Eindruck, ebenso Umberto Ecos «Der Name der Rose» – daß hier jemand geschickt und höchst verwirrend sein Spiel mit der Kunst des Romans treibt, die in unserer Zeit, wo nur noch dekonstruiert wird, viel von ihrer früheren Bedeutung eingebüßt hat, als ob alles ein bloßer Trick wäre, der einem intelligenten Menschen beinah verächtlich leicht von der Hand geht.

Vladimir Nabokov war ein unverbesserlicher Tüftler, der seine Prosa nach dem Muster von Schachproblemen und Schmetterlingsflügeln entwarf, der Gedichte mit Anmerkungen versah und Landkarten durcheinanderbrachte. Darüber hinaus gab es aber einen ausgeprägten persönlichen Einschlag, flammten Emotionen auf, sei es in Form der fehlgeleiteten Liebe eines Perversen oder im hoffnungslosen Leid eines Emigranten. «Der Zauberer» diktierte er Ende 1939 in Paris seiner Frau, sechs Monate, ehe er nach Amerika abreiste und seine europäische Exilzeit hinter sich ließ. In einer «Kriegsnacht mit blauem Papier über den Lampen», wie er in seinem Nachwort zu «Lolita» erklärte, las Nabokov diese lange Geschichte – das Manuskript bezeichnet sie mit dem spezifisch russischen Genrebegriff *«povest»* – einer kleinen Gruppe von Freunden vor; «aber die Sache gefiel mir nicht, und einige Zeit nach meiner Übersiedlung nach Amerika im Jahre 1940 vernichtete ich sie». Allerdings tauchte ein Exemplar auf, als er und seine Frau mit neu gepackten Koffern 1959 nach Europa zurückkehrten, und er schrieb an G. P. Putnam's Sons, seinen Verlag, daß es «ein schönes Stück russischer Prosa [sei], präzis und luzid, und mit ein wenig Behutsamkeit könnte es von den Nabokovs anglisiert werden». Die Idee wurde nicht weiterverfolgt, und das Manuskript wanderte wieder in den Koffer, um Anfang der achtziger Jahre im Zuge wissenschaftlicher Forschungen, die nach des Autors Tod im Jahr 1977 unternommen wurden, wiederaufzutauchen. Nach einer französischen Ausgabe ist «Der Zauberer» nunmehr auf englisch erschienen, möglicherweise das letzte bedeutende Einzelwerk, das in Nabokovs Œuvre eingepaßt wird – obwohl sein unvollendeter Roman «The Original of Laura» (Lauras Original) noch immer irgendwo da draußen sein muß.

«Der Zauberer» kommt an im Glanz von «Lolita» und handelt ebenfalls von der Leidenschaft eines Mannes in mittleren Jahren für ein zwölfjähriges Mädchen. Die namenlose Heldin erblickt man zum ersten Mal in einem Pariser Park, auf Rollschuhen – «Auf Rollschuhen, die nicht rollten, sondern auf dem Kies knirschten, wenn es sie mit kleinen japanischen Trippelschritten hob und senkte, kam schnell und bestimmt ein veilchenblau gekleidetes zwölfjähriges Mädchen (er irrte sich nie) durch das unstete Glück des Sonnenscheins auf ihre Bank zu.» Der namenlose Held (den Nabokov als «Arthur» in Erinnerung hatte, der aus Mitteleuropa stammte) ist ein eher blasses Monster, obwohl wir an einer Stelle erfahren, daß er «einen Fangzahn unter der bläulichen Lippe vorgeschoben» habe, und an einer anderen, daß er wie mit Grenouilles Nase die «ranzigen Ausdünstung ihrer welken Haut» wahrnimmt. Von Beruf könnte er, worauf mehrfach sacht angespielt wird, Diamantschleifer sein. Anders als Humbert Humbert in «Lolita» ist er nicht der Erzähler seiner Liebesgeschichte, doch werden wir aufs intimste mit seiner keuchenden Beobachtung des «Strahlens ihrer großen, ein wenig leeren Augen, das irgendwie an durchscheinende Stachelbeeren erinnerte», vertraut gemacht, mit der «sommerlichen Färbung ihrer bloßen Arme mit den glatten fuchsartigen Härchen auf den Unterarmen; die undeutliche Zartheit ihrer immer noch engen, aber schon nicht mehr ganz flachen Brust»; damit, daß dem Nymphchen «das Kleid hinten so eng [saß], daß es einen kleinen Spalt zeichnete»; mit ihren «rosigen, scharfknöcheligen Händen, auf denen sich bald eine Ader regte, bald ein tiefes Grübchen in der Nähe des Handgelenks»; der «genauen Art, wie sich die Karos ihres Kleides... strafften, wenn sie einen Arm hob»; der «zarten Haut ihrer Unterseite und dem winzigen Keil ihres straffen Slips» und selbst den «kleinen Schuppen» auf dem «seidigen Scheitel» ihres Kopfes. Sie wird allerdings nie mehr als die Summe solcher Einzelheiten, denn die Ereignisse fügen sich so, daß sie fort ist, als ihr Verehrer ihre Mutter heiratet. Als der Stiefvater und das Kind schließlich zusammenfinden (wie in «Lolita» durch den Tod der Mutter), geschieht nichts, was der komplizierten und kräftigen Mischung aus Verführungskunst, Trotz, töchterlicher Abhängigkeit und kameradschaftlicher Großspurigkeit, mit der Dolores Haze auf Humbert Humberts Begehren eingeht, auch nur nahe käme. Daß «Lolita» dem «Zauberer» so weit überlegen ist, liegt am großzügig ausgemalten Charakter Lolitas – ihr amerikanisches Wesen, ihre Härte, ihre Unverwüstlichkeit, ihre anrührende Kindlichkeit, die vereinzelt schon in trügerische Weiblichkeit hinüberchangiert. Im «Zauberer» wirkt die Pädophilie ekelhafter, weil sie einem schlaffen, stummen Körper gilt. Die Werbung um die Mutter wirkt grausamer als die ergebene Eroberung der vulgären Charlotte Haze, ihr Tod trauriger. Das Verlangen des Helden ist weniger ätherisch als sexuell, und im nebelhaften Frankreich des «Zauberers» gibt es weniger ausgleichende Umgebung, wie sie die überraschenden und komisch genau beobachteten Americana des späteren Buches bieten. Und das erlösende, glänzende, überstürzte, unendlich komische und beschwörende Englisch von «Lolita» – die manische Stimme Humbert Humberts – findet in dieser Übersetzung keinen Vergleich, obwohl es Hinweise darauf gibt, daß das russische Original sehr dicht gearbeitet war, bis hin zu einer fieberhaften Ausgelassenheit, die das Hauptthema vielleicht erträglicher machte. Womöglich hat Nabokov seine Phase als russischer Schriftsteller ganz bewußt mit solch kulminierender Drastik beendet; noch in Frankreich hatte er seinen ersten Roman in englischer Sprache abgeschlossen, «Das wahre Leben des Sebastian Knight».

Als der Autor noch lebte, war sein Sohn Dimitri, der in den Vereinigten Staaten aufgewachsen war, der beste Übersetzer seiner russischen Bücher ins Englische. Dabei entstanden Fassungen, die von ergänzenden Strichen und Verfeinerungen des Vaters und Autors profitierten. Hier hatte es Dimitri mit einem unfertigen Text zu tun, dessen «Virtuosität», wie er in seinem Nachwort (oder in «Über ein Buch mit dem Titel ‹Der Zauberer›», wie er es nennt) sagt, «in einer absichtlichen Vagheit der verbalen und visuellen Elemente» besteht, und wo «VN, wenn er noch lebte, von seiner auktorialen Lizenz, gewisse Einzelheiten des ‹Zauberers› zu ändern, [womöglich] Gebrauch gemacht hätte». An ein paar Stellen (wie den «kinohaften Bildern des surrealen Endes», das zum krachenden Höhepunkt wird) hat sich der Übersetzer von «einer wortwörtlichen Wiedergabe», die «sinnlos» gewesen wäre, kühn freigemacht. Oft genug allerdings klingt die englische Fassung unnatürlich und gelegentlich sogar unverständlich:

> Raiging drawbridges might be an effective system of protection until such time as the flowering charm itself reached up to the chamber with a robust young branch.
>
> (Das Hochziehen von Zugbrücken mochte ein wirkungsvolles Schutzsystem bis zu jenem Tag darstellen, da der blühende Abgrund selber mit einem stämmigen jungen Zweig zum Gemach hinauflangte.)

> Never before, though, had the subordinate clause of his fearsome life been complemented by the principal one, and he walked past with clenched teeth.
>
> (Nie zuvor jedoch war der Nebensatz eines furchtsamen Lebens von dem Hauptsatz vervollständigt worden, und mit zusammengebissenen Zähnen ging er vorüber...)

> He felt both sorry and repelled but, realizing that the material, apart from its one specific function, had no potential whatever, he kept doggedly at his chore.
>
> (Er fühlte sich gerührt und angewidert, aber da ihm klar war, daß das Rohmaterial abgesehen von seiner einen speziellen Funktion keinerlei Potential besaß, blieb er verbissen bei der Arbeit…)

Bei dem zuletzt angeführten Beispiel trinkt der Protagonist Tee und sieht sich einige Schnappschüsse seiner künftigen Ehefrau an, und vielleicht ist «Rohmaterial» nicht ganz das richtige Wort, weil es zum Tee ebenso zu passen scheint wie zu den Schnappschüssen. Man weiß nicht recht, ob man dem Übersetzer Dimitri Nabokov sein Nabokovsches Beharren auf wortgetreuer Übersetzung oder dem Autor Vladimir Nabokov die Nabokovsche Leidenschaft für «doppel- und tripelbödige Bilder» vorwerfen soll, die vielleicht im russischen Original schön dahinplätschern, das daraus abgeleitete Englisch aber einigermaßen verklumpen. Dimitri erläutert in seinem Nachwort einige «komprimierte Bilder und Wendungen», wie er auch ärgerlich die Eindringlinge abwatscht, die seines Vaters Ansehen in jüngster Zeit zu schädigen versuchten; doch mit «präzis» und «luzide» läßt sich «Der Zauberer» nicht unbedingt beschreiben. Denn nicht nur zieht ein Nebel aus Namenlosigkeit und sprachlicher Überladung auf, auch die Uneindeutigkeit verhüllt mehrere entscheidende Stellen in der Handlung, wenn man etwa nicht sicher weiß, ob der Held in der Hochzeitsnacht mit seiner Braut schläft oder nicht oder ob er in eine Apotheke geht, um Gift für sie zu kaufen oder nicht.

Um es kurz zu machen: «Der Zauberer» ist ein gewundenes Buch, dessen zugrundeliegende Idee hartnäckig genug war, um zehn Jahre später auf einem anderen Kontinent ein Meisterwerk zu inspirieren. Mit dem Namen des Hotels, in dem Humbert und Lolita zum ersten Mal miteinander schlafen, «Die Verzauberten Jäger», wird in «Lolita» daran erinnert. Genaugenommen schläft sie, während er in einer der am schönsten beschriebenen

Szenen der Schlaflosigkeit, die sich bei Nabokov überhaupt finden, wach bleibt:

> Mein Kopfkissen roch nach ihrem Haar. Ich rückte auf meine schimmernde Liebste zu und hielt inne oder zog mich zurück, sooft ich meinte, daß sie sich rege oder im Begriff sei, sich zu regen. Ein leichter Wind aus Wunderland wirkte auf meine Gedanken, so daß sie wie in Kursivschrift abgefaßt waren, als wäre die Oberfläche, die sie spiegelte, vom Trugbild dieser Brise gekräuselt. Hin und wieder schlug mein Bewußtsein falsch um, geriet mein schwerfällig sich voranarbeitender Körper in die Schlafsphäre, arbeitete sich wieder heraus, und ein- oder zweimal ertappte ich mich beim Abrutschen in ein melancholisches Schnarchen. Nebel der Zärtlichkeit umfingen Berge der Sehnsucht. Ab und zu wollte es mir scheinen, als komme die verzauberte Beute dem verzauberten Jäger auf halbem Wege entgegen, als bahne sich ihr Gesäß unter dem weichen Sand eines fernen und märchenhaften Strandes seinen Weg auf mich zu; und dann regte sich das Trübchen mit dem Grübchen, und ich wußte, sie war mir entrückter denn je.

In der gleichen Bettsituation, in der diese magischen Sätze die Erinnerung an den haltlosen Tristan und seine minderjährige Isolde heraufbeschwören, erreicht «Der Zauberer» seinen grausamen, obszönen und kakophonischen Höhepunkt. Diese Verwandlung gehört zu den Wundern der modernen Literatur.

Immerhin versucht

Anita Brookner, «Nachzügler». Roman. Aus dem Englischen von Edith Walter. Zsolnay Verlag, Wien 1991.

Saul Bellow, »Ein Diebstahl». Novelle. Aus dem Amerikanischen von Willi Winkler. Kiepenheuer & Witsch, Köln 1991.

In einem Jahrzehnt, in dem die Unterschiede zwischen den Geschlechtern einerseits geringer werden (gleicher Lohn für gleiche Arbeit; Männer sollten putzen und kochen lernen; Frauen schneiden bei Prüfungen über räumliches Vorstellungsvermögen immer besser ab), andererseits schematischer werden (Frauen wollen Beziehungen, Männer etwas erreichen; ihre jeweilige Wellenlänge ist so unterschiedlich, daß die Signale glatt durchgehen), zeugt es von einigem Mut, wenn ein Autor oder eine Autorin es mit einer Hauptfigur vom anderen Geschlecht versucht. Tolstoi hat es getan, George Eliot hat es getan, doch das ist lange her, als die Klassiker noch auf Erden wandelten und Männer und Frauen nach einer schlichteren Mechanik funktionierten, wie es ihre Reifröcke und Zylinder anzeigten. Doch hier, genaugenommen auf meinem Nachttischchen am Bett, haben es zwei brillante, beherzte, vielgeehrte Romanciers, deren Namen beide mit «B» beginnen, begrüßenswerterweise unternommen, sich ins Land jenseits der Geschlechterbarriere vorzuwagen. Anita Brookners «Nachzügler» befaßt sich mit der anhaltenden Freundschaft zweier Männer, die als Jungen allein von Deutschland nach England entkommen sind, und Saul Bellows «Ein Diebstahl» versucht sich an der Psyche einer viermal verheirateten New Yorker Modejournal-Chefredakteurin in mittleren Jahren, die aus dem christlichen Wilden Westen Indianas stammt. Trotzig steckt der jeweils erste Satz der beiden Bücher den Claim im fremden Gebiet ab. «Nachzügler» beginnt mit: «Hartmann, der ein Lüstling war, versenkte einen Löffelvoll brauner Zukkerkristalle in seiner Kaffeetasse, legte sich dann ein viereckiges Stück bittere Schokolade auf die Zunge und steckte sich schließlich, während es schmolz, die erste Zigarette an.» – «Ein Diebstahl» verkündet: «Clara Velde hatte, um mit dem anzufangen, was an ihr am meisten auffiel, kurzes blondes Haar, modisch geschnitten, auf einem ungewöhnlich großen Kopf.» Wir erhalten ein klares Bild, und obwohl beide Romanciers am Ende eher um die Figuren ihres eigenen Geschlechts besorgt sind und auch mehr von diesen zu wissen scheinen, haben die Bücher doch die Lebendigkeit einer Forschungsreise und einen Horizont voller Spannung gewonnen.

Anita Brookner, die am Courtauld Institute of Art in London unterrichtet, hat sieben weitere Romane veröffentlicht sowie vier Monographien über Künstler wie Watteau, Greuze und David. Sie schreibt aufregend gut, in präzisen, ausgewogenen Sätzen, die den vorsichtigen Einschätzungen und der trockenen moralischen Wachsamkeit eines Henry James einiges verdanken. Wenn man so weit vereinfachen darf, beobachtet sie die Menschen dabei, wie sie eifrig ihre eigenen Interessen verfolgen, und der erbarmungslose Schwung ihrer Figuren, der durch die reuevolle Sensibilität eines ihrer weiblichen Beobachter gefiltert wird, kann uns plötzlich zum Lachen bringen. Sie steht in der englischen Tradition des Gesellschaftsromans, für den es jenseits des menschlichen Schauspiels nur Tod und Kulisse gibt, hat aber den scharfen Blick eines Außenseiters für die englische Szenerie. Ihre Eltern stammen aus Mitteleuropa, und ihre Figuren sind mit außerordentlich vorsichtiger exotischer Schattierung üblicherweise Einwanderer. Thomas Hartmann, unser Lüstling, wurde als «verängstigter Junge» vor dem Krieg von München nach London geschickt, «um bei Marie, der Schwester seines Vaters, zu wohnen, die in kluger Voraussicht einen Engländer namens Jessop geheiratet hatte». In einem trostlosen Internat in Surrey lernt er Thomas Fibich kennen, der noch unvermittelter von seiner Vergangenheit abgeschnitten wurde. Fibich hat keinerlei Erinnerungen an seine Kindheit; nur an sich selbst erinnert er sich – als sehr dick, obwohl er ein schlanker Mann geworden ist –, wie er in einem riesigen Ohrensessel, genannt «der Voltaire», sitzt, und an seine Mutter, die im Arm seines Vaters in Ohnmacht fällt, als sie ihn an einem Berliner Bahnhof verabschieden. Die beiden Kriegswaisen, denen es an der Schule untersagt ist, miteinander Deutsch zu sprechen, bilden einen lebenslangen Bund, «obwohl sie in ihrem Temperament diametral entgegengesetzt und selten bei irgendeinem Thema der gleichen Meinung waren». Hartmanns Tante Marie adoptiert Fibich inoffiziell gleich mit. Nach dem Krieg gehen beide jungen Männer ins Druckereigewerbe und gründen schließlich, unter Hartmanns Leitung, eine Firma, die «Grußkarten mit grausamem und geschmacklosem Inhalt [herstellte], die ungefähr zwanzig Jahre lang sehr gut gingen, bis Hartmann, der sehr wenig arbeitete, aber für sein Fingerspitzengefühl, sein Flair, seinen sechsten Sinn hochgeschätzt war, mit der Überlegung kam, daß der Markt für dieses Erzeugnis natürlich begrenzt sei, sich aber ein Vermögen mit Fotokopiergeräten verdienen ließe». Die erfolgreichen Partner finden Gefährtinnen, die ihre Waisenaura verstärken: Hartmann heiratet Yvette, eine in der Firma tätige, ungeschickte Sekretärin, deren Vater im besetzten Frankreich ein rätselhaftes Ende nahm und deren Mutter, um dem Elend des Kriegsendes zu entgehen, in Bordeaux den Niederlassungsleiter einer englischen Weinhandlung heiratete; und Fibich, dem Hartmann gehörig zureden mußte, nimmt sich Christine Hardy zur Frau, deren früh gestorbene Mutter die Schwester von Mr. Jessop war und damit für Christine zarte Bande mit dem Haushalt von Tante Marie knüpfte, in dem die beiden jungen Deutschen namens Thomas wohnten. Die Paare bewohnen in Ashley Gardens zwei übereinanderliegende Wohnungen; die Hartmanns sind mit einer schönen Tochter gesegnet, die Marianne heißt, und sechs Jahre später bekommen die Fibichs einen kräftigen Jungen, der Toto als Kurzform von Thomas heißt. Wenn dieser Rezensent eine Weile gebraucht hat, um die Verwandtschaftsverhältnisse zu erläutern, so mögen Sie versichert sein, daß es im Buch noch länger dauert und daß dieses getragene und witzige Erläutern sogar den größten Teil der Handlung ausmacht.

Der Roman erstreckt sich über fünfzig Jahre und bewegt sich sanft durch eine mit Trägheit und Melancholie durchtränkte Atmosphäre. Es wird viel erzählt, wenig gezeigt. Erst auf Seite 85 der Originalausgabe kommt es zu Dialogen, obwohl eine kurze Aufwallung schon davor auf komische Weise dramatisiert, wie Christine nach dem Tod ihres Vaters von ihrer Stiefmutter brüsk verlassen wird:

> Eines Tages kam Christine nach Hause, sah vier Koffer im Flur, daneben Mrs. Hardy, die einen Pelzmantel trug, der einmal Christines Mutter gehört hatte, und die auf sie wartete.
>
> «Also, Christine, ich gehe jetzt», sagte sie. «Du kannst hierbleiben. Er hat dir die Wohnung hinterlassen. Du hast genug, um davon leben zu können, wenn du sparsam damit umgehst.»
>
> «Und wo gehst du hin?»
>
> «Ich fahre nach Bournemouth. Ich lasse dir meine Adresse da, obwohl ich dir nicht versprechen kann, daß ich mich melden werde. Mit meinem Schwager steige ich ins Hotelgeschäft ein. Der Bruder meines ersten Mannes, genauer gesagt. Er ist allein, genau wie ich.» Das Licht einer weiteren Heirat glitzerte bereits in ihren Augen.

Die Kindheit der vier Hauptfiguren, die gerade mal ausreichend mit Erwachsenen ausgestattet ist, um sie nicht zu Mündeln der staatlichen Fürsorge werden zu lassen, versorgt sie mit unterdrückten Erinnerungen und einer tiefsitzenden Verzweiflung; trotz Ms. Brookners Begabung für lebendige, anschauliche Details wirkt das London, in dem sie wohnen, wie eine Geisterstadt. Der Zweite Weltkrieg mit seinen Millionen von Trennungen verschont ihr Leben, aber beläßt ihnen wenig Fähigkeiten im Umgang damit, abgesehen von einem forcierten Hedonismus (die Hartmanns) und einem glanzlosen Stoizismus (die Fibichs). Der Zustand des letzten Paares wird in einem Abschnitt analysiert, der für die schwergängig erklärende Prosa nicht untypisch ist:

Beide waren in einem solchen Maß um ihre Kindheit gebracht worden, daß sie in gewisser Weise noch immer in den Kulissen warteten, ohne daß ihnen klar wurde, daß dieser Zustand, glücklich oder nicht, überwunden werden mußte, daß alle Anfänge in einem bestimmten Ausmaß in einem Zwischenreich sich befanden und erst die Einleitung waren zu den endgültigen Taten, zu denen sie den Prolog bildeten. Was nach [Fibichs] Ansicht sowohl Christine wie ihn entmündigte und das unveräußerliche, aber auch unwillkommene Band zwischen ihnen herstellte, war die Tatsache, daß man sie durch die unfreiwillige Abwesenheit der Erwachsenen ihrer Kindheit beraubt hatte, daß seine eigenen Eltern und Christines Mutter ohne die geringste Spur verschwunden waren, hinweggezaubert durch Ereignisse, die ihren Nachwuchs vollständig ausschlossen, ohne sie überhaupt zu kennen; und daß man sie in der Obhut von Fremden gelassen hatte, die, obwohl einigermaßen aufgeschlossen, doch unbeteiligt und desinteressiert waren. Sie waren deshalb ohne eigentliche Erziehung aufgewachsen, ohne die Sprüche und Predigten, die Gewohnheiten und Idiosynkrasien, die für Kinder eine Philosophie bedeuten.

Genau jene «endgültigen Taten» kommen nicht, obwohl das Buch in der zweiten Hälfte vor aufgegebenen Möglichkeiten nur so überquillt. Christine träumt davon, fortzugehen in ein südliches Land, tut es aber nicht. Die Paare sprechen davon, sich irgendwo am Mittelmeer gemeinsam ein Häuschen zu kaufen, doch dann ist es ihnen gleichgültig. Aus der Möglichkeit, daß ihre Kinder, die zwar unterschiedlichen Geschlechts sind, aber kein passendes Alter haben, ihre beiden Familien vereinigen könnten, wird nichts; der donjuaneske Toto versucht zwar zwei Tage vor Mariannes Hochzeit eine kleine Vergewaltigung, als sie sich verabredet haben, doch der Zusammenstoß bewahrt weder sie vor einer wenig eleganten Hochzeit noch ihn vor einem einsamen Leben als Filmstar und eigensüchtige Berühmtheit. Auf dem Höhepunkt unternimmt Fibich seine lange geplante Rückkehr nach Berlin, doch macht er sich nicht auf die Suche nach der Identität seiner verlorengegangenen Familie oder deren Haus;

eine Art Offenbarung erlebt er erst auf der Rückreise am Flughafen Heathrow, wo eine fremde Frau in Ohnmacht fällt. In Berlin fühlte er sich, wie er sich anschließend erinnert, «in der Nähe einer großen Entdeckung. Doch vielleicht bestand die Entdekkung genau darin, daß das Leben einfach Offenbarungen bereithält und uns alles Material zur Verfügung stellt, dessen wir bedürfen. Und sollte es nicht in der richtigen Reihenfolge zur Verfügung gestellt werden, müssen wir einfach warten, bis mehr auftaucht». Eine bescheidene Moral für eine liebenswürdige und kenntnisreiche, dabei unheimlich zögernde Prosa. Wie viele herausragende moderne Romane bietet «Nachzügler» alles außer einer Katharsis.

Die wesentlichere Moral besteht vielleicht in dem, was Fibich während seiner fünf ziellosen Tage in Berlin begreift, daß «keiner erwachsen wird. Jeder schleppt alles, was er je war, intakt mit sich herum». Klug lotet Ms. Brookner den emotionalen Verlust aus und spürt den Folgen in leisen Trauergefühlen und Enttäuschungen nach. Als Autorin scheint sie es sich zur Aufgabe gemacht zu haben, ihren Figuren jene Liebe zuteil werden zu lassen, die sie einander nicht geben können. Die beiden männlichen Helden werden so sehr verzärtelt, daß ihr Bild ziemlich milchig bleibt; ihre kleinliche Selbstbezogenheit und grundsätzliche Passivität beginnt uns zu erschöpfen, und wir spüren weniger Funken zwischen ihnen, als uns lieb ist. Sie sollen wohl Juden sein, aber das wird nie offen ausgesprochen oder herangezogen, um ihre Melancholie oder ihr dankbares Staunen darüber zu erklären, daß sie noch am Leben sind. Die Frauen sind es, die den Blick der Autorin und ihren Stil aufhellen: auffällig und vertratscht und doch frigid, Yvette; die «vage», dabei empfindsame Christine; Elizabeth, Hartmanns allzu vollkommene Geliebte, durch deren Dienste beide Gruppen «mit ihrem schlechteren Ich in Berührung» kommen; Tante Marie mit ihrem germanischen Tweedcape und den «Pfauenfedern im Band ihres braunen Filzhutes»; Yvettes betagte Mutter mit «diesem verhärteten Auftreten, das französische Frauen nach dem Alter der Lust zeigen, noch immer gerötet, dünnlippig, der Kopf gerade, mürrisch und kein Lächeln»; und selbst ein durchreisendes Monster wie Rita Hardy auf dem Weg nach Bornemouth oder Fibichs Psychoanalytikerin «Mrs. Gebhardt mit ihrer durchdringenden, dabei trügerischen mütterlichen Aura und dem freundlichen Lächeln, das auf einem Fundament der Gleichgültigkeit errichtet ist». Irgendwann überlegt die Heldin in Anita Brookners «Hotel du Lac», die Liebesromane schreibt: «Ich bin mit den Frauen zu streng gewesen... weil ich sie besser verstehe, als ich die Männer verstehe. Ich kenne ihre Wachsamkeit, ihre Geduld, ihr Bedürfnis, sich selber als erfolgreich anzupreisen.» Die Welt des Romans ist üblicherweise eine Welt von Beziehungen, und in dieser Welt spielen die Frauen die Hauptrollen. Ms. Brookners weibliche Figuren glühen im Licht ihres bitteren Wissens und erfüllen die Seiten der «Nachzügler» mit einer Atmosphäre hilflosen Mitgefühls.

Auch Saul Bellows «Ein Diebstahl» gewährt mehr Liebe, als die Empfänger zu verdienen scheinen. Die Novelle von kaum hundert Seiten (im amerikanischen Original) ist in mehrfacher Hinsicht seltsam, nicht zuletzt wegen der Form, in der sie veröffentlicht wurde – Erstausgabe im Taschenbuch und damit der Verzicht auf die Einnahmen aus einer gebundenen Ausgabe, wie sie selbst bei einer kleineren Gabe unseres hervorragendsten Prosaautors ohne Zweifel zu erwarten wären. An diesem Punkt seiner Laufbahn ist Bellow in Amerika nun schon länger obenauf als jeder andere seit William Dean Howells; mehr als fünfunddreißig Jahre sind vergangen seit der Veröffentlichung der «Abenteuer des Augie March», die ihn als mitreißendsten und melodischsten Romancier der Nachkriegszeit sowie als die lebendigste Mischung aus Rothaut und Bleichgesicht in unserer spezialisierten, verwissenschaftlichten Zeit etabliert haben. Mit dem Leben auf der Straße ebenso vertraut wie mit Büchern, hat er in einer scharfen, reißenden und schwindelerregend ausdrucksstarken Sprache Helden vorgeführt, die mit den großen Ideen des abendländischen Menschen ringen und von ihnen auf die Matte befördert werden. Bis zu «Ein Diebstahl» hat er noch nie eine Frau als selbständige Sucherin gezeigt; sie war immer das Paradies, nach dem gesucht wurde. Seine Frauen waren üblicherweise starke, handfeste und erschreckend hörbare Erscheinungen, die den bereits verwirrten intellektuellen Horizont seiner Helden noch weiter verzerrten. Dieser Ausflug in die weibliche Seele hat sowohl die Rothaut wie das Bleichgesicht nervös werden lassen, die Sprache wird schroff, und die großen Ideen versinken in einer merkwürdigen Form von Prominentenbewußtsein.

Als Beispiel für die Schroffheit nehme man nur diese Sätze von der ersten Seite, mit denen Clara Velde vorgestellt wird: «Da war sie also, eine grobknochige amerikanische Frau. Sie hatte sehr schöne Beine – wer weiß, was man zu sehen bekommen hätte, wenn die Pionierfrauen kürzere Röcke getragen hätten. Sie kaufte ihre Kleider in den besten Läden und kannte sich mit Kosmetika aus, gleichwohl wirkte sie noch immer etwas wie eine Landpomeranze.» Haben Sie das kapiert mit der Landpomeranze? Bei mir bin ich mir da gar nicht sicher, und auch die hastige Fallgeschichte ergänzte mein mentales Dossier nicht wesentlich: «Eine unglückliche Liebesgeschichte in Cambridge führte zu einem Selbstmordversuch. Die Familie beschloß, sie nicht wieder nach Indiana zurückzuholen. Als sie damit drohte, noch mehr Schlaftabletten zu nehmen, erlaubte man ihr, die Columbia University zu besuchen, und sie lebte in New York unter scharfer Überwachung – eine Maßnahme, die ihre Eltern organisiert hatten. Sie jedoch fand Mittel und Wege, genau das zu tun, was ihr Spaß machte. Sie hatte Angst vor der Hölle, aber sie tat es trotzdem.» Sie hat, wie wir erfahren, einiges hinter sich – mit vierzig Jahren vier Ehemänner und drei Kinder und eine kometenhafte Journalistenkarriere, in deren Verlauf sie ganz nach oben gekommen und reich geworden ist: «Im Aufsichtsrat war sie für die einen ‹eine erfolgreiche Managerin›, für die anderen ‹die Zarin des Modejournalismus›.» Wer teilt denn das mit, mit dieser aggressiven Atemlosigkeit? Ein seltsamer Ton wird angeschlagen, klatschsüchtig, als wären erfundene Figuren eine Untergruppe der Reichen und Berühmten. Diese sind dann natürlich auch bald mit von der Partie – Spontini zum Beispiel, Claras dritter Ehemann: «Das war Spontini, der Ölmagnat, ein enger Freund des linksradikalen Milliardärs und Terroristen Giangiacomo F., der sich in den Siebzigern in die Luft gejagt hatte.» F. für Feltrinelli, falls Sie damals keine Nachrichten gehört haben.

Die Prominenten-Revue kommt aber erst richtig in Fahrt, als wir Claras wahre Liebe kennenlernen, einen Mann, der einen Namen trägt, der auch einem Engel Ehre gemacht hätte: Ithiel Regler. «Ithiel Regler genoß bei Clara ein weit höheres Ansehen als irgendeiner ihrer Ehemänner. ‹Auf einer Zehnerskala›, pflegte sie zu Laura zu sagen, ‹war er wirklich zehn›.» Er schaffte es nie ganz, sie zu heiraten, einmal, wie wir vermuten, weil es, wie die Prinzessin von Clèves schon vor langer Zeit erkannte, nichts Wirksameres als die Ehe gibt, um die vollkommene Liebe zu zerstören, und dann, weil er zu sehr damit beschäftigt war, in seiner Eigenschaft als freischaffender Superstar herumzusausen, «ein Wunderkind der Nuklearstrategie», das seinen Sitz in Washington hat, aber überall, wohin es kommt, geschätzt und ins Fernsehen gebeten wird. «Einflußreiche Leute hielten viel von seiner Intelligenz. Na, man brauchte sich doch nur die Größe und Ebenmäßigkeit seiner dunklen Augen anzuschauen.» Trotz seines «klassisch-ebenmäßigen Aussehens» kommt es bei Ithiel immer wieder zu geistigen Aussetzern und anfallartigen Meinungsausbrüchen zur Geopolitik. Er jettet durch die Welt, um seine Klugheit an Henry Kissinger, Anatoli Dobrynin, den damaligen Schah von Persien, «Betancourt in Venezuela» und «Mr. Leakey in der Olduvai-Schlucht» weiterzugeben. Zumindest für Clara scheinen seine Fähigkeiten keine Grenzen zu kennen. Während sie ihn in einem Restaurant in Washington anhimmelt, kommen ihr folgende Gedanken:

> Dabei könnte Ithiel doch der Gibbon oder der Tacitus des Amerikanischen Imperiums sein... Wenn er wollte, konnte er mit Nixon, Johnson, Kennedy oder Kissinger, mit dem Schah oder de Gaulle machen, was Keynes mit den Alliierten in Versailles gemacht hatte. Größen dieser Welt hatten Ithiel ihrer Aufmerksamkeit gewürdigt. Gelegentlich rutschte ihm ein

Kommentar oder ein Urteil heraus: ‹Weder die Russen noch die Amerikaner sind dazu in der Lage, die Welt zu führen. Nicht fähig, die Zukunft zu organisieren.› Wenn ihr einmal das Erbe ausbezahlt würde, dachte Clara, dann würde sie ihm einen Fonds einrichten, damit er seine Ansichten aufschreiben könne.

Wenn Ithiels Intelligenz in dem obigen Urteil nicht recht aufstrahlen will, wenn Claras Bewunderung jede Glaubwürdigkeitsgrenze übertorkelt, sind wir restlos davon überzeugt, daß Bellow von der halb ernsten, halb komischen Welt internationaler Macht noch immer genauso fasziniert ist wie damals, als er «Herzog» schrieb.

Handlung: Es war einmal, da überredete die angebliche Frau vom Land das angebliche Wunderkind auf dem Höhepunkt ihrer Romanze, ihr einen Verlobungsring zu kaufen, einen Smaragd, «auffällig rein, die Farbe vollkommen, absolute Spitzenklasse». Die Verlobung scheitert, doch der in seinem Gefühlswert unbezahlbare Ring bleibt ihr, wird einmal gestohlen, wird wiedergefunden (obwohl sie das Geld der Versicherung nicht zurückbezahlt) und noch einmal gestohlen – wie Clara vermutet, von dem sinnlichen, aufreizenden haitianischen Freund ihres ganz und gar bürgerlichen (dabei nicht ohne Sex-Appeal) Au-pair-Mädchens aus Wien, von Gina Wegmann, für die sie starke mütterliche Gefühle hegt. Seit «Mr. Sammlers Planet» ist das Bellows erster literarischer Besuch in New York, das er in «Ein Diebstahl» die «Stadt von Gog und Magog» nennt; auch in seiner neuesten Einschätzung liegt Manhattan noch immer ganz vorn beim Niedergang des Westens. «Es sei denn, der Himmel selber verkündete, daß es mit der Stadt von Gog und Magog so weit gekommen war, daß der Untergang fällig sei – Zeit, das Küstenniveau zu senken und den Atlantik hereinzuschicken, um sie wegzuspülen.» Verständlicherweise entscheidet sich Gina dafür, vom Rassengemisch der New Yorker Gesellschaft zu kosten. «Diese Stadt war das Zentrum, das Symbol der weltweiten Jugendrevolte geworden.» Clara gerät auf eine Party, die Gina für ihre neuen Freunde gibt: «Das Zimmer sah mehr nach einem Wagen der U-Bahn an der West Side aus. Die Jungs sehr muskulös, als wenn sie Aerobic trieben.» Aber Gottschalk, der «möglichst nicht allzu schäbige» Detektiv, den Clara beauftragt, beschreibt Frederic, den haitianischen Freund, wie folgt: «Gelegenheitskrimineller. Für Verbrechen auf der Straße hat er nicht die Muckis.» Etwas wirklich Böses leistet sich Frederic allerdings: Während er mit Gina auf dem Sofa rumfummelt, legt er seine Springerstiefel auf Claras Seidenkissen.

Die einfache Geschichte wird mit Absicht ziemlich schlampig erzählt, zu einem großen Teil in Form der Beichten, die Clara bei Laura Wong ablegt, einer nicht näher charakterisierten Nachbarin in Manhattan. Wir werden häufig erinnert an Ithiels ziemlich abstrakte Wunderbarkeit und Claras Treue zu einer theologischen Sichtweise, die sie mit ihrem Erfinder teilt, aber wir erfahren fast überhaupt nichts über Wilder, ihren gegenwärtigen Ehemann und Vater ihrer drei Töchter, fast nichts über seinen Beruf, der nur aus Glamour zu bestehen scheint und keiner Arbeitsleistung bedarf. Das Buch ist nervös und dürftig und wirkt wie eine Signalanlage für jemanden außerhalb des Geschehens. Das deutlichste an Clara ist das glänzende Bild, das sie von Ithiel hat; das trübste sind ihre mütterlichen Gefühle für Gina.

Dennoch enthält «Ein Diebstahl» einen ritterlichen Vorsatz und zeigt eine großartige Begabung. Wer außer Bellow könnte mit einer Prägung wie «Clara traf Ithiel im Zustand kranker Würde an» zuschlagen oder ein Gefühl so unverschämt in einem Bild wie diesem verkörperlichen: «...sie habe sich gefühlt, als würde das Leben aus ihr herausgesaugt»? Ein biblischer Geist wohnt in ihm, der der Vitalität eine strenge Würde verleiht:

> Gina war fassungslos. Beide Frauen zitterten. Am Ende, dachte Clara, läßt sich ein Mensch doch mit drei, vier Strichen skizzieren, wenn aber einmal die Augenhöhlen leer sind, vermag auch noch soviel Einfallsreichtum sie nicht wieder zu füllen. Weder ihre braunen noch meine blauen.

Das Hirnfieber, das durch ein Buch von Bellow rast, kann jederzeit Feuer fangen und Poesie werden, eine Poesie, die sich in den außerirdischen Namen äußert, die er vergibt – Odo Fenger, Etta Wolfenstein, Wilder Velde, Bobby Steinsalz. Nebenfiguren flammen unerwartet zu fesselnder Lebendigkeit auf: Clara, die Dr. Gladstone, ihren Psychiater, besucht, bemerkt seinen «Samuraibart, die gebleckten Zähne, die er einrahmte, die großen modischen Brillengläser», und während sie Steinsalz, Ithiels Anwalt, besucht, muß sie «dem Anwalt unwillkürlich auf den Schoß sehen, wo sich wegen seiner Feistheit das Geschlechtsorgan durch den Druck des Fettes abzeichnete». Der Druck eines überbordenden Gefühls für das Leben läßt Bellow seinen Hauptfiguren weitere Striche hinzufügen – zur Vervollständigung, als Korrektur früherer Striche. Unterwegs zu ihrer letzten Verabredung im Buch lehnt Clara im Taxi «ihren langen Hals nach hinten, um ihn vom Gewicht des Kopfes zu entlasten und ihre rasenden Gedanken, die panisch zu werden drohten, zu kontrollieren». Der große Kopf lastet auf ihr, das wußten wir bisher nicht, wir erfahren mehr Neuigkeiten über sie, sie wird eben erst erschaffen, sie ist noch nicht fertig, sie entsteht, und vielleicht geht es darum. «Hört der Druck denn niemals auf?» fragt sie sich. Offensichtlich nicht, wenn man ihrem Geliebten trauen darf, der ihr erklärt: «Na, die Menschen müssen mit der Unordnung fertig werden, und wenn sie schließlich damit fertig sind, sind sie's auch selber.»

Ecolalie

Umberto Eco, «Über Gott und die Welt». Essays und Glossen. Aus dem Italienischen von Burkhart Kroeber. Hanser Verlag, München 1985.

Ein Weg, sich der liebevollen Aufmerksamkeit seines Verlegers zu versichern, besteht darin, gleich auf Anhieb einen Riesen-Bestseller zu schreiben. Im strudelnden Kielwasser von «Der Name der Rose» (1980; deutsch 1982) des bis dahin unbekannten italienischen Professors für Semiotik namens Umberto Eco hat sein amerikanischer Verlag Harcourt Brace Jovanovich die angenehm kurze und wissenschaftliche «Nachschrift zum ‹Namen der Rose›» (1984) und jetzt eine Sammlung mit Ecos Essays herausgebracht, die den Titel «Travels in Hyperreality» («Über Gott und die Welt») trägt. Eco verfügt, wie man ergänzen sollte, über *zwei* amerikanische Verleger: die Indiana University Press hat von seinem eher akademischen Ich die Titel «Theory of Semiotics» (1976), «The Role of the Reader» (1979) und «Semiotics and the Philosophy of Language» (1984) veröffentlicht.* Die allgemeinen Essays in «Über Gott und die Welt» neigen gelegentlich zum fachspezifisch Linguistischen, andere zur Aktualität von gestern, doch die besten von ihnen erinnern an den *jeux d'esprit* des verstorbenen Roland Barthes in seinen journalistischen Arbeiten und bei Vorworten. Anders als Barthes gelingt es Eco allerdings nicht ganz, uns davon zu überzeugen, daß er ein vollkommen neues Instrument der Wahrnehmung besäße, ein gehirngesteuertes Werkzeug, das in einer raschen Bewegung von Reduktion und Neugruppierung vertrauten und trivialen Gegenständen einen hellen, ganz neu facettierten Aspekt verlei-

* Deutsche Ausgaben: «Einführung in die Semiotik». München: Fink [7]1991. «Lector in fabula. Die Mitarbeit der Interpretation in erzählenden Texten». München: Hanser 1987. «Semiotik und Philosophie der Sprache». München: Fink 1985. (Anm. d. Ü.)

hen könnte. Barthes eignete etwas vom koboldhaft launischen, vom höhnischen Grinsen des echten Provokateurs, wogegen Eco vergleichsweise gutmütig und gewissenhaft ist – er ist der dickliche, zigarettenrauchende Professor, der uns an seinem überbordenden Schreibtisch gegenübersitzt und uns in aller Freundlichkeit die beklagenswerte Tatsache mitteilt, daß unsere Abschlußarbeit bei weitem besser wäre, wenn er sie selber schreiben könnte. Barthes' Gewandtheit war der reine Verstand; er thronte in Paris, der Hauptstadt des Denkens, und mußte deshalb keine Recherchen oder Lauferei auf sich nehmen, obwohl er sich ohne weiteres mit einem Augenzwinkern in Japan befinden konnte. Eco geht tatsächlich auf Reisen, nimmt teil an Voodoo-Riten in den Vororten von São Paulo, besichtigt die Sehenswürdigkeiten im intellektuellen Hinterland Nordamerikas und taucht ein in die dünne Luft irgendwelcher historischer Soziotope.

Als Essayist besitzt Eco zwei Stärken, zwei Bereiche, in denen er sich ungewöhnlich gut auskennt und deshalb auch besonders interessant ist: das Mittelalter, worüber er mit dem «Namen der Rose» eine lebendige Abhandlung lieferte, und die Neue Welt, in der er als Tourist ziemlich gut akklimatisiert ist. Der Essay, der der amerikanischen Ausgabe den Titel gegeben hat und in der Sammlung der längste ist, schweift auf seiner Suche nach Beispielen für die Leidenschaft der Einheimischen für *the real thing* (um die Coca-Cola-Werbung zu zitieren) und für *more* (um viele andere Reklamesätze zu zitieren) durch die gesamten Vereinigten Staaten. Realer als *real* sind Disneyland, Forest Lawn, das Movieland Wax Museum, das Old Bethpage Museum auf Long Island (wo nur die neu geborenen Zuchtschafe die sonst perfekt rekonstruierte Farm aus dem frühen 19. Jahrhundert zu stören vermögen) und die dreidimensionalen Wachsnachbildungen von Leonardo da Vincis «Abendmahl» – zwischen Los Angeles und San Francisco hat Eco sieben davon besucht, die alle beanspruchen, dem verblassenden Original in Mailand, von dem die Farbe abblättert, sichtbar überlegen zu sein. Im Palace of Living Arts von Buena Park konnte (bis 1982, als der Palace geschlossen wurde) der verblüffte Tourist farbige Wachsreproduktionen berühmter Marmorstatuen wie Michelangelos David und die «Venus de Milo» (deren Arme man aufmerksamerweise restauriert hatte) sowie 3-D-Karikaturen von Gemälden wie der «Mona Lisa», Ingres' «Großer Odaliske» und Thomas Lawrence' «Pinkie» einschließlich eines verborgenen Ventilators, der ihr Seidenkleid hochwehte, bewundern – und das alles für fünf Dollar. Dieser kühne, wenn auch nicht unbedingt finanziell erfolgreiche Versuch, den amerikanischen Bürgern die Wunder der europäischen Kultur nahezubringen – «die Fetischisierung von Kunst als Folge berühmter Gegenstände» –, steht, wie Eco meint, in einem brüderlichen Verhältnis zu solch riesenhaften zusammengeräuberten Steinhaufen wie Hearsts San Simeon und dem venezianischen Palazzo Ca' d'Zan der Ringlings in Sarasota; von dort bis zum Getty Museum mit seinen authentischen Meisterwerken in einer rekonstruierten römischen Villa ist es nur ein kleiner, wenn auch stilvoll getaner Schritt. Eco ist für das Pathos unserer vulgären Hommagen nicht völlig unempfindlich, entdeckt «etwas Entwaffnendes in dieser Suche nach Ruhm vermittels einer unerwiderten Liebe für die europäische Geschichte», und er vergißt auch nicht die Wachsmuseen und Reliquiensammlungen der Alten Welt, die ebenfalls nach dem streben, was er Hyperrealität nennt. Auf anmutigste philosophische Weise vermag er sich für die Paradoxa der Verbindungen des Synthetischen mit dem Wirklichen wie in ökologisch ausgerichteten Zoos und Meeresaquarien zu begeistern, wo man «sozusagen schon die Natur erreicht – doch eine Natur, die sich in der Künstlichkeit annulliert, um gerade dadurch als unberührte Natur zu erscheinen», und in künstlichen Wildwest-Städten, in deren gefälschten Geschäften echte Waren für echtes Geld verkauft werden. Wenn es in der Vergnügungsindustrie, erläutert er uns, «ein Zeichen gibt, hat es den Anschein, da sei gar keins, wenn kein Zeichen da ist, glauben wir, daß da eins wäre. Die Voraussetzung für das Vergnügen besteht darin, daß etwas vorgetäuscht wird». Wenige semiotische Nuancen unserer Fälschungsleidenschaft sind es, die unentwirrt bleiben. Auch die populäre amerikanische Theologie wird durchschaut:

> Sieht man im Fernsehen die religiösen Sendungen am Sonntagvormittag, so wird einem klar, daß Gott hier nicht anders erlebt werden kann denn als Natur, als Fleisch, Energie, berührbares Bild. Und da es kein Prediger wagt, uns Gott in Gestalt einer bärtigen Puppe zu zeigen, auch nicht in Gestalt eines Automaten aus Disneyland, bleibt nur die Hoffnung, ihn in Gestalt von Naturkräften wiederzufinden, als Freude, Genesung, Jugend, Gesundheit – oder als ökonomisches Wachstum (das bekanntlich, siehe Max Weber, zugleich das Wesen der protestantischen Ethik und den Geist des Kapitalismus ausdrückt).

Vielleicht brauchen wir den Hinweis auf Webers abgenutzte Lehre gar nicht. Ein amerikanischer Eingeborener, der zum Forschungsgegenstand einer so lebendigen und amüsanten Anthropologie wird, reagiert wie alle dem Anthropologenauge ausgesetzten Eingeborenen auf der ganzen Welt schnell ein wenig widerborstig und rüstet sich mit Einwänden, etwa dem, daß die meisten jener hyperrealen Sehenswürdigkeiten, die Eco untersucht hat, zum größten Teil der Unterhaltung und der Erbauung von Kindern dienen. Um unser Wesen ins rechte Licht zu rücken, bezieht er sich öfter auf Comic strips, mit denen ihn eine enzyklopädische Vertrautheit verbindet. Lyndon Johnsons riesenhaftes Monument für sich selber in Austin wird mit Supermans Festung der Einsamkeit verglichen, und der Markt für Hyperrealität ist «das Amerika eines Linus, für den das Glück die Gestalt eines Kuschelhündchens oder der Schmusedecke annehmen muß, das Amerika eines Schroeder, dem Beethoven nicht so sehr durch die winzigen Noten auf dem Spielzeugklavier lebendig wird als durch die realistische Marmorbüste, die darauf steht (und vielleicht aus Plastik ist). Ein Amerika, wo das Gute und Schöne, die Kunst, das Märchen und die Geschichte, wenn sie denn schon nicht Fleisch werden können, wenigstens Plastik werden». Das tut weh. Als nächstes müssen wir uns wahrscheinlich anhören, daß Beethoven nur ein Plastik-Beethoven ist, wenn er auf einem amerikanischen Klavier gespielt wird. Ecos Tour beginnt mit einer berauschenden Aussicht – «Es gibt demnach ein Amerika der außer Rand und Band geratenen Hyperrealität, das noch ein anderes sein muß als das der Pop Art oder der Mikkey Mouse oder des Hollywoodkinos. Es gibt ein verborgeneres (beziehungsweise genauso öffentliches, aber von den Besuchern aus Europa und sogar von den amerikanischen Intellektuellen gewöhnlich verschmähtes)... Dieses Amerika gilt es zu finden» –, endet aber mit einem übellaunigen, wahrscheinlich marxistischen Zungenschlag: «Nach der Ideologie dieses ‹anderen› Amerika soll die Imitation beruhigend wirken. Doch der Profit bezwingt die Ideologie, denn die Konsumenten wollen sich nicht nur an der Gewißheit des Guten laben, sondern auch am Schauder des Bösen... Und so bleibt der Besucher, wenn er seine Kathedralen der ikonischen Tröstung betritt, weiter im ungewissen, ob sein Los am Ende die Hölle oder das Paradies sein wird, und konsumiert weiter Verheißungen.»

Semiologie, die Untersuchung der Bezeichnung, die von den semantischen Theorien Ferdinand de Saussures herkommt, hat als Instrument der Kulturanalyse ihre Grenzen, weil sie sich notwendigerweise auf Propaganda konzentriert – das heißt darauf, daß der visuelle wie der akustische Diskurs mit Botschaften aufgeladen werden, die den Verkauf und eine soziale Beruhigung zum Ziel haben. In Barthes' flinken, betörenden Essays werden die «Mythen» des französischen Kleinbürgertums eingefangen und einer Untersuchung unterzogen, während sie fast unbemerkt durch die Pariser Zeitungen huschen; er praktizierte eine aktualisierte und urbanere Version von Flauberts Satire auf das überlieferte Wissen von Bouvard und Pécuchet. Wenn er die italienischen Zeitungen der siebziger und achtziger Jahre liest, entdeckt Eco schlimmeres Material – den Tod von Aldo Moro, die Barbareien der Roten Brigaden. In «Den Staat im Herzen treffen?» folgert Eco, daß die Mythologie der Terroristen, die er in ziemlich abstruse Begriffe aus Comic strips einbettet – «ihre Mythologie à la Walt Disney..., derzufolge es auf der einen Seite einen fiesen individuellen Kapitalisten gab, der Dagobert Duck hieß und immer im Geld schwamm, und auf der anderen die Panzerknacker, wüste Gesellen zwar, aber doch irgendwie sympathieträchtig, weil sie dem kapitalistischen und egoistischen Geizkragen seine Moneten nach der Melodie der proletarischen Expropriation abnehmen» – sich erledigt hat, weil Dagobert Duck ins multinationale Geschäft expandiert hat und «das System» inzwischen «kopflos und herzlos» ist. Damit beweist es «eine ungeheure Regenerationsfähigkeit» und «sorgt dafür, daß alle anderen (außer den unvermeidlichen Abgedrängten) in einer Situation verallgemeinerten Terrors etwas zu verlieren hätten». Eco liest die Zeichen und tröstet sich mit der Schlußfolgerung, daß die Macht sich so sehr verteilt hat, daß sie nicht mehr lokalisierbar ist. Ein Foto im *Corriere d'Informazione* zeigt einen Terroristen mit Skimaske, der allein auf der Straße steht und eine Pistole hält. «Es fehlte das kollektive Moment», lautet Ecos Interpretation dieses Zeichens. «Dieses Bild evozierte andere Welten, andere Erzähl- und Darstellungstraditionen, die nichts mit der proletarischen Tradition zu tun haben, mit der Idee des Volksaufstandes und des Kampfes der Massen.» In dem Aufsatz «Die Sprache, die Macht und die Kraft» zitiert Eco Barthes, Georges Duby und Michel Foucault und gibt zu bedenken, daß die Macht heute ähnlich wie die Sprache vielen kleinen Veränderungen unterworfen ist, aber niemals einer Revolution; Änderungen äußern sich in «schrittweiser Umstrukturierung durch langsame periphere Verschiebungen in einer Welt ohne Zentrum, in der alles Peripherie ist und nichts mehr von nichts das ‹Herz›».

Unsere Welt entspricht, wie Eco glaubt, der Welt des Mittelalters mit ihren komplizierten, wechselhaften Allianzen zwischen Klerus und Adel, Klerus und Bevölkerung, nationalen Monarchien und Mönchsorden. Die Barone des multinationalen Kapitalismus beobachtet er dabei, wie sie «ihr Territorium mit befestigten Burgen und großen Residenzbauten inclusive einer privaten Wachorganisation und mit fotoelektronischen Zellen medievalisieren». Fantasy-Literatur und Filmindustrie reiten auf einer «neomedievalen Welle», und diese Nostalgie ist in Wirklichkeit, wie der Essay «Auf dem Wege zu einem Neuen Mittelalter» erläutert, die Suche nach Selbstvergewisserung, bei der wir unsere postimperiale Landschaft privater Unsicherheit, mit umherziehenden Dieben und Mystikern, Seuchen und Massakern, klosterähnlichen Universitäten und einer knalligen künstlerischen Kultur, die sich aus dem Treibgut vergangener Zeiten zusammensetzt, durchqueren.

> Nicht systematische, sondern additive und zusammengebastelte Kunst ist die unsere wie die des Mittelalters, heute wie damals koexistiert das verfeinerte Experiment der Elite mit dem Großunternehmen der populären Divulgation (das Verhältnis Miniatur/Kathedrale ist das gleiche wie zwischen Museum of Modern Art und Hollywood) mit permanenten Wechselbeziehungen und gegenseitigen Anleihen. Und der scheinbare Byzantinismus, die wilde Lust am Sammeln, Auflisten, Anhäufen der verschiedensten Dinge entspringt dem Bedürfnis, die Überreste einer früheren Welt zu sichten und neuzubewerten – einer Welt, die vielleicht harmonisch war, aber nun zerfallen ist...

Ecos Überzeugung – zu der man vermutlich im halbanarchischen, pittoresken Italien leichter gelangt als in den sanften Ebenen der Vereinigten Staaten –, daß wir in einem Neuen Mittelalter lebten, verlieh seinem Roman aus dem 14. Jahrhundert Aktualität und Gewicht sowie eine «verschlüsselte» Qualität, die dem Vergnügen an einem Detektivroman noch zusätzlich guttat. Auch diese Essays beziehen ihr Leben aus seiner historischen Leidenschaft, ganz gleich ob er das Lob des Thomas von Aquin singt, Marshall McLuhan als «jemand, der das Hohelied von Schwester Elektronik schreibt», bezeichnet oder den Massenselbstmord von Jonestown in einen verstörenden Zusammenhang mit den Endzeitbewegungen des Mittelalters bringt – «Die Fratizellen und die Apostler des Gherardo Segarelli, aus denen die Revolte des Fra Dolcino hervorging», die «Endura» der Katharer, die Anhänger Tanchelms und von Eudes de l'Etoile, die

«Horden von Tafurs, wüste Gesellen mit struppigem Haar und starrend von Schmutz», Kannibalen außerdem, die Brüder des Kreuzes, Flagellanten, «die von Dorf zu Dorf ziehen und sich mit Peitschen blutig schlagen», und so weiter. Doch unsere neumittelalterliche Welt ist zugleich das globale Dorf der Massenkommunikation, und Eco wählt als Themen Pop-Songs, «Casablanca», «2001», wie man die Telefongesellschaft hereinlegt und wie «das System» diesen technologischen Diebstahl in ihre Kalkulation einbezieht und den Vorgang, wie das Interesse am Sport zum Interesse am Mediendiskurs über den Sport wird: «Entstanden als Erhebung in die n-te Potenz jener anfänglichen (und vernünftigen) Energieverschwendung, die das sportliche Spiel einmal war, ist das Sportgerede nun die Verherrlichung der Verschwendung an sich und folglich der Gipfel des verselbständigten Konsums. Mit ihm und in ihm konsumiert der Mensch der Konsumgesellschaft sich selbst (und zugleich jede Möglichkeit einer Thematisierung und Beurteilung des Konsumzwangs, der ihm aufgedrängt und dem er unterworfen wird).»

In dieser sich selber konsumierenden, herzlosen Gesellschaft, die nur noch aus Peripherie besteht, wird Kommunikation zum Selbstzweck, zu einer Art treibendem Gehirn ohne wesentlichen Inhalt. Wie sich an der Expo '67 in Montreal zeigen läßt, entwirft die Weltausstellung einen reinen und schlichten Kommunikationsstil. «Ein Land sagt nicht mehr: ‹Schaut bloß, was ich produziere›, sondern ‹Schaut bloß, wie clever ich das ausstelle, was ich produziere›... Jedes Land zeigt sich damit, wie es in der Lage ist, das gleiche zu präsentieren, das auch andere Länder präsentieren könnten. Das Spiel um Prestige gewinnt jenes Land, das am besten zu erzählen versteht, was es tut, und zwar unabhängig von dem, was es tatsächlich tut.» Die großen, eigens für diesen Anlaß errichteten Gebäude einer solchen Ausstellung fungieren weniger «als Bauten, in denen man lebt oder durch die man hindurchgeht» als vielmehr «als Medien von Kommunikation und Suggestion» – der Pavillon der Vereinigten Staaten, ein geodätischer Dom nach Buckminster Fuller, triumphierte als Zeichen («Er war mystisch und technisch, Vergangenheit und

Zukunft, offen und geschlossen, und damit vermittelte dieser Dom die Möglichkeit einer Privatsphäre, ohne daß dafür die übrige Welt ausgeschlossen werden müßte, und empfahl ein Bild von Macht und Ausdehnung, was ihm auch gelang»), und in seinem Triumph als Container überschattete er seine nicht weiter überraschenden amerikanischen Inhalte. Die Show *per se* wird statt des Ausstellungsstücks immer wichtiger, ob das Thema nun das Sportgerede ist, das den Sport überlagert, der Publicityeifer der Guerilla oder «die Ebene institutioneller kultureller *showmanship*, die in den Vereinigten Staaten erreicht ist». Nach dem gleichen Trend eignet auch diesen Essays, die vom Interesse des Semiotikers an sekundärer Bedeutung geprägt sind, ein Hauch von Aushöhlung, der sich merkwürdigerweise mit ihrem gelegentlichen Rückgriff auf die marxistische Terminologie verträgt. Ein Beispiel: «Er [der Besucher einer Messe], hat nur hingenommen und akzeptiert, daß er ein Konsument von Konsumgütern ist, da er kein Besitzer von Produktionsmitteln sein kann.»* Marx glaubte, daß die Welt in dem, was sie im Innersten zusammenhält, in der Struktur ihrer schichtenspezifischen Macht, analysiert und anschließend tatsächlich geändert werden könne; Umberto Ecos Reflexionen, im allgemeinen amüsant und oft brillant, glitzern auf der Oberfläche von Vorgängen, die gleichzeitig kaum faßbar, unaufhaltsam und federleicht sind. «Kommunikationsmaschinen», wie Eco Kleider bezeichnet, erfüllen die menschliche Welt, eine Schale aus reinen Bezeichnungen wie eine Rüstung ohne Inhalt. In dem wunderbaren Roman «Der Ritter, den es nicht gab» von Ecos Landsmann Italo Calvino geht und kämpft und verliebt sich eine solche Rüstung; doch ist es wirklich möglich, fragen wir uns, die wir inmitten der Welt leben, daß überhaupt nichts drin ist?

* Der Marxismus der westeuropäischen Intellektuellen muß selber als ein Zeichen gelesen werden, als eine Art Federkleid, an dem sie einander erkennen. Denn mit dem tristen Beispiel Osteuropas unmittelbar vor der Haustür können sie nicht im Ernst Italien in ein weiteres Rumänien oder Frankreich in China verwandeln wollen.

In Borges' Gefolge

Adolfo Bioy Casares, «Abenteuer eines Fotografen». Roman. Aus dem Spanischen von Richard Schwaar. Suhrkamp Verlag, Frankfurt/Main 1995.

Umberto Eco, «Das Foucaultsche Pendel». Roman. Aus dem Italienischen von Burkhard Kroeber. Hanser Verlag, München 1989.

In den Vereinigten Staaten wird der argentinische Schriftsteller Adolfo Bioy Casares noch immer mit seinem Freund und gelegentlichen Mitarbeiter Jorge Luis Borges in Verbindung gebracht. Zusammen schrieben sie Travestien und Parodien und arbeiteten an Drehbüchern, Anthologien und Übersetzungen; vielleicht kann man sagen, daß Bioy Casares, obwohl eine Generation jünger, den Älteren aus dessen Schneckenhaus hervorlockte und Borges' erstes und verrücktestes Prosabuch inspirierte, die Sammlung «Ficciones». Bioy Casares selbst ist bekannt als Autor der Science-fiction-Novelle «Morels Erfindung» sowie einer Reihe weiterer Romane, die nur wenige Nichtlateinamerikaner gelesen haben. «Die Abenteuer eines Fotografen am La Plata», sein jüngster Roman, der hierzulande erscheint, ist eine zarte raffinierte Geschichte, die zwar nicht unbedingt geeignet ist, seine hiesige Leserschaft zu vergrößern, aber doch über Charme und einen dunklen Witz sowie eine plötzliche Traurigkeit verfügt, wie sie nur ein ziemlich gefestigter Autor bieten kann. Kurz angebunden und direkt, wenn auch nicht unfreundlich im Stil, wird die Geschichte von Nicolasito Almanza erzählt, eines jungen Kleinstadtfotografen, der mit seiner Ausrüstung in La Plata, der Hauptstadt der Provinz Buenos Aires, eintrifft. Kaum ist Almanza nach seiner Busfahrt, die die ganze Nacht dauerte, in die Stadt eingetaucht, wird er schon von einem Fremden begrüßt – ein großgewachsener, rosiger «älterer Herr», der eine Gesellschaft anführt, zu der zwei attraktive junge Frauen, ein Säugling und ein kleines Mädchen gehören. Es handelt sich hier, wie man erfährt, um die Lombardos aus dem Bezirk Magdalena, die ebenfalls gerade in der Hauptstadt eingetroffen sind. Ehe der Roman zu Ende ist, wird unser Held Blut spenden, um Don Juan, dem Vater, das Leben zu retten, und wird mit den beiden Töchtern von Don Juan schlafen – mit Griselda, der Mutter der Kinder, und mit Julia, die Almanza beim Fotografieren assistiert. Der Fotograf wird ausführlich davor gewarnt, sich allzu innig mit der Familie einzulassen, die offensichtlich ihre Heimat wegen finanzieller Unregelmäßigkeiten verlassen mußte und deren Familienoberhaupt angeblich kein anderer als Satan ist, doch ein bestimmter modernistischer Leim verlängert die Verstrickungen, verzögert Bestellungen und verkompliziert alle Verabredungen dieser Handlung. Almanza vermag sich dem allem erst zu entziehen, als er abreist, um die Sehenswürdigkeiten Tandils, einer weiteren Stadt, zu fotografieren. Tatsächlich geschieht ihm kein Leid, außer daß er Julia verliert, in die er sich, ohne daß es dem Leser groß aufgefallen wäre, verliebt hat.

Das Vergnügen wie das Mißvergnügen, die das Buch bereiten, leiten sich von etwas her, das wir die Komödie des alltäglichen Umgangs nennen können – die großen Mengen an Zeit (der Figuren) und an Wörtern (des Autors), die aufgewendet werden, um zwischen Pensionen und Restaurants sich hin und her zu bewegen, Verabredungen erst zu erläutern, sie dann einzuhalten oder auch nicht, verschwundenen Koffern und späteren Überweisungen nachzuforschen, seltsam begründete Höflichkeitsplaudereien zu beobachten. Als er von einem Ort zu einem anderen eilt, «erinnerte sich Almanza an einen Traumzustand: in Eile sein, aber mit müden Füßen, die einen niederziehen, langsam gehen müssen. Tatsächlich beanspruchte an diesem Tag alles zuviel Zeit». Das Gitter aus numerierten Straßen, auf denen die einzelnen Figuren einander verfolgen, wird mit mathematischer Genauigkeit beschrieben, allerdings oszilliert auf diesem Gitter unberechenbar das menschliche Verhalten. Almanza und Griselda mieten für ein Rendezvous ein Hotelzimmer für zwei Stunden, doch die Elektrizität zwischen beiden führt zum Kurzschluß:

> Wieder zog sie ihn zu sich heran. Seltsam, dachte er, so zart und doch so stark. Sie war schön, reizte ihn aber weniger als vorhin; gelegentlich nervte sie ihn ein wenig. Vielleicht weil sie ihn angelogen hatte (ohne es böse zu meinen, wie man zugeben mußte) und auch, selbst wenn das unglaublich klang, weil sie ihre Lüge gebeichtet hatte. Er hatte festgestellt, daß er sich in Gesellschaft nervöser, komplizierter Menschen nicht wohl fühlte. Während er darüber nachgrübelte, hatte ihn ein harter Arm am Hals gepackt. Er fühlte einen Schmerz, konnte sich aber nicht bewegen; Griselda rieb sich dabei an ihm. Mit spürbarem Krafteinsatz schubste sie ihn plötzlich von sich. Almanza wollte sich die Stirn mit dem Taschentuch abwischen. Er suchte noch immer in seinen Hosentaschen und in der Jacke danach, als er sie stürzen sah, als wäre sie ohnmächtig geworden; ihr Kopf hing über den Bettrand, sie hatte einen wilden Blick, der Mund stand halboffen, ihre Brüste waren nackt. Immer wird man manipuliert, dachte er und wurde wieder wütend. Er überlegte es sich anders: So schlimm war es auch wieder nicht.

Die Begegnung endet seltsam; Almanza erlebt «einen Impuls, der ihm vertraut war», holt seine Kamera heraus und fotografiert Griselda, mindestens zwanzigmal. «Sie sah kokett zu ihm her und schüttelte die Haare. Er fotografierte sie wieder.» Ohne Schwierigkeiten gelingt es ihm in La Plata, die Gebäude und Sehenswürdigkeiten der Stadt zu fotografieren; seine Linse durchschneidet das Straßengewirr, so wie uns die Kunst vor dem Leben bewahrt.

Bioy Casares ist Parodist mit einem Humor der trockenen Sorte, und hier scheint er den traditionellen Roman zu parodieren – sein feierliches Forschen nach den psychologischen, erotischen, gefährlichen Beziehungsströmen zwischen «nervösen, komplizierten Menschen». Kein Wunder, daß Almanza, gefangen im Netz der Lombardoschen Verführungen und von allen

Seiten mit Klatsch bedrängt, in Griseldas Schlafzimmer auf einen Magazinartikel aufmerksam wird, der erklärt, «wie die großen Mächte und sogar Ihr Land nur ein Deckmantel sind und wie alles, was auf Gottes Erde geschieht – selbst das, was Ihnen und mir zustößt –, von den Entscheidungen einer Handvoll Männer abhängt, die in dunklen Anzügen um einen Tisch herumsitzen». In unserem Bedürfnis nach einem Muster, das hinter den Dingen steckt, entwickeln wir Verschwörungsphantasien. In dem Buch erlebt Almanza wiederholt ein Echo: «Alles stößt mir doppelt zu.» Als Julia und er sich trennen, gibt sie ihm ein Kaleidoskop, ein Spielzeug, das aus Zufallsformationen eine Symmetrie herstellt.

Die Atmosphäre des Romans, sein lakonischer Stil, seine Mechanismen – das sorgfältige Verzeichnen von Zufällen, die Vielzahl bedrohlicher Figuren – verweisen auf den Kriminalroman, doch handelt es sich um einen, dessen kleinere Rätsel (Was wollen die Lombardos? Ist Don Juan der Teufel oder ein geschwätziger alter Schwindler mit zwei Töchtern, die nichts mit ihm anzufangen wissen?) und dessen großes Rätsel (Worauf laufen die scheinbar ziellosen Abenteuer des Fotografen hinaus?) ungelöst bleiben. Der Roman erhält sich unsere Aufmerksamkeit und gewinnt unseren Respekt mit dem, was er verschmäht: Er überdramatisiert nicht, er moralisiert nicht, er verweigert den Ereignissen eine tiefere Bedeutung. Das Ergebnis ist eine saubere, wenn auch trostlose Flachheit – das Gespenstische des Minimalen, in dem es spukt, weil die Gespenster ausbleiben. Wer war's? Niemand. Wenn er die Form des Krimis wählt, um nihilistische Regungen herauszukitzeln, erinnert der Roman «Die Abenteuer eines Fotografen in La Plata» neben weiteren Büchern der Moderne an Robbe-Grillets «Die Radiergummis» oder Raymond Queneaus «Man ist immer zu gut zu den Frauen», an Borges' Geschichte «Der Garten der Pfade, die sich verzweigen» und an diesen überraschenden Bestseller, an Umberto Ecos «Name der Rose».

Borges war das Vorbild einer Figur im «Namen der Rose», des blinden Jorge de Burgos, er lieferte auch das zentrale Bild des Buches, die labyrinthische Bibliothek, eine im Grunde unendliche Bibliothek als universelle Metapher. Eine weitere Idee von Borges, die einer kabbalistischen Verschwörung, die alles durchzieht, die Geschichte beschmutzt und verdreht und die Menschen mit diabolischen Gottheiten zusammenführt, prägt Ecos zweiten Roman «Das Foucaultsche Pendel», der wie der erste ziegelsteinförmig, abstrus, verwickelt und ein Bestseller ist. In seinen Kurzgeschichten und seinen extrem eigenwilligen Bemerkungen zur Literatur konnte uns Borges mit den leisesten, wie beiläufigen Andeutungen seiner eigenen Übernatürlichkeit Schauer über den Rücken jagen. Oft beginnen seine Geschichten mit dem Knarren esoterischer Pedanterie:

> Ich verdanke die Entdeckung Uqbars der Verbindung eines Spiegels und einer Enzyklopädie.
>
> «Tlön, Uqbar, Orbis Tertius»

> Niemand sah ihn an Land gehen in der einmütigen Nacht, niemand sah das Bambuskanu im heiligen Schlamm versinken, aber einige Tage später wußten alle, daß der schweigsame Mann aus dem Süden kam und daß seine Heimat eines der zahllosen Dörfer flußauf war, an der schroffen Flanke des Gebirges, wo das Zend noch nicht vom Griechischen angesteckt und wo die Lepra selten ist.
>
> «Die kreisförmigen Ruinen»

> In Kleinasien oder in Alexandria, im zweiten Jahrhundert unseres Glaubens, als Basilides verkündete, der Kosmos sei eine verwegene oder verworfene Improvisation fehlerhafter Engel, hätte Nils Runeberg mit einzigartiger intellektueller Leidenschaft einen gnostischen Konventikel geleitet.
>
> «Drei Fassungen von Judas»

Und aus vollster Kehle:

Leute, die schriftlich behaupten, daß die Phönix-Sekte ihren Ursprung in Heliopolis hatte, und die sie von der religiösen Restauration herleiten, die mit dem Tode des Reformators Amenophis IV. einsetzte, berufen sich auf Texte von Herodot, Tacitus und auf ägyptische Zeugnisse, wissen aber nicht oder wollen nicht wissen, daß die Benennung nach dem Phönix nicht in die Zeit von Hrabanus Maurus zurückreicht und daß die ältesten Quellen (so etwa die «Saturnalien» oder Flavius Josephus) lediglich von den Leuten des Brauches oder von den Leuten des Geheimnisses sprechen.

«Die Phönix-Sekte»

Bei seinem Versuch, einen dieser Borgesianischen *frissons* mit ihren seltsamen Fakten und makabren Phantasien, ihrem feierlichen Verschwörerton, ihrem wissenden Hinundherschieben auf der Schattenlinie, wo das Wissen geheim und der Gedanke Wahnsinn wird, in eine siebenhundertsiebzig Seiten und einhundertzwanzig Kapitel umfassende Sage von Recherchen und Gerüchten im heutigen Italien, in Paris und Brasilien auseinanderzufalten, hat Eco nicht einkalkuliert, daß sich *frissons* nicht endlos strapazieren lassen. Borges war immer knapp; er schrieb mit dem Gehör eines Dichters; seine Blindheit und seine eremitischen Gewohnheiten verliehen seinen intellektuellen Forschungsreisen einen speziellen, unverwechselbaren Klang, eine ernste Schwermut und unheimliche Gelassenheit. Er besaß die Stimme einer Sphinx. Im Gegensatz zu ihm wirkt Eco wie ein postmoderner Intellektueller, so lebendig wie intelligent, mental extrovertiert, und seine Reflexionen werden von zahlreichen Schülern aufgenommen. «Das Foucaultsche Pendel» bietet eine monumentale Vorstellung, ist über die Maßen gelehrt und, soweit Ecos gescheite Präsenz auf den Seiten amüsant ist, auch amüsant. Doch als Geschichte eines menschlichen Abenteuers, die auf den nicht ganz austauschbaren Figuren von drei Mailänder Lektoren errichtet ist, die lausbubenhaft eine Geheimsekte namens «Tres» (Templi Resurgentes Equites Synarchici) ersinnen, um von ihrem Geschöpf verschlungen zu werden, taumelt das Buch, hängt durch, wirkt allzu ausgedacht und dünn.

Die mittelalterlichen Figuren in «Der Name der Rose» besaßen zumindest die Handfestigkeit und Farbigkeit ihres großartig vor Augen geführten Milieus aus dem 14. Jahrhundert. Im «Foucaultschen Pendel» gehört das Personal in unsere Zeit; die Figuren scheinen aber weniger Geschöpfe der Bildung des Autors als vielmehr deren Opfer zu sein. Sie sind Wegwerfgefäße aus Plastik, aus denen auf Bändern Informationen, Fakten und Zitate laufen, die sich alle um die Hauptidee ringeln, daß die Templer – ein Mönchsorden christlicher Ritter, der 1118 gegründet wurde, um die Pilger im heftig umkämpften Heiligen Land zu beschützen, und der 1312 auf Veranlassung von Philipp IV. von Frankreich, der hinter ihrem Vermögen her war, zerschlagen wurde – in Wirklichkeit überlebt haben und mit Hilfe eines Relaissystems verborgener Eingeweihter, die sich in Abständen von hundertzwanzig Jahren sechsmal in sechs verschiedenen Ländern treffen sollen, sich unsichtbar auf ein Geheimnis vorarbeiten, das mit den «tellurischen Strömungen» der Erde zu tun hat und jene, die darüber verfügen, instand setzen wird, über die Welt zu herrschen. Warum sie mit dieser Herrschaft nicht gleich im Jahr 1312 begonnen haben, wollte sich mir nicht erschließen – es geht um irgendeine komplizierte Sache mit einer Karte und einem Sonnenstrahl, der genau einmal im Jahr in einem bestimmten Augenblick auf das Foucaultsche Pendel fällt, ein tatsächlich existierendes Objekt, das im Conservatoire des Arts et Métiers in Paris hängt. Alle machen mit bei der großen Verschwörung, alle von den Rosenkreuzern bis zu den Jesuiten, von Francis Bacon bis Cagliostro, den Freimaurern (natürlich) bis zu den Juden (vielleicht), und sie war der eigentliche Grund, so scheint es, daß Napoleon in Rußland einfiel und Hitler die Judenvernichtung betrieb. Wenn dieser letzte Scherz von schlechtem Geschmack zeugen sollte, dann gehört zu den besseren, daß die drei Lektoren ihre Schlüsse aus einem kryptischen Dokument ziehen – das ihnen ein vorausschauender Autor überlassen hat, der dann verschwindet –, das sich schließlich schlicht als Lieferverzeichnis eines Kaufmanns erweist. Aber noch besser ist der zugrundeliegende Witz, daß unsere menschliche Gier nach Verschwörungstheorien und Geheimorganisationen so gewaltig ist, daß die gelehrte Parodie eines Kults eine mörderisch reale wird. Es dürften nicht allzu viele hermetische Steine übrig sein, die bei dieser Plünderung von Texten, dieser Orgie aus Zitaten und Nacherzählung, nicht umgedreht wurden. Eco hat dafür, wie er einem Interviewer des *New York Times Magazine* erzählte, «Buchhandlungen in wenigstens zehn Städten in Italien, Frankreich und Amerika geplündert» und dabei «1500 Bücher über Okkultismus plus etwa 400 seltene Bücher» zusammengetragen. Womöglich schildert er seine eigenen Recherchen, wenn er seinen Erzähler schreiben läßt:

> Ich fand mich in einem wahren Büchersumpf wieder, in dem es schwer war, zwischen historischen Fakten und hermetischem Tratsch, zwischen verläßlicher Information und phantastischer Erfindung zu unterscheiden. Eine Woche lang arbeitete ich wie eine Maschine und stellte eine verwirrende Liste von Sekten, Logen und Klöstern zusammen.

Die geschäftstüchtigen Italiener haben bereits ein Lexikon mit Ecos seltenen Begriffen und Zitaten herausgebracht – «Dizionario del pendolo di Foucault»*. William Weaver hat sich achtbar (und in bewunderungswürdiger Geschwindigkeit) um eine englische Übersetzung bemüht, die unerschütterlich voranbraust, durch Tunnel in Französisch und Latein und Hebräisch, um altertümliche Gravierungen herum, in einer emblematischen Vielfalt von Drucktypen.** «Das Foucaultsche Pendel» ist ein

* Deutsche Ausgabe: Luigi Bauco/Francesco Milloca: «Das Geheimnis des Pendels – entschlüsselt. Zu Umberto Ecos neuem Weltbestseller ‹Das Foucaultsche Pendel›». Herausgegeben und übersetzt von Jakob Haselhuber. München: Heyne 1990. (Anm. d. Ü.)

** Mindestens ein Gleiches gilt für den deutschen Übersetzer Burkhart Kroeber. (Anm. d. Ü.)

dichter, inventarisierender Roman, in dem das Register fehlt, das er bräuchte.

Er braucht außerdem mehr Blut, mehr menschlichen Saft. Etwas davon ist da. Casaubon*, der Erzähler und Templer-

* Der Name, der für einen Italiener ungewöhnlich ist, lädt zu Spekulationen ein. Isaac Casaubon (1559–1614), ein Altphilologe, geboren in Genf, Eltern als Hugenotten aus Frankreich vertrieben. Wie bei Ecos Helden wurde sein Gelehrtenleben durch einen internationalen Konflikt gefährdet: Der Streit zwischen Kalvinismus und Katholizismus bewirkte, daß er seine Jugend armselig in Genf verlebte, und erschwerte seine Förderung erst durch Heinrich IV. von Frankreich und dann durch James I. von England. Er galt nach Scaliger als der gebildetste Mann seiner Zeit, wurde von den ultramontanen Katholiken wie eine Trophäe behandelt und war von seiten der reformierten, antipapistischen Theologen strenger Kritik ausgesetzt. Er selber hatte sich für eine Position in der Mitte entschieden, die er in die Texte der frühen Kirchenväter hineinlas und in der Kirche von England wiederfand; nach der Ermordung Heinrichs IV. ging er auf Einladung des Erzbischofs von Canterbury 1610 nach England und wurde einer der am höchsten geschätzten Gesprächspartner des britischen Monarchen. Allerdings war er des Englischen nicht mächtig und wurde sowohl von Jesuiten wie von den Cockneys angefeindet. In einem Zeitalter gewaltsamer religiöser Auseinandersetzungen gab es für die Wissenschaft keinen sicheren Ort. Casaubons bedeutendste wissenschaftliche Leistungen sind seine Ausgaben des Athenaeus und des Theophrast, jeweils mit einem ausführlichen Kommentar versehen; sein Tagebuch, das sein Sohn unter dem Titel «Ephemerides» bearbeitete und herausbrachte, liefert einen unvergleichlichen Bericht über den Alltag eines Gelehrten im 16. Jahrhundert.

Ein noch verstaubterer und für Ecos Denken vielleicht gegenwärtigerer Gelehrter ist Edward Casaubon, ein fiktionaler Geistlicher, der Dorothea Brooke, die Heldin von George Eliots Roman «Middlemarch», heiratet. Dieser Casaubon ist ein wohlhabender, früh gealterter Mann in den Fünfzigern und mit einem unendlichen Projekt geheimer Forschungen und gelehrter Streitgespräche befaßt, das er den «Schlüssel zu sämtlichen Mythologien» nennt. George Eliot, die Feuerbach und Strauß' «Leben Jesu» übersetzt hatte und mit den religiösen Auseinandersetzungen ihres Jahrhunderts wohlvertraut war, beschwört in einer unheimlich eindringlichen Komödie das spinnwebdurchzogene Labyrinth von Casaubons unmöglichem Unternehmen herauf, um zu zeigen, «daß alle mythischen Systeme oder verstreuten mythischen Fragmente in der Welt korrupte Versionen einer ursprünglich geoffenbarten Tradition sind» (vgl. das ähnliche Unternehmen von Pater Jean-François Foucquet). Obwohl Dorothea anfangs «mit fiebernder Geduld einer Aufzählung möglicher Argumente zuhörte, die sich gegen Mr. Casaubons vollkommen neuen Blick auf den Philistergott Dagon oder andere Fischgottheiten vorbringen ließen», wird der jugendlichen Braut doch nur allzu rasch klar, daß es sich hier ausschließlich um eine experte, der die meisten der gelehrten Ingredienzien für die Hexensuppe der drei Lektoren liefert, wird im Verlauf des Romans Vater eines Kindes, und die Geburt inspiriert zu ein paar Sätzen, die mit ihrer unverkrampften Schlichtheit überzeugen, mit ihrer demütigen Feier des *Ding an sich.* Weil er sich beim Gespräch mit einem undurchsichtigen Tierpräparator verschwätzt hat, kommt Casaubon zu spät ins Krankenhaus, wo seine Freundin Lia bereits niedergekommen ist:

> Schließlich, ich weiß nicht wie, fand ich mich in einem Zimmer. Lia war blaß, aber von einer perlfarbenen Blässe, und sie lächelte. Jemand hatte ihr Haar hochgebunden und in eine weiße Haube gesteckt. Zum erstenmal sah ich ihre Stirn in all ihrer blanken Pracht. Neben ihr lag etwas Kleines.
> «Das ist Giulio», sagte sie.

Amparo, eine frühere Freundin, brasilianische Mulattin, gibt Gelegenheit zu einigen scharfen Wortwechseln, etwas sexuelles Feuer liefert außerdem eine Episode in Brasilien, die psychologisch interessant ist: Voller Verachtung und mit wissenschaftlichem Abstand wohnt sie einer Macumba-Zeremonie bei, gerät in den Tanz und ist danach von der Teufelin Pomba Gira besessen. Ihre anzüglichen, entschlossenen Bewegungen, ihr anschlie-

«Art Trockenkurs, ein lebloses Einbalsamieren von Wissen» handelt, und im halben Spott erfaßt sie Mitleid mit der «schwerfälligen Anwendung, den aufgereihten Notizbüchern und der winzigen Kerze gelehrter Theorie, mit der die durcheinandergeworfenen Ruinen der Welt erforscht werden sollen», wenn es nach ihrem Ehemann ginge. Am Ende bebt sie vor der Aufgabe, die ihr der sterbende Gelehrte hinterlassen hat, nämlich «diese ungeordneten Haufen mit Material zu sichten, die der zweifelhaften Illustration von Prinzipien dienen sollten, die noch zweifelhafter waren», das «auseinanderzuklauben, was man zerfetzte Mumien nennen konnte, Bruchstücke einer Tradition, die selber wieder nur ein Mosaik war, zerfallenen Ruinen abgerungen». Diese klaustrophobische Atmosphäre zugeschütteter Labyrinthe, in denen man vergeblich nach einem Schlüssel für die «durcheinandergeworfenen Ruinen der Welt» sucht, ist natürlich ebenjene in der Beweisführung von Ecos Casaubon, nach der für «Tres» die Geschichte eine einzige gigantische, schattenhafte Verschwörung ist – Wissenschaft als Wahnsinn.

ßendes verschwitztes, atemloses Unbehagen zieht Casaubon an. Im allgemeinen aber ist er selbst im Bett zu sehr in seine Lektüre verstrickt, um seinen Frauen genügend Aufmerksamkeit zu erweisen, daß sie irgendeinem Leser außer ihm selber real erschienen. Eco, der 1932 geboren wurde, verfügt über die Erfahrung, in diesen letzten stürmischen Jahrzehnten italienischer Geschichte Kind, Student und Intellektueller gewesen zu sein; jedesmal wenn er von seinen okkulten Texten aufsieht und einen Dorfkrieg zwischen dem Widerstand und den Faschisten oder Studentenunruhen in den sechziger Jahren oder die Bar beschreibt, in der sich die oberschlauen Müßiggänger von Mailand treffen, bricht die Wirklichkeit ein, das luftige Gefühl eines Augenzeugen, das einem eine Andeutung davon gibt, worüber er einen Roman schreiben könnte, wenn er einmal nur seine raffinierten Spiele von Signifikat und Dekonstruktion, sein enzyklopädisches Herumalbern sein lassen könnte.

Der blutleerste unter den drei Helden ist Diotallevi, ein Piemontese, der sich für einen Juden hält und der nur erfunden wurde, um dahinzuschwinden, weil er sich am schrecklichen Sakrileg der Verschwörung angesteckt hat, an deren Konstruktion er beteiligt war. Der Krebs, der ihn befällt, ist für ihn eine Folge ihrer intellektuellen Herumpfuscherei, eine Verlagerung des DNS-Alphabets, die aus den teuflisch schlauen Tatsachenverdrehungen der persiflierten Verschwörung entstanden ist: «Um die Buchstaben des Buches zu manipulieren, bedarf es einer großen Frömmigkeit, und wir haben sie nicht besessen... Wenn man das Buch verändert, verändert man die Welt; wenn man die Welt verändert, verändert man den Körper... Ich sterbe, weil wir grenzenlos erfindungsreich waren.» Doch selbst als Diotallevi noch springlebendig ist, verfügt er über denkbar wenig vitale Präsenz und Belbo, der aktivste Pseudo-Okkultist, nur über eine zufällige und gewollte. Er ist eine Generation älter als Casaubon, bezieht aber das fiktionale Leben, das er besitzt, aus den gleichen Wurzeln: der Mailänder Boheme und einem obsessiven Verhältnis zu Texten. Er ist ein Schriftsteller ohne Veröffentlichungen und gibt in einen Computer namens Abulafia sterile Bekenntnisse und Geschichten ein, die zusammen eine Psychohistorie des Ausweichens und der Nichtbeteiligung ergeben, gemildert nur durch die Liebe zu einer Trompete aus Kindertagen und durch das, was zur Obsession der Templerverschwörung wird, die auszuschmücken er mitgeholfen hat. Als Charakter ist er einigermaßen beschrieben, aber es liest sich nicht überzeugend. Seine Geliebte, die flatterhafte, promiske, spielautomatensüchtige Lorenza, exisiert nur, um die gnostische Göttin Sophia zu symbolisieren, und seine computerisierten Ergüsse, so brillant sie in ihrem Durcheinander sein mögen, vergrößern nur noch die erdrückende Textualitätslast des Romans. Worte, nichts als Worte: «Du schreibst und nimmst eine Maschine als Ausrede zu Hilfe, bezeichnest dich selber als Zuschauer, weil du dich selber auf dem Bildschirm liest, als gehörten die Wörter einem anderen, und doch bist du in die Falle gegangen: Auch du versuchst deine Fußspuren im Sand der Zeit zu hinterlassen. Du hast es gewagt, den Text der Liebesgeschichte der Welt zu ändern, und die Liebesgeschichte der Welt hat dich statt dessen in ihren Tumult einbezogen, dich in ihre Handlung einbeschrieben, eine Handlung, die du nicht schreibst.» Obwohl man Belbo vor seinem Ableben bis zu einem gewissen Heldentum sich erheben sieht und seine Kindheit auf dem Lande sorgfältig nach einer Epiphanie abgetastet wird, wird er am Ende zur reinen Marionette, und mit unserer Geduld angesichts des Füllhorns an Symbolen, das der Roman ausgießt, ist es endgültig an jenem Punkt zu Ende, an dem wir über seinen exzentrisch zuckenden Körper erfahren, daß «der am Pendel erhenkte Jacopo Belbo den Sefiroth-Baum ins Leere gezeichnet [hätte], hätte mithin in seinem letzten Moment die Geschichte sämtlicher Universen resümiert, hätte in seinem Schwingen und Pendeln die zehn Etappen des Ausströmens und Sich-Entleerens der Gottheit in die Welt festgehalten».

Aus dieser papierenen Honigwabe werden einige ziemlich süße Lehren gesaugt. Das «wahre Geheimnis», beteuert der sterbende Diotallevi, besteht darin, «die Zellen nach ihrer eigenen instinktiven Weisheit wachsen zu lassen». «Es ist falsch», sagt Lia zu dem erfinderischen Casaubon, «den bereits bestehenden

Erfindungen neue hinzufügen zu wollen.» – «Die Wahrheit ist kurz», erzählt Casaubon dem Leser gegen Ende eines Abschnitts von mehr als zweihunderttausend Wörtern, die dem Papier angeblich binnen zwei Tagen anvertraut wurden. Er erinnert sich der kindlichen Seligkeit, in einen Pfirsich zu beißen, und sagt: «Wie Belbo als er die Trompete spielte, begriff ich, als ich in den Pfirsich biß, das Königreich und war eins mit ihm. Der Rest ist nichts weiter als Schlauheit.»

Ecos Turm an Schlauheit, der im Kopf beim Ersteigen zusammenschmilzt, ist als intellektuelles Phänomen bemerkenswert, so dürftig und schief er als Imitation menschlicher Handlungen auch sein mag. Man muß bis auf die Gebrüder Grimm und Henry Wadsworth Longfellow zurückgehen, um einen Wissenschaftler zu finden, der die Universität erst mal Universität sein ließ, um solch einen gewaltigen Erfolg zu erzielen. Eco ist ein Eingeweihter und Jünger der hermeneutischen Mysterien, die, unter Anleitung des Magus Jacques Derrida, die verborgenen Konstruktionen der Literatur dekonstruiert und dabei enthüllt haben, daß jede Seite eine konspirative Dimension besitzt. So groß sein befreiender Effekt an den literaturwissenschaftlichen Fakultäten der Universitäten sein mag, bietet der Derridaismus für das «creative writing» nicht eben viel Ermutigung. Und insofern er den einst hochgeschätzten Kanon der literarischen Klassiker großenteils entlarvt hat als einen Haufen schmutziger Tricks, die von imperialistischen weißen Männern gegen Minderheiten und Frauen angewandt werden, kann er sogar deprimierende Folgen haben. Denn wer wollte noch weiter zu dem Haufen schmutziger Tricks beitragen? Und Ecos Roman ist mit einem komplizierten, wenn auch nicht unbedingt schlechten Gewissen belastet. Seine praktische Antwort auf die Schwierigkeit beim Verfertigen von Literatur besteht darin, sich die Handlung von, wie er sie nennt, «Groschenromanen» zunutze zu machen und sie bis zum Bersten mit gelehrtem Wissen aufzupumpen. Belbo und Casaubon, diese beiden Seiten derselben poststrukturalistischen Münze, verwenden sich für die «billige Literatur»: «Vielleicht kann uns nur die billige Literatur ein getreues Bild der

Wirklichkeit liefern... Proust hatte recht: Schlechte Musik vermag das Leben besser abzubilden als eine Missa solemnis... Der Groschenroman... tut so, als meine er es nicht ernst, doch dann zeigt er uns die Welt, wie sie tatsächlich ist – oder zumindest die Welt, wie sie einmal sein wird... Die Geschichte verläuft näher an dem, was [Eugène Sue] erzählt, als an dem, was Hegel entwirft. Shakespeare, Melville, Balzac und Dostojewskij haben alle Sensationsliteratur geschrieben. Das, was sich in der wirklichen Welt zugetragen hat, haben die Groschenromane vorausgesagt.» Die Einbeziehung der kanonischen Namen bringt etwas durcheinander, was mir der entscheidende Punkt zu sein scheint: eine populäre romantische Erzählung, die von unseren Träumen Besitz ergreift und unsere Leidenschaften manipuliert, zeigt die Mächte, die die Welt bestimmen – «die Welt, wie sie einmal sein wird» –, und bildet damit den Gegensatz zu dem vergleichsweise trägen und rückwärtsgewandten anspruchsvollen Realismus. Darin erklingt bei Eco ein Echo von Borges' Mißtrauen gegenüber den modernen Mandarinen, die gleiche Neigung, den Vorzug vor Wells und Chesterton Henry James und James Joyce zu geben. Doch natürlich mißtrauen die Mandarine sich schon selber, zumindest in der Rolle des Helden: Joyce' Triumph bestand darin, daß er den Kopf von Stephen Dedalus verließ und in den von Leopold Bloom wechselte – und in einen narrativen Rahmen von thomistischer Strenge und homerischen Ausmaßen die Mentalität eines Groschenromans packte. Im «Foucaultschen Pendel» verläuft Ecos Strategie gerade umgekehrt: Er packt seine drei Mailänder bibliophilen Universalgelehrten in die Handlung eines Groschenromans. Wie ein klassischer Schauerroman beginnt das Buch damit, daß sich Casaubon stundenlang in einem abgedunkelten Museum in einer Art Periskop versteckt, und es endet mit einer Szene ritueller Festlichkeit, einem Opfergottesdienst, der aus Flauberts «Salammbô» stammen könnte. Dieser schwerfällige und den Leser bestrafende Roman ist tatsächlich der nächstliegende Vergleich, der mir bei diesem billigen De-Luxe-Krimi, diesem Millionen-Dollar-Groschenroman in den Sinn kommt.

Immer noch bewegt

Samuel Beckett, «Stirrings Still/Immer noch nicht mehr/Soubresauts». Suhrkamp Verlag, Frankfurt/Main 1991, im englischen Original, einer deutschen Fassung von Erika Tophoven-Schöningh und der Übertragung ins Französische von Samuel Beckett.

Beckett im Ausverkauf? Der Preis für dieses jüngste seiner späten Kleinstwerke – 1700 Dollar – läßt einen vermuten, daß er es auf die große Kohle abgesehen hat, doch die weniger als zweitausend Wörter tieftraurigen Textes dürften jeden nennenswerten Überschuß verhindern über die zweihundert Käufer hinaus, für die diese gemeinsame britisch-amerikanische Sonderausgabe gedacht ist. Wieder sitzt einer dieser namenlosen Helden in einem entsprechend sparsam möblierten Universum herum und bringt es auf gerade ein, zwei Bewegungen, während er das Ende herbeisehnt. Die einlullende, skelettierte Prosa bettelt förmlich um Vertonung: «Derart und von derartigem mehr der Lärm in seinem Kopf dem sogenannten bis nichts mehr von tief innen als nur immer schwächer oh enden. Einerlei wie einerlei wo. Zeit und Leid und Selbst das sogenannte. Oh alles enden.» Eine aschfahle Schönheit und eine heroische Entschlossenheit liegt darin, inmitten des materiellen Funkelns unseres Jahrhunderts, bei der verrinnenden geistigen Situation des Menschenlebens zu verweilen. Mitteilsamer als «Losigkeit»*, weniger ausgelassen als «Worstward Ho/Aufs Schlimmste zu» und eingängiger als die Bruchstücke von «Fizzles»**, wird «Immer noch nicht mehr» die Fans von Hardcore-Apathie nicht enttäuschen. Der Text enthält zwei Eigennamen (Darley, Walther),

* Deutsche Übersetzung in dem Band «Residua» (1970). (Anm. d. Ü.)

** Deutsch unter dem Titel «Um abermals zu enden und anderes Durchgefallenes» (1978). (Anm. d. Ü.)

neun tiefschwarze Lithographien von Louis de Brocquy* und kein einziges Komma. Wenn Zeit Geld ist und der Platz im Regal kostbar, dann ist dieser Band das Angebot des Jahres.

* die naturgemäß in der deutschen Ausgabe fehlen… (Anm. d. Ü.)

Das Bewußtsein des Schriftstellers

Mario Vargas Llosa, «Der Geschichtenerzähler». Roman. Aus dem Spanischen von Elke Wehr. Suhrkamp Verlag, Frankfurt/Main 1992.

Peter Handke, «Nachmittag eines Schriftstellers». Erzählung. Residenz Verlag, Salzburg 1987.

Annie Dillard, «The Writing Life». Harper Row, New York 1989.

Harold Ross, der Gründungsherausgeber des *New Yorker*, hatte ein wachsames Auge auf das «Bewußtsein des Schriftstellers» und strich Formulierungen und Sätze an, wo sich für seinen Geschmack der Autor, der sonst wie ein häßlicher riesenhafter Tintenfisch unter der gläsernen Unpersönlichkeit der Prosa versteckt war, der Oberfläche gefährlich nahe kam. Das Schreiben läßt sich nun einmal ebensowenig wie unsere derberen animalischen Funktionen unterdrücken, doch sollte es nicht vor aller Augen stattfinden. Aber auch in der ästhetischen Schicklichkeit wechseln die Moden. Mit ihren aufsehenerregenden Experimenten lud die Moderne förmlich dazu ein, bewundernd oder irritiert, des experimentierenden Autors gewahr zu werden. Gewollt oder nicht, die Werke von James Joyce, T. S. Eliot, Virginia Woolf, Gertrude Stein und Ernest Hemingway sind Übungen in Individualität, von denen jede die Neugier nach der Person hinter der so artikulierten Stimme kitzelt. Falls es sie überhaupt gibt, verwebt die Postmoderne den Autor ganz ungeniert mit dem Text und den Windungen der Geschichte. Philip Roths «Der Ghostwriter» und dessen Brüder in der erfundenen Autobiographie, die Spiegel und doppelten Böden in Vladimir Nabokovs «Fahles Feuer» und «Die Gabe», John Barths selbstverordnete und erschöpfend befolgte Kuren im Geschichtenerzählen – sie alle stellen den Autor ganz nach vorn.

Mario Vargas Llosa, der bekannteste Romancier Perus und

gleichzeitig der führende Kandidat für das Präsidentenamt in seinem Land, war nie abgeneigt, die Rolle des Schriftstellers ins Bewußtsein zu rücken; sein früher, ausladender Klamauk «Tante Julia und der Kunstschreiber» (1977; deutsche Übersetzung 1985 bzw. 1988) verfolgte seine Handlung durch eine Reihe parodistischer *soap-opera*-Geschichten, die irgendwie dem Kopf einer der Hauptfiguren, dem des rastlosen Drehbuchautors Pedro Camacho, zu entspringen schienen. Der Roman ist bestimmt von der entspannten Stimme eines jungen Mannes, dessen literarische Pläne, Reisen nach Europa und erfreulicher Erfolg sich in unbeschwertester Weise mit denen von Mario Vargas Llosa überschneiden. In jüngerer Vergangenheit zeigte «Maytas Geschichte» (1984; deutsch 1986) den Erzähler in der ersten Person, wie er Kapitel für Kapitel, Vermutung für Vermutung die Biographie eines pummeligen Schulkameraden zusammenfügte, der sich in einen gewalttätigen linken Revolutionär verwandelt hatte. «Der Geschichtenerzähler» erzählt die Biographie eines weiteren Schulkameraden*, diesmal heißt er Saúl Zuratas, der aufbrach, um im Dschungel am Oberlauf des Amazonas Geschichtenerzähler bei den Machiguenga-Indianern zu werden. Wie in «Tante Julia» wechselt die Stimme eines Erzählers mit jener des Autors ab; wie bei «Maytas Geschichte» wird eine erzählerische Relativität beschworen, und der imaginative Akt der Spekulation tritt an die Stelle der unbezweifelbaren Behauptung. Es *wird* behauptet, daß Saúl Zuratas Jude ist und «ein dunkles Muttermal von der Farbe des Weinsteins trägt, das die gesamte rechte Seite seines Gesichtes bedeckte». Sein Spitzname lautet Mascarita – Maskengesicht. «Das Muttermal sparte weder die Ohren noch die Lippen noch die Nase aus, die wegen geschwollener Adern aufgequollen und formlos wirkte. Er war der häßlichste Kerl der ganzen Welt, aber er war auch

* Diese Gewohnheit, die weitere Biographie von Schulkameraden zu verfolgen – könnte sie mit dem Anfang von Vargas Llosas Lieblingsroman, mit «Madame Bovary» zu tun haben, wo der unglückliche Charles Bovary als der schüchterne «Neue» auftritt?

angenehm und ein außergewöhnlich gutherziger Mensch.» Mit den Augen des namenlosen Erzählers erleben wir ihn als Universitätsstudenten, der sich zunehmend begeistert für die Indianerkulturen, die auf der amazonischen Seite der Anden überlebt haben; später hören wir von ihm aus größerer Entfernung, von den Schneils, einem amerikanischen Missionarspaar: Als beinah nackter Geschichtenerzähler zieht er zwischen den kleinen, weitverstreuten Dörfern des Machiguenga-Stammes umher.

Die Erzählung hat mehrere Ebenen. Im Vordergrund berichtet der Erzähler, ein Schriftsteller, den nichts vom Autor unterscheidet, wie er während einer Zeit in Florenz, die ausschließlich seinen Studien und der Muße gewidmet sein sollte, zu seinem Thema verleitet wurde: «Ich war nach Firenze gekommen, um Peru und die Peruaner eine Zeitlang zu vergessen, doch heute morgen drängte sich mir mein unglückliches Land auf die denkbar unerwartetste Weise auf.» In der Nähe von «Dantes restauriertem Haus... und der Straße, wo er, wie die Legende berichtet, Beatrice zum ersten Mal sah», wurde eine Ausstellung mit Bildern aus dem peruanischen Dschungel gezeigt, die ein italienischer Fotograf gemacht hatte; diese Fotos von «den breiten Flüssen, den riesenhaften Bäumen, den wackligen Kanus, den auf Erdhügeln errichteten zerbrechlichen Hütten und den Massierungen von Männern und Frauen, die bis zur Hüfte nackt und mit Farbe beschmiert waren», bringen den Schriftsteller von seinem Vorhaben ab, «in vollständiger Einsamkeit Dante und Machiavelli zu lesen und Renaissance-Gemälde zu betrachten». Wir erfahren, daß der Schriftsteller früher schon mehrfach den Versuch unternommen hat, sich die seltsame Geschichte Mascaritas auszumalen und zu erzählen. Das Werk, das wir zu lesen bekommen, präsentiert sich uns also als eine Heldentat, als Ergebnis eines Kampfes. Zwei große literarische Genien werden heraufbeschworen, um das Erzählen zu geleiten: Dante, der Sänger einer entrückten Landschaft, die sogar noch exotischer ist als das transandinische Peru, und Kafka, dessen Erzählung «Die Verwandlung» über einen Mann, der sich in ein riesenhaftes Insekt verwandelt, der klassische Text ist, den Saúl Zuratas wegen seiner eigenen hilflosen Monstrosität besonders hoch schätzte. Saúls Vorname enthält eine weitere literarische Anspielung: auf den exemplarischen Konvertiten, dessen Namensvetter ähnlich geschlagen ist: «Ich darf wohl sagen, daß Saúl eine Bekehrung erlebte... Schon bei seinem ersten Kontakt mit dem Dschungel am Amazonas ging Mascarita in eine spirituelle Falle, die einen anderen Menschen aus ihm machte.»

Vargas Llosa hat gründlich recherchiert. Die Anthropologie durchdringt den «Geschichtenerzähler», und nachdem es den Stamm der Machiguengas tatsächlich gibt und die Danksagungen einer Reihe von wissenschaftlichen und Forschungseinrichtungen gelten, dürfen wir die Mythologie und die Überlieferung als authentisch ansehen. Die Machiguengas nennen sich selber «die Männer, die gehen»: Ihre Überlebenstaktik angesichts anderer verfeindeter Stämme und der Überfälle von weißen Männern (die Viracochas heißen) ist eine ständige Wanderungsbewegung in Familienverbänden mit nicht mehr als zehn Mitgliedern von einer vorübergehenden Niederlassung zur nächsten. In dieser Situation, in der die vollkommene Zersplitterung droht, dient der Wandergeschichtenerzähler als Überbringer von Nachrichten und als mündlicher Historiker, als «das Gedächtnis der Gemeinschaft, der eine Funktion erfüllt, die jener der Gaukler und Troubadoure im Mittelalter nahe kommt». «Geschichtenerzähler» ist nicht ganz korrekt: das Machiguenga-Wort – «ein langer, lauter, gutturaler Laut mit vielen S» – heißt wörtlich übersetzt *hablador* oder «Sprecher». Im Erzähler des Romans, unserem modernen peruanischen Romancier, der seine Ruhepause in Florenz genießt, steigt der Gedanke auf, daß «Geschichtenerzählen mehr sein kann als nur Unterhaltung». Er sei, bekennt er,

> von dem Gedanken tief bewegt, daß ein Mensch, daß diese Menschen in den ungesunden Wäldern von Ost-Cusco und Madre de Dios tage- oder wochenlange Reisen unternahmen, um Geschichten von einer Machiguengas-Gruppe zu einer an-

deren zu bringen und wieder andere mitzunehmen, um auf diese Weise jedes einzelne Mitglied des Stammes zu versichern, daß die anderen noch am Leben waren, daß sie trotz der großen Entfernung, die sie voneinander trennten, nach wie vor eine Gemeinschaft bildeten, über eine gemeinsame Überlieferung, den gleichen Glauben, die gleichen Ahnen, über gemeinsame Unglücksfälle und Freuden verfügten.

Die *habladores* sind «der lebendige Saft, der kreiste und die Machiguengas in einer Gesellschaft verband».

Die Anthropologie ist lebensnäher als die Prosa, glaubwürdiger als die Fabel des Romans, daß ein Weißer sich in einen primitiven Stamm einpassen und die Betreuung dessen geheimen kulturellen Schatzes übernehmen könnte. Dennoch kann man nicht sagen, daß der Romancier diesen Schwierigkeiten aus dem Weg ginge; Vargas Llosa bietet uns dank des Summer Institute of Linguistics (real) und des amerikanischen Missionarsehepaars Schneil (fiktional) nicht nur eine umfassende Führung durch die Machiguenga-Welt, soweit sie in Peru überlebt hat, er übernimmt auch, Höhepunkt des Romans, die Stimme von Saúl Zuratas als dem Geschichtenerzähler der Machiguengas. Er imitiert die Präzision und höllische Vieldeutigkeit der Indianersagen, wie sie Generationen von Anthropologen aufgezeichnet und zusammengetragen haben. Nichts ist regelrecht vernünftig, nichts glatter Unsinn. Die Schöpfungslegenden der Machiguengas besitzen eine Großartigkeit und ein Pathos, das uns, die wir mit der Bibel aufgewachsen sind, nicht gänzlich unbekannt ist:

> Danach begannen die Männer der Erde zu gehen, immer auf die Sonne zu, die niederstürzte... Es gab kein Böses, es gab keinen Wind, es gab keinen Regen. Die Frauen brachten reine Kinder zur Welt. Wenn Tasurinchi essen wollte, tauchte er die Hand in den Fluß und holte eine Alse heraus, die mit dem Schwanz zuckte... Jene, die gingen, kamen zurück und wurden Teil des Geistes der Besten. Auf diese Weise mußte niemand sterben... Danach wurde die Erde von Viracochas erfüllt, die

Männer jagten. Sie nahmen sie mit sich, um sie Bäume bluten und Gummi schleppen zu lassen… «Es hat keinen Sinn, aus den Lagern fliehen zu wollen», sagte Tasurinchi. «Die Viracochas besitzen eine Magie. Irgend etwas geschieht mit uns. Sie müssen etwas getan haben. Die Geister schützen sie, und uns verlassen sie. Wir haben uns irgendwie schuldig gemacht.»

Wie sie Saúl Zuratas in der Phantasie von Vargas Llosa neu erzählt, werden die Mythen langsam und sehr geschickt mit romanhaften Elementen angereichert. Saúls mitleiderregende persönliche Geschichte beginnt sich einzudrängen, ein Prozeß, der durch die schmiegsame Art begünstigt wird, in der Tasurinchi, der Gott des Guten, wie Vischnu viele Gestalten annimmt und verwirrenderweise zum Helden beinah jeder erzählten Geschichte wird:

> Ach, armer Tasurinchi! Ich hatte mich in ein Insekt verwandelt, das war's. Ein Brumm-Brumm, ein Käfer vielleicht. Ein Gregor-Tasurinchi… Ich habe den Seripigari [weisen Mann] oft gefragt: «Was bedeutet es, wenn man ein Gesicht wie meines hat?»… Warum hat mich Tasurinchi so ausgeatmet? Sch, sch, nicht böse werden… Früher hat mir dieser Fleck viel ausgemacht. Ich habe es nicht zugegeben. Nur mir gegenüber, meinen Seelen. Ich habe es für mich behalten, und dieses Geheimnis frißt mich auf… Am besten sind wir das, was wir sind. Wer es unterläßt, seinen Auftrag zu erfüllen, um statt dessen den eines anderen zu erfüllen, verliert seine Seele. Und auch seine äußere Hülle, ähnlich wie Gregor-Tasurinchi, der in jener schlimmen Trance in einen Brumm-Brumm-Käfer verwandelt worden ist.

Verwandlung ist das Thema des Romans, so wie Metamorphose die Maschine primitiver Legenden ist. Saúl, der entstellt geboren wurde, wird verwandelt, und seine Selbstverwandlung in einen Machiguenga behebt die Fehler und vollendet den Kreis. Ein «sprechender Papagei» aus dem Haushalt der Zuratas' in Lima aus der Zeit, als Saúl dort die Schule besuchte, verwandelt sich im Dschungel in Saúls Totem – ein Haustier und Schutzengel, der auf seiner Schulter mitreist, der einen Baldachin aus lauter freundlichen Papageien beschwört und den Saúl Mascarita nennt.

Diese scheinbar primitiven Kapitel bilden das dunkle, verwirrte Herz des Romans, und beim zweiten Lesen beginnen sie sich, wenn auch nicht vollständig, zu erschließen. Vermutlich wurde bereits genug zitiert, um das Fieber und die Lebendigkeit von Vargas Llosas Erfindungsgaben zu belegen, aber auch wie sehr er sie beansprucht. Der Geruch von Tinte will nicht gänzlich weichen von dieser Geschichte übers Geschichtenerzählen. Nur wenig scheint sich von selber zu ergeben. Wenn der Romancier Romancier ist und nicht Saúl, der Tasurinchi ist, vermag er beiläufig lebendige Einzelheiten zu vermitteln wie etwa «dunkle Säcke, die vom Palmenblätterdach hingen», die bei Tagesanbruch verschwinden und sich als «Kugeln mit Hunderten von Spinnen, die sich miteinander zusammengerollt haben», herausstellen. Oder wie die interviewte spanische Schriftstellerin, die Liebesromane schreibt und «Tausende von Kurzromanen» in ihrem Keller lagert und «alle zwei Tage einen fertig hat, ein jeder genau hundert Seiten lang». Ein bißchen Liebesgeschichte könnte diesem Roman nicht schaden. Wie die Helden von Abenteuergeschichten für Jungen haben Saúl Zuratas und der Erzähler kein Sexleben. Und die mehrfach wiederholte Behauptung, daß es Saúl leichter fällt, sich mit den verfolgten Machiguengas zu identifizieren und ihnen anzupassen, weil er selber Jude ist, wirkt dann doch zu schlicht. Wenn Vargas Llosa denn einen Fehler hat, dann den, daß er zu programmatisch ist; seine Prosa präsentiert einen direkten, männlichen Text, den selten ein Hauch spontanen Gefühls, der lässigen Unmittelbarkeit aufhellt. «Der Geschichtenerzähler» ist eine lebendige anthropologische, ökologische, psychologische Betrachtung, bewundernswert intelligent und menschlich, aber, so seltsam das klingen mag, nicht unbedingt eine Geschichte.

Mit «Nachmittag eines Schriftstellers» präsentiert Peter Handke einen Text, der beinah alarmierend unmittelbar ist. Handke kann hysterisch sein – tatsächlich ist Hysterie sein Metier –, doch diese kurze Geschichte über die freien Stunden eines dieser namenlosen Schriftsteller (er geht in die Stadt; aus der Stadt heraus; trinkt ein Glas oder zwei; geht nach Hause; geht zu Bett, allein) widmet den Details eine derart intensive Sensibilität, daß wir in eine übernatürliche Dimension einzutreten scheinen:

> Es war Anfang Dezember, und wirklich glänzten die Kanten der Gegenstände wie vor Einbruch der Dämmerung. Zugleich erschienen der Luftraum draußen und das Innere des vorhanglosen Hauses verbunden zu einer einzigen Klarheit. Es hatte in dem Jahr noch nicht geschneit. Aber schon am Morgen hatte das bestimmte Vogelpfeifen – zarte, wie rufende Eintonlaute – den Schnee angekündigt.

> Der Schnee blieb zuerst liegen auf dem Grasmittelstreifen, als lägen da Birkenstämme auf dem Weg, einer hinter dem andern, so fortgesetzt bis in den Horizont. In einem stachligen Busch wurden die einzelnen Kristalle auf die Dornen gespießt und umgaben dann diese wie Halskrausen. Obwohl außer ihm kein Mensch unterwegs war, schien er mit jedem Schritt in die Spur eines, der da schon gegangen war, zu treten.

Als der Held auf seinem Spaziergang an einem konvexen Verkehrsspiegel vorbeikommt und auf dessen verkrümmte Reflexionen schaut, mühen wir uns gemeinschaftlich mit dem Übersetzer, um die genauen vergänglichen Schattierungen der berichteten Wahrnehmung wiederzugeben: «Durch die Gewölbtheit des Bilds bekam die Leere in ihm einen Glanz, und die Dinge in dieser Leere, der Glascontainer, die Mülltonnen, die Radständer, etwas Feierabendliches; als träte man, das alles miteinander anschauend, auf eine Lichtung hinaus.»

Handkes Held besteht nur aus Augen, aus Nerven. Da er Schriftststeller ist, kann ihm seine Überempfindlichkeit von Nutzen sein, auch berufsbedingt abwechseln mit Fühllosigkeit.

Wenn er schreibt, vergißt er fast vollständig die Außenwelt: «Die Mittagsglocken von der Kapelle des Altersheims am Fuß der kleinen Anhöhe, wie üblich so jäh losbimmelnd, als sei da jemand gestorben, waren in seiner Vorstellung gerade erst verklungen, und doch mußten seitdem Stunden vergangen sein; denn das Licht im Zimmer war zum Nachmittagslicht geworden... So hatte er zunächst für nichts in der Ferne den Brennpunkt und sah selbst das Muster des Teppichs wie ausgewischt; in den Ohren ein Summen, als sei die Schreibmaschine – was nicht der Fall war – elektrisch.» Als er das Haus schon verlassen will, kehrt er noch mal in sein Arbeitszimmer zurück, um eine letzte Korrektur anzubringen: «Jetzt erst roch er im Raum den Schweiß und sah den Dunst an den Scheiben.»

Auch bei seinen wenigen menschlichen Kontakten ist er in der Lage abzuschalten. In der Kaschemme redet ein Betrunkener den Schriftsteller in sinnloser Ausführlichkeit an:

> Sein Gesicht kam dabei sofort so nah, daß es jede Kontur verlor; deutlich blieben einzig die heftig zuckenden Lider und die gepunktete Fliege unter dem Kinn; an seiner Stirn eine Schramme, die gerade noch geblutet haben mußte. Ein gewaltiger Gestank, nicht nur von Schweiß, ging von ihm aus; als seien alle Gestänke der Welt, vom Aas bis zum Schwefel, in ihm gespeichert. Von dem, was er redete, drang dagegen kein Wort durch zum andern; auch nicht, wenn man das Ohr ganz nah an seinen Mund hielt. Er gebrauchte dabei keine Fremdsprache, den Lippenbewegungen und dem Zungenschlag nach mußte es die einheimische sein.

Innerlich seufzt der Schriftsteller über seine Taubheit, seine Isolation, seine «Niederlage als Gesellschaftsmensch». Er fragt sich: «Warum nahm er so rein teil nur, wenn er allein war? Warum konnte er, die mit ihm waren, erst in sich aufnehmen, sowie sie gegangen waren, je weiter weg von ihm, desto tiefer?» Handkes Schriftsteller leidet unter einer prometheischen, einer luziferischen Isolation – die Isolation jener, die zuviel gewagt haben, der Verdammten. «...zu schreiben war sträflich; die Anmaßung eines Kunstwerks, eines Buchs, der ärgste der Frevel, auf welchen, wie auf keine Sünde sonst, die Verdammnis stand. Und das nämliche Gefühl der unverzeihlichen Schuld und damit des für allezeit aus der Welt Verbanntseins erlebte er jetzt mit wachen Sinnen inmitten der Feierabendrunde». Einer seiner Übersetzer (offenbar ein Amerikaner), den er bei der einzigen für diesen Tag angesetzten Verabredung trifft, wollte selber einmal Schriftsteller sein, konnte die Bürde aber nicht tragen: «Mein Versuch, einen vermeintlichen Urtext in mir zu entziffern und so einen Zusammenhang zu erzwingen, erschien mir nun gleichsam als Sündenfall. Damit begann die Angst.» Während es einen einerseits ausreichend beansprucht, vermeidet man im Übersetzen andererseits die Urangst: «So, indem ich deine Wunde möglichst schön zeige, verberge ich die meine.»

Am Ende seines kurzen Ausflugs steigt unser verwundeter, aber entschlossener Held ins Bett. Während er sich an die Stunden zu erinnern versucht, die eben so lebendig vorüberzogen, kann er sich nur mehr zwei kleine Details vor Augen führen, und beide sind verzerrt. Schon schreibt er. Er ist ein unergründliches Schmoren, eines, das die Welt in Worte verwandelt. «Er wunderte sich über sich; nah am längstvergessenen Schauder.» Doch in den Augen eines nüchternen Betrachters läuft er Gefahr, wie ein sich aufspielender Solipsist zu wirken. Das kleine Buch fängt mit phänomenaler Intensität und einem überaus empfindsamen Sprachregister die Chemie der Wahrnehmung und der Verwandlung von Wahrnehmung in Erinnerung und Sprache ein. Mit dem Schriftsteller sind wir *dort*, hinter seinen Augen und unter seiner Haut. Doch die kulturellen Annahmen, die das Buch lesenswert machen, sind am Ende vielleicht weniger universell als europäisch. Diese Winterspaziergänge mit reflektierenden, misanthropischen Junggesellen treten auch in den kurzen zeitgenössischen Romanen des Schweden Lars Gustafsson und bei Handkes Landsmann, dem jüngst gestorbenen Thomas Bernhard, auf und reichen zurück bis zu den olympischen Wanderungen mit Kant und Goethe und Nietzsche. Für einen amerikanischen Leser nähert sich eine so ehrfürchtige Untersuchung der Schriftstellerpsyche durch einen Schriftsteller der Wichtigtuerei und, noch schlimmer, der Sinnlosigkeit.

«Nachmittag eines Schriftstellers» ist F. Scott Fitzgerald gewidmet, der 1936 eine Kurzgeschichte mit dem Titel «Nachmittag eines Autors» veröffentlichte. Sie ist eben in der Scribner's-Ausgabe der «Short Stories of F. Scott Fitzgerald» neu herausgekommen und bietet einen düsteren Gegensatz zu Handkes kleiner, entrückter Erzählung. Sie hat nichts von der triumphierenden Unterströmung des Österreichers; Fitzgeralds amerikanischer Schreiber ist nicht gesund und vom Pech verfolgt. Er wacht nach neun Uhr auf, stellt dankbar fest, daß er sich nicht übermäßig krank fühlt («besser als es ihm wochenlang gegangen war»), wühlt sich durch «eine ärgerliche Post, in der nichts Erfreuliches war», schwatzt beiläufig mit seiner Zugehfrau, muß sich eine Viertelstunde hinlegen und versucht dann, ohne Erfolg, zu schreiben: «Das Problem bestand in einer Geschichte für ein Magazin, die in der Mitte so dünn geworden war, daß sie beinah weggeweht wurde. Die Handlung wand sich über endlose Treppen, er hatte keinen Überraschungsmoment in der Hinterhand, und die Figuren, die vorgestern so tapfer angefangen hatten, taugten jetzt nicht einmal mehr für einen Fortsetzungsroman in der Zeitung.» Schließlich geht er noch mal durch das Manuskript, «unterstreicht die guten Sätze mit rotem Stift», packt sie in eine Mappe und wirft den Rest in den Papierkorb. So kläglich das alles auch ist, so scheint der Prozeß doch konkreter als die kreativen Prozesse in Handkes Buch; außerdem gibt es Sätze wehmütiger Selbsterklärung, ein flackerndes romantisches Licht. Als er in einen Spiegel schaut, nennt sich der Schriftsteller selber die «Schlacke eines Traums». Als er mit dem Bus fährt, kommt er in eine Gegend, wo es «plötzlich in hellen Farben gekleidete Mädchen gibt, alle sehr schön... in ihrem Gesicht keine Pläne, keine Kämpfe, nur der Zustand süßer Erwartung, provozierend und heiter». Zu seiner Überraschung bemerkt er in sich einen Funken Lebenskraft: «Eine Minute lang liebte er das Leben ganz fest und wollte es überhaupt nicht aufgeben.» Dem folgt auf dem Fuße ein ernüchternder Satz: «Er überlegte, ob es vielleicht doch falsch war, so früh herauszukommen.»

Nachdem er sich beim Friseur die Haare hat waschen lassen, fährt er mit dem Bus zu seiner Wohnung zurück und denkt an die Kritiken, die er bekommen hat, als er jung war, an «den Anfang vor fünfzehn Jahren, als es hieß, er verfüge über eine ‹erschreckende Leichtigkeit›, und er wie ein Sklave sich mit jedem einzelnen Satz abmühte, damit es nicht so wäre». Er spürt die Erschöpfung und die «zunehmende Isolation» seines Lebens; er glaubt, er brauche eine «Aufforstung» und hofft, daß «der Boden noch eine Ernte hergibt». Allerdings, so denkt er weiter, «war es noch nie ein Boden von der allerbesten Güte, denn er hatte schon früh die Schwäche, daß er brillieren wollte statt hinzuhören und hinzuschauen». Er schafft es bis nach Hause, flachst freudlos mit der Zugehfrau, bittet sie um ein Glas Milch und legt sich wieder hin: «Er war ziemlich müde – er wollte sich zehn Minuten hinlegen und dann sehen, ob ihm in den zwei Stunden vor dem Abendessen noch was einfiel.» Der Leser bezweifelt, daß er noch mal anfangen wird; die Atmosphäre kreativer Erschöpfung ist überdeutlich. Der Tod ist nicht mehr fern. Das Bewußtsein des Schriftstellers, das bei Handke so berauschend und beneidenswert war, belastet bei Fitzgerald wie eine Krankheit, wie eine ständig zunehmende Schuldbürde. Wir bemitleiden den Kerl, während wir gleichzeitig die feinen, leichten Striche bewundern, mit denen seine Not skizziert wird. Wie so oft bei Fitzgerald bleibt uns als einzige Lichtquelle nur das Nachglühen eines Traums. Man hat das deutliche Gefühl einer berufsbedingten Zwangslage und ganz und gar nicht das eines kulturellen Auftrags; eine müde Klarheit, aber kein Staunen. Die Sache ist die, wir sterben.

Möglicherweise widerstrebt einer Gesellschaft ehrlicher Arbeiter die Vorstellung, daß eine bestimmte Arbeit mehr Begeisterung verdient und mehr Maßlosigkeit entschuldigt als eine andere. Der Schuster zum Beispiel gerät nicht gleich ins Träumen und kriegt keine sonderlich erhabenen Gefühle, weil er seine formschönen, komplizierten Produkte zusammenhämmert, und will auch nicht eigens dafür gelobt werden, daß er bei seinen Leisten bleibt. Dabei ist der Nutzen von Schuhen offensichtlicher als der von Büchern. Aus unseren Neigungen in der Kindheit und Zufällen im Erwachsenenalter haben wir uns für unseren jeweiligen Leisten entschieden, und mit seinen flexiblen Arbeitszeiten, der Möglichkeit, sich selbst zu verwirklichen und vielleicht reichlich belohnt zu werden, ist der Beruf des Schriftstellers immerhin so attraktiv, daß es erheblich mehr Bewerber als offene Stellen gibt. Die Handvoll Glücklicher, die erleben, wie ihre Arbeit veröffentlicht und sogar mit Gewinn vertrieben wird, sollte darüber schweigen und weder die Mühen noch den Glanz ihrer Leistung übertreiben. Annie Dillard, die unnachahmliche Essayistin und Metaphysikerin, deren neuester Flirt mit dem Absoluten «The Writing Life» (Das Schriftstellerleben) heißt, ist im Verlauf ihrer fragmentarischen, heterogenen Abhandlung über ihr Handwerk dazu in der Lage, gelegentlich und in aller Bescheidenheit mit den Achseln zu zucken: «Es dürfte keinen groß überraschen, daß das Leben des Schriftstellers – so wie es nun einmal ist – glanzlos bis zur völligen Sinnesabstumpfung ist.» Meist jedoch präsentiert sie das Schriftstellerleben als ununterbrochenes Wunder aus gefährlichen Abenteuern und wogenden Metaphern:

> Wenn man schreibt, entwirft man eine Wörterreihe. Die Wörterreihe ist der Pickel des Bergarbeiters, der Meißel des Holzschnitzers, die Sonde des Chirurgen. Man schwingt sie, und sie gräbt einen Weg, dem man folgt. Schnell findet man sich tief in unbekanntem Gelände. Ist das eine Sackgasse, oder ist man auf etwas Wahres gestoßen? Morgen wird man es wissen oder erst in einem Jahr.
>
> Die Wörterreihe tastet nach dem eigenen Herz. Sie dringt in Arterien ein und erreicht mit dem Atemholen das Herz; sie drückt die sich bewegenden Ränder der dicken Herzklappen; sie befühlt den dunklen Muskel, der stark wie ein Pferd ist, tastet nach etwas, ohne zu wissen, nach was.

Jeden Vormittag steigt man mehrere Treppen hinauf, geht ins Arbeitszimmer, öffnet die Verandatür und schiebt Tisch und Stuhl hinaus ins Freie... Die Arbeit besteht darin, das Schwungrad fortlaufend anzukurbeln, das die Gänge schaltet, das den Treibriemen in der Glaubensmaschine dreht, das dich und deinen Schreibtisch draußen im Freien erhält.

Das ist dein Leben. Du bist ein Alligatorenringer vom Stamme der Seminolen. Halbnackt bist du, und mit deinen bloßen Händen umklammerst du den Kopf eines Satzes und kämpfst mit ihm, während dich sein Schwanz umzuwerfen versucht.

Vor einigen Jahren, erzählt sie uns weiter, verlor ein indianischer Alligatorringer den Kampf und sein Leben. Und in ihrem siebten und letzten Kapitel vergleicht sie die Leistung des Schriftstellers mit den Stuntflügen des Piloten Dave Rahm, der schließlich abstürzte und starb. Rechtfertigt das Schreiben, diese vollkommen abgesicherte und ortsfeste Tätigkeit, deren Hauptrisiken Alkoholismus und Augenüberanstrengung sind, solche Aufschwünge in die melodramatische Mystik überhaupt?

Entschlossen, ihren Leser oder ein imaginäres Klassenzimmer voller grüner Jungs mit der strahlenden Schwierigkeit des Schreibens zu beeindrucken, führt Dillard zu Anfang zwei Dogmen ein, deren es meiner Meinung nach gar nicht bedürfte. Das erste: «Den Anfang einer Arbeit muß der Schriftsteller wegwerfen... Der Anfang der Arbeit begrüßt den Leser mit der falschen Hand.» Das zweite: «Es braucht Jahre, bis ein Buch geschrieben ist – zwischen zwei und zehn Jahren. Eine kürzere Zeit ist so selten, daß es in der Statistik gar nicht aufscheint.» Na gut, vielleicht sind Simenon und P. G. Wodehouse und Trollope und Voltaire und Evelyn Waugh (der *The Paris Review* erzählte, daß jeder seiner frühen Romane für «sechs Wochen Arbeit» stand) und William Dean Howells und Agatha Christie statistisch insignifikant, aber sie produzierten ihre Bücher schneller als im Zwei-Jahres-Rhythmus, ohne, wie man vermuten darf, jeweils das erste Kapitel wegzuwerfen. Falls diese Autoren nicht ganz dem akademischen Chic entsprechen und ihre Bücher unbedeutend dünn sind, dann bedenke man, wie Stendhal «Die Kartause von Parma» in sieben Wochen fertigstellte und Henry James «Die Gesandten», «Die Flügel der Taube» und «Die goldene Schale» im Abstand von jeweils einem Jahr heraushaute. Um von Balzac und Dickens und dem gefälligen Schreiberling Shakespeare noch ganz zu schweigen, der niemals eine Zeile ausstrich. Stile und Methoden sind sehr verschieden; das, was Dillard schreibt – knapp, poetisch, neugierig, philosophisch ehrgeizig –, verläuft zweifellos im wesentlichen so, wie sie es schildert, nach dem Vorbild der Spannerlarve, die ihre hinteren Beine an einem Grashalm befestigt und «quasi hysterisch» ihr Vorderende auf der Suche nach dem nächsten Halt herumschleudert. Was diesen Leser hier angeht, so hätte sie allerdings ihr erstes Kapitel wegschmeißen oder wenigstens seinen päpstlichen Ton ein wenig herabstimmen können.

Wenn sie sich selbst beim Schreiben schildert, sind ihre dramatischen und romantischen Neigungen praktischerweise an eine persönliche Erzählung angebunden. Von sich weiß sie beispielsweise eine gute Geschichte zu erzählen, wenn sie beschreibt, wie sie ihr Manuskript manchmal auf einem sieben Meter langen Konferenztisch ausbreitet: «Man geht die Beete ab, jätet hier etwas, setzt hier etwas um, gräbt dort etwas aus, beugt sich mit den vollen Händen eines Gärtners über die Beete... Dann geht man nach Hause und nimmt ein Fußbad.» Einmal ist ihr, wie sie feierlich beteuert, die Schreibmaschine (vermutlich eine elektrische, anders als bei Handkes Held) wie ein Vulkan explodiert. Die Zeit, die sie auf einer einsamen Insel in Puget Sound mit der Arbeit an ihrem unverblümt religiösen Buch «Holy the Firm» verbrachte, ist ihr als besonders belastend in Erinnerung geblieben.

> Das Geschriebene war einfach, aber ohne Charme; es überraschte mich. Es war nicht rhythmisch, nicht bildhaft, es war holprig. Es war unsicher, als hätte es überhaupt keinen Sinn, zu versuchen, Schönheit oder Kraft zu beschwören. Es war simpel und häßlich, quengelig wie das Gestammel eines Kindes...
>
> Als ich einmal meine Augen öffnete, schien die Seite zu er-

strahlen. Die Fenster waren beschlagen, und die Sonne war hinter den Tannen auf den Klippen untergegangen... Als ich ging, war ich kaum mehr lebendig. Der Nachhauseweg führte am Strand entlang. Der Strand war hell und klar. Es stürmte noch immer. Ich fühlte mich leicht, schwindelig, kaum gegenwärtig. Mir fielen Lamas aus einer Legende ein, die Ketten tragen, damit sie nicht davontreiben... Meine Oberschenkel fühlten sich an, als wären sie ausgehöhlt worden.

Der Leser kann nur begeistert sein von ihren Naturbeschreibungen und der Art, wie sie alle Einzelheiten daraufhin untersucht, inwieweit sie eine Schrift des Geistes bilden. In ihren besten Momenten schreibt sie wie eine Riesin, die in die Unendlichkeit verliebt ist – eine Schwester eher von Melville als von Thoreau, eine Emersonianerin ohne einen Hauch von Yankee. Ihre Bemerkungen über das Schreiben sind dann am erhellendsten, wenn sie eher zufällig kommen. Beiläufig verrät sie, daß sie «reinen, von allem Sinn unbelasteten Klang» zum Anheizen ihrer Schreibfähigkeit liest – die Gedichte von Conrad Aiken oder «das Verzeichnis der Gedichtanfänge in einer beliebigen Lyrikanthologie». Sie berichtet, daß sie, während sie an ihrem ersten Buch schrieb, sämtliche Grünpflanzen sterben ließ – sie «hingen vollkommen schwarz und tot in den Töpfen am Erkerfenster». Schwärze und Untergang gehören auch zum fertigen Ergebnis der Inspiration: «Wenn man endlich fertig ist, dann ist die Vision nicht gerade vernichtet, aber doch vergessen. Sie wurde ersetzt durch diesen Wechselbalg, diesen Bastard, dieses opake, lichtlose, klobige, ruinenhafte Werk.» Sie kann herrlich bestimmt sein, auf eine königliche Art, die einen an Rebecca West erinnert:

> Der Roman hat oft die Absicht, den jeweiligen Zeitgeist festzunageln, ein überhöhtes Simulacrum unserer wiedererkennbaren Welt zu bilden, um sie in eine Form gebracht und analysiert darbieten zu können. Für mich war das nie der Mühe wert, aber natürlich hat die Literatur es immer wieder getan. (Jeder Schriftsteller zieht auf dem Spielfeld Empfindlichkeitsgrenzen.)

Auf diese ängstliche akademische Klammer hätten wir getrost verzichten können. Durch die Persönlichkeit von «The Writing Life» geht ein Riß. Auf der einen Seite wird das Leben, *ihr* Leben, wie jedes andere Naturphänomen berauschend gründlich untersucht, als etwas, das so machtvoll und so rätselhaft ist wie die Gezeiten oder das Verhalten der Insekten; auf der anderen, der schwächeren Seite will uns offenbar ein belehrender, kommandierender Ton dazu bewegen, für eine quichotische, aber gute Sache zu kämpfen.

Gut für wen? Sowohl Handke wie Dillard zeigen den Schriftsteller als anachoretische, besessene Figur, dessen heiligmäßige, kreative Anstrengungen so banale Fragen wie Nützlichkeit, Publikum oder Verständigung kaum berühren. Dabei *ist* Schreiben Verständigung, zumindest mit sich selbst und in der Überzeugung, daß andere ähnlich genug denken, um interessiert zu werden. Zu Recht bemerkt Dillard: «Je literarischer ein Buch ist – je reiner aufs Wort gedacht, Satz für Satz geformt, je phantasievoller, überlegter und tiefer empfunden –, desto größer ist meiner Meinung nach die Wahrscheinlichkeit, daß die Leute es lesen werden. Die Leute, die lesen, sind schließlich auch die Leute, die Literatur schätzen, was immer das sein mag. Sie schätzen und erwarten das, was nur Bücher haben.» Doch diese Gruppe, die noch nie in der Mehrheit war, schrumpft in letzter Zeit, und beide noch einigermaßen junge Autoren schildern Begegnungen mit Lesern oder möglichen Lesern als Komödie des Nichtverstehens. Dillard vermutet, daß etwas nicht stimmt: «Ich war zu weit von der Welt entfernt. Meine Bücher waren zu dunkel, zu symbolisch, zu intellektuell. Sie waren für die Menschen nicht zugänglich. Vor einiger Zeit hatte ich einen komplizierten erzählenden Essay über eine Motte, die in die Kerzenflamme fliegt, veröffentlicht, den bis auf einen Literaturwissenschaftler von der Yale University kein Mensch verstanden hat.» Auf seinem Spaziergang zuckt Handkes Held vor den Passanten zurück, die ihn als literarische Berühmtheit erkennen, und grübelt darüber nach, daß er jedesmal, wenn ein Interview veröffentlicht wurde, «eine Scheu, ja geradezu Scham [empfand; er] fühlte sich sogar schuldig, wie der Übertretung eines Tabus». Die Mysterien, die ein Schriftsteller oder eine Schriftstellerin in seinem bzw. ihrem Arbeitszimmer erlebt, lassen sich nicht erklären. Eine Leserschaft, Öffentlichkeit und öffentliche Aufmerksamkeit wirken als Verletzungen, Peinlichkeiten, unangebracht. Die Produkte des Schriftstellers sind wie Schuhe, die Füße verschmähen.

Selbst Vargas Llosas *hablador* hat, obwohl er über ein gespanntes Publikum und eine erklärbare soziale Funktion verfügt, außerhalb des eingeführten Kreises Probleme mit der Verständlichkeit. Der Anthropologe Edwin Schneil, dem das Privileg zuteil wurde, zwei Darbietungen eines Machiguenga-Geschichtenerzählers beiwohnen zu dürfen, mußte gelangweilt und verwirrt, wie er war, gegen den Schlaf ankämpfen: «Was für ein Durcheinander! Ein bißchen was von allem, was ihm gerade durch den Kopf ging... seine Reisen, magische Kräuter, Menschen, die er einmal kannte; die Götter, die kleinen Götter und fabelhafte Geschöpfe aus dem Pantheon des Stammes. Tiere, die er gesehen hatte und die himmlische Geographie, ein Gewirr von Flüssen, deren Namen man sich unmöglich merken konnte.» Die Begeisterung, mit der die Machiguengas dem *hablador* zuhören, und das Interesse, mit dem wir den empfindsamen Offenbarungen unserer lebenden Autoren folgen, bedürfen einer kulturellen Konditionierung, die weitergeht, als wir uns das träumen lassen wollen. Der moderne Schriftsteller, der entdeckt, daß seine Reichweite nicht groß ist, hofft auf die Größe seiner Werke. Eine priesterliche Sehnsucht hängt am Bewußtsein des Schriftstellers – wie von Priestern vor dem Zweiten Vatikanischen Konzil, die der Gemeinde den Rücken zuwandten, wenn sie Lateinisch sangen. Vielleicht widerstrebte Harold Ross die Anmaßung von Schriftstellern, ihre Fachsimpeleien seien heilig.

Eliot ohne Worte

Peter Ackroyd, «T. S. Eliot». Eine Biographie. Aus dem Englischen von Wolfgang Held. Suhrkamp Verlag, Frankfurt/Main 1988.

Am Ende von fast zwei Seiten, auf denen er neununddreißig Bibliotheken, Sammlungen und Archiven sowie siebenundzwanzig Personen gedankt hat, die ihn bei den umfassenden Recherchen für seine Biographie T. S. Eliots unterstützt haben, macht Peter Ackroyd folgendes Geständnis:

> Es wurde mir von den Eliot-Erben untersagt, aus Eliots veröffentlichtem Werk zu zitieren, außer zum Zweck angemessener Kommentierung in Textfragen, fernerhin wurde mir untersagt, aus Eliots unveröffentlichtem Werk oder aus seiner Korrespondenz zu zitieren.

Im chronologischen Trott von Mr. Ackroyds Behauptungen sehnt man sich wieder und wieder nach Belegstellen, nach dem belebenden Zitat aus einem Gedicht oder Brief, der seine These bestätigen könnte. Statt dessen bekommen wir eine Ziffer, die uns auf 36 Anmerkungsseiten quälend auf irgendeine Bibliothek verweist, in der Eliots eigene Worte noch immer nur für ein paar neugierige Augen erreichbar sind. «Sollte er eine akademische Laufbahn einschlagen und eine Familie gründen? Oder sollte er sich auf ein Leben in Paris einstellen? Was war ihm zu tun bestimmt? Diese und andere Bedenken breitete er in seinen Briefen aus.[20]» Und wenn wir uns nach hinten auf die entsprechende Seite durchgeblättert haben, finden wir: «20) Eliot an Conrad Aiken, 25. Februar 1915. Huntington.» Ferner: «Ihre Beziehung verschlechterte sich weiterhin, als Pound 1954 Eliots Christlichkeit als ‹lausig› abtat; Eliot antwortete darauf mit einem bissigen Brief.[79]» Der Leser, der gern erlebt hätte, wie Eliot bissig seine Religion verteidigt, muß, wie «79» informiert, nach New Haven reisen und vermutlich die strengen Wächter der Beinecke Library anbetteln, damit sie ihn hineinlassen. Selbst wenn die Quelle sich nicht in der Korrespondenz des großen Mannes findet, sondern im Tagebuch seiner ersten Frau, springt statt der Details eine hochgestellte Ziffer ein: «Unzweifelhaft war er selbst heftiger Emotionen fähig, und Vivien erinnert sich in ihrem Tagebuch eines Beispiels für eine unvermittelte und gewalttätige Heftigkeit.[62]» – «Viviens Tagebücher aus jener Zeit[21] zeichnen das Bild einer verstörten Frau, die vor den Augen aller, die sie kennen, der inneren Auflösung entgegengeht.» Selbst wenn andere die Quelle bereits zum Druck befördert haben, beherrscht die gewohnheitsmäßige Umschreibung Mr. Ackroyds Stil: «Virginia Woolf hatte ‹The Rock› abgelehnt und stritt sich im April 1934 heftig mit ihm wegen seiner religiösen Überzeugungen herum[32]; drei Monate später äußerte sie Stephen Spender gegenüber, daß Eliot sich in einen Pfaffen zu verwandeln drohe.[33]» Die erste Ziffer verweist uns auf den vierten Band der veröffentlichten Tagebücher von Virginia Woolf, die zweite auf den fünften Band der veröffentlichten Briefe. Sucht, und ihr werdet finden. Mr. Ackroyd sieht Eliot als schwer faßbar, allzu chamäleonhaft, als jemand, der in seinem tiefsten Innern etwas Seltsames verbirgt; die Wörter «merkwürdig», «seltsam», «unwirklich» und «bizarr» kehren immer wieder. Dabei hat Eliots Fremdheit, so wie sie hier geschildert ist, einiges mit dem unnatürlichen Schweigen zu tun, das ihm durch die Einschränkungen der Erben auferlegt wird; abgesehen von ein paar Sätzen aus seinen Briefen und dem einen oder anderen Vers aus seinen Gedichten spaziert der Dichter geknebelt durch seine eigene Biographie.*

* Seit der Abfassung dieser Biographie und dieser Besprechung wurde ihm auf ebenso erfreuliche wie umfassende Weise der Knebel in «The Letters of T. S. Eliot: Volume I, 1898–1922», herausgegeben von Valerie Eliot (Harcourt Brace Jovanovich, 1988), abgenommen. Die Lektoratsarbeit, die Fußnoten, der Druck und die Bindung könnten angenehmer gar nicht sein, doch ist der Höhepunkt unserer Neugier und Begeisterung für Eliot vielleicht auch schon überschritten. Der Tenor der Besprechungen war jedenfalls ziemlich zurück-

Bereits 1925 hatte Eliot verkündet, er wünsche nicht, daß eine Biographie über ihn geschrieben werde; das vermochte Mr. Ackroyd aber ebensowenig abzuschrecken wie T. S. Matthews, dessen dreistes «Great Tom» (1974) frech über große Abschnitte eingestandener Ahnungslosigkeit flitzt, oder Lyndall Gordon, dessen «Eliot's Early Years» (Eliots frühe Jahre, 1977) seinen Gegenstand mit ziemlicher Hingabe zitiert, aber gleichwohl in den Genuß einer hilfreichen Gegenlektüre von Valerie Eliot kam, noch jene verschiedenen Freunde – Robert Sencourt, Joseph Chiari, William Turner Levy, Victor Scherle –, die der weiter anschwellenden Bibliographie ihre persönlichen Erinnerungen an Eliot hinzugefügt haben, noch die Armeen von Literaturwissenschaftlern, die sich an die bekanntgewordenen Fakten über das qualvolle und zögerliche Entstehen von Eliots Œuvre halten müssen. Obwohl Mr. Ackroyd mit Sicherheit mehr Archive besucht und mehr Zeitzeugen konsultiert hat als Mr. Matthews, ist er doch Engländer und erst 1949 geboren, weshalb bei ihm über Teilbereichen, in denen sich sein amerikanischer Vorläufer mühelos zu Hause fühlte, eine etwas büchergelehrte Atmosphäre liegt. Überbeflissen verrät Mr. Ackroyd seinen englischen Lesern hinsichtlich «Old Possum», Ezra Pounds Spitzname für Eliot, daß «das Opossum ein Tier [ist], das sich totstellt, um seinen Verfolgern zu entgehen», und seinen jüngeren Lesern teilt er über die Zwanziger mit, «das war die Zeit der *flapper girls* und der ‹lebenslustigen jungen Leute›, der Einbruch des Lustprinzips zwischen dem Ersten Weltkrieg und der Weltwirtschaftskrise». Die Bewohner von New England wird es ein wenig verwirren, wenn sie auf den einleitenden Seiten «Beverly» als «Beverley» * geschrieben finden, Eastern Point als das Sommerhaus der Familie Eliot bezeichnet wird, obwohl es ein ausge-

haltend. Es gab keine weiteren großen Enthüllungen, und offenbar ließen sich die meisten Rezensenten einfach in ihrem bestehenden schlechten Eindruck bestätigen.

* Die deutsche Ausgabe verhält sich hier ausgewogen: Im Text heißt es «Beverley» (falsch), im Register «Beverly» (richtig). (Anm. d. Ü.)

dehnter Teil von Gloucester ist; daß aus Harvards *Lampoon* (oder dem Lampoon Building) «der Lampoon Club» wird; und junge Seebären pflegten wider alle Geographie «mit Eliot in dessen Einmaster die Küste von Massachusetts [*sic*] entlangzusegeln, bis hin zur kanadischen Grenze». Obwohl Mr. Ackroyd als Mellon Fellow in Yale weilte, neigt er dazu, uns als liebe, kleine Puritaner jenseits des Meeres zu betrachten. Amerika wird «durch eine unbestimmte Spiritualität und eine unausgeformte Zivilisation beherrscht», Eliots Vater «repräsentierte das amerikanische Streben nach Erfolg, Sparsamkeit und Durchführbarkeit» und seine Mutter, die gute Werke tat, «war, um einen naheliegenden Vergleich zu benutzen, eine Fabierin des amerikanischen Lebens». Und der Zugriff des Biographen auf Eliots religiöses Leben wirkt etwas spitzfingrig, auch wenn er jedes Mitgefühl aufbringt, zu dem er in der Lage ist: «...wenn wir bezeichnen müßten, welche Elemente des christlichen Glaubensbekenntnisses Eliot am tiefsten beeindruckten, so wären am ehesten Gebet und Beichte herauszuheben – als Trost und Lossprechung für eine zutiefst sündenbewußte Seele... jenem selbstauferlegten Martyrium, das Eliot in seinen Harvard-Gedichten viele Jahre zuvor dramatisiert hatte. Es ist das Verhängnis all derer, die das Leben der Sinne mit Sünde und Schuld in Verbindung bringen. Eine derartige Ineinssetzung bildet sich früh im Leben heraus und entzieht sich in ihrem Ursprung der Nachforschung».

Trotz mancher Einschränkungen – zu denen auch die etwas salbungsvolle Steifheit im Ton gehört, als wolle Mr. Ackroyd mit einem komischen alten Kerl, mit dem er eine teuflisch in die Länge gezogene Sherry-Stunde zu verbringen gezwungen ist, Konversation machen – besitzt die Biographie die Tugenden der Verläßlichkeit und der Fairness. Der Reihe nach fügt sie die Stationen von Eliots Pilgerfahrt aneinander: die behütete Kindheit in der wohlhabenden, alteingesessenen Familie von Unitariern in St. Louis; die glänzende, wenn auch nicht ganz so behütete akademische Laufbahn in Harvard; 1914 die Flucht nach England; 1915 die Flucht in die Ehe; die wenigen kaum befriedigenden

Jahre im Schuldienst; die Kräfte zehrenden, anstrengenden, aber künstlerisch wichtigen Jahre bei Lloyds Bank; 1925 der erfreuliche und dauerhafte Wechsel auf eine Verlagsstelle bei Faber and Faber; 1927 die Aufnahme in die Englische Hochkirche und die britische Staatsbürgerschaft; 1932 die quälende Entscheidung, seine erste Frau zu verlassen; seine sich immer mehr ins öffentliche Leben hineinschiebende, hyperaktive Laufbahn als Lektor, Vortragsredner, Kirchenmitglied, Dramatiker und internationale Persönlichkeit, und schließlich, als alles danach aussah, als würde sich Old Possum totstellen, 1957 die glückliche Ehe mit einer Frau, die 38 Jahre jünger war als er. Eliot starb 1965, im Alter von 76 Jahren. Er war nie vollkommen gesund, war mit einer doppelten Hernie, einem überreizten Nervensystem und einer schwächlichen Konstitution geboren worden. Einmal sagte ein Arzt zu ihm: «Mr. Eliot, Sie haben das dünnste Blut, das ich je untersucht habe.» Im englischen Winter litt er üblicherweise an Bronchitis und hohem Fieber; mit den Zähnen hatte er immer wieder Probleme. Gegen Ende seiner mittleren Jahre bekam er Tachykardie (als hätte er «eine durchgegangene Maschine» in sich, wie er sagte) und Emphyseme. Fast sein ganzes Leben lang rauchte er Zigaretten und war ein erstaunlich starker Trinker, wenn auch selten in der Öffentlichkeit.

Seine Ehe mit Vivien Haigh-Wood war eine Verheiratung von Gebrechen, da sie, schon als junges Mädchen, ein Nervenbündel war, das ständig unter Kopfschmerzen und Depressionen litt und sich exzessiv mit sich selber beschäftigte. Sogar ihre Haut wirkte ungesund, wie Virginia Woolf mehr als einmal in ihren Tagebüchern festhielt. Eliots Energie wurde zu einem großen Teil davon in Anspruch genommen, seiner neurotischen Frau zu willfahren und sie zu betreuen, und das in den Jahren, als er ganztags bei Lloyds Bank arbeitete und jene Gedichte und Essays schrieb, die die englische Poesie erneuern sollten. Nachdem er sie verlassen hatte, erinnert sie sich, so Mr. Ackroyd, in ihren Tagebüchern daran, «wie sanft er zu ihr während ihrer Krankheiten war... Wie ‹nützlich› er sich im Haus zu machen verstand». Gleich welche Neurosen und Schwächen der noch jungfräuliche sechsundzwanzigjährige Bräutigam mit in die überstürzte Ehe brachte, «Viv» war mit Sicherheit kränker als «Tom». Siebzehn Jahre lang ertrug er ihre Ansprüche und Zusammenbrüche und Beschimpfungen mit einer Tapferkeit und Geduld, die, wenn auch vielleicht nicht ganz und gar heiligengleich, doch alles waren, was man von einem Menschen füglich erwarten durfte. Mr. Ackroyd erklärt schlicht: «Die Entscheidung, seine Frau zu verlassen, war gerechtfertigt – und es ist bezeichnend, daß ihn damals niemand, nicht einmal Viviens Familie, dafür kritisierte.» Dennoch gaben seine Schuldgefühle sogar Eliots damaligen Vorträgen aus der Trennungszeit einen Anklang von Verzweiflung und Abscheu vor sich selber; Lyrik sei «schwachsinnig», verkündete er bei den Charles-Eliot-Norton-Vorlesungen 1932/33 seinen Zuhörern in Harvard; ein Dichter hat «womöglich seine Zeit vergeudet und sein Leben für nichts und wieder nichts zerstört». Sein wundes Gewissen wurde durch Viviens mitleiderregende Versuche, ihn bei seiner Rückkehr nach London abzufangen und zurückzugewinnen, oder durch ihre stationäre Unterbringung in einer Heilanstalt von 1938 an, oder durch ihren Tod, den sie dort im vergleichsweise jungen Alter von 58 Jahren erlitt, nur noch mehr beschwert. «Jeder Mann könnte ein Mädchen kaltmachen», hatte er in «Sweeny Agonistes» geschrieben, «Jeder Mann muß das, braucht das, will das, / Einmal im Leben ein Mädchen kalt machen.» (Deutsch von Erich Fried) Ein Zeitzeuge berichtet, daß er bei Viviens Tod «vor Schmerz und beinah Verzweiflung zerstört» war; nach einem anderen Zeugnis sagte er ein Mittagessen am Tag, an dem sie begraben wurde, mit einem Telegramm ab, in dem es hieß, er habe «eine Frau zu bestatten», und war danach «ungewöhnlich entspannt... manchmal sogar fast fröhlich». Mr. Ackroyd sagt: «Die Zeugnisse widersprechen sich, sind aber nicht unvereinbar.»

Die gleiche Unparteilichkeit kennzeichnet auch Mr. Ackroyds Behandlung zweier weiterer empfindlicher Punkte in Eliots Geschichte: seines Antisemitismus und seines politischen Konservativismus. Was ersteres angeht, so ist, von ein paar verschleierten Sätzen in den ersten Gedichten abgesehen, der bekannteste literarische Beweis die Beobachtung in «After Strange Gods» (Nach fremden Göttern), daß in «der Gesellschaft, die wir anstreben... sich rassische und religiöse Gründe verbinden, um jede größere Zahl freidenkerischer Juden unerwünscht zu machen». «After Strange Gods» umfaßte drei Vorträge, die 1933 an der University of Virginia gehalten und nach einer vorher abgeschlossenen Vereinbarung von der Universität veröffentlicht wurden; Eliot gestattete nicht, daß sie in irgendeiner Form wiederaufgelegt wurden. Die Gedichte, einschließlich jener Verse aus «Burbank mit einem Baedeker: Bleistein mit der Zigarre», die lauten: «The rats are underneath the piles. / The jew is underneath the lot» (Die Ratten unterwühln den Bau / Der Jude unterläuft das Gros. [Deutsch von Hedda Soellner]), blieben unverändert stehen, obwohl er in späteren Ausgaben «jew» mit einem Großbuchstaben schrieb. Die folgenden Verse aus dem Manuskript des «Wüsten Landes» –

> Fünf Klafter tief liegt er, euer Bleistein,
> Drunten bei Platt- und Tintenfisch.
> Eines toten Juden Augen mit Basedowscher Krankheit!

– erschienen zu Eliots Lebzeiten nicht im Druck. In der unveröffentlichten Korrespondenz entdeckte Mr. Ackroyd einige herabsetzende Bemerkungen über Juden, doch fielen die alle vor 1930. Natürlich hatte Eliot zahlreiche jüdische Freunde. Einer von ihnen, Leonard Woolf, sagte: «Ich glaube, daß T. S. Eliot auf eine unbestimmte Art, die nicht ungewöhnlich ist, ein wenig antisemitisch war. Er hätte es natürlich aufrichtig bestritten.» Mr. Ackroyd legt einen Zusammenhang mit den misogynen Spuren in Eliots Äußerungen der Zwanziger nahe: «Es ist gut möglich, daß sein Mißtrauen Juden und Frauen gegenüber Zeichen eines beklommenen und verletzlichen Temperaments war, in dem sich Aggression und Unsicherheit miteinander verbanden. Das ist natürlich nur eine Erklärung, keine Rechtfertigung.»

Hinsichtlich Eliots politischer Haltung, vor allem wegen seiner häufig gegeißelten Weigerung, sich im Spanischen Bürgerkrieg eindeutig gegen Franco zu äußern, wagt sein junger Biograph, der nicht in der Hitze jener alten glühenden Themen steht, folgende Erklärung: «Seine Skepsis seinen eigenen Motiven wie auch denen anderer gegenüber und seine grundsätzliche Auffassung, daß man mit seinen Kommentaren zurückhalten solle, bis man die Situation vollkommen verstanden habe, ließen ihn absehen von schnellfertiger Beurteilung oder schicker ‹Standfestigkeit›, worin sich andere gefielen.» Im Gegensatz zu Ezra Pound und Wyndham Lewis und trotz eines «merkwürdigen» Briefes an die *Daily Mail*, in dem er 1923 eine Serie von Pro-Mussolini-Artikeln lobte, «erkannte Eliot sehr wohl, daß unbedingtes Vertrauen auf Ordnung und ‹den Staat› allein nur eine Form des Eskapismus war, ein Deckmantel für prinzipienlosen Militarismus und Nationalismus». Deshalb war Eliot noch lange kein Mann, der sich als Demokrat oder als Populist hervorgetan hätte; in jenen aggressiven Virginia-Vorträgen betonte er mit unverhülltem Elitismus: «Die Zahl der Menschen, die über irgendwelche Kriterien verfügen, um zwischen Gut und Böse zu unterscheiden, ist denkbar klein.» Doch nicht einmal dem benebeltsten Studenten sollte es gestattet sein, Eliots umsichtige, vielleicht auch patriarchalische Vorstellungen von einer christlichen Gesellschaft* mit dem irrationalen und bösartigen

* Tatsächlich haben einige Gedanken, wie sie in der «Idee einer christlichen Gesellschaft» (1939) Ausdruck finden, einen überraschend zeitgenössischen, ökologischen Klang. Aus seiner Zusammenfassung: «Es wird uns immer mehr bewußt, daß der Aufbau einer Gesellschaft auf dem Prinzip des persönlichen Profits sowie der allgemeinen Zerstörung durch den ungehemmten Industrialismus zu einer Entstellung der Menschheit wie zur Erschöpfung der natürlichen Ressourcen führt und daß unser materieller Fortschritt zu einem großen Teil ein Fortschritt ist, für den nachfolgende Generationen womöglich teuer bezahlen werden müssen. Als Beispiel, das im Moment jedermann vor Augen steht, brauche ich nur die Folgen der ‹Bodenerosion› zu erwähnen – die zwei Generationen währende Ausbeutung der Erde im gewaltigen Stil aus reinen Profitgründen: unmittelbare Vorteile führen zu Versteppung und Wüste... Wir haben lange genug an nichts anderes als an jene Werte geglaubt, die aus einer mechanisierten, kommerzialisierten, verstädterten Lebensweise erwachsen: Es stünde uns ebensogut an, uns mit den dauerhaften Bedingungen ausein-

Faschismus zu verwechseln, dessen Parteigänger Pound schließlich wurde.

Seine Arbeitgeber und seine Kollegen erkannten alle an, daß Eliot ein vernünftiger, praktisch denkender Mann war: ein effektiver, gewissenhafter Banker und als Verlagslektor sogar noch begabter. Pound selber hatte 1915 einen beruhigenden Brief an Henry Ware Eliot geschrieben, in dem er ihm prophezeite, der Fortschritt seines Sohnes in London würde glatter und rascher vonstatten gehen als sein eigener, und so war es dann auch. Pound ging nach Paris, dann nach Italien und jagte sein großes Talent in die Untiefen von Fanatismus, Schande und Verzweiflung. Eliot blieb in England und fuhr in den Nachkriegsjahren die Ernte an Ehrungen, einen breiten Erfolg als Dramatiker und einen buchstäblichen Heiligenstatus im Kulturleben ein. «Eliot war immer der zartere und kompliziertere Mensch, hatte es aber gleichwohl verstanden, seinen Frieden mit einer Zeit zu machen, in die er nicht eigentlich gehörte.» Als Lektor bei Faber and Faber und als Redakteur bei *The Criterion* waren Eliots Ermutigungen für jüngere Dichter wie Auden und Spender bis hin zu Ted Hughes und Thom Gunn nützlich. «Eliots Altersgenossen wie Lewis oder Pound waren im allgemeinen völlig unfähig, das wirkliche oder objektive Verdienst im Werk der nachwachsenden Generation zu erkennen. Eliot indessen war dazu fähig, aus seinen eigenen vorgefaßten Meinungen und Vorstellungen herauszutreten, um die wahre Qualität auszumachen, selbst in Arbeiten, die von den seinen sehr verschieden waren.» Er hatte sogar etwas von einem Postmodernen, wie Mr. Ackroyd behauptet: «Am Ende war es aber doch Eliot, der den ‹Modernisten› wiederum innerhalb der englischen Kultur den Boden entzog, indem er nicht nur die öffentliche Rolle und den ‹gesell-

anderzusetzen, unter denen uns Gott ein Leben auf diesem Planeten gestattet. Und ohne das Leben des Wilden gefühlvoll zu verherrlichen, sollten wir uns doch in genug Demut üben, um in manchen Gesellschaften, auf die wir als primitiv oder rückständig heruntersehen, die Wirkungsweise eines sozio-religio-künstlerischen Komplexes zu beobachten, dem wir auf einer höheren Ebene nacheifern sollten.»

schaftlichen Gebrauchswert› des Schriftstellers fast im Stil des neunzehnten Jahrhunderts proklamierte, sondern auch behauptete, daß die Prinzipien, die er aus seinen religiösen Überzeugungen ableitete, dauerhafter seien als alle literarischen oder kritischen Wertmaßstäbe.» Während die typische modernistische Religion wie in den Arcana von Yeats oder in D. H. Lawrences bombastischem Erotizismus privat und revolutionär war, entdeckte Eliot seine eigene Antwort in einer lange schon bestehenden Institution, der Anglikanischen Kirche, deren Versammlungen er nicht verschmähte und deren weitergehende Präsenz in der Gesellschaft ihm ebenso wie die Lektoratssitzungen die menschlichen Lektionen von Kompromiß und Anpassung einimpften. In ihrem Temperament waren sich Eliot und der eklektische Joyce ähnlich: Beide Männer wärmten ihr Genie an alten Loyalitäten und an der Sprache des Volkes; in ihrem Kopf wirbelten Schlager aus der Music-Hall und Mittelalterliches durcheinander. Eliot, dem beim Fest des Lebens so lange übel wurde, endete als Lobpreiser der häuslichen Freuden, wie Bloom hatte auch er auf seiner Reise die Heimat erreicht mit (wie es «Eine Huldigung an meine Frau», sein als letztes erschienenes Gedicht, treffend formuliert) «Das Atmen in der Übereinstimmung // Von Liebenden, deren Körper nach einander riechen» (Deutsch von Hans-Jürgen Heise).

Neben einem aufgefrischten Eindruck von Eliots hartarbeitender Weltlichkeit – Wie viele Vorträge er gehalten hat! Wie viele Kulturreisen über den Kanal und über den Atlantik er unternommen hat, ob in guter oder schlechter gesundheitlicher Verfassung! – veranschaulicht Mr. Ackroyds Biographie erneut die unglaubliche Mühe, mit der Eliot seine wenigen Gedichte aus sich herauszerrte. Die sporadische und gequälte Ansammlung von Fragmenten, aus denen «Das Wüste Land» wurde, und Eliots Zaghaftigkeit, als er Pounds Lektoratskürzungen hinnehmen sollte, um dann dem veröffentlichten Text in letzter Minute die artig eulenhaften «Anmerkungen» anzukleben: Das alles ist seit der Veröffentlichung der Manuskripte im Faksimile von 1971 ausreichend dokumentiert. Man blättert diese Faksimileseiten ehrfurchtsvoll durch, stellt fest, mit welch rasendem Eifer Eliot schrieb, wenn die Inspiration über ihn kam wie bei «Elizabeth und Leicester» und den «Wassertropfen»-Passagen. Bei all seinem immer wieder erklärten «Klassizismus» war er alles andere als ein systematischer Sänger, hatte lange brachliegende Perioden zu beklagen und holte sich häufig Rat von aufgeschlossenen Freunden; nicht nur Pound, auch Vivien ergänzte das Manuskript des «Wüsten Landes» um Anmerkungen, und John Hayward wurde sein wichtigster Berater bei den «Vier Quartetten». Zwischen diesen beiden Großgedichten vergingen zwanzig Jahre, die sich als seine Blütezeit erweisen sollten und in denen kostbar wenig entstand, vor allem «Die hohlen Männer» von 1925 und fünf Jahre später «Aschermittwoch» – Gedichte von flehender Schmalheit, die einen hauptsächlich in der äußersten Annäherung an die vollkommene Stille, in dem Gefühl, daß ihre Worte wüstenhafter Trockenheit abgewonnen sind, anrühren. Und die «Vier Quartette», die seinen Ruhm erneuerten und seinem poetischen Werk Gewicht geben, wurden, wie wir von Burton Raffel in dessen «T. S. Eliot» (1982) erfahren, letztlich vollendet, weil «der Zweite Weltkrieg heraufzog und deshalb die Weiterarbeit fürs Theater unmöglich wurde». Seit dem unvollendeten, von der Music-Hall inspirierten «Sweeny Agonistes» gehörte Eliots Herz dem Theater; er war immer ein Dichter der Stimmen, der wechselnden Imitationen gewesen. Mr. Ackroyd entdeckt sogar in Eliots Dissertation über F. H. Bradley Belege für seine «außerordentliche Fähigkeit, einen synthetischen Diskurs herzustellen. Er ist in der Lage, über weite Strecken eine bestimmte Sprachform einzusetzen, von der er sich zugleich distanziert». Nachdem er Eliots Briefe an Pound gelesen hat, staunt er über «Eliots außerordentliche Fähigkeit, Pounds sprachliche Manierismen nachzuahmen, als wollte er absichtlich in dessen Persönlichkeit eintauchen. Er geht sogar soweit, daß er seine Unterschrift ziemlich genau an der Pounds ausrichtet, so daß sie eine Art Hieroglyphe bildet». Aus diesem Hang zur Mimikry schließt Ackroyd auf ein inneres Vakuum, auf einen letztlich fehlenden Zusammenhang. Edmund Wilson fand Eliots Persönlichkeit «tatsächlich ziemlich zusammenhanglos». Wilson hatte davon gehört, daß Eliot 1933 in New York einen Vortrag halten wolle, und schrieb an John Dos Passos: «Er ist Schauspieler und hat sogar eine bessere Show als Shaw geboten... Zunächst läuft es einem fast kalt den Buckel herunter, weil er vollkommen künstlich ist, genauer gesagt, eine Figur, die sich selber erfunden hat.» V. S. Pritchett beschrieb ihn als «eine Schauspielertruppe in einem einzigen Anzug, wobei sie sich alle gegenseitig aufziehen». Wyndham Lewis betrachtete ihn als «unverbesserlichen *moqueur*». Siegfried Sassoon sprach von seiner «Eisschrank-Menschlichkeit» und hörte ihn einmal sagen, daß «große Kunst immer aus einem Zustand vollkommener Langeweile hervorgeht». Über ihre erste Begegnung mit Eliot schrieb Lady Ottoline Morrell: «Ich fand ihn langweilig, langweilig, langweilig. Nie bewegt er die Lippen, sondern spricht mit gleichmäßiger Mandarinenstimme... Ich fürchte, er hat alle Spontaneität verloren und kann seine Konventionalität allein mit Hilfe von Stimulanzien oder äußerster Gemütsbewegung durchbrechen.» Ehe er seine Imitationen eines Bankers und Geistlichen vervollkommnete, neigte seine dandyhafte Schlaffheit ein wenig zur Extravaganz; verschiedene Bekannte aus den zwanziger Jahren erspähten «grünen Puder in seinem Gesicht» – «bleich, aber eindeutig grün», dachten die Sitwells, «die Farbe sollte nach Maiglöckchen aussehen». Manche der Streiche und Posen, die sich der junge Eliot leistete, klingen reichlich verrückt. Als sich er und Vivien durch ihre *maladie à deux* prügelten, ließ sich der Nervenzusammenbruch nur mit eisernem Willen fernhalten.

Die persönlichen Brunnen, aus denen er seine Gedichte hochpumpte, lagen außerordentlich tief und waren nur schwer zugänglich. Ein Dichter wie Auden mit seiner aufgeputzten Geläufigkeit muß ihm wie ein Geschöpf von einem anderen Planeten erschienen sein. Mindestens so fest wie die Surrealisten glaubte er an die entscheidende Mitwirkung des Unbewußten, von verschütteten Kräften, die er mit dem Trommelschlag seines Sprachrhythmus zur Erdoberfläche heraufzuholen hoffte. Als er an den abschließenden Passagen des «Wüsten Landes» schrieb, sagte er zu einem Interviewer: «Ich kümmerte mich nicht einmal darum, ob ich das überhaupt verstehen konnte, was ich da sagte.» Seine Phantasie arbeitete so gut wie ausschließlich über das Gehör, Stimmen und Wiederholungen waren entscheidend; deutlich umrissene visuelle Bilder werden in seiner Dichtung immer seltener, während der Tonfall der gesprochenen Sprache überhandnimmt und dabei immer priesterlicher und grüblerischer wird. Nach dem Beispiel Dantes strebte er nach Einfachheit und Direktheit, auch um den Preis der völligen sprachlichen Kargheit; in einer unveröffentlichten Ansprache, die er 1933 in New Haven hielt, gab er seiner Hoffnung Ausdruck, eine Poesie schreiben zu können, «die nichts Poetisches an sich hat, eine Poesie, die nackt bis auf die Knochen dasteht, oder eine Poesie, die so durchsichtig ist, daß wir nicht die Poesie sehen, sondern das, was wir mittels der Poesie eigentlich sehen sollen». So unbefriedigend und platt das gesagt sein mag (und sein Schreiben wie in Trance läßt viel zu, das platt und nicht richtig durchdacht wirkt), die Musik ist echt und strebt an jene Bewußtseinszentren, wo Beschwörung und Wiegenlied miteinander verschmelzen.

Zu Lebzeiten war Eliot ein Paradigma der Moderne, ein pflichtbewußtes Ergebnis des 19. Jahrhunderts, der alles, was ihn hemmte, mit Trommelschlag, mit Persiflage und Parodie durchbrach. Obwohl Kritiker wie Literaturwissenschaftler sich bei ihm noch immer über vieles erregen können, wird seine bis auf die Knochen entblößte, seine beinah durchsichtige Lyrik Bestand haben; Anthologien ohne seine Gedichte sind auch in Zukunft nicht vorstellbar. Seine Versuche, die gebundene Form wieder auf die englische Bühne zu bringen, dürfen weiter ein literarisches Interesse beanspruchen, wenn man sie vielleicht auch besser liest, statt sie aufzuführen. Als Literaturkritiker verfügte er über die Vorteile eines überragenden Gehörs und die Respektlosigkeit eines Außenseiters; bis etwa zum Jahr 1935 enthalten seine Aufsätze mehr Ideen über die Klassiker der englischen Sprache, mehr erregende und aufklärende Einblicke als irgend etwas anderes, was seither geschrieben wurde. Zwanzig Jahre sind seit seinem Tod vergangen, und sein Anspruch auf eine Privatsphäre muß vielleicht nicht mehr mit der äußersten Konsequenz befolgt werden. Wie Henry James schlingernd über die postume Veröffentlichung der Tagebücher Hawthornes schrieb:

> Diese freimütigen Ausschnitte aus der Privatsphäre eines derart zurückgezogenen und immer den Schatten suchenden Genies werfen zwangsläufig die allgemeine Frage auf, wo hinsichtlich der unbeteiligten Persönlichkeit eines Künstlers, von der die verschiedensten Elemente in Alben wie in Schreibtischschubladen verstreut sich finden mögen, der Neugier die angemessenen Grenzen zu ziehen seien. Es wird jedoch offensichtlich, daß sich die tatsächlichen Grenzen, ungeachtet des letztlichen Verlaufs der angemessenen Grenzen, allein und ausschließlich in einer völligen Erschöpfung des Materials werden ziehen lassen.

Kluge Dotty

Marion Meade, «Dorothy Parker: What Fresh Hell Is This?» (Dorothy Parker: Welche neue Hölle ist das?). Villard, New York 1988.

Es ist einigermaßen schwer zu begreifen, warum die Lektüre dieser Biographie so angenehm war, wo doch der Stil schludrig, die Atmosphäre säuerlich und der Gegenstand ziemlich konsequent unsympathisch ist. In meinem Fall war es vielleicht eine teenagerhafte Schwärmerei für den Algonquin Round Table, die Tafelrunde im New Yorker Hotel Algonquin, oder was ich mir mit Hilfe des verstorbenen Bennett Cerf darüber zusammenphantasierte, der immer wieder Bücher mit Witzen zusammenstellte (zum Beispiel «Try and Stop Me» [Versucht doch, mich zu bremsen] und «Shake Well Before Using» [Vor Gebrauch kräftig schütteln]), die viel dem angeblichen Schlagabtausch und den verbalen Spitzen von Mrs. Parker, Robert Benchley, Alexander Woollcott, Franklin P. Adams, George S. Kaufman, Marc Connelly, Heywood Broun und anderen «berühmten geistreichen Köpfen» der Zwanziger verdankten, die wiederum, wie die Legende sagt, nichts mehr schätzten, als an ihrem Stammtisch in Algonquin-Hotel miteinander zu essen und sich endlos in den Neckereien der anderen zu aalen. Daß es eine derartige engelhafte Runde, die schon allein über ihre pure Existenz sich freute, tatsächlich gab, schien sich mit der Ausbeute an Büchern zu bestätigen, die uns Sterbliche in der Provinz erreichten – Mrs. Parkers schmale Bände mit Gedichten und Kurzgeschichten, F. P. A.s zahlreiche Verse und Anthologien und vor allem die witzigen Essays von Robert Benchley, die solch spritzige Titel trugen wie «My Ten Years in a Quandary and How They Grew» (Die zehn Jahre, die ich in der Klemme steckte, und wie sie entstanden) und «20000 Leagues Under the Sea, or David Copperfield» (Zwanzigtausend Meilen unter dem Meer oder David

Copperfield). Schon allein die Titel wecken die Erinnerung an die giftgelben, mit Bleistiften angebohrten alten eichenen Tische in der High-School-Bücherei, wo ich Benchleys Sammelbände mit den netten Zeichnungen von Gluyas Williams las, während ich krampfhaft versuchte, mein Lachen zu unterdrücken, damit ich nicht als disziplinäres Problem auffällig würde. Es ist faszinierend, wenn auch ein wenig betrüblich, wenn man jetzt aus Ms. Meades Buch erfährt, daß Benchley, gedruckt der Inbegriff übermütiger Unschuld, der nie ein einziges Wort schrieb, bei dem sich im Kopf eines Heranwachsenden ein frivoler Schatten hätte regen können, in seinem Privatleben, in seiner New Yorker Existenz, ein priapischer Dämon war. Nachdem er seine Frau mit einer «viktorianischen Scheidung» in Scarsdale versorgt hatte, hielt man in Polly Adlers Bordell einen eigenen Kimono für ihn bereit, und er «spielte mit der Puffmutter um die Dienste ihrer Mädchen». Jenseits der Mauern des Freudenhauses war «die Gattin eines bekannten Bankers so begierig darauf, weiter mit ihm zu schlafen, daß sie einmal durch das Oberlicht seines Zimmers im Royalton-Hotel kletterte». Keine geringere Kennerin als Tallulah Bankhead pries seine großzügige phallische Ausstattung. Und auch die anderen Mitglieder der Tafelrunde waren alles andere als Muster an Monogamie:

> Obwohl die meisten von Dorothys verheirateten Freunden weniger Aufsehen als die [F. Scott] Fitzgeralds um ihre Probleme machten, waren ihre Ehen keineswegs besser. Benchley… steckte in einem fürchterlichen Durcheinander. George Kaufman schlief nicht mehr mit Beatrice. Frank Adams ging mit einer Reihe junger Frauen ins Bett, mit deren Namen er in seiner Kolumne vor seiner Frau und einer Million New Yorker protzte, die sie beim Frühstück lesen konnten.

Kaffee war aber nicht das Getränk, das diese Bande am meisten schätzte; im Algonquin-Kreis floß der Alkohol in Strömen. Heywood Broun «hatte die Angewohnheit, sich den ganzen Tag über aus seinem Flachmann anzuheizen». Und Charles MacArthur «putzte jeden Abend eine Viertelflasche Scotch weg», kurz nachdem er 1922 aus Chicago angekommen war. Benchley und Mrs. Parker fanden erst spät zu den Freuden der Flasche, gaben sich ihnen aber um so unerschütterlicher hin. Benchleys Vater in Worcester in Massachusetts war Alkoholiker gewesen. Sein Sohn war «glühender Prohibitionist», der die Verabschiedung des 18. Verfassungszusatzes als «zu schön, um wahr zu sein» begrüßte. Doch im Juli 1921, an dem Abend, als Dempsey und Carpentier boxten, feierten ein paar aus der Tafelrunde Dempseys Sieg in Tony Somas Speakeasy in der Forty-ninth Street, und Benchley, der im Speakeasy normalerweise Kaffee trank, ließ sich zu einem Orange Blossom überreden. Innerhalb weniger Wochen war er zu Whisky Sours übergegangen und zum Dauerzecher bei Tony geworden, wo man den Alkohol in dicken weißen Porzellantassen ausschenkte. Rye-Whisky mochte er am liebsten, fand aber auch nichts dabei, Schokoladeneiskrem mit Wodka anzureichern; man erzählt sich – Versucht doch, mich zu bremsen –, daß Benchley, als Scott Fitzgerald zu ihm sagte: «Bob, weißt du denn nicht, daß Trinken den langsamen Tod bedeutet?» nur antwortete: «Wer hat's denn eilig?» Benchley starb (wie Broun und Woollcott) in seinen fünfziger Jahren – an einem Blutgerinnsel im Kopf, bei dem die Leberzirrhose nachhalf.

Bis 1917, als sie Edwin Pond Parker II. heiratete, wollte Dorothy Parker von Alkohol nichts wissen: «Sie haßte den Geschmack von Alkohol und weigerte sich, etwas anzurühren.» Allerdings war ihr Ehemann ein gewaltiger Trinker, der im Sanitätskorps den Spitznamen Spook (Gespenst) trug, «weil er im Kater so bleich wie ein Gespenst wurde», und der aus dem Krieg zusätzlich mit Morphiumsucht heimkehrte. Um Eddie und solch sportlichen Kollegen von *Vanity Fair* wie Robert Sherwood angenehme Gesellschaft zu leisten, gestattete sie sich ein oder zwei Cocktails, obwohl sie der da noch abstinente Benchley warnte: «Der Alkohol wird dich derber machen.» Von Gin wurde ihr schlecht, doch «nach einigem Herumexperimentieren wußte sie, daß Scotch ohne Wasser im allgemeinen schnell, sicher und verläßlich war». Obwohl ihre beiden Ehen – mit Eddie und mit

Alan Campbell, einem Kollegen, von dem es hieß, er sei homosexuell – in alkoholisierten Schlägereien zu Ende gingen und ihre Laufbahn über weite Strecken von triefender Unproduktivität war, blieb sie dem Scotch bis in ihre siebziger Jahre hinein treu: «Manchmal trieb sie es mit dem Scotch zu weit und fand sich im Flower Fifth Avenue Hospital wieder. Jedem, der sie besuchen kam, bot sie höflich einen Drink an und meinte dann, sich selber einen genehmigen zu können.» Ein Freund aus ihren späteren Tagen, Parker Ladd, glaubte, er könne ihre Abhängigkeit mindern, wenn er eine Flasche mit ihr zusammen leerte:

> Kurz vor Weihnachten 1965 mixte er eines Abends Highball um Highball für sie beide, trank wenig von seinem eigenen und kippte den Rest in den Ausguß. Endlich stieß er einen Seufzer der Erleichterung aus, weil die Flasche leer war. Zu seiner Überraschung schaffte es Dorothy hoch und begann im Nebenzimmer zwischen alten Schuhen herumzuwühlen. Triumphierend brachte sie eine weitere Flasche zum Vorschein.

1951 in Hollywood fand sie einen Mitbewohner, der bei ihrem Durst mithalten konnte – James Agee, der, wie sie S. J. Perelman erzählte, an einem Freitagabend «ganz allein drei Flaschen Scotch geleert hatte». Über ihre Menage, zu der auch Agees zweiundzwanzigjähriger Gefährte Pat Scallon (den Dorothy Pink Worm, den rosafarbenen Wurm, taufte) gehörte, schrieb Perelman, daß sie «in einem Dunst alkoholdurchtränkter Wäsche, schalen Zigarettenrauchs und schmutzigen Geschirrs, ohne Möbel oder Hygiene, lebten; man könnte meinen, daß sie ins Bett machen».

Trauriges Zeug. Ms. Meade läßt für jene, die davon noch nicht wissen sollten, wenig Zweifel daran, daß die geistreichen Köpfe des Algonquin und damit das Gros der literarischen Leuchten der Zwanziger ihrer Arbeit unter einer schrecklichen Last von Trunkenheit, auf Kosten eines verkürzten Lebens und enttäuschter Hoffnungen, nachgingen. Doch da sie vermutlich kein Temperenzlertraktat schreibt, wird man sich fragen dürfen, *was* sie eigentlich auf diesen vierhundert hübsch mit Anmerkungen und einem wunderbaren Register versehenen Seiten schreibt. Die Biographin ist offfenbar alles andere als in ihren Gegenstand verliebt. Ms. Meades bisherige Heldinnen waren Eleanor von Aquitanien, Madame Blavatsky und (in einem Roman) die mittelalterliche Nonne Héloise. Ihre Prosa windet sich, als müßte sie sich davor ekeln, sich mit dem 20. Jahrhundert und mit dieser unglücklichen und widersprüchlichen modernen Frau zu beschäftigen. Ihr Untertitel wirkt übertrieben und unpassend. Ihre Sätze schnarren vor grundloser Aggression:

> Bei all ihrer Frömmigkeit muß es Zeiten gegeben haben, in denen Eleanor [Dorothys Stiefmutter, die zweite Mrs. Henry Rothschild] große Lust hatte, den schrecklichen Balg zu erwürgen. Statt dessen wies sie die glückliche kleine Dorothy immer wieder darauf hin, welches Glück sie doch habe.

> [Alexander Woollcotts] literarischer Stil neigte sich heftig in Richtung Lavendel und Spitzenhäubchen, aber er widerstand erfolgreich allen Versuchen, ihn zu verbessern. Wenn er auch nicht unbedingt zu den allerschlechtesten Schriftstellern in Amerika gehörte, unter den zehn schlechtesten war er bestimmt. Selbst seine Freunde machten sich über seinen Stil lustig und waren aufrichtig bestürzt, als sie merkten, wie grauenhaft er tatsächlich war.

> Dorothy ... betrachtete eine Skipiste mit der gleichen Begeisterung wie einen elektrischen Stuhl.

> In der Lobby schlug sie lang hin und mußte zusammengekratzt und mit den Füßen zuerst hinausgetragen werden.

> Er [David Susskind, nachdem Dorothy in seiner Talk-Show aufgetreten war] brachte sie mit dem Takt und dem Zartgefühl eines Beerdigungsunternehmers, der einen sich bereits zersetzenden Leichnam vorführte, nach draußen, und sie fuhr allein nach Manhattan zurück. Ihr Selbstbewußtsein war auf die Größe einer Erbse geschrumpft.

Der seltsam schäumende, verächtliche Unterton und die Lust an lebhaften Metaphern belasten gelegentlich auf bizarre Weise Ms. Meades Satzbau:

> Die mutige Becky [Sharp] war, allen eine lange Nase machend, in der Lage, jedem Unglück frontal gegenüberzutreten und zu trotzen.

> Für acht Dollar die Woche bekam sie ein Zimmer in der Größe einer Speisekammer und zwei Mahlzeiten – und die Vorstellung, daß sie womöglich eine berühmte Autorin werden könnte.

> ... die Frauen, denen mütterliche Wärme und Tröstungen genommen sind, die dazu verurteilt sind, Liebe immer nur im unfruchtbaren Boden von Ehemännern und Kindern und sogar von Tieren zu suchen...

Zudem kann die Biographin, die die Sünden beklagt – Alkoholismus, Promiskuität, Gehässigkeit, Trägheit, beginnende Bedürftigkeit, Mitläufertum –, die Sünderin weder für ihre Begabung noch für ihr Œuvre bewundern. Dorothy Parkers Werk wird ziemlich kurz abgefertigt; sie wechselt dabei vom Schulterklopfen («Sie achtete sorgfältig darauf, daß sich die erste und die dritte Zeile der Vierzeiler reimten, und mühte sich mit männlichen und weiblichen Endungen») bis zur direkten Ablehnung: Ihre Unterschriften für Modefotos in *Vogue* waren «Geschwätz», ihre Arbeit der frühen Zwanziger bestand aus «Dutzenden von blödsinnigen Gedichten und Prosastücken». Über ihre Theaterkritiken heißt es: «Allmählich gingen ihr die gemeinen Wendungen aus, und sie fing an, sich zu wiederholen», und abfällig über ihre Lyrik: «Beinah alles, was sie schrieb, fand einen Käufer, womit sich das Niveau ihrer Arbeit schon selber kommentierte.» Ms. Meade zitiert aus der Prosa, als handle es sich um eine Autobiographie, und zeigt Abneigung gegen den ihrer Meinung nach parasitären Prozeß literarischer Schöpfung:

Sie gefiel sich in mondänen Posen und peitschte sich in einen emotionalen Wahnsinn, womit sie ihre Adrenalinausschüttung erhöhte, doch diente diese weißglühende Hitze auch noch einem ernsten Zweck: Dabei entstanden verkäufliche Gedichte, die sie in die Lage versetzten, ihr Bankkonto zu pflegen. In dieser Hinsicht betrieb sie kein anderes Kalkül als Scott Fitzgerald, der im April seinen Roman «Der große Gatsby» veröffentlicht hatte, destilliert aus den achtzehn Monaten, die er und Zelda in Great Neck verbracht hatten. Seine Figuren waren nach dem Vorbild von Leuten gestaltet, die er bei den Swopes kennengelernt hatte und die zum Teil dieselben Männer waren, die schließlich in Dorothys Bett im Algonquin und am Ende in ihren Gedichten landeten. Sowohl Dorothy wie Fitzgerald bewiesen einiges Geschick darin, den Leuten den Saft auszusaugen.

Obwohl im Verlauf dieses Überblicks über die 73 Jahre von Dorothy Parkers Leben unvermeidlich ein paar Worte zu ihren Gunsten fallen müssen, prägen sie sich nicht ein oder werden überdeckt von den ausführlichen Schilderungen privaten Elends und beruflicher Inkonsequenz. Selbst die geistreichen Bemerkungen, für die sie berühmt war, erheben sich nicht groß aus der Aura von Dürftigkeit und Mief – obwohl ich gelegentlich dabei lachen mußte. Über John McClain, einen athletischen, untreuen Liebhaber, sagte Dorothy, daß «ihm sein Körper zu Kopf gestiegen» sei. Nachdem man ihr erzählt hatte, daß Clare Boothe Luce zu ihr Unterlegenen immer freundlich war, fragte sie: «Und wo findet sie die?» Ihre aus dem Süden stammende Schwiegermutter bezeichnete sie als «die einzige lebende Frau, die das Wort ‹Ei› aussprach, als habe es drei Silben». Und nachdem sie Somerset Maugham kennengelernt hatte, behauptete sie, daß «ich jedesmal, wenn ich einem von diesen Briten begegne, das Gefühl habe, ich hätte ein Indianerbaby auf dem Rücken».

Sie war sehr amerikanisch. Das begann mit der Entschlossenheit, mit der ihr jüdischer Vater sein Judentum aufgab. Er heiratete zwei christliche Frauen, von denen die erste, Eliza Marston,

1893 Dorothys Mutter wurde, bei stürmischem Wetter in West End, dem Strandbad in New Jersey. Eliza und Eleanor Lewis waren beide «christliche Lehrerinnen... die vom Dasein als alte Jungfern erlöst wurden», und beide starben in jungen Jahren – ihre Mutter, als Dorothy fünf war, ihre Stiefmutter, noch ehe sie zehn Jahre alt wurde. Obwohl sie sich selber, oft entschuldigend, als jüdisch verstand, erhielt Dorothy keinen jüdischen Religionsunterricht und besuchte auf der West Side von Manhattan eine katholische Schule in der Nähe ihres Elternhauses; vielleicht ist es dieser Einfluß, der sie in ihren Arbeiten so häufig das Wort «Hölle» verwenden läßt. J. Henry Rothschild war, obwohl er nicht zur internationalen Bankiersfamilie der Rothschilds gehörte, ein reicher Kleiderfabrikant, ein Gelegenheitsdichter und, wie seine Briefe zeigen, ein liebevoller Vater, doch Dorothy, unter seiner Obhut zu einem kessen, klavierspielenden, hundeliebenden, sich weitgehend selber erziehenden Biest von weniger als eineinhalb Metern Größe herangewachsen, war nicht dankbar. Tatsächlich scheint sie, obwohl sie nachsichtige Wohltaten New Yorker Verleger, von Studios in Hollywood und den Reichen in Long Island genoß, für nichts mit Ausnahme vielleicht der Freundschaft mit Robert Benchley dankbar gewesen zu sein; mit dem sie im übrigen nie ins Bett ging – was sich von Elmer Rice, George Kaufman, Charles MacArthur, Ring Lardner und Deems Taylor nicht sagen läßt. Aber sie und Benchley verbrachten Stunden und Tage miteinander und saßen sogar eine Zeitlang zusammen in einem Büro in Midtown Manhattan, das so klein war, daß sie behauptete: «Noch ein paar Zentimeter kleiner, und es wäre unkeusch gewesen.» Sie betrachtete sich als Waise. Ihre Witze, ihre Gedichte, die Figuren in ihrer Prosa trotzen einer kalten Welt, einer Welt von Tod und Abschied. Ihre hartgesottene Tapferkeit gehört wie die Hemingways zu einer Generation, der der Erste Weltkrieg alle angenehmen Illusionen geraubt hatte. Sie half mit, einen Stil zu kreieren, und vielleicht ist der Vorwurf an sie als Künstlerin berechtigt, daß sie von diesem Stil nicht mehr abrückte; anders als ihre Zeitgenossin Rebecca West oder Mary McCarthy in der nachfolgenden Generation ließ sie es nicht zu, daß sich ihre nervöse jugendliche Brillanz und ihre respektlose Frechheit zu intellektueller Kühnheit und Ausdrucksreichtum vertieft hätten. Ihre Geschichten halten sich besser als die Gedichte, obwohl einige ihrer humoristischen Verse so lange Bestand haben werden, wie es Anthologien dieses Genres gibt:

Razors pain you;
Rivers are damp;
Acids stain you;
And drugs cause cramp.
Guns aren't lawful;
Nooses give;
Gas smells awful;
You might as well live.*

Ihre exakte, housmaneske Eleganz, die sich vor allem im zweiten Quartett zeigt, rettet die Stimmung vor falschem Pathos. In ihren auf den Punkt treffenden Vierzeilern gelingt es ihr manchmal, wenn auch selten, die Sprache bis zu lyrischer Intensität zu verdichten:

God's acre was her garden-spot, she said;
She sat there often, of the Summer days,
Little and slim and sweet, among the dead,
Her hair a fable in the leveled rays.**

In ihren Geschichten trifft sie am besten den Ton der Armut; das jungverheiratete Paar in «Da wären wir», die verfallende Heldin in der «Starken Blondine» und die beschwipste, über-

* Das ist in der flektierten, endungsseligen deutschen Sprache beim besten Willen nicht nachzubilden. Die wörtliche Übersetzung lautet etwa so: «Rasierklingen tun weh; / Flüsse sind klamm; / Säure macht Flecken; / Und von Tabletten kriegt man Krämpfe. / Revolver sind verboten; / Stricke reißen; / Gas stinkt furchtbar; / Da kann man ebensogut weiterleben.»

** «Gotttesacker war ihr liebster Garten, sagte sie; / Oft saß sie da, an Sommertagen, / Klein und zart und süß, bei den Toten, / Ihre Haare ein Märchen in den auf sie gerichteten Strahlen.» (Anm. d. Ü.)

hebliche Mutter in «Ich lebe davon, daß du mich besuchst» belegen alle, wie Bedürfnisse, gerade weil sie so dringlich sind, ihrer Befriedigung selbst im Wege stehen. Dorothy Parker war eine Expertin, was Liebeskräche angeht, und ihr verschwenderisches Leben lieferte ihr eine gründliche Schulung in den selbstzerstörerischen Perversionen des menschlichen Herzens.

Einer wohlwollenderen Biographin als Marion Meade wäre aufgefallen, wie bewunderungswürdig es ist, daß ihr Gegenstand sich nach einer frühreifen Todesverliebtheit, einer Reihe von Selbstmordversuchen und dem offenbaren Selbstmord ihres zweiten Gatten widerwillig mit dem Leben abfand. Bis auf Marc Connelly überlebte sie alle Mitglieder der ursprünglichen Tafelrunde, und in ihrem letzten Kreativitätsschub – einer Handvoll Kurzgeschichten und «Ladies im Hotel», einem Stück, das sie zusammen mit Arnaud d'Usseau schrieb, das sechs Wochen lang am Broadway lief und von dem sie sagte, es sei «die einzige meiner Arbeiten, auf die ich wirklich stolz bin» – wählte sie sich als Thema einsame, alternde Frauen. Interessanterweise spielen in ihren späten Geschichten «Ich lebe davon, daß du mich besuchst», «Lolita» und «Der Blitz hinter dem heiteren Himmel» Kinder eine auffällige Rolle, obwohl sie selber keine zur Welt gebracht hatte. Verdrossen und genau beobachtet in «Ich lebe davon, daß du mich besuchst» ein Jugendlicher die betrunkenen Eigenheiten einer Frau, die mit dem übertriebenen und neckischen Ton, in dem sie spricht, genau dem entspricht, was wir von Dorothy Parker wissen. Die Tröstungen und die Distanz der Kunst blieben ihr erhalten, und ebenfalls mit Bewunderung kann man festhalten, daß sie weder alkoholisierter Nebel noch romantischer Kummer von den Freuden des Lebens abhalten konnten. Sie war, wie ihre Kolumne im *New Yorker* lange zuvor verkündete (1927–33), eine ständige Leserin, und die Rezensionen, die sie zum Ende ihres Lebens zögernd für den *Esquire* schrieb, zeigen noch die gleiche Begeisterung für das geschriebene Wort, die bereits ihre Kindheit als gespielte Waise aufheiterte. Bücher behandelte sie mit einer Rechtschaffenheit und einem Respekt, den sie Menschen gegenüber nicht aufbringen konnte. Und ihre Begeisterung für linke Anliegen spricht für ihr Mitgefühl für die Menschen im allgemeinen, wenn auch nicht im besonderen, auch wenn Ms. Meade die Nase rümpft: «Sie neigte dazu, sich für Weltkatastrophen persönlich verantwortlich zu fühlen», und außerdem mitteilt, daß Dorothy für einige Zeitgenossen «die Amateur-Revoluzzerin spielte, so wie sie früher die Amateur-Selbstmörderin spielte». Sie war in einem Wohlstand aufgewachsen, der sich den Ausbeutungsbetrieben an der Lower East Side verdankte, aber Mrs. Parker wurde eine glühende Verfechterin der gewerkschaftlichen Organisierung der Drehbuchautoren Hollywoods. Nachdem sie sich 1927 an Demonstrationen für Sacco und Vanzetti beteiligt hatte, nahm sie in den Dreißigern den Umweg über die Kommunistische Partei: Im April 1938 unterschrieb sie eine Erklärung, nach der Stalins berüchtigte Moskauer Prozesse «eindeutig den Verdacht bestätigen, daß die Angeklagten schuldig sind». Anders als viele andere radikale Intellektuelle verließ sie die prokommunistischen Gruppierungen nicht, als die Sowjets und die Nazis ihren Nichtangriffspakt unterschrieben. Bisher konnte zwar nicht endgültig der Beweis dafür erbracht werden, nach dem sie und Alan Campbell eingetragene Mitglieder der Kommunistischen Partei waren, es hat sich auch keine entsprechende Zeugenaussage gefunden, dennoch nahm sie den fünften Zusatzartikel zur Verfassung in Anspruch, als sie vor dem gesetzgebenden Ausschuß des Staates New York nach ihrer Mitgliedschaft befragt wurde. Betrachtet man ihr linkes Engagement und ihren persönlichen Einsatz beim Sammeln von Spenden für Flüchtlinge aus dem Spanischen Bürgerkrieg im milden Dämmerlicht des Kalten Krieges, zeigt sich dabei ein großzügiger und selbstloser Geist, der selten Gelegenheit fand, sich bemerkbar zu machen, als sie für ein Wochengehalt, das größer war als das, was die meisten Amerikaner in einem ganzen Jahr verdienten, an Drehbuchentwürfen herumbastelte, die nie verfilmt wurden. In einem Brief, den Scott Fitzgerald 1940 aus Hollywood an Gerald Murphy schrieb, bezeichnete Scott Fitzgerald sie als «verdorbene Schriftstellerin» und als «außergewöhnlich gleichgültig»: «Daß Dotty sich mit der Kirche eingelassen hat (gemeint ist der Kommunismus) und täglich ihre Messe liest, kann sie nicht aus ihrer Gleichgültigkeit aufstören.» Vielleicht können wir heute, ein halbes Jahrhundert später, etwas großzügiger über sie urteilen.

Um meine eigene Frage zu beantworten: Was die Lektüre von «Dorothy Parker: What Fresh Hell Is This?» so angenehm macht, ist die unglamouröse Schilderung einer Welt, die Dorothy Parker ausbrütete und in gewissem Grad auch erstickte. Die meisten geistreichen Köpfe des Algonquin waren, als die Tafelrunde sich im Jahr 1919 zum ersten Mal zusammensetzte, noch keine dreißig, und ihr fröhlicher Raubbau an Zeit und körperlicher Gesundheit und ihre unkomplizierte Herangehensweise an die Literatur haben den Charme jugendlicher Unschuld. Wie in den Sechzigern bedeutete allein schon die Tatsache, daß man jung war, eine Vollmacht; unter Harding und Coolidge zu schreiben, war ein unverschämter Spaß. Dorothy Parkers Leben ging dem amerikanischen Literaturbetrieb zwischen 1920 und 1950 zumeist gegen den Strich; die davon berührt wurden, knisterten vor einer Energie, die seither nirgends mehr zu spüren war. Dabei war es in jener Zeit vor der Erfindung des Fernsehens, als es in New York ein Dutzend Zeitungen gab und Kurzgeschichten so angesagt waren wie heute Rockvideos, nicht unbedingt leicht, allein von Wörtern zu leben, selbst wenn man schließlich wie Mrs. Parker zu den berühmten Autoren gehörte. F. P. A.s berühmter «Conning Tower» zahlte seinen Mitarbeitern nichts, Harold Ross' eben flügge werdender *New Yorker* wenig, und bei Condé Nast – der ein Mann war, ehe er ein Unternehmen wurde – durfte niemand aus der Reihe tanzen. Die wenigsten New Yorker Autoren konnten die Vorladung nach Hollywood ausschlagen, wenn sie kam, obwohl sie damit dazu verurteilt wurden, ein buchstäblich anonymes und schrecklich frustriertes Rädchen in dieser Maschine der Massenunterhaltung zu werden. Benchley, der einfach veröffentlicht werden mußte, ergriff die Gelegenheit, um erst Bühnen- und dann Filmschauspieler zu werden. Dorothy Parker blieb mit mehr Mühen ihrer ehrwürdigen Kunst treu. Ihre Biographie, auch wenn sie mit wenig Sympathie erzählt wird, beschwört den Pulsschlag einer verschwenderischen Generation, deren Hoffnungen und Verheißungen in Speakeasies Funken schlugen und durch einen langen Kater schimmerten.

Das Dummerchen im Kahn

Lucy Hughes-Hallet, «Cleopatra: Histories, Dreams and Distortions». Harper & Row, New York 1990.

Unter seinem verführerischen Umschlag, den Elizabeth Taylor und Cleopatras vergangener Zeiten sowie, kaum weniger glamourös, die blaßäugige englische Autorin schmücken, ist dieses Buch von jenem stumpfen Dunkelgrün, das sich für mich mit den Lehrbüchern für Mathematik im ersten Collegejahr verbindet – Analytische Geometrie und Einführung in die Infinitesimalrechnung. Ich kenne diese Farbe gut, denn ich habe den nackten Wälzer, seines Umschlags entkleidet, mehr als einen Monat überall, wo ich hinkam, mit mir geschleppt. Mitten in der schimmernden Verzauberung von Venedig, der schmutzigen Wirklichkeit von Ravenna (das dennoch die wunderbarsten Mosaike der gesamten Christenheit beherbergt) und dem mittelalterlichen Okker und den steinernen Spitzen von Verona lag es bei mir auf dem Tisch im Hotelzimmer und erwartete von mir, daß ich, mit oder ohne Jet-lag, ein weiteres Kapitel bewältigte. Auch auf Reisen in Amerika begleitete mich der Band, nach Manhattan während dessen Monsunzeit, auf die ländlichen Festlichkeiten in Pennsylvania und sogar in die Zahnarztpraxen von Bostons legendärer North Shore, gelesen und doch noch nicht ganz gelesen, als würde ich zwischen seinen nilgrünen Deckeln nur um ein Schneckentempo schneller als die entgegendrängende Strömung paddeln. Ich sage nilgrün, weil es das vermutlich sein sollte, doch für mich wurde es zur Farbe der Pflicht.

Doch warum nur? Lucy Hughes-Hallet schreibt sehr gut, bringt es manchmal auf aphoristische Kürze, sie hat ihr Thema gründlich bedacht und vermutlich alles menschenmögliche über Cleopatra erforscht. Unter «F» finden sich in ihrem Register nicht nur, wie zu erwarten war, Freud und Foucault, Flaubert und Anatole France, sondern auch Fulvia (die erste Frau von Mark Anton) und Ftatateeta (eine Figur in Shaws «Cäsar und Cleopatra»), Antonia Fraser (die Autorin von «Warrior Queens» und «The Weaker Vessel») und Eddie Fisher (dritter Ehemann der Kriegerkönigin Elizabeth Taylor, Vater der Kriegerprinzessin Carrie Fisher und Sänger von «Oh, My Papa»). Wichtige und aufschlußreiche Zitate von Hegel und Tertullian und Ed Sullivan und des Marquis de Sade finden Platz bei Ms. Hughes-Hallet; natürlich kommen bei diesem Thema Shakespeare und Shaw und Petrarca und Lukan zu Wort, doch werden auch so entlegene Werke wie Giulio Landis «La vita di Cleopatra reina d'Egitto» (1551), Daniel Casper von Lohensteins «Cleopatra» (1661), Fuzeliers «Clèopâtre: Ballet Héroique» (1748), Rider Haggards «Cleopatra» (1889), Jean Cantels «herrlich dekadente Romanze» «La Reine Cléopâtre» (1914) und der italienische Film «Due notti con Cleopatra» (1954) mit Sophia Loren herangezogen und zitiert. Zusätzlich hat Ms. Hughes-Hallet eine bunte Sammlung von fünfzig Bildtafeln von den alten Meistern bis hin zu Standfotos aus Filmen zusammengetragen, die, unterstützt von ihren witzigen und gutformulierten Bildunterschriften, allein schon die Last ihres Buches zu tragen vermöchten.

Ihre These läßt sich folgendermaßen zusammenfassen: Im Laufe der Jahrhunderte hat es verschiedene Cleopatra-Bilder gegeben. Die meisten davon, so der Subtext, waren ungerecht. Die Sieger dürfen die Geschichte schreiben, und Octavian setzte nach seinem Kampf um das Römische Imperium, der in seinem Sieg über Antonius und Cleopatra bei Actium gipfelte, ein Propagandabild der ägyptischen Königin durch, das sie als verführerisches Monster zeigte, als schamlos, verschwenderisch, hinterhältig und feige. «Cleopatra war die Feindin Roms, und wir im Westen sind die Erben Roms. Die Vorstellung von Cleopatra, die uns überliefert wurde, begreift sie vornehmlich als Widerpart, als das Andere. Ihr Anderssein äußert sich in doppelter Form: Sie ist eine Orientalin und sie ist eine Frau. Bereits zu ihren Lebzeiten haben die beiden einander überlagernden Chauvinismen von Rasse und Geschlecht ihre Legende mitbestimmt.»

Extrem penetrant ist das feministische Anliegen der Autorin in den ersten Kapiteln, wo sie die römische Macho-Haltung umschreibt: «Orientalen, die von einer Königin regiert werden, sind verweichlicht. Sich ihnen zu unterwerfen käme (nicht auszudenken!) der Unterwerfung unter eine Frau gleich.» Dagegen setzt sie ihr Bild von Cleopatra als einer gebildeten und geliebten Herrscherin, eines königlichen Schlitzohrs:

> Man weiß, daß Cleopatra wegen der Ölrechte in einer Gegend am Südende des Toten Meeres mit den natateischen Arabern zu einer außerordentlich gewinnbringenden Vereinbarung gelangte und daß sie, nachdem sie Mark Anton überredet hatte, ihr Land in der Nähe von Jericho zu überlassen, das wegen seiner Datteln und seines Balsams sehr wertvoll war, es wiederum an König Herodes von Judäa verpachtete, ein Geschäft, das Ägypten ohne den geringsten Einsatz von Geld und Arbeitskraft bedeutende Einkünfte bescherte.

Das mag schon sein, doch die schwachen Belege für eine «Arbeitskönigin» verblassen vor den eindeutigen und historisch unbestreitbaren Tatsachen ihrer sexuellen Allianzen: Sie hatte Kinder von Julius Cäsar und von Mark Anton, und ihre Verbindung mit Antonius führte zu einem Krieg um die Vorherrschaft im Römischen Reich, der im gemeinsamen Selbstmord der Liebenden endete. Wer braucht bei diesen Tatsachen überhaupt noch eine Legende?

Doch Ms. Hughes-Hallets Absicht besteht nicht darin, in den undurchdringlichen Nebeln des ersten nachchristlichen Jahrhunderts nach der historischen Cleopatra zu tasten, sondern die Veränderungen ihres Leumunds in den Dokumenten der westlichen Kultur aufzuspüren. «Während Cleopatra immer mehr aus der tatsächlichen Erinnerung verschwand und sich immer neue Generationen von Schriftstellern mit ihrer Geschichte befaßten, gewann sie immer mehr den melancholischen Glanz von etwas, das unwiederbringlich verloren war.» Im Mittelalter galt sie überraschenderweise als Märtyrerin der Liebe; Chaucer nahm sie in seine «Legend of Good Women» (Die Legende verehrungswürdiger Damen) auf, und wie der von Dido und Thisbe galt ihr Selbstmord nach den Begriffen der höfischen Liebe als erhaben. Hinter dieser Billigung ihres Selbstmordes stand die grundsätzliche Mißbilligung von Sex, wie sie dem Christentum Glaubensgrundsatz war: «Wegen der Sexualität – nicht ihrer eigenen, sondern der des Mannes – muß die Frau bestraft werden.» Im Mittelalter wurde ihre Rolle als Ehebrecherin nicht eigens hochgespielt; jenseits dynastischer Verbindungen war die mittelalterliche Ehe so wenig bindend, daß Cleopatra allgemein als Mark Antons Gattin galt und den Titel «Frau» tragen durfte (das englische Wort «wife» kommt von *wif*, das wie *femme* im Französischen und *Frau* im Deutschen schlicht «Frau» bedeutet). Mit der begeisterten «Aufwertung der Ehe» im Protestantismus – Calvin und Luther verkündeten, die Monogamie sei ebenso «keusch» wie die Jungfräulichkeit – erregte Cleopatra Abscheu und gewann als «andere Frau», als promiske Hure an Faszination. Ms. Hughes-Hallets Analyse der patriarchalisch-protestantischen Furcht vor weiblicher Promiskuität wirkt besonders scharfsinnig: «Einer Frau, die mehrere Liebhaber hatte, konnte keiner von ihnen nahekommen oder sie verstehen... Sie verfügte über ein anderes Wissen als das, das ihr ein Ehemann hätte mitgeben können.» Die beiden Ehemänner von Cleopatra waren übrigens beide jüngere Brüder, hießen beide Ptolemäus und wurden nicht alt.

Für das 18. Jahrhundert war die Geschichte von Cleopatra Teil in der Debatte um die Monarchie, und das 19. Jahrhundert entdeckte in der exotischen Legende die poetische Rechtfertigung seiner imperialistischen Heereszüge und der Inbesitznahme der trägen, ausschweifenden Nationen in Afrika und im Orient. Für die Romantiker und die *décadents* besaß die männermordende Cleopatra einen masochistischen Kitzel: «Die Blütezeit der Killerin Cleopatra währte etwa von Napoleons Niederlage bis zum Ausbruch des Ersten Weltkriegs, eine Ära, in der der Heroismus, die Bereitschaft junger Männer, sich töten zu lassen, in Europa einen nie gekannten Kurs erreicht hatte... Daher die Vermehrung von Geschichten, in denen man den Tod mittelbar, von Hand eines Monsters, eines Schurken, einer *femme fatale*, erleiden konnte.» Ms. Hughes-Hallet kommt zwar nicht darauf zu sprechen, könnte aber anführen, daß Cleopatra, ganz gleich ob als Mörderin oder als Selbstmörderin, unseren jüdisch-christlichen Verdacht hinreichend bestätigt, daß Sex mit dem Tode bestraft werden sollte.

Im Versuch, mental Platz zu schaffen für die unangenehme Vorstellung von Sexualität, wie Cleopatra sie verkörpert, hat unser Jahrhundert sie entweder dämonisiert oder als Dummerchen dargestellt. Ms. Hughes-Hallet, die man vor ihrem Buch in gedruckter Form als Mitarbeiterin von *Vogue* und als Fernsehkritikerin des Londoner *Evening Standard* kannte, verbindet mit einigem Schwung die verspielte Cleopatra in Shaws «Cäsar und Cleopatra» (1898) mit den kindischen parodistischen Königinnen in so populären Vergnügungen wie der englischen Filmkomödie «Ist ja irre – Cäsar liebt Cleopatra» (1963): «Wenigstens sorgt ein Humor von dieser Sorte für einen imaginativen Raum, in dem Sex möglich und freundlich ist, aber er ist teuer erkauft. Alle Beteiligten müssen damit einverstanden sein, daß sie zum Narren gemacht werden, und die Frauen müssen, ehe sie ihren Teil an der Fröhlichkeit haben dürfen, ihren Anspruch opfern, als erwachsene Menschen behandelt zu werden.» Wenn Elizabeth Taylors Cleopatra in dem berühmten Film von 1963 zwinkert, kommt ein neues Element der Selbstparodie, eine umfassende Abwertung, ins Spiel; fast schon genial, wie die Autorin der vieldiskutierten Verschwendungssucht bei den Filmkosten und Burtons und Taylors realer Neuauflage von Antonius und Cleopatra im Jet-set-Look einen Essay über den geistigen Nutzen der Verschwendung als einer rabelaischen, dionysischen «heiligen Narretei» abgewinnt, die uns von all diesen erdrückenden alten römischen Werten befreit.

Das Buch schließt mit dem Bild, das die Autorin sich von Cleopatra macht: eine Venus, die Mars überwältigt und dabei, wie der Mythos erzählt, Harmonie zeugt, ein Ende all der schlichten Gegensätze – «richtig/falsch, Freund/Feind, Ost/West, Mann/

Frau, tot/lebendig» –, die unser Denken so anstrengend und so bitter machen. Eine schöne Vorstellung, bislang aber nur von wenigen künstlerischen Nachschöpfungen der Cleopatra bestätigt, obwohl die Autorin ein ägyptisches Stück ausgräbt, Ahmad Shawquis «Masra' Kliyupatra» (1929), und ein seltsames Gemälde von Giovanni Pedrini, das eine nackte, dralle, himmelwärts starrende Cleo mit der Natter am Nippel zeigt. «Wenn die Geschlechter eins werden könnten, wenn sich Liebe und Macht versöhnen ließen, wenn Orient und Okzident zusammenfänden, wäre auch der Tod zu besiegen. Diese Eintracht und diese Hoffnung findet sich in Gestalt meiner letzten Cleopatra verkörpert.»

Aber warum hatte ich dann, nach diesem milde kosmischen Schluß, so vielen beiläufigen Erkenntnissen, brauchbaren Zitaten und provozierenden Fakten, von meinen ablenkenden Lebensumständen und womöglich meinem octavianischen Widerstand einmal abgesehen, solche Mühe mit diesem Buch? Vor allem in den ersten Kapiteln hat «Cleopatra» die zähe, vom Herrn Professor abgesegnete Aura einer philosophischen Dissertation, wenn die Jahrhunderte wiedergekäut und Wortfetzen in der Diktion pflichtschuldiger Gelehrsamkeit ausgespien werden. Die Erwähnung von so vielen Stücken, Romanen und Geschichtsbüchern in stäbchentauglichen Brocken beschert einem das leere Gefühl, daß nichts davon, nicht einmal Shakespeare, allein für ein Mahl ausreichen würde. «Die Dekonstruktion überlieferter Texte ist eine Praxis des späten 20. Jahrhunderts», erklärt Ms. Hughes-Hallet in ihrer Einleitung. Dekonstruktion will literarische Werke um ihren gewollten Inhalt erleichtern, um ihn durch die unterschwelligen Botschaften zu ersetzen, die der Autor nicht gewollt hat. Der altmodische Leser erwartet, zwischen den nilgrünen Buchdeckeln Cleopatra selber zu begegnen, ihrer Realität, oder doch wenigstens einer ernsthaften Abschätzung dieser Realität. Statt dessen bekommt er Bilder von ihr, die aus den Illusionen und Neurosen vergangener Jahrhunderte entstanden sind. Das sorgt für ein etwas monotones Flattern. «Ich kenne sie nicht», bekennt die Autorin fröhlich. «Wie alle anderen Autoren, deren Werke ich untersucht habe, kenne ich nur Abbilder und Beschreibungen von ihr, Masken, die andere nach ihrem Gleichnis angefertigt haben.»

Die Idee, daß ein Bild «lebensnah» sein, daß manche Bilder weniger unwahr als andere sein könnten, kommt nicht zur Sprache. Dennoch muß an der Geschichte von Antonius und Cleopatra etwas Wahres gewesen sein und immer noch sein, weil sie sonst nicht über zwei Jahrtausende weitergereicht worden wäre. Ist es nicht in gewisser Weise die Geschichte eines jeden Kleinstadtjungen, der sich genau in dem Moment, da er aufbrechen will, um die Welt zu erobern, in ein Mädchen aus seiner Heimatstadt verliebt und dort bleibt, um eine Ernte an Kindern, an stumpfsinnigen Tagen, an gescheiterten Hoffnungen einzubringen? Biologisch ist eine Frau eine Art Venusfliegenfalle, die ihren Antonius für die Augenblicke der Verführung und Berückung in dem festhält, was Ms. Hughes-Hallet so hübsch «einen verwirrenden Sumpf der instinktiven Lust» nennt. Vielleicht war er ein hysterischer alter Imperialist, aber läßt sich bestreiten, daß in Rider Haggards Bemerkung ein Gran Wahrheit steckt: «Bei all ihrer Schwäche ist die Frau die stärkste Kraft auf Erden... denn die Natur kämpft immer auf ihrer Seite»? Da sich Ms. Hughes-Hallet dafür entschieden hat, aus den Tausenden von Seiten, die sie gelesen hat, ausgerechnet diesen Satz zu zitieren, muß auch sie durch etwas an ihm angeregt worden sein, etwas, das uns sehen hilft, das uns unsere Lage begreifen hilft, das uns leben läßt. Das Nervige an «Cleopatra» kommt von der ermüdenden Prämisse der Dekonstruktion, daß der Kunst nichts Gesundes eigne, sie nur kulturelle Pathologie sei.

Gepriesen sei die Evolution

Stephen Jay Gould, «Das Lächeln des Flamingos. Betrachtungen zur Naturgeschichte». Aus dem Englischen von Klaus Laermann und Eva Schmitz. Suhrkamp Verlag, Frankfurt/Main 1989.

«Die Evolution», schreibt Stephen Jay Gould in der Einleitung zu seiner jüngsten Sammlung von Aufsätzen, «ist eine von einem halben Dutzend erschütternder Ideen, die die Wissenschaft entwickelt hat, um alte Hoffnungen und Sicherheiten umzustürzen und unsere heutigen Gedanken zu erleuchten.» Das ist allerdings erschütternd. Der Nichtwissenschaftler verhält sich zur modernen Wissenschaft eigentlich nur wie ein Feigling: Ihre Entdekkungen, ihre Technologie interessieren uns, solange sie uns vor Krankheiten bewahren, uns schneller voranbringen und uns das Leben erleichtern, gleichzeitig aber zucken wir vor dem zurück, was sie uns über unseren gefährdeten und unbedeutenden Platz im Kosmos zu sagen hat. Man kann nicht sagen, daß unsere Sicherheit und unsere Bedeutung in der vorwissenschaftlichen Welt nicht gefährdet gewesen seien oder daß es vor Darwin an Argumenten gegen eine von Gott verliehene Einzigartigkeit des Menschen gefehlt hätte. Doch die Entdeckungen unseres Jahrhunderts – unvorstellbare Größe und unausdenkliche Winzigkeit; abgründig lange geologische Zeitspannen, als wir noch nicht existierten; überzählige Galaxien und unbestimmbares subatomares Verhalten; eine Art irrer mathematischer Gewalttätigkeit im Herz der Materie – haben uns mehr versengt, als wir ahnen. Giacomettis angefressene, drahtdünne Figuren verkörpern den neuen Humanismus, und Becketts Minimalmonologredner sorgen für seine schwache, hoffnungslose Stimme. Dennoch flehen wir die Wissenschaft an: «Sprich mit uns!» und ehren jene forschenden Wissenschaftler mit Verkaufszahlen und Ruhm, die sich bereit finden, sich zum allgemeinen Lesepublikum herabzubeugen, uns mit erstaunlichen Tatsachen zu unterhalten und sogar unsere atavistische Ehrfurcht und Angst zu teilen, wenn sich die Tatschen unerbittlich entfalten. In jüngster Vergangenheit war der Astronom Carl Sagan der auffälligste amerikanische Popularisierer, doch sein erbarmungsloses, vom Fernsehen übertragenes Hinaufträumen zu den Sternen, sein demagogisches Geschrei von außerirdischem Leben und seine Bereitschaft, seine überaktiven spekulativen Fähigkeiten in Bereiche auszudehnen, die weit über seine Zuständigkeit hinausreichen, verleihen seinen Mitteilungen das Glitzern der Vulgarität. Dem altersgleichen Gould (der mit ihm zusammen die Oberschule in New York besucht hat) ist es gelungen, verständlich und unterhaltsam über die Naturwissenschaften zu schreiben, ohne deshalb seine Seriosität zu opfern; als Wissenschaftler wie als Essayist ist er ein würdiger Nachfolger von Loren Eiseley. Gould schreibt weniger poetisch als Eiseley und arbeitet sich näher an Entwicklungen in der Paläontologie und der Evolutionstheorie heran; man darf vermuten, daß er viele von Eiseleys späteren Essays, die grüblerischer und persönlicher sind, als «romantisch» bezeichnen würde, ebenso die heiteren mikrobiologischen Grübeleien eines Dr. Lewis Thomas, an den Gould wohl denkt, wenn er schreibt: «Siphonophoren vermitteln nicht die Botschaft – wie es ein Lieblingsthema des gedankenlosen Romantizismus will –, daß die Natur nur ein einziges riesenhaftes Ganzes ist, daß alle ihre Bestandteile aufs sorgfältigste miteinander verbunden sind und miteinander in einer höheren, unaussprechlichen Harmonie zusammenwirken.»

Gould schreibt inzwischen schon länger als zehn Jahre eine monatliche Kolumne mit dem Titel «This View of Life» für das Magazin *Natural History*. «Das Lächeln des Flamingos» ist seine vierte Sammlung dieser (und ein paar weiterer Essays) unterschiedlichen, temperamentvollen Kolumnen. Die anderen drei Sammlungen sind «Der falsch vermessene Mensch» (deutsch 1986), «Der Daumen des Panda. Betrachtungen zur Naturgeschichte» (1989) und «Wie das Zebra zu seinen Streifen kommt. Essays zur Naturgeschichte» (1991). Sie alle enthalten etwa dreißig Aufsätze pro Band, die mit Sorgfalt so angeordnet sind, daß man sie in der vorgegebenen Reihenfolge lesen sollte; allerdings ist jede Sammlung, wie der Autor erklärt, länger als die vorhergehende geworden. Meinem vagen Eindruck nach schreibt der Autor nicht nur ausführlicher, sondern auch mit glücklicherer Hand. Einige der frühen Aufsätze hatten einen umgangssprachlichen, selbstgewissen Ton und den Hauch des Sensationellen – beispielsweise jener, in dem er darüber spekuliert, wie der Priester und Philosoph Teilhard de Chardin zusammen mit Charles Darwin den Piltdown-Schwindel, den berüchtigsten Betrugsfall der Paläontologie, untersucht. Der Ton von «Das Lächeln des Flamingos» wirkt milde, eher anerkennend als bestimmt. In einer Reihe von Aufsätzen werden mit einer gewissen Nachsicht wissenschaftliche Theorien erläutert, die heute grotesk wirken, und geduldig erklärt, wie gebildete und ehrbare Männer sich zu ihnen bekennen konnten. Ein längeres Stück, die einhundertste Kolumne, die Gould für *Natural History* verfaßt hat, ist zärtlich seinem Lieblingsgegenstand in theoretischer und empirischer Forschung gewidmet, der Bahamischen Landschnecke *Cerion* («Ich liebe *Cerion* von ganzem Herzen und mit allem Verstand»). Und eine weitere Reihe seiner kämpferischen Ausflüge in die Menschheitsgeschichte gilt dem Versuch, Menschen, die am sozialen Rand lebten, vor der ungerechten Behandlung durch ihre Zeitgenossen zu erretten – beispielsweise Saartjie Baartman, eine südafrikanische Frau, die im Europa des frühen 19. Jahrhunderts als die «Hottentotten-Venus» herumgereicht wurde; oder Carrie Buck, eine Frau aus Virginia, deren staatlich verfügte Sterilisation in den zwanziger Jahren durch eine Entscheidung des Obersten Bundesrichters Oliver Wendell Holmes aufrechterhalten wurde, der für seine Urteilsbegründung «Drei Generationen von Schwachsinnigen sind genug» berüchtigt ist; und Ernest Everett Just, ein glänzender schwarzer Biologe, der 1941 im Alter von 58 Jahren nach einer frustrierenden Laufbahn starb, die durch Rassismus aus den höchsten akademischen Rängen gehemmt wurde.

Gould hat einen Großteil dieses Buches geschrieben, während

er selbst mit dem Krebs kämpfte; in seinem Vorwort erklärt er: «Ich schreibe diese Essays vor allem, um mir bei meinem eigenen Bemühen, soviel wie möglich in der kurzen Zeit, die einem zugemessen ist, über die Natur zu lernen und zu begreifen.» Der «mühseligen Regelmäßigkeit dieser Essays» schreibt er einen Teil seines Überlebenswillens zu: «Wer vermöchte mich in dem Glück, das sie bieten, zu überbieten? Jeden Monat ein neues Abenteuer – wissenschaftlich und sprachlich. Ich kann nur mit grimmiger Entschlossenheit sagen: ‹Noch nicht, Herr, noch nicht.› Ich könnte ihren Reichtum auch nicht anreißen, wenn ich hundert Leben hätte, aber ich muß einfach noch ein paar mehr von diesen hübschen Kieseln sehen.»

Goulds Prosakiesel lassen den Leser zum Teil auch wegen seiner unverblümten Begeisterung für die Evolutionstheorie süchtig werden, die «aufs schönste die faszinierenden Einzelheiten und die belehrenden Gemeinplätze umfaßt». In «Der Daumen des Panda» erklärte er: «[Die Evolutionstheorie] ist in ihrem gegenwärtigen Entwicklungszustand stark genug, um Zufriedenheit und Vertrauen zu schaffen, andererseits so ergiebig wenig entwickelt, um ein ganzes Schatzhaus an Rätseln zu liefern.» Seine Essays sind alles andere als Lesefrüchte, die aus einem Fundus gesicherten Wissens vorgetragen würden, sondern haben den frischen Eifer des Autodidakten. Fußnoten verweisen fröhlich auf Einwände und Ergänzungen, die sich mit der Veröffentlichung im Magazin ergaben. Seine Überschriften sind lebendig, manchmal knallig – «Der Titularbischof von Titiopolis», «Bathybius und Eozoon», «Der Tod vor dem Leben, oder: Nunc Dimittis von einer Milbe», «Von Wespen und WASPs*», «Hannah Wests linke Schulter und die Ursprünge der natürlichen Auslese» –, und unser Interesse wird noch weiter durch die Illustrationen angestachelt, die oft wie ein eigener paläontologischer Schatz aus einer obskuren Quelle geborgen wurden. Die Seiten über Carrie Buck enthalten beispielsweise auch eine Reproduk-

* W(hite) A(nglo) S(axon) P(rotestant): die weißen Protestanten angelsächsischer Herkunft gelten als Führungsschicht der USA. (Anm. d. Ü.)

tion des Zeugnisses, das Carries Tochter Vivian in der ersten Klasse erhielt: Vivian kam kurz vor der Sterilisation ihrer Mutter zur Welt (tatsächlich beschleunigte ihre Geburt die Sterilisation) und starb mit acht Jahren. Das arme Kind, die dritte Generation von angeblichen Schwachsinnigen, bekam eine Eins in Betragen und Zweier und Dreier in den Lehrfächern. In einem Trimester erhielt sie sogar eine Auszeichnung. Der Anblick ihres nüchternen alten Zeugnisses schreit wie eine verwundete Stimme. Mr. Gould verfügt über ein heilsames moralisches Gefühl für das genaue Detail, das präzise Zitat. Mit entschiedener Stimme läßt er uns wissen: «Diese Aufsätze beruhen auf Originalquellen in den ursprünglichen Sprachen; in keinem Fall gehen sie auf Bücher oder andere gängige Zusammenfassungen zurück.» Er ist nicht nur ein Historiker des Lebens, sondern unterrichtet in Harvard auch Wissenschaftsgeschichte, und er ist niemals interessanter (oder einschmeichelnder), als wenn er sich in eine längst verscharrte Theorie vertieft, ihre entscheidenden Aussagen abstaubt und gleichsam wieder neu in Gang setzt. In seinem «Omphalos» (1857) behauptete Philip Henry Gosse, daß Gott die geologischen Formationen mit «prochronischen» Hinweisen auf Zeitabschnitte, die älter sind als die biblische Schöpfung, versehen habe, um die zyklische Integrität von Naturprozessen nicht zu stören, genauso wie Er die Tiere mit Kot geschaffen habe, der sich bereits in ihrem Darm befand; Reverend William Buckland (1784–1856) behauptete, daß die Kies- und Lehmlager, die sich in ganz England fänden, Beweis für die Sintflut seien, doch besaß er dann doch genügend Feingefühl und wissenschaftliche Weisheit, um zu merken, daß es sich in Wirklichkeit um einen Beweis für die Eisdecken von Gletschern handelte; in den Jahrzehnten unmittelbar vor Darwins «Entstehung der Arten» (1859) entwickelten der Deutsche Lorenz Oken und der Brite William Swainson gigantisch falsche taxonomische Systeme, die mit kabbalistischer Feinarbeit auf die Zahl Fünf gegründet waren. Diese in Irrtümern befangenen Theoretiker waren alle hervorragende beschreibende Naturwissenschaftler, doch bis Darwin das nicht unbekannte Prinzip der natürlichen

Auswahl (1831 hatte es der schottische Obstzüchter Patrick Matthew in einem obskuren Werk mit dem Titel «Naval Timber and Arboriculture» [Meerholz und Baumkulturen] formuliert, und sogar noch vor ihm William Charles Wells, ein weiterer Schotte, in einem postum veröffentlichten Papier über Hautfärbungen) benutzte, um damit zu beweisen, daß dessen fruchtbringender Mechanismus die schöpferische Kraft ist, die Organismen in den riesigen Spannen geologischer Zeit verändert, war das 19. Jahrhundert damit beschäftigt, nach anthropozentrischen und quasitheologischen Vorstellungen Berge von Beweismaterial anzuhäufen. Gott, der große Uhrmacher, starb langsam und sprach auf dem Totenbett viele verwirrende Worte.

Goulds evangelischer Begriff von der Wissenschaft als einem vorwärtsstrebenden Licht erlaubt ihm viel Verständnis für die Denker im Dunkel. Der große Lord Kelvin, der das zweite Gesetz der Thermodynamik entdeckte, behauptete vierzig Jahre lang, die Erd- und Sonnenzeitalter seien kurz gewesen, zu kurz, als daß eine organische Evolution hätte stattfinden können; wie aber hätte jemand vor der Entdeckung der Radioaktivität und der Kernfusion die Wärmelebensdauer der Sonne berechnen sollen? Wie hätten die leidenschaftlichen Debatten über Embryologie im Frankreich des 18. Jahrhunderts, angezettelt von Gelehrten wie Pierre-Louis Moreau de Maupertuis, zwei Jahrhunderte ehe die DNS-Struktur analysiert worden war und fünfzig Jahre ehe der Jacquard-Webstuhl den ersten Analogiefall für programmierte Befehle lieferte, anders als auf groteske Weise naiv sein können? Die Wissenschaft produziert nicht nur Technologie, sie muß auch auf sie warten. Wir vergessen, wie verworren alles für jene war, die als erste entwirren sollten; als sich endlich eine Chronologie der Formation herausbildete, war der Katastrophismus (der im Augenblick eine Art Renaissance erlebt) die logische Schlußfolgerung, auf die man kommen mußte. Darauf hat Gould in seinem Essay über Georges Cuvier hingewiesen:

In den großen Debatten der Geologie zu Anfang des 19. Jahrhunderts folgten die Katastrophisten der stereotypen Methode objektiver Wissenschaft – empirischer Wortwörtlichkeit. Sie glaubten, was sie sahen, interpolierten nichts und lasen direkt im Archiv der Steine. Liest man dieses Archiv buchstäblich, so verzeichnet es Diskontinuität und plötzlichen Übergang: Faunen verschwinden; terrestrische Steine liegen unter marinen, ohne daß die Formationen dazwischen etwas über die Entwicklung aussagten; horizontale Sedimente überlagern aufgeworfene und zerrissene Formationen eines früheren Erdzeitalters.

Gould bringt uns undankbare Nutznießer der Wissenschaft zur Einsicht mit seinem liebevollen und fühlbaren Sinn für ihr mühsames Fortschreiten, ihr Vorwärtsschlängeln zwischen bruchstückhaften Entdeckungen und überholten Debatten, von relativer Dunkelheit zu relativem Licht. Selbst jene, die sich im Irrtum befanden, können seiner Dankbarkeit gewiß sein.

Zu einer Zeit möglicherweise übertriebener professioneller und instrumentalisierter Forschung liebt Gould mit der Begeisterung eines jungenhaften Laien die leidenschaftslose wissenschaftliche Methode. Diese Methode, darauf weist er immer wieder hin, muß entschieden unmystisch und vom menschlichen Wunschdenken isoliert sein – von dem, was er manchmal «Hoffnung» nennt. «Man muß Schlußfolgerungen gegenüber, die eine unkritische Hoffnung bestätigen und den tröstlichen Traditionen abendländischen Denkens folgen, immer mißtrauisch sein», schreibt er in einer Diskussion des «anthropischen Prinzips», was ein neuer Name für die ehrwürdige menschliche Vorstellung ist, daß die Dinge für uns entworfen worden sein müssen, weil wir schließlich da sind. Sie wurde vor einiger Zeit reaktiviert, als man registrierte, welch unglaublich feine Balance offenbar zwischen den entscheidenden physikalischen Kräften herrscht, um für ein Universum zu sorgen, das so sicher und gelegentlich so angenehm ist wie das unsere; doch eine frühere Lesart wurde 1903 von Alfred Russel Wallace angeboten, der in der

Entdeckung der natürlichen Auslese neben Darwin steht, später aber, anders als der immer empirische Darwin, in den Spiritualismus und Anthropozentrismus abglitt. Wallace, der mit der Astronomie der Jahrhundertwende arbeitete, wies zu seiner eigenen Genugtuung nach, daß «die wunderbare Komplexität der Kräfte, die die Materie zu beherrschen, wo nicht gar zu bestimmen suchen, Verstandesprodukte sind und sein müssen». Mark Twain verspottete Wallace' Theorie («Nach diesen Zahlen brauchte es 99968000 Jahre, um die Welt auf den Menschen vorzubereiten, und das, wo Gott es zweifellos kaum erwarten konnte, diesen zu sehen und ihn zu bewundern»), und Gould sagt scharf: «Ich jedenfalls suche meine Hoffnung woanders.» Er sagt nicht wo, es sei denn in der Hoffnung wissenschaftlicher Neuerungen und Ideen.

Obwohl ein ergebener Schüler Darwins, ist Gould doch kein Sklave des Gradualismus, als den Darwin die schrittweise Anpassung verstand und der es einem ziemlich schwer macht, sich die längeren Schritte der Evolution vorzustellen. Gould hat weitergeschrieben und er hat eine neue Einleitung zu dem kontroversen Buch «The Material Basis of Evolution» (Die materiale Basis der Evolution, 1940) des Genetikers Richard Goldschmidt verfaßt, der die Behauptung aufstellt, daß Darwins schrittweise Anpassung möglicherweise das Vorherrschen weißer Hasen in schneereichen Gebieten einigermaßen vernünftig erklärt, die großen Mutationen sich aber nur mit der Hypothese eines «hoffnungsvollen Monsters» erklären lassen – der seltenen Mißgeburt, deren Mißbildung einen Überlebenswert hat und die (hier liegt der Hase im Pfeffer) ein weiteres hoffnungsvolles Monster findet, um sich mit ihm zu paaren. Gould hat als Möglichkeit, mit den Peinlichkeiten der Diskontinuität im paläontologischen Archiv zurechtzukommen, eine Theorie des «unterbrochenen Gleichgewichts» vorgeschlagen, die zu seinem Ärger die Kreationisten ein wenig versöhnt hat. Wie die letzten Aufsätze in «Das Lächeln des Flamingos» zeigen, ist er über die neue sogenannte Nemesis-Hypothese einigermaßen besorgt, die behauptet, daß mit der Wiederkehr eines Sterns, der dem Sonnensystem nahe genug kommt, um die Oort-Kometenwolke durcheinanderzuwirbeln und auf die Weise Kollisionen und das Klima verändernde Staubstürme auf der Erde herbeizuführen, alle 26 Millionen Jahre eine Massenvernichtung stattfindet. Das könnte man eine Katastrophentheorie mit himmlischem Antlitz nennen.

Wenn er allerdings biologische Rätsel durchgeht wie etwa in der fossilen Chronologie (Kegelzahner, das bananenförmige *Tullimonstrum*, die präkambrische ediakarane Fauna) oder die lebendige Welt (sexueller Kannibalismus bei den Insekten, regelhafter Hermaphroditismus bei *Crepidula*, Identitätsprobleme bei siamesischen Zwillingen und Röhrenquallen), Verzweigungstheoretiker und Kreationisten abwehrt, die Eugenik und das anthropische Prinzip verteidigt, hat Gould ständig das Beispiel Darwins vor Augen. Er hat die Bücher gelesen, die Darwin neben seinen beiden berühmten, «Über die Entstehung der Arten» und «Die Abstammung des Menschen» (1871), schrieb, und hat eigene Essays über «Die Bildung der Ackererde durch die Tätigkeit der Würmer mit Beobachtung über deren Lebensweise» (1881) und «Die verschiedenen Einrichtungen, durch welche britische und ausländische Orchideen von Insekten befruchtet werden» (1862) verfaßt. Für den Naturwissenschaftler sind geduldige und sorgfältige Beobachtungen ebenso wichtig wie Würmer und Bestäubung für die Natur; die Langsamkeit, mit der Darwin verallgemeinerte, und die detaillierte Konkretheit, mit der er seine Verallgemeinerungen untermauerte, sind eins mit seiner einmaligen Begabung zur Einsicht in die Vorgänge der Natur. Der richtige Beobachter darf keineswegs übereilt eine Ordnung oktroyieren oder von der Natur zuviel Ordentlichkeit verlangen. Wiederholt jubelt Gould über die komplizierte Zerzaustheit der Natur, den Eigensinn in der Anpassung:

> Unsere Welt ist nicht der bestmögliche Ort, der von den allmächtigen Kräften der Auslese sorgfältig abgestimmt wäre. Sie bildet eine schrullige Masse von Unvollkommenheiten, die einigermaßen (und oft bewundernswert) funktionieren; ein notdürftig aufgetakeltes Set von Anpassungen, die aus seltsa-

men Teilen zusammengesetzt sind, die wiederum vergangene Geschichtsepisoden mit verschiedenen Kontexten liefern. Darwin, der die Geschichte eifrig studierte und sich keineswegs ausschließlich der Auslese widmete, begriff dieses Prinzip als den eigentlichen Hauptbeweis der Evolution.

Darwin schätzte das Wort «Evolution» mit seiner Konnotation von heranrollender oder fortschreitender Entwicklung nicht besonders; für seine Theorie zog er den öden Bandwurmausdruck «Abstammung mit Veränderung durch Variation und natürliche Auswahl» vor. Die reine Zufälligkeit und Körperlichkeit der Vorgänge in der Natur dürften nicht durch menschliches Gewohnheitsdenken oder durch Wunschdenken verunreinigt werden, darauf besteht Gould. «Der menschliche Geist jauchzt, wenn er ein Muster entdeckt – und zwar so sehr, daß wir häufig den Zufall oder eine forcierte Analogie mit einer tiefen Bedeutung aufladen. Keine andere Denkgewohnheit ist tiefer in der Seele eines kleinen Geschöpfs angelegt, das eine komplexe Welt zu begreifen sucht, für die es nicht konstruiert wurde.» Um die alten Vorstellungen von einem göttlichen Plan und der Einzigartigkeit des Menschen auszuschließen, betont er, als wären sie selber heilig, die Vorstellungen von Ziellosigkeit, Zufall und Kontingenz: «Zufallsprozesse sorgen für ein hohes Maß an Ordnung – und das Bestehen eines Musters ist kein Beweis gegen die Zufälligkeit.» Der erschütternde Effekt, den Darwins Theorie bei den Viktorianern hatte, galt nicht ihren Behauptungen von einer Natur mit Zähnen und Klauen, für die jeder Bauer und Soldat Zeugnis ablegen konnte, sondern vielmehr ihrer Beschreibung, wie ein komplizierter organischer Plan ohne jegliche göttliche Absicht entstehen konnte. «Die Evolution», erklärte Gould im Prolog seiner ersten Sammlung genüßlich, «ist absichtslos, materialistisch und nicht fortschrittlich.» In dem Aufsatz über Darwins Würmerstudien führte er als beispielhaft «den materialistischen Charakter von Darwins Theorie, insbesondere seine Leugnung einer kausalen Rolle der spirituellen Kräfte, Energien oder Mächte» an. Selbst eine derart milde, fast verstohlene Andeutung des Übernatürlichen als Andeutung des Vitalismus, daß im Leben ein «Funke» oder «etwas Besonderes» existieren könnte, muß zurückgewiesen werden – selbst die plausible Vorstellung, daß die hohe Intelligenz des *Homo sapiens* einen evolutionären Trend krönt. «Das menschliche Gehirn und der menschliche Körper sind nicht auf einer direkten, unvermeidlichen Leiter entstanden, sondern auf einer gewundenen und quälenden Strecke, die mit Anpassungen gekerbt war, welche wiederum aus verschiedenen Gründen entstanden und glücklicherweise auf spätere Bedürfnisse paßten.»

Die Säugetiere erreichten ihre Größe und Fähigkeiten zum großen Teil deswegen, weil die Dinosaurier ausstarben. Man fragt sich jedoch, warum Reptilien keine überlegene Intelligenz entwickelt haben. Goulds eigener Aufsatz «Waren die Dinosaurier dumm?» beschäftigt sich mit kleinen, fleischfressenden, naturgemäß flinken und beweglichen Dinosauriern wie dem *Stenonychosaurus*, der in diese Richtung strebte. Ist denn Intelligenz im Kampf ums Überleben nicht eine so fürchterliche Waffe, daß sie sich unvermeidlich entwickelt? Sind nicht im Meer die walartigen Lebewesen – die Wale, Tümmler und Delphine – die jüngsten Bürger von Bedeutung und auch die intelligentesten? Gould beschäftigt sich nicht mit diesen Fragen, erklärt statt dessen, daß «bewußte Intelligenz sich auf der Erde nur einmal entwickelt hat und sich wenig Aussicht auf ein erneutes Auftreten bietet, falls wir unsere Begabung zur Zerstörung nutzen sollten». Dieser eingeschränkte Ausblick erstaunt bei einem Mann, der selber darüber staunen konnte, daß der Panda, der einen Daumen brauchte, um seine Bambussprossen greifen zu können, aus einem Knochen am Handgelenk einen entwickelte, oder der erläutert, wie sich die Flugfähigkeit auf der Erde viermal entwikkelt hat und der Flügel dabei jedesmal von anderen Körperteilen gebildet wurde. Für Gould gehört die menschliche Intelligenz in die gleiche Klasse – kunstvoll entwickelte Unregelmäßigkeit – wie der nach unten gerichtete Schnabel des Flamingos, der ihm den Titel liefert. Unser Gehirn ist eine Art unwillkürliches Lächeln auf der Oberfläche des *bellum omnium contra omnes* – des

Krieges aller gegen alle, wie Marx Darwins Natur charakterisierte. Eine triste Ansicht, aber eine, die einleuchtet und, wie es scheint, auch belebt. Als beständiger Autor (der, wie er uns mitteilt, in zehn Jahren keinen einzigen Abgabetermin versäumt hat) hat Stephen Gould das Glück, eine Methode und ein Thema zu besitzen, die ein klärendes Licht auf eine umfassende Vielfalt von Fakten und Texten werfen. Er hat außerdem das Glück, in Darwin einen Helden gefunden zu haben, der gleichzeitig Bezugspunkt und ehrenhafter Maßstab ist.

Tiefenzeit und Computerzeit

Stephen Jay Gould, «Die Entdeckung der Tiefenzeit. Zeitpfeil oder Zeitzyklus in der Geschichte unserer Erde». Aus dem Amerikanischen von Holger Fließbach. Hanser Verlag, München 1990.

Jeremy Rifkin, «Uhrwerk Universum. Die Zeit als Grundkonflikt des Menschen». Aus dem Amerikanischen von Mara Huber. Droemer Verlag, München 1990.

Der europäische Mensch, der einst mit einer ziemlich unhygienischen Gemütlichkeit in einer flachen Welt lebte, die von Wikingern und Sarazenen eingezäunt und von den klingenden himmlischen Sphären umschlossen wurde, hat eine Reihe traumatischer Erweiterungen seines Bewußtseins durchgemacht. Als erstes – und vielleicht am wenigsten verstörend, weil es mit Eroberungs- und Handelstriumphen einherging – kam das wachsende Bewußtsein von der tatsächlichen Geographie der Erde, als italienische Kaufleute, portugiesische Seefahrer, spanische *conquistadores* und britische Forschungsreisende mit Berichten von der riesenhaften asiatischen Landmasse, der ausgedehnten afrikanischen Küste, den beiden nicht vermuteten Kontinenten der Neuen Welt, der nassen Wüste des Pazifischen Ozeans und den vereisten Polarregionen heimkehrten. Danach kam die Astronomie, mit der sich die festsitzende Nachtmütze der Gestirne mit ihren sieben Wandelsternen (die Sonne, der Mond und fünf beobachtbare Planeten) als sichtbarer Bestandteil von unausdenkbaren Ausmaßen an Raum und Energie erwies. Die Kopernikanische Wende holte die Erde aus dem Mittelpunkt des Universums, veränderte aber nicht die Größenordnungen; diese sollte erbarmungslos das Fernrohr, das Galileo zum ersten Mal astronomisch nutzte, erweitern, bis in den zwanziger Jahren dieses Jahrhunderts Edwin Hubble nachwies, daß unsere Milchstraße mit ihren Milliarden von Sternen nur eine von zahllosen Galaxien ist, die, vereinfacht gesagt, wie ein Schrapnell in einer riesigen Explosion auseinanderspritzen. In der umgekehrten Richtung offenbarten Linsen, nachdem im 17. Jahrhundert Mikroskope entwickelt worden waren, die wimmelnde Unterwelt der Kleintiere und Mikroben, unter der eine noch winzigere Welt der Moleküle, Atome und subatomaren Teilchen lag – verwirrende Tiefen von aktiver Komplexität, die nicht nur das Aufnahmevermögen des Auges, sondern auch aller direkten Beobachtungsgeräte überstieg. Und in der Zeitdimension tat sich mit den geologischen Wissenschaften, zu deren ersten Theoretikern Leonardo und Descartes gehörten, ein weiterer Abgrund auf: Zum Ende des 18. Jahrhunderts war deutlich geworden, daß nur riesenhafte Mengen an bereits vergangener Zeit den schichtenmäßigen, gefalteten, erodierten und Fossilien bergenden Zustand der Felsen erklären konnten, während die Bibel behauptet hatte, sie seien erst am Anfang ihres eigenen historischen Berichtszeitraums, in einem Jahr, das sich mit 4004 v. Chr. berechnen ließ, geschaffen worden.

Die blasphemische und verschrumpfende Offenbarung einer «Tiefenzeit» bildet das zugrundeliegende Drama in Stephen Jay Goulds «Die Entdeckung der Tiefenzeit. Zeitpfeil oder Zeitzyklus in der Geschichte unserer Erde». In den monatlichen Aufsätzen, mit denen Gould die Leser des Magazins *Natural History* unterhalten und erbaut hat, zeigt er gelegentlich eine erstaunlich liebevolle Vertrautheit mit den entzauberten und vergessenen Theorien, von denen die Wissenschaftsgeschichte durchzogen ist: Das vorliegende Buch, eine erweiterte Fassung der Vorlesungen an der Hebräischen Universität in Jerusalem, beschäftigt sich mit drei frühen britischen Geologen – Thomas Burnet (1635–1715), James Hutton (1726–1797) und Charles Lyell (1797–1875) –, deren Bedeutung seiner Meinung nach in den Lehrbüchern über den Fortschritt der Geologie unzutreffend wiedergegeben ist. In «Lehrbuch-Pappe» wird dieser Fortschritt als «Sieg einer von den Zwängen des Aberglaubens endlich befreiten, überlegenen Beobachtung» wiedergegeben – das heißt, die phantasievollen, religiös eingefärbten Theorien werden ersetzt durch geduldige Feldforschung und die induktive Überlegung echter Wissenschaftler. Und doch, sagt Gould, sind «Naturwissenschaftler keine Induktionsroboter, die Erklärungsstrukturen einzig und allein aus den an natürlichen Phänomenen beobachteten Regelmäßigkeiten erschließen... Naturwissenschaftler sind Menschen, die in einer bestimmten Kultur verwurzelt sind und sich mit all den merkwürdigen Instrumenten der Argumentation herumschlagen, die der menschliche Geist kennt – von der Metapher und der Analogie bis hin zu den Höhenflügen einer reichen Phantasie, die C. S. Peirce ‹Abduktion› genannt hat».

Zu den kulturellen Metaphern, die die Erforschung der Tiefenzeit geformt haben, gehören jene von Zeitpfeil und Zeitzyklus. Hat die rätselhafte Evidenz des Gesteins den Beweis erbracht, daß die Erde eine Geschichte hatte, die vom Anfang bis an ein Ende voranschreitet, oder war ihre Geologie eine Angelegenheit von endlosen Zyklen aus Erosion und Wiederherstellung, aus Senkung und Hebung? Die Wahrheit, sagt Gould, hat mit beidem zu tun: Die Zyklen bewegen sich entlang eines Pfeils. Und Burnet, der in den Lehrbüchern bedauerte Vertreter der von der Bibel inspirierten «Sacred Theory of the Earth» (Heilige Theorie der Erde, 1680–89), näherte sich dieser doppelten Wahrheit weiter an als Huttons «Theory of the Earth» (Theorie der Erde, zuerst 1788 erschienen) und Lyells «Principles of Geology» (Grundsätze der Geologie, zuerst 1830–33 erschienen). «Hutton und Lyell, die traditionellen Entdecker der Tiefenzeit in der britischen Tradition, waren ebensosehr (oder mehr noch) durch... eine Vision von der Zeit wie durch ein überlegenes Wissen über die Felsen im Gelände motiviert... Ihre Visionen gehen ihrem Versuch, empirische Bestätigung zu finden, voraus – und zwar logisch, psychologisch und in der Ontogenese ihrer Gedanken.» Genauer gesagt stand Hutton so sehr unter dem Einfluß von Newtons großartiger Analyse der himmlischen Bewegung, daß er der Geologie eine ähnlich beständige und ideale Mechanik zuschreiben wollte, und Lyell war wegen des «Uniformitarianismus» dermaßen auf seinen

Kampf mit den «Katastrophentheoretikern» konzentriert, daß er bis gegen Ende seines Lebens die Tatsache ignorierte, daß sich aus den Erdfossilien eine unumkehrbare Geschichte ableiten läßt und daß sich die Felsschichten nach ihnen einordnen lassen.

Wem das sehr technisch klingt, täuscht sich nicht. Doch verfügt die Geologie über den Charme, daß wir alle auf ihrem Rohmaterial herumlaufen, und Goulds klarer, lebendiger Stil, der nur ganz selten auch nur den Hauch des Schwerfälligen hat*, führt uns geschickt durch das Labyrinth überlebter Debatten und Vorurteile. Seine eigene aktuelle Parteinahme in der Debatte mit den evolutionären «Gradualisten», die sich seiner und Niles Eldreges Theorie des «unterbrochenen Gleichgewichts» widersetzen, gibt seiner Darlegung alter Streitpunkte besondere Verve. Obwohl die allmähliche, schrittweise Veränderung über große Zeiträume heute als die empirisch bewiesene Art und Weise biologischer und evolutionärer Veränderung angesehen wird, hat der Augenschein, wie uns Gould mit einigem Vergnügen erinnert, immer den Katastrophentheoretikern den Vorzug gegeben und tut es weiter:

> Damals wie heute erzählen geologische Daten, wörtlich gelesen, in erster Linie von abrupten Übergängen, zumindest auf lokaler Ebene. Wenn Sedimente darauf hindeuten, daß Umwelten sich vom Terrestrischen zum Marinen verändern, dann finden wir für gewöhnlich keine unmerklich abgestufte Serie von Schichten, die durch Korngröße und in ihnen eingeschlossene Fauna darauf hindeuten, daß an die Stelle von Seen und Flüssen Ozeane von immer größerer Tiefe getreten sind. In den meisten Fällen liegen rein marine Schichten direkt über terrestrischen Lagern, ohne daß es Anzeichen eines glatten Übergangs gäbe. Die Welt der Dinosaurier macht nicht allmählich dem Reich der Säugetiere Platz; vielmehr verschwinden durch

* «Viele große Auseinandersetzungen in der Geschichte des menschlichen Denkens haben eine Art erbarmungsloser, komplizierter Logik, die ihnen eine Universalität verleiht, die Zeit und Gegenstand übersteigt», enthält womöglich einen solchen Hauch.

> eine der fünf großen Massenvernichtungen in der Geschichte des Lebens die Dinosaurier, offenbar zusammen mit der Hälfte der marinen Organismusarten, aus den geologischen Archiven. Faunale Übergänge, wörtlich gelesen, sind fast immer abrupt, sowohl von einer Spezies zur anderen als auch von einer Tier- und Pflanzenwelt zur anderen.

Wenn er diese Abruptheit zugibt und es mit einer Theorie versucht, die besser paßt als ein dogmatischer Gradualismus, wird Gould damit noch nicht zum Kreationisten. Ebensowenig sind damit Lyells Gegner, die Katastrophentheoretiker wie Georges Cuvier und Louis Agassiz, weniger empirisch oder wissenschaftlich als er und kaum weniger im Recht: «Wir müssen zugeben, daß nach heutiger Ansicht die Lehrsätze von Lyell und den Katastrophentheoretikern untereinander ziemlich ausgeglichen sind.» Mit einer Leidenschaft, die ans Lyrische grenzt, wirbt Gould für eine retrospektive Toleranz in der Wissenschaft und gegen die Tendenz, aus Männern, die sich der Wahrheit gleichermaßen verschrieben hatten und gleichermaßen in den Metaphern und Annahmen ihrer Zeit und Kultur befangen waren, Schurken und Helden zu machen. Die Lage der Kosmologie, in der heute Annahmen von überschweren «Fäden» und zusätzlichen Dimensionen, die zu winzigen Röhren gerollt sind, und gewaltsam «inflationären» oder unendlich multiplen Universen wild wuchern, ist möglicherweise zur Situation der Geologie im 19. Jahrhundert analog, als einerseits klare Evidenzen und vernünftige Argumente existierten, die aber andererseits mit Hypothesen vermischt waren, die sich, auch wenn sie nicht phantastischer als die Wahrheit waren, als falsch erweisen sollten. Implizit bittet Gould darum, daß auch gegenüber zeitgenössischen Mutmaßungen wie der Alvarez-Hypothese, nach der Asteroiden oder Kometen die Massenvernichtungen verursacht haben, oder der Theorie des unterbrochenen Gleichgewichts, die schlicht vermutet, daß Artenbildung nur anfallsartig auftritt, Nachsicht geübt werde, Nachsicht damit, daß die Evolution wie fast jedes Terrain klumpig und uneben ist.

Das Buch endet mit einem überraschenden Ausbruch christlicher Kunst: Kathedralenfenster und Bossen und James Hamptons große amerikanische naive Skulptur «Der Thron des Dritten Himmels der tausendjährigen Generalversammlung der Völker». Mit diesen Kunstwerken sagt Gould mehr, als daß wissenschaftliche Theorien schön sind; er betont den jüdisch-christlichen Zeitpfeil, der von der Welterschaffung zum Weltuntergang fliegt, von Adams Sündenfall bis zu Christi Wiederkunft, von der großen Sintflut bis zur Taufe Jesu. Das Alte und das Neue Testament sind in gewisser Weise zwei Zyklen, die Ursprung und Echo füreinander bilden, aber auch einen Fortschritt bedeuten. Ebenso verhält es sich mit der Erde, die Berge erhebt und sie einebnet und wieder erhebt, die zuläßt, daß eine Spezies ausstirbt und dafür eine andere hochkommt, die in ähnlicher Form die ökologische Nische füllt und gleichwohl eine Geschichte hat, einen allgemeinen Wandel von einem jungen, gewalttätigen, sauerstofflosen Planeten zu einem, der reich ist an Sauerstoff und einigermaßen stabil und damit unser gegenwärtiges, einmaliges Kapitel in der fortlaufenden Geschichte des Lebens unterstützt. Das Universum selber, das man sich vor gar nicht so langer Zeit, nämlich noch in den fünfziger Jahren, mit guten Gründen als «steady state» in einer immerwährenden Atom-für-Atom-Schöpfung vorstellen konnte, scheint sich jetzt ebenfalls an seinem kolossalen Maßstab in Pfeilrichtung von einem vor fünfzehn Milliarden Jahren stattgefundenen Big Bang zum schließlichen Ende in totaler Entropie zu bewegen. Thomas Burnet, der Kleriker aus dem 17. Jahrhundert, der so wenig über wissenschaftliche Tatsachen wußte und sich keinen Begriff davon machte, wie tief die Zeit tatsächlich war, vermochte die Metaphern von Pfeil und Kreis genauer zusammenzubringen als die späteren Geologen Hutton und Lyell, die in dem Wunsch, ihre Wissenschaft über die «komplizierten Zufälle» der «reinen Geschichte» zu erheben, beide den Kreis als end- und ziellos verstanden. Mit seiner sorgfältigen Erläuterung ihrer vorsichtig zurechtgelegten Halbwahrheiten hebt Stephen Jay Gould die unnötige Unterscheidung zwischen den Geistes- und den Naturwissenschaften auf und erkennt letzteren den Rang eines Teilbereichs im humanistischen Denken zu, sieht sie als fehlbar und poetisch.

In «Uhrwerk Universum» wird das Thema Zeit allgemeiner und kämpferischer zugleich angegangen. Jeremy Rifkin ist Präsident der Foundation on Economic Trends in Washington, D. C. Obwohl kein Wissenschaftler oder Autor vom Range Goulds, hat er doch ein flottes Buch zustande gebracht, das auf den wenig mehr als zweihundert Seiten der amerikanischen Ausgabe ein gewaltiges Gebiet behandelt. «Uhrwerk Universum» scheint mindestens drei Bücher einzuschließen: Erstens bietet es einen Überblick darüber, was die Menschen unter «Zeit» verstanden haben, von der völligen Unterwerfung unter die «Wanderrhythmen der großen Tierherden und der Blüte- und Reifezeit der wildwachsenden Kräuter und Wurzeln» bei den Jägern und Sammlern über die astronomischen Berechnungen der frühen Agrargesellschaften und ihre Erfindung von Kalendern bis zur Erfindung eines Tagesplans durch den mittelalterlichen Menschen (Benediktinermönche waren die ersten, die ihn anwendeten) und der Begeisterung des industriebestimmten Bürgers für die Uhr und die heute immer weiter zunehmende Beherrschung durch eine «Compuzeit», die nach Nanosekunden gemessen wird (Milliardstel einer Sekunde). Zweitens startet «Uhrwerk Universum» eine moralisierende Jeremiade gegen die Computergesellschaft, die die Menschen zu einem Interface-Kontakt mit unmenschlich eiligen Maschinen zwingt und sie dazu bringt, die Wirklichkeit nur mehr danach wahrzunehmen, wie sie von Informationssystemen wiedergegeben wird:

> Die Nanosekunden-Kultur bringt eine neue, eine virulentere Form des Reduktionismus mit sich. Das Uhrwerk Universum des industriellen Zeitalters wird in rascher Folge vom computierenden Universum des postindustriellen Zeitalters abgelöst... Wir treten in eine zeitlich neue Welt ein, wo die Zeit in Nanosekunden aufgesplittert, die Zukunft im voraus pro-

grammiert, die Natur in Bits kodierter Informationen gesehen und das Paradies als vollständig simulierte, künstliche Umwelt wahrgenommen wird.

Unter beiden Aspekten wirkt «Uhrwerk Universum» wie eine gründliche Aufbereitung anderer, jüngst erschienener Bücher der populären Soziologie und Anthropologie; in seinen Fußnoten bezieht es sich auf Bücher, die in den achtziger Jahren entstanden («Technostress» von Craig Brod; «Turing's Man» von David Bolter; «The Second Self: Computers and the Human Spirit» von Sherry Turkle; «Silicon Shock: The Menace of the Computer» von Goeff Simons; «The Discoverers» von Daniel Boorstin; «The Dance of Life: The Other Dimension of Time» von Edward T. Hall; «Hidden Rhythms: Schedules and Calendars in Social Life» von Eviatar Zerubavel; «The Culture of Time and Space 1880–1918» von Stephen Kern; «Clocks and the Cosmos» von Samuel L. Macey; «The Information Society» von Yoneji Masuda), und selbst wenn eine ältere Quelle zitiert wird (Augustinus, Swift, der walisische Sänger Dafydd ap Gwilym), behandeln die Anmerkungen diese Quelle als gleichrangige wissenschaftliche Arbeit.

Ein persönlicher und origineller Ton wird erst hinsichtlich des dritten Aspekts von «Uhrwerk Universum» angeschlagen, in einer Predigt, die uns drängt, zur biologischen Zeit zurückzukehren und uns strikt im globalen Ökosystem einzurichten. Überall, werden wir versichert, gibt es einen Drang in diese Richtung; da gibt es «die Umweltbewegung, die Bewegung für die Rechte der Tiere, die jüdisch-christliche Verwaltungsbewegung, die öko-feministische Bewegung, die ganzheitliche Gesundheitsbewegung, die Bewegung für eine alternative Landwirtschaft, die Bewegung für eine angemessene Technologie, die bioregionalistische Bewegung, die Subsistenzbewegung, die Bewegung für eine ökonomische Demokratie, die Bewegung für eine alternative Erziehung und die Abrüstungsbewegung». Ohne daß ich bestreiten möchte, daß jede kleine Bewegung ihre eigene lobenswerte Bedeutung hat, vermag ich dennoch nur mit Mühe zu begreifen, was dieser ganze New-Age-Pietismus mit der Vorstellung von einer Zeit zu tun haben soll, die uns der Computer angeblich in den Kopf gehämmert hat. Ich benutze einen Word-Processor, und wenn auf dem Bildschirm ein Buchstabe auftaucht, den ich eben angetippt habe, kommt mir das nicht wunderbarer oder rätselhafter vor als früher, als er nach einem ähnlichen Vorgang auf altmodische Weise auf dem weißen Blatt Papier in meiner Schreibmaschine auftauchte. Hat die Tatsache, daß dieses elektronische Gerät nach Nanosekunden entworfen ist, mein Bewußtsein mehr berührt als die minutengenauen Berechnungen, die nötig waren, um jenen Vergaser zu entwerfen, der, wenn ich schlichten Gemüts mein Auto auffordere zu fahren, Benzin und Luft so wohlüberlegt mischt, daß die Mischung explodiert und mein Auto tatsächlich fährt? Die Fähigkeit der Menschen, das, was sie wollen, aufzunehmen, und alles andere zu ignorieren, scheint fast unbegrenzt zu sein. Zum Beispiel ist das Telefon ein sich immer noch entwickelndes technologisches Wunderwerk, durchdringender auch als der Computer: Hat sich deshalb der Gesprächsgegenstand verändert? Jedenfalls nicht, wenn wir den Werbespots glauben dürfen, die uns auffordern, mit unserem Schatz oder der Mutter in Kontakt zu treten. Das Fernsehen selber wurde von der Ankündigung begleitet, es würde die globale Kultur umstürzen, und doch bleibt sein Hauptmaterial das primitive Zeug aus Sportberichten, Schießereien, Verfolgungsjagden und Komödien, die so vertraut und dämlich sind wie die Sendungen, wie wir in den ehrwürdigen Tagen von Harry Truman bei Versammlungen in der High-School anzuschauen pflegten.

Rifkin führt Beispiele für beruflichen «Technostress» an, wenn Computer ältere Hardware ersetzen, und zitiert einige «Computersüchtige» und M.I.T.-Studenten, die sich ein ziemlich unfreundliches Verhalten angewöhnt haben, und beschäftigt sich mit der Ausbreitung der Metapher «Information» in einigen Wissenschaften wie etwa der Biologie, der Psychologie und sogar der Astronomie. Für meine Begriffe hat er den Nachweis nicht erbracht, daß der Computer als kulturveränderndes

Werkzeug in die gleiche Gruppe wie die Uhr, das Rad oder der Pflug gehört oder daß seine Theoretiker den gleichen kulturellen Einfluß haben wie Newton, Darwin, Einstein oder Freud. Das Fieber der Übertreibung entwertet so manchen Satz:

> Sie [die Spirale] ist das neue Symbol der Schöpfung, das sowohl in der Doppel-Helix wie in der kybernetischen Vision eingefangen ist, in der Feedback-Schleifen neue Welten simulieren, die in den Spalten von Millionen von Silikon-Chips pulsieren.

Rifkins Sprüngen ins Kosmische ist nicht immer leicht zu folgen:

> Das neue Universum gleicht einem riesigen computerähnlichen Gehirn, das sich ständig erweitert, immer neue Informationen, neues Wissen erschafft und den Kosmos mit immer noch höheren Bewußtseinsebenen erfüllt... Die Menschen treten mit dieser neuen informationellen Gottheit durch ein Interface mit dem sich entwickelnden Gehirn des Universums in Kontakt. Kommunion heißt die Erfahrung, mit der man Zugang zu immer noch größeren Informationssammlungen gewinnt, immer noch kompliziertere Programme simuliert, von denen jedes noch näher an die äußerste Speicherfähigkeit der Computerbank heranreicht, die Geisteskraft des Kosmos.

Selbst auf dem festeren Boden der Vergangenheit übertreibt seine Prosa:

> Im Verlauf von wenigen kurzen Jahrhunderten ist es der bürgerlichen Klasse gelungen, die mechanische Uhr auf die Spitze des Stadtturms zu hieven und anschließend ihren Geist hinauf in den Himmel zu heben, wo sie wie der Erzengel Gabriel das Kommen des himmlischen Königreiches verkündete. Das Gelobte Land trug allerdings ein verblüffend weltliches Zeichen. Gottes Angesicht, das einst so hell erstrahlte, warf jetzt nur noch einen bleichen Schatten. Die Klänge göttlichen Jubels waren nicht mehr zu hören. Sie gingen unter im erbarmungslosen Ticken der gigantischen kosmischen Uhr. Unter ihrem wachsamen Blick hasteten die Gläubigen hin und her, wie toll im Eifer,

mit dem Tempo der Zeiten Schritt zu halten, voller Angst, nur ja keinen einzigen Schlag auszusetzen, um nur ja nicht für alle Zeiten hinab in jene Niemandswelt verdammt zu werden, in der es keine Uhren gab und Chaos und Verstörung ihr unangefochtenes Regiment führten.

Zu den Qualen der Hölle gehört demnach der Mißstand, daß man nicht weiß, wieviel Uhr es ist.

Daß die Uhr nötig war, um die Fabriken und die Auftragsbücher des Industrialismus in Ordnung zu halten und daß der Kalender mit seinen kirchlichen und staatlichen Feiertagen eines der wichtigsten Ordnungsmächte unserer Kultur ist, bezweifle ich ja nicht, und die Details, die Rifkin zu diesem Thema beisteuert (auch zu den erstaunlichen biologischen Uhren der Insekten und anderer Tiere), lohnen die Lektüre von «Uhrwerk Universum». Doch anders als die Uhr oder der Kalender bestimmt (oder «nimmt») der Computer nicht die Zeit; er versucht wie seine Programmierer, die Zeit zu verringern. Er ist ein Instrument zur Zeitersparnis und soll Büroarbeit ersparen, wie die ihm vorausgegangenen Geräte körperliche Arbeit einsparen wollten; er ist außerdem der Freund und keineswegs der Feind jener ökologisch gestimmten Verlangsamung, die Rifkin empfiehlt. Er feiert die «neuen mitfühlenden Bewegungen», die sich «der Einrichtung einer sozialen Zeitordnung verschrieben haben, die kompatibel mit der und komplementär zur natürlichen Zeitordnung ist», ohne sich zu fragen, was sich für die meisten Menschen mit der natürlichen Zeitordnung verbindet. Kein Arbeitstag ist länger und härter als der des landwirtschaftlichen Arbeiters, und wer glaubt, der Jäger und Sammler habe gelebt wie Gott in Frankreich, sollte Elizabeth Marshall Thomas' wunderbaren Roman über die Jungsteinzeit lesen: «Reindeer Moon» (Rentier-Mond). Das klangvollste Zitat in «Uhrwerk Universum» stammt von John Locke: «Der Weg zum Glück führt über die Aufhebung der Natur.» Selektive und vorsichtige Aufhebung, ist zu hoffen, denn der Zeitpfeil läßt sich nicht umkehren.

Persönlich & literarisch

Antwort auf eine Umfrage von *The New York Times Book Review* nach den «wichtigen» Büchern, die man nie zu Ende lesen konnte.

Wie viele Autodidakten habe ich meinen schlichten Stolz darein gesetzt, jedes Buch, das ich einmal angefangen habe, auch zu Ende zu lesen. In jugendlichen Jahren wandte ich mit ziemlichem Vergnügen einen ganzen Sommer an die Lektüre des «Don Quixote»; mit Anfang Zwanzig gönnte ich mir die Wonnen, im Verlauf mehrerer Jahre die gesamte «Suche nach der verlorenen Zeit» zu lesen. Nacheinander fielen «Krieg und Frieden», «Bildnis einer Dame», «Moby Dick», «Ulysses», die Ilias und die Odyssee der Kreissäge meines Lesens zum Opfer. Es sah alles danach aus, daß ich Geschmack an «Tristram Shandy» von Laurence Sterne finden würde. Ich hatte einen Sinn für komische Bücher, britische Bücher und für Bücher, die für die Geschichte des abendländischen Denkens von zentraler Bedeutung sind. Gleich dreifach also hatte sich «Tristram Shandy», das erste Meisterwerk der Moderne, qualifiziert. Hatte ich mich nicht außerdem durch «Ada oder Das Verlangen» und Boswells «Das Leben des Dr. Samuel Johnson» gearbeitet und damit die Sache sozusagen übergrätscht? Ich kann mich an mehr als eine sommerliche Gelegenheit erinnern, bei der ich die immer abgenützter aussehende Ausgabe der Modern Library von Sternes witzelndem, den Geist einlullenden Klassiker aus dem Regal holte und mit hinaus in die Sonne und den Schatten nahm; einmal nahm ich ihn mit in eine Woche, die ich allein auf Martha's Vineyard verbrachte, und hoffte, damit die Sache zu beschleunigen. Ach, nicht einmal die Langeweile vollkommener Einsamkeit vermochte die Langeweile auszugleichen, die in Wellen aus den zirpenden Seiten dieses einen wichtigen Buches schwappte. Ich kam bis Seite 428, wie mir ein verblaßtes Lesezeichen verrät; doch ähnlich wie Scott auf seinem Rückweg vom Südpol war ich nicht Manns genug, die Sache zu Ende zu bringen. Ich hätte wie Amundsen die Schlittenhunde aufessen sollen.